图书在版编目（CIP）数据

宁夏调查年鉴. 2017：汉英对照 / 国家统计局宁夏调查总队编. -- 北京 ：中国统计出版社, 2017.10
ISBN 978-7-5037-8229-9

Ⅰ. ①宁… Ⅱ. ①国… Ⅲ. ①统计资料－宁夏－2017－年鉴－汉、英 Ⅳ. ①C832.43-54

中国版本图书馆 CIP 数据核字(2017)第 174719 号

宁夏调查年鉴-2017

作　　者/ 国家统计局宁夏调查总队
责任编辑/ 李　冲　冯诗萌
装帧设计/ 黄　晨
出版发行/ 中国统计出版社
地　　址/ 北京市丰台区西三环南路甲 6 号　邮政编码/100073
电　　话/ 邮购（010）63376909　书店（010）68783171
网　　址/ http://www.zgtjcbs.com
印　　刷/ 河北鑫宏源印刷有限公司
经　　销/ 新华书店
开　　本/ 890mm×1240mm　1/16
字　　数/ 800 千字
印　　张/ 23　0.75 彩页
版　　别/ 2017 年 10 月第 1 版
版　　次/ 2017 年 10 月第 1 次印刷
定　　价/ 380.00 元

本书附同版本 CD-ROM 一张，光盘内容以书面文字为准。

The Changes of Grain Output

2010–2016年粮食产量变化

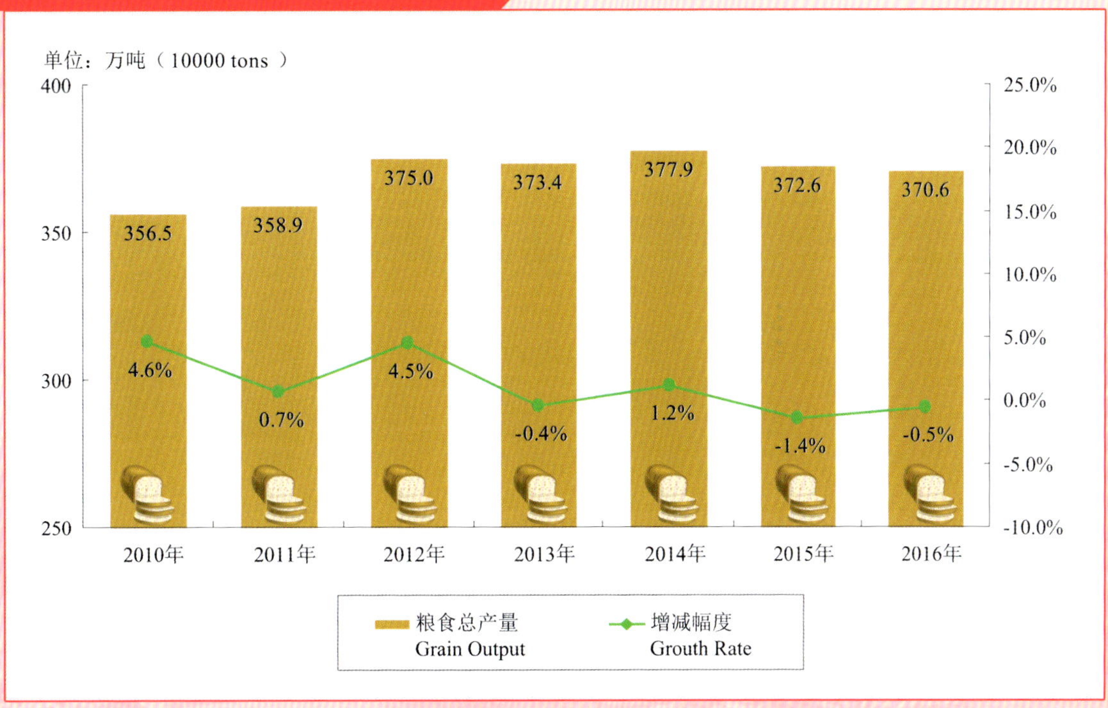

The Changes of Summer and Autumn Grain Output

2010–2016年夏、秋粮产量变化

2010-2016年主要牲畜存栏变化

Number of Livestock in Stock

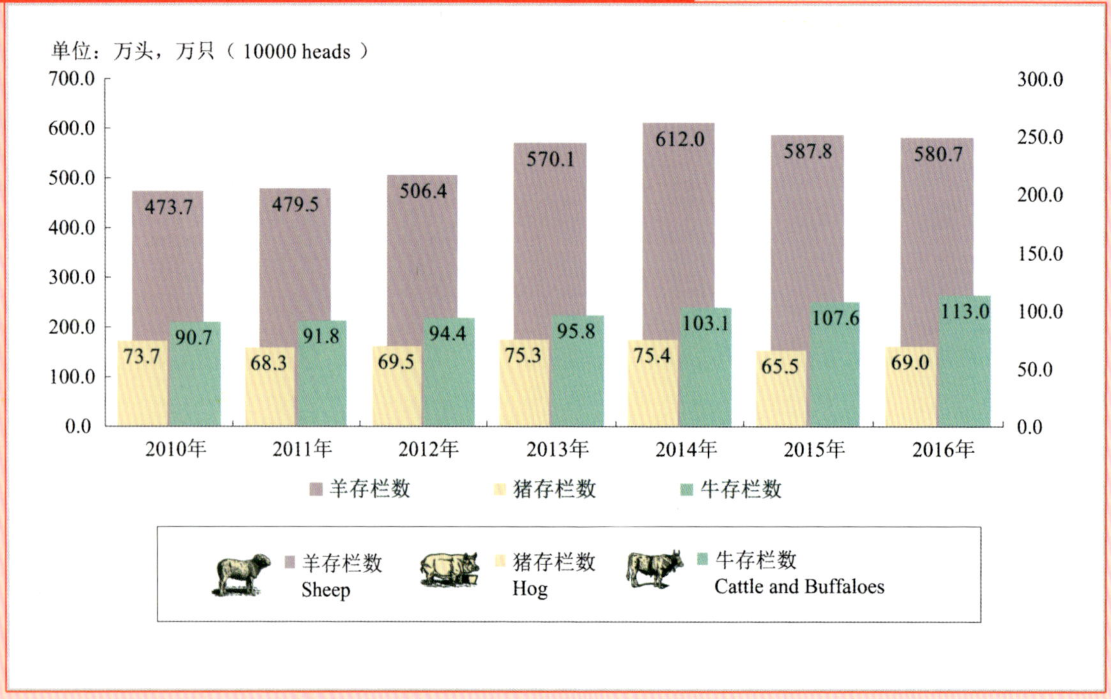

2010-2016年主要牲畜出栏变化

Number of Slaughtered Livestock

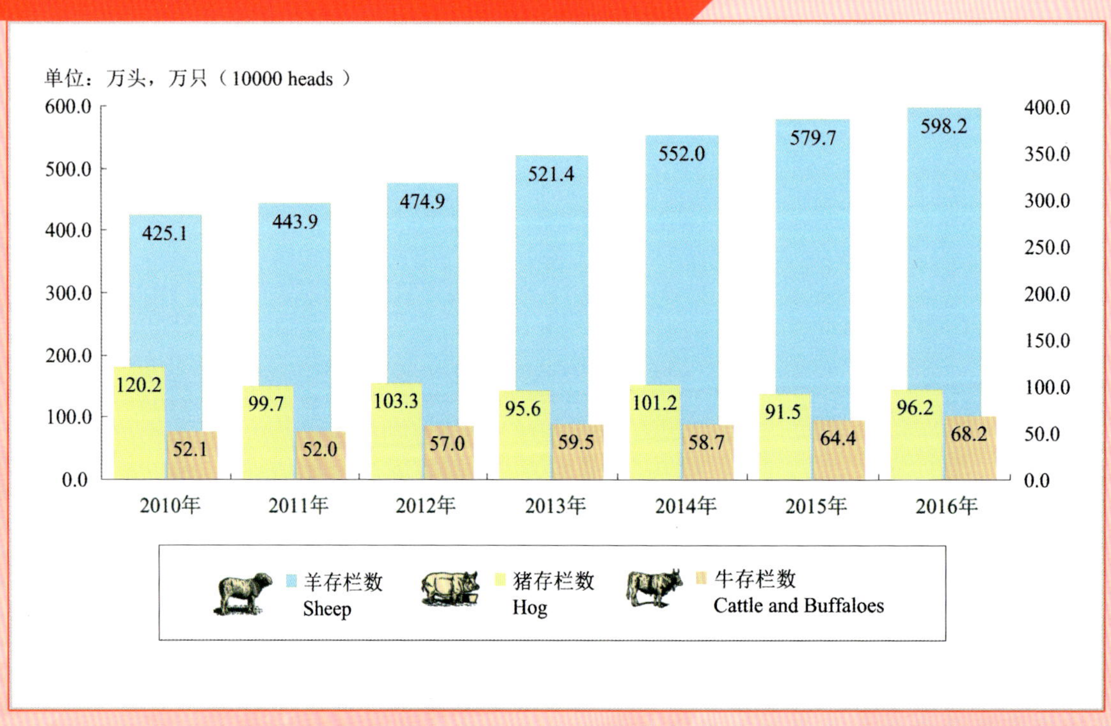

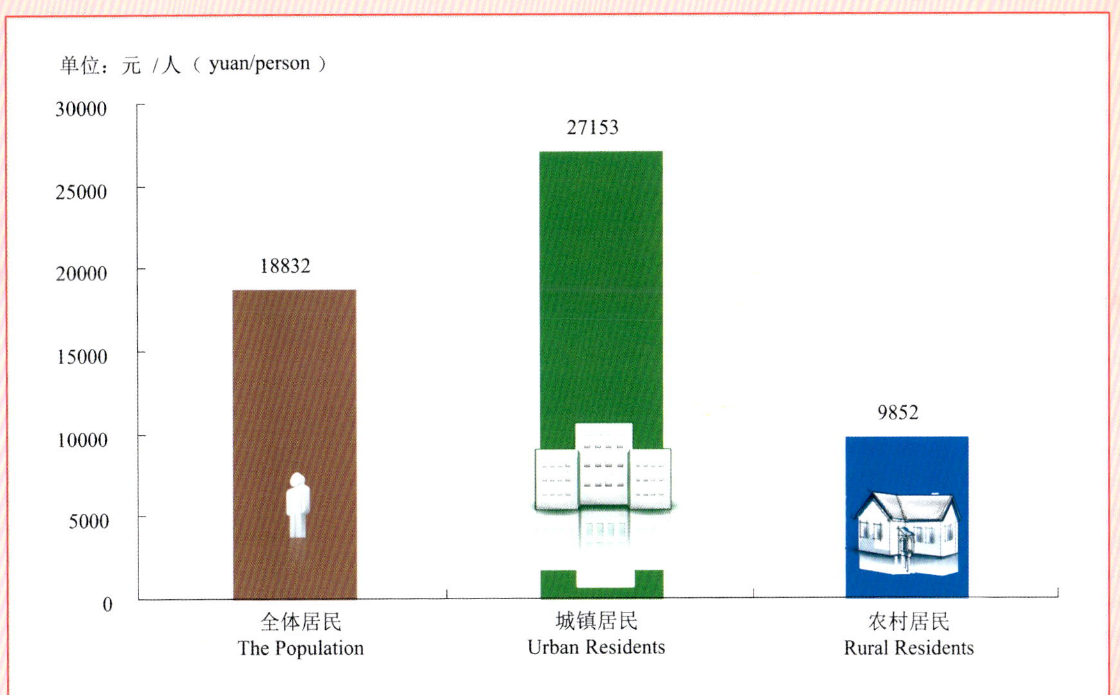

2016年宁夏全体居民人均可支配收入

Per Capita Disposable Income of All Residents in Ningxia

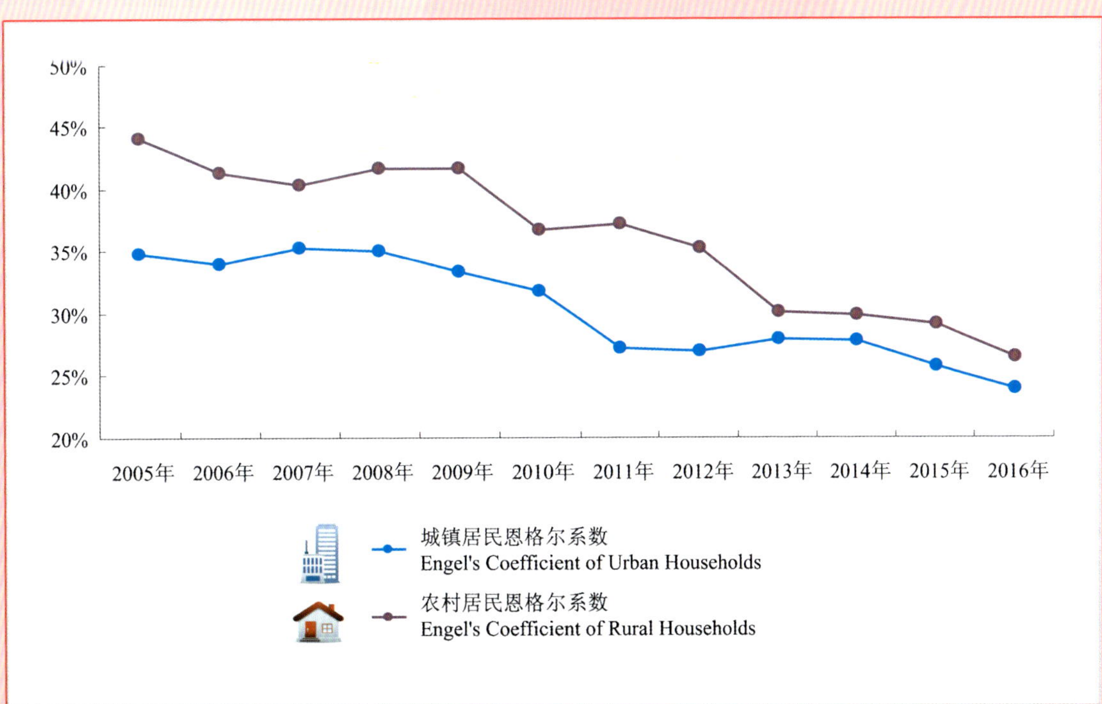

主要年份居民家庭恩格尔系数变化

The Changes of Household's Engel's Coefficient

2010–2016年城镇居民人均可支配收入

Per Capita Disposable Income of Urban Households

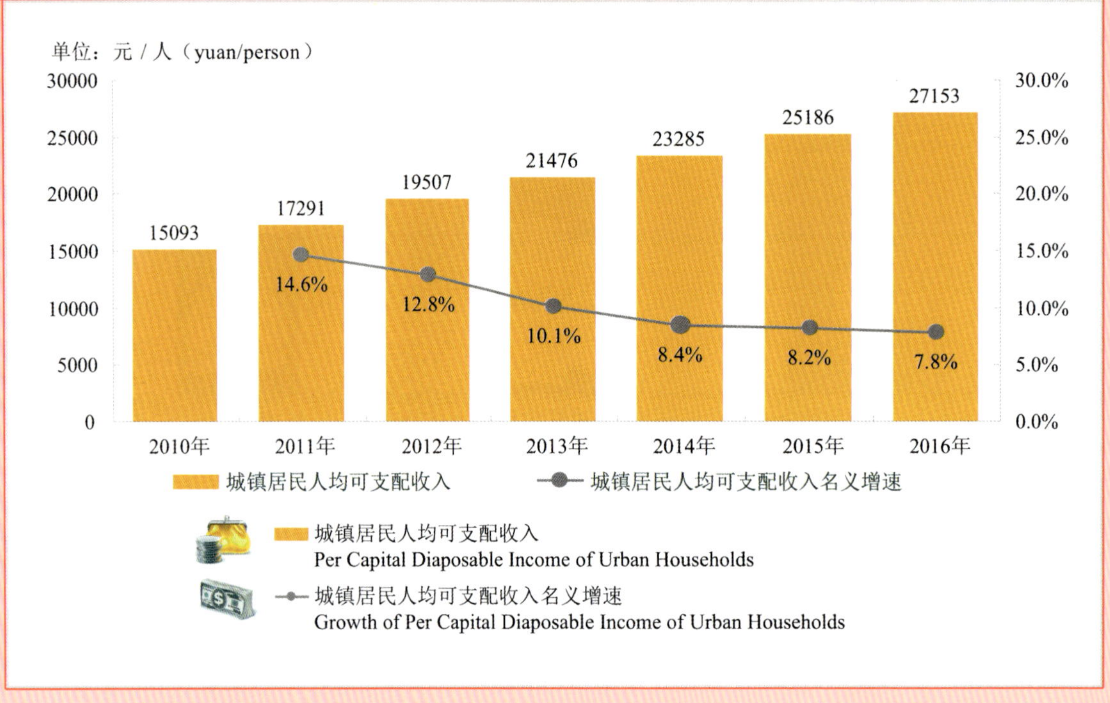

2010–2016年农村居民人均可支配收入

Per Capita Disposable Income of Rural Households

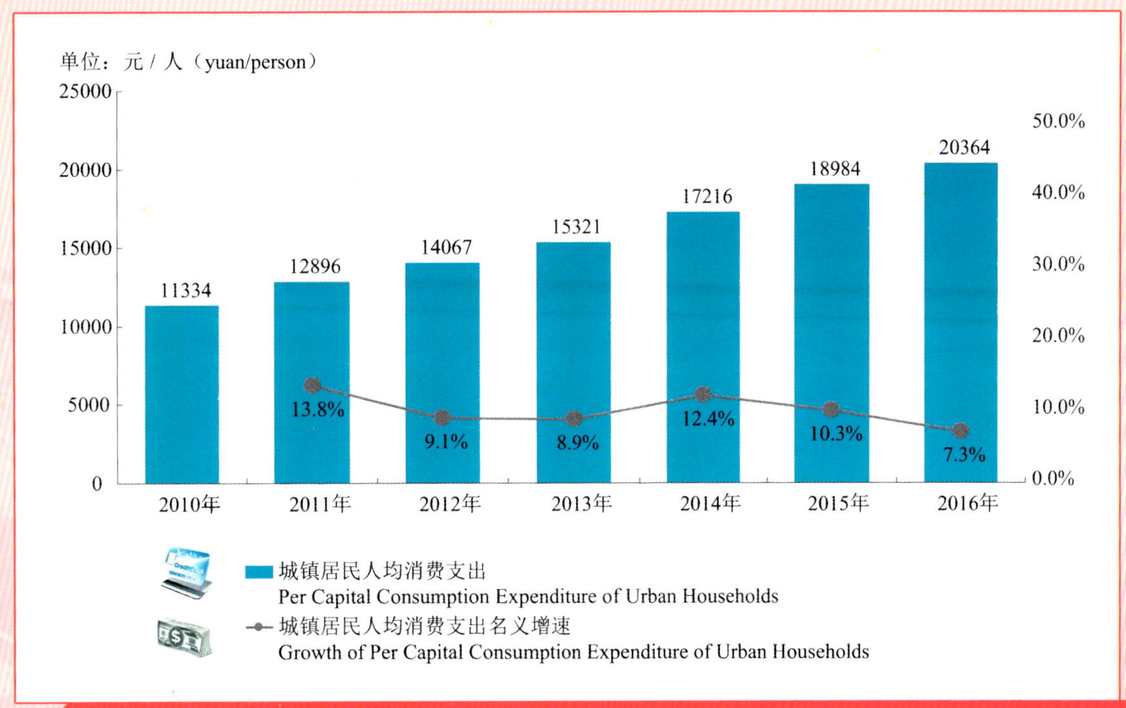

2010-2016年城镇居民人均消费支出

Per Capita Consumption Expenditure of Urban Households in Main Years

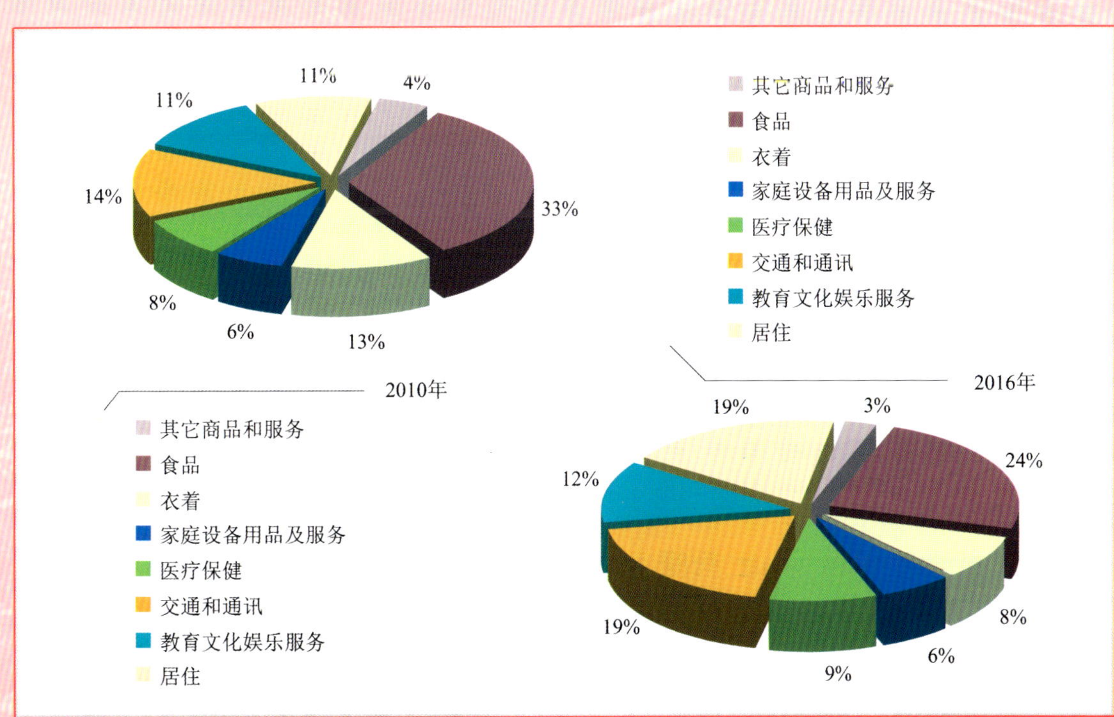

城镇居民生活消费支出构成变化

The Changes of Composition of Expenditure of Urban Households

NINGXIA SURVEY YEARBOOK-2017
EDITORIAL BOARD AND EDITORIAL STAFF

编者说明

一、《宁夏调查年鉴—2017》是国家统计局宁夏调查总队编辑的集调查分析报告和统计调查数据于一体的资料性书籍。

二、《宁夏调查年鉴—2017》系统收录了宁夏全区及沿黄地区、中南部地区和各市、县（区）2016年城乡居民收入、物价、粮食产量、畜禽产品产量、规模以下工业、农民工就业、农村贫困等统计调查数据，同时还整理了历史重要年份全国、全区主要统计调查数据，是一部从不同侧面反映宁夏经济和社会发展情况的资料性年刊。

三、本书正文内容分为七大篇章，即，1. 综合篇；2. 住户调查篇；3. 价格调查篇；4. 农业调查篇；5. 企业调查篇；6. 农民工调查篇；7. 农村贫困调查篇。为方便读者使用，每篇调查数据前后分别附简要说明和主要指标解释，对本项调查的数据来源、主要指标口径变动情况、主要指标涵义等作了说明和解释。

四、本书所涉及的调查数据有的是调查样本数据超级汇总的结果，有的是根据调查样本数据计算的平均数，有的是根据调查样本数据计算的结构数，有的是根据调查样本数据加权推算的总体数据，在每篇数据前附有具体说明。

五、根据宁夏区情特点，本书除提供全区、市、县（市、区）调查数据外，还根据调查样本数据推算出沿黄地区、中南部地区汇总数据。沿黄地区包括兴庆区、西夏区、金凤区、永宁县、贺兰县、灵武市、大武口区、惠农区、平罗县、利通区、青铜峡市、沙坡头区、中宁县。中南部地区包括红寺堡区、盐池县、同心县、原州区、西吉县、隆德县、泾源县、彭阳县、海原县。银川市辖区包括：兴庆区、金凤区、西夏区。石嘴山市辖区包括：大武口区、惠农区。

六、本书中有些历史数据由于制度方法的改革，调查指标口径、范围、涵义等发生变化，为了便于可比，有的指标按现行方案规定作了调整，有的指标口径无法调整仍沿用过去口径。有的指标最近几年有，而过去没有；有的指标过去有，而现行指标体系已经取消。使用时要注意。

七、本书所使用的度量衡单位，均采用国际统一标准计量单位。

八、本书中部分数据合计数或相对数由于单位取舍不同而产生的计算误差，均未作机械调整。

九、符号使用说明：表中的“空格”表示该项统计指标数据不足本表最小单位数、不详或无该项数据；“＃”表示其中的主要项；“*”或“①”表示本表下有注解。

Editor's Notes

Ⅰ. *Ningxia Survey Yearbook 2017* is an annual statistical compiled by Survey Office of the National Bureau of Statistics in Ningxia, which reflects comprehensively investigation analysis report and statistical data.

Ⅱ. *Ningxia Survey Yearbook 2017* covers income of urban and rural residents, price, grain yield, livestock and poultry yield, industrial enterprises below designated size, employment in migrant, rural poverty, etc of Ningxia, Plain Area, Mountain Area and Counties in 2016. It digested statistical data from historically important years at the national and the district, is an informative publication yearly which reflected Ningxia economic and social development from different aspects.

Ⅲ.The Yearbook contains 7 chapters: 1.General Survey; 2.Household Survey; 3.Price Survey; 4.Agriculture Survey; 5.Enterprise Survey; 6.Migrant Workers Survey; 7.Rural Poverty Survey. Brief description and explanatory note on main statistical indicators before and after each chapter is attached to the readers to use, it elaborates on the data source, the main indicators caliber changes in meaning, main index of the survey.

Ⅳ. The survey data of the Yearbook have a plenty of the super summary results, have a plenty of the average, have a plenty of the sample data structure, have a plenty of the weighted overall data, with details before each data.

Ⅴ. According to provincial characteristics of Ningxia, the Yearbook provide the survey data in addition to district, city and county (city, area), and calculated the summary data according to the sample data of Plain Areas and Mountain Areas. Plain Areas include Xingqing, Xixia, Jinfeng, Yongning, Helan, Lingwu, Dawukou, Huinong, Pingluo, Litong, Qingtongxia, Shapotou, Zhongning. Mountain Areas include Hongsipu, Yanchi, Tongxin, Yuanzhou, Xiji, Longde, Jingyuan, Pengyang, Haiyuan. Yinchuan area includes Xingqing, Jinfeng, Xixia district. Shizuishan area includes Dawukou, Huinong district.

Ⅵ. Some historical data as the reform of the system method, survey indicators caliber, scope, meaning, etc, in order to facilitate comparable, some indexes has adjusted on the current system, some indicators caliber is still using the past as failing adjust. Some indicators are in recent years, but not in the past; some index in the past and the current index system has been cancelled. To pay attention to when using.

Ⅶ. The units of measurement used in this Yearbook are internationally standard measurement units.

Ⅷ. Statistical discrepancies on total and relative figures due to rounding are not adjusted in the Yearbook.

Ⅸ. Notations used in the Yearbook: (blank space) indicates that the figure is not large enough to be measured with the smallest unit in the table, or data are unknown, or are not available; "#" indicates a major breakdown of the total; and "*"or"①" indicates footnotes at the end of the table.

目　　录

Contents

第一篇　综合

General Survey

第二篇　住户调查

Household Survey

第三篇 价格调查

Price Survey

第四篇 农业调查
Agriculture Survey

第五篇　企业调查
Enterprise Survey

第六篇　农民工调查
Migrant Workers Survey

第七篇　农村贫困调查
Rural Poverty Survey

附　录

Appendix

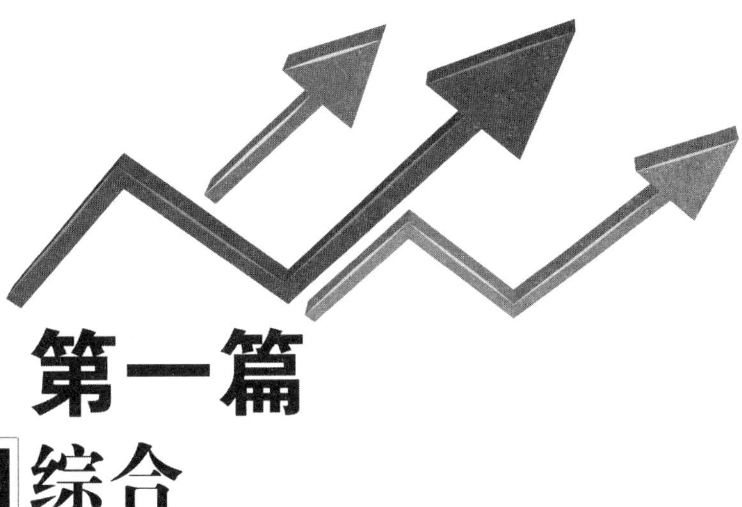

第一篇

综合

General Survey

宁夏回族自治区 2016 年国民经济和社会发展统计公报[1]

宁夏回族自治区统计局　国家统计局宁夏调查总队

2017 年 4 月 18 日

2016 年，在自治区党委、政府的坚强领导下，全区上下深入贯彻党的十八大和十八届三中、四中、五中、六中全会精神，全面落实习近平总书记系列重要讲话特别是来宁视察重要讲话精神，坚持稳中求进工作总基调，牢固树立新发展理念，大力推进供给侧结构性改革和重大项目“6+4”工作机制，积极应对经济下行压力与结构性矛盾的挑战，稳增长、促改革、调结构、惠民生、防风险各项工作统筹推进，全区经济发展呈现“稳中有升、稳中有进、稳中向好”的运行态势，实现了“十三五”良好开局。

一、综合

年末全区常住人口 674.90 万人，比上年末增加 7.02 万人。其中，城镇人口 379.87 万人，占常住人口比重 56.29%，比上年提高 1.07 个百分点。人口出生率为 13.69‰，死亡率为 4.72‰，人口自然增长率为 8.97‰，比上年上升 0.93 个千分点。

表 1　2016 年年末人口数及其构成

指　　标	年末数(万人)	比重(%)
年末总人口	674.90	100.00
其中：城镇	379.87	56.29
乡村	295.03	43.71
其中：回族	244.15	36.18
其中：男性	343.26	50.86
女性	331.63	49.14
其中：0-15 周岁（含不满 16 周岁）[2]	145.98	21.63
16-59 周岁（含不满 60 周岁）	446.04	66.09
60 周岁及以上	82.88	12.28
其中：65 周岁及以上	52.44	7.77

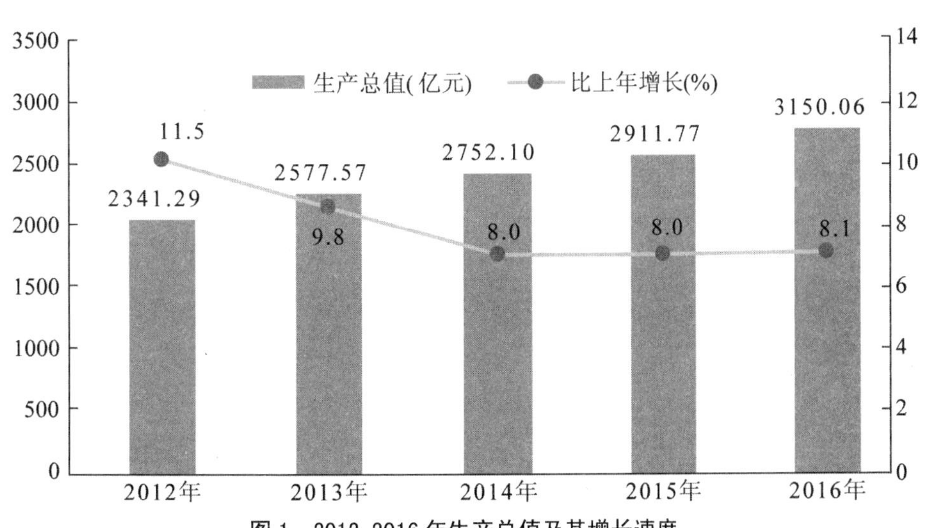

图 1　2012-2016 年生产总值及其增长速度

初步核算，全区实现生产总值[3]3150.06 亿元，按可比价格计算，比上年增长 8.1%。其中，第一产业增加值 239.96 亿元，增长 4.5%；第二产业增加值 1475.51 亿元，增长 7.8%；第三产业增加值 1434.59 亿元，增长 9.1%。按常住人口计算，全区人均生产总值 46919 元，增长 7.0%。

三次产业增加值构成由 2015 年的 8.2：47.4：44.4 调整为 2016 年的 7.6：46.8：45.6。三次产业对经济增长的贡献率分别由 2015 年的 4.2%、57.8%和 38.0%转变为 2016 年的 4.5%、45.5%和 50.0%。

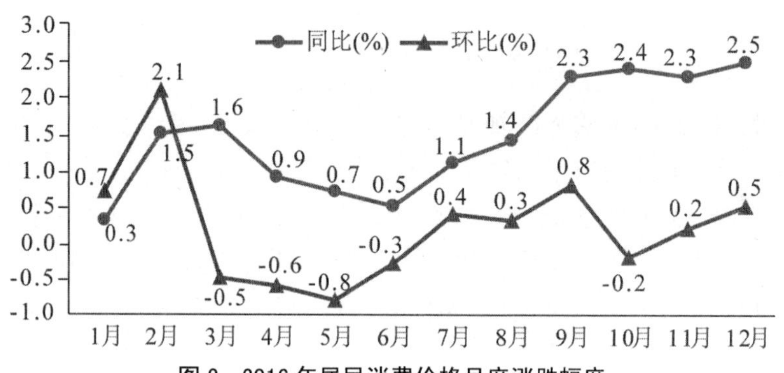

图 2　2016 年居民消费价格月度涨跌幅度

表 2　2016 年生产总值及其增长速度

指　　标	绝对值（亿元）	比上年增长（%）
全区生产总值	3150.06	8.1
农林牧渔业	254.6	4.5
工业	1041.41	7.3
建筑业	434.2	9.1
批发和零售业	144.39	4.7
交通运输、仓储和邮政业	205.75	1.3
住宿和餐饮业	54.98	6.7
金融业	285.13	10.6
房地产业	102.57	6
其他服务业	627.03	13.3
第一产业	239.96	4.5
第二产业	1475.51	7.8
第三产业	1434.59	9.1

全区居民消费价格总水平比上年上涨 1.5%，城市、农村分别上涨 1.6%和 1.2%。其中，食品价格上涨 3.2%，非食品价格上涨 1.0%，消费品价格上涨 1.2%，服务项目价格上涨 2.1%。

表 3　2016 年 12 月居民消费价格指数

指　　标	环　比	同　比	1-12 月累计比
居民消费价格总指数	100.5	102.5	101.5
食品烟酒	101.5	101.7	102.4
其中：食品	102.2	102.2	103.2
烟酒	100.0	100.2	101.8
衣着	99.1	101.6	101.7
居住	100.0	102.5	100.4
生活用品及服务	100.1	101.5	100.3
交通和通信	101.5	102.9	98.6
教育文化和娱乐	100.1	102.7	102.2
医疗保健	100.1	104.3	102.9
其他用品和服务	99.2	105.9	103.2

全年商品零售价格总水平上涨 0.7%，固定资产投资价格下降 0.4%，农业生产资料价格下降 1.7%。工

业生产者出厂价格下降 0.9%；工业生产者购进价格下降 3.1%。

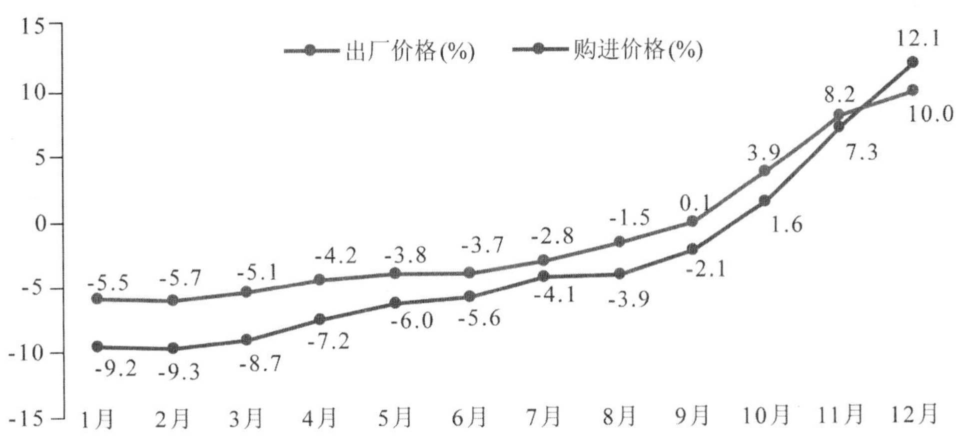

图 3　2016 年工业生产者出厂价格与购进价格同比涨跌幅度

全年完成一般公共预算总收入 642.78 亿元，比上年增长 5.3%，完成地方一般公共预算收入 387.65 亿元，同口径增长 8.0%。其中，完成税收收入 246.55 亿元，下降 3.8%；完成非税收收入 141.10 亿元，增长 20.5%。增值税、营业税、企业所得税和个人所得税等主体税种分别完成 84.04 亿元、45.27 亿元、24.47 亿元和 9.85 亿元，增长 1.4 倍、-54.7%、-0.4%和 9.8%。

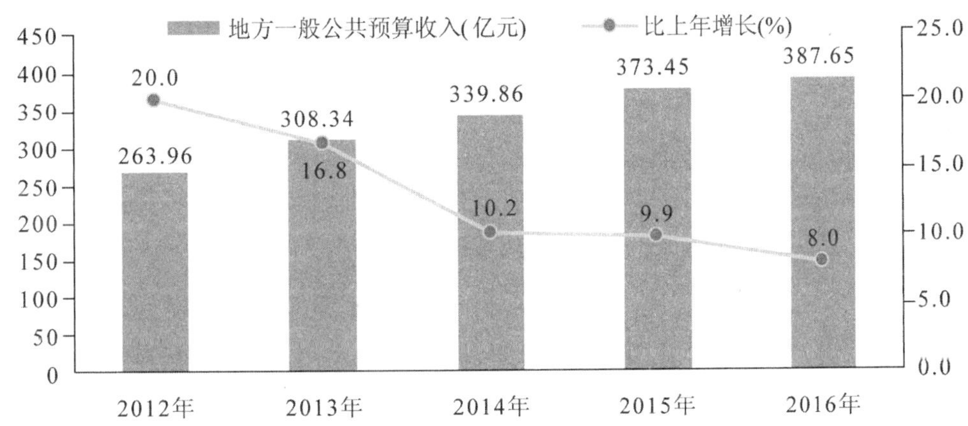

图 4　2012-2016 年地方一般公共预算收入[4]及其增长速

注：图 4 中 2016 年地方一般公共预算收入增长速度为同口径增幅，2012-2015 年为同比增幅。

全年一般公共预算支出 1257.69 亿元，同口径增长 10.2%。其中，一般公共服务支出 76.23 亿元，比上年增长 13.6%；教育支出 155.24 亿元，增长 8.9%；社会保障和就业支出 171.41 亿元，增长 17.2%；医疗卫生与计划生育支出 82.90 亿元，增长 11.9%；城乡社区支出 188.87 亿元，增长 29.4%；农林水支出 201.66 亿元，增长 21.3%；交通运输支出 73.61 亿元，下降 24.8%；住房保障支出 58.33 亿元，下降 19.3%。

二、农业

全年完成农林牧渔业总产值 489.99 亿元，比上年增长 4.4%。其中，种植业产值 306.39 亿元，增长 4.2%；林业产值 12.26 亿元，增长 1.7%；畜牧业产值 131.16 亿元，增长 4.6%；渔业产值 17.28 亿元，增长 10.0%；农林牧渔服务业产值 22.89 亿元，增长 4.2%。全区优势特色农业产值 418.96 亿元，占农林牧渔业总产值的比重达到 85.5%。

全年粮食种植面积 1167.5 万亩，比上年增加 11.8 万亩。粮食总产量 370.61 万吨，比上年减产 2.0 万吨，减少 0.5%，实现连续十三年丰收。油料种植面积 102.63 万亩，减少 9.2%。瓜菜种植面积 329.33 万亩，增长 2.0%。葡萄种植面积 49.79 万亩，增长 2.4%。

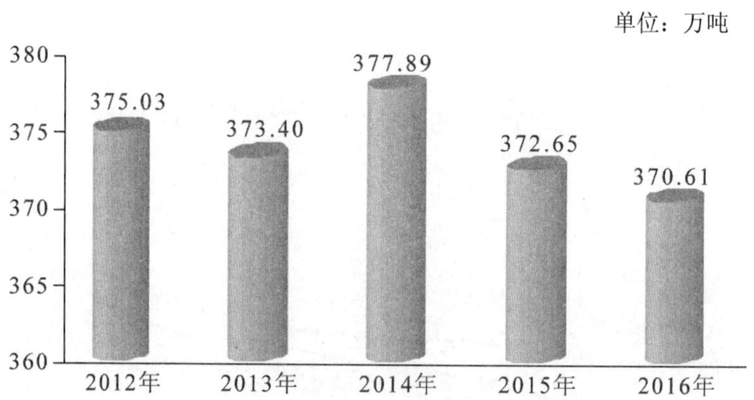

图 5 2012-2016 年粮食产量

表 4 2016 年主要农林牧渔业产品产量及其增长速度

单位：万吨

指 标	产 量	比上年增长（%）
粮食	370.6	-0.5
小麦	40.9	3.2
水稻	63.0	3.7
玉米	221.5	-2.4
油料	14.7	-3.9
蔬菜	593.1	3.0
瓜果	208.0	1.4
枸杞	10.4	20.3
葡萄	19.5	-9.6
肉类总产量	30.9	5.7
其中：猪、牛、羊肉产量	28.4	5.5
禽蛋	9.7	10.0
牛奶	139.5	2.1
水产品	17.5	2.9

三、工业和建筑业

全年全部工业增加值 1041.4 亿元,比上年增长 7.3%。规模以上工业增加值 1039.7 亿元,比上年增长 7.5%。在规模以上工业增加值中,轻工业增加值 200.7 亿元,增长 15.2%；重工业增加值 839.0 亿元，增长 5.8%。分经济类型看，国有企业下降 1.0%，股份制企业增长 7.4%，外商及港澳台商投资企业增长 10.0%；国有控股企业增长 2.0%；私营企业增长 10.4%。非公有制工业完成工业增加值 459.3 亿元，比上年增长 11.7%，对规模以上工业的贡献率达到 65.2%。

图 6 2012-2016 年全部工业增加值及其增长速度

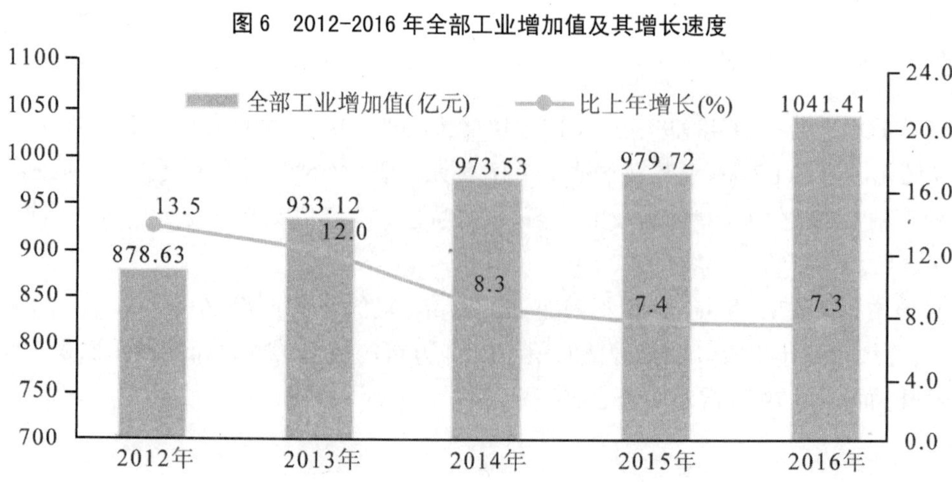

全区工业产业中，电力产业增加值下降 6.9%、化工增长 10.3%、冶金下降 0.9%、有色增长 3.0%、轻纺增长 14.0%、机械增长 0.5%、建材下降 0.8%、医药增长 29.2%、其他工业增长 15.7%。六大高耗能行业[5]实现增加值 536.6 亿元，比上年增长 1.9%；高技术产业增加值比上年增长 31.9%。在重点监测的 40 种工业产品中，有 14 种产品增速在 10%以上。工业产品销售率为 94.3%。

表 5　2016 年主要工业产品产量及其增长速度

指　　标	单　位	产　量	比上年增长（%）
原　煤	万吨	7069.3	-11.4
发电量	亿千瓦时	1144.4	-0.9
焦　炭	万吨	768.4	1.5
原铝（电解铝）	万吨	105.1	-12.4
橡胶轮胎外胎	万条	396.1	1.1 倍
农用化肥（折纯）	万吨	54.7	-8.5
精甲醇	万吨	539.6	5.8
电石（碳化钙）	万吨	325.0	4.0
钢　材[6]	万吨	164.1	-18.2
水　泥	万吨	1945.9	12.6
铁合金	万吨	346.2	-0.5
乳制品	万吨	92.5	19.7
葡萄酒	万千升	2.7	-10.0
金属切削机床	台	1551.0	-20.5
滚动轴承	万套	1263.8	14.2

全年规模以上工业企业实现利润总额 137.7 亿元，比上年增长 62.5%。分经济类型看，国有控股企业实现利润总额 44.2 亿元，增长 1.1 倍；股份制企业 101.4 亿元，增长 91.1%；外商及港澳台商投资企业 27.3 亿元，增长 29.8%；私营企业 38.8 亿元，增长 41.9%。非公有工业实现利润总额 93.0 亿元，增长 44.5%。全年实现主营业务收入 3636.1 亿元，增长 5.3%，主营业务收入利润率为 3.79%。

年末全区发电装机容量 3674.8 万千瓦，比上年末增长 16.4%。其中，火电装机容量 2164.7 万千瓦，增长 9.1%；水电装机容量 42.6 万千瓦，与上年同期持平；并网风电装机容量 941.6 万千瓦，增长 14.5%；并网太阳能发电装机容量 526.0 万千瓦，增长 70.3%。

全区具有资质的总承包和专业承包建筑业企业 579 家，全年完成建筑业总产值 511.25 亿元，比上年下降 2.5%。建筑业企业房屋建筑施工面积 2771.34 万平方米，下降 15.6%；房屋竣工面积 1017.77 万平方米，下降 17.0%；竣工产值为 378.19 亿元，下降 6.4%。按建筑业总产值计算的劳动生产率 26.76 万元/人，比上年增长 0.3%。

四、固定资产投资

全年全社会固定资产投资 3835.46 亿元，比上年增长 8.6%。其中，基本建设投资 2552.65 亿元，增长 6.6%；更新改造投资 450.76 亿元，增长 10.4%；房地产开发投资 728.16 亿元，增长 14.9%；农村农户投资 85.20 亿元，增长 7.8%。分投资主体看，国有及国有经济控股投资 1716.56 亿元，增长 3.2%；非国有经济控股投资 2118.90 亿元，增长 13.3%，其中，民间投资 2104.79 亿元，增长 13.8%。

从投资结构看，第一产业投资 162.21 亿元，增长 19.9%；第二产业投资 1641.40 亿元，下降 1.3%。其中，工业投资 1640.85 亿元，下降 0.5%；第三产业投资 2031.85 亿元，增长 17.1%。三大产业的投资结构由 2015 年的 3.8∶47.1∶49.1 调整为 2016 年的 4.2∶42.8∶53.0。

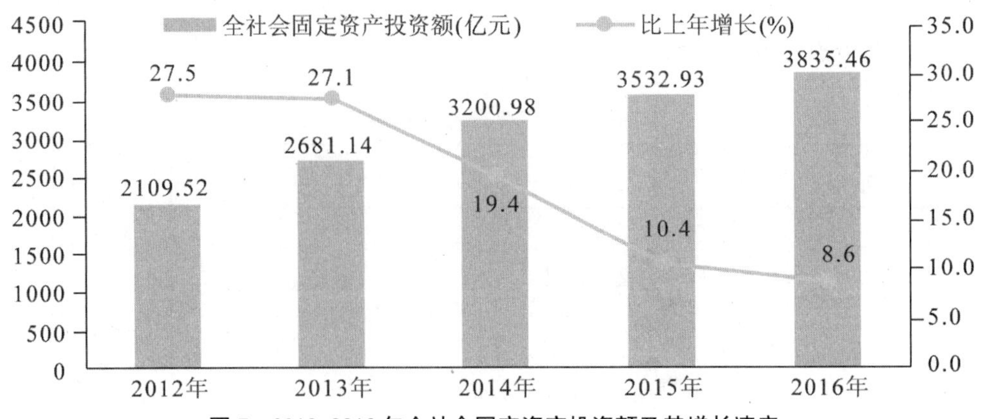

图 7　2012-2016 年全社会固定资产投资额及其增长速度

表 6　2016 年分行业全社会固定资产投资及其增长速度

指　　　标	投资额（亿元）	比上年增长（%）
全社会固定资产投资	3835.46	8.6
农、林、牧、渔业	204.76	23.0
采矿业	57.58	-52.4
制造业	946.28	14.7
电力、热力、燃气及水的生产和供应业	636.99	-9.3
建筑业	0.56	-96.0
批发和零售业	47.29	43.5
交通运输、仓储和邮政业	397.67	47.5
住宿和餐饮业	20.52	28.1
信息传输、软件和信息技术服务业	66.52	29.4
金融业	0.97	-83.7
房地产业	866.24	-1.6
租赁和商务服务业	22.69	-2.4
科学研究和技术服务业	17.22	60.7
水利、环境和公共设施管理业	348.27	29.1
居民服务和其他服务业	20.17	1.9 倍
教育	56.92	7.3
卫生和社会工作	45.65	58.1
文化、体育和娱乐业	45.25	1.2 倍
公共管理和社会组织	33.92	-2.6

全年固定资产投资施工项目 4219 个，比上年减少 37 个。施工项目计划总投资 12700.17 亿元，增长 5.4%。全区亿元以上项目完成固定资产投资 2317.93 亿元，增长 8.0%。

全年房地产开发投资 728.16 亿元，比上年增长 14.9%。其中，住宅投资 435.41 亿元，增长 9.8%；办公楼投资 51.87 亿元，增长 51.2%；商业营业用房投资 152.45 亿元，增长 17.7%。

表 7　2016 年房地产开发和销售主要指标完成情况及其增长速度

指　　标	单　位	绝对数	比上年增长(%)
房地产开发投资	亿元	728.16	14.9
房屋施工面积	万平方米	7110.06	0.9
其中：住宅	万平方米	4555.28	0.1
其中：本年新开工面积	万平方米	1391.34	0.02
房屋竣工面积	万平方米	1294.55	10.7
其中：住宅	万平方米	931.25	24.7
商品房销售面积	万平方米	966.07	15.1
其中：住宅	万平方米	830.22	17.2
商品房待售面积	万平方米	1247.29	3.3
其中：住宅	万平方米	715.57	-2.4
商品房销售额	亿元	409.71	10.6
其中：住宅	亿元	325.89	14.8
房地产开发资金	亿元	678.74	-8.0
其中：国内贷款	亿元	96.80	0.2
自筹资金	亿元	260.03	-19.7
其他资金来源	亿元	321.91	1.5

五、国内贸易

全年实现社会消费品零售总额 850.10 亿元,比上年增长 7.7%，扣除价格因素,实际增长 7.0%。按经营地统计，城镇消费品零售额 780.89 亿元，增长 7.3%；乡村消费品零售额 69.21 亿元，增长 12.3%。按消费类型统计，商品零售额 707.59 亿元，增长 6.9%；餐饮收入额 142.51 亿元，增长 11.5%。

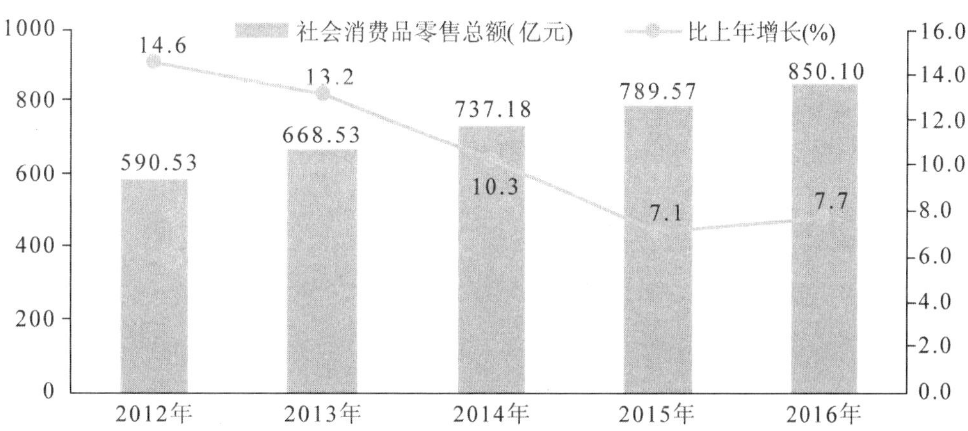

图 8　2012-2016 年社会消费品零售总额及其增长速度

在限额以上企业商品零售额中，22 大类商品零售额呈现“12 增 10 降”态势。其中，通讯器材类零售额增长 2.4%，粮油、食品类增长 12.3%，服装、鞋帽、针纺织品类下降 6.5%，化妆品类增长 4.8%，日用品类下降 0.3%，建筑及装潢材料类下降 61.9%，家用电器和音像器材类下降 2.8%，文化办公用品类增长 21.7%，汽车类增长 7.1%，金银珠宝类下降 14.1%，家具类下降 44.0%，机电产品及设备类增长 28.8%。

根据国家统计局反馈的数据显示，2016 年，宁夏网上零售额[7]按卖家所在地分实现零售额 16.6 亿元，比上年增长 31.0%，其中，实物商品零售额 13.4 亿元，增长 33.5%；按买家所在地分，实现零售额 150.2 亿元，增长 38.0%。

六、对外经济

据银川海关统计，全年货物进出口总额216.27亿元，比上年下降6.4%。其中，出口165.45亿元，下降9.7%；进口50.82亿元，增长6.2%。货物进出口差额（出口减进口）114.63亿元。重点出口产品实现出口52.60亿元，增长0.8%。其中，泰乐菌素出口7.73亿元，增长16.1%；羊绒纱线出口7.09亿元，增长16.8%；羊绒衫出口6.84亿元，下降1.2%；双氰胺出口4.93亿元，增长8.4%；活性炭出口2.71亿元，下降11.4%；轮胎出口2.37亿元，增长75.5%；铁合金出口1.32亿元，增长24.8%。

全年外商投资实际利用外资（不含境外借款）2.54亿美元，比上年增长36.1%。全区新批准外商直接投资项目29个，合同外资金额5.65亿美元，比上年下降58.4%。其中，制造业签订利用外商直接投资项目10个，合同额2.02亿美元。

七、交通[8]和邮电

年末铁路营业里程1059.9公里；公路通车里程33940.46公里，增长2.1%；高速公路里程1571.49公里，增长2.9%。全年货物运输总量4.44亿吨，比上年增长1.4%；货物运输周转量873.72亿吨公里，增长0.1%。全年旅客运输总量0.89亿人，比上年下降5.2%；旅客运输周转量153.03亿人公里，增长0.5%。机场旅客吞吐量655.17万人次，增长18.3%。

表8　2016年全区各种运输方式完成运输量及其增长速度

运输方式	货物				旅客			
	运输总量		运输周转量		运输总量		运输周转量	
	绝对数(万吨)	比上年增长(%)	绝对数(亿吨公里)	比上年增长(%)	绝对数(万人次)	比上年增长(%)	绝对数(亿人公里)	比上年增长(%)
总计	44371.43	1.38	873.72	0.11	8882.03	-5.23	153.03	0.53
铁路	5838.66	3.69	242.38	-1.10	658.59	-0.38	45.20	-4.58
公路	37420.58	1.15	577.56	1.00	7910.00	-6.32	64.42	-5.32
航空	1.49	17.23	0.24	18.31	313.44	17.51	43.41	17.93
管道	1110.69	-2.77	53.54	-3.69	-	-	-	-

年末全区民用汽车保有量达到117.85万辆，比上年末增长11.8%，其中，私人汽车保有量105.89万辆，增长14.1%。民用轿车保有量56.38万辆，增长14.1%，其中，私人轿车53.61万辆，增长15.4%。

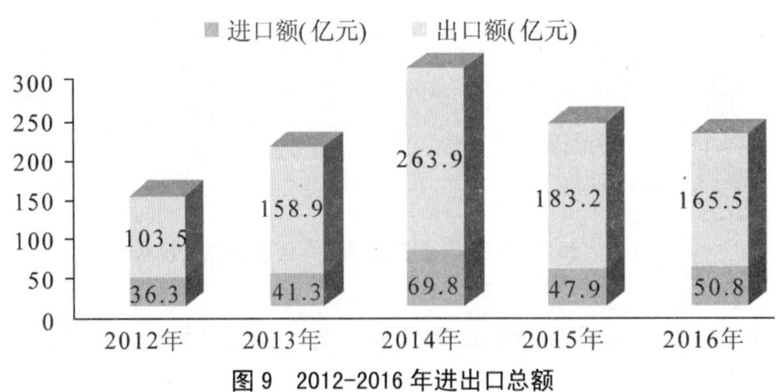

图9　2012-2016年进出口总额

全年完成邮电业务总量253.75亿元，比上年增长87.2%。其中，邮政业务总量15.20亿元，增长24.7%；电信业务总量238.56亿元，增长93.6%。邮政业全年完成邮政函件业务484.47万件，包裹业务11.43万件，快递业务量3241.47万件；快递业务收入5.90亿元。电信业全年局用交换机总容量90.6万门，减少38.8万门；移动电话交换机容量1414万户，比上年增加190万户。年末全区固定电话用户70.5万户，比上年下降16.4%。移动电话用户716.4万户，比上年增长8.4%，其中，3G移动电话用户83.3万户，每百人拥有移动电话106.7

部，比上年末增加 6.8 部。电话普及率达到 117.2 部/百人。互联网宽带接入用户 111.9 万户，移动互联网用户 602.1 万户。互联网普及率达到 50.7%。

八、金融、证券和保险

年末全区金融机构本外币各项存款余额 5460.63 亿元,比年初增加 607.35 亿元。其中，人民币各项存款余额 5441.54 亿元,外汇存款余额 2.75 亿美元。金融机构本外币各项贷款余额 5695.96 亿元，比年初增加 545.64 亿元。其中，人民币各项贷款余额 5667.89 亿元，外汇贷款余额 4.05 亿美元。

表 9　2016 年年末金融机构存贷款余额及其增长速度

指　　标	年末数（亿元）	比年初增减（亿元）	比上年末增长（%）
各项存款余额	5460.63	607.35	12.5
人民币存款余额	5441.54	606.07	12.5
其中：住户存款	2550.04	192.33	8.2
非金融企业存款	1487.90	243.26	19.5
广义政府存款	1311.56	89.47	7.3
各项贷款余额	5695.96	545.64	10.6
人民币贷款余额	5667.89	550.07	10.8
其中：短期贷款	1849.40	46.35	2.9
中长期贷款	3419.43	418.74	13.7
票据融资	392.00	86.79	28.4

年末上市公司 12 家，总股本 81.83 亿股，总市值 1057.13 亿元，比上年增长 29.3%。其中，流通市值 736.64 亿元，比上年增长 7.5%。全年证券交易额 5156.8 亿元，比上年下降 42.3%。

全区省级营业性保险分公司 20 家，实现保费收入 133.9 亿元，比上年增长 29.6%。其中，财产险收入 46.09 亿元，增长 12.4%；寿险收入 68.23 亿元，增长 43.8%；健康险收入 16.06 亿元，增长 34.9%；意外伤害险收入 3.52 亿元，增长 18.6%。支付各类赔款和给付 42.84 亿元，增长 25.2%。其中，财产险赔款 24.82 亿元，增长 18.9%；寿险给付 12.62 亿元，增长 57.8%；健康险给付 4.27 亿元，下降 6.9%；意外伤害险赔款 1.14 亿元，增长 48.0%。

九、人民生活和社会保障

全年城镇新增就业 8.2 万人，农村劳动力转移就业 74.4 万人，年末城镇登记失业率 3.92%。

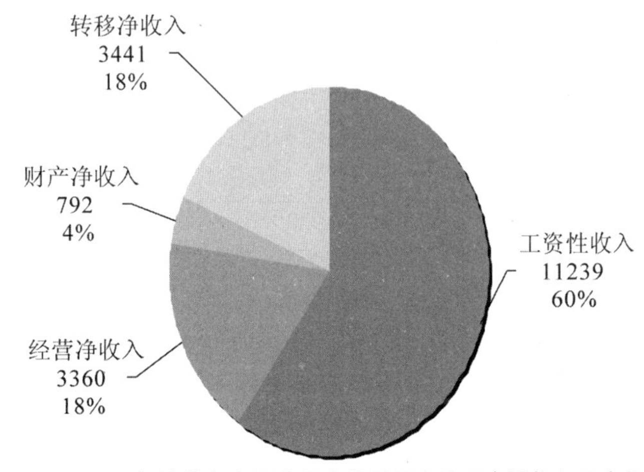

图 10　2016 年按收入来源分的全体居民人均可支配收入及占比

根据城乡一体化住户调查结果，全年全体居民人均可支配收入 18832 元，同比名义增长 8.7%。

全年农村常住居民人均可支配收入 9851.6 元，比上年增加 732.9 元，名义增长 8.0%。人均生活消费支出 9138.4 元，增长 8.6%，扣除价格因素，实际增长 7.3%。农村居民人均居住面积 32.09 平方米，增长 5.6%。

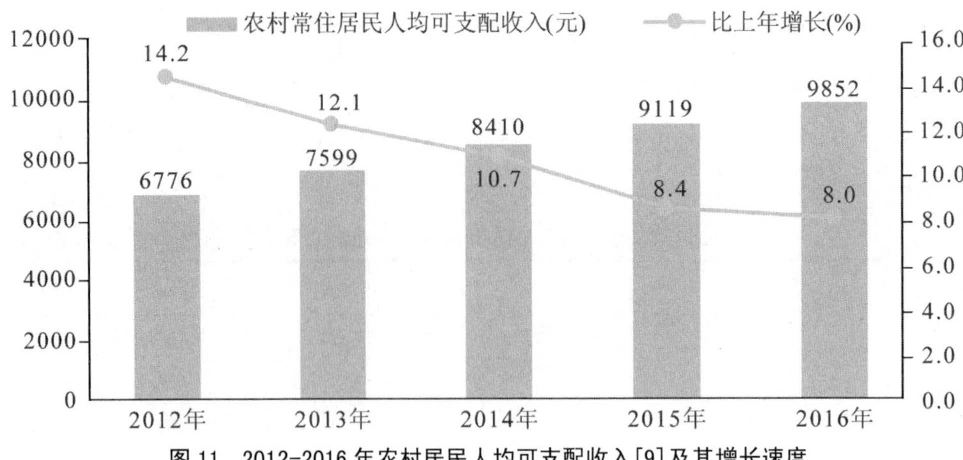

图 11　2012-2016 年农村居民人均可支配收入[9]及其增长速度

全年城镇常住居民人均可支配收入 27153 元，比上年增加 1967 元，名义增长 7.8%。人均消费支出 20364.2 元，增长 7.3%，扣除价格因素，实际增长 5.6%。城镇居民人均居住建筑面积 31.3 平方米，增长 2.1%。

年末全区参加城镇职工基本养老保险人数为 196.1 万人，比上年末增加 17.35 万人。其中，参保职工 118.3 万人，参保离退休人员 48.7 万人，机关事业单位养老保险参保 29.1 万人。参加城乡居民基本养老保险人数 186.2 万人，比上年末增加 3.1 万人。参加基本医疗保险人数 594.05 万人，比上年末增加 9.28 万人，其中，参加城镇职工基本医疗保险 117.47 万人，参加城乡居民基本医疗保险 476.58 万人。参加失业保险人数 85.7 万人,参加工伤保险人数 83.54 万人，参加生育保险人数 76.54 万人。年末全区各项保险基金收入 310.61 亿元。年末各项社保基金累计结余 323.16 亿元，较上年末增加 29.25 亿元，增长 9.95%。

年末全区享受城市居民最低生活保障 145716 人，享受农村居民最低生活保障 422218 人，特困人员救助供养 11862 人。

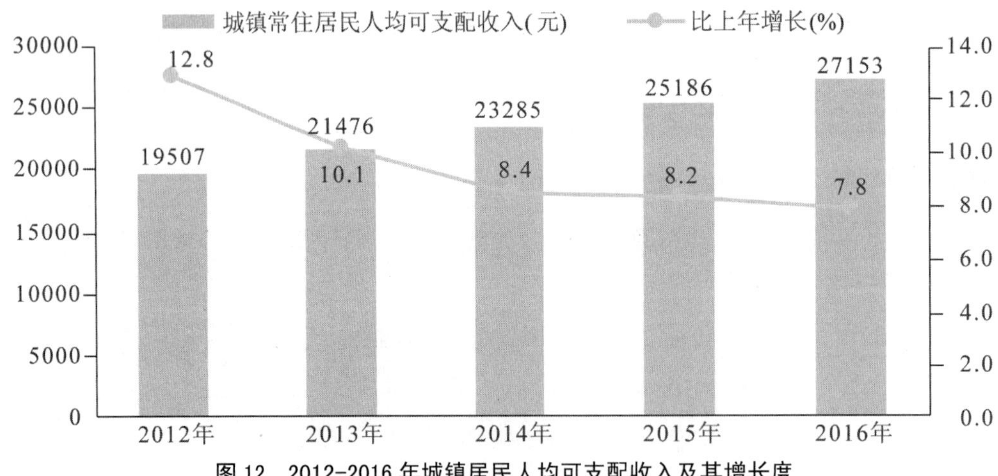

图 12　2012-2016 年城镇居民人均可支配收入及其增长度

年末全区各类提供住宿的社会服务机构 119 个，养老服务机构 93 个。社会服务床位 16437 张，其中，养老床位 14070 张(注：不包括社区养老床位)。社区服务机构和设施 1215 个，其中，社区服务中心 66 个，社区服务站 763 个。

十、教育和科技

年末全区各级各类学校 3216 所，教职工 98868 人。学前教育毛入园率 77.94%，小学学龄人口入学率 99.98%，初中阶段毛入学率 104.53%，高中阶段毛入学率 91.35%，高等教育毛入学率 43.15%。

表 10　2016 年各级教育招生、在校、毕业生人数

类　　别	校数（所）	招生数(人)	在校学生数(人)	毕业学生数(人)
普通高等学校	18	35297	121799	30968
#研究生	-	1573	4016	1366
成人高等学校	1	12057	26828	12441
中等职业教育学校	29	28088	78743	24379
普通中学	307	141886	426691	143768
#高　中(含完全中学)	43	47703	151995	56075
初　中(含完全中学)	168	94183	274696	87693
普通小学	1536	96512	582883	96180
幼儿园	889	99141	206219	95623
特殊教育学校	12	709	4388	445

全年登记自治区级科技成果 311 项，比上年增长 27.5%。其中，基础理论成果 171 项，应用技术成果 224 项，软科学成果 16 项。全年申请专利量 6148 件,比上年增长 39.9%,其中，发明专利 2510 件，下降 4.4%。专利授权量 2677 件，增长 43.5%，其中，发明专利授权量 560 件，增长 26.7%。全年共签订技术合同 992 项，技术合同成交金额 5.17 亿元。

年末全区拥有国家级工程技术研究中心 3 个，自治区级工程技术研究中心 41 个；国家重点实验室 3 个，省部共建重点实验室 4 个，国家重点培育基地 3 个，自治区级重点实验室 15 个；国家级企业（集团）技术中心（含分中心）14 个，自治区级企业（集团）技术中心 62 个，技术创新中心 167 个。

十一、文化、卫生和体育

年末全区共有博物馆[10]75 个，国家综合档案馆 27 个，公共图书馆 26 个，文化馆 26 个，各类艺术表演团体 13 个。全年地方出版报纸　　19 种，出版期刊 37 种，出版图书 3098 种。数字电视实际用户 71.26 万户。年末广播节目综合人口覆盖率为 96.72%；电视节目综合人口覆盖率为 99.34%。

年末全区共有医疗卫生机构[11]4256 个，其中，医院 190 个，卫生院 219 个，疾病预防控制中心 25 个，妇幼保健机构 21 个。医疗卫生机构床位 3.54 万张。卫生技术人员 44721 人，其中，执业(助理)医师 17072 人，注册护师、护士 18070 人。

全年举办县级以上全民健身活动 4000 余场次，其中，1000 人以上的大型全民健身活动 200 次，举办青少年单项比赛 34 项，参加活动的人数总计达到 160 万人次。在全国比赛取得金牌 12 枚、银牌 7 枚、铜牌 13 枚；全年有 178 人达国家一级运动员等级标准，219 人达国家二级运动员等级标准，58 人获得国家一级裁判员等级称号。

十二、资源、环境和安全生产

初步核算，全年全区能源消费总量为 5591.8 万吨标准煤，比上年增长 3.5%。全区万元地区生产总值能耗下降 4.3%。

全年水资源总量 10 亿立方米。全年平均降水量 290 毫米，比上年增长 0.7%。全年总用水量 64.89 亿立方米，比上年下降 7.8%。其中，生活用水 2.78 亿立方米，增长 19.3%；工业用水 4.39 亿立方米，增长 0.8%；农业用水 57.72 亿立方米，下降 9.4%。万元地区生产总值用水量[12]206 立方米，比上年下降 14.7%；万元工业增加值用水量 42 立方米，下降 6%。

全区完成营造林面积 122.85 万亩，比上年增加 2.7 万亩，增长 2.2%。其中，人工造林 88.44 万亩。年末

实有封山（沙）育林面积507.89万亩。

城市污水处理率91.95%，比上年提高2.98个百分点。燃气普及率84.39%，比上年提高1.12个百分点。城市建成区绿地面积2.23万公顷，增长7.68%；全区建成区绿地率35.26%，比上年提高0.58个百分点；建成区供水管道密度6.31公里/平方公里，建成区排水管道密度4.74公里/平方公里。人均公园绿地面积17.57平方米，比上年增加0.33平方米。

全区累计发生各类生产安全事故1680起，按可比口径同比（下同）下降35.6%；死亡473人，同比下降1.3%。亿元地区生产总值生产安全事故死亡率为0.150，按可比口径比上年下降3.8%；煤矿事故3起，死亡22人，煤矿百万吨死亡率为0.311；道路交通事故1608起，死亡375人，道路交通万车死亡率为2.20；工矿商贸事故63起，死亡91人，工矿商贸就业人员[13]10万人生产安全事故死亡率为3.289。

注释：

[1]本公报中数据均为初步统计数，正式数据以《宁夏统计年鉴-2017》为准。部分数据因四舍五入的原因，存在着与分项合计不等的情况。

[2]考虑到我国劳动年龄下限为16周岁，从2013年开始公布16-59岁（含不满60周岁）人口数据。2016年末，0-14岁（含不满15周岁）人口为136.13万人，15-59岁（含不满60周岁）人口为455.89万人。

[3]全区生产总值及各产业和各行业增加值指标绝对数按现价计算，增长速度按可比价格计算。

[4] 2012年至2015年数据为公共财政预算收入决算数，2016年为执行数。

[5]六大高耗能行业分别为：化学原料和化学制品制造业、非金属矿物制品业、黑色金属冶炼和压延加工业、有色金属冶炼和压延加工业、石油加工炼焦和核燃料加工业、电力热力生产和供应业。

[6]钢材产量数据中含使用钢材加工成其他钢材的重复计算因素。

[7]网上零售额是指通过公共网络交易平台（包括自建网站和第三方平台）实现的商品和服务零售额。

[8]公路交通运输货运、客运数据按2013年交通运输统计专项调查之后口径核算。

[9]图11、图12数据是按新口径计算的城乡可比的可支配收入。

[10]包括综合类、历史类、艺术类、自然类、科学类的博物馆和展览馆。

[11]医疗卫生机构包括村卫生室。

[12]万元地区生产总值用水量和万元工业增加值用水量按2015年不变价计算。

[13]工矿商贸就业人员为2016年我区二、三产业从业人员数加2017年政府工作报告中农村劳动力转移就业人员数的合计数276.7万人。

第二篇

住户调查

Household Survey

简要说明

长期以来，中国的住户调查一直分城乡分别开展。城镇住户调查居民可支配收入，农村住户调查农民纯收入，至今没有全国统一的居民收入和消费支出数据。由于城乡分别组织开展调查，农村与城镇居民收入、支出等指标的统计口径有所不同，数据也不完全可比。为此，国家统计局对城乡住户调查实施了一体化改革，建立了统一的调查体系，并改进和完善住户调查方法和手段。从 2014 年开始，本年鉴中增加了宁夏全区、5 个地级市及 22 个县（市、区）全体居民可支配收入及来源数据，增加了全体居民消费情况数据。同时为了和历史数据对比，在城乡一体化住户调查改革完成后，再统一对指标口径和历史数据进行调整。

城乡居民收支调查数据是根据抽样方法随机抽取的，分布在全区 22 个市县（区）范围的 340 个调查小区，3400 户城乡居民家庭记帐资料得到的。全区及银川市、石嘴山市、吴忠市、固原市、中卫市 5 个地级市、22 个县（市、区）城乡可比的全体居民可支配收入与消费等数据是根据城乡住户收支与生活状况调查记帐数据和城镇化率加权汇总计算得出，住户人口特征、就业情况、住房情况、耐用消费品拥有情况等数据通过问卷方式获取。

Brief Description

For a long time, urban and rural household survey carried out respectively in China. Urban household survey residents disposable income. Rural household survey net income of the farmers. So far there is no unified national household income and consumer spending data. Because of the urban and rural carry out the investigation respectively, Statistical caliber of income and expenditure Indicators such as is different of rural and urban residents, the data is not entirely comparable. For this, the national bureau of statistics carried out reform on the integration of urban and rural household survey, set up a unified survey system, and improved and perfected household survey methods and means. Since 2014, has increased all the residents' disposable income and the source data of Ningxia district, 5 cities and 22 counties (city, area) in this yearbook, has increased all the residents' consumption data. At the same time in order to contrast the historical data, after the completion of the integration of urban and rural household survey, uniformly adjust indicators caliber and historical data.

The survey data of urban and rural residents is based on random sampling method, distributed in 22 counties (districts) range of 340 survey area, from accounting information of 3400 urban and rural residents families. All the residents' disposable income and consumption data is weighted and summed according to the urban and rural residents and living conditions and urbanization rate of Ningxia district and 5 cities, 22 counties (cities, districts), the data of resident population characteristics, employment, housing, consumer durables are obtained through the questionnaire survey.

2016 年多因素驱动宁夏农村居民收入持续增长

2016 年，面对错综复杂的区内外发展环境和持续加大的经济下行压力，自治区党委、政府认真贯彻落实 2016 年中央一号文件精神，加快推进农业现代化、深入推进扶贫攻坚、稳步推进农村改革，农村经济持续健康发展，农村居民收入实现持续增长。

一、农民增收的主要特征

（一）收入持续增长，增速排位前移

2016 年,宁夏农村居民人均可支配收入达 9852 元，比上年增加 733 元，增长 8.0%。从绝对额看，与全国差距进一步扩大，达到全国平均水平的 79.7%,绝对差距由 2303 元扩大为 2511 元，在全国 31 个省市区排第 25 位，在西部 12 个省市区排第 6 位。从增速上看，比前三季度上升 0.4 个百分点，比上年回落 0.4 个百分点，但仍保持了较好水平，名义增速比全国平均水平低 0.2 个百分点，扣除价格因素，实际增长 6.7%，实际增速比全国平均水平高 0.5 个百分点；在全国 31 个省市区排名由前三季度的第 27 位提高至第 20 位，在西部 12 个省市区排名由前三季度的第 12 位提高至第 9 位。

（二）四项收入增长态势良好，工资性收入支撑作用明显

1. 工资性收入增量最多，对农村居民增收贡献最大。2016 年人均工资性收入 3906 元，比上年增加 292 元，增长 8.1%，拉动可支配收入增长 3.2 个百分点，对农村居民增收的贡献率达 39.8%，是推动宁夏农村居民增收的首要因素。

2. 经营净收入稳步增长，增速回落。2016 年人均经营净收入 3938 元，比上年增加 100 元，增长 2.6%，增速比上年回落 2.7 个百分点。经营净收入对农村居民增收的贡献率为 13.6%，拉动可支配收入增长 1.1 个百分点。其中，农业净收入 1962 元，比上年减少 177 元，下降 8.3%；牧业净收入 632 元，比上年增加 101 元，增长 19.0%；二三产业净收入 1272 元，增加 178 元，增长 16.3%。

3. 转移净收入较快增长，政策效应凸现。2016 年人均转移净收入 1716 元，比上年增加 239 元，增长 16.2%，对农村居民增收的贡献率为 32.6%，拉动可支配收入增长 2.6 个百分点，是农民增收的重要动力。其中，人均社会救济和补助 274 元，比上年增长 60.9%；人均政策性惠农补贴 535 元，增长 41.1%。

4. 财产净收入快速增长。2016 年人均财产净收入 292 元，比上年增加 102 元，增长 53.6%。虽然绝对额为四大类收入中最小的一项，但仍是农村居民增收的有益补充，对农村居民增收的贡献率为 13.9%，拉动可支配收入增长 1.1 个百分点。

（三）收入结构逐步改善，收入来源日趋丰富

从收入结构看，2016 年宁夏农村居民工资性收入、经营净收入、财产净收入、转移净收入占可支配收入的比重分别为 39.6%、40.0%、3.0%、17.4%，与 2015 年相比，工资性收入占比持平，经营净收入占比下降 2.1 个百分点，财产净收入和转移净收入占比分别上升 0.9 和 1.2 个百分点。值得关注的是，一产业经营净收入占比下降 3.0 个百分点，其中农业净收入占比下降 3.6 个百分点，而牧业净收入占比上升 0.6 个百分点，三产业净收入占比上升 0.7 个百分点。充分显示，随着农民工本地就业机会的增多以及农村地区二、三产业的快速发展，宁夏农村居民收入来源日趋丰富，对种植业和外出务工的依赖程度有所降低。

二、促进农村居民增收因素分析

（一）扩大就业促进创业，工资性收入较快增长

2016 年，自治区全面提升就业岗位创造能力。一是深入推进大众创业，切实提升公共就业创业服务水平，努力做好去产能企业职工安置工作和高校毕业生等重点群体就业工作。鼓励发展家政、养老、护理等生活性服务业和手工制作等民族地区特色产业，吸纳更多中低技能劳动者特别是建档立卡贫困户家庭劳动者就业。二是完善职业技能培训体系。实施以新生代农民工为重点的职业技能提升计划，发展农村贫困家庭子女、未升学初高中毕业生、农民工等免费接受职业培训行动。据城乡一体化抽样调查结果显示，2016 年宁夏农村居民就业人数比上年增长 2.4%，其中，自主创业人数增长 35.5%，务工人数增长 6.0%，二三产业经营人数增长 21.8%。在增加岗位和提升技能的合力驱动下，宁夏农村居民就业人数明显增加，带动农村居民人均工资性收入持续较快增长，为促进农村居民增收提供了有力支撑。

（二）多因素合力驱动，激活经营收入增长潜力

一是传统农业稳步发展，特色效益农业蓬勃发展。在传统产业方面，2016 年宁夏牛羊饲养量较快增长，牛羊肉价格平稳运行；蔬菜价格同比有所下降，但种植面积和产量均保持较快增长；粮食种植结构进一步优化，带动粮食、畜牧、蔬菜三大基础产业稳步发展。在特色效益农业方面，据抽样调查，2016 年农村居民人均出售水果收入 148 元，比上年增长 49.7%，人均出售西瓜收入 236 元，增长 21.9%，人均出售枸杞收入 300 元，比上年减少 5.5%。特色产业链不断发展壮大，支撑宁夏农村居民人均农业收入实现稳步增长。

二是农村电商、乡村旅游快速发展。近年来，淘宝、京东等各大电商纷纷在农村地区发展，枸杞、绿色水果等土特产品实现上网销售，进一步提高了农产品商品化率。农村电商和乡村旅游的快速发展，一方面为各地特色农副产品提供了良好的宣传、推介平台，促进了产品销售，直接增加了农民收入；另一方面带动了农村地区农家乐等农旅产业融合经营主体的发展，并在农副产品仓储、运输、加工、销售等环节上延伸了产业链条，进而带动农村居民人均二三产业经营净收入实现快速增长。

（三）民生政策有序落实，支撑转移收入实现较快增长

一是农村低保标准与扶贫标准“两线合一”。从 2016 年 4 月 1 日起，宁夏提高城乡居民最低生活保障标准，农村低保标准由每人每年 2400 元提高到 3150 元，增长 31.3%。二是最低工资标准上调。2015 年 11 月 1 日开始，宁夏调整最低工资标准，平均上涨 170 元/月。三是调整企业退休人员基本养老金和城乡居民基础养老金，企业退休人员基本养老金月人均提高到 2469 元，城乡居民基础养老金，全区最低标准提高到 115 元。此外，征地农转非人员等养老金标准不同程度上调，临时救助等制度进一步健全，促进社会民生持续改善，转移净收入成为农村居民增收的不竭动力。据抽样调查，2016 年宁夏农村居民人均养老金或离退休金 734 元，比上年增长 13.9%。

（四）脱贫攻坚成效显著，激活贫困地区农民增收潜力

聚焦全区 58.12 万贫困人口脱贫、800 个贫困村销号、9 个贫困县(区)摘帽目标，实施精准扶贫、精准脱贫，加快“造血式”扶贫，全力推动“530”政策落实，以产业带扶贫、扩就业、促增收。自治区出台了一系列普惠加特惠的扶持政策，大力发展特色优势产业，并优化产业布局。以草畜、马铃薯、冷凉蔬菜、苗木、中药材为主的区域优势特色产业基本成型，不同类型的设施农业竞相发展。此外，金融、就业、教育、医疗等扶贫措施成效不断显现，带动贫困地区农村居民收入实现快速增长。2016 年山区农村居民人均可支配收入 7505 元，比上年增长 10.1%，增速比上年提高 0.6 个百分点，高于全区平均增速 2.1 个百分点。

三、影响农村居民增收的不利因素

（一）经济增长仍面临下行压力，给农村居民增收带来不利影响

尽管从目前来看，宁夏经济呈现总体平稳、稳中有进、稳中向好的发展态势，但从更大范围来看，在短期内国内外经济波动调整的格局难以出现根本性改变，经济仍面临下行压力。在这种宏观环境下，农村

居民外出务工、就业难度加大，就业务工时间、工资标准也将受到一定影响，工资性收入增长的难度进一步加大，对农村居民增收的支撑作用将有所削弱。

（二）主要农产品价格低位运行，影响了农村居民收入的增加

2016 年以来玉米价格继续走低，小麦、水稻、羊肉、露地蔬菜、枸杞等价格也有所下降；中南部地区遭遇干旱，影响了玉米、马铃薯等农产品产量。据抽样调查，2016 年农村居民人均出售粮食 2250 元，比上年增加 437 元，增长 24.1%，其中，因出售量增加使农民增收 885 元，由于价格下降影响农村居民减收 448 元。2016 年农村居民人均出售猪牛羊收入 1785 元，比上年增长 50.8%，其中，因出售量增加使农民增收 488 元，由于下降价格使农村居民减收 19 元。

（三）惠农补贴政策改革，政策性红利对农村居民增收的支撑作用有可能减弱

近年来，一系列强农惠农政策陆续实施，促进了农业生产，发展了农村经济，增加了农村居民收入。但单纯从增收的角度来看，在已有的政策逐步落实的背景下，若无新的惠农政策出台，或者说惠农补贴若无新的增量，也会促使政策性红利对农村居民增收支撑作用的减弱。

（龚淑玲）

2016年宁夏城镇居民可支配收入持续增长

2016年是“十三五”开局首年，宁夏党委、政府积极适应经济发展新常态，紧紧围绕“十三五”规划的各项目标，以提高经济增长质量和效益为中心，坚持稳中求进工作总基调，坚定不移推进供给侧结构性改革，全区经济运行总体平稳、稳中有进，城镇居民可支配收入持续增长。

一、2016年宁夏城镇居民可支配收入增长特点

2016年，宁夏城镇居民人均可支配收入27153元，比上年增加1967元，名义增长7.8%，扣除价格上涨因素实际增长6.1%。从收入来源看，工资性收入、经营净收入、财产净收入和转移净收入四项均呈现稳步增长的态势。

(一)工资性收入是城镇居民可支配收入的主要来源。2016年宁夏城镇居民人均工资性收入18033元，同比增加1148元，增长6.8%。工资性收入占可支配收入的比重为66.4%，增收贡献率为58.4%，拉动可支配收入增长4.5个百分点。在四大项收入中,工资性收入所占比重最大,仍是城镇居民可支配收入的主要来源,依然占据主导地位。

增长原因：一是政策性增资因素助推城镇居民工资性收入上涨。2016年年初各市县陆续兑现未休公休假奖励、13个月工资等上年未落实的增资政策；银川地区补发因工资基数上涨而增加的创建文明奖差额部分；上调全区乡镇干部基层卫生系统人员工资待遇，人均月提高400元左右；公安警衔工资上调、并补发了上年增资部分；上调行政事业单位人员艰苦边远地区津贴；区属机关单位从1月份开始兑现公车改革补贴，市直机关从4月份开始兑现公车改革补贴。二是全区加大民生工程建设，千方百计促进居民就业。三是企业经济效益提升，社会平均工资标准提高，企业职工工资和务工工资有所增加。

（二）经营净收入稳定增长。2016年城镇居民人均经营净收入为2824元，比上年同期增加125元，增长4.6%。家庭经营净收入占可支配收入的比重为10.4%，增收贡献率为6.4%，拉动可支配收入增长0.5个百分点。其中，人均第一产业经营净收入259元，同比增长0.3%；人均二三产业经营净收入2565元，同比增长5.1%。二三产业经营净收入的增长主要是受惠于各项改革政策的落实,就业创业环境的不断优化。如“营改增”、扶持小微企业等政策实施，减轻经营负担，促进小企业、个体工商户较快发展。

（三）财产净收入成为城镇居民增收新动力。2016年宁夏城镇居民人均财产净收入1255元，同比增加174元，增长16.1%。财产净收入占可支配收入的比重为4.6%，增收贡献率为8.8%，拉动可支配收入增长0.7个百分点。随着城镇居民财富的不断积累，理财能力不断提高，投资渠道日趋多元化，财产性收入呈增长趋势；越来越多农村人员来城市务工或者陪读，租房人数持续增多，拉高房屋租金收入。

（四）转移净收入成为拉动城镇居民增收的重要补充。2016年宁夏城镇居民人均转移净收入5040元，同比增加520元，增长11.5%。转移净收入占可支配收入的比重为18.6%，增收贡献率为26.4%，拉动可支配收入增长2.1个百分点。增长原因：人口老龄化速度加快，领取离退休金、养老保险人数不断增加，加之2016年全区提高离退休人员及城镇基本养老金发放标准，继续提高低保补助标准，扩大养老保险全额补助范围，发放高龄津贴等，社会保障体系的进一步完善，促进城镇居民转移净收入快速增长。

（五）从全区来看：全区22个县区，有6个县区城镇居民人均可支配收入增速高于全区水平，其中增幅排前三名的分别是红寺堡区（8.6%）、盐池县（8.4%）、同心县（8.1%）和海原县（8.1%），有4个县区城镇居民人均可支配收入同比名义增速与全区增速（7.8%）持平。

（六）从全国来看：2016 年宁夏城镇居民人均可支配收入 27153 元，低于全国平均水平 6463 元,在全国位于第 26 位；名义增速为 7.8%，增速与全国持平，在全国位于第 22 位。扣除价格因素，实际增长 6.1%，高于全国 0.5 个百分点。从西部十二省来看，宁夏城镇居民人均可支配收入水平及增速均位于第 9 位。

二、影响城镇居民增收的几个突出问题

(一) 可支配收入对工资性收入依赖程度偏高。就宁夏城镇居民收入构成而言，长期以来一直是以工资性收入为主、非工资性收入为辅的格局，工资性收入是城镇居民收入增长的主要来源。随着近年来经济体制改革的深入，城镇居民收入渠道日益拓宽，收入结构发生了悄然变化，工资外收入明显增加，形成工资性收入比重逐渐下降、非工资性收入比重逐步提高的新趋势。但宁夏城镇居民对工资性收入的依赖程度依然偏高，工资性收入占可支配收入的比重为 66.4%，而经营净收入、财产净收入和转移净收入三项仅占可支配收入的 33.6%。

(二) 缺乏新的增资政策，拉动城镇居民增收动力不足。城镇居民增收主要依靠政策性增资，今年政府新出台的增资政策受益面有限，相对上年增收项目新增较少，拉动城镇居民增收作用有限。

(三) 经营净收入有待提高。随着经济的发展，城镇居民中从事非农生产经营活动的家庭逐渐增加，经营性收入在居民可支配收入中所占比重不断上升。但受近年经济形势的影响，个体经营户经营困难，收入增长趋缓。

(四) 财产净收入增长存在较大的不确定性。城镇居民财产性收入来源虽趋多元化，但主要集中于金融市场和房地产市场，收益风险较高。财产净收入容易受到股票、基金和房地产市场剧烈波动的影响，收入增长存在较大的不确定性。

三、促进城镇居民增收的几点建议

(一) 大力发展经济，促进城镇居民增收。居民收入的高低与当地经济发展的速度和实力密切相关，提高城镇居民可支配收入，要以发展带动增收，以经济的不断发展带动财力的不断增长，从根本上促进城镇居民增收。

(二) 积极有效地遏制物价上涨。一方面，密切关注物价走势，加强对粮、油、肉等生活必需品价格的监控，避免城镇居民生活负担加重，并根据物价走势，对中低收入群体采取临时价格补贴，确保城镇居民尤其是低收入群众的实际生活水平不因物价上涨而受影响；另一方面，发挥政府职能，打击哄抬物价等行为，维护人民群众切身利益。

(三) 加快第三产业发展，鼓励城镇居民自主创业。第三产业具有经济效益高、污染小、吸纳劳动力多等特点，建议政府加快发展第三产业，促进经济结构调整，缓解就业压力；加强对个体工商户和私营企业的资金支持力度，放宽信贷政策。对于那些真正踏实经营，劳动致富的私营企业和个体户，支持其扩大生产和经营规模，力争通过资金支持和指导经营，加快致富，增加收入；继续坚持和完善相关扶持政策，营造更加良好的经营环境，引导城镇居民自主创业、自主经营。

(四) 加大引导力度，拓宽城镇居民增收渠道。规范劳动力市场秩序，积极引导鼓励劳动者自主创业和自谋职业；多渠道增加城镇居民财产性收入，支持有条件的企业实施员工持股计划，拓宽城镇居民租金、股息、红利等增收渠道；进一步加大劳务输出力度，开展好职业技能培训，提高务工人员素质，同时和用工企业搭桥牵线，方便劳动力外出就业。

(五) 进一步落实惠民政策，提高中、低收入家庭的收入。促进城镇居民增收，提高中低收入家庭的收入是十分关键的。因此要应积极采取有效措施，加大调节贫富收入差距的力度，努力缩小不合理的收入差距；要继续完善城镇居民最低生活保障制度，尽可能提高救助标准，扩大保障面，加大转移支付力度，切实保障低收入家庭的基本生活，通过提高中低阶层居民收入的水平，以实现城镇居民总体收入的较快增长，达到共同富裕。

（韩旭）

2-1 2016年全体居民家庭基本情况

Basic Statistics of Urban and Rural Households (2016)

指标名称	Item	单位	Unit	总计 (Total)
一、调查样本住户数	**Number of Households Surveyed**	户	**household**	**2009**
(一)城镇住户	Number of Urban Households	户	household	1003
(二)农村住户	Number of Rural Households	户	household	1006
二、户主文化程度	**Cultural Level of Head of a Household**	--	--	--
(一)未上过学	No Schooling	户	household	97
(二)小学	Primary School	户	household	492
(三)初中	Junior Secondary School	户	household	788
(四)高中	Senior Secondary School	户	household	324
(五)大学专科	Junior College	户	household	175
(六)大学本科	Undergraduate College	户	household	130
(七)研究生	Postgraduate	户	household	3
三、住户经营情况	**Business Condition of Households**	--	--	--
(一)生产经营户	Production Business Households	户	household	1184
(二)非生产经营户	Non-production Business Households	户	household	825
四、按家庭规模分的住户类型	**Households Type Devided by Family Size**	--	--	--
(一)一人户	One Person	户	household	43
(二)二人户	Two Persons	户	household	484
(三)三人户	Three Persons	户	household	562
(四)四人户	Four Persons	户	household	472
(五)五人户	Five Persons	户	household	267
(六)六人及以上户	Six Persons and Over	户	household	181
五、按世代分的住户类型	**Households Type Devided by Generation**	--	--	--
(一)一代户	One-Generation Households	户	household	424
(二)二代户	Two-Generation Households	户	household	1212
(三)三代户	Three-Generation Households	户	household	364
(四)四代及以上户	Four-Generation Households and Over	户	household	9
六、住户特征	**Household Characteristics**	--	--	--
(一)纯老人户	Households of only the Old	户	household	141
(二)家中有未成年子女户	Households of Couple with Minor Children	户	household	945
(三)年轻夫妻无子女户	Households of Young Couple without Children	户	household	6
(四)无劳动力户	Households without Labour Force	户	household	40

注：全书住户收支调查表中，“--”指此项指标不进行计算或汇总；“空格”指此项指标数据为0。

Note:the book“--”means the indicator of resident income and expenditure survey is not calculated or summaiy;“blank”means the data is zero.

2-2　2016年全体居民家庭房屋基本情况
Basic Statistics of House of Urban and Rural Households (2016)

指 标 名 称	Item	单位	Unit	总计 (Total)
一、期末拥有住房情况	**Owning House Condition of Term End**	--	--	--
(一)期末拥有房屋面积	House Floor Space of Term End	平方米/人	sq.m	34.5
其中：自有现住房面积	Floor Space of Current Housing	平方米/人	sq.m	30.6
(三)期末拥有房屋市场价月租金	The Market Rent Per Month of House of Term End	元/人	yuan	181.9
其中：自有现住房市场价月租金	The Market Rent Per Month of Current Housing	元/人	yuan	163.4
二、期内新购建住房情况	**Newly Bought or Built Residential Buildings Condition During Period**	--	--	--
(一)期内新购住房建筑面积	House Floor Space of Newly Bought Residential Buildings	平方米/人	sq.m	1.1
(二)新购住房总金额	Amount of Newly Bought Residential Buildings	元/人	yuan	3672.0
(三)新建住房竣工建筑面积	Completing Floor Space of Newly Built Residential Buildings	平方米/人	sq.m	0.6
(三)新建住房总费用	Total Cost of Newly Built Residential Buildings	元/人	yuan	655.0
三、期末现住房构成	**Housing Constitute of Term End**	--	--	--
(一)本住户居住类型	Residence Type	%	%	100.0
其中：普通住宅	General Residence	%	%	99.7
(二)本住户居住空间样式	House Construction Space Style	%	%	100.0
1.单栋楼房	Single Building	%	%	3.3
2.单栋平房	Single Bungalow	%	%	57.5
3.四居室及以上单元房	House With Four Bedrooms and Above	%	%	1.2
4.三居室单元房	House With Three Bedrooms	%	%	17.1
5.二居室单元房	House With Two Bedrooms	%	%	19.1
6.一居室单元房	House With One Bedrooms	%	%	0.9
7.其他	Others	%	%	0.9
(三)主要建筑材料	Main Building Materials	%	%	100.0
1.钢筋混凝土	Reinforced Concrete	%	%	15.2
2.砖混材料	Brick and Concrete	%	%	41.7
3.砖瓦砖木	Brick and Wood	%	%	40.4
4.竹草土坯	Bamboo Grass Adobe	%	%	2.3
5.其他	Others	%	%	0.4
(四)现住房房屋来源	Source of Current Housing	%	%	100.0
1.租赁公房	Public House Leasing	%	%	1.0
2.租赁私房	Private House Leasing	%	%	2.1
3.自建住房	Self-Built housing	%	%	56.6
4.购买商品房	Commercial Residential Building	%	%	27.5
5.购买房改住房	Reformed housing	%	%	5.6
6.购买保障性住房	Security housing	%	%	1.6
7.拆迁安置房	Removal settlement housing	%	%	4.2
8.继承或获赠住房	Inheritance or Gift Housing	%	%	0.2
9.免费借用房	Borrow Housing for Free	%	%	0.7
10.其他	Others	%	%	0.5
(五)现住房建筑面积	Floor Space of Current Residential Buildings	%	%	100.0
1.10平方米以内	Less than 10sq.m	%	%	
2.10-20平方米	10-20sq.m	%	%	0.1
3.20-30平方米	20-30sq.m	%	%	0.2
4.30-60平方米	30-60sq.m	%	%	9.5
5.60-90平方米	60-90sq.m	%	%	25.3
6.90-120平方米	90-120sq.m	%	%	35.5
7.120-200平方米	120-200sq.m	%	%	24.8
8.200平方米以上	200sq.m Above	%	%	4.6

2-2 续表 continued

指标名称	Item	单位	Unit	总计 (Total)
(六)住宅有管道供水情况	Pipeline Water Supplying of Residential Buildings	%	%	100.0
1.管道供水入户	Pipeline Water Supplying in the Home	%	%	74.5
2.管道供水至公共取水点	Pipeline Water Supplying to Public Water Intaking Spot	%	%	15.9
3.没有管道设施	No Pipeline Infrastructure	%	%	9.6
(七)住户厕所类型	Residence Toilet Type	%	%	100.0
1.水冲式卫生厕所	Water Flushing Sanitary Toilet	%	%	43.2
2.水冲式非卫生厕所	Water Flushing Insanitary Toilet	%	%	0.4
3.卫生旱厕	Sanitary Pit Latrine	%	%	5.4
4.普通旱厕	General Pit Latrine	%	%	50.8
5.无厕所	No Toilet	%	%	0.2
(八)住户厕所使用情况	Using Condition of Residence Toilet	%	%	100.0
1.本住户独用	Exclusive Use	%	%	97.8
2.几户合用	Sharing with Several households	%	%	1.2
3.公用厕所	Public Toilet	%	%	1.0
(九)住户洗澡设施情况	Residence Shower Equipment Condition	%	%	100.0
1.统一供热水	Unified Supply Hot Water	%	%	2.3
2.家庭自装热水器	House Self-Installing Water Heater	%	%	68.7
3.其他	Others	%	%	4.6
4.无洗澡设施	No Shower Equipment	%	%	24.4
(十)住户主要取暖设备状况	Residence Main Heating Equipment Condition	%	%	100.0
1.由市政或小区集中供暖	Central Heating by Government or Housing Estate	%	%	36.7
2.自行供暖	Self Heating	%	%	60.7
3.无取暖设备	No Heating Equipment	%	%	2.6
(十一)住户主要取暖用能源状况	Residence Main Heating Energy Condition	%	%	100.0
1.柴草	Firewood	%	%	1.1
2.煤炭	Coal	%	%	61.0
3.罐装液化石油气	Liquefied Petroleum Gas of Can Pack	%	%	0.1
4.管道液化石油气	Liquefied Petroleum Gas of Pipeline	%	%	0.2
5.管道煤气	Coal Gas of Pipeline	%	%	
6.管道天然气	Natural Gas of Pipeline	%	%	2.8
7.电	Electricity	%	%	1.4
8.燃料用油	Fuel Oils	%	%	
9.沼气	Biogas	%	%	
10.其他	Others	%	%	3.2
11.无取暖行为	No Heating Behavior	%	%	30.2
(十二)主要炊用能源状况	Main Condition of Cooking Energy	%	%	100.0
1.柴草	Firewood	%	%	4.9
2.煤炭	Coal	%	%	22.7
3.罐装液化石油气	Liquefied Petroleum Gas of Can Pack	%	%	13.0
4.管道液化石油气	Liquefied Petroleum Gas of Pipeline	%	%	0.2
5.管道煤气	Coal Gas of Pipeline	%	%	0.1
6.管道天然气	Natural Gas of Pipeline	%	%	25.4
7.电	Electricity	%	%	33.4
8.其他	Others	%	%	0.3

2-3 2016年全体居民家庭就业年龄及学历构成情况

Composition Statistics of Employment Age and Education of Urban and Rural Households (2016)

指标名称	Item	单位	Unit	总计 (Total)
一、基本情况	**Basic Statistics of Households Surveyed**	--	--	--
(一)户均常住人口	Average Number of Permanent Residents per Household	人/户	person/household	3.4
(二)户均常住从业人口	Average Number of Employed Persons per Household	人/户	person/household	1.7
(三)平均每户家庭从业人口比重	Average Number of Employed Persons Percentage per Household	%	%	54.2
(四)平均每一从业人口负担人数	Average Number of Dependency Coefficient per Employed Persons	人	person	1.9
二、常住从业人员年龄构成	**Age Composition of Permanent Employed Persons**	**%**	**%**	**100.0**
(一)16-19岁	Aged 16-19	%	%	2.0
(二)20-24岁	Aged 20-24	%	%	6.2
(三)25-29岁	Aged 25-29	%	%	7.4
(四)30-34岁	Aged 30-34	%	%	7.9
(五)35-40岁	Aged 35-40	%	%	17.1
(六)41-50岁	Aged 41-50	%	%	35.8
(七)51-60岁	Aged 51-60	%	%	19.0
(八)61-65岁	Aged 61-65	%	%	3.4
(九)66岁及以上	Aged 66 and over	%	%	1.2
三、常住从业人员文化程度构成	**Degree of Education of Permanent Employed Persons**	**%**	**%**	**100.0**
(一)未上过学	No Schooling	%	%	7.7
(二)小学	Primary School	%	%	24.1
(三)初中	Junior Secondary School	%	%	39.2
(四)高中	Senior Secondary School	%	%	13.2
(五)大学专科	Junior College	%	%	8.6
(六)大学本科及以上	Bachelor Degree or Above	%	%	7.2
四、常住从业人员就业类型	**Type of Employment of Permanent Employed Persons**	**%**	**%**	**100.0**
(一)雇主	Employer	%	%	0.3
(二)公职人员	Civil Servants	%	%	1.9
(三)事业单位人员	Institution Officers	%	%	5.7
(四)国有企业雇员	State-owned Enterprises Employees	%	%	4.1
(五)其他雇员	Other Employees	%	%	44.1
(六)农业自营	Self-employed of Agriculture	%	%	31.1
(七)非农自营	Self-employed of Non-Agriculture	%	%	12.8
五、常住从业人员从事主要行业	**Type of Industry of Permanent Employed Persons**	**%**	**%**	**100.0**
(一)第一产业	Primary Industry	%	%	34.9
(二)第二产业	Secondary Industry	%	%	24.2
(三)第三产业	Tertiary Industry	%	%	40.9
五、常住户家庭收入与支出	**Income and Expenditure of Permanent Household**	--	--	--
(一)居民可支配收入	Disposable Income of Residents	元/人	yuan/person	18832.3
(二)居民现金可支配收入	Disposable Cash Income of Residents	元/人	yuan/person	18231.1
现金可支配收入占可支配收入比重	Percentage of Disposable Cash Income as Disposable Income	%	%	96.8
(三)居民消费支出	Consumer Expenditure of Residents	元/人	yuan/person	14965.4
(四)居民现金消费支出	Consumer Cash Expenditure of Residents	元/人	yuan/perrson	13092.2
居民现金消费支出占消费支出比重	Percentage of Consumer Cash Expenditure as Consumer Expenditure	%	%	87.5

2-4 2016年全体居民家庭主要食品消费数量

Consumption of Major Foods by Urban and Rural Households (2016)

单位：公斤/人 (kg/person)

指标名称	Item	总计
一、粮食消费量	**Grain**	**123.1**
(一)谷物消费量	Cereal	115.3
1.小麦	Wheat	70.0
2.稻谷	Rice	41.0
3.玉米	Corn	0.9
4.其他谷物	Others	3.3
(二)薯类消费量	Tubers	3.1
1.红薯	Sweet Potato	0.3
2.马铃薯	Potato	2.3
3.其他薯类	Others	0.4
(三)豆类消费量	Beans	4.7
1.大豆	Soybeans	0.1
2.其他豆类	Others	4.6
二、蔬菜及菜制品消费量	**Vegetables and Processed Products**	**89.4**
其中：鲜菜	Fresh Vegetables	87.4
三、肉禽及其制品	**Meat,Poultry and Processed Products**	**16.6**
1.猪肉	Pork	6.7
2.牛肉	Beef	3.5
3.羊肉	Mutton	5.3
4.家禽	Poultry	6.1
5.其他肉禽及制品	Others	1.2
四、蛋类及蛋制品	**Eggs and Processed Products**	**5.5**
五、奶和奶制品	**Milk and Processed Products**	**14.4**
六、水产品	**Aquatic Products**	**2.8**
其中：鱼类	Fish	2.1
七、油脂类消费量	**Grease**	**8.3**
1.植物油	Vegetable Oil	8.2
2.动物油	Animal Oil	0.0
八、糖果糕点类	**Confection and Pastry**	**4.0**
九、干鲜瓜果类	**Melon and Fruits**	**72.0**
1.鲜瓜果	Melons	66.8
2.瓜果制品	Watermelon	1.1
3.坚果类	Nuts	4.1
十、消费茶叶	**Tea Leaves**	**0.2**
十一、酒	**Liquor**	**3.3**
1.白酒	White Spirit	0.6
2.啤酒	Beer	2.6
3.果酒	Fruit Wine	0.1

2-5 2016年全区及各市县全体居民人均可支配收入及来源

Per Capita Disposable Income of Urban and Rural Residents by Sources by City and County (2016)

单位：元 (yuan)

省/直辖市/自治区	Region	可支配收入 Disposable Income	工资性收入 Income from Wages and Salaries	经营净收入 Net Business Income	财产净收入 Net Income from Property	转移净收入 Net Income from Transfer	消费支出 Consumption Expenditure
全　区	**Total**	**18832.3**	**11238.9**	**3359.7**	**792.0**	**3441.7**	**14965.4**
沿黄地区	**Plain**	**22410.0**	**13982.8**	**3355.8**	**1015.3**	**4056.1**	**17174.6**
中南部地区	**Mountain Area**	**11447.0**	**6692.9**	**3104.6**	**275.1**	**1374.5**	**9353.6**
银川市	**Yinchuan**	**25937.0**	**15935.9**	**3484.4**	**1407.5**	**4569.2**	**19958.6**
兴庆区	Xingqing	31738.6	19421.9	3283.8	2090.4	6942.5	23670.9
西夏区	Xixia	23032.8	15230.9	1740.8	963.3	5097.8	19533.1
金凤区	Jinfeng	27994.8	18293.5	2302.5	2007.7	5391.0	21312.9
永宁县	Yongning	17239.2	9752.2	4933.6	936.9	1616.5	13058.9
贺兰县	Helan	18294.6	11291.6	3666.1	484.8	2852.1	14671.1
灵武市	Lingwu	19906.7	14403.5	3939.5	329.5	1234.2	14132.4
石嘴山市	**Shizuishan**	**21747.0**	**13042.0**	**3195.4**	**671.7**	**4837.9**	**14379.9**
大武口区	Dawukou	27033.1	17255.4	2212.0	902.2	6663.6	16565.8
惠农区	Huinong	20745.0	12923.7	2355.7	479.5	4986.1	12494.9
平罗县	Pingluo	16101.8	7700.8	4813.8	474.9	3112.3	12768.8
吴忠市	**Wuzhong**	**14510.0**	**8388.5**	**3923.7**	**390.4**	**1807.4**	**11529.8**
利通区	Litong	18149.5	10773.7	3521.9	566.0	3287.9	13586.6
红寺堡区	Hongsipu	10198.2	6568.7	2641.6	122.5	865.4	8560.2
盐池县	Yanchi	13919.0	6384.1	5032.3	553.0	1949.6	11229.5
同心县	Tongxin	10329.5	5489.1	3626.2	256.2	957.9	8918.1
青铜峡市	Qingtongxia	16144.0	9654.4	4373.1	488.7	1627.8	10569.0
固原市	**Guyuan**	**11330.0**	**6481.8**	**3092.5**	**230.1**	**1525.6**	**9020.1**
原州区	Yuanzhou	13898.4	8309.8	2893.4	417.6	2277.6	11689.6
西吉县	Xiji	9846.5	5300.1	3401.1	156.9	988.4	7188.8
隆德县	Longde	9937.0	5866.1	2420.0	93.6	1557.3	8796.7
泾源县	Jingyuan	9921.0	5899.5	2794.4	181.6	1045.6	7958.7
彭阳县	Pengyang	10210.4	5793.7	3187.5	170.5	1058.7	7344.1
中卫市	**Zhongwei**	**12941.0**	**7605.6**	**3152.6**	**443.7**	**1739.1**	**11151.0**
沙坡头区	Shapotou	15992.6	10260.8	2885.4	420.3	2426.0	13490.0
中宁县	Zhongning	14997.7	8525.6	4246.4	794.8	1430.8	13041.1
海原县	Haiyuan	9046.2	5163.8	2200.5	259.2	1422.8	7879.0

2-6　2016年全区及各市县全体居民人均消费支出情况

Basic Statistics of Consumption Expenditure of Urban and Rural Residents by City and County (2016)

单位：元　(yuan)

省/直辖市/自治区	Region	消费支出 Consumption Expenditure	1.食品烟酒 Food Tobacco Liquor	2.衣着 Clothing	3.居住 Residence	4.生活用品及服务 Household Facilities Article and Service	5.交通通信 Transport and Telecommunication	6.教育文化娱乐 Educational, Cultural, Recreational	7.医疗保健 Medicine and Health Care	8.其他用品和服务 Other Commodities and Services
全　区	**Total**	**14965.4**	**3701.3**	**1219.9**	**2741.7**	**924.6**	**2748.6**	**1772.1**	**1473.2**	**384.1**
沿黄地区	**Plain**	**17174.6**	**4776.4**	**1631.9**	**3166.4**	**1069.0**	**2343.4**	**2127.3**	**1536.0**	**524.6**
中南部地区	**Mountain Area**	**9353.6**	**2868.5**	**856.5**	**1696.4**	**555.8**	**1215.7**	**1141.9**	**846.6**	**172.6**
银川市	**Yinchuan**	**19958.6**	**5463.5**	**1906.1**	**3816.5**	**1223.4**	**2717.5**	**2499.9**	**1691.1**	**640.5**
兴庆区	Xingqing	23670.9	6055.9	2112.2	3963.5	1521.4	3799.5	3059.6	2520.0	638.9
西夏区	Xixia	19533.1	5729.6	1486.6	3852.0	1219.1	2812.8	2471.1	1571.5	390.4
金凤区	Jinfeng	21312.9	5179.7	1646.5	4517.4	1306.8	3271.9	3198.3	1666.1	526.1
永宁县	Yongning	13058.9	3598.4	1320.1	2041.8	994.9	2098.0	1452.3	1221.2	332.1
贺兰县	Helan	14671.1	4097.7	1288.7	2981.9	899.1	2072.9	1667.9	1321.8	341.0
灵武市	Lingwu	14132.4	3295.2	1359.0	1954.8	1086.1	3692.6	1397.0	963.5	384.2
石嘴山市	**Shizuishan**	**14379.9**	**4409.2**	**1293.3**	**2684.6**	**836.6**	**2041.7**	**1635.7**	**1198.3**	**280.5**
大武口区	Dawukou	16565.8	4797.3	1546.9	3074.3	998.9	2692.7	1852.3	1227.6	375.6
惠农区	Huinong	12494.9	4399.9	1138.3	1881.3	623.8	1708.0	1333.1	1178.4	232.2
平罗县	Pingluo	12768.8	3433.4	1031.5	2508.4	917.6	1833.8	1551.4	1218.6	273.9
吴忠市	**Wuzhong**	**11529.8**	**3347.2**	**1152.6**	**1987.3**	**775.4**	**1629.2**	**1283.9**	**1071.2**	**283.0**
利通区	Litong	13586.6	3540.3	1211.0	2746.0	758.7	2048.4	1259.1	1483.9	539.2
红寺堡区	Hongsipu	8560.2	2418.2	841.9	1366.4	613.7	1414.8	987.5	782.5	135.2
盐池县	Yanchi	11229.5	3149.2	1144.2	2005.3	658.5	1877.2	1360.8	848.8	185.5
同心县	Tongxin	8918.1	2606.8	946.6	1835.6	585.7	1049.2	885.1	851.7	157.4
青铜峡市	Qingtongxia	10569.0	2887.3	1077.7	2056.8	676.6	1228.7	1341.6	991.3	309.0
固原市	**Guyuan**	**9020.1**	**2883.7**	**740.8**	**1540.8**	**525.7**	**1091.9**	**1182.3**	**889.4**	**165.5**
原州区	Yuanzhou	11689.6	3020.9	823.2	2485.3	731.5	1383.0	1558.2	1412.4	275.0
西吉县	Xiji	7188.8	2511.1	620.1	1131.4	441.1	806.7	1071.6	479.4	127.5
隆德县	Longde	8796.7	2951.9	651.3	1398.3	514.1	784.3	1347.4	976.9	172.6
泾源县	Jingyuan	7958.7	2432.1	706.0	1657.6	510.5	890.3	749.7	906.7	105.7
彭阳县	Pengyang	7344.1	2327.7	579.8	1162.7	474.6	911.8	1057.2	732.3	98.1
中卫市	**Zhongwei**	**11151.0**	**3044.8**	**1018.4**	**1993.0**	**679.7**	**1415.4**	**1449.5**	**1196.6**	**353.5**
沙坡头区	Shapotou	13490.0	3387.5	1114.5	2650.6	960.3	2000.2	1431.9	1565.8	379.2
中宁县	Zhongning	13041.1	3344.5	1151.4	2258.3	899.3	1695.3	2000.1	1252.4	439.8
海原县	Haiyuan	7879.0	2000.2	653.7	1482.8	561.1	1021.4	990.0	960.8	208.9

2-7 主要年份各市县全体居民人均可支配收入

单位：元，%

地区	Region	2010年		2011年	
		收入水平 Income	比上年增长 Growth	收入水平 Income	比上年增长 Growth
全 区	**Total**	**9864**	_	**11480**	**16.4**
沿黄地区	**Plain**	**12366**	_	**14179**	**14.7**
中南部地区	**Mountain Area**	**5926**	_	**6813**	**15.0**
银川市	**Yinchuan**	**14036**	_	**16017**	**14.1**
兴庆区	Xingqing	17917	_	20431	14.0
西夏区	Xixia	12524	_	14295	14.1
金凤区	Jinfeng	15140	_	17272	14.1
永宁县	Yongning	9374	_	10674	13.9
贺兰县	Helan	9954	_	11406	14.6
灵武市	Lingwu	10841	_	12414	14.5
石嘴山市	**Shizuishan**	**11987**	_	**13880**	**15.8**
大武口区	Dawukou	14646	_	16970	15.9
惠农区	Huinong	11510	_	13330	15.8
平罗县	Pingluo	8866	_	10143	14.4
吴忠市	**Wuzhong**	**7801**	_	**8912**	**14.2**
利通区	Litong	9953	_	11411	14.6
红寺堡区	Hongsipu	5190	_	5959	14.8
盐池县	Yanchi	7315	_	8306	13.5
同心县	Tongxin	5266	_	6025	14.4
青铜峡市	Qingtongxia	8733	_	10173	16.5
固原市	**Guyuan**	**5827**	_	**6709**	**15.1**
原州区	Yuanzhou	7219	_	8316	15.2
西吉县	Xiji	4952	_	5715	15.4
隆德县	Longde	5055	_	5832	15.4
泾源县	Jingyuan	5031	_	5810	15.5
彭阳县	Pengyang	5125	_	5928	15.7
中卫市	**Zhongwei**	**7010**	_	**8055**	**14.9**
沙坡头区	Shapotou	8833	_	10118	14.5
中宁县	Zhongning	8290	_	9309	12.3
海原县	Haiyuan	4536	_	5272	16.2

注：按照2013年城乡一体化住户调查新口径测算方法，根据城镇化率，测算出近年全体居民人均可支配收入。

Per Capita Annual Disposable Income of Urban and Rural Households by City and Country in Main Years

(yuan，%)

2012年		2013年		2014年		2015年		2016年	
收入水平 Income	比上年增长 Growth	收入水平 Income	比上年增长 Growth	收入水平 Income	比上年增长 Growth	收入水平 Income	比上年增长 Growth	收入水平 Income	比上年增长 Growth
13104	**14.2**	**14566**	**11.2**	**15907**	**9.2**	**17329**	**8.9**	**18832**	**8.7**
15986	**12.7**	**17638**	**10.3**	**19226**	**9.0**	**20803**	**8.2**	**22410**	**7.7**
7795	**14.4**	**8734**	**12.0**	**9625**	**10.2**	**10499**	**9.1**	**11447**	**9.0**
18064	**12.8**	**19914**	**10.2**	**21750**	**9.2**	**23551**	**8.3**	**25397**	**7.8**
22912	12.1	25011	9.2	27346	9.3	29542	8.0	31739	7.4
16208	13.4	18028	11.2	19683	9.2	21322	8.3	23033	8.0
19487	12.8	21829	12.0	23912	9.5	25960	8.6	27995	7.8
12154	13.9	13482	10.9	14722	9.2	16017	8.8	17239	7.6
12968	13.7	14314	10.4	15666	9.4	16955	8.2	18295	7.9
14113	13.7	15653	10.9	17077	9.1	18460	8.1	19906	7.8
15734	**13.4**	**17294**	**9.9**	**18748**	**8.4**	**20220**	**7.9**	**21747**	**7.6**
19195	13.1	21303	11.0	23125	8.6	25082	8.5	27033	7.8
15001	12.5	16524	10.2	17888	8.3	19306	7.9	20745	7.5
11537	13.7	12786	10.8	13923	8.9	14974	7.5	16102	7.5
10136	**13.7**	**11241**	**10.9**	**12322**	**9.6**	**13373**	**8.5**	**14510**	**8.5**
12902	13.1	14259	10.5	15571	9.2	16841	8.2	18149	7.8
6807	14.2	7741	13.7	8529	10.2	9307	9.1	10198	9.6
9454	13.8	10570	11.8	11616	9.9	12720	9.5	13919	9.4
6915	14.8	7811	13.0	8635	10.5	9460	9.6	10329	9.2
11574	13.8	12733	10.0	13924	9.4	15024	7.9	16144	7.5
7688	**14.6**	**8676**	**12.8**	**9591**	**10.5**	**10409**	**8.5**	**11330**	**8.8**
9485	14.1	10678	12.6	11761	10.1	12792	8.8	13898	8.6
6569	14.9	7445	13.3	8262	11.0	9017	9.1	9846	9.2
6705	15.0	7587	13.2	8410	10.8	9102	8.2	9937	9.2
6709	15.5	7600	13.3	8414	10.7	9107	8.2	9921	8.9
6812	14.9	7741	13.7	8590	11.0	9361	9.0	10210	9.1
9141	**13.5**	**10140**	**10.9**	**11094**	**9.4**	**12011**	**8.3**	**12941**	**7.7**
11430	13.0	12630	10.5	13778	9.1	14912	8.2	15993	7.2
10538	13.2	11739	11.4	12817	9.2	13900	8.5	14998	7.9
6054	14.8	6900	14.0	7641	10.7	8284	8.4	9046	9.2

Note: According to the integration of urban and rural household survey in 2013 new caliber measurement, according to the urbanization rate, measure per capita disposable income of urban and rural household.

2-8 主要年份全区农村居民家庭基本情况

Basic Statistics of Rural Households in Main Years

年 份 Year	调查户数 (户) Number of Households Surveyed (household)	调查户常住人口 (人) Number of Permanent Residents in the Households Surveyed (person)	平均每户常住人口 (人) Average Number of Permanent Residents per Household (person)	平均每户整半劳动力 (人) Average Number of Able-bodied and Semi-able per Household (person)	整半劳动力占常住人口比重 (%) Able-bodied Labours as Percentage of Permanent Residents (%)	就业劳动力中 Culture Level of Employed Labours 不识字或识字很少比重(%) Illiterate or Semi-illiterate (%)	小学程度比重 (%) Primary School (%)	初中程度比重 (%) Junior Middle School (%)	高中程度比重 (%) Senior Middle School (%)	大中专及以上程度比重 (%) Technical Secondary School and above (%)
1983	480	2983	6.21	2.95	47.54					
1984	480	2939	6.12	2.91	47.60					
1985	1090	6588	6.04	3.02	49.92	43.36	27.58	23.75	5.17	0.14
1986	1090	6557	6.02	2.93	48.73	41.28	29.42	24.13	5.10	0.07
1987	1090	6454	5.92	2.88	48.56	40.14	30.86	23.90	5.07	0.03
1988	1090	6407	5.88	2.91	49.45	38.76	30.74	25.00	5.46	0.04
1989	1090	6286	5.77	2.92	50.62	37.02	30.80	26.34	5.81	0.03
1990	990	5753	5.80	3.00	50.90	37.30	30.20	27.10	5.35	0.05
1991	990	5561	5.60	3.00	52.60	35.20	30.90	27.50	5.95	0.45
1992	990	5434	5.50	2.90	53.10	34.40	30.50	28.80	6.03	0.27
1993	990	5358	5.40	3.00	56.20	32.30	30.50	30.20	6.57	0.43
1994	990	5377	5.40	3.10	57.70	31.20	30.60	31.20	6.52	0.48
1995	1050	5517	5.30	3.10	58.20	26.60	32.30	33.10	7.50	0.50
1996	1050	5398	5.14	3.06	59.48	23.98	32.64	36.16	6.88	0.34
1997	1050	5302	5.00	3.00	59.70	23.50	31.78	37.05	6.98	0.69
1998	1050	5118	4.87	2.86	58.60	21.57	31.24	38.21	8.47	0.51
1999	1050	5036	4.80	2.82	58.76	20.82	30.15	38.90	9.83	0.30
2000	600	2850	4.75	2.81	59.05	19.48	30.30	39.10	9.10	2.02
2001	600	2826	4.71	2.81	59.70	17.84	30.05	41.20	9.07	1.84
2002	600	2813	4.69	2.82	60.18	16.89	30.30	41.94	8.74	2.13
2003	600	2769	4.62	2.80	60.67	16.31	30.54	42.14	8.93	2.08
2004	600	2759	4.59	2.78	60.46	15.77	28.84	44.72	8.69	1.98
2005	600	2720	4.53	2.79	61.43	21.13	31.90	40.04	5.03	1.90
2006	600	2703	4.51	2.80	62.20	20.24	31.49	40.95	6.19	1.13
2007	600	2642	4.40	2.78	63.21	20.00	30.84	39.82	7.72	1.62
2008	600	2648	4.41	2.79	63.26	18.69	31.16	40.36	8.18	1.61
2009	600	2587	4.31	2.75	63.86	17.98	29.96	42.13	8.29	1.64
2010	600	2559	4.27	2.76	64.63	18.5	28.48	41.29	9.01	2.72
2011	800	3417	4.27	2.76	64.65	15.28	33.27	41.42	6.81	3.22
2012	800	3416	4.27	2.75	64.31	14.35	32.67	41.81	7.34	3.83
2013	891	3903	4.38	2.62	59.90	12.06	33.83	39.86	9.30	4.95
2014	998	3962	3.97	2.44	61.46	11.76	34.28	41.43	8.94	3.59
2015	1011	3962	3.92	2.40	61.36	11.44	32.73	43.14	9.70	2.99
2016	1006	3903	3.88	2.45	63.13	10.75	31.84	43.61	9.41	4.39

注：2014年就业劳动力中文化程度分组指标中取消了“中专”，所以将以前年份的“中专”比重汇总到“大中专及以上”比重。

Note: In 2014,“secondary”has been cancelled by the Cultural level of employed labors, so “technical secondary school and above” already contains “secondary” before 2014.

2-8 续表 continued

年 份 Year	年内新建房屋价值 (元/平方米) Value of Newly-built Houses (yuan/sq.m)	年末住房面积 (平方米/人) Floor Space of Lliving Houses at Year-end (sq.m/person)	砖木结构面积 Brick and Wood Structure	钢筋混泥土结构面积 Reinforced Concrete Structure	年末生产固定资产原值 (元/户) Original Value of Productive Fixed Assets at Year-end (yuan/household)	农业原值 Agriculture	工业原值 Industry	建筑业原值 Construction	交通运输业原值 Transport
1983	14.29	10.35			742.67	563.51	16.28		99.94
1984	14.44	10.98			818.92	655.69	37.67		34.19
1985	21.83	11.83	0.03		1170.70	732.92	37.30		250.43
1986	24.88	12.50	0.21		1361.33	772.34	51.75		353.68
1987	32.48	12.98	0.24		1508.53	745.04	64.05		488.70
1988	36.03	13.22	0.47	0.02	1707.75	803.73	74.08		599.56
1989	56.94	13.73	0.91	0.02	1974.56	836.57	77.74		823.86
1990	61.70	13.62	1.04	0.02	2128.90	924.24	84.51		849.10
1991	63.08	13.97	1.60	0.02	2354.70	1212.29	69.02		703.88
1992	70.29	14.64	1.94	0.02	2482.90	1245.45	90.64		778.41
1993	102.85	15.42	2.87	0.13	2757.10	1415.81	95.98		744.42
1994	62.84	16.33	3.32	0.06	3366.40	1767.70	112.19		863.06
1995	149.15	19.67	5.91	0.17	5153.02	2991.02	111.06		1236.99
1996	156.02	16.12	5.32		5426.09	3146.21	226.61		1102.58
1997	212.34	16.76	6.14	0.34	6824.99	3487.40	122.58		1290.86
1998	175.00	17.30	7.57	0.31	6722.50	3704.03	121.34		1399.85
1999	185.13	18.18	8.94	0.17	7086.46	3849.89	134.43		1552.03
2000	218.02	17.98	7.15	0.64	10168.09	6051.06	480.93	4.50	1658.58
2001	190.02	18.84	8.47	0.54	11069.85	6270.36	520.44	1.67	2199.25
2002	218.55	19.23	8.46	0.59	12024.13	6983.16	576.17	4.00	2288.58
2003	226.18	20.12	9.20	0.71	13058.17	7925.36	554.65	1.11	2388.79
2004	203.57	21.38	10.72	0.56	13735.07	9743.20	822.65	1.28	2430.17
2005	286.49	21.03	11.15	0.95	14811.19	7296.87	604.72	21.05	3527.30
2006	264.75	21.64	11.90	0.90	15368.15	7492.11	466.25	76.88	3806.57
2007	311.27	23.04	13.38	0.78	16917.74	8154.97	485.40	20.85	4717.09
2008	484.98	23.06	13.45	0.87	18244.68	9359.18	475.70	20.85	4366.96
2009	343.37	24.46	14.92	1.28	21310.13	10642.49	575.45	24.30	5253.33
2010	486.61	24.89	15.4	1.81	23405.21	10745.15	544.09	24.3	7676.17
2011	668.04	24.38	16.59	1.73	21417.95	10333.78	286.88	220.1	5212.56
2012	649.68	25.86	17.19	2.96	24266.19	11192.61	221.80	445.88	5323.59
2013	949.27	22.66	15.67	3.84	27985.95	11601.73	601.22	55.42	6326.62
2014	686.60	28.27	19.14	3.43	29649.28	18382.82	94.10	110.28	7242.41
2015	797.10	30.15	19.71	3.96	33112.04	16549.50	144.09	619.59	11432.99
2016	840.34	32.09	20.67	4.69	36578.55	16888.70	900.00	655.14	14074.69

2-9 主要年份全区农村居民家庭主要产品出售情况
Basic Statistics of Production and Sale of Major Products of Rural Households in Main Years

单位：公斤/人 (kg/person)

年 份 Year	出售粮食 Sale Grain	出售油料 Sale Oil-bearing	出售蔬菜 Sale Vegetable	出售水果 Sale Fruit	出售肉猪(头/户) Sale Hog (head/household)	出售肉牛(头/户) Sale Cattle and Buffaloes (head/household)
1983	123.98	7.49	113.72	0.15	0.30	
1984	134.52	4.82	141.44	0.17	0.29	
1985	238.70	4.87	212.04	3.97	0.46	0.02
1986	196.96	8.67	172.99	3.29	0.55	0.01
1987	176.79	3.98	141.75	4.33	0.53	
1988	217.26	3.26	156.60	4.43	0.35	
1989	272.84	5.35	183.04	4.06	0.37	
1990	258.52	5.81	170.14	3.13	0.51	0.01
1991	277.55	7.83	127.89	5.09	0.56	0.01
1992	222.52	3.91	157.74	11.83	0.55	0.02
1993	219.64	7.29	122.14	7.18	0.53	0.04
1994	250.91	7.29	115.92	10.85	0.64	0.05
1995	241.79	5.13	139.16	12.99	0.50	0.09
1996	270.05	4.91	153.74	19.60	0.49	0.07
1997	442.19	6.05	149.18	18.33	0.58	0.11
1998	430.43	10.26	173.60	16.98	0.64	0.11
1999	429.02	11.64	188.30	37.01	0.88	0.10
2000	381.95	4.99	164.20	18.22	1.35	0.11
2001	323.52	5.12	203.79	13.99	1.21	0.24
2002	407.01	10.62	183.09	19.22	1.27	0.18
2003	340.26	18.64	243.08	40.18	0.92	0.15
2004	434.09	19.36	242.94	31.31	0.76	0.13
2005	492.09	19.00	244.37	118.84	1.03	0.32
2006	476.89	14.50	243.80	56.89	1.43	0.40
2007	439.26	19.06	248.88	83.83	0.71	0.39
2008	417.15	26.65	251.48	61.52	0.54	0.31
2009	432.11	22.16	185.22	83.40	0.81	0.34
2010	401.35	17.26	151.67	49.88	0.85	0.31
2011	443.89	10.94	279.51	70.23	0.76	0.33
2012	504.04	10.99	299.20	40.90	0.67	0.30
2013	642.77	3.6	297.4	26.48	0.57	0.38
2014	758.11	7.31	181.92	43.83	0.67	0.28
2015	764.52	6.98	262.76	33.17	0.53	0.25
2016	1125.21	8.83	287.65	59.89	0.41	0.29

2-9 续表 continued

单位：公斤/人 (kg/person)

年 份 Year	出售菜羊 (只/户) Sale Sheep (head/household)	出售家禽 (公斤/户) Sale Poultry (kg/household)	出售牛、羊奶 (公斤/户) Sale Milk (kg/household)	出售禽蛋 (公斤/户) Sale Egg (kg/household)	出售羊毛 (公斤/户) Sale Wool (kg/household)	出售水产品 (公斤/户) Sale Aquatic Products (kg/household)
1983	1.40	1.49		6.43	5.89	1.00
1984	1.13	1.11		13.09	7.14	1.11
1985	0.97	1.45	3.51	6.44	5.70	1.05
1986	0.99	2.47	6.90	8.83	5.79	3.27
1987	1.47	1.75	29.56	8.13	5.22	3.53
1988	1.16	1.55	54.14	6.76	5.18	3.75
1989	0.74	1.98	88.28	6.05	3.28	2.98
1990	1.21	3.39	128.34	5.51	4.41	3.75
1991	2.10	5.77	34.27	8.93	4.34	3.76
1992	2.04	4.65	46.52	12.53	3.06	3.63
1993	1.16	2.44	72.55	8.70	2.32	2.22
1994	0.93	1.83	99.12	25.37	2.91	1.12
1995	1.26	7.31	155.92	10.89	3.15	1.50
1996	1.67	5.06	265.66	16.20	3.36	8.83
1997	2.13	12.57	359.62	36.43	3.09	10.64
1998	1.90	10.70	338.20	49.80	2.90	21.87
1999	2.06	13.68	367.21	87.47	2.82	46.35
2000	2.32	16.04	416.62	70.02	2.32	30.20
2001	2.89	12.89	359.66	91.19	1.42	34.64
2002	2.69	18.96	368.68	99.03	1.78	36.12
2003	2.01	15.09	445.95	92.22	3.69	14.35
2004	1.81	20.50	436.48	72.58	2.98	6.00
2005	2.13	20.94	455.33	0.44	2.98	43.18
2006	2.13	36.15	556.96	0.19	3.93	54.40
2007	2.49	51.34	416.88	0.09	2.00	42.51
2008	2.00	56.55	348.42	2.25	1.89	38.97
2009	1.69	44.42	256.84	0.60	1.08	46.93
2010	1.81	37.19	226.9	0.03	1.81	26.25
2011	2.03	9.06	280.42	8.55	2.82	12.25
2012	1.99	10.13	401.19	12.63	3.98	14.06
2013	2.49	3.84	517.64	52.06	2.77	9.79
2014	1.15	1.56	427.05	0.41	2.26	
2015	1.91	1.81	21.95	4.55	2.73	0.58
2016	4.23	3.77		55.77	3.59	21.32

2-10 主要年份全区农村居民家庭总收入来源情况

Basic Statistics of Total Income of Rural Households by Sources in Main Years

单位：元/人 (yuan/person)

年 份 Year	全年总收入 Total Revenue	1.工资性收 入 Wages Income	2.经营性收 入 Household Business Income	农业收入 Farming	林业收入 Forestry	牧业收入 Animal Husbandry	渔业收入 Fishery
1983	366.00	43.18	301.77	240.28	2.28	37.49	0.40
1984	396.00	58.62	318.33	246.67	3.78	39.27	0.51
1985	449.31	62.62	360.74	259.08	5.09	56.53	0.58
1986	526.44	77.09	425.88	307.49	4.58	68.89	2.27
1987	562.40	78.03	458.78	307.98	3.61	89.14	2.82
1988	693.64	86.44	581.69	387.84	5.78	125.99	2.77
1989	803.57	87.40	690.44	491.67	5.37	123.40	2.63
1990	860.01	78.88	754.32	565.11	4.78	121.45	2.63
1991	907.50	96.86	782.86	558.33	8.03	134.28	2.65
1992	952.23	114.25	806.06	557.47	7.14	150.47	2.60
1993	1010.70	134.38	843.40	592.33	6.55	141.98	1.94
1994	1414.69	146.35	1224.88	868.65	6.97	219.14	1.09
1995	1798.61	178.28	1567.80	1063.03	7.66	338.75	1.94
1996	2301.92	208.51	2031.31	1433.63	11.43	382.90	12.03
1997	2448.08	262.64	2127.17	1365.57	7.92	520.14	14.61
1998	2731.78	367.66	2281.84	1463.08	6.52	496.72	32.77
1999	2754.54	422.97	2228.22	1366.70	8.53	504.49	48.54
2000	2819.79	484.02	2169.98	1097.59	6.86	581.36	35.47
2001	2987.78	527.63	2304.90	1132.40	17.10	691.19	41.11
2002	3110.86	526.68	2396.83	1205.04	20.74	695.59	45.18
2003	3268.02	592.30	2446.45	1223.00	28.44	693.70	18.27
2004	3684.80	618.37	2853.50	1589.78	5.79	761.67	6.70
2005	4179.65	702.10	3200.77	1747.61	6.83	915.90	49.42
2006	4565.42	823.09	3444.22	1868.57	5.13	1013.65	76.92
2007	5245.19	1021.37	3896.23	2081.67	8.47	1171.14	83.04
2008	6173.85	1260.04	4503.28	2365.59	7.08	1511.76	89.11
2009	6627.25	1518.94	4656.15	2428.55	9.17	1489.85	97.38
2010	7330.78	1788.28	5034.63	2834.38	7.64	1407.21	53.58
2011	8388.90	2164.24	5650.76	3153.42	33.86	1678.73	37.13
2012	9485.76	2510.53	6302.30	3553.63	33.18	1838.67	34.52
2013	10666.77	2878.36	6912.60	3542.92	55.45	2254.57	17.07
2014	12862.67	3391.04	7809.48	3880.25	47.84	2356.80	
2015	13790.16	3614.27	8030.13	4126.33	95.06	1661.29	13.82
2016	15792.33	3906.05	9184.55	3909.10	75.17	2315.56	63.99

2-10 续表 continued

单位：元/人 (yuan/person)

年 份 Year	工业收入 Industry	建筑业收入 Construction	交通运输业收入 Transport, Post and Telecommunication	批发零售贸易餐饮业收入 Wholesale, Retail Trade and Catering	社会服务业收入 Social Service	其他家庭经营收入 Others	3.财产及转移性收入 Property and Transfer Income
1983	5.25	7.59	4.21	2.49	0.91	0.88	21.06
1984	4.23	8.03	7.91	2.57	2.61	2.76	19.06
1985	3.79	7.12	17.78	3.08	3.14	4.56	25.95
1986	4.65	3.26	21.57	4.59	3.50	5.08	23.47
1987	5.54	4.13	25.64	6.00	7.34	6.58	24.19
1988	7.62	4.62	29.94	7.41	5.81	3.93	25.56
1989	8.36	3.65	35.41	9.24	5.67	5.04	25.04
1990	9.33	3.78	29.28	8.34	3.52	6.09	26.80
1991	9.47	5.89	35.73	11.62	4.82	12.04	27.77
1992	10.75	7.87	38.99	15.94	6.07	8.76	31.93
1993	8.90	6.56	41.50	27.70	6.53	9.42	32.92
1994	13.30	4.57	45.30	40.40	9.34	16.11	43.46
1995	19.42	7.45	71.22	36.24	6.73	15.36	52.53
1996	23.15	6.99	91.72	38.04	7.35	24.08	62.10
1997	33.68	15.11	98.06	45.23	8.79	18.06	58.27
1998	25.33	9.00	139.56	64.64	21.28	22.94	82.29
1999	35.52	14.05	128.34	71.19	23.71	27.15	103.36
2000	51.67	14.59	191.80	123.51	25.48	41.66	165.78
2001	54.78	6.33	202.26	104.66	19.62	35.45	155.24
2002	58.46	4.50	214.30	96.07	20.64	36.32	187.35
2003	69.21	7.89	252.63	109.20	16.46	24.26	229.26
2004	78.52	5.68	252.40	115.02	18.46	19.48	212.94
2005	85.81	13.71	203.71	148.74	19.19	9.66	276.79
2006	79.03	11.92	234.11	129.63	24.58	0.42	298.11
2007	125.48	7.65	278.32	103.47	30.09	6.92	327.59
2008	110.75		253.79	118.48	44.21	2.51	410.53
2009	123.54	0.17	313.99	141.34	46.72	5.44	452.17
2010	111.57		364.01	173.23	73.66	9.35	507.88
2011	42.01	10.12	371.55	266.66	47.25	10.03	573.89
2012	25.29	44.25	419.31	297.79	48.46	7.20	672.93
2013	29.24	54.06	414.92	441.79	86.36	16.22	875.82
2014	31.48	60.12	681.02	492.02	257.17	2.78	1662.15
2015	61.53	110.84	943.52	684.99	317.71	15.03	2145.76
2016	139.28	99.45	1464.80	786.22	302.05	28.93	2701.73

2-11 主要年份全区农村居民家庭分行业人均纯收入情况

Basic Statistics of Net Income of Rural Households by Sector in Main Years

单位：元/人 (yuan/person)

年 份 Year	纯收入 Net Income	1.工资性收 入 Wage Income	2.家庭经营纯收入 Business Net Income	农业收入 Farming	林业收入 Forestry	牧业收入 Animal Husbandry	渔业收入 Fishery
1983	273.78	43.18	212.44				
1984	298.71	58.62	224.12				
1985	325.88	62.62	241.15	176.29	4.22	34.35	
1986	378.82	77.09	283.55	212.16	3.59	39.22	1.17
1987	387.01	78.03	289.14	197.25	3.39	54.76	0.58
1988	480.22	86.44	373.91	255.9	5.44	76.94	1.31
1989	538.3	87.4	431.17	326.3	4.9	62.45	0.93
1990	594.28	78.88	494.31	386.17	4.65	66.94	0.17
1991	608.13	96.86	489.23	351.87	6.87	82.27	1.41
1992	618.72	114.25	477.39	325.42	6.12	89.45	0.94
1993	667.04	134.38	504.32	363.27	5.05	70.27	0.92
1994	910.45	146.35	725.81	558.75	6.39	81.19	0.26
1995	1037	178.28	810.45	619.38	6.81	80.88	-1.73
1996	1415.78	208.51	1151.72	902.76	10.22	108.66	
1997	1545.08	262.64	1230.4	874.08	6.77	195.98	3.39
1998	1756.11	367.66	1313.86	942.6	4.28	170.56	3.15
1999	1790.7	422.97	1277.79	857.87	6.72	187.76	7.98
2000	1724.3	484.02	1121.38	617.16	-1.69	218.65	14.42
2001	1823.13	527.63	1179.93	658.71	12.91	241.68	9.95
2002	1917.36	526.68	1265.29	707.65	17.31	254.94	9.09
2003	2043.3	592.3	1255.35	685.95	24.52	244.49	3.76
2004	2320.05	618.37	1506.06	948.36	3.85	226.03	0.98
2005	2508.89	702.1	1561.94	1002.32	6.12	272.74	16
2006	2760.14	823.09	1662.07	1067.72	4.07	298.14	16.02
2007	3180.84	1021.37	1862.11	1197.65	4.36	338.38	17.54
2008	3681.42	1260.04	2032.01	1287.43	5.41	404.93	19.41
2009	4048.33	1518.94	2111.6	1376.36	6.36	359.91	21.44
2010	4674.89	1788.28	2421.5	1663.2	6.07	362.49	26.34
2011	5409.95	2164.24	2730.43	1808.97	12.94	463.15	25.23
2012	6180.32	2510.53	3071.52	2039.59	15.69	498.89	24.75
2013	6930.97	2878.36	3250.01	2047.31	18.93	547.07	17.07
2014	8410.02	3391.04	3644.63	2025.86	20.30	578.47	-0.02
2015	9118.69	3614.27	3837.00	2139.11	71.59	530.92	1.89
2016	9851.63	3906.05	3937.47	1962.13	56.25	631.71	15.75

注：按照2014年城乡一体化住户调查改革新口径测算方法，2014年以后为农村居民人均可支配收入。

Note: According to the integration of urban and rural reform in 2014 calculated the new caliber for the rural residents per capita disposable income.

2-11 续表 continued

单位：元/人 (yuan/person)

年 份 Year	工业收入 Industry	建筑业收入 Construction	交通运输业收入 Transport, Post and Telecommunication	批发零售贸易餐饮业收入 Wholesale, Retail Trade and Catering	社会服务业收入 Social Service	其他家庭经营收入 Others	3.财产及转移纯收入 Property and Transfer Net Income
1983							18.16
1984							15.97
1985	2.53	7.12	8.16	3.02	2.88	2.58	34.3
1986	3.23	3.26	10.07	4.22	2.83	3.79	22.11
1987	3.59	4.13	10.94	4.91	5.26	5.43	18.18
1988	4.547	4.62	11.34	5.48	4.75	2.59	19.84
1989	4.98	3.64	12.81	7.48	3.21	4.47	19.73
1990	6.41	3.53	10.82	7.8	3.13	4.69	21.09
1991	5.54	5.79	9.57	10.88	4.28	10.75	22.04
1992	6.58	7.83	12.56	15.49	5.19	7.81	27.08
1993	5.79	5.64	15.79	23.59	5.9	7.9	28.34
1994	7.66	4.27	10.99	34.51	7.79	14	38.29
1995	11.89	6.69	37.65	31.2	5.28	12.35	48.27
1996	14.16	5.25	52.08	32.96	6.39	19.24	55.55
1997	21.81	12.71	59.43	35.78	7.67	12.78	52.04
1998	15.32	7.83	84.82	53.39	16.59	15.32	74.59
1999	22.33	10.6	85.5	59.43	19.89	19.71	89.94
2000	25.32	14.03	109.3	105.63	21.94	-3.38	118.9
2001	21.92	5.18	124.76	96.06	16.51	-7.76	115.57
2002	29.61	4.23	139.14	89.79	17.92	-4.39	125.39
2003	32.1	7.71	161.27	96.72	14.74	-15.9	195.64
2004	34.11	5.03	167.57	102.47	14.15	3.52	195.62
2005	31.72	11.62	104.69	101.07	16.28	-0.25	244.86
2006	40.28	9.49	118.4	96.92	21.83	-9.31	274.98
2007	52.15	6.88	135.15	87.84	25.83	-3.66	297.36
2008	49.02	-0.68	137.67	105.14	30.1	-6.43	389.37
2009	54.65	-0.27	152.29	113.81	31	-3.95	417.79
2010	46.43	-0.44	153.99	126.29	36.96	0.17	465.11
2011	23.89	1.28	188.79	173.29	26.13	6.76	515.28
2012	14.84	2.47	234.72	202.28	32.95	5.34	598.28
2013	18.52	44.91	212.96	271.31	62.67	9.26	802.60
2014	23.66	51.03	379.20	381.59	186.80	-2.26	1374.35
2015	29.81	58.77	444.18	371.94	188.02	0.79	1667.42
2016	73.71	44.74	481.82	494.45	171.23	5.68	2008.10

注：按照2014年城乡一体化住户调查改革新口径测算方法，2014年以后为农村居民人均可支配收入。

Note: According to the integration of urban and rural reform in 2014 calculated the new caliber for the rural residents per capita disposable income.

2-12 主要年份全区农村居民家庭总支出情况

Basic Statistics of Total Expenditure of Rural Households in Main Years

单位：元/人 (yuan/person)

年 份 Year	全年总支出 Total Expenditure	1.生产经营费用支出 Expenditure for Household Business	农业生产支出 Farming	林业生产支出 Forestry	牧业生产支出 Animal Husbandry	渔业生产支出 Fishery	工业生产支出 Industry	建筑业支出 Construction
1983	327.58	74.58	60.91	0.12	11.71	0.04	0.68	
1984	348.76	77.87	59.61	0.48	13.85	0.35	0.92	
1985	409.45	97.57	67.31	0.87	19.98	0.64	1.26	
1986	468.92	117.11	78.1	1	27.21	1.1	1.42	
1987	523.4	140.28	90.19	1.32	31.44	2.24	1.95	
1988	645.97	174.86	108.89	0.34	45.76	1.46	3.07	
1989	772.24	217.91	136.42	0.47	56.81	1.7	3.38	0.01
1990	781.85	215.38	147.71	0.13	50.05	2.46	2.92	0.25
1991	843.77	245.91	173.06	1.15	47.24	1.24	3.93	0.09
1992	920.86	273.71	193.58	1.02	55.52	1.66	4.17	0.04
1993	987.2	278.99	186.97	1.5	65.71	1.02	3.11	0.62
1994	1395.2	421.77	255.79	0.58	130.22	0.83	5.64	0.3
1995	1945.87	652.57	372.61	0.35	235.23	3.53	6.21	0.26
1996	2190.49	741.53	432.44	0.43	248.22	12.21	7.42	1.26
1997	2246.95	732.84	386.26	0.54	284.07	10.1	9.27	1.23
1998	2422.71	786.23	403.94	1.72	286.59	27.01	7.99	0.45
1999	2374.68	762.19	393.38	1.09	274.12	36.45	10.18	2.26
2000	2582.63	837.85	380.13	7.89	319.74	19.43	18.55	0.46
2001	2672.12	911.23	378.95	3.94	405.07	29.28	24.58	1.08
2002	2777.58	918.48	400.5	3.28	401.04	34.49	20.08	0.2
2003	3029.84	969.58	429.83	7.04	410.41	14.27	29.08	0.16
2004	3535.51	1121.96	533.65	1.68	477.15	5.6	32.44	0.63
2005	4126.92	1418.44	636.99	0.71	607.31	32.71	44.88	1.78
2006	4358.59	1551.22	689	1.06	678.4	60.15	31.85	1.29
2007	5050.69	1769.91	754.87	4.09	795.05	64.47	65.95	0.45
2008	6095.02	2194.4	935.83	1.67	1069.04	68.71	54.54	0.37
2009	6410.99	2214.17	887.12	2.82	1092.49	66.95	60.05	0.06
2010	7191.59	2244.63	1002.27	1.57	1011.03	18.09	56.59	0.07
2011	8669.94	2584.47	1182.76	20.82	1163.48	11.02	13.64	4.45
2012	9988.75	2851.18	1338.77	17.49	1264.29	8.89	6.98	34.82
2013	10988.79	3275.69	1317.79	36.22	1630.40		2.41	8.39
2014	16883.75	3666.23	1637.65	25.97	1689.25	0.02	6.24	7.24
2015	18280.72	3628.55	1782.98	23.18	1065.72	11.93	29.27	41.51
2016	21077.61	4623.02	1742.91	18.85	1611.78	47.81	50.08	43.44

注：按照2014年城乡一体化住户调查改革新口径测算方法，2014年以后为农村居民人均总支出。

Note: According to the integration of urban and rural reform in 2014 calculated the new caliber for the rural residents per capita total expenditure.

2-12 续表 1 continued

单位：元/人 (yuan/person)

年份 Year	交通运输业支出 Transport, Post and Telecommunication	商业饮食业 Wholesale, Retail Trade and Catering	社会服务业支出 Social Service	其他经营支出 Others	2.购置生产性固定资产支出 Expenditure for Purchasing Productive Fixed Assets	3.税费支出 Expenditure for Taxes and Fees	4.生活消费支出 Living Expenditure	食品 Food
1983				0.01	21.58	6.75	208.85	126.54
1984					14.85	7.4	231.59	135.47
1985	5.22	0.06	0.26	1.98	30.79	9.12	264.46	154.55
1986	6.62	0.3	0.69	1.29	33.15	9.8	300.86	169.8
1987	8.83	1.08	2.08	1.15	30.55	12.46	330.05	187.39
1988	12.02	0.92	1.06	1.34	47.24	13.56	397.77	205.86
1989	14.33	1.76	2.46	0.57	61.67	18.47	458.9	240.23
1990	9.54	0.53	0.39	1.4	43.32	20.2	486.32	275.25
1991	16.62	0.74	0.54	1.29	44.19	19.76	518.79	292.81
1992	15.44	0.45	0.88	0.95	45.27	24.81	561.37	323.03
1993	13.71	4.11	0.73	1.52	57.71	26.13	605.93	341.78
1994	18.85	5.89	1.55	2.12	66.63	35.98	831.32	486.2
1995	28.81	2.6	0.99	1.99	132.24	39.4	1057.78	608.6
1996	33.41	2.48	0.46	3.2	90.41	67.7	1233.63	729.68
1997	31.07	5.96	0.45	3.88	120.18	73.82	1282.46	688.18
1998	43.63	6.1	3	5.79	126.58	89.82	1350.18	713.36
1999	32	5.75	1.82	5.14	114.1	89.72	1330.18	675.86
2000	55.39	15.16	2.76	18.33	118.86	68.04	1417.13	691.31
2001	44.09	5.97	1.4	16.87	138.8	57.06	1380.75	643.76
2002	40.85	3.97	0.92	13.15	190.17	42.08	1418.12	633.16
2003	56.48	6.7	0.48	15.13	195.29	32.88	1637.13	680.15
2004	49.17	6.29	3.3	12.32	243.83	26.35	1926.82	808.54
2005	46.75	41.43	1.52	3.99	316.97	2.58	2094.48	922.54
2006	59.09	25.48	1.37	2.27	256.07	3.5	2246.97	929.15
2007	71.47	9.33	2.62	1.6	377.76	8.08	2528.76	1019.35
2008	50.15	7.39	6.52	0.17	393.8	1.28	3094.86	1288.47
2009	80.47	12.29	11.3	0.2	376.71	0.88	3347.94	1395.42
2010	88.83	32.52	33.47	0.19	346.59	2.64	4013.17	1541.77
2011	101.41	65.73	18.98	2.18	409.12	1.62	4726.64	1762.53
2012	101.41	64.43	13.56	0.54	465.32	0.74	5633.01	1990.92
2013	114.53	130.84	13.57	0.12	491.86	0.14	6464.75	2223.90
2014	180.02	68.87	50.27	0.70	690.48	1.01	7676.48	2296.00
2015	304.40	258.95	97.28	13.32	667.41	0.78	8414.87	2452.68
2016	740.65	245.42	99.41	22.68	1045.91	1.50	9138.40	2419.10

2-12 续表 2 continued

单位：元/人 (yuan/person)

年 份 Year	衣着 Clothing	居住 Residence	家庭设备、用品及服务 Household Facilities, Article and Service	医疗保健 Medicine and Health Care	交通和通 讯 Transport, Post and Telecommunications	文教娱乐 Cultural, Educational, Recreational Article and Services	其他商品和 服 务 Other Commodities and Services	5.财产及转移性支出 Property and Transfer Expenditure
1983	28.80	23.31	15.72	4.92	1.15	7.30	1.12	15.83
1984	30.89	28.78	19.07	6.25	1.52	8.48	0.83	17.05
1985	32.71	30.95	20.53	8.16	1.34	14.58	1.63	7.50
1986	38.65	38.63	21.95	9.00	1.73	16.98	4.12	7.40
1987	39.69	44.10	24.78	10.90	2.44	16.85	3.90	10.06
1988	48.77	48.13	41.88	12.67	2.83	34.59	3.04	12.55
1989	53.11	68.69	37.52	16.01	3.43	37.34	2.57	15.29
1990	50.71	65.86	28.95	17.01	12.10	34.11	2.33	16.62
1991	58.26	62.57	36.51	21.08	10.23	33.25	3.79	15.11
1992	53.23	73.84	32.08	23.41	9.95	40.32	5.51	15.69
1993	55.16	80.16	37.09	26.76	15.47	42.32	7.19	18.44
1994	66.92	106.38	46.60	29.36	26.35	51.42	18.09	39.50
1995	83.86	146.30	59.26	44.31	31.29	70.87	13.29	63.87
1996	94.44	156.20	66.72	55.42	31.32	78.77	21.08	57.22
1997	105.17	201.21	64.00	67.82	39.14	96.81	20.12	37.65
1998	104.88	216.69	69.17	76.84	52.98	97.10	19.17	69.91
1999	103.17	199.46	76.43	75.07	52.69	120.66	26.84	78.49
2000	96.70	227.35	62.10	88.53	79.79	144.98	26.38	140.73
2001	97.49	222.51	60.73	98.21	96.00	132.35	29.69	184.28
2002	97.52	203.75	69.80	123.32	111.00	148.20	31.38	208.73
2003	109.19	286.09	56.09	116.31	170.52	178.34	40.44	190.80
2004	122.49	325.21	65.30	186.90	155.26	217.06	46.05	215.85
2005	143.09	345.93	77.16	198.84	178.47	177.90	50.55	289.13
2006	159.10	414.65	104.32	187.60	226.41	168.85	56.89	299.20
2007	184.26	450.55	109.27	239.40	265.76	192.00	68.17	366.19
2008	217.17	582.47	123.91	318.77	299.29	192.57	72.20	404.56
2009	256.26	501.75	169.01	356.39	365.59	217.21	86.32	464.30
2010	302.61	776.44	188.12	417.92	444.02	241.08	101.22	581.42
2011	380.00	935.22	264.64	444.69	483.40	324.36	131.79	945.53
2012	487.74	1087.54	321.00	518.05	653.47	393.01	181.28	1031.32
2013	453.35	1347.50	382.84	652.00	800.80	400.98	203.40	749.72
2014	602.02	1388.07	496.14	856.93	961.45	866.64	209.23	288.08
2015	664.04	1561.22	571.82	925.95	1070.92	995.36	172.87	478.40
2016	672.92	1631.42	578.63	1040.56	1509.59	1077.45	208.73	693.63

2-13 主要年份全区农村居民家庭现金收支情况

Basic Statistics of Cash Income and Expenditure of Rural Households in Main Years

单位：元/人 (yuan/person)

年份 Year	一、全年现金收入 Annual Cash Income	1.工资性收入 Wage Income	2.家庭经营收入 Household Business Income	农业收入 Farming	林业收入 Forestry	牧业收入 Animal Husbandry	渔业收入 Fishery	工业收入 Industry	建筑业收入 Construction	交通运输、邮电业收入 Transport, Post and Telecommunication	批发零售贸易餐饮业收入 Wholesale, Retail Trade and Catering
1983	211.14	43.18	141.73	98.13	1.71	25.91	0.36		7.59	4.12	2.21
1984	241.36	58.04	158.72	104.21	3.27	28.20	0.51		8.03	7.91	2.57
1985	285.35	50.03	206.04	121.16	4.85	40.56	0.54	3.43	7.12	17.57	3.08
1986	360.63	77.09	253.97	158.36	4.01	47.20	2.24	4.32	3.26	21.57	4.52
1987	396.10	78.03	288.56	166.93	3.13	61.04	2.63	5.49	4.13	25.64	5.66
1988	498.55	86.44	376.39	218.59	5.23	90.58	2.66	7.61	4.62	29.94	7.41
1989	576.77	87.40	456.33	296.39	5.07	85.23	2.49	8.36	3.65	35.25	9.19
1990	580.93	78.88	449.35	295.75	4.77	86.20	2.46	9.26	3.78	29.22	8.29
1991	637.59	96.86	486.63	301.03	8.03	95.60	2.65	9.47	5.89	35.73	10.88
1992	659.84	113.89	489.55	284.35	6.94	107.38	2.50	10.75	7.86	38.99	15.94
1993	692.07	132.94	493.47	275.49	5.30	108.41	1.89	8.90	6.56	41.50	23.59
1994	942.60	146.35	719.09	402.88	5.80	177.18	1.09	13.30	4.57	45.30	40.40
1995	1252.20	178.28	996.16	544.05	7.66	279.61	1.94	19.41	7.45	71.22	36.24
1996	1453.69	208.51	1152.39	620.03	8.60	312.48	11.93	23.15	6.99	91.72	38.04
1997	1808.10	262.64	1425.60	731.73	7.76	436.90	14.22	33.68	15.11	98.06	45.23
1998	1988.04	367.66	1468.23	722.11	6.01	413.01	32.09	25.33	9.00	139.56	64.64
1999	2111.77	422.97	1504.93	710.56	6.40	424.17	48.12	35.52	14.05	128.34	71.19
2000	2169.24	484.02	1535.14	551.98	6.42	482.88	34.18	51.67	14.59	191.80	123.51
2001	2295.15	527.63	1623.15	538.21	16.83	586.48	39.73	54.78	6.33	202.26	104.66
2002	2456.79	525.65	1760.06	644.08	20.52	606.37	40.90	58.45	4.50	214.30	96.07
2003	2624.54	592.30	1862.19	703.21	28.56	632.66	18.11	69.21	7.89	252.63	109.20
2004	2979.34	618.37	2224.32	1032.99	5.65	689.50	6.63	78.52	5.68	252.40	115.02
2005	3463.38	702.10	2546.35	1170.56	6.38	839.41	48.99	85.81	13.71	203.71	148.74
2006	3728.62	822.95	2673.40	1172.50	3.96	940.63	76.36	79.03	11.92	234.11	129.63
2007	4316.84	1020.61	3061.37	1356.95	7.38	1063.34	81.78	125.48	7.65	278.32	103.47
2008	5004.06	1259.94	3392.64	1420.46	6.46	1346.97	89.00	110.75		253.79	118.48
2009	5379.87	1518.94	3496.87	1426.97	9.17	1334.02	95.52	123.71	0.17	313.99	141.34
2010	5879.2	1788.14	3655.07	1590.91	7.61	1271.95	52.79	111.57		364.01	173.23
2011	7034.28	2164.13	4370.13	1991.92	33.84	1559.95	36.81	42.01	10.12	371.55	266.66
2012	8247.04	2510.53	5092.48	2368.09	33.69	1814.16	34.24	25.29	44.25	419.31	297.79
2013	9629.88	2873.56	5987.36	2774.79	58.36	2094.54	17.07	29.24	54.06	414.92	441.79
2014	11405.10	3387.67	6636.79	2879.34	46.71	2186.15		31.48	60.12	681.02	492.02
2015	12517.37	3602.87	7087.61	3321.79	76.22	1542.15	13.82	61.53	110.84	943.52	684.99
2016	14894.48	3891.00	8679.64	3520.28	74.94	2200.00	63.69	139.28	99.45	1464.80	786.22

注：从2014年开始按照城乡一体化改革后计算新口径为全年现金收入。
Note: According to the integration of urban and rural reform in 2014 calculated the new caliber for the rural residents per capita cash income.

2-13 续表 1 continued

单位：元/人 (yuan/person)

年 份 Year	社会服务业收入 Social Service	其他家庭经营收入 Others	3.财产及转移性收入 Property and Transfer Income	4.非收入所得 Non-income Gain	5.借贷性所得 Credit Income	银行信用社得到的贷款 Repayment of Loans from Bank and Credit Association	借入款 Borrowed	收回借出款 Recover Loans	从银行信用社取回存款 Draw Saving Deposits	二、全年现金支出 Annual Cash Expenditure	1.生产费用支出 Expenditure for Production	家庭经营费用支出 Expenditure for Household Business
1983	0.83	0.87	26.35	-	37.32	11.97	9.21	2.13	5.66	196.71	63.13	41.82
1984	2.61	1.20	24.61	-	47.88	15.79	12.22	3.32	7.36	215.88	64.19	49.38
1985	3.14	4.61	29.28	-	65.31	24.94	16.38	3.66	10.86	274.84	94.73	64.29
1986	3.50	4.99	29.92	-	72.27	22.78	19.51	7.39	13.00	325.89	110.05	76.99
1987	7.34	6.57	29.51	-	84.93	23.74	26.22	6.80	15.00	379.71	132.21	101.65
1988	5.81	3.93	35.75	-	108.51	24.90	29.12	8.26	24.73	489.05	175.22	127.98
1989	5.67	5.03	32.37	-	111.53	19.89	49.38	10.76	31.15	666.40	226.75	165.08
1990	3.52	6.09	53.23	-	103.47	26.70	39.48	11.68	25.61	553.50	191.95	148.63
1991	4.82	11.93	54.19	-	136.02	32.73	58.05	20.30	24.90	604.29	218.19	174.00
1992	6.07	8.76	56.39	-	161.83	37.66	56.35	17.35	35.47	650.79	240.38	195.10
1993	6.53	15.30	65.65	-	172.48	39.63	54.36	28.35	45.51	714.26	257.05	199.34
1994	9.34	19.23	77.33	-	220.17	39.59	81.32	41.28	53.75	946.80	352.00	285.37
1995	6.73	22.51	77.80	-	336.94	80.91	120.13	54.79	80.80	1353.71	580.72	448.48
1996	7.35	32.12	92.87	-	338.15	76.05	131.80	41.52	88.76	1496.55	601.17	510.76
1997	8.79	34.11	119.84	-	381.30	90.74	130.30	31.84	128.42	1655.83	654.56	534.38
1998	21.28	35.19	152.40	-	410.55	92.83	157.04	40.86	119.81	1821.76	704.22	577.64
1999	23.71	42.88	183.88	-	477.56	106.09	181.97	38.84	149.67	1895.02	714.42	600.32
2000	25.48	41.66	150.12	-	564.89	152.08	155.10	73.67	141.33	2032.23	813.31	694.45
2001	19.62	35.56	145.44	-	528.19	132.80	160.25	38.37	84.95	2167.72	896.21	757.41
2002	20.64	36.32	171.07	-	605.24	167.84	166.93	77.91	112.05	2262.21	938.56	748.39
2003	16.46	24.26	170.12	-	836.71	299.61	188.51	55.89	97.31	2457.34	963.15	763.70
2004	18.46	19.48	136.65	-	651.54	144.71	204.86	45.98	135.16	2861.32	1132.03	887.49
2005	19.19	9.66	214.93	-	1064.35	348.74	272.62	73.89	223.85	3426.76	1489.12	1166.84
2006	24.58	0.42	232.27	-	794.84	250.76	268.85	28.40	117.82	3643.83	1517.66	1259.96
2007	30.09	6.92	234.87	-	1030.41	264.77	327.24	47.95	147.71	4306.87	1820.35	1442.59
2008	44.21	2.51	351.48	-	1153.70	249.38	416.70	62.34	183.43	5114.45	2151.68	1751.76
2009	46.72	5.26	364.05	-	1110.44	259.46	328.23	54.45	156.52	5423.53	2180.84	1797.13
2010	73.66	9.34	435.99	-	1567.75	378.27	561.6	32.28	198.41	6129.54	2100.71	1750.97
2011	47.25	10.00	500.02	-	3048.51	540.28	885.94	126.77	399.92	7795.07	2642.47	2230.79
2012	48.46	6.79	644.03	-	2230.64	376.61	721.83	141.70	419.66	9219.40	3015.68	2543.18
2013	86.36	16.22	768.96	-	3866.10	442.54	746.42	174.88	1407.49	10105.66	3438.64	2940.15
2014	257.17	2.78	1380.64	893.05	2672.49	676.65	772.80	224.65	998.39	15382.17	3309.45	3309.45
2015	317.71	15.03	1826.90	1582.39	3526.47	1114.33	864.87	234.23	1313.03	16788.66	3383.47	3383.47
2016	302.05	28.93	2323.85	4193.23	3350.76	1169.72	671.77	274.20	1057.79	19465.83	4384.74	4384.74

2-13 续表 2 continued

单位：元/人 (yuan/person)

年 份 Year			购置生产用固定资产支出 Expenditure for Purchasing Productive Fixed Assets	2.税费支出 Expenditure for Taxes and Fees	3.生活消费支出 Living Expenditure	食品 Food	衣着 Clothing	居住 Residence	家庭设备、用品及服务 Household Facilities, Article and Service	医疗保健 Medicine and Health Care
	农业生产支出 Farming	牧业生产支出 Animal Husbandry								
1983	34.13	6.46	21.30	2.52	115.36	39.18	28.47	17.57	15.67	4.92
1984	36.14	8.85	14.81	3.91	130.95	41.22	30.56	22.71	19.07	6.25
1985	42.26	11.90	30.44	7.65	152.88	47.67	32.65	26.41	20.53	8.16
1986	50.22	14.75	33.06	8.91	184.06	57.86	38.22	34.25	21.94	9.00
1987	64.41	18.99	30.55	12.17	206.04	68.28	39.58	39.35	24.73	10.90
1988	79.24	28.82	47.24	13.05	269.21	81.92	48.77	43.54	43.71	12.67
1989	104.96	35.47	61.67	17.25	308.64	95.12	53.08	63.57	37.52	16.01
1990	104.78	26.34	43.32	19.86	300.11	93.84	50.69	61.09	28.95	17.01
1991	121.83	26.69	44.19	19.26	320.10	100.43	58.10	56.42	36.51	21.08
1992	137.21	33.29	45.27	24.32	335.38	102.08	52.31	69.72	32.08	23.41
1993	137.90	35.36	57.71	25.74	375.80	119.07	55.16	72.80	37.04	26.76
1994	180.76	68.93	66.63	33.28	484.85	150.38	66.92	95.80	46.53	29.36
1995	276.17	127.64	132.24	35.87	654.37	215.03	83.80	136.52	59.26	44.31
1996	311.18	138.70	90.41	60.99	737.16	242.70	94.43	146.78	66.66	55.42
1997	286.54	185.90	120.18	65.64	820.95	238.33	105.17	189.56	64.00	67.82
1998	298.17	179.62	126.58	81.26	893.30	269.92	104.88	203.24	69.17	76.84
1999	304.92	196.01	114.10	83.15	922.00	276.81	103.17	190.35	76.42	75.07
2000	305.04	248.89	118.86	65.77	1017.35	302.72	96.70	216.17	62.10	88.53
2001	303.29	323.91	138.80	54.84	1036.33	306.93	97.49	214.92	60.73	98.21
2002	320.15	311.38	190.17	39.05	1079.43	304.48	97.52	193.74	69.80	123.32
2003	345.56	289.71	195.29	31.48	1273.04	323.90	109.11	278.33	56.09	116.31
2004	441.88	335.59	243.83	26.35	1488.81	379.60	122.49	316.15	65.28	186.90
2005	555.00	438.20	316.97	2.58	1648.53	484.11	143.05	338.45	77.16	198.84
2006	584.11	492.87	256.07	3.50	1824.87	523.86	159.10	397.84	104.32	187.60
2007	649.82	572.77	377.76	8.08	2115.92	621.64	184.26	435.46	109.27	239.40
2008	797.95	764.96	393.80	1.28	2559.67	768.44	217.17	567.30	123.91	318.77
2009	772.55	791.10	376.71	0.88	2782.18	834.16	256.26	497.25	169.01	356.39
2010	867.64	652.06	346.59	2.64	3446.81	975.41	302.61	776.44	188.12	417.92
2011	1053.65	938.92	409.12	1.62	4209.55	1245.44	380	935.22	264.64	444.69
2012	1255.15	1039.92	465.32	0.74	5172.21	1530.12	487.74	1087.54	321.00	518.05
2013	1221.52	1395.33	491.86	0.14	5917.16	1565.54	452.93	1407.04	370.96	701.39
2014	1523.91	1446.20	690.48	1.01	6531.69	1894.40	602.00	886.59	476.54	675.22
2015	1722.17	881.46	667.41	0.78	7167.88	2111.00	663.99	957.59	554.88	678.18
2016	1678.35	1438.05	1045.91	1.50	7764.91	2118.11	672.73	894.75	563.42	768.50

2-13 续表 3 continued

单位：元/人 (yuan/person)

年 份 Year	交通和通 讯 Transport, Post and Telecommunications	文教娱乐 Cultural, Educational, Recreational Article and Service	其他商品和 服 务 Other Commodities and Services	4.财产及转移性支出 Property and Transfer Expenditure	5.部分商业保险支出 Commercial Insurance	6.购置财产及非经常性转移支出 Asset Acquisition and Non-recurring Transfer Expenditure	7.借贷性支出 Credit Expenditure	归还银行信用社贷 款 Repayment Loans to Bank and Credit Association	归还借款 Repayment of Loans	存入银行信用社款 Deposit
1983	1.15	7.43	0.98	15.72	-	-	33.67	12.21	7.04	11.16
1984	1.52	9.88	0.75	16.82	-	-	44.22	15.98	6.65	18.61
1985	1.34	14.59	1.53	19.00	-	-	55.04	17.60	11.60	22.84
1986	1.73	16.98	4.03	22.50	-	-	54.33	18.09	11.59	21.91
1987	2.44	16.85	3.89	29.16	-	-	66.70	15.34	14.95	32.33
1988	2.83	34.59	1.19	31.52	-	-	81.79	16.59	16.01	46.91
1989	3.43	37.34	2.56	39.02	-	-	74.49	19.31	20.34	30.37
1990	12.10	34.11	2.33	41.58	-	-	84.67	14.78	21.12	44.43
1991	10.53	33.25	3.79	46.74	-	-	87.85	24.38	24.40	35.18
1992	9.95	40.32	5.51	50.71	-	-	116.35	26.16	28.94	50.18
1993	15.47	42.32	7.19	55.67	-	-	121.69	24.49	29.78	63.08
1994	26.35	51.42	18.09	76.69	-	-	152.80	28.76	29.17	87.36
1995	31.29	70.87	13.29	82.76	-	-	157.57	36.23	43.97	65.22
1996	31.32	78.77	21.08	97.24	-	-	215.21	32.77	49.03	118.67
1997	39.14	96.81	20.12	115.29	-	-	245.17	48.23	55.60	126.52
1998	52.98	97.10	19.17	142.99	-	-	372.52	52.52	89.50	208.02
1999	52.69	120.66	26.84	175.46	-	-	386.68	44.02	87.08	227.64
2000	79.79	144.98	26.38	135.80	-	-	282.17	48.49	77.39	138.16
2001	96.00	132.35	29.69	180.34	-	-	332.21	50.22	105.01	148.62
2002	111.00	148.20	31.38	205.17	-	-	383.32	109.43	120.91	142.07
2003	170.52	178.34	40.44	189.66	-	-	435.09	114.24	103.88	135.68
2004	155.26	217.06	46.05	214.14	-	-	459.99	115.99	124.07	101.23
2005	178.47	177.90	50.55	286.53	-	-	613.56	184.13	162.46	52.26
2006	226.41	168.85	56.89	297.80	-	-	661.58	202.60	171.45	72.85
2007	265.76	192.00	68.13	362.52	-	-	616.87	148.93	199.68	63.42
2008	299.29	192.57	72.20	401.82	-	-	804.60	149.39	191.71	77.58
2009	365.59	217.21	86.32	459.63	-	-	846.50	148.31	240.18	105.31
2010	444.02	241.08	101.22	579.38	-	-	1177.35	159	244.57	82.38
2011	483.4	324.36	131.79	941.44	-	-	1613.57	319	441.59	107.06
2012	653.47	393.01	181.28	1030.76	-	-	1649.24	275.08	412.11	101.88
2013	840.20	400.22	178.90	749.72	-	-	2337.94	285.79	362.54	616.61
2014	961.45	866.28	169.21	288.08	57.98	3581.17	1613.80	375.28	452.35	712.88
2015	1066.52	995.25	140.46	478.40	91.77	4264.21	1402.93	481.42	482.13	402.56
2016	1509.11	1077.44	160.85	693.63	94.53	5112.31	1415.72	802.62	455.01	117.70

2-14 主要年份全区农村居民家庭粮食收支情况

Basic Statistics of Grain Income and Expenditure of Rural Households in Main Years

单位：公斤/人 (kg/person)

年 份 Year	家庭经营生产 Household Business Income	购入 Purchased	主食用粮 Staple Food	出售 Sale	饲料 Feed
1983	489.44	7.49	246.9	34.12	42.46
1984	522.68	9.35	241.65	25.98	38.29
1985	480.89	14.98	254.23	142.58	46.33
1986	560.97	21.02	254.69	198.34	52.79
1987	513.9	26.26	253.21	176.78	50.27
1988	598.79	33.71	245.45	217.26	55.94
1989	622.67	20.46	252.51	238.7	64.13
1990	704.05	17.07	253.28	258.52	67.67
1991	660.99	24.71	268.82	277.38	77.01
1992	579.75	25.67	264.49	222.52	73.05
1993	618.05	27.33	264.36	219.64	66.84
1994	618.31	28.77	260.21	250.91	77.71
1995	643.12	39.73	274.67	241.79	96.76
1996	810.07	44.39	277.4	270.05	98.13
1997	810.2	41.89	254.98	442.19	97.61
1998	961.95	40.1	262.94	430.43	97.23
1999	911.66	67.56	250.6	429.02	125.65
2000	782.45	165.19	247.98	381.95	206.31
2001	806.43	120.76	234.69	323.52	159.36
2002	872.45	128.18	233.96	407.01	195.24
2003	765.78	100.91	224.59	340.26	188.22
2004	819.41	89.24	226.94	434.09	162.47
2005	826.68	132.73	233.68	492.09	188.67
2006	843.09	127.74	212.87	476.89	179.38
2007	841.08	125.28	202.58	439.26	168.73
2008	874.67	130.13	209.55	417.15	214.04
2009	906.46	156.52	202.34	432.11	233.12
2010	962.47	110.19	203.56	401.35	154.48
2011	865.21	139.82	201.96	443.89	152.03
2012	932.53	134.14	180.50	506.62	134.03
2013	939.03	100.50	165.73	642.77	111.23
2014	1192.90	70.70	156.05	758.11	—
2015	1212.15	120.34	148.74	764.52	—
2016	1262.32	152.47	144.26	1125.21	—

注：2014年城乡一体化新口径报表指标中取消了“粮食收支平衡表”，所以没有“饲料”这项数据。

Note: In 2014, “food balance sheet”, has been cancelled in the statements of urban and rural intergration, so there is no “feed”.

2-15 主要年份全区农村居民家庭主要食物消费情况

Basic Statistics of Major Foods Consumption of Rural Households in Main Years

单位：公斤/人 (kg/person)

年份 Year	谷物和薯类 Cereal and tubers	细粮 Flour and Rice	蔬菜及制品 Vegetables and Related Products	豆类及制品 Soybeans and Related Products	植物油 Vegetable Oil	动物油 Animal Fat	猪肉 Pork	牛羊肉 Beef and Mutton
1983	246.89	193.41	101.85		3.04	0.82	4.61	2.33
1984	241.65	203.88	103.61		3.51	0.85	4.72	2.26
1985	261.07	229.45	102.99		3.77	0.89	5.39	1.86
1986	261.1	232.66	94.49		4.2	0.74	6.01	1.98
1987	258.44	233.06	84.96		4.3	0.62	6.11	2.17
1988	250.08	223.65	90.39		4.66	0.6	5.01	2.06
1989	253.61	231.47	96.38		4.75	0.52	4.97	2.24
1990	254.88	217.78	83.49	0.89	4.94	0.59	5.89	2.84
1991	272.7	233.8	76.36		5.13	0.46	6.87	3.32
1992	267.87	233.37	93.79		5.9	0.45	6.23	2.53
1993	264.36	234.76	70.97		6.11	0.45	5.56	2.09
1994	260.21	236.41	63.63		5.67	0.41	5.4	1.96
1995	274.67	234.68	76.27	0.58	6.78	0.39	5.45	2.01
1996	277.4	236.73	72.47		6.38	0.4	6.24	2.66
1997	255.53	225.37	70.27	0.53	6.46	0.13	6.84	3.13
1998	262.94	236.33	97.32	0.77	6.94	0.72	6.85	3.53
1999	250.6	223.88	83.08	1.02	7.08	0.94	7.93	3.51
2000	248.63	223.44	91.19	1.2	6.55	0.55	8.29	3.27
2001	236.54	216.21	82.64	0.94	7.2	0.85	7.16	3.11
2002	235.25	216.85	74.59	1.07	7.27	0.61	8.01	3.01
2003	224.09	212.89	84.38	1.25	7.14	0.08	7.81	3.52
2004	226.67	216.74	79.82	0.87	6.99	0.19	7.42	4.42
2005	233.18	220.95	82.68	0.91	7.8	0.09	7.74	5.5
2006	212.12	199.75	76.53	0.75	6.37	0.09	8.01	5.4
2007	202.58	192.81	76.5	0.8	6.14	0.14	7.83	4.53
2008	213.64	195.36	74.77	0.74	7.83	0.12	7.39	4.71
2009	202.05	190.03	75.86	0.76	9.47	0.11	7.86	6.24
2010	203.42	192.76	73.67	0.69	8.92	0.08	7.5	5.98
2011	201.62	191.4	77.64	1.15	8.43	0.13	6.04	6.69
2012	180.14	172.27	69.95	1.31	8.53	0.07	6.02	5.62
2013	164.67	155.34	66.19	2.06	7.79	0.06	8.44	4.73
2014	154.28	146.70	71.91	1.76	11.77	0.05	9.18	5.84
2015	146.47	139.66	75.38	2.26	8.52	0.04	6.76	7.68
2016	141.27	132.61	76.68	3.00	8.26	0.04	6.54	8.09

2-15 续表 continued

单位：公斤/人 (kg/person)

年 份 Year	奶及奶制品 Milk and Dairy Products	家 禽 Poultry	水产品 Aquatic Products	食 糖 Sugar	酒 Liquor	水 果 Fruit
1983	0.07	0.28	0.03	0.93	0.39	
1984	0.09	0.19	0.05	0.99	0.42	
1985	0.23	0.29	0.06	1.29	0.69	
1986	0.14	0.43	0.08	1.52	0.08	
1987	0.08	0.48	0.12	1.64	0.85	
1988	0.15	0.36	0.18	1.48	0.79	7.04
1989	0.09	0.43	0.14	1.62	0.85	8.44
1990	0.02	0.33	0.23	1.58	0.86	3.05
1991	0.61	0.44	0.24	1.47	0.87	4.03
1992	0.95	0.57	0.29	1.61	0.79	4.25
1993	0.21	0.71	0.27	1.44	0.93	8.97
1994	0.28	0.6	0.29	1.52	0.81	8.35
1995	0.29	0.81	0.35	1.32	0.92	10.09
1996	0.46	0.79	0.39	1.47	1.02	19.24
1997	0.57	0.98	0.37	1.56	1.02	23.96
1998	0.61	1.45	0.4	1.7	1.08	46.77
1999	0.78	1.43	0.54	2.08	1.16	37.69
2000	0.88	1.85	0.51	1.57	1.63	39.01
2001	0.87	2.26	0.63	1.5	1.65	40.95
2002	1.41	2.74	0.77	1.75	1.83	40.9
2003	2.22	2.81	0.51	1.62	2.02	26.36
2004	2.77	2.37	0.33	1.56	2.12	22.07
2005	2.92	2.5	0.45	1.38	2.97	21.82
2006	2.61	2.78	0.58	1.32	3.08	16.9
2007	5	3.48	0.67	1.47	3.12	23.92
2008	6.52	4.52	0.7	1.46	3.04	20.19
2009	4.98	4.45	0.77	1.54	3.09	29.97
2010	4.48	4.51	0.74	1.38	3.22	21.61
2011	6.17	5.49	0.61	1.13	3.18	21.79
2012	7.01	5.98	0.74	1.06	3.20	25.27
2013	6.92	5.00	0.73	0.66	2.79	19.57
2014	8.98	6.56	1.07	2.60	4.26	50.48
2015	8.22	5.82	1.16	2.63	4.29	52.38
2016	8.06	5.73	1.23	2.69	3.50	62.95

2-16 主要年份全区农村居民家庭主要耐用物品百户拥有情况

Ownership of Major Durable Consumer Goods Per 100 Rural Households in Main Years

单位：百户均 (per 100 households)

年 份 Year	洗衣机 (台) Washing Machine (set)	电冰箱 (台) Refrigerator (set)	摩托车 (辆) Motorcycle (unit)	彩色电视机 (台) Color TV set (set)	照相机 (台) Camera (unit)
1983	0.42				
1984	1.46				
1985	3.67		1.10	2.94	0.28
1986	8.17		0.73	6.15	0.09
1987	11.93		1.28	8.17	0.37
1988	16.97	0.09	2.75	11.74	0.55
1989	19.72	0.37	2.57	15.41	0.28
1990	19.6	0.2	2.70	17.9	0.5
1991	24.1	0.7	2.30	22.6	0.4
1992	24.1	0.7	1.80	25.8	0.5
1993	25.5	1.3	2.50	31.1	0.9
1994	27.3	1.4	3.20	35.6	1.1
1995	29.43	2.48	5.81	35.71	0.95
1996	30	2.76	7.43	39.71	1.52
1997	31.24	3.33	8.38	47.24	1.43
1998	31.62	4.19	12.00	49.71	1.52
1999	31.62	5.14	15.14	54.48	1.33
2000	37.55	6	25.83	67	3.33
2001	40	7.17	29.17	71.17	3.17
2002	42.33	9.5	36.50	78.17	3.5
2003	44.33	8.83	45.50	84.33	3
2004	48.33	10	50.67	91	5.67
2005	44.5	10.17	63.50	92.67	3.17
2006	49.33	12.33	67.33	98.67	2.33
2007	56.67	14.67	71.50	107.83	2.83
2008	63.17	18.67	78.33	115.17	2.67
2009	70.33	27.67	83.67	120.33	2.67
2010	76.17	35.33	85.83	118.83	5.83
2011	84.75	52.13	86.50	119.13	2.13
2012	91.63	61.13	85.25	123.25	2.63
2013	90.66	64.86	90.71	117.54	3.09
2014	94.88	77.19	85.87	116.76	3.02
2015	98.17	85.19	83.00	117.45	2.47
2016	99.97	91.58	79.21	115.04	1.29

2-17 2016年各市县农村居民家庭主要经营情况和参加医疗保险情况

Business Condition and Joined Medical Insurance of Rural Households by City and County (2016)

单位：户 (household)

市 县	Region	调查户数 Number of Households Surveyed	经营情况(按经营净收入比重分) Business Condition (by percentage of business net income) 1.生产经营户 Production Households	农业户 Agricultural Households	农业兼业户 Agriculture with combined occupations	非农业兼业户 Non-agriculture with combined occupations	非农业户 Non-Agricultural Households	2.非生产经营户 Non-production Households	参加医疗保险情况 Joined Medical Insurance: 参加新型农村合作医疗人数 Joined New-type Cooperative Medical Service	未参加任何医疗保险的人数 Non-joined any Medical Insurance
全 区	**Total**	**1006**	**849**	**625**	**86**	**107**	**150**	**973**	**3498**	**41**
沿黄地区	**Plain**	**1061**	**855**	**648**	**84**	**98**	**141**	**1032**	**3309**	**46**
中南部地区	**Mountain Area**	**921**	**811**	**660**	**90**	**67**	**87**	**903**	**3644**	**33**
银川市	**Yinchuan**	**449**	**359**	**263**	**43**	**47**	**60**	**441**	**1430**	**23**
兴庆区	Xingqing	50	43	34	6	5	4	38	159	5
西夏区	Xixia	50	36	18	4	3	14	49	180	5
金凤区	Jinfeng	40	25	17	2	1	6	42	89	1
永宁县	Yongning	97	89	69	12	13	12	84	311	4
贺兰县	Helan	112	78	63	8	7	11	95	336	2
灵武市	Lingwu	100	88	62	11	18	13	133	355	6
石嘴山市	**Shizuishan**	**190**	**148**	**124**	**14**	**16**	**13**	**158**	**479**	**6**
大武口区	Dawukou	40	28	21	1	4	4	60	92	5
惠农区	Huinong	50	37	31	3	5	2	41	125	1
平罗县	Pingluo	100	83	72	10	7	7	57	262	
吴忠市	**Wuzhong**	**485**	**399**	**310**	**45**	**30**	**63**	**481**	**1712**	**28**
利通区	Litong	100	80	48	7	9	28	107	355	7
红寺堡区	Hongsipu	95	89	74	9	7	9	112	405	12
盐池县	Yanchi	59	51	38	7	2	9	24	172	1
同心县	Tongxin	120	94	78	17	9	5	107	432	6
青铜峡市	Qingtongxia	111	85	72	5	3	12	131	348	2
固原市	**Guyuan**	**508**	**449**	**357**	**49**	**38**	**54**	**500**	**1996**	**12**
原州区	Yuanzhou	116	99	73	6	8	22	102	428	5
西吉县	Xiji	110	98	87	9	3	8	81	447	1
隆德县	Longde	110	98	75	15	13	11	131	402	4
泾源县	Jingyuan	78	65	47	11	6	7	90	341	2
彭阳县	Pengyang	94	89	75	8	8	6	96	378	
中卫市	**Zhongwei**	**351**	**311**	**255**	**23**	**34**	**38**	**355**	**1337**	**10**
沙坡头区	Shapotou	102	82	66	5	9	12	102	327	3
中宁县	Zhongning	109	101	76	10	14	16	93	371	5
海原县	Haiyuan	140	128	113	8	11	10	160	639	2

2-18 2016年各市县农村居民家庭人口及劳动力就业情况

Household Size and Statistics of Employed Labour Force of Rural Households by City and County (2016)

单位：人 (person)

市 县	Region	家庭常住人口 Number of Permanent Residents in the Households	由本户供养的在校学生 Number of Students in School	整半劳动力数 Number of Able-bodied and Semi-able-bodied Labours	整劳动力 Number of Able-bodied Labours	男劳动力人数 Number of Male Labours	就业劳动力人数 Number of Employed	男劳动力人数 Number of Male Labour	就业整劳动力人数 Number of Employed Able-bodied Labour
全 区	**Total**	**3903**	**922**	**2464**	**1506**	**1271**	**2167**	**1182**	**2034**
沿黄地区	**Plain**	**3695**	**734**	**2555**	**1448**	**1318**	**2216**	**1229**	**2044**
中南部地区	**Mountain Area**	**3922**	**1064**	**2293**	**1418**	**1199**	**1994**	**1102**	**1866**
银川市	**Yinchuan**	**1615**	**320**	**1116**	**684**	**578**	**967**	**541**	**908**
兴庆区	Xingqing	172	24	126	65	63	114	60	107
西夏区	Xixia	204	63	118	74	61	96	57	93
金凤区	Jinfeng	154	33	103	69	50	98	48	96
永宁县	Yongning	320	61	233	141	122	192	110	178
贺兰县	Helan	346	58	260	140	140	234	133	210
灵武市	Lingwu	420	80	277	195	143	233	133	224
石嘴山市	**Shizuishan**	**572**	**102**	**405**	**188**	**215**	**357**	**202**	**320**
大武口区	Dawukou	154	38	97	61	48	75	44	72
惠农区	Huinong	147	26	103	44	57	88	50	86
平罗县	Pingluo	271	38	205	83	110	194	108	162
吴忠市	**Wuzhong**	**1897**	**446**	**1195**	**723**	**621**	**1038**	**576**	**959**
利通区	Litong	413	88	269	177	133	224	125	210
红寺堡区	Hongsipu	425	126	248	176	133	228	126	216
盐池县	Yanchi	176	37	122	63	65	110	62	103
同心县	Tongxin	523	140	285	169	148	222	126	203
青铜峡市	Qingtongxia	360	55	271	138	142	254	137	227
固原市	**Guyuan**	**2151**	**585**	**1241**	**759**	**642**	**1066**	**591**	**1000**
原州区	Yuanzhou	487	106	290	181	155	227	137	218
西吉县	Xiji	493	157	262	164	135	238	126	222
隆德县	Longde	430	122	249	130	130	226	121	204
泾源县	Jingyuan	348	95	207	134	103	156	92	147
彭阳县	Pengyang	393	105	233	150	119	219	115	209
中卫市	**Zhongwei**	**1383**	**345**	**891**	**512**	**461**	**782**	**422**	**723**
沙坡头区	Shapotou	348	80	237	118	120	192	107	177
中宁县	Zhongning	388	89	257	143	129	222	117	202
海原县	Haiyuan	647	176	397	251	212	368	198	344

2-18 续表 continued

单位：人 (person)

市 县	Region	就业劳动力文化程度 Culture Level of Labors					就业行业 Employed Sector	
		不识字或识字很少 Illiterate and Semi-illiterate	小学程度 Primary School	初中程度 Junior Middle School	高中程度 Senior Middle School	大专及以上 College and Higher	一产业就业劳动力 Primary Industry	非农产业就业劳动力 Non-agriculture
全 区	**Total**	**233**	**690**	**945**	**204**	**95**	**1119**	**1048**
沿黄地区	**Plain**	**134**	**543**	**1235**	**238**	**67**	**996**	**1220**
中南部地区	**Mountain Area**	**314**	**759**	**705**	**150**	**66**	**1192**	**803**
银川市	**Yinchuan**	**56**	**250**	**512**	**116**	**33**	**399**	**568**
兴庆区	Xingqing	9	34	60	7	4	68	46
西夏区	Xixia	4	21	47	20	4	25	71
金凤区	Jinfeng	10	24	39	20	5	55	43
永宁县	Yongning	9	49	105	22	7	53	139
贺兰县	Helan	10	62	133	22	7	117	117
灵武市	Lingwu	14	60	128	25	6	81	152
石嘴山市	**Shizuishan**	**24**	**102**	**194**	**31**	**6**	**194**	**163**
大武口区	Dawukou	7	28	33	4	3	15	60
惠农区	Huinong	1	12	67	8		46	42
平罗县	Pingluo	16	62	94	19	3	133	61
吴忠市	**Wuzhong**	**127**	**331**	**466**	**80**	**34**	**539**	**499**
利通区	Litong	17	48	132	19	9	70	154
红寺堡区	Hongsipu	65	81	69	10	3	152	76
盐池县	Yanchi	5	47	49	4	5	86	24
同心县	Tongxin	19	107	79	12	6	117	105
青铜峡市	Qingtongxia	21	49	138	35	11	114	140
固原市	**Guyuan**	**178**	**365**	**397**	**94**	**32**	**587**	**479**
原州区	Yuanzhou	37	80	88	17	5	110	117
西吉县	Xiji	30	72	98	27	11	169	69
隆德县	Longde	40	75	74	30	7	136	90
泾源县	Jingyuan	40	61	46	7	2	48	108
彭阳县	Pengyang	31	77	91	13	7	124	95
中卫市	**Zhongwei**	**63**	**254**	**371**	**67**	**28**	**469**	**314**
沙坡头区	Shapotou	9	45	121	16	1	97	95
中宁县	Zhongning	7	49	138	21	7	122	100
海原县	Haiyuan	47	160	112	30	20	250	119

2-19　2016年各市县农村居民家庭拥有生产性固定资产情况

Ownership of Productive Fixed Assets of Rural Households by City and County (2016)

单位：元/人　　(yuan/person)

市　县	Region	生产性固定资产原值 Original Value of Productive Fixed Assets	农　业 Farming	牧　业 Animal Husbandry	制造业 Manufacturing	交通运输业、仓储和邮政业 Transport, Storage and Post	批发和零售贸易业 Wholesale and Retail Trade	主要资产数量 Number of Major Assets: 房屋及建筑物（平米/百户）House and Building (sq.m/100 household)	主要资产数量 Number of Major Assets: 大中型拖拉机（辆/百户）Large and Medium Tractor (unit/100 household)
全　区	**Total**	**9446.88**	**3060.92**	**1081.11**	**232.44**	**3634.97**	**695.23**	**6741.66**	**5.53**
沿黄地区	**Plain**	**12275.44**	**3772.41**	**1621.29**	**104.80**	**4193.61**	**1084.73**	**9052.91**	**6.01**
中南部地区	**Mountain Area**	**5802.48**	**2384.58**	**1429.25**	**96.95**	**1324.75**	**423.92**	**6586.64**	**5.31**
银川市	**Yinchuan**	**10500.18**	**3721.18**	**1319.69**	**19.49**	**3031.84**	**1342.82**	**6040.90**	**7.65**
兴庆区	Xingqing	24664.91	3886.74	4479.41		6387.47	1658.25	1843.93	9.36
西夏区	Xixia	11486.38	1174.34	168.88	74.86	3049.58	2672.99	1564.66	4.42
金凤区	Jinfeng	5962.17	3050.61	1005.82		1002.42	903.31	26755.19	3.52
永宁县	Yongning	10950.34	3196.13	375.43		3569.11	3106.28	2589.34	1.99
贺兰县	Helan	8644.03	5415.31	383.88		2394.49	309.38	3143.52	13.51
灵武市	Lingwu	10614.17	3401.49	2605.70	26.24	3335.27	897.72	7772.86	6.15
石嘴山市	**Shizuishan**	**8268.38**	**4261.62**	**1134.37**	**137.59**	**803.92**	**421.95**	**14561.49**	**4.82**
大武口区	Dawukou	5465.29	2658.92	691.58	229.56	1808.71	76.52	10105.14	
惠农区	Huinong	6718.53	4281.44	627.48	348.82	1460.79		31045.93	
平罗县	Pingluo	9796.24	4684.76	1465.24		163.44	743.44	7952.50	8.19
吴忠市	**Wuzhong**	**11932.89**	**1951.96**	**1960.44**	**77.63**	**5966.03**	**530.57**	**12458.54**	**3.52**
利通区	Litong	12166.88	1577.44	5025.43	23.16	4384.73	374.84	28306.28	2.54
红寺堡区	Hongsipu	5733.31	1193.21	549.18		2971.88	117.71	6252.22	3.99
盐池县	Yanchi	7627.64	4048.67	71.05		1763.70	1525.15	17596.51	5.25
同心县	Tongxin	3576.40	284.94	1539.17	209.74	591.68	883.50	7780.53	2.75
青铜峡市	Qingtongxia	27595.42	5145.12	546.55		16311.19	81.08	4062.72	4.76
固原市	**Guyuan**	**6609.50**	**3252.85**	**1993.13**	**122.48**	**716.91**	**399.51**	**6106.05**	**4.43**
原州区	Yuanzhou	5953.13	2376.13	2042.60	182.68	898.03	312.24	6338.86	1.76
西吉县	Xiji	6415.49	4627.89	711.65	39.79	423.01	485.11	5740.69	5.83
隆德县	Longde	9776.31	4013.05	2999.57	23.32	1906.04	834.33	4967.66	6.76
泾源县	Jingyuan	4708.42	371.84	3288.76		640.73	338.80	4575.84	
彭阳县	Pengyang	6766.76	2697.58	3066.28	376.82	324.28	73.51	8291.69	6.50
中卫市	**Zhongwei**	**8091.28**	**3288.33**	**690.65**	**145.18**	**2741.73**	**725.94**	**3594.58**	**8.03**
沙坡头区	Shapotou	7549.69	3425.45	787.02	315.07	2507.37	505.66	2828.06	4.81
中宁县	Zhongning	14072.38	5318.53	778.49	209.57	3284.25	2371.49	3809.80	9.77
海原县	Haiyuan	5483.62	2177.67	655.54		2608.71	35.75	4293.22	9.69

2-19 续表 continued

单位：元/人 (yuan/person)

市 县	Region	小型农用拖拉机(辆/百户) Mini and Walking Tractor (unit/100 household)	机动脱粒机(台/百户) Motorized Threshing Machine (unit/100 household)	收割机(台/百户) Harvester (unit/100 household)	农用动力机械(台/百户) Motor Machine (unit/100 household)	役畜(头/百户) Draught Animal (unit/100 household)	产品畜(头/百户) Commodity Animal (unit/100 household)
全 区	**Total**	**53.67**	**3.05**	**4.04**	**1.30**	**6.62**	**16.19**
沿黄地区	**Plain**	**55.64**	**2.31**	**2.91**	**0.73**	**0.28**	**15.80**
中南部地区	**Mountain Area**	**53.38**	**6.27**	**5.36**	**2.01**	**14.36**	**19.00**
银川市	**Yinchuan**	**39.30**	**2.36**	**1.02**	**0.38**		**18.68**
兴庆区	Xingqing	32.66		4.19			35.94
西夏区	Xixia	30.14					
金凤区	Jinfeng	5.25					
永宁县	Yongning	56.55		1.90	2.00		1.54
贺兰县	Helan	45.98	5.53	1.33			1.81
灵武市	Lingwu	32.71	1.93			5.03	59.39
石嘴山市	**Shizuishan**	**63.81**	**2.49**	**8.08**	**2.31**	**0.63**	**25.91**
大武口区	Dawukou	1.76	1.76				8.76
惠农区	Huinong	60.01					6.09
平罗县	Pingluo	77.92	3.85	13.71	3.92	1.07	36.64
吴忠市	**Wuzhong**	**53.36**	**5.10**	**1.40**	**0.71**	**0.38**	**19.57**
利通区	Litong	35.71	0.94	0.88	2.10	0.94	57.20
红寺堡区	Hongsipu	52.48					1.32
盐池县	Yanchi	81.29	37.54	2.41			31.33
同心县	Tongxin	31.26	0.83	0.81	0.67		
青铜峡市	Qingtongxia	88.86	3.80	3.06		0.64	12.45
固原市	**Guyuan**	**68.34**	**7.83**	**10.06**	**3.63**	**19.79**	**34.24**
原州区	Yuanzhou	57.11	13.32	2.44	7.44	9.54	6.88
西吉县	Xiji	96.47	2.61	21.18	2.81	47.39	5.92
隆德县	Longde	61.09	10.25	3.58	1.73	4.45	47.85
泾源县	Jingyuan	23.97					43.97
彭阳县	Pengyang	48.27	14.64	10.25	4.24	4.22	55.92
中卫市	**Zhongwei**	**59.02**	**1.35**	**1.81**	**0.09**	**7.83**	**4.64**
沙坡头区	Shapotou	70.53	0.74	5.17			13.26
中宁县	Zhongning	62.66	4.14				
海原县	Haiyuan	46.67			0.24	20.05	

2-20 2016年各市县农村居民家庭住房及经营土地情况

Basic Statistics of Residence and Area of Land Managed of Rural Households by City and County (2016)

市 县	Region	住房面积（平方米/人）Floor Space of Living Houses (sq.m/person)	住房价值（元/人）Value of Living Houses (yuan/person)	期末实际经营的土地面积（亩/人）Area of Cultivated Land at Year-end (mu/person)	耕地（亩/人）Area of Permanent Crops (mu/person)	有效灌溉面积（亩/人）Area of Irrigable (mu/person)	林地、园地（亩/人）Area of Forest and Garden and Grassland (mu/person)	牧草地（亩/人）Area of Grassland (mu/person)	养殖水面（亩/人）Water Area for Fishery (mu/person)
全　区	**Total**	**32.09**	**26883.57**	**4.57**	**3.78**	**1.83**	**0.62**	**0.16**	**0.00**
沿黄地区	**Plain**	**36.75**	**29887.21**	**3.91**	**2.87**	**2.74**	**1.03**	**0.01**	**0.00**
中南部地区	**Mountain Area**	**26.62**	**19900.30**	**5.29**	**4.26**	**1.05**	**0.74**	**0.29**	
银川市	**Yinchuan**	**36.48**	**34703.07**	**3.56**	**3.48**	**3.46**	**0.08**		**0.00**
兴庆区	Xingqing	43.41	64766.00	3.93	3.91	3.64	0.02		
西夏区	Xixia	41.14	50795.23	2.73	2.73	2.73			
金凤区	Jinfeng	31.60	36057.99	1.55	1.13	1.13	0.42		
永宁县	Yongning	32.68	21668.23	2.93	2.73	2.72	0.20		
贺兰县	Helan	38.08	38323.92	5.95	5.93	5.93	0.01		0.01
灵武市	Lingwu	36.53	29609.54	2.44	2.44	2.44	0.01		
石嘴山市	**Shizuishan**	**40.14**	**26808.42**	**5.49**	**5.47**	**5.33**	**0.02**		
大武口区	Dawukou	35.39	23829.16	0.55	0.44	0.44	0.10		
惠农区	Huinong	35.55	27840.29	3.51	3.51	3.51			
平罗县	Pingluo	44.17	27265.87	7.84	7.83	7.58	0.00		
吴忠市	**Wuzhong**	**32.69**	**28446.13**	**5.47**	**4.58**	**2.36**	**0.84**	**0.04**	**0.00**
利通区	Litong	33.40	29329.60	1.40	1.26	1.22	0.14		
红寺堡区	Hongsipu	30.52	23980.18	2.92	2.71	2.65	0.20	0.01	
盐池县	Yanchi	42.95	22593.70	18.86	12.57	4.23	5.98	0.31	
同心县	Tongxin	28.66	28220.80	7.60	6.70	2.08	0.90		
青铜峡市	Qingtongxia	36.75	33011.60	3.86	3.45	3.45	0.29	0.10	0.02
固原市	**Guyuan**	**26.32**	**18374.42**	**4.50**	**3.30**	**0.35**	**0.72**	**0.48**	
原州区	Yuanzhou	31.03	24686.87	2.65	2.19	0.49	0.01	0.45	
西吉县	Xiji	23.49	13682.08	6.37	4.52	0.45	1.43	0.42	
隆德县	Longde	26.96	24501.99	3.23	3.02	0.12	0.03	0.18	
泾源县	Jingyuan	22.56	19260.90	2.18	0.37	0.34	0.98	0.83	
彭阳县	Pengyang	28.32	15522.28	4.58	3.68	0.15	0.52	0.38	
中卫市	**Zhongwei**	**29.54**	**20050.85**	**4.49**	**2.54**	**1.02**	**1.82**	**0.14**	
沙坡头区	Shapotou	33.22	26814.04	5.91	1.53	0.94	4.38		
中宁县	Zhongning	40.56	21197.60	3.62	1.56	1.56	2.06		
海原县	Haiyuan	21.65	15047.12	3.99	3.68	0.79	0.01	0.30	

2-21　2016年各市县农村居民家庭农作物种植情况

Basic Statistics of Farm Crop Planting of Rural Households by City and County (2016)

单位：亩/人　　(mu/person)

市　县	Region	粮食播种面积 Sown Area of Grain Crops	小麦播种面积 Wheat	水稻播种面积 Rice	玉米播种面积 Corn	豆类播种面积 Soybeans	薯类播种面积 Tubers
全　区	**Total**	**2.50**	**0.48**	**0.60**	**1.16**	**0.04**	**0.22**
沿黄地区	**Plain**	**2.68**	**0.39**	**0.95**	**1.28**	**0.05**	**0**
中南部地区	**Mountain Area**	**2.32**	**0.55**		**1.10**	**0.01**	**0.46**
银川市	**Yinchuan**	**3.18**	**0.52**	**1.31**	**1.35**	**0.01**	**0.00**
兴庆区	Xingqing	3.34	0.23	3.06	0.05		0.00
西夏区	Xixia	2.41	0.28	0.41	1.72		
金凤区	Jinfeng	0.97			0.97		
永宁县	Yongning	1.95	0.65	0.27	1.02	0.00	
贺兰县	Helan	5.74	1.23	2.31	2.20		
灵武市	Lingwu	2.34	0.05	1.32	0.95	0.02	
石嘴山市	**Shizuishan**	**5.26**	**0.90**	**2.48**	**1.56**	**0.32**	
大武口区	Dawukou	0.41	0.20		0.22		
惠农区	Huinong	2.87	0.85		2.01		
平罗县	Pingluo	7.81	1.10	4.50	1.64	0.57	
吴忠市	**Wuzhong**	**2.55**	**0.48**	**0.22**	**1.79**	**0.01**	**0.04**
利通区	Litong	1.10	0.25	0.17	0.68		
红寺堡区	Hongsipu	2.55	0.19		2.35		0.01
盐池县	Yanchi	3.84	0.57		2.83	0.15	0.28
同心县	Tongxin	2.67	0.76		1.85		0.06
青铜峡市	Qingtongxia	3.63	0.39	0.92	2.32		
固原市	**Guyuan**	**2.16**	**0.50**		**1.02**		**0.64**
原州区	Yuanzhou	1.59	0.21		1.21		0.18
西吉县	Xiji	2.78	0.78		0.69		1.31
隆德县	Longde	1.96	0.54		0.95		0.47
泾源县	Jingyuan	0.31	0.09		0.12		0.10
彭阳县	Pengyang	2.71	0.53		1.98		0.20
中卫市	**Zhongwei**	**1.68**	**0.31**	**0.10**	**0.99**	**0.02**	**0.26**
沙坡头区	Shapotou	1.18	0.12	0.23	0.78	0.05	
中宁县	Zhongning	1.53	0.03	0.14	1.35	0.00	
海原县	Haiyuan	2.08	0.57		0.94		0.57

2-21 续表 continued

单位：亩/人 (mu/person)

市 县	Region	经济作物播种面积 Sown Area of Economy Crops	油料播种面积 Oil-bearing	蔬菜播种面积 Vegetable	水果播种面积 Fruits	机耕面积 Plough Area by Machine	机播面积 Sown Area by Machine	机收面积 Reap Area by Machine	机电灌溉面积 Irrigate Area by Machine
全 区	**Total**	**0.37**	**0.19**	**0.09**	**0.09**	**2.66**	**2.30**	**1.60**	**0.28**
沿黄地区	**Plain**	**1.08**	**0.12**	**0.17**	**0.79**	**2.64**	**2.39**	**2.30**	**0.25**
中南部地区	**Mountain Area**	**0.31**	**0.24**	**0.07**	**0.01**	**2.72**	**2.16**	**0.83**	**0.41**
银川市	**Yinchuan**	**0.51**	**0.11**	**0.29**	**0.10**	**3.20**	**2.95**	**2.91**	**0.65**
兴庆区	Xingqing	0.51	0.06	0.45		3.84	3.39	3.37	3.46
西夏区	Xixia	0.04	0.03	0.00	0.01	2.51	2.44	2.40	2.61
金凤区	Jinfeng	0.16		0.05	0.11	0.97	0.97	0.71	
永宁县	Yongning	0.57		0.26	0.30	2.05	1.90	1.79	
贺兰县	Helan	1.16	0.37	0.66	0.14	5.79	5.13	5.15	0.72
灵武市	Lingwu	0.11	0.00	0.10	0.01	2.18	2.18	2.17	0.14
石嘴山市	**Shizuishan**	**0.61**	**0.26**	**0.22**	**0.13**	**5.27**	**3.02**	**4.73**	**0.21**
大武口区	Dawukou	0.03		0.03	0.01	0.41	0.39	0.34	0.03
惠农区	Huinong	0.81	0.16	0.49	0.16	3.27	3.44	3.44	0.24
平罗县	Pingluo	0.66	0.36	0.14	0.15	7.60	3.54	6.66	0.25
吴忠市	**Wuzhong**	**0.14**	**0.03**	**0.06**	**0.06**	**2.95**	**2.85**	**2.08**	**0.21**
利通区	Litong	0.20		0.09	0.11	1.01	0.94	0.95	0.01
红寺堡区	Hongsipu	0.02	0.02	0.00	0.00	2.63	2.25	1.05	
盐池县	Yanchi	0.19		0.19		8.31	8.18	5.16	2.80
同心县	Tongxin	0.10	0.07	0.01	0.02	3.00	2.94	2.01	
青铜峡市	Qingtongxia	0.23		0.10	0.13	3.45	3.43	2.97	
固原市	**Guyuan**	**0.42**	**0.30**	**0.12**	**0.00**	**2.43**	**2.13**	**0.26**	**0.24**
原州区	Yuanzhou	0.24	0.16	0.08		1.92	1.26	0.16	0.47
西吉县	Xiji	0.60	0.41	0.19		2.76	2.47	0.12	0.31
隆德县	Longde	0.54	0.34	0.20	0.00	2.87	2.53	0.78	0.13
泾源县	Jingyuan	0.04	0.04	0.00		0.35	0.33	0.13	
彭阳县	Pengyang	0.42	0.39	0.03	0.00	2.86	2.84	0.39	0.02
中卫市	**Zhongwei**	**1.64**	**0.26**	**0.04**	**1.34**	**1.76**	**0.91**	**0.59**	**0.35**
沙坡头区	Shapotou	4.57	0.32	0.12	4.12	1.27	0.92	0.68	
中宁县	Zhongning	0.38		0.02	0.36	1.34	1.28	1.15	
海原县	Haiyuan	0.35	0.34		0.01	2.29	0.70	0.25	0.76

2-22　2016年各市县农村居民家庭农业生产情况

Basic Statistics of Agricultural Production of Rural Households by City and County (2016)

单位：公斤/人　　(kg/person)

市　县	Region	谷物产量 Output of Cereal	小麦产量 Output of Wheat	稻谷产量 Output of Rice	玉米产量 Output of Corn	薯类产量 Output of Tubers	豆类产量 Output of Soybeans	油料产量 Output of Oil-bearing
全　区	**Total**	**1207.44**	**95.29**	**370.51**	**715.49**	**44.49**	**10.39**	**21.53**
沿黄地区	**Plain**	**1441.23**	**133.07**	**480.05**	**828.10**	**0.00**	**3.14**	**14.34**
中南部地区	**Mountain Area**	**878.68**	**62.67**		**674.58**	**85.32**	**16.56**	**21.97**
银川市	**Yinchuan**	**1693.27**	**208.80**	**676.28**	**808.19**	**0.01**	**1.40**	**16.43**
兴庆区	Xingqing	1620.37	50.43	1538.28	31.66	0.14	0.58	6.17
西夏区	Xixia	1585.92	113.23	245.97	1226.72			11.39
金凤区	Jinfeng	776.62			776.62			
永宁县	Yongning	1148.18	261.63	164.76	721.79		1.58	
贺兰县	Helan	2796.39	502.35	1122.21	1171.83			52.06
灵武市	Lingwu	1283.79	21.78	726.91	535.11		3.49	0.58
石嘴山市	**Shizuishan**	**2261.82**	**241.73**	**1070.76**	**949.33**		**10.77**	**40.76**
大武口区	Dawukou	162.02	63.52		98.50			
惠农区	Huinong	1472.28	291.77		1180.51			48.64
平罗县	Pingluo	3213.88	248.47	1943.87	1021.54		19.56	48.61
吴忠市	**Wuzhong**	**1468.86**	**70.04**	**138.63**	**1232.25**	**2.25**	**1.72**	**5.26**
利通区	Litong	518.29	74.05	89.14	355.10		0.62	
红寺堡区	Hongsipu	1292.84	64.04		1228.80	1.14	0.44	3.59
盐池县	Yanchi	1103.73	32.71		840.47	16.27	20.98	2.53
同心县	Tongxin	1742.78	30.82		1679.16	2.82	0.28	13.44
青铜峡市	Qingtongxia	2461.75	149.36	587.39	1725.00			
固原市	**Guyuan**	**571.47**	**76.98**		**461.27**	**146.31**	**21.23**	**29.54**
原州区	Yuanzhou	598.04	23.97		560.99	35.61	5.31	8.41
西吉县	Xiji	409.89	104.05		243.15	303.72	34.42	30.64
隆德县	Longde	449.83	110.21		333.65	104.60	45.62	29.03
泾源县	Jingyuan	52.70	17.99		34.71	25.69	9.37	2.97
彭阳县	Pengyang	1238.69	104.42		1128.36	48.49	4.96	73.03
中卫市	**Zhongwei**	**813.66**	**37.94**	**64.56**	**684.55**	**25.88**	**12.45**	**15.64**
沙坡头区	Shapotou	701.65	27.57	152.65	521.43		6.03	20.17
中宁县	Zhongning	1080.21	12.55	76.84	990.82		1.20	
海原县	Haiyuan	749.32	57.43		634.42	55.90	22.32	20.50

2-23 2016年各市县农村居民家庭农林牧渔业产品出售情况

Basic Statistics of Agriculture, Forestry, Animal Husbandry and Fishery Products Sales of Rural Households by City and County (2016)

单位：公斤/人、元/人 (kg/person,yuan/person)

市 县	Region	谷物 Cereal							
		数量 Quantity	金额 Amount	小麦 Wheat		稻谷 Rice		玉米 Corn	
				数量 Quantity	金额 Amount	数量 Quantity	金额 Amount	数量 Quantity	金额 Amount
全 区	**Total**	**1089.14**	**2075.94**	**41.06**	**98.18**	**305.02**	**793.47**	**728.93**	**1147.75**
沿黄地区	**Plain**	**1285.39**	**2450.96**	**83.82**	**201.50**	**287.01**	**760.18**	**913.47**	**1485.55**
中南部地区	**Mountain Area**	**622.79**	**979.62**	**7.45**	**18.87**			**590.19**	**893.42**
银川市	**Yinchuan**	**1542.81**	**3019.90**	**165.99**	**396.80**	**404.95**	**1085.93**	**969.44**	**1528.44**
兴庆区	Xingqing	833.54	2143.40	39.67	97.22	762.17	1992.76	31.70	53.41
西夏区	Xixia	758.61	1404.88	53.91	123.70	127.63	343.15	577.07	938.04
金凤区	Jinfeng	784.22	1197.94					784.22	1197.94
永宁县	Yongning	1264.16	2368.03	210.11	479.70	167.86	456.05	885.58	1430.92
贺兰县	Helan	2565.83	4912.77	426.16	1033.57	523.74	1394.41	1615.92	2484.80
灵武市	Lingwu	1302.22	2747.13	1.54	3.71	563.51	1524.94	729.73	1191.38
石嘴山市	**Shizuishan**	**1949.07**	**3839.66**	**137.08**	**324.27**	**732.98**	**1892.59**	**1077.72**	**1620.47**
大武口区	Dawukou	47.11	86.24	9.74	25.41			37.37	60.83
惠农区	Huinong	1223.29	1919.58	63.49	161.65			1159.80	1757.93
平罗县	Pingluo	2877.59	5922.68	203.69	475.06	1330.65	3435.83	1340.89	2007.56
吴忠市	**Wuzhong**	**1152.45**	**1907.65**	**25.59**	**65.81**	**56.07**	**154.01**	**1059.44**	**1653.55**
利通区	Litong	353.16	676.95	14.03	35.78	68.81	198.14	270.32	443.02
红寺堡区	Hongsipu	1562.30	2469.16	23.58	72.79			1538.72	2396.37
盐池县	Yanchi	425.06	751.83					376.26	605.94
同心县	Tongxin	1504.98	2251.37	16.55	38.55			1464.89	2141.52
青铜峡市	Qingtongxia	1695.55	3206.72	66.85	171.01	246.17	654.33	1382.53	2381.38
固原市	**Guyuan**	**282.52**	**479.99**	**3.78**	**8.13**			**249.71**	**404.40**
原州区	Yuanzhou	295.30	489.63					285.02	471.46
西吉县	Xiji	221.25	403.44	4.23	10.14			152.30	239.71
隆德县	Longde	219.32	335.64	16.12	31.62			199.42	298.72
泾源县	Jingyuan	21.98	44.94	2.40	5.05			19.58	39.89
彭阳县	Pengyang	595.60	985.53					593.17	976.90
中卫市	**Zhongwei**	**727.07**	**1262.00**	**4.90**	**13.12**	**40.57**	**106.24**	**669.34**	**1103.69**
沙坡头区	Shapotou	824.26	1528.98	7.13	17.51	96.18	248.18	720.33	1260.26
中宁县	Zhongning	1182.38	2070.75	1.88	5.03	47.95	130.38	1132.55	1935.35
海原县	Haiyuan	429.36	671.19	4.92	14.26			398.36	574.82

2-23 续表 1 continued

单位：公斤/人、元/人 (kg/person,yuan/person)

市 县	Region	薯类 Tubers		豆类 Soybeans		油料 Oil-bearing		蔬菜 Vegetable		瓜类 Melons	
		数量 Quantity	金额 Amount	数量 Quantity	金额 Amount	数量 Quantity	金额 Amount	数量 Quantity	金额 Amount	数量 Quantity	金额 Amount
全 区	**Total**	**26.03**	**140.80**	**10.04**	**33.22**	**8.83**	**32.34**	**287.65**	**416.34**	**262.33**	**246.98**
沿黄地区	**Plain**	**0.00**	**0.02**	**3.86**	**13.45**	**12.61**	**46.83**	**506.85**	**745.04**	**804.06**	**710.13**
中南部地区	**Mountain Area**	**52.54**	**282.02**	**16.75**	**54.99**	**5.90**	**28.17**	**205.41**	**228.58**	**5.38**	**25.33**
银川市	**Yinchuan**	**0.01**	**0.06**	**0.63**	**2.50**	**12.04**	**43.65**	**997.35**	**1295.35**	**266.12**	**257.55**
兴庆区	Xingqing	0.13	1.15	0.86	2.58	4.33	23.81	2693.01	4038.78	48.59	231.27
西夏区	Xixia									1.34	2.95
金凤区	Jinfeng							82.57	214.32	25.70	69.28
永宁县	Yongning			1.78	7.67			1079.27	2292.06	24.03	26.89
贺兰县	Helan			0.22	1.01	40.99	146.87	1827.59	1643.61	408.51	269.65
灵武市	Lingwu			0.70	2.38	0.22	1.13	461.57	657.33	446.67	502.91
石嘴山市	**Shizuishan**			**16.17**	**52.20**	**35.92**	**112.74**	**328.65**	**733.39**	**306.24**	**658.43**
大武口区	Dawukou							143.42	356.78		
惠农区	Huinong					12.05	36.84	601.86	1450.64	208.31	1572.86
平罗县	Pingluo			29.35	94.76	55.08	175.43	240.21	469.04	447.24	374.42
吴忠市	**Wuzhong**	**0.27**	**2.09**	**0.92**	**4.01**	**4.18**	**19.87**	**198.18**	**233.39**	**16.11**	**49.56**
利通区	Litong			0.83	3.08			523.24	570.65	4.82	1.93
红寺堡区	Hongsipu	0.06	0.19	2.28	8.04						
盐池县	Yanchi	1.29	13.14	3.44	22.30			188.37	321.57	111.10	587.77
同心县	Tongxin	0.51	3.43	0.48	1.80	12.18	57.98	6.07	24.47	3.87	2.63
青铜峡市	Qingtongxia			0.05	0.22			270.63	311.78	30.70	42.97
固原市	**Guyuan**	**87.54**	**470.87**	**20.78**	**66.16**	**2.77**	**14.62**	**387.35**	**415.98**	**0.81**	**4.91**
原州区	Yuanzhou	25.44	115.75	3.70	13.69	0.20	1.20	91.88	173.68		
西吉县	Xiji	203.35	1117.17	41.66	124.55	4.30	23.47	891.83	864.47		
隆德县	Longde	17.15	86.05	23.19	85.85	3.60	20.24	296.58	403.33	3.52	2.85
泾源县	Jingyuan	7.30	35.46	6.47	22.48	0.16	0.97	0.26	0.51		
彭阳县	Pengyang	12.40	50.52	6.98	27.19	4.10	18.93	21.44	61.13	2.27	27.21
中卫市	**Zhongwei**	**19.90**	**105.36**	**14.54**	**50.21**	**12.33**	**55.05**	**71.11**	**211.41**	**1273.36**	**1010.53**
沙坡头区	Shapotou			5.85	22.57	24.33	107.36	162.79	616.34	2904.51	2161.74
中宁县	Zhongning			3.05	11.33	0.28	2.10	48.61	46.09	1649.31	1477.16
海原县	Haiyuan	42.97	227.55	26.01	87.83	10.46	47.08	21.74	27.16	2.44	11.25

2-23 续表 2 continued

单位：公斤/人、元/人 (kg/person,yuan/person)

市 县	Region	园林水果 Fruits 数量 Quantity	金额 Amount	中药材 Medicinal Materials 数量 Quantity	金额 Amount	林木种苗 Wood and Germchit 数量 Quantity	金额 Amount	肉猪 Hog 头数(头) Count (head)	毛 重 Gross Weight	金 额 Amount
全 区	**Total**	**59.89**	**148.29**	**13.25**	**343.87**	**12.70**	**65.87**	**0.11**	**12.69**	**233.42**
沿黄地区	**Plain**	**156.93**	**252.19**	**16.18**	**418.61**	**5.84**	**12.13**	**0.15**	**18.00**	**323.37**
中南部地区	**Mountain Area**	**2.55**	**3.15**	**2.47**	**66.79**	**19.47**	**96.77**	**0.02**	**2.69**	**50.48**
银川市	**Yinchuan**	**55.90**	**211.23**	**1.52**	**38.03**	**8.17**	**21.42**	**0.08**	**9.36**	**175.28**
兴庆区	Xingqing	1.22	2.44	6.72	159.70	0.76	13.83			
西夏区	Xixia	0.17	0.98	11.24	256.82					
金凤区	Jinfeng	40.38	395.83			4.71	48.64			
永宁县	Yongning	213.32	868.63	1.06	41.11	43.03	63.20	0.02	1.90	42.24
贺兰县	Helan	12.39	28.40			0.81	18.73	0.01	1.83	37.94
灵武市	Lingwu	37.15	52.72					0.25	27.16	501.22
石嘴山市	**Shizuishan**	**4.26**	**20.46**	**7.30**	**178.01**			**0.38**	**47.50**	**858.35**
大武口区	Dawukou	8.24	35.19					0.06	9.05	162.83
惠农区	Huinong	10.17	51.28					0.12	15.61	319.82
平罗县	Pingluo			13.25	323.16			0.61	75.41	1343.30
吴忠市	**Wuzhong**	**24.57**	**110.64**	**2.39**	**57.64**	**5.96**	**9.90**	**0.01**	**1.74**	**29.74**
利通区	Litong	52.09	405.56							
红寺堡区	Hongsipu	0.74	1.51	17.76	428.26	0.22	3.10			
盐池县	Yanchi	0.67	2.02					0.02	3.77	69.10
同心县	Tongxin	5.14	4.27							
青铜峡市	Qingtongxia	49.15	41.84			29.87	47.79	0.06	7.48	126.39
固原市	**Guyuan**	**0.20**	**2.19**	**1.24**	**28.55**	**39.06**	**193.81**	**0.04**	**4.48**	**83.35**
原州区	Yuanzhou	0.54	4.84	2.61	110.53	0.54	6.04	0.00	0.26	4.16
西吉县	Xiji					8.88	61.40	0.01	1.88	38.11
隆德县	Longde			0.29	1.37	0.02	0.57	0.27	29.64	525.07
泾源县	Jingyuan			3.35	12.87	178.49	1432.69			
彭阳县	Pengyang	0.43	6.42	1.50	9.85	102.32	125.04	0.01	0.49	22.21
中卫市	**Zhongwei**	**231.54**	**228.60**	**29.19**	**772.48**	**0.00**	**0.02**	**0.12**	**15.05**	**267.16**
沙坡头区	Shapotou	128.46	165.72	6.94	211.90			0.32	39.50	712.88
中宁县	Zhongning	854.09	772.47	110.05	2821.89			0.09	9.95	155.75
海原县	Haiyuan	6.43	4.98	2.83	102.13	0.01	0.05	0.01	1.44	28.51

2-23 续表 3 continued

单位：公斤/人、元/人 (kg/person,yuan/person)

市 县	Region	菜羊 Sheep			肉牛 Cattle			家禽 Poultry		蛋类 Eggs	
		只数(只) Count (head)	毛 重 Gross Weight	金 额 Amount	头数(头) Count (head)	毛 重 Gross Weight	金 额 Amount	重 量 Weight	金 额 Amount	数 量 Quantity	金 额 Amount
全 区	**Total**	**0.07**	**26.39**	**729.98**	**1.09**	**33.76**	**646.16**	**0.97**	**15.22**	**14.40**	**102.40**
沿黄地区	**Plain**	**0.08**	**32.23**	**901.91**	**0.35**	**9.29**	**199.88**	**10.99**	**165.05**	**31.15**	**218.43**
中南部地区	**Mountain Area**	**0.11**	**38.31**	**1040.63**	**1.16**	**35.33**	**661.87**	**0.16**	**3.22**	**0.06**	**0.65**
银川市	**Yinchuan**	**0.06**	**18.42**	**599.35**	**0.30**	**6.17**	**162.99**	**2.90**	**52.10**	**1.10**	**8.16**
兴庆区	Xingqing	0.17	44.23	1665.28	0.11	2.44	64.70	5.50	94.03	21.83	161.34
西夏区	Xixia				0.09	2.34	68.31	0.39	13.79		
金凤区	Jinfeng	0.06	17.20	595.76	0.13	2.08	74.18	0.03	0.40		
永宁县	Yongning	0.06	19.29	727.55	0.18	3.98	115.66	6.93	104.70		
贺兰县	Helan	0.04	8.80	356.02	0.46	7.79	235.05	2.31	49.32	0.06	0.55
灵武市	Lingwu	0.07	28.08	748.61	0.34	8.69	189.87	2.32	44.10		
石嘴山市	**Shizuishan**	**0.01**	**3.68**	**116.21**	**0.33**	**14.62**	**269.58**	**19.02**	**287.18**	**0.07**	**1.01**
大武口区	Dawukou				0.03	0.85	17.07	1.58	38.35	0.44	6.20
惠农区	Huinong	0.03	12.79	337.81	0.95	40.93	767.72	36.01	519.97		
平罗县	Pingluo	0.00		34.65	0.10	4.92	83.68	15.27	238.66		
吴忠市	**Wuzhong**	**0.14**	**60.55**	**1610.73**	**1.45**	**47.19**	**896.10**	**12.46**	**179.10**	**4.90**	**36.00**
利通区	Litong	0.41	169.87	4563.08	0.62	14.88	346.67	1.20	22.86		
红寺堡区	Hongsipu	0.03	12.76	337.56	0.49	11.89	219.00	0.01	0.23		
盐池县	Yanchi				4.62	138.77	2795.09	1.10	17.41	1.26	14.79
同心县	Tongxin	0.10	46.66	1211.65	2.26	83.61	1494.96	0.02	0.47		
青铜峡市	Qingtongxia	0.01	3.71	95.07	0.10	3.06	54.89	60.87	867.32	24.28	176.43
固原市	**Guyuan**	**0.16**	**52.58**	**1454.81**	**0.73**	**18.92**	**362.73**	**0.24**	**5.09**	**0.04**	**0.31**
原州区	Yuanzhou	0.13	48.90	1416.20	1.16	22.58	565.35				
西吉县	Xiji	0.12	40.19	1002.87	0.60	20.30	312.42	0.01	0.18		
隆德县	Longde	0.13	43.79	1119.14	1.04	31.75	516.38	1.06	23.04	0.16	1.40
泾源县	Jingyuan	0.27	96.03	2468.93	0.32	9.02	173.53				
彭阳县	Pengyang	0.21	50.14	1700.38	0.44	8.39	211.51	0.62	13.03	0.10	0.82
中卫市	**Zhongwei**	**0.04**	**15.33**	**412.13**	**0.47**	**12.77**	**235.74**	**1.42**	**22.54**	**32.91**	**233.29**
沙坡头区	Shapotou	0.02	10.65	284.50	0.29	7.33	147.89	0.89	17.35	176.02	1228.90
中宁县	Zhongning	0.04	11.67	308.46	0.53	14.53	275.26	4.89	73.69	0.05	0.41
海原县	Haiyuan	0.06	20.19	546.64	0.56	15.39	272.51				

2-23 续表 4 continued

单位：公斤/人、元/人 (kg/person,yuan/person)

市　县	Region	畜皮 Fur		毛绒 Wool		奶类 Milk		鱼类 Fish	
		数量(张) Quantity (piece)	金额 Amount	数量 Quantity	金额 Amount	数量 Quantity	金额 Amount	数量 Quantity	金额 Amount
全　区	**Total**	**0.04**	**1.83**	**0.93**	**7.32**			**5.51**	**60.66**
沿黄地区	**Plain**	**0.03**	**2.33**	**1.01**	**13.44**	**88.40**	**225.44**	**4.41**	**45.65**
中南部地区	**Mountain Area**	**0.09**	**2.62**	**1.47**	**17.56**				
银川市	**Yinchuan**	**0.02**	**2.59**	**1.03**	**4.68**	**42.58**	**107.64**	**13.18**	**136.47**
兴庆区	Xingqing	0.02	7.37						
西夏区	Xixia								
金凤区	Jinfeng			0.09	0.62				
永宁县	Yongning	0.01	0.18	0.04	0.25			48.99	497.20
贺兰县	Helan	0.00	0.07	0.36	9.13			16.25	174.56
灵武市	Lingwu	0.06	6.94	2.92	6.26	135.89	343.52		
石嘴山市	**Shizuishan**	**0.02**	**0.95**	**2.92**	**72.60**				
大武口区	Dawukou			2.19	99.42				
惠农区	Huinong	0.04	2.99	1.31	115.12				
平罗县	Pingluo	0.01	0.17	3.98	42.38				
吴忠市	**Wuzhong**	**0.14**	**3.43**	**1.66**	**28.06**	**131.40**	**338.24**		
利通区	Litong	0.04	1.99	0.52	4.70	529.99	1364.11		
红寺堡区	Hongsipu	0.03	1.63	0.47	29.98				
盐池县	Yanchi	1.21	27.97	11.92	79.57				
同心县	Tongxin	0.03	0.64	1.35	47.37				
青铜峡市	Qingtongxia	0.02	0.32	0.04	0.20	0.12	0.49		
固原市	**Guyuan**	**0.02**	**0.84**	**0.48**	**3.32**				
原州区	Yuanzhou	0.07	2.31	0.51	3.84				
西吉县	Xiji	0.01	0.49	0.05	0.34				
隆德县	Longde			0.33	1.24				
泾源县	Jingyuan								
彭阳县	Pengyang	0.03	0.80	1.82	12.88				
中卫市	**Zhongwei**	**0.04**	**3.20**	**1.00**	**5.44**	**10.24**	**23.61**		
沙坡头区	Shapotou	0.04	5.98	0.06	0.60	33.58	77.39		
中宁县	Zhongning	0.05	0.68	0.60	4.21				
海原县	Haiyuan	0.04	2.62	1.80	9.23				

2-24 2016年各市县农村居民家庭总收入来源情况

Basic Statistics of Total Income of Rural Households by Sources by City and County (2016)

单位：元/人 (yuan/person)

市 县	Region	总收入 Total Revenue	一、工资性收入 Wages Income	二、家庭经营收入 Household Business	1.第一产业收入 Primary Industry	(1)农业收入 Farming	(2)林业收入 Forestry	(3)牧业收入 Animal Husbandry	(4)渔业收入 Fishery
全　区	**Total**	**15792.33**	**3906.05**	**9184.55**	**6363.82**	**3909.10**	**75.17**	**2315.56**	**63.99**
沿黄地区	**Plain**	**18234.97**	**5310.58**	**10911.47**	**7494.28**	**4745.12**	**15.60**	**2684.60**	**48.97**
中南部地区	**Mountain Area**	**10357.10**	**3046.41**	**5829.74**	**4789.98**	**2384.22**	**110.36**	**2295.40**	
银川市	**Yinchuan**	**17692.75**	**5578.72**	**10265.11**	**6984.83**	**5404.27**	**23.92**	**1409.98**	**146.65**
兴庆区	Xingqing	22200.44	6125.28	14540.29	10874.95	8546.86	19.32	2308.77	
西夏区	Xixia	12914.85	4200.83	7259.35	3272.68	3067.50		205.17	
金凤区	Jinfeng	14307.26	6249.03	5426.41	2930.22	1910.46	51.77	967.99	
永宁县	Yongning	17642.40	4304.87	11235.10	7565.24	5489.58	65.21	1509.71	500.74
贺兰县	Helan	20145.86	6185.41	11761.70	9157.92	7936.75	24.33	988.91	207.93
灵武市	Lingwu	17308.14	6085.73	9898.40	6231.42	4175.90		2055.52	
石嘴山市	**Shizuishan**	**17831.60**	**4375.84**	**10767.62**	**8988.62**	**6435.67**		**2551.95**	**1.00**
大武口区	Dawukou	12365.70	7636.88	3829.30	1384.96	725.60		659.36	
惠农区	Huinong	16672.40	4710.98	10380.61	8508.90	5727.91		2780.99	
平罗县	Pingluo	19942.97	3556.55	12864.45	11332.82	8362.01		2968.99	1.82
吴忠市	**Wuzhong**	**15579.96**	**4574.49**	**9650.61**	**6647.38**	**2993.97**	**13.38**	**3640.04**	
利通区	Litong	21350.04	7120.18	12735.71	8785.94	2143.28	0.00	6642.66	
红寺堡区	Hongsipu	9467.61	4029.42	4312.08	3532.57	2554.35	15.94	962.27	
盐池县	Yanchi	14615.12	1113.63	11748.82	8586.47	2961.25	1.38	5623.84	
同心县	Tongxin	11085.58	2840.26	6998.69	5918.42	2689.32	0.62	3228.49	
青铜峡市	Qingtongxia	18444.02	5765.91	11317.46	6517.35	4969.74	55.07	1492.54	
固原市	**Guyuan**	**10679.83**	**3151.03**	**6062.14**	**5048.72**	**2476.91**	**215.89**	**2355.92**	
原州区	Yuanzhou	11312.41	3581.57	6136.56	4172.81	1573.10	6.69	2593.02	
西吉县	Xiji	10130.25	2845.56	5932.40	5353.42	3468.49	63.41	1821.51	
隆德县	Longde	10729.67	3118.95	5842.59	4551.47	2234.45	2.58	2314.44	
泾源县	Jingyuan	9999.57	3073.93	5692.48	4830.96	677.57	1436.52	2716.87	
彭阳县	Pengyang	10816.94	3311.90	6193.00	5584.95	2700.27	247.82	2636.86	
中卫市	**Zhongwei**	**13106.98**	**3738.18**	**7357.25**	**5709.75**	**3960.84**	**6.73**	**1742.18**	
沙坡头区	Shapotou	18056.72	4952.03	10502.05	8197.59	4641.42	11.68	3544.48	
中宁县	Zhongning	16337.38	3828.21	10587.82	8147.66	7209.01		938.65	
海原县	Haiyuan	8603.11	2984.88	3936.21	3130.18	1863.56	6.83	1259.79	

2-24 续表 1 continued

单位：元/人 (yuan/person)

市 县	Region	2.第二产业收入 Secondary Industry	工业收入 Industry	建筑业收入 Construction	3.第三产业收入 Tertiary Industry	交通、运输、邮电业收入 Transport, Post and Telecommunication	批零贸易业、饮食业收入 Wholesale, Retail Trade and Catering	社会服务业收入 Social Service	其他行业收入 Others
全 区	**Total**	**238.73**	**139.28**	**99.45**	**2582.00**	**1464.80**	**786.22**	**302.05**	**28.93**
沿黄地区	**Plain**	**237.83**	**54.10**	**183.73**	**3179.36**	**1638.88**	**1145.52**	**391.47**	**3.48**
中南部地区	**Mountain Area**	**84.54**	**73.43**	**11.11**	**955.22**	**453.87**	**319.29**	**146.39**	**35.67**
银川市	**Yinchuan**	**197.18**	**37.27**	**159.91**	**3083.10**	**1570.91**	**1017.15**	**484.62**	**10.42**
兴庆区	Xingqing	1670.48	168.78	1501.70	1994.86	1031.95	537.69	425.21	
西夏区	Xixia	701.16	53.62	647.54	3285.51	1392.42	1121.29	771.80	
金凤区	Jinfeng				2496.19	482.10	1562.52	451.58	
永宁县	Yongning	158.18		158.18	3511.68	1976.82	1172.03	362.83	
贺兰县	Helan				2603.78	1928.38	205.96	469.44	
灵武市	Lingwu	76.92	76.92		3590.06	1453.00	1580.94	522.88	33.24
石嘴山市	**Shizuishan**	**220.12**	**61.47**	**158.65**	**1558.88**	**622.61**	**640.66**	**295.61**	
大武口区	Dawukou	282.39	227.03	55.35	2161.96	1513.14	549.81	99.01	
惠农区	Huinong	85.48	85.48		1786.23	1177.51	475.92	132.80	
平罗县	Pingluo	271.68		271.68	1259.95	69.34	752.47	438.14	
吴忠市	**Wuzhong**	**171.93**	**40.64**	**131.29**	**2831.30**	**1980.58**	**413.80**	**365.55**	**71.37**
利通区	Litong	597.90	98.08	499.83	3351.87	2387.17	576.59	388.11	
红寺堡区	Hongsipu	54.93		54.93	724.59	375.47	116.32	232.80	
盐池县	Yanchi				3162.35	1134.42	1472.75	554.71	0.47
同心县	Tongxin	47.63	47.63		1032.64	296.72	347.87	179.93	208.12
青铜峡市	Qingtongxia				4800.11	3915.32	184.57	700.22	
固原市	**Guyuan**	**145.91**	**131.02**	**14.88**	**867.51**	**421.48**	**304.26**	**141.77**	
原州区	Yuanzhou	285.03	283.60	1.42	1678.72	1062.68	291.72	324.32	
西吉县	Xiji	105.47	65.65	39.82	473.52	139.15	248.94	85.43	
隆德县	Longde	11.02	11.02		1280.10	454.85	655.80	169.45	
泾源县	Jingyuan				861.52	336.31	459.91	65.30	
彭阳县	Pengyang	241.96	241.96		366.09	211.48	104.78	49.83	
中卫市	**Zhongwei**	**121.76**	**38.90**	**82.86**	**1525.75**	**850.42**	**534.26**	**141.07**	
沙坡头区	Shapotou	190.87	33.66	157.21	2113.59	1325.01	626.60	161.98	
中宁县	Zhongning	271.39	122.30	149.09	2168.77	804.35	1062.81	301.61	
海原县	Haiyuan				806.02	556.92	203.66	45.45	

2-24 续表 2 continued

单位：元/人 (yuan/person)

市 县	Region	三、财产性收入 Property Income	转让承包土地经营权租金净收入 Rental Income for Land Contractual Management Right	四、转移性收入 Transfer Income	养老金或离退休金 Pensions and Retirement Pay	报销医疗费 medical fee for reimbursement	政策性惠农补贴 Policy-related subsidies
全 区	**Total**	**374.65**	**214.79**	**2327.08**	**733.98**	**286.33**	**535.49**
沿黄地区	**Plain**	**404.99**	**213.71**	**1607.93**	**766.82**	**194.40**	**268.25**
中南部地区	**Mountain Area**	**100.25**	**66.76**	**1380.70**	**261.45**	**133.03**	**403.64**
银川市	**Yinchuan**	**414.88**	**114.69**	**1434.03**	**627.95**	**141.06**	**241.25**
兴庆区	Xingqing	976.00	76.15	558.88	180.36	70.34	161.48
西夏区	Xixia	485.66	69.68	969.01	523.22	26.92	64.73
金凤区	Jinfeng	705.00	15.44	1926.82	773.09	218.82	39.78
永宁县	Yongning	765.34	210.04	1337.09	483.59	75.37	306.33
贺兰县	Helan	345.89	193.34	1852.86	755.71	238.91	401.33
灵武市	Lingwu	97.22	36.21	1226.78	644.37	108.54	178.73
石嘴山市	**Shizuishan**	**450.44**	**333.21**	**2237.70**	**1236.61**	**161.68**	**338.70**
大武口区	Dawukou	83.32	27.65	816.20	313.63	23.40	49.53
惠农区	Huinong	549.96	547.63	1030.85	686.44	82.84	70.12
平罗县	Pingluo	530.20	333.58	2991.77	1502.76	243.37	561.92
吴忠市	**Wuzhong**	**150.83**	**109.42**	**1204.03**	**299.05**	**144.93**	**390.79**
利通区	Litong	193.53	114.31	1300.62	537.65	241.59	212.33
红寺堡区	Hongsipu	23.25	20.41	1102.86	145.19	90.59	457.17
盐池县	Yanchi	296.40	128.19	1456.26	98.95	108.96	994.19
同心县	Tongxin	74.13	65.74	1172.51	204.09	106.80	412.42
青铜峡市	Qingtongxia	271.24	237.34	1089.41	333.91	145.65	297.09
固原市	**Guyuan**	**98.52**	**56.43**	**1368.14**	**244.44**	**114.71**	**365.76**
原州区	Yuanzhou	139.54	88.30	1454.73	384.52	130.01	410.21
西吉县	Xiji	123.98	67.81	1228.30	150.89	110.28	244.57
隆德县	Longde	34.12	30.31	1734.00	403.32	117.55	586.02
泾源县	Jingyuan	52.92	42.02	1180.24	114.64	88.50	314.91
彭阳县	Pengyang	68.21	19.43	1243.83	234.61	80.67	403.45
中卫市	**Zhongwei**	**235.17**	**167.50**	**1776.38**	**710.60**	**251.66**	**320.61**
沙坡头区	Shapotou	195.64	118.42	2407.00	1356.04	184.12	430.01
中宁县	Zhongning	524.23	377.25	1397.12	704.88	397.43	94.29
海原县	Haiyuan	113.97	92.99	1568.06	308.06	221.26	362.70

2-25 2016年各市县农村居民家庭总支出情况

Basic Statistics of Total Expenses of Rural Households by City and County (2016)

单位：元/人 (yuan/person)

市 县	Region	总支出 Total Expenditure	一、生产经营费用支出 Expenditure for Household Business	第一产业生产费用支出 Primary Industry	农业生产费用支出 Farming	林业生产费用支出 Forestry	牧业生产费用支出 Animal Husbandry	渔业生产费用支出 Fishery	第二产业生产费用支出 Secondary Industry	工业生产费用支出 Industry
全　区	**Total**	**21077.61**	**4623.02**	**3421.35**	**1742.91**	**18.85**	**1611.78**	**47.81**	**93.51**	**50.08**
沿黄地区	**Plain**	**23068.34**	**5116.03**	**4073.93**	**2257.76**	**4.39**	**1772.73**	**39.04**	**98.33**	**35.55**
中南部地区	**Mountain Area**	**13804.98**	**2215.65**	**1850.09**	**838.55**	**28.22**	**983.32**		**44.27**	**39.90**
银川市	**Yinchuan**	**23098.52**	**4334.32**	**3343.25**	**2405.42**	**7.70**	**813.82**	**116.31**	**56.24**	**14.40**
兴庆区	Xingqing	27294.05	6500.69	5019.80	3228.31	0.23	1791.26		663.97	69.17
西夏区	Xixia	15013.24	1759.49	915.43	810.16	0.32	104.95		77.10	3.79
金凤区	Jinfeng	14815.41	2373.46	1483.98	920.03	5.50	558.45			
永宁县	Yongning	23390.31	4459.14	3680.15	2170.55	22.67	917.42	569.52	2.65	
贺兰县	Helan	27869.89	6310.70	5286.40	4559.09	0.51	666.39	60.42	15.20	
灵武市	Lingwu	22589.72	3386.84	2303.20	1295.81	9.82	997.56		44.89	44.89
石嘴山市	**Shizuishan**	**21181.80**	**4872.52**	**4517.54**	**2814.46**		**1703.08**		**58.47**	**44.06**
大武口区	Dawukou	12788.15	1266.87	460.20	185.69		274.51		194.44	194.44
惠农区	Huinong	16898.39	4058.73	3752.70	1671.68		2081.02		43.34	43.34
平罗县	Pingluo	25971.92	6323.98	6077.24	4147.22		1930.02		26.17	
吴忠市	**Wuzhong**	**20757.44**	**4423.43**	**3327.12**	**1144.09**	**4.22**	**2178.55**	**0.26**	**63.61**	**46.58**
利通区	Litong	27258.28	7249.16	5539.25	861.24		4677.78	0.24	232.90	169.64
红寺堡区	Hongsipu	13953.14	1903.89	1724.44	1177.67	5.50	541.27		10.04	
盐池县	Yanchi	21016.17	5123.21	3486.81	1547.84		1938.98			
同心县	Tongxin	14416.15	3096.28	2593.59	833.21		1760.38		13.21	13.21
青铜峡市	Qingtongxia	22255.39	4364.63	2950.96	1871.98	17.52	1060.43	1.03		
固原市	**Guyuan**	**15200.13**	**2257.21**	**1910.12**	**874.10**	**55.90**	**980.12**		**81.75**	**75.55**
原州区	Yuanzhou	17221.42	2503.44	1619.19	676.61	7.04	935.55		235.15	234.58
西吉县	Xiji	12328.57	1942.62	1849.74	1125.69	12.44	711.61		45.54	28.96
隆德县	Longde	18176.36	2428.70	1954.42	789.95	1.86	1162.62		4.55	4.55
泾源县	Jingyuan	14017.58	2330.37	1980.98	275.72	452.10	1253.16			
彭阳县	Pengyang	12985.77	2289.69	2199.09	943.53	14.93	1240.63		62.77	62.77
中卫市	**Zhongwei**	**16590.36**	**3394.24**	**2788.91**	**1717.55**		**1071.36**		**79.66**	**5.07**
沙坡头区	Shapotou	22912.70	6161.47	4991.71	2370.62		2621.09		145.33	
中宁县	Zhongning	20241.04	4535.45	3808.07	3160.64		647.44		145.73	21.68
海原县	Haiyuan	10676.06	1175.31	1006.49	567.06		439.43		2.60	

2-25 续表 1 continued

单位：元/人 (yuan/person)

市 县	Region	建筑业生产费用支出 Construction	第三产业生产费用支出 Tertiary Industry	交通运输邮电业生产费用支出 Transport, Post and Telecommunication	批零贸易餐饮业生产费用支出 Wholesale, Retail Trade and Catering	社会服务业生产费用支出 Social Service	其他行业生产费用支出 Others	二、购置生产性固定资产支出 Expenditure for Purchasing Productive Fixed Assets
全 区	**Total**	**43.44**	**1108.16**	**740.65**	**245.42**	**99.41**	**22.68**	**1045.91**
沿黄地区	**Plain**	**62.78**	**943.77**	**682.30**	**126.33**	**134.93**	**0.22**	**845.26**
中南部地区	**Mountain Area**	**4.37**	**321.30**	**172.90**	**77.66**	**47.42**	**23.32**	**358.57**
银川市	**Yinchuan**	**41.84**	**934.83**	**642.17**	**122.99**	**169.01**	**0.66**	**531.14**
兴庆区	Xingqing	594.79	816.92	434.33	172.98	209.61		3956.72
西夏区	Xixia	73.31	766.97	456.68	94.31	215.98		
金凤区	Jinfeng		889.47	98.38	729.33	61.77		23.29
永宁县	Yongning	2.65	776.34	591.34	0.95	184.04		29.90
贺兰县	Helan	15.20	1009.10	909.53		99.56		849.34
灵武市	Lingwu		1038.75	674.70	128.39	233.57	2.09	267.90
石嘴山市	**Shizuishan**	**14.42**	**296.51**	**105.37**	**89.28**	**101.86**		**1055.40**
大武口区	Dawukou		612.23	216.59	390.99	4.65		13.33
惠农区	Huinong		262.69	229.08	33.61			88.60
平罗县	Pingluo	26.17	220.56	7.83	29.19	183.54		1865.81
吴忠市	**Wuzhong**	**17.03**	**1032.70**	**683.75**	**131.62**	**170.68**	**46.64**	**1553.22**
利通区	Litong	63.26	1477.01	1230.02	125.02	121.97		1826.01
红寺堡区	Hongsipu	10.04	169.41	54.64	15.66	99.11		397.69
盐池县	Yanchi		1636.39	646.58	647.95	341.86		912.53
同心县	Tongxin		489.47	120.19	150.64	82.56	136.08	56.30
青铜峡市	Qingtongxia		1413.67	1015.86	16.00	381.81		875.96
固原市	**Guyuan**	**6.19**	**265.34**	**179.89**	**57.76**	**27.69**		**556.65**
原州区	Yuanzhou	0.57	649.09	533.02	34.29	81.78		291.56
西吉县	Xiji	16.58	47.34	39.05		8.29		241.03
隆德县	Longde		469.72	211.89	226.29	31.53		760.48
泾源县	Jingyuan		349.39	138.56	199.07	11.76		2040.16
彭阳县	Pengyang		27.84	15.62	7.65	4.56		536.27
中卫市	**Zhongwei**	**74.58**	**525.67**	**431.48**	**75.51**	**18.68**		**403.92**
沙坡头区	Shapotou	145.33	1024.43	982.58	38.68	3.16		793.58
中宁县	Zhongning	124.06	581.64	246.17	270.71	64.76		546.48
海原县	Haiyuan	2.60	166.22	159.96	0.74	5.52		73.16

2-25 续表 2 continued

单位：元/人 (yuan/person)

市县	Region	三、生活消费支出 Living Expenditure	1.食品烟酒 Food Tobacco Liquor	A.食品 Food	谷物 Grain	薯类 Tubers	豆类 Soybeans	食用油 Edible Oil
全区	**Total**	**9138.40**	**2419.10**	**1927.60**	**394.68**	**81.15**	**15.74**	**119.79**
沿黄地区	**Plain**	**10235.75**	**2899.08**	**2224.45**	**395.04**	**26.20**	**23.14**	**143.31**
中南部地区	**Mountain Area**	**7009.55**	**2201.34**	**1894.36**	**452.37**	**134.89**	**9.49**	**127.78**
银川市	**Yinchuan**	**11060.88**	**3101.70**	**2408.40**	**483.29**	**29.16**	**19.30**	**149.02**
兴庆区	Xingqing	11549.60	3530.34	2611.35	363.83	41.97	39.37	148.10
西夏区	Xixia	10069.44	2846.25	1973.87	315.75	49.68	16.75	93.34
金凤区	Jinfeng	10471.90	3099.69	2456.25	344.31	79.96	20.87	143.35
永宁县	Yongning	9285.25	2746.49	2254.18	360.67	18.38	24.71	175.43
贺兰县	Helan	13006.83	3653.05	2662.44	487.00	27.50	23.35	196.45
灵武市	Lingwu	10335.39	2422.92	1938.25	242.52	13.79	9.64	109.62
石嘴山市	**Shizuishan**	**9910.09**	**3071.70**	**2502.35**	**459.07**	**18.20**	**30.15**	**170.35**
大武口区	Dawukou	8961.21	2682.86	2051.40	402.30	19.46	24.03	118.92
惠农区	Huinong	9079.49	2967.20	2306.77	411.92		30.73	148.97
平罗县	Pingluo	10660.29	3236.23	2714.69	498.79	26.36	31.75	193.73
吴忠市	**Wuzhong**	**8486.78**	**2428.96**	**2044.69**	**451.65**	**35.48**	**10.28**	**132.05**
利通区	Litong	10718.44	2843.18	2166.25	300.42	38.14	11.01	120.55
红寺堡区	Hongsipu	7154.56	2131.70	1866.19	439.65	57.64	7.90	97.99
盐池县	Yanchi	8786.20	2843.88	2191.94	433.17	76.96	10.92	88.52
同心县	Tongxin	7410.94	2260.93	2108.33	583.01	27.69	4.72	168.74
青铜峡市	Qingtongxia	8106.91	2246.41	1856.18	413.12	17.55	20.65	125.27
固原市	**Guyuan**	**6883.66**	**2275.83**	**1876.15**	**384.59**	**212.11**	**12.36**	**110.30**
原州区	Yuanzhou	8268.31	2249.42	1772.50	428.65	41.73	10.69	122.25
西吉县	Xiji	6119.56	2282.13	1958.10	399.90	342.53	13.05	96.30
隆德县	Longde	7594.31	2576.44	2047.38	361.32	373.70	22.22	119.75
泾源县	Jingyuan	6492.34	2161.18	1885.33	364.17	94.44	13.85	136.22
彭阳县	Pengyang	6296.41	2160.83	1721.45	312.20	120.96	5.62	103.74
中卫市	**Zhongwei**	**8271.46**	**2349.68**	**1900.29**	**486.60**	**49.99**	**19.40**	**139.74**
沙坡头区	Shapotou	9920.49	2829.40	2017.97	454.59	14.91	36.56	131.61
中宁县	Zhongning	9327.59	2614.88	2098.54	488.32	37.66	21.90	133.76
海原县	Haiyuan	6669.95	1746.75	1571.94	401.02	67.51	6.69	132.12

2-25 续表 3 continued

单位：元/人 (yuan/person)

市 县	Region	蔬菜和食用菌 Vegetables and Related Products	肉类 Meat	禽类 Poultry	水产品 Aquartic Products	蛋类 Eggs	奶类 Milk	干鲜瓜果类 Dried and Fresh Melon and Fruit	糖果糕点类 Candy and Pastry	其它类食品 Other Food	B.烟酒 Tobacco and Liquor	C.饮料 Beverage	D.饮食服务 Service for Food	在外饮食 Dinning Outer
全 区	**Total**	**208.59**	**513.33**	**96.55**	**18.26**	**33.04**	**96.42**	**218.73**	**35.91**	**95.41**	**199.54**	**56.66**	**235.29**	**196.11**
沿黄地区	**Plain**	**277.23**	**636.18**	**122.33**	**24.46**	**35.99**	**112.36**	**261.18**	**47.40**	**119.63**	**270.14**	**57.83**	**346.66**	**283.20**
中南部地区	**Mountain Area**	**174.42**	**485.39**	**98.62**	**11.40**	**35.26**	**75.90**	**183.78**	**23.57**	**81.47**	**159.18**	**53.99**	**93.82**	**79.72**
银川市	**Yinchuan**	**286.76**	**677.08**	**136.49**	**30.71**	**35.69**	**101.83**	**289.13**	**49.49**	**120.45**	**249.42**	**59.83**	**384.05**	**358.23**
兴庆区	Xingqing	330.24	676.33	158.25	33.47	56.84	162.11	389.49	70.59	140.76	340.73	84.02	494.24	486.48
西夏区	Xixia	225.66	492.97	124.74	32.50	41.78	115.00	310.38	66.91	88.42	290.30	61.90	520.18	507.21
金凤区	Jinfeng	251.22	848.20	120.26	44.71	30.38	122.69	302.44	42.77	105.07	304.94	56.49	282.02	259.29
永宁县	Yongning	320.95	574.27	159.77	40.72	39.68	88.31	285.15	52.96	113.18	197.58	57.28	237.45	222.26
贺兰县	Helan	341.93	678.41	166.30	29.37	41.85	106.52	319.72	65.23	178.80	382.63	77.04	530.94	494.42
灵武市	Lingwu	238.69	744.35	101.91	22.08	24.28	85.37	238.36	26.51	81.11	132.56	43.12	308.99	279.86
石嘴山市	**Shizuishan**	**297.64**	**751.18**	**108.11**	**18.24**	**39.16**	**134.29**	**282.44**	**74.01**	**119.50**	**284.73**	**56.82**	**227.80**	**202.91**
大武口区	Dawukou	294.76	444.31	96.19	19.79	43.01	138.76	260.20	63.85	125.83	275.94	53.01	302.51	284.14
惠农区	Huinong	295.16	737.39	97.85	24.60	30.25	117.88	260.43	71.52	80.08	335.67	56.13	268.63	206.83
平罗县	Pingluo	298.99	831.24	117.52	15.36	43.66	140.60	302.01	77.93	136.73	270.30	60.90	190.34	180.45
吴忠市	**Wuzhong**	**222.93**	**624.58**	**115.37**	**15.58**	**29.50**	**94.37**	**202.83**	**26.16**	**83.90**	**125.13**	**42.86**	**216.28**	**186.76**
利通区	Litong	233.56	806.10	136.60	24.24	33.80	101.68	240.80	36.79	82.55	161.62	46.69	468.62	380.44
红寺堡区	Hongsipu	189.08	501.08	146.03	11.19	40.72	68.56	209.83	19.37	77.15	91.41	59.61	114.49	107.25
盐池县	Yanchi	237.17	720.75	73.82	20.60	46.78	82.30	234.69	40.95	125.29	356.65	63.32	231.97	229.21
同心县	Tongxin	219.14	608.38	103.07	6.75	25.39	101.67	166.89	13.20	79.67	48.48	34.06	70.07	64.98
青铜峡市	Qingtongxia	236.58	479.82	102.98	21.38	18.87	97.12	203.58	34.61	84.66	154.13	35.69	200.41	176.62
固原市	**Guyuan**	**166.28**	**451.41**	**98.94**	**13.74**	**37.85**	**76.31**	**201.56**	**28.73**	**81.97**	**219.86**	**62.52**	**117.30**	**96.63**
原州区	Yuanzhou	185.50	413.52	92.17	11.08	36.08	116.45	199.29	23.72	91.37	198.97	51.80	226.14	199.44
西吉县	Xiji	133.88	503.29	93.41	16.18	38.51	57.21	173.90	32.46	57.46	196.76	62.38	64.89	42.76
隆德县	Longde	221.93	336.85	87.69	16.16	49.47	71.68	239.28	41.98	105.34	345.83	75.96	107.27	86.30
泾源县	Jingyuan	215.23	354.70	129.32	19.93	35.24	129.63	279.47	18.29	94.86	88.70	62.67	124.48	122.16
彭阳县	Pengyang	137.50	551.18	101.57	7.26	33.35	34.24	192.32	24.60	96.90	293.41	69.57	76.40	57.54
中卫市	**Zhongwei**	**213.51**	**454.29**	**80.35**	**15.77**	**34.07**	**91.07**	**175.83**	**28.39**	**111.29**	**184.87**	**57.62**	**206.89**	**131.63**
沙坡头区	Shapotou	272.04	485.09	74.04	22.99	36.43	118.45	209.90	39.55	121.80	286.47	85.55	439.41	217.77
中宁县	Zhongning	275.46	485.19	76.81	21.73	32.54	123.86	200.76	34.04	166.51	237.17	43.11	236.06	222.96
海原县	Haiyuan	133.36	418.58	76.78	8.17	33.42	57.09	141.69	18.73	76.79	88.89	47.14	38.78	27.83

2-25 续表 4 continued

单位：元/人 (yuan/person)

市 县	Region	2.衣着 Clothing	A.衣类 Clothing	B.鞋类 Footwear	3.居住 Residence	A.住房维修管理 Maintenance Management	B.水电燃料及其他 Water, Electricity, Fuel and Others	C.自有住房折算租金 Imputed Rent for Home-ownership	4.生活用品及服务 Household Facilities, and Service
全 区	**Total**	**672.92**	**508.35**	**164.57**	**1631.42**	**350.14**	**516.81**	**734.89**	**578.63**
沿黄地区	**Plain**	**851.28**	**647.83**	**203.45**	**1941.86**	**477.90**	**562.26**	**853.54**	**708.77**
中南部地区	**Mountain Area**	**528.89**	**388.68**	**140.21**	**1294.72**	**261.49**	**458.20**	**561.10**	**441.93**
银川市	**Yinchuan**	**934.74**	**703.83**	**230.91**	**2072.23**	**394.67**	**624.62**	**995.46**	**767.48**
兴庆区	Xingqing	995.35	762.23	233.12	2909.80	264.90	736.95	1907.95	801.69
西夏区	Xixia	792.44	599.26	193.18	2009.43	177.03	655.67	1122.73	481.09
金凤区	Jinfeng	1171.94	752.64	419.30	1879.77	254.40	554.51	1031.25	773.87
永宁县	Yongning	788.38	555.75	232.63	1516.93	230.18	688.65	586.31	780.63
贺兰县	Helan	1014.47	783.25	231.22	2810.40	778.11	754.85	1169.97	869.19
灵武市	Lingwu	905.85	721.06	184.79	1686.81	277.06	463.71	894.29	749.90
石嘴山市	**Shizuishan**	**748.67**	**574.21**	**174.46**	**2119.79**	**526.83**	**746.70**	**812.08**	**631.32**
大武口区	Dawukou	717.70	550.89	166.80	1699.16	312.80	618.31	725.30	479.64
惠农区	Huinong	733.29	561.00	172.29	1821.30	190.87	756.96	828.32	323.45
平罗县	Pingluo	768.90	590.30	178.60	2376.44	737.68	780.56	832.31	833.42
吴忠市	**Wuzhong**	**765.22**	**577.38**	**187.84**	**1754.03**	**406.36**	**500.48**	**816.03**	**559.28**
利通区	Litong	932.06	701.01	231.05	2209.57	827.75	474.56	851.14	606.25
红寺堡区	Hongsipu	619.78	462.30	157.47	1141.50	133.46	312.61	695.43	550.24
盐池县	Yanchi	777.23	571.50	205.73	1490.07	202.43	660.29	627.35	423.80
同心县	Tongxin	706.05	538.10	167.95	1628.29	258.33	525.84	842.88	504.76
青铜峡市	Qingtongxia	735.14	561.65	173.49	1841.92	405.68	548.24	877.56	589.42
固原市	**Guyuan**	**460.68**	**334.42**	**126.26**	**1218.86**	**274.76**	**431.48**	**494.62**	**412.20**
原州区	Yuanzhou	516.81	369.87	146.94	1873.55	716.38	449.51	656.69	459.67
西吉县	Xiji	421.37	309.92	111.45	927.85	82.28	459.88	385.57	349.56
隆德县	Longde	459.34	339.03	120.31	1183.61	131.07	442.36	571.89	496.12
泾源县	Jingyuan	525.86	383.10	142.76	1264.33	301.80	387.45	575.08	414.33
彭阳县	Pengyang	429.56	304.12	125.44	966.08	187.17	351.03	418.78	434.70
中卫市	**Zhongwei**	**604.83**	**454.06**	**150.78**	**1418.45**	**363.48**	**447.15**	**568.18**	**573.23**
沙坡头区	Shapotou	708.22	535.14	173.08	1752.73	387.96	537.51	768.93	747.99
中宁县	Zhongning	729.97	568.23	161.74	1402.20	495.51	281.66	572.06	665.66
海原县	Haiyuan	479.96	346.16	133.80	1204.54	278.34	470.55	435.23	421.77

2-25 续表 5 continued

单位：元/人 (yuan/person)

市 县	Region	5.交通和通信 Transport and Communi-cation	A.交通 Transport	交通工具 Transport Vehicle	交通费 Car Fare	交通工具用燃料 Fuel for Transport Vehicle	交通工具使用及维修 Use and maintenance for Transport Vehicle	B.通信 Communi-cation	通信工具 Communi-cation Tools	通信服务 Service for Communi-cation
全 区	**Total**	**1509.59**	**1100.59**	**585.50**	**124.71**	**210.87**	**179.51**	**409.00**	**183.69**	**225.31**
沿黄地区	**Plain**	**1453.23**	**945.21**	**347.82**	**125.67**	**258.52**	**213.21**	**508.01**	**217.18**	**290.84**
中南部地区	**Mountain Area**	**816.98**	**522.80**	**155.16**	**116.53**	**157.22**	**93.89**	**294.18**	**118.64**	**175.54**
银川市	**Yinchuan**	**1755.76**	**1226.84**	**501.24**	**136.08**	**326.19**	**263.32**	**528.92**	**192.12**	**336.80**
兴庆区	Xingqing	1581.48	1153.42	132.20	140.40	583.61	297.21	428.06	82.42	345.64
西夏区	Xixia	1262.73	880.09	175.19	121.12	315.93	267.86	382.64	145.76	236.87
金凤区	Jinfeng	1159.97	660.56	110.37	82.96	340.31	126.93	499.41	190.21	309.20
永宁县	Yongning	1251.98	728.12	41.67	101.91	319.46	265.08	523.86	156.58	367.28
贺兰县	Helan	1792.94	1121.87	499.60	181.91	289.51	150.85	671.07	229.30	441.77
灵武市	Lingwu	2347.48	1878.52	1016.72	131.84	330.02	399.94	468.96	207.96	**261.00**
石嘴山市	**Shizuishan**	**1108.28**	**628.60**	**170.69**	**128.65**	**179.96**	**149.29**	**479.68**	**167.73**	**311.95**
大武口区	Dawukou	1555.69	988.40	516.89	144.54	134.55	192.41	567.29	203.99	363.30
惠农区	Huinong	965.87	551.40	99.43	144.83	174.72	132.41	414.48	133.25	281.22
平罗县	Pingluo	1097.56	607.50	134.23	117.94	200.98	154.36	490.06	176.80	**313.26**
吴忠市	**Wuzhong**	**1139.05**	**700.55**	**205.77**	**119.10**	**211.99**	**163.70**	**438.50**	**209.84**	**228.66**
利通区	Litong	1604.82	967.32	426.71	86.97	245.88	207.76	637.49	301.31	336.19
红寺堡区	Hongsipu	1165.06	811.26	219.79	158.62	214.96	217.90	353.79	193.78	160.01
盐池县	Yanchi	1245.20	862.09	42.02	136.44	382.14	301.50	383.11	97.85	285.26
同心县	Tongxin	856.35	499.26	82.65	127.12	201.73	87.77	357.08	176.87	180.21
青铜峡市	Qingtongxia	995.99	606.52	197.81	109.49	136.10	163.12	389.47	194.16	**195.32**
固原市	**Guyuan**	**706.58**	**436.10**	**83.43**	**134.61**	**142.32**	**75.74**	**270.48**	**85.52**	**184.96**
原州区	Yuanzhou	817.45	542.65	90.12	155.91	198.55	98.07	274.81	101.39	173.42
西吉县	Xiji	613.11	368.97	94.93	82.72	127.74	63.57	244.14	78.01	166.14
隆德县	Longde	633.63	351.86	74.06	162.82	68.45	46.53	281.77	76.86	204.91
泾源县	Jingyuan	810.60	544.22	108.68	227.90	133.41	74.24	266.38	82.44	183.93
彭阳县	Pengyang	734.34	417.25	45.33	113.93	163.85	94.13	317.09	93.54	**223.55**
中卫市	**Zhongwei**	**1090.03**	**719.06**	**313.53**	**103.63**	**157.68**	**144.23**	**370.97**	**192.19**	**178.78**
沙坡头区	Shapotou	1189.43	736.49	138.75	132.83	228.37	236.53	452.94	240.89	212.05
中宁县	Zhongning	1421.55	951.54	457.76	144.70	182.56	166.53	470.01	257.58	212.43
海原县	Haiyuan	873.09	593.43	358.48	63.97	99.71	71.27	279.66	140.20	**139.46**

2-25 续表 6 continued

单位：元/人 (yuan/person)

市 县	Region	6.教育文化娱乐 Educational, Cultural, Recreational	A.教育 Education	学前教育 Preschool	小学教育 Elementary	初中教育 Junior High School	高中教育 Senior High School	中专职高教育 Technical and Professional High School	大专及以上教育 College Degree or Above	成人教育 Adult Education	B.文化娱乐 Culture Recreation
全 区	**Total**	**1077.45**	**869.30**	**47.04**	**32.41**	**88.48**	**204.93**	**89.02**	**344.68**	**62.74**	**208.15**
沿黄地区	**Plain**	**1035.66**	**784.83**	**56.40**	**43.19**	**93.93**	**155.80**	**104.76**	**271.82**	**58.92**	**250.84**
中南部地区	**Mountain Area**	**804.24**	**673.04**	**34.66**	**27.72**	**88.64**	**212.75**	**36.02**	**224.66**	**48.60**	**131.19**
银川市	**Yinchuan**	**1141.20**	**843.58**	**67.60**	**59.70**	**159.00**	**230.98**	**67.25**	**215.59**	**43.46**	**297.61**
兴庆区	Xingqing	688.21	460.04	145.83	96.92	19.51	45.14	5.42	118.01	29.20	228.18
西夏区	Xixia	1530.06	1187.83	65.27	91.77	113.82	606.68	1.18	301.47	7.64	342.23
金凤区	Jinfeng	1266.49	754.80	45.04	60.77	201.87	328.49	7.07	88.88	22.67	511.69
永宁县	Yongning	1022.73	771.54	40.29	74.76	132.51	206.63	11.69	256.73	48.93	251.19
贺兰县	Helan	1346.10	1005.62	65.16	55.73	110.93	212.05	222.73	253.76	85.27	340.48
灵武市	Lingwu	947.78	715.46	79.11	39.07	238.89	153.92	1.10	183.17	20.19	232.32
石嘴山市	**Shizuishan**	**1102.84**	**896.71**	**49.55**	**49.39**	**93.04**	**240.27**	**66.32**	**295.70**	**102.44**	**206.13**
大武口区	Dawukou	1083.00	898.28	65.12	31.05	90.18	427.86	34.06	182.98	67.03	184.72
惠农区	Huinong	1330.87	1150.45	20.69	34.56	165.74	313.60	43.53	477.72	94.61	180.42
平罗县	Pingluo	999.14	773.20	59.95	62.47	56.74	154.32	87.62	233.50	118.60	225.94
吴忠市	**Wuzhong**	**763.47**	**597.62**	**45.53**	**20.83**	**79.38**	**161.52**	**89.22**	**164.64**	**36.49**	**165.85**
利通区	Litong	828.97	610.27	70.94	26.90	62.99	120.62	141.01	149.62	38.19	218.70
红寺堡区	Hongsipu	930.37	824.04	54.27	13.19	122.74	308.99	70.45	194.96	59.44	106.33
盐池县	Yanchi	1039.79	786.78	19.85	45.74	114.12	396.65		182.73	27.69	253.01
同心县	Tongxin	579.89	467.19	33.03	8.61	51.25	141.71	44.83	154.02	33.73	112.70
青铜峡市	Qingtongxia	691.32	492.75	40.25	32.03	46.92	73.18	148.30	123.91	28.17	198.57
固原市	**Guyuan**	**893.85**	**750.86**	**44.21**	**36.50**	**104.24**	**208.56**	**39.31**	**257.59**	**60.44**	**142.99**
原州区	Yuanzhou	871.63	764.13	82.75	60.96	122.13	144.62	27.69	207.37	118.62	107.49
西吉县	Xiji	971.07	782.46	20.67	36.13	115.83	272.83	51.88	232.86	52.26	188.61
隆德县	Longde	1219.24	1061.21	40.06	13.47	86.65	278.55	25.10	547.38	70.01	158.03
泾源县	Jingyuan	545.86	428.46	43.81	36.55	96.85	106.13	19.72	124.63	0.76	117.40
彭阳县	Pengyang	784.85	679.92	48.68	22.88	78.13	180.43	52.80	264.95	32.05	104.93
中卫市	**Zhongwei**	**926.98**	**751.64**	**31.13**	**29.47**	**59.71**	**141.50**	**82.73**	**350.01**	**57.09**	**175.34**
沙坡头区	Shapotou	1134.93	900.17	28.20	53.36	57.07	70.12	125.35	499.73	66.33	234.76
中宁县	Zhongning	1085.22	842.74	73.63	8.57	46.12	84.43	157.11	378.35	94.54	242.47
海原县	Haiyuan	786.11	681.02	11.42	24.20	68.03	216.71	69.02	259.85	31.79	105.09

2-25 续表 7 continued

单位：元/人 (yuan/person)

市 县	Region	7.医疗保健 Medicine and Health Care	A.医疗器具及药品 Medical Treatment and Drug	B.医疗服务 Service for Medical Treatment	8.其他用品和服务 Other Commodities and Services	四、财产性支出 Property Expenditure	五、转移性支出 Transfer Expenditure
全 区	**Total**	**1040.56**	**283.07**	**757.49**	**208.73**	**82.83**	**610.80**
沿黄地区	**Plain**	**1086.69**	**340.12**	**746.57**	**259.18**	**99.06**	**567.79**
中南部地区	**Mountain Area**	**813.68**	**212.97**	**600.71**	**107.77**	**30.79**	**218.47**
银川市	**Yinchuan**	**1026.73**	**357.21**	**669.52**	**261.04**	**96.25**	**525.46**
兴庆区	Xingqing	903.18	273.63	629.56	139.55	33.97	421.89
西夏区	Xixia	964.35	408.46	555.90	183.08	61.33	216.49
金凤区	Jinfeng	770.71	271.09	499.62	349.47	44.40	745.58
永宁县	Yongning	997.98	349.06	648.91	180.13	61.66	526.40
贺兰县	Helan	1184.27	377.64	806.63	336.41	198.42	500.16
灵武市	Lingwu	1021.68	376.58	645.10	252.97	57.36	609.35
石嘴山市	**Shizuishan**	**971.01**	**331.42**	**639.58**	**156.48**	**49.17**	**529.86**
大武口区	Dawukou	613.32	234.33	379.00	129.84	9.32	464.09
惠农区	Huinong	823.36	366.55	456.81	114.13		316.10
平罗县	Pingluo	1160.47	346.95	813.52	188.14	104.74	665.52
吴忠市	**Wuzhong**	**932.31**	**237.04**	**695.27**	**144.46**	**92.07**	**382.38**
利通区	Litong	1387.12	289.22	1097.90	306.48	196.47	517.35
红寺堡区	Hongsipu	561.04	247.27	313.77	54.88	8.95	91.15
盐池县	Yanchi	884.70	290.95	593.76	81.52	110.31	340.99
同心县	Tongxin	818.08	187.33	630.75	56.59	39.94	322.56
青铜峡市	Qingtongxia	833.48	220.69	612.79	173.24	2.37	457.83
固原市	**Guyuan**	**808.49**	**213.89**	**594.60**	**107.16**	**59.13**	**208.64**
原州区	Yuanzhou	1311.71	301.80	1009.91	168.07	101.06	240.62
西吉县	Xiji	449.48	146.28	303.20	105.00	19.86	174.50
隆德县	Longde	917.67	247.56	670.11	108.26	8.91	178.24
泾源县	Jingyuan	704.66	258.17	446.49	65.52	12.35	310.91
彭阳县	Pengyang	728.64	173.31	555.33	57.41	15.16	199.99
中卫市	**Zhongwei**	**1062.37**	**301.87**	**760.50**	**245.89**	**66.37**	**480.60**
沙坡头区	Shapotou	1298.71	419.14	879.57	259.08	123.75	892.86
中宁县	Zhongning	1024.96	351.20	673.76	383.15	105.28	402.05
海原县	Haiyuan	990.73	200.89	789.84	167.00	8.57	181.38

2-26 2016年各市县农村居民可支配收入来源情况

Basic Statistics of Disposable Income of Rural Households by Sources by City and County (2016)

单位：元/人 (yuan/person)

市 县	Region	一、可支配收入 Disposable Income	(一)工资性收入 Income from Wages and Salaries	(二)经营净收入 Net Business Income	1.第一产业 Primary Industry	农业 Farming	林业 Forestry	牧业 Animal Husbandry	渔业 Fishery	2.非农产业 Non-agriculture	工业 Industry
全 区	**Total**	**9851.63**	**3906.05**	**3937.47**	**2665.85**	**1962.13**	**56.25**	**631.71**	**15.75**	**1271.62**	**73.71**
沿黄地区	**Plain**	**11660.78**	**5310.58**	**5004.13**	**3060.38**	**2235.87**	**11.15**	**803.78**	**9.59**	**1943.75**	**11.56**
中南部地区	**Mountain Area**	**7505.35**	**3046.41**	**3227.26**	**2685.50**	**1386.70**	**82.01**	**1216.79**		**541.77**	**25.80**
银川市	**Yinchuan**	**12036.71**	**5578.72**	**5230.78**	**3304.51**	**2750.77**	**16.23**	**508.18**	**29.33**	**1926.27**	**21.57**
兴庆区	Xingqing	13599.56	6125.28	6395.28	5297.41	5059.43	19.09	218.89		1097.87	99.61
西夏区	Xixia	10111.77	4200.83	4734.10	2267.70	2179.06	-0.32	88.97		2466.40	44.84
金凤区	Jinfeng	10746.34	6249.03	2655.47	1175.80	787.05	46.26	342.49		1479.67	
永宁县	Yongning	11865.17	4304.87	6045.93	3641.68	3105.95	42.54	567.26	-74.08	2404.26	
贺兰县	Helan	12560.33	6185.41	4874.73	3484.57	3016.64	23.82	296.94	147.18	1390.16	
灵武市	Lingwu	12546.98	6085.73	5803.96	3527.74	2653.32	-9.82	884.25		2276.21	30.29
石嘴山市	**Shizuishan**	**11828.83**	**4375.84**	**5343.88**	**4111.35**	**3337.10**		**773.25**	**1.00**	**1232.53**	**8.24**
大武口区	Dawukou	10261.07	7636.88	2198.08	701.39	362.65		338.75		1496.69	17.28
惠农区	Huinong	11849.68	4710.98	5873.98	4428.94	3770.80		658.14		1445.05	18.89
平罗县	Pingluo	12195.66	3556.55	5887.39	4845.58	3902.47		941.29	1.82	1041.81	
吴忠市	**Wuzhong**	**9938.24**	**4574.49**	**4483.35**	**3059.34**	**1719.74**	**9.06**	**1330.80**	**-0.26**	**1424.01**	**-11.12**
利通区	Litong	12575.94	7120.18	4675.43	2806.50	1176.88	0.00	1629.85	-0.24	1868.93	-73.11
红寺堡区	Hongsipu	7081.40	4029.42	2025.98	1691.97	1297.13	10.44	384.40		334.01	
盐池县	Yanchi	8532.11	1113.63	6117.11	4825.01	1143.50	1.38	3680.13		1292.10	
同心县	Tongxin	7388.38	2840.26	3663.98	3203.22	1837.11	0.62	1365.49		460.76	20.44
青铜峡市	Qingtongxia	12040.05	5765.91	5373.69	3186.42	2754.75	37.03	395.67	-1.03	2187.26	
固原市	**Guyuan**	**7714.21**	**3151.03**	**3364.30**	**2788.78**	**1385.96**	**159.90**	**1242.92**		**575.52**	**44.76**
原州区	Yuanzhou	8070.42	3581.57	3236.25	2259.04	738.08	-0.35	1521.30		977.21	36.84
西吉县	Xiji	7565.56	2845.56	3562.08	3147.70	2034.28	50.98	1062.45		414.37	34.04
隆德县	Longde	7462.06	3118.95	2762.14	2129.54	1176.97	0.72	951.85		632.61	4.92
泾源县	Jingyuan	7032.05	3073.93	3048.22	2605.05	377.06	983.53	1244.46		443.17	
彭阳县	Pengyang	7860.98	3311.90	3452.18	3001.61	1576.90	232.89	1191.82		450.58	138.84
中卫市	**Zhongwei**	**8626.36**	**3738.18**	**3423.60**	**2655.39**	**2024.07**	**6.54**	**624.77**		**768.21**	**24.15**
沙坡头区	Shapotou	10375.33	4952.03	3837.27	2925.04	2042.44	11.68	870.92		912.22	12.66
中宁县	Zhongning	10356.45	3828.21	5114.21	3933.11	3693.80		239.31		1181.10	86.66
海原县	Haiyuan	6872.28	2984.88	2395.32	1934.42	1151.32	6.44	776.66		460.90	

2-26 续表 continued

单位：元/人 (yuan/person)

市 县	Region	建筑业收入 Construction	交通、运输、邮电业收入 Transport, Post and Teleco-mmunication	批零贸易业、饮食业收入 Wholesale, Retail Trade and Catering	社会服务业收入 Social Service	其他行业收入 Others	(三)财产净收入 Net Income from Property	(四)转移净收入 Net Income from Transfer	二、现金可支配收入 Cash Disposable Income	三、实物可支配收入 Matter Disposable Income
全 区	**Total**	**44.74**	**481.82**	**494.45**	**171.23**	**5.68**	**291.82**	**1716.28**	**9816.12**	**35.50**
沿黄地区	**Plain**	**97.84**	**677.01**	**946.87**	**213.16**	**-2.71**	**305.94**	**1040.14**	**12179.53**	**-518.74**
中南部地区	**Mountain Area**	**6.04**	**192.65**	**213.37**	**92.29**	**11.62**	**69.46**	**1162.23**	**7141.24**	**364.11**
银川市	**Yinchuan**	**74.71**	**726.61**	**804.65**	**302.63**	**-3.90**	**318.64**	**908.57**	**12080.13**	**-43.42**
兴庆区	Xingqing	363.65	171.80	254.16	208.65		942.02	136.99	13451.19	148.37
西夏区	Xixia	434.89	732.44	848.78	555.82	-150.37	424.33	752.51	9488.58	623.19
金凤区	Jinfeng		316.89	772.97	389.81		660.60	1181.24	10639.81	106.53
永宁县	Yongning	140.37	1147.54	963.99	152.36		703.69	810.68	12762.62	-897.45
贺兰县	Helan	-19.74	859.21	185.34	365.35		147.48	1352.70	12016.44	543.88
灵武市	Lingwu		555.95	1392.71	266.82	30.45	39.86	617.43	12907.10	-360.11
石嘴山市	**Shizuishan**	**117.87**	**463.64**	**523.26**	**119.52**		**401.27**	**1707.84**	**11501.01**	**327.82**
大武口区	Dawukou	55.35	1175.97	153.72	94.36		74.00	352.12	10346.98	-85.91
惠农区	Huinong		851.04	442.32	132.80		549.96	714.76	11718.11	131.56
平罗县	Pingluo	197.65	50.61	673.73	119.82		425.46	2326.25	11732.59	458.25
吴忠市	**Wuzhong**	**107.31**	**899.09**	**246.81**	**160.84**	**21.07**	**58.76**	**821.64**	**9906.25**	**31.98**
利通区	Litong	412.72	864.83	426.58	248.72	-10.81	-2.94	783.27	12602.93	-26.99
红寺堡区	Hongsipu	37.20	122.70	92.82	81.29		14.29	1011.71	7775.05	-693.65
盐池县	Yanchi		370.25	723.12	198.25	0.47	186.09	1115.27	7389.45	1142.65
同心县	Tongxin		137.08	138.33	95.70	69.21	34.19	849.95	7157.74	230.64
青铜峡市	Qingtongxia		1812.05	163.16	212.05		268.87	631.58	12156.75	-115.79
固原市	**Guyuan**	**8.31**	**193.80**	**219.87**	**109.30**	**-0.52**	**39.39**	**1159.49**	**7327.84**	**386.37**
原州区	Yuanzhou	0.28	469.79	236.62	233.67		38.48	1214.12	7944.81	125.61
西吉县	Xiji	22.56	71.89	216.60	70.70	-1.41	104.12	1053.80	7076.05	489.51
隆德县	Longde		115.89	373.88	137.92		25.21	1555.75	7295.66	166.40
泾源县	Jingyuan		155.04	238.25	49.88		40.57	869.33	7108.96	-76.91
彭阳县	Pengyang		174.24	92.23	45.27		53.05	1043.84	6982.03	878.95
中卫市	**Zhongwei**	**4.69**	**236.16**	**410.35**	**92.87**		**168.81**	**1295.78**	**8678.60**	**-52.23**
沙坡头区	Shapotou	11.88	175.27	554.21	158.21		71.88	1514.15	10887.58	-512.25
中宁县	Zhongning	9.69	339.23	634.00	111.52		418.95	995.07	11223.08	-866.63
海原县	Haiyuan	-2.60	223.04	200.53	39.93		105.40	1386.68	6213.26	659.02

2-27 2016年各市县农村居民家庭现金收入来源情况

Basic Statistics of Cash Income of Rural Households by Sources and City and County (2016)

单位：元/人 (yuan/person)

市 县	Region	一、现金收入 Total Cash Income	(一)工资性收入 Income from Wages and Salaries	(二)现金经营性收入 Household Business Income	第一产业现金收入 Primary Industry	农业现金收入 Farming	林业现金收入 Forestry	牧业现金收入 Animal Husbandry	渔业现金收入 Fishery
全 区	**Total**	**14894.48**	**3891.00**	**8679.64**	**5858.91**	**3520.28**	**74.94**	**2200.00**	**63.69**
沿黄地区	**Plain**	**17834.27**	**5293.91**	**10781.45**	**7364.27**	**4749.81**	**15.59**	**2549.92**	**48.94**
中南部地区	**Mountain Area**	**9337.89**	**3046.03**	**5017.10**	**3977.34**	**1733.21**	**109.79**	**2134.34**	
银川市	**Yinchuan**	**16888.87**	**5573.12**	**9727.87**	**6447.60**	**4960.19**	**23.92**	**1317.57**	**145.91**
兴庆区	Xingqing	20287.82	6110.95	12759.70	9094.36	6807.39	19.32	2267.66	
西夏区	Xixia	11450.89	4199.28	5859.66	1872.99	1720.36		152.64	
金凤区	Jinfeng	13681.27	6248.77	5098.34	2602.15	1879.41	51.77	670.97	
永宁县	Yongning	17666.98	4292.25	11357.16	7687.29	5684.63	65.21	1440.26	497.20
贺兰县	Helan	18723.87	6183.64	10775.89	8172.11	7058.73	24.33	881.57	207.50
灵武市	Lingwu	16919.44	6079.25	9783.42	6116.44	4112.52		2003.92	
石嘴山市	**Shizuishan**	**16637.69**	**4368.85**	**9747.91**	**7968.91**	**5701.99**		**2265.91**	**1.00**
大武口区	Dawukou	12038.82	7632.79	3535.76	1091.42	480.94		610.48	
惠农区	Huinong	15762.50	4708.53	9556.01	7684.29	5117.12		2567.18	
平罗县	Pingluo	18451.12	3546.35	11635.35	10103.72	7508.28		2593.62	1.82
吴忠市	**Wuzhong**	**14691.33**	**4549.95**	**8950.86**	**5947.63**	**2444.33**	**13.34**	**3489.95**	
利通区	Litong	20490.46	7023.60	12255.30	8305.52	1836.68		6468.84	
红寺堡区	Hongsipu	9571.41	4029.42	4516.76	3737.24	2907.16	15.68	814.40	
盐池县	Yanchi	12758.75	1113.63	10003.83	6841.48	1711.10	1.38	5129.00	
同心县	Tongxin	10507.76	2840.26	6539.93	5459.66	2347.86	0.62	3111.19	
青铜峡市	Qingtongxia	16579.66	5762.89	9619.36	4819.25	3339.73	55.07	1424.44	
固原市	**Guyuan**	**9396.70**	**3150.27**	**4968.37**	**3954.95**	**1553.18**	**214.96**	**2186.81**	
原州区	Yuanzhou	10468.09	3581.57	5490.67	3526.93	983.27	6.69	2536.97	
西吉县	Xiji	8719.91	2844.36	4737.96	4158.97	2547.97	62.10	1548.90	
隆德县	Longde	9215.21	3118.95	4490.85	3199.73	950.10	0.57	2249.05	
泾源县	Jingyuan	9507.22	3071.45	5362.19	4500.67	360.13	1436.52	2704.02	
彭阳县	Pengyang	9019.48	3311.56	4518.57	3910.52	1308.83	246.60	2355.09	
中卫市	**Zhongwei**	**12541.39**	**3736.74**	**7133.24**	**5485.73**	**3812.31**	**6.56**	**1666.87**	
沙坡头区	Shapotou	17969.35	4948.36	10673.57	8369.11	4860.93	11.68	3496.49	
中宁县	Zhongning	16116.04	3824.95	10767.79	8327.63	7393.52		934.11	
海原县	Haiyuan	7548.37	2984.88	3246.65	2440.63	1303.68	6.46	1130.48	

2-27 续表 1 continued

单位：元/人 (yuan/person)

市 县	Region	第二产业现金收入 Secondary Industry	工业收入 Industry	建筑业收入 Construction	第三产业现金收入 Tertiary Industry	交通、运输、邮电业收入 Transport, Post and Telecommunication	批零贸易业、饮食业收入 Wholesale, Retail Trade and Catering
全 区	**Total**	**238.73**	**139.28**	**99.45**	**2582.00**	**1464.80**	**786.22**
沿黄地区	**Plain**	**237.83**	**54.10**	**183.73**	**3179.36**	**1638.88**	**1145.52**
中南部地区	**Mountain Area**	**84.54**	**73.43**	**11.11**	**955.22**	**453.87**	**319.29**
银川市	**Yinchuan**	**197.18**	**37.27**	**159.91**	**3083.10**	**1570.91**	**1017.15**
兴庆区	Xingqing	1670.48	168.78	1501.70	1994.86	1031.95	537.69
西夏区	Xixia	701.16	53.62	647.54	3285.51	1392.42	1121.29
金凤区	Jinfeng				2496.19	482.10	1562.52
永宁县	Yongning	158.18		158.18	3511.68	1976.82	1172.03
贺兰县	Helan				2603.78	1928.38	205.96
灵武市	Lingwu	76.92	76.92		3590.06	1453.00	1580.94
石嘴山市	**Shizuishan**	**220.12**	**61.47**	**158.65**	**1558.88**	**622.61**	**640.66**
大武口区	Dawukou	282.39	227.03	55.35	2161.96	1513.14	549.81
惠农区	Huinong	85.48	85.48		1786.23	1177.51	475.92
平罗县	Pingluo	271.68		271.68	1259.95	69.34	752.47
吴忠市	**Wuzhong**	**171.93**	**40.64**	**131.29**	**2831.30**	**1980.58**	**413.80**
利通区	Litong	597.90	98.08	499.83	3351.87	2387.17	576.59
红寺堡区	Hongsipu	54.93		54.93	724.59	375.47	116.32
盐池县	Yanchi				3162.35	1134.42	1472.75
同心县	Tongxin	47.63	47.63		1032.64	296.72	347.87
青铜峡市	Qingtongxia				4800.11	3915.32	184.57
固原市	**Guyuan**	**145.91**	**131.02**	**14.88**	**867.51**	**421.48**	**304.26**
原州区	Yuanzhou	285.03	283.60	1.42	1678.72	1062.68	291.72
西吉县	Xiji	105.47	65.65	39.82	473.52	139.15	248.94
隆德县	Longde	11.02	11.02		1280.10	454.85	655.80
泾源县	Jingyuan				861.52	336.31	459.91
彭阳县	Pengyang	241.96	241.96		366.09	211.48	104.78
中卫市	**Zhongwei**	**121.76**	**38.90**	**82.86**	**1525.75**	**850.42**	**534.26**
沙坡头区	Shapotou	190.87	33.66	157.21	2113.59	1325.01	626.60
中宁县	Zhongning	271.39	122.30	149.09	2168.77	804.35	1062.81
海原县	Haiyuan				806.02	556.92	203.66

2-27 续表 2 continued

单位：元/人 (yuan/person)

市 县	Region	社会服务业收入 Social Service	其他行业收入 Other	(三)财产性收入 Property Income	(四)转移性收入 Transfer Income	二、非收入所得 Non-income Cash	三、借贷性所得 Loans from Bank and Credit Association
全 区	**Total**	**302.05**	**28.93**	**374.65**	**1949.19**	**4193.23**	**3350.76**
沿黄地区	**Plain**	**391.47**	**3.48**	**404.99**	**1353.91**	**3799.99**	**3294.20**
中南部地区	**Mountain Area**	**146.39**	**35.67**	**100.25**	**1174.51**	**1356.93**	**2522.09**
银川市	**Yinchuan**	**484.62**	**10.42**	**414.88**	**1172.99**	**7747.30**	**4185.70**
兴庆区	Xingqing	425.21		976.00	441.17	2594.16	3797.73
西夏区	Xixia	771.80		485.66	906.29	1487.72	3896.54
金凤区	Jinfeng	451.58		705.00	1629.16	3360.63	488.64
永宁县	Yongning	362.83		765.34	1252.23	14088.93	7344.48
贺兰县	Helan	469.44		345.89	1418.45	13558.73	1796.69
灵武市	Lingwu	522.88	33.24	97.22	959.54	2802.74	5855.07
石嘴山市	**Shizuishan**	**295.61**		**450.44**	**2070.48**	**1187.13**	**999.28**
大武口区	Dawukou	99.01		83.32	786.96	1377.56	2138.93
惠农区	Huinong	132.80		549.96	948.01	237.76	232.67
平罗县	Pingluo	438.14		530.20	2739.22	1624.65	1061.67
吴忠市	**Wuzhong**	**365.55**	**71.37**	**150.83**	**1039.69**	**1343.10**	**2336.73**
利通区	Litong	388.11		193.53	1018.04	2191.18	3054.84
红寺堡区	Hongsipu	232.80		23.25	1001.98	1509.06	1109.83
盐池县	Yanchi	554.71	0.47	296.40	1344.88	1451.42	5527.06
同心县	Tongxin	179.93	208.12	74.13	1053.44	287.31	1613.17
青铜峡市	Qingtongxia	700.22		271.24	926.17	1974.27	2542.79
固原市	**Guyuan**	**141.77**		**98.52**	**1179.54**	**2096.61**	**4134.86**
原州区	Yuanzhou	324.32		139.54	1256.30	5689.39	4061.53
西吉县	Xiji	85.43		123.98	1013.61	672.25	3293.54
隆德县	Longde	169.45		34.12	1571.28	2320.29	5793.06
泾源县	Jingyuan	65.30		52.92	1020.66	755.70	2944.10
彭阳县	Pengyang	49.83		68.21	1121.14	801.52	2419.40
中卫市	**Zhongwei**	**141.07**		**235.17**	**1436.24**	**1325.78**	**2488.81**
沙坡头区	Shapotou	161.98		195.64	2151.78	2335.40	3282.41
中宁县	Zhongning	301.61		524.23	999.06	1381.96	4569.64
海原县	Haiyuan	45.45		113.97	1202.88	572.82	902.06

2-28 2016年各市县农村居民家庭现金支出情况

Basic Statistics of Cash Expenditure of Rural Households by City and County (2016)

单位：元/人 (yuan/person)

市 县	Region	一、现金支出 Annual Cash Expenditure	(一)生产经营费用支出 Expenditure for Business	第一产业生产费用支出 Primary Industry	农业生产费用 Farming	林业生产费用 Forestry	牧业生产费用 Animal Husbandry	渔业生产费用 Fishery
全 区	**Total**	**19465.83**	**4384.74**	**3183.06**	**1678.35**	**18.85**	**1438.05**	**47.81**
沿黄地区	**Plain**	**21542.68**	**4987.89**	**3945.79**	**2236.00**	**4.39**	**1666.39**	**39.01**
中南部地区	**Mountain Area**	**12390.51**	**1947.38**	**1581.82**	**764.54**	**28.22**	**789.06**	
银川市	**Yinchuan**	**21363.30**	**4187.03**	**3195.96**	**2339.61**	**7.70**	**732.34**	**116.31**
兴庆区	Xingqing	24999.19	6380.76	4899.88	3142.37	0.23	1757.28	
西夏区	Xixia	13654.91	1684.49	840.42	761.30	0.32	78.80	
金凤区	Jinfeng	13078.34	2251.47	1362.00	865.79	5.50	490.70	
永宁县	Yongning	22363.31	4316.30	3537.31	2156.93	22.67	788.19	569.52
贺兰县	Helan	25633.75	6008.86	4984.57	4385.02	0.51	538.62	60.42
灵武市	Lingwu	21241.50	3345.63	2262.00	1295.44	9.82	956.74	
石嘴山市	**Shizuishan**	**19426.34**	**4557.65**	**4202.67**	**2788.02**		**1414.64**	
大武口区	Dawukou	11854.66	1218.43	411.76	174.64		237.12	
惠农区	Huinong	15342.97	3728.29	3422.27	1665.27		1757.00	
平罗县	Pingluo	23902.38	5948.29	5701.55	4107.08		1594.47	
吴忠市	**Wuzhong**	**19357.35**	**4310.62**	**3214.31**	**1125.35**	**4.22**	**2084.53**	**0.20**
利通区	Litong	25678.08	7173.71	5463.80	852.01		4611.79	
红寺堡区	Hongsipu	12667.76	1696.26	1516.81	1175.85	5.50	335.45	
盐池县	Yanchi	19465.56	4918.00	3281.60	1489.72		1791.89	
同心县	Tongxin	13118.84	2987.52	2484.83	807.10		1677.73	
青铜峡市	Qingtongxia	20871.30	4289.52	2875.85	1855.88	17.52	1001.41	1.03
固原市	**Guyuan**	**13558.05**	**1801.08**	**1453.99**	**745.63**	**55.90**	**652.47**	
原州区	Yuanzhou	15888.30	2181.61	1297.37	644.37	7.04	645.96	
西吉县	Xiji	10431.69	1449.49	1356.62	858.09	12.44	486.09	
隆德县	Longde	16048.96	1732.39	1258.12	689.65	1.86	566.61	
泾源县	Jingyuan	12999.34	2075.00	1725.62	204.78	452.10	1068.74	
彭阳县	Pengyang	11482.40	1822.30	1731.69	926.66	14.93	790.11	
中卫市	**Zhongwei**	**15400.15**	**3315.83**	**2710.51**	**1709.15**		**1001.36**	
沙坡头区	Shapotou	21533.42	6065.16	4895.41	2367.03		2528.38	
中宁县	Zhongning	19014.97	4385.64	3658.27	3160.64		497.63	
海原县	Haiyuan	9627.93	1145.17	976.35	551.29		425.06	

2-28 续表 1 continued

单位：元/人 (yuan/person)

市 县	Region	第二产业生产费用支出 Secondary Industry	工业生产费用 Industry	建筑业生产费用 Construction	第三产业生产费用支出 Tertiary Industry	交通运输邮电业生产费用 Transport, Post and Telecommunication	批零贸易餐饮业生产费用 Wholesale, Retail Trade and Catering	社会服务业生产费用 Social Service	其他行业生产费用支出 Others
全 区	**Total**	**93.51**	**50.08**	**43.44**	**1108.16**	**740.65**	**245.42**	**99.41**	**22.68**
沿黄地区	**Plain**	**98.33**	**35.55**	**62.78**	**943.77**	**682.30**	**126.33**	**134.93**	**0.22**
中南部地区	**Mountain Area**	**44.27**	**39.90**	**4.37**	**321.30**	**172.90**	**77.66**	**47.42**	**23.32**
银川市	**Yinchuan**	**56.24**	**14.40**	**41.84**	**934.83**	**642.17**	**122.99**	**169.01**	**0.66**
兴庆区	Xingqing	663.97	69.17	594.79	816.92	434.33	172.98	209.61	
西夏区	Xixia	77.10	3.79	73.31	766.97	456.68	94.31	215.98	
金凤区	Jinfeng				889.47	98.38	729.33	61.77	
永宁县	Yongning	2.65		2.65	776.34	591.34	0.95	184.04	
贺兰县	Helan	15.20		15.20	1009.10	909.53		99.56	
灵武市	Lingwu	44.89	44.89		1038.75	674.70	128.39	233.57	2.09
石嘴山市	**Shizuishan**	**58.47**	**44.06**	**14.42**	**296.51**	**105.37**	**89.28**	**101.86**	
大武口区	Dawukou	194.44	194.44		612.23	216.59	390.99	4.65	
惠农区	Huinong	43.34	43.34		262.69	229.08	33.61		
平罗县	Pingluo	26.17		26.17	220.56	7.83	29.19	183.54	
吴忠市	**Wuzhong**	**63.61**	**46.58**	**17.03**	**1032.70**	**683.75**	**131.62**	**170.68**	**46.64**
利通区	Litong	232.90	169.64	63.26	1477.01	1230.02	125.02	121.97	
红寺堡区	Hongsipu	10.04		10.04	169.41	54.64	15.66	99.11	
盐池县	Yanchi				1636.39	646.58	647.95	341.86	
同心县	Tongxin	13.21	13.21		489.47	120.19	150.64	82.56	136.08
青铜峡市	Qingtongxia				1413.67	1015.86	16.00	381.81	
固原市	**Guyuan**	**81.75**	**75.55**	**6.19**	**265.34**	**179.89**	**57.76**	**27.69**	
原州区	Yuanzhou	235.15	234.58	0.57	649.09	533.02	34.29	81.78	
西吉县	Xiji	45.54	28.96	16.58	47.34	39.05		8.29	
隆德县	Longde	4.55	4.55		469.72	211.89	226.29	31.53	
泾源县	Jingyuan				349.39	138.56	199.07	11.76	
彭阳县	Pengyang	62.77	62.77		27.84	15.62	7.65	4.56	
中卫市	**Zhongwei**	**79.66**	**5.07**	**74.58**	**525.67**	**431.48**	**75.51**	**18.68**	
沙坡头区	Shapotou	145.33		145.33	1024.43	982.58	38.68	3.16	
中宁县	Zhongning	145.73	21.68	124.06	581.64	246.17	270.71	64.76	
海原县	Haiyuan	2.60		2.60	166.22	159.96	0.74	5.52	

2-28 续表 2 continued

单位：元/人 (yuan/person)

市 县	Region	(二)购置资产支出 Expenditure for Purchasing Fixed Assets	建造住房支出 Expenditure for Building Housing	购建第一产业生产性固定资产 Purchasing and Construction for Primary Industry Productive Fixed Assets	购建第二三产业生产性固定资产 Purchasing and Construction for Secondary and Service Industry Productive Fixed Assets	购建其他资产 Other Productive Fixed Assets
全 区	**Total**	**2669.07**	**618.91**	**549.51**	**496.40**	**13.71**
沿黄地区	**Plain**	**2386.50**	**128.86**	**531.74**	**313.51**	**13.91**
中南部地区	**Mountain Area**	**1484.96**	**1025.05**	**317.55**	**41.03**	**4.91**
银川市	**Yinchuan**	**1676.15**	**28.17**	**236.88**	**294.26**	**17.14**
兴庆区	Xingqing	4130.23	68.34	175.89	3780.83	
西夏区	Xixia	13.64	13.64			
金凤区	Jinfeng	24.66	1.01	21.50	1.79	
永宁县	Yongning	2778.16		29.90		98.63
贺兰县	Helan	2440.46		484.21	365.13	
灵武市	Lingwu	1017.74	74.89	262.25	5.65	
石嘴山市	**Shizuishan**	**2460.48**		**880.98**	**174.42**	**13.52**
大武口区	Dawukou	1212.67		13.33		
惠农区	Huinong	111.21		88.60		
平罗县	Pingluo	4064.81	13.81	1549.17	316.64	24.54
吴忠市	**Wuzhong**	**3263.14**	**450.92**	**432.11**	**1121.11**	**12.08**
利通区	Litong	2727.98	160.71	823.57	1002.44	5.83
红寺堡区	Hongsipu	1552.33	1154.64	41.20	356.49	
盐池县	Yanchi	2716.07	737.25	821.84	90.69	
同心县	Tongxin	574.11	517.80	53.11	3.19	
青铜峡市	Qingtongxia	6076.73	143.45	749.88	126.07	53.60
固原市	**Guyuan**	**2136.44**	**1481.64**	**531.41**	**25.24**	**9.85**
原州区	Yuanzhou	1531.55	1032.22	182.33	109.24	29.17
西吉县	Xiji	1775.01	1533.97	241.03		
隆德县	Longde	4316.66	3530.63	760.48		25.55
泾源县	Jingyuan	2735.91	695.75	2040.16		
彭阳县	Pengyang	1869.70	1051.10	535.40	0.87	
中卫市	**Zhongwei**	**1189.45**	**347.65**	**310.99**	**92.93**	
沙坡头区	Shapotou	1765.06	515.05	494.63	298.95	
中宁县	Zhongning	1682.08		546.48		
海原县	Haiyuan	555.43	411.43	69.44	3.72	

2-28 续表 3 continued

单位：元/人 (yuan/person)

市 县	Region	(三)生活消费支出 Living Expenditure	1.食品烟酒 Food Tobacco Liquor	2.衣着 Clothing	3.居住 Residence	4.生活用品及服务 Household Facilities, and Service	5.交通通信 Transport and Communication	6.教育文化娱乐 Educational, Cultural, Recreational
全 区	**Total**	**7764.91**	**2118.11**	**672.73**	**894.75**	**563.42**	**1509.11**	**1077.44**
沿黄地区	**Plain**	**8838.22**	**2604.50**	**851.00**	**1086.95**	**669.04**	**1453.08**	**1035.66**
中南部地区	**Mountain Area**	**5863.34**	**1811.21**	**528.89**	**732.42**	**434.21**	**816.98**	**804.24**
银川市	**Yinchuan**	**9472.95**	**2755.56**	**934.34**	**1076.60**	**700.02**	**1755.37**	**1141.19**
兴庆区	Xingqing	9374.66	3333.68	995.35	1001.85	801.69	1581.48	688.21
西夏区	Xixia	8786.12	2712.58	792.44	886.70	481.09	1262.73	1530.06
金凤区	Jinfeng	8856.81	2740.20	1171.94	848.52	773.27	1159.97	1266.49
永宁县	Yongning	8401.09	2526.08	788.15	930.62	780.55	1251.98	1022.73
贺兰县	Helan	11072.52	3322.88	1014.47	1640.43	674.36	1792.94	1346.10
灵武市	Lingwu	9028.37	2273.26	904.71	791.98	713.13	2346.26	947.78
石嘴山市	**Shizuishan**	**8469.50**	**2605.92**	**748.12**	**1307.71**	**630.81**	**1108.28**	**1102.84**
大武口区	Dawukou	8076.15	2546.51	717.70	973.86	479.64	1555.69	1083.00
惠农区	Huinong	7854.51	2653.39	733.29	992.98	323.45	965.87	1330.87
平罗县	Pingluo	8966.44	2619.99	767.89	1544.12	832.49	1097.56	999.14
吴忠市	**Wuzhong**	**7199.50**	**2122.61**	**765.08**	**935.77**	**545.28**	**1139.02**	**763.46**
利通区	Litong	9213.69	2482.61	931.50	1349.60	568.84	1604.67	828.97
红寺堡区	Hongsipu	6076.82	1849.64	619.78	445.81	540.82	1165.06	930.37
盐池县	Yanchi	7440.79	2234.78	777.23	862.72	423.80	1245.20	1039.79
同心县	Tongxin	6222.38	2029.17	706.05	785.41	504.76	856.35	579.89
青铜峡市	Qingtongxia	6797.95	1978.16	735.14	964.36	571.95	995.99	691.28
固原市	**Guyuan**	**5697.71**	**1755.50**	**460.68**	**722.16**	**404.10**	**706.58**	**893.85**
原州区	Yuanzhou	7257.02	2094.36	516.81	1216.00	459.44	817.45	871.63
西吉县	Xiji	4715.81	1467.59	421.37	540.97	330.80	613.11	971.07
隆德县	Longde	6163.22	1882.15	459.34	602.25	487.23	633.63	1219.24
泾源县	Jingyuan	5729.47	2061.97	525.86	689.25	414.26	810.60	545.86
彭阳县	Pengyang	5260.42	1626.29	429.56	545.85	434.16	734.34	784.85
中卫市	**Zhongwei**	**7159.65**	**2142.70**	**604.83**	**849.65**	**547.34**	**1090.03**	**926.98**
沙坡头区	Shapotou	8637.51	2568.47	708.22	982.72	683.01	1189.43	1134.93
中宁县	Zhongning	8251.32	2508.87	729.97	830.14	665.66	1421.55	1085.22
海原县	Haiyuan	5651.95	1522.95	479.96	768.68	408.67	873.09	786.11

2-28 续表 4 continued

单位：元/人 (yuan/person)

市 县	Region	7.医疗保健 Medicine and Health Care	8.其他用品和服务 Other Commodities and Services	(四)财产性支出 Property Expenditure	(五)转移性支出 Transfer Expenditure	(六)非经常性转移及借贷性支出 Expenditure for Occasional and Lending	婚丧嫁娶礼金支出 Marriage and Funeral	归还贷款 Repayment Loans	存款 Deposit
全 区	**Total**	**768.50**	**160.85**	**82.83**	**610.80**	**3858.96**	**1476.29**	**802.62**	**117.70**
沿黄地区	**Plain**	**892.24**	**245.75**	**99.06**	**567.79**	**4482.35**	**1788.01**	**1072.85**	**285.80**
中南部地区	**Mountain Area**	**680.64**	**54.75**	**30.79**	**218.47**	**2828.74**	**1310.34**	**420.69**	**10.95**
银川市	**Yinchuan**	**885.67**	**224.18**	**96.25**	**525.46**	**5234.99**	**2046.60**	**1092.66**	**397.01**
兴庆区	Xingqing	832.84	139.55	33.97	421.89	4343.70	1819.34	1159.66	
西夏区	Xixia	937.44	183.08	61.33	216.49	2742.82	742.78	612.39	
金凤区	Jinfeng	551.89	344.53	44.40	745.58	1141.34	530.87	21.24	
永宁县	Yongning	922.61	178.37	61.66	526.40	6043.24	1659.15	1709.20	336.44
贺兰县	Helan	945.36	335.99	198.42	500.16	5264.30	2754.97	1028.42	26.96
灵武市	Lingwu	913.14	138.11	57.36	609.35	7003.01	2501.37	1307.04	1136.66
石嘴山市	**Shizuishan**	**809.33**	**156.48**	**49.17**	**529.86**	**3080.24**	**1675.30**	**852.51**	**80.87**
大武口区	Dawukou	589.92	129.84	9.32	464.09	799.71	411.27	36.44	
惠农区	Huinong	740.52	114.13		316.10	2984.63	1694.06	723.21	
平罗县	Pingluo	917.10	188.14	104.74	665.52	3818.89	2034.95	1210.94	146.82
吴忠市	**Wuzhong**	**787.38**	**140.90**	**92.07**	**382.38**	**4005.08**	**1978.44**	**895.53**	**41.87**
利通区	Litong	1145.54	301.96	196.47	517.35	5639.13	2806.15	1666.29	49.31
红寺堡区	Hongsipu	470.46	54.88	8.95	91.15	3229.57	1995.00	299.58	
盐池县	Yanchi	775.75	81.52	110.31	340.99	3825.79	1250.03	1065.75	
同心县	Tongxin	711.29	49.47	39.94	322.56	2962.77	1936.24	84.72	
青铜峡市	Qingtongxia	687.83	173.24	2.37	457.83	3045.73	1204.19	605.26	149.42
固原市	**Guyuan**	**693.78**	**61.06**	**59.13**	**208.64**	**3634.81**	**1103.60**	**855.75**	**21.99**
原州区	Yuanzhou	1181.70	99.62	101.06	240.62	4518.03	1233.43	1318.82	
西吉县	Xiji	339.19	31.71	19.86	174.50	2296.28	832.25	369.24	1.54
隆德县	Longde	800.12	79.25	8.91	178.24	3632.77	1008.75	932.50	138.97
泾源县	Jingyuan	616.16	65.52	12.35	310.91	2114.52	1255.16	279.53	41.23
彭阳县	Pengyang	647.97	57.41	15.16	199.99	2310.14	1338.49	294.76	
中卫市	**Zhongwei**	**810.60**	**187.52**	**66.37**	**480.60**	**3115.18**	**1203.50**	**640.25**	**75.62**
沙坡头区	Shapotou	1114.25	256.48	123.75	892.86	3952.24	1186.53	1157.12	14.48
中宁县	Zhongning	627.54	382.37	105.28	402.05	4011.76	1320.27	924.68	304.17
海原县	Haiyuan	769.45	43.05	8.57	181.38	2080.46	1149.55	152.83	

2-29 2016年各市县农村居民家庭主要食物消费情况

Consumption of Major Foods of Rural Households by City and County (2016)

单位：公斤/人 (kg/person)

市 县	Region	粮 食 消费量 Grain	谷 物 消费量 Cereal	小麦 Wheat	稻谷 Rice	薯 类 消费量 Tubers	豆 类 消费量 Beans	油脂类 消费量 Grease
全 区	**Total**	**144.26**	**136.83**	**86.33**	**46.28**	**4.44**	**3.00**	**8.29**
沿黄地区	**Plain**	**142.28**	**135.03**	**68.00**	**58.61**	**1.45**	**3.80**	**8.82**
中南部地区	**Mountain Area**	**150.62**	**141.89**	**98.11**	**38.86**	**6.88**	**1.85**	**7.40**
银川市	**Yinchuan**	**137.06**	**132.06**	**70.49**	**58.93**	**1.52**	**3.48**	**9.14**
兴庆区	Xingqing	116.65	107.91	45.32	60.72	1.72	7.02	10.69
西夏区	Xixia	102.12	95.88	73.85	19.73	3.65	2.59	5.86
金凤区	Jinfeng	117.63	105.68	65.83	38.37	6.77	5.18	8.29
永宁县	Yongning	110.13	105.93	50.19	54.47	0.39	3.81	9.96
贺兰县	Helan	176.69	172.15	98.23	71.70	0.94	3.60	11.76
灵武市	Lingwu	86.52	83.69	38.83	40.39	0.44	2.40	7.28
石嘴山市	**Shizuishan**	**156.87**	**151.34**	**106.17**	**43.20**	**0.58**	**4.96**	**10.13**
大武口区	Dawukou	116.48	112.48	89.05	22.52	0.53	3.47	7.46
惠农区	Huinong	126.24	120.84	88.39	30.45		5.40	9.35
平罗县	Pingluo	182.39	176.33	117.73	56.30	0.88	5.19	11.19
吴忠市	**Wuzhong**	**147.00**	**143.17**	**74.54**	**64.46**	**2.09**	**1.73**	**8.32**
利通区	Litong	101.47	97.15	40.50	50.86	2.44	1.88	7.58
红寺堡区	Hongsipu	141.38	135.33	91.92	41.20	4.57	1.48	6.45
盐池县	Yanchi	124.86	119.36	49.97	56.94	3.74	1.76	5.16
同心县	Tongxin	182.97	180.80	103.20	73.41	1.46	0.71	10.74
青铜峡市	Qingtongxia	145.23	141.11	57.37	82.97	0.57	3.55	7.67
固原市	**Guyuan**	**150.53**	**138.05**	**113.55**	**18.05**	**9.98**	**2.50**	**7.70**
原州区	Yuanzhou	150.18	146.22	112.33	25.19	2.08	1.87	8.94
西吉县	Xiji	172.84	153.48	131.01	15.86	15.90	3.46	6.49
隆德县	Longde	151.18	130.60	118.10	8.38	17.34	3.24	7.66
泾源县	Jingyuan	119.63	111.56	85.92	24.36	5.75	2.32	9.25
彭阳县	Pengyang	118.29	111.81	90.31	14.07	5.47	1.01	7.89
中卫市	**Zhongwei**	**144.27**	**137.76**	**80.04**	**54.07**	**3.35**	**3.16**	**8.93**
沙坡头区	Shapotou	152.94	146.47	68.04	76.82	0.52	5.95	9.19
中宁县	Zhongning	154.25	147.98	80.40	66.68	3.23	3.04	8.18
海原县	Haiyuan	133.70	128.74	80.68	46.20	3.67	1.29	8.02

2-29 续表 1 continued

单位：公斤/人 (kg/person)

市 县	Region	蔬菜及菜制品消费量 Vegetable and Processed Products	干鲜瓜果类 Dried and Fresh Melons and Fruits	饮料 Beverage	糖果糕点类 Candy and Pastry	肉类 Meat and Processed Products	猪肉 Pork	牛肉 Beef
全 区	**Total**	**76.68**	**62.95**	**0.23**	**2.69**	**15.20**	**6.54**	**3.21**
沿黄地区	**Plain**	**97.36**	**71.15**	**0.17**	**3.75**	**17.75**	**7.06**	**3.02**
中南部地区	**Mountain Area**	**62.12**	**51.60**	**0.27**	**1.65**	**13.71**	**6.46**	**3.76**
银川市	**Yinchuan**	**90.96**	**75.58**	**0.21**	**3.95**	**17.52**	**5.41**	**4.16**
兴庆区	Xingqing	107.87	88.79	0.49	5.05	15.41	3.35	4.46
西夏区	Xixia	74.24	76.29	0.21	3.05	12.97	6.06	2.46
金凤区	Jinfeng	81.39	73.81	0.24	3.91	22.09	4.79	13.00
永宁县	Yongning	80.33	54.38	0.24	4.14	15.23	7.10	2.01
贺兰县	Helan	99.81	71.34	0.27	5.19	18.60	9.05	2.69
灵武市	Lingwu	94.08	89.94	0.10	2.77	18.27	1.41	4.75
石嘴山市	**Shizuishan**	**92.33**	**70.28**	**0.40**	**6.45**	**22.98**	**9.25**	**2.54**
大武口区	Dawukou	100.90	68.40	0.24	3.76	13.18	8.00	0.50
惠农区	Huinong	78.92	74.11	0.26	5.37	21.86	8.17	2.37
平罗县	Pingluo	96.14	68.57	0.53	7.68	25.86	10.33	3.05
吴忠市	**Wuzhong**	**78.29**	**63.36**	**0.11**	**1.99**	**16.08**	**4.08**	**4.85**
利通区	Litong	86.16	68.85	0.17	3.07	19.23	1.15	6.77
红寺堡区	Hongsipu	78.71	79.48	0.18	1.58	14.04	3.55	3.80
盐池县	Yanchi	76.41	53.66	0.02	2.32	25.89	13.75	0.45
同心县	Tongxin	69.05	56.44	0.11	1.06	14.33	2.99	6.70
青铜峡市	Qingtongxia	86.19	62.47	0.04	2.34	13.42	6.86	1.41
固原市	**Guyuan**	**60.65**	**52.98**	**0.36**	**1.99**	**13.81**	**8.36**	**2.53**
原州区	Yuanzhou	75.95	62.20	0.28	1.94	11.14	5.07	3.18
西吉县	Xiji	45.47	42.56	0.37	2.10	17.21	12.37	2.09
隆德县	Longde	79.23	56.50	0.54	2.55	10.81	7.57	1.12
泾源县	Jingyuan	61.33	68.83	0.37	1.49	7.29	1.07	4.35
彭阳县	Pengyang	55.39	51.41	0.33	1.73	16.91	9.58	2.50
中卫市	**Zhongwei**	**87.99**	**52.51**	**0.15**	**1.84**	**12.83**	**6.78**	**2.62**
沙坡头区	Shapotou	108.93	75.13	0.07	2.47	15.05	8.41	0.65
中宁县	Zhongning	128.30	56.19	0.05	2.18	13.85	8.98	1.21
海原县	Haiyuan	44.29	36.08	0.26	1.28	10.91	4.65	4.60

2-29 续表 2 continued

单位：公斤/人 (kg/person)

市 县	Region	羊肉 Mutton	其他肉类及制品 Others	禽类 Poultry and Processed Products	蛋类及蛋制品 Eggs and Processed Products	奶和奶制品 Milk and Dairy Products	水产品 Aquatic Products	酒类 Liquor
全 区	**Total**	**4.88**	**0.57**	**5.73**	**4.04**	**8.06**	**1.23**	**3.50**
沿黄地区	**Plain**	**6.90**	**0.76**	**6.25**	**4.19**	**10.91**	**1.63**	**3.30**
中南部地区	**Mountain Area**	**3.19**	**0.30**	**5.57**	**3.71**	**5.58**	**0.69**	**3.49**
银川市	**Yinchuan**	**7.28**	**0.67**	**7.63**	**4.38**	**10.00**	**2.21**	**2.02**
兴庆区	Xingqing	7.24	0.36	7.76	6.42	11.11	2.24	2.59
西夏区	Xixia	3.45	1.01	6.17	4.68	11.89	1.73	2.63
金凤区	Jinfeng	3.15	1.15	6.66	3.47	13.59	3.54	1.15
永宁县	Yongning	5.39	0.73	8.62	4.63	8.01	2.49	2.39
贺兰县	Helan	6.04	0.81	9.87	5.24	10.81	1.96	3.66
灵武市	Lingwu	11.79	0.31	5.74	3.30	8.61	2.08	0.31
石嘴山市	**Shizuishan**	**10.83**	**0.36**	**6.23**	**4.89**	**15.97**	**1.02**	**4.70**
大武口区	Dawukou	3.78	0.90	5.10	5.05	9.89	1.05	7.55
惠农区	Huinong	10.88	0.44	5.91	3.55	13.88	1.43	5.94
平罗县	Pingluo	12.33	0.16	6.70	5.66	18.68	0.85	3.30
吴忠市	**Wuzhong**	**6.85**	**0.30**	**6.82**	**3.26**	**8.86**	**1.04**	**1.58**
利通区	Litong	11.11	0.21	8.58	4.15	10.81	1.75	0.45
红寺堡区	Hongsipu	5.85	0.84	8.55	4.64	6.49	0.64	3.58
盐池县	Yanchi	11.34	0.35	4.05	5.04	6.20	1.31	5.30
同心县	Tongxin	4.63	0.01	5.94	2.40	7.48	0.40	0.30
青铜峡市	Qingtongxia	4.57	0.56	5.98	2.23	11.60	1.45	2.52
固原市	**Guyuan**	**2.52**	**0.41**	**5.57**	**4.05**	**4.41**	**0.88**	**4.73**
原州区	Yuanzhou	2.23	0.65	5.27	4.10	5.69	0.87	3.67
西吉县	Xiji	2.59	0.15	5.74	3.90	4.25	1.03	5.23
隆德县	Longde	1.40	0.72	4.72	5.23	4.84	0.97	8.02
泾源县	Jingyuan	1.39	0.48	6.52	3.82	7.10	1.07	1.06
彭阳县	Pengyang	4.42	0.41	5.22	3.75	1.08	0.44	5.21
中卫市	**Zhongwei**	**2.65**	**0.80**	**4.26**	**3.86**	**7.45**	**0.87**	**4.22**
沙坡头区	Shapotou	4.60	1.38	3.97	4.52	9.01	1.29	6.43
中宁县	Zhongning	2.22	1.44	3.70	3.87	7.88	1.26	4.43
海原县	Haiyuan	1.55	0.11	4.10	3.44	6.29	0.40	2.78

2-30 2016年各市县农村居民家庭耐用消费品拥有情况

Ownership of Durable Consumer Goods of Rural Households by City and County (2016)

单位：百户均 (per 100 household)

市 县	Region	洗衣机（台）Washing Machine (unit)	电冰箱（台）Refrigerator (unit)	空调机（台）Air Conditioner (unit)	抽油烟机（台）Ventilator (unit)	微波炉（台）Microwave Oven (unit)
全 区	**Total**	**99.97**	**91.58**	**1.22**	**14.66**	**9.19**
沿黄地区	**Plain**	**102.61**	**97.55**	**2.88**	**18.71**	**13.15**
中南部地区	**Mountain Area**	**96.02**	**83.02**	**0.68**	**6.02**	**5.81**
银川市	**Yinchuan**	**104.43**	**98.39**	**2.04**	**23.60**	**15.49**
兴庆区	Xingqing	116.23	110.50	0.83	59.74	49.85
西夏区	Xixia	104.15	100.16	1.94	22.26	12.62
金凤区	Jinfeng	103.89	99.63	0.96	22.66	25.19
永宁县	Yongning	102.10	92.18	0.77	25.81	19.20
贺兰县	Helan	98.72	94.51	0.80	12.15	9.29
灵武市	Lingwu	111.12	104.45	5.05	30.61	12.79
石嘴山市	**Shizuishan**	**95.56**	**92.46**	**1.99**	**5.29**	**7.78**
大武口区	Dawukou	100.00	95.40	5.43	3.52	8.76
惠农区	Huinong	97.97	96.05			4.13
平罗县	Pingluo	96.04	92.67	3.47	8.25	9.39
吴忠市	**Wuzhong**	**99.81**	**92.82**	**0.91**	**15.68**	**6.97**
利通区	Litong	107.26	107.23		24.54	11.72
红寺堡区	Hongsipu	100.54	94.60	0.21	15.38	1.26
盐池县	Yanchi	94.77	92.96		9.45	7.99
同心县	Tongxin	93.78	87.21	1.33	6.27	2.26
青铜峡市	Qingtongxia	100.23	84.41	2.00	22.12	10.96
固原市	**Guyuan**	**94.68**	**75.41**	**0.27**	**5.66**	**8.14**
原州区	Yuanzhou	98.65	86.59	1.18	2.39	10.81
西吉县	Xiji	95.76	80.94	0.95	10.16	12.05
隆德县	Longde	96.82	65.17		6.08	4.04
泾源县	Jingyuan	97.56	56.05		1.28	2.43
彭阳县	Pengyang	92.38	75.40		3.97	4.28
中卫市	**Zhongwei**	**99.82**	**90.42**	**1.52**	**9.41**	**8.13**
沙坡头区	Shapotou	103.22	93.15	1.04	18.51	10.16
中宁县	Zhongning	102.61	90.38	3.20	7.53	12.62
海原县	Haiyuan	94.90	88.06	0.81	2.97	3.23

2-30 续表 1 continued

单位：百户均 (per 100 household)

市 县	Region	热水器 (台) Water Heater (unit)	助力车 (辆) Moped (unit)	摩托车 (辆) Motorcycle (unit)	家用汽车 (辆) Car (unit)	电话机 (部) Telephone (set)
全 区	**Total**	**69.98**	**59.98**	**79.21**	**22.18**	**6.84**
沿黄地区	**Plain**	**79.43**	**85.85**	**78.44**	**25.86**	**4.86**
中南部地区	**Mountain Area**	**60.21**	**36.40**	**87.08**	**16.31**	**8.48**
银川市	**Yinchuan**	**81.36**	**71.30**	**73.58**	**33.65**	**9.80**
兴庆区	Xingqing	103.89	98.34	41.47	66.81	0.83
西夏区	Xixia	90.87	79.57	45.28	45.29	2.21
金凤区	Jinfeng	60.19	73.18	50.50	51.14	13.82
永宁县	Yongning	67.79	64.03	58.90	36.70	7.87
贺兰县	Helan	69.99	68.01	73.92	18.91	8.43
灵武市	Lingwu	105.06	72.94	103.99	35.29	15.30
石嘴山市	**Shizuishan**	**82.09**	**80.02**	**69.05**	**14.40**	**4.93**
大武口区	Dawukou	46.51	123.65	26.65	19.67	20.79
惠农区	Huinong	96.09	82.92	56.25	20.00	3.99
平罗县	Pingluo	82.31	69.45	83.77	11.10	2.10
吴忠市	**Wuzhong**	**65.11**	**73.26**	**84.21**	**20.43**	**2.48**
利通区	Litong	101.04	103.00	71.77	30.31	3.35
红寺堡区	Hongsipu	89.61	81.62	77.73	28.06	1.05
盐池县	Yanchi	30.47	41.68	79.66	21.92	1.69
同心县	Tongxin	50.83	45.70	96.57	16.61	3.90
青铜峡市	Qingtongxia	47.20	87.07	87.88	12.11	0.86
固原市	**Guyuan**	**73.09**	**30.71**	**80.33**	**15.24**	**8.38**
原州区	Yuanzhou	33.86	52.40	83.33	13.67	1.07
西吉县	Xiji	93.62	24.63	91.98	24.60	19.00
隆德县	Longde	96.59	18.53	69.39	14.32	2.50
泾源县	Jingyuan	81.52	23.82	56.24	11.71	
彭阳县	Pengyang	67.19	30.98	83.00	19.17	7.49
中卫市	**Zhongwei**	**58.77**	**70.28**	**91.78**	**19.28**	**7.13**
沙坡头区	Shapotou	86.54	93.78	66.46	26.18	1.98
中宁县	Zhongning	59.94	103.75	116.40	20.66	0.94
海原县	Haiyuan	32.75	26.93	97.16	15.56	15.84

2-30 续表 2 continued

单位：百户均 (per 100 household)

市 县	Region	移动电话（部）Mobile Telephone (set)	彩色电视机（台）Color TV Set (unit)	摄像机（台）Video Camera (unit)	照相机（台）Camera (unit)	家用计算机（台）Computer (set)
全　区	**Total**	**288.06**	**115.04**	**0.13**	**1.29**	**20.54**
沿黄地区	**Plain**	**282.77**	**119.71**	**0.33**	**2.27**	**23.61**
中南部地区	**Mountain Area**	**289.83**	**113.49**	**0.33**	**1.20**	**13.38**
银川市	**Yinchuan**	**275.56**	**114.85**	**0.40**	**4.13**	**27.44**
兴庆区	Xingqing	274.08	131.94		15.17	51.81
西夏区	Xixia	307.97	128.62	2.21	6.36	37.88
金凤区	Jinfeng	268.06	105.83		22.47	52.16
永宁县	Yongning	258.25	104.99		2.64	21.12
贺兰县	Helan	260.42	101.12			13.98
灵武市	Lingwu	300.70	135.18	0.84	1.74	34.51
石嘴山市	**Shizuishan**	**252.45**	**108.22**	**1.27**	**2.25**	**16.68**
大武口区	Dawukou	299.75	113.41			42.60
惠农区	Huinong	253.36	104.21		5.72	23.41
平罗县	Pingluo	248.40	110.30	2.15	1.07	8.19
吴忠市	**Wuzhong**	**291.82**	**119.11**		**1.65**	**20.47**
利通区	Litong	295.78	130.43		2.53	36.43
红寺堡区	Hongsipu	280.23	116.82			16.63
盐池县	Yanchi	308.69	105.33		2.12	7.20
同心县	Tongxin	264.79	106.23		1.33	15.39
青铜峡市	Qingtongxia	320.13	130.07		1.86	15.80
固原市	**Guyuan**	**297.60**	**112.37**	**0.51**	**1.59**	**14.73**
原州区	Yuanzhou	281.96	115.82	0.77	0.77	18.12
西吉县	Xiji	320.18	116.82	0.51	1.52	16.31
隆德县	Longde	301.77	116.77		3.04	16.32
泾源县	Jingyuan	290.53	106.45		4.67	11.20
彭阳县	Pengyang	283.10	100.13	0.95		9.46
中卫市	**Zhongwei**	**280.53**	**120.36**	**0.12**	**0.32**	**16.55**
沙坡头区	Shapotou	274.32	114.26			22.24
中宁县	Zhongning	301.06	127.34		0.77	21.08
海原县	Haiyuan	271.61	120.99	0.30	0.30	8.17

2-31 2016年全区农村居民家庭按住户经营情况分组资料

指标名称	Item	单位	unit
农村住户家庭基本情况(绝对数)	**Basic Statistics of Rural Households(absolute)**	--	--
一、调查户数	Number of Households Surveyed	户	household
调查户经营情况	Basic Statistics of Business of Households Surveyed	--	--
(一)生产经营户	Production Households	户	household
1.农业户	Agriculture Households	户	household
2.农业兼业户	Agriculture with Combined Occupations	户	household
3.非农业兼业户	Non-agriculture with Combined Occupations	户	household
4.非农业户	Non-agriculture Households	户	household
(二)非生产经营户	Non-production Households	户	household
二、生产性固定资产原值(人均)	Original Value of Productive Fixed Assets (per person)	元	yuan
农村住户居住情况(人均)	**Basic Statistics of Residence of Rural Households (per person)**	--	--
(一)自有现住房面积	Floor Space of Living Houses	平方米	sq.m
(二)自有现住房市场估值	Value of Living Houses	元	yuan
调查户人口与劳动力情况(绝对数)	**Number of Households Surveyed and Basic Statistics of Labours (absolute)**	--	--
一、农村住户人口与劳动力状况	Number of Households and Basic Statistics of Labours of Rural Households	--	--
(一)家庭常住人口	Number of Permanent Residents in the Households	人	person
(二)整半劳动力数	Number of Able-bodied and Semi-able-bodied Labours	人	person
其中:男劳动力人数	Number of Male Labours	人	person
其中:整劳动力	Number of Able-bodied Labours	人	person
(三)就业劳动力人数	Number of Employed	人	person
其中:男劳动力人数	Number of Male Labour	人	person
一产业就业劳动力	Primary Industry	人	person
非农产业就业劳动力	Non-agriculture	人	person
(四)就业劳动力文化程度	Culture Level of Employed Labours	--	--
1.不识字或识字很少	Illiterate and Semi-illiterate	人	person
2.小学程度	Primary School	人	person
3.初中程度	Junior Middle School	人	person
4.高中程度	Senior Middle School	人	person
5.大专及以上	College and Higher	人	person
农村住户食品消费情况(人均)	**Basic Statistics of Consumption of Major Foods of Rural Households (per person)**	--	--
一、粮食消费量	Grain Crops	公斤	kg
(一)谷物消费量	Cereal	公斤	kg
#1.小麦	Wheat	公斤	kg
2.稻谷	Rice	公斤	kg
(二)薯类消费量	Tubers	公斤	kg
(三)豆类消费量	Soybeans	公斤	kg
二、油脂类消费量	Oil and Fat	公斤	kg
三、蔬菜及菜制品消费量	Vegetables and Related Products	公斤	kg
四、干鲜瓜果类	Dried and Fresh Melons and Fruits	公斤	kg
五、肉类	Meat and Related Products	公斤	kg
1.猪肉	Pork	公斤	kg
2.牛肉	Beef	公斤	kg
3.羊肉	Mutton	公斤	kg
4.其他肉类及制品	Others	公斤	kg
六、禽类	Poultry	公斤	kg
七、蛋类及蛋制品	Eggs and Related Products	公斤	kg
八、奶和奶制品	Milk and Dairy Products	公斤	kg
九、水产品	Aquatic Products	公斤	kg
十、糖果糕点类	Sugar and Pastry	公斤	kg
十一、饮料	Beverage	公斤	kg
十二、酒	Liquor	公斤	kg

Basic Statistics Grouped by Business Condition of Rural Households (2016)

总 计 Total	1.生产经营户 Production Households	其中：农业户 Agriculture Households	农业兼业户 Agriculture with Combined Occupations	非农业兼业户 Non-agriculture with Combined Occupations	非农业户 Non-agriculture Households	2.非生产经营户 Non-production Households
--	--	--	--	--	--	--
1006	849	625	86	107	150	329
--	--	--	--	--	--	--
849	849	625	86	107	150	200
625	625	625	23	11	10	165
86	86	23	86	22	11	22
107	107	11	22	107	42	12
150	150	10	11	42	150	22
973	841	751	35	34	57	329
9446.9	9572.5	5408.7	13201.8	21193.8	24136.7	5836.65
--	--	--	--	--	--	--
32.0	31.6	31.3	31.9	32.3	34.5	30.7
26883.6	25393.4	24123.2	25290.1	27125.9	31032.4	29156.9
--	--	--	--	--	--	--
--	--	--	--	--	--	--
3903	3344	2416	353	436	618	1315
2464	2094	1499	222	287	397	833
1271	1073	770	114	146	202	438
1506	1272	860	154	197	266	540
2167	1879	1365	205	252	335	716
1182	1005	722	112	137	185	399
1119	1021	858	108	82	88	331
1048	858	507	97	170	247	385
--	--	--	--	--	--	--
233	209	173	18	22	25	70
690	617	467	73	73	89	213
945	819	566	89	122	166	317
204	176	129	18	20	33	69
95	58	31	7	15	22	47
--	--	--	--	--	--	--
144.3	146.0	153.2	158.6	136.4	124.9	133.2
136.8	138.3	144.6	151.5	129.6	119.5	126.8
86.3	87.7	94.4	98.0	73.3	70.2	81.5
46.3	46.2	45.4	50.3	51.1	46.8	41.6
4.4	4.7	5.4	4.8	4.2	2.8	3.9
3.0	3.0	3.2	2.3	2.6	2.6	2.5
8.3	8.3	8.5	8.0	8.0	8.0	7.9
76.7	76.0	75.0	78.6	82.4	79.4	72.8
63.0	62.0	58.3	69.4	66.7	74.3	61.6
15.2	15.3	14.8	17.6	16.9	15.7	13.9
6.5	6.8	7.2	6.5	6.2	5.0	6.1
3.2	3.1	2.8	4.0	3.3	4.3	3.2
4.9	4.8	4.3	6.7	6.7	5.7	4.0
0.6	0.5	0.5	0.4	0.7	0.6	0.6
5.7	5.8	5.7	6.7	6.1	5.8	5.4
4.0	4.1	3.9	4.7	4.2	4.5	3.5
8.1	7.5	7.0	9.4	7.5	9.9	8.6
1.2	1.2	1.1	1.5	1.5	1.5	1.0
2.7	2.6	2.6	2.6	2.5	2.6	2.7
0.2	0.2	0.2	0.3	0.2	0.2	0.2
3.5	3.6	3.7	3.2	3.5	3.5	3.1

2-31 续表

指标名称	Item	单位	unit
农村住户总收入与总支出(人均)	**Total Revenue and Expenditure of Rural Households (per person)**	--	--
一、总收入	Total Revenue	元	yuan
(一)工资性收入	Wage Income	元	yuan
(二)经营性收入	Household Business Income	元	yuan
1.第一产业经营收入	Primary Industry	元	yuan
(1)农业收入	Farming	元	yuan
(2)林业收入	Forestry	元	yuan
(3)牧业收入	Animal Husbandry	元	yuan
(4)渔业收入	Fishery	元	yuan
2.第二产业经营收入	Secondary Industry	元	yuan
3.第三产业经营收入	Tertiary Industry	元	yuan
(三)财产性收入	Property Income	元	yuan
(四)转移性收入	Transfer Income	元	yuan
二、总支出	Total Expenditure	元	yuan
(一)生产经营费用支出	Expenditure for Household Business	元	yuan
1.第一产业生产费用支出	Primary Industry	元	yuan
(1)农业生产费用支出	Farming	元	yuan
(2)林业生产费用支出	Forestry	元	yuan
(3)牧业生产费用支出	Animal Husbandry	元	yuan
(4)渔业生产费用支出	Fishery	元	yuan
2.第二产业生产费用支出	Secondary Industry	元	yuan
3.第三产业生产费用支出	Tertiary Industry	元	yuan
(二)购置生产性固定资产支出	Expenditure for Purchasing Productive Fixed Assets	元	yuan
(三)生活消费支出	Living Expenditure	元	yuan
1.食品消费支出	Food	元	yuan
2.衣着消费支出	Clothing	元	yuan
3.居住消费支出	Residence	元	yuan
4.家庭设备.用品消费支出	Household Facilities,Article and Service	元	yuan
5.交通和通讯消费支出	Transport and Telecommunication	元	yuan
6.文化教育.娱乐消费支出	Cultural,Educational,Recreational Article and Services	元	yuan
7.医疗保健消费支出	Medicine and Health Care	元	yuan
8.其他商品和服务消费支出	Other Commodities and Services	元	yuan
(四)财产性支出	Property Expenditure	元	yuan
(五)转移性支出	Transfer Expenditure	元	yuan
农村住户可支配收入来源(人均)	**Basic Statistics of Disposable Income of Rural Households (per person)**	--	--
一、全年可支配收入	Annual Disposable Income	元	yuan
(一)工资性收入	Wage Income	元	yuan
(二)经营净收入	Net Household Business Income	元	yuan
1.第一产业经营净收入	Primary Industry	元	yuan
(1)农业收入	Farming	元	yuan
(2)林业收入	Forestry	元	yuan
(3)牧业收入	Animal Husbandry	元	yuan
(4)渔业收入	Fishery	元	yuan
2.非农产业经营净收入	Non-agriculture	元	yuan
A.第二产业经营净收入	Secondary Industry	元	yuan
B.第三产业经营净收入	Tertiary Industry	元	yuan
(三)财产净收入	Net Income from Property	元	yuan
(四)转移净收入	Net Income from Transfer	元	yuan
二、全年现金可支配收入	Annual Cash Disposable Income	元	yuan
三、全年实物可支配收入	Annual Disposable Income in Kind	元	yuan

continued

总 计 Total	1.生产经营户 Production Households	其中：农业户 Agriculture Households	农业兼业户 Agriculture with Combined Occupations	非农业兼业户 Non-agriculture with Combined Occupations	非农业户 Non-agriculture Households	2.非生产经营户 Non-production Households
--	--	--	--	--	--	--
15792.3	16398.5	15110.9	22336.5	19232.6	19329.6	12729.6
3906.1	3502.2	3779.7	2639.6	3118.1	2827.1	5234.2
9184.6	10298.2	8568.3	17857.6	13996.7	14159.9	4909.4
6363.8	7130.0	8237.9	11394.7	4313.4	2424.9	3771.9
3909.1	4459.9	5184.2	7244.3	2978.2	1144.2	2708.1
75.2	87.3	96.8	209.1	88.4	1.2	55.7
2315.6	2507.8	2853.0	3939.8	1246.8	1279.5	1007.7
64.0	75.0	104.0	1.5			0.4
238.7	261.9	40.8	183.1	813.0	991.1	32.3
2582.0	2906.2	289.6	6279.8	8870.2	10743.9	1105.1
374.7	351.4	289.1	245.6	532.1	567.3	338.6
2327.1	2246.8	2473.7	1593.7	1585.7	1775.3	2247.4
21077.6	20867.0	17429.2	33081.2	25262.0	32736.5	19171.3
4623.0	4820.3	4268.9	8317.9	5126.4	7009.1	2914.8
3421.3	3557.5	4028.3	5202.0	1941.3	1998.5	2282.8
1742.9	1926.0	2191.1	3033.6	1313.8	834.2	1460.7
18.9	21.4	24.3	28.8	25.3	0.2	21.6
1611.8	1554.0	1735.1	2139.6	602.1	1164.1	800.4
47.8	56.1	77.9				0.0
93.51	87.4	28.5	44.1	279.9	314.6	24.3
1108.2	1175.5	212.1	3071.9	2905.2	4696.0	607.8
1045.9	1148.1	531.8	4376.9	782.8	3475.9	1100.4
9138.4	8943.2	8278.2	9275.1	9601.2	11302.0	8908.2
2419.1	2352.9	2240.2	2501.8	2481.1	2799.7	2384.8
672.9	640.0	543.3	690.6	743.6	968.6	700.6
1631.4	1546.1	1479.2	1711.9	1540.3	1832.7	1719.6
578.6	548.9	505.4	614.4	643.0	700.2	582.8
1509.6	1522.6	1188.1	1162.7	1726.4	2693.0	1198.5
1077.5	1061.8	1040.2	1048.9	1127.5	1109.5	1091.9
1040.6	1068.2	1082.8	1232.8	1151.1	957.5	1025.2
208.7	202.7	198.9	312.1	188.1	240.8	204.8
82.8	78.4	62.9	101.4	114.3	92.5	89.6
610.8	557.9	457.2	618.2	948.6	872.3	770.8
--	--	--	--	--	--	--
9851.6	10276.3	9936.4	12247.5	11853.5	9838.4	8540.6
3906.1	3502.2	3779.7	2639.6	3118.1	2827.1	5234.2
3937.5	4812.3	3914.0	8488.2	7680.6	5633.6	1580.8
2665.8	3270.9	3878.8	5753.6	2084.7	254.2	1259.7
1962.1	2310.0	2754.6	3881.4	1414.7	166.9	1081.2
56.3	65.8	72.4	180.3	63.1	1.0	33.9
631.7	876.6	1026.4	1690.4	606.9	86.2	144.2
15.8	18.5	25.5	1.5			0.3
1271.6	1541.4	35.2	2734.6	5595.9	5379.4	321.2
118.4	145.6	9.2	110.2	482.7	555.8	2.5
1153.2	1395.7	26.0	2624.4	5113.1	4823.6	318.7
291.8	273.0	226.1	144.2	417.7	474.8	249.0
1716.3	1688.9	2016.6	975.5	637.1	903.0	1476.6
9816.1	10228.1	9576.8	12285.3	12501.2	11083.4	8450.6
35.5	48.2	359.6	-37.8	-647.6	-1245.0	90.1

2-32 2016年全区农村居民家庭按人均可支配收入五等份分组资料

指标名称	Item	单位	unit
农村住户家庭基本情况(绝对数)	**Basic Statistics of Rural Households(absolute)**	--	--
一、调查户数	Number of Households Surveyed	户	household
调查户经营情况	Basic Statistics of Business of Households Surveyed	--	--
(一)生产经营户	Production Households	户	household
1.农业户	Agriculture Households	户	household
2.农业兼业户	Agriculture with Combined Occupations	户	household
3.非农业兼业户	Non-agriculture with Combined Occupations	户	household
4.非农业户	Non-agriculture Households	户	household
(二)非生产经营户	Non-production Households	户	household
二、生产性固定资产原值(人均)	Original Value of Productive Fixed Assets (per person)	元	yuan
农村住户居住情况(人均)	**Basic Statistics of Residence of Rural Households (per person)**	--	--
(一)自有现住房面积	Floor Space of Living Houses	平方米	sq.m
(二)自有现住房市场估值	Value of Living Houses	元	yuan
调查户人口与劳动力情况(绝对数)	**Number of Households Surveyed and Basic Statistics of Labours (absolute)**	--	--
一、农村住户人口与劳动力状况	Number of Households and Basic Statistics of Labours of Rural Households	--	--
(一)家庭常住人口	Number of Permanent Residents in the Households	人	person
(二)整半劳动力数	Number of Able-bodied and Semi-able-bodied Labours	人	person
其中：男劳动力人数	Number of Male Labours	人	person
其中：整劳动力	Number of Able-bodied Labours	人	person
(三)就业劳动力人数	Number of Employed	人	person
其中：男劳动力人数	Number of Male Labour	人	person
一产业就业劳动力	Primary Industry	人	person
非农产业就业劳动力	Non-agriculture	人	person
(四)就业劳动力文化程度	Culture Level of Employed Labours	--	--
1.不识字或识字很少	Illiterate and Semi-illiterate	人	person
2.小学程度	Primary School	人	person
3.初中程度	Junior Middle School	人	person
4.高中程度	Senior Middle School	人	person
6.大专及以上	College and Higher	人	person
农村住户食品消费情况(人均)	**Basic Statistics of Consumption of Major Foods of Rural Households (per person)**	--	--
一、粮食消费量	Grain Crops	公斤	kg
(一)谷物消费量	Cereal	公斤	kg
#1.小麦	Wheat	公斤	kg
2.稻谷	Rice	公斤	kg
(二)薯类消费量	Tubers	公斤	kg
(三)豆类消费量	Soybeans	公斤	kg
二、油脂类消费量	Oil and Fat	公斤	kg
三、蔬菜及菜制品消费量	Vegetables and Related Products	公斤	kg
四、干鲜瓜果类	Dried and Fresh Melons and Fruits	公斤	kg
五、肉类	Meat and Related Products	公斤	kg
1.猪肉	Pork	公斤	kg
2.牛肉	Beef	公斤	kg
3.羊肉	Mutton	公斤	kg
4.其他肉类及制品	Others	公斤	kg
六、禽类	Poultry	公斤	kg
七、蛋类及蛋制品	Eggs and Related Products	公斤	kg
八、奶和奶制品	Milk and Dairy Products	公斤	kg
九、水产品	Aquatic Products	公斤	kg
十、糖果糕点类	Sugar and Pastry	公斤	kg
十一、饮料	Beverage	公斤	kg
十二、酒	Liquor	公斤	kg

Basic Statistics Grouped by Per Capita Disposable Income Quintile of Rural Households (2016)

总计 Total	20%低收入户 20% Low Income	20%中低收入户 20% Lower-middle Income	20%中等收入户 20% Middle Income	20%中上收入户 20% Upper-middle Income	20%高收入户 20% High Income
--	--	--	--	--	--
1006	200	201	201	202	201
--	--	--	--	--	--
849	151	174	174	181	169
625	116	137	129	131	112
86	14	17	10	17	28
107	14	13	22	29	29
150	34	25	29	30	32
973	198	244	206	195	131
9446.9	12212.0	5375.1	8810.1	8075.5	13714.8
--	--	--	--	--	--
32.0	26.6	27.2	31.1	35.1	45.1
26883.6	22078.1	22784.2	25582.8	29391.2	39535.4
--	--	--	--	--	--
--	--	--	--	--	--
3903	933	874	798	717	582
2464	508	510	511	485	450
1271	263	260	264	248	235
1506	364	341	308	283	210
2167	443	438	444	432	410
1182	238	241	246	231	225
1119	262	214	220	212	211
1048	181	224	224	220	199
--	--	--	--	--	--
233	61	51	48	34	39
690	166	168	131	128	97
945	176	189	208	197	175
204	31	21	43	58	51
95	9	9	14	15	48
--	--	--	--	--	--
144.3	135.3	129.3	133.8	161.4	175.0
136.8	129.2	122.6	125.6	153.2	166.2
86.3	83.7	82.6	80.2	91.4	98.6
46.3	42.2	36.5	40.3	56.7	63.2
4.4	3.8	4.8	4.2	5.1	4.3
3.0	2.3	1.8	4.0	3.1	4.5
8.3	7.2	7.7	8.0	9.3	10.2
76.7	61.9	63.6	77.9	85.4	107.7
63.0	49.7	58.6	58.3	71.1	87.3
15.2	10.9	11.7	15.0	18.3	23.9
6.5	3.8	5.8	6.5	8.7	9.4
3.2	3.2	2.6	3.0	3.0	4.6
4.9	3.5	2.9	4.9	5.8	9.0
0.6	0.4	0.4	0.5	0.7	1.0
5.7	4.7	5.0	5.8	6.4	7.4
4.0	2.9	3.8	4.2	4.3	5.7
8.1	6.8	7.2	7.0	8.8	12.0
1.2	0.8	1.0	1.4	1.3	1.9
2.7	1.9	2.2	2.6	2.9	4.4
0.2	0.2	0.2	0.2	0.3	0.3
3.5	1.5	3.1	4.6	4.1	5.1

2-32 续表

指标名称	Item	单位	unit
农村住户总收入与总支出(人均)	**Total Revenue and Expenditure of Rural Households (per person)**	--	--
一、总收入	Total Revenue	元	yuan
(一)工资性收入	Wage Income	元	yuan
(二)经营性收入	Household Business Income	元	yuan
1.第一产业经营收入	Primary Industry	元	yuan
(1)农业收入	Farming	元	yuan
(2)林业收入	Forestry	元	yuan
(3)牧业收入	Animal Husbandry	元	yuan
(4)渔业收入	Fishery	元	yuan
2.第二产业经营收入	Secondary Industry	元	yuan
3.第三产业经营收入	Tertiary Industry	元	yuan
(三)财产性收入	Property Income	元	yuan
(四)转移性收入	Transfer Income	元	yuan
二、总支出	Total Expenditure	元	yuan
(一)生产经营费用支出	Expenditure for Household Business	元	yuan
1.第一产业生产费用支出	Primary Industry	元	yuan
(1)农业生产费用支出	Farming	元	yuan
(2)林业生产费用支出	Forestry	元	yuan
(3)牧业生产费用支出	Animal Husbandry	元	yuan
(4)渔业生产费用支出	Fishery	元	yuan
2.第二产业生产费用支出	Secondary Industry	元	yuan
3.第三产业生产费用支出	Tertiary Industry	元	yuan
(二)购置生产性固定资产支出	Expenditure for Purchasing Productive Fixed Assets	元	yuan
(三)生活消费支出	Living Expenditure	元	yuan
1.食品消费支出	Food	元	yuan
2.衣着消费支出	Clothing	元	yuan
3.居住消费支出	Residence	元	yuan
4.家庭设备.用品消费支出	Household Facilities,Article and Service	元	yuan
5.交通和通讯消费支出	Transport and Telecommunication	元	yuan
6.文化教育.娱乐消费支出	Cultural,Educational,Recreational Article and Services	元	yuan
7.医疗保健消费支出	Medicine and Health Care	元	yuan
8.其他商品和服务消费支出	Other Commodities and Services	元	yuan
(四)财产性支出	Property Expenditure	元	yuan
(五)转移性支出	Transfer Expenditure	元	yuan
农村住户可支配收入来源(人均)	**Basic Statistics of Disposable Income of Rural Households (per person)**	--	--
一、全年可支配收入	Annual Disposable Income	元	yuan
(一)工资性收入	Wage Income	元	yuan
(二)经营净收入	Household Business Income	元	yuan
1.第一产业经营净收入	Primary Industry	元	yuan
(1)农业收入	Farming	元	yuan
(2)林业收入	Forestry	元	yuan
(3)牧业收入	Animal Husbandry	元	yuan
(4)渔业收入	Fishery	元	yuan
2.非农产业经营净收入	Non-agriculture	元	yuan
A.第二产业经营净收入	Secondary Industry	元	yuan
B.第三产业经营净收入	Tertiary Industry	元	yuan
(三)财产净收入	Net Income from Property	元	yuan
(四)转移净收入	Net Income from Transfer	元	yuan
二、全年现金可支配收入	Annual Cash Disposable Income	元	yuan
三、全年实物可支配收入	Annual Disposable Income in Kind	元	yuan

continued

总计 Total	20%低收入户 20% Low Income	20%中低收入户 20% Lower-middle Income	20%中等收入户 20% Middle Income	20%中上收入户 20% Upper-middle Income	20%高收入户 20% High Income
--	--	--	--	--	--
15792.3	9525.0	9622.2	13572.0	17857.6	35753.3
3906.1	1972.8	3177.2	3884.6	5257.9	6480.6
9184.6	6386.9	4599.5	7337.4	9521.4	22778.1
6363.8	3692.9	3653.3	4456.5	6811.3	16880.9
3909.1	1856.3	1923.3	3156.0	4775.6	10197.1
75.2	17.4	60.1	75.4	73.2	192.8
2315.6	1819.2	1465.6	1225.1	1962.4	6366.5
64.0		204.4			124.5
238.7	249.8	229.5	108.4	179.4	491.7
2582.0	2444.2	716.7	2772.5	2530.7	5405.5
374.7	169.5	214.4	336.2	439.0	920.9
2327.1	995.7	1631.1	2013.8	2639.3	5573.7
21077.6	20207.6	14301.1	17195.1	21657.7	37446.0
4623.0	5755.6	2568.8	3125.0	3844.6	8965.9
3421.3	3575.6	2209.6	1903.6	3201.8	7410.0
1742.9	1322.4	912.4	1286.1	2059.5	3925.0
18.9	5.9	14.0	14.6	23.3	47.5
1611.8	2246.5	1092.5	602.9	1119.0	3403.0
47.8	0.8	190.7		0.0	34.5
93.51	172.2	124.5	20.5	29.7	101.8
1108.2	2007.8	234.6	1200.9	613.2	1454.1
1045.9	2289.9	272.4	351.4	967.3	1287.7
9138.4	6632.6	6851.6	8680.4	10932.4	15051.8
2419.1	1946.9	1963.3	2322.1	2739.9	3607.2
672.9	555.8	529.2	656.9	743.9	1012.9
1631.4	1339.6	1269.6	1407.0	1672.4	2911.8
578.6	412.3	412.0	513.2	729.7	1003.5
1509.6	818.4	930.9	1452.2	2148.2	2788.3
1077.5	803.1	889.0	1191.2	1324.0	1338.7
1040.6	604.3	652.5	986.7	1383.5	1980.7
208.7	152.1	205.1	151.1	190.8	408.7
82.8	89.4	52.6	88.7	77.4	116.2
610.8	704.3	352.1	593.9	509.9	997.6
--	--	--	--	--	--
9851.6	2174.6	6290.4	9177.1	12887.3	24776.8
3906.1	1972.8	3177.2	3884.6	5257.9	6480.6
3937.5	-169.7	1672.4	3625.1	5138.4	12915.5
2665.8	-109.5	1215.8	2332.9	3339.1	8953.2
1962.1	362.8	866.4	1702.6	2507.5	5879.1
56.3	11.5	45.7	60.8	49.9	145.3
631.7	-483.0	291.8	569.4	781.8	2839.0
15.8	-0.8	11.9		0.0	89.8
1271.6	-60.1	456.5	1292.2	1799.2	3962.2
118.4	56.1	44.8	70.3	146.1	363.6
1153.2	-116.2	411.7	1222.0	1653.2	3598.6
291.8	80.1	161.8	247.5	361.6	804.7
1716.3	291.4	1279.0	1419.9	2129.4	4576.1
9816.1	2756.4	6181.7	9404.2	13065.0	23226.4
35.5	-581.8	108.6	-227.0	-177.6	1550.4

2-33 2016年全区农村居民家庭按人均可支配收入分组资料

指 标 名 称	Item	单位	unit
农村住户家庭基本情况(绝对数)	**Basic Statistics of Rural Households(absolute)**	--	--
一、调查户数	Number of Households Surveyed	户	household
调查户经营情况	Basic Statistics of Business of Households Surveyed	--	--
(一)生产经营户	Production Households	户	household
1.农业户	Agriculture Households	户	household
2.农业兼业户	Agriculture with Combined Occupations	户	household
3.非农业兼业户	Non-agriculture with Combined Occupations	户	household
4.非农业户	Non-agriculture Households	户	household
(二)非生产经营户	Non-production Households	户	household
二、生产性固定资产原值(人均)	Original Value of Productive Fixed Assets (per person)	元	yuan
农村住户居住情况(人均)	**Basic Statistics of Residence of Rural Households (per person)**	--	--
(一)自有现住房面积	Floor Space of Living Houses	平方米	sq.m
(二)自有现住房市场估值	Value of Living Houses	元	yuan
调查户人口与劳动力情况(绝对数)	**Number of Households Surveyed and Basic Statistics of Labours (absolute)**	--	--
一、农村住户人口与劳动力状况	Number of Households and Basic Statistics of Labours of Rural Households	--	--
(一)家庭常住人口	Number of Permanent Residents in the Households	人	person
(二)整半劳动力数	Number of Able-bodied and Semi-able-bodied Labours	人	person
其中：男劳动力人数	Number of Male Labours	人	person
其中：整劳动力	Number of Able-bodied Labours	人	person
(三)就业劳动力人数	Number of Employed	人	person
其中：男劳动力人数	Number of Male Labour	人	person
一产业就业劳动力	Primary Industry	人	person
非农产业就业劳动力	Non-agriculture	人	person
(四)就业劳动力文化程度	Culture Level of Employed Labours	--	--
1.不识字或识字很少	Illiterate and Semi-illiterate	人	person
2.小学程度	Primary School	人	person
3.初中程度	Junior Middle School	人	person
4.高中程度	Senior Middle School	人	person
6.大专及以上	College and Higher	人	person
农村住户食品消费情况(人均)	**Basic Statistics of Consumption of Major Foods of Rural Households (per person)**	--	--
一、粮食消费量	Grain Crops	公斤	kg
(一)谷物消费量	Cereal	公斤	kg
#1.小麦	Wheat	公斤	kg
2.稻谷	Rice	公斤	kg
(二)薯类消费量	Tubers	公斤	kg
(三)豆类消费量	Soybeans	公斤	kg
二、油脂类消费量	Oil and Fat	公斤	kg
三、蔬菜及菜制品消费量	Vegetables and Related Products	公斤	kg
四、干鲜瓜果类	Dried and Fresh Melons and Fruits	公斤	kg
五、肉类	Meat and Related Products	公斤	kg
1.猪肉	Pork	公斤	kg
2.牛肉	Beef	公斤	kg
3.羊肉	Mutton	公斤	kg
4.其他肉类及制品	Others	公斤	kg
六、禽类	Poultry	公斤	kg
七、蛋类及蛋制品	Eggs and Related Products	公斤	kg
八、奶和奶制品	Milk and Dairy Products	公斤	kg
九、水产品	Aquatic Products	公斤	kg
十、糖果糕点类	Sugar and Pastry	公斤	kg
十一、饮料	Beverage	公斤	kg
十二、酒	Liquor	公斤	kg

Basic Statistics Grouped by Per Capita Disposable Income of Rural Households (2016)

总计 Total	2000元以下 2000 yuan and Blow	2000–3000元 2000– 3000 yuan	3000–4000元 3000– 4000 yuan	4000–5000元 4000– 5000 yuan	5000–6000元 5000– 6000 yuan
--	--	--	--	--	--
1006	55	23	63	56	71
--	--	--	--	--	--
849	34	17	52	45	61
625	24	15	40	36	48
86	2		6	5	6
107	3	1	6	4	4
150	13	2	12	6	9
973	28	28	66	74	69
9446.9	25176.1	4449.8	11518.6	4001.1	6780.5
--	--	--	--	--	--
32.0	30.0	24.2	24.8	25.8	27.3
26883.6	27469.3	21699.5	19057.2	20084.5	22788.9
--	--	--	--	--	--
--	--	--	--	--	--
3903	236	113	304	266	305
2464	139	59	167	136	169
1271	73	32	84	70	89
1506	95	45	119	99	120
2167	120	51	150	117	140
1182	66	28	77	64	82
1119	74	33	87	67	64
1048	46	18	63	50	76
--	--	--	--	--	--
233	21	5	20	15	16
690	41	28	56	37	63
945	50	17	60	48	51
204	5	1	10	15	6
95	3		4	2	4
--	--	--	--	--	--
144.3	168.3	133.0	120.2	123.4	123.6
136.8	162.3	126.7	115.3	116.8	116.9
86.3	109.1	81.2	70.6	77.5	79.9
46.3	49.3	43.0	42.8	35.0	33.5
4.4	3.1	3.4	3.5	4.5	4.9
3.0	3.0	2.8	1.5	2.1	1.8
8.3	7.9	7.4	7.0	6.3	7.2
76.7	75.9	69.6	52.6	55.4	60.8
63.0	60.5	40.2	45.4	48.9	65.0
15.2	14.9	9.7	8.0	11.4	12.5
6.5	4.7	1.9	2.6	5.4	5.8
3.2	4.9	3.8	2.2	2.6	3.0
4.9	4.7	3.9	2.9	3.0	3.3
0.6	0.6	0.1	0.3	0.5	0.4
5.7	5.3	5.3	4.3	4.3	4.9
4.0	2.9	2.7	2.7	3.1	3.6
8.1	7.0	10.2	6.7	5.8	7.4
1.2	0.9	0.8	0.7	0.9	0.9
2.7	2.5	1.9	1.6	1.8	2.4
0.2	0.2	0.2	0.1	0.2	0.3
3.5	1.9	0.7	1.2	1.7	2.6

2-33 续表 1

指标名称	Item	单位	unit
农村住户总收入与总支出(人均)	**Total Revenue and Expenditure of Rural Households (per person)**	--	--
一、总收入	Total Revenue	元	yuan
(一)工资性收入	Wage Income	元	yuan
(二)经营性收入	Household Business Income	元	yuan
1.第一产业经营收入	Primary Industry	元	yuan
(1)农业收入	Farming	元	yuan
(2)林业收入	Forestry	元	yuan
(3)牧业收入	Animal Husbandry	元	yuan
(4)渔业收入	Fishery	元	yuan
2.第二产业经营收入	Secondary Industry	元	yuan
3.第三产业经营收入	Tertiary Industry	元	yuan
(三)财产性收入	Property Income	元	yuan
(四)转移性收入	Transfer Income	元	yuan
二、总支出	Total Expenditure	元	yuan
(一)生产经营费用支出	Expenditure for Household Business	元	yuan
1.第一产业生产费用支出	Primary Industry	元	yuan
(1)农业生产费用支出	Farming	元	yuan
(2)林业生产费用支出	Forestry	元	yuan
(3)牧业生产费用支出	Animal Husbandry	元	yuan
(4)渔业生产费用支出	Fishery	元	yuan
2.第二产业生产费用支出	Secondary Industry	元	yuan
3.第三产业生产费用支出	Tertiary Industry	元	yuan
(二)购置生产性固定资产支出	Expenditure for Purchasing Productive Fixed Assets	元	yuan
(三)生活消费支出	Living Expenditure	元	yuan
1.食品消费支出	Food	元	yuan
2.衣着消费支出	Clothing	元	yuan
3.居住消费支出	Residence	元	yuan
4.家庭设备.用品消费支出	Household Facilities,Article and Service	元	yuan
5.交通和通讯消费支出	Transport and Telecommunication	元	yuan
6.文化教育.娱乐消费支出	Cultural,Educational,Recreational Article and Services	元	yuan
7.医疗保健消费支出	Medicine and Health Care	元	yuan
8.其他商品和服务消费支出	Other Commodities and Services	元	yuan
(四)财产性支出	Property Expenditure	元	yuan
(五)转移性支出	Transfer Expenditure	元	yuan
农村住户可支配收入来源(人均)	**Basic Statistics of Disposable Income of Rural Households (per person)**	--	--
一、全年可支配收入	Annual Disposable Income	元	yuan
(一)工资性收入	Wage Income	元	yuan
(二)经营净收入	Household Business Income	元	yuan
1.第一产业经营净收入	Primary Industry	元	yuan
(1)农业收入	Farming	元	yuan
(2)林业收入	Forestry	元	yuan
(3)牧业收入	Animal Husbandry	元	yuan
(4)渔业收入	Fishery	元	yuan
2.非农产业经营净收入	Non-agriculture	元	yuan
A.第二产业经营净收入	Secondary Industry	元	yuan
B.第三产业经营净收入	Tertiary Industry	元	yuan
(三)财产净收入	Net Income from Property	元	yuan
(四)转移净收入	Net Income from Transfer	元	yuan
二、全年现金可支配收入	Annual Cash Disposable Income	元	yuan
三、全年实物可支配收入	Annual Disposable Income in Kind	元	yuan

continued

总计 Total	2000元以下 2000 yuan and Blow	2000-3000元 2000- 3000 yuan	3000-4000元 3000- 4000 yuan	4000-5000元 4000- 5000 yuan	5000-6000元 5000- 6000 yuan
--	--	--	--	--	--
15792.3	13851.6	5279.9	8166.6	8837.1	9708.6
3906.1	1490.3	1824.8	2240.0	2190.0	3059.7
9184.6	11153.0	2538.1	4841.4	5335.6	5020.9
6363.8	5779.7	1666.3	2366.2	4139.6	3992.4
3909.1	2390.3	1338.2	1625.5	1915.5	1846.9
75.2	7.1	0.1	44.1	2.0	96.9
2315.6	3382.4	328.0	696.6	2222.1	2048.6
64.0					
238.7	308.1		140.0	394.7	612.5
2582.0	5065.2	871.8	2335.2	801.4	416.0
374.7	173.2	139.3	158.9	208.6	155.4
2327.1	1035.0	777.7	926.3	1102.8	1472.7
21077.6	36566.2	9969.8	16377.6	14843.5	14860.8
4623.0	12351.1	2045.3	3409.9	3767.4	3363.2
3421.3	7434.9	1421.1	1626.0	3086.2	2913.6
1742.9	2480.7	744.5	970.3	912.5	958.2
18.9	15.4		5.1	0.5	13.9
1611.8	4935.7	676.7	650.6	2173.2	1941.5
47.8	3.0				
93.51	224.3		36.0	328.3	324.6
1108.2	4691.9	624.2	1747.9	352.9	125.0
1045.9	3735.3	9.8	3227.0	755.2	165.8
9138.4	9035.4	5382.2	5925.3	5859.7	7330.5
2419.1	2473.7	1867.4	1647.9	1826.2	2057.4
672.9	693.7	460.1	527.2	512.2	614.4
1631.4	1762.9	1108.1	1312.3	1070.7	1275.4
578.6	643.7	271.4	346.7	337.9	404.0
1509.6	1212.7	587.3	670.9	748.9	1113.8
1077.5	1174.6	506.9	672.1	808.5	1161.7
1040.6	871.6	441.9	630.8	398.0	481.7
208.7	202.5	139.0	117.6	157.4	222.1
82.8	204.4	44.3	57.6	34.2	32.7
610.8	1644.3	365.1	433.6	276.9	361.4
--	--	--	--	--	--
9851.6	-2026.6	2528.5	3536.6	4491.9	5499.3
3906.1	1490.3	1824.8	2240.0	2190.0	3059.7
3937.5	-2876.5	196.1	702.6	1301.5	1205.7
2665.8	-1915.3	16.6	523.3	858.9	876.2
1962.1	-277.9	404.3	492.8	858.8	764.5
56.3	-8.3	0.1	39.0	1.5	83.0
631.7	-1626.1	-387.8	-8.5	-1.5	28.7
15.8	-3.0				
1271.6	-961.2	179.5	179.2	442.6	329.4
118.4	68.7		86.3	28.8	117.1
1153.2	-1030.0	179.5	93.0	413.8	212.3
291.8	-31.1	95.0	101.3	174.4	122.7
1716.3	-609.3	412.6	492.7	825.9	1111.3
9816.1	-734.7	2642.9	4131.7	4542.1	5672.0
35.5	-1291.9	-114.4	-595.1	-50.2	-172.7

2-33 续表 2

指标名称	Item	单位	unit
农村住户家庭基本情况(绝对数)	**Basic Statistics of Rural Households(absolute)**	--	--
一、调查户数	Number of Households Surveyed	户	household
调查户经营情况	Basic Statistics of Business of Households Surveyed	--	--
(一)生产经营户	Production Households	户	household
1.农业户	Agriculture Households	户	household
2.农业兼业户	Agriculture with Combined Occupations	户	household
3.非农业兼业户	Non-agriculture with Combined Occupations	户	household
4.非农业户	Non-agriculture Households	户	household
(二)非生产经营户	Non-production Households	户	household
二、生产性固定资产原值(人均)	Original Value of Productive Fixed Assets (per person)	元	yuan
农村住户居住情况(人均)	**Basic Statistics of Residence of Rural Households (per person)**	--	--
(一)自有现住房面积	Floor Space of Living Houses	平方米	sq.m
(二)自有现住房市场估值	Value of Living Houses	元	yuan
调查户人口与劳动力情况(绝对数)	**Number of Households Surveyed and Basic Statistics of Labours (absolute)**	--	--
一、农村住户人口与劳动力状况	Number of Households and Basic Statistics of Labours of Rural Households	--	--
(一)家庭常住人口	Number of Permanent Residents in the Households	人	person
(二)整半劳动力数	Number of Able-bodied and Semi-able-bodied Labours	人	person
其中：男劳动力人数	Number of Male Labours	人	person
其中：整劳动力	Number of Able-bodied Labours	人	person
(三)就业劳动力人数	Number of Employed	人	person
其中：男劳动力人数	Number of Male Labour	人	person
一产业就业劳动力	Primary Industry	人	person
非农产业就业劳动力	Non-agriculture	人	person
(四)就业劳动力文化程度	Culture Level of Employed Labours	--	--
1.不识字或识字很少	Illiterate and Semi-illiterate	人	person
2.小学程度	Primary School	人	person
3.初中程度	Junior Middle School	人	person
4.高中程度	Senior Middle School	人	person
6.大专及以上	College and Higher	人	person
农村住户食品消费情况(人均)	**Basic Statistics of Consumption of Major Goods of Rural Households (per person)**	--	--
一、粮食消费量	Grain Crops	公斤	kg
(一)谷物消费量	Cereal	公斤	kg
#1.小麦	Wheat	公斤	kg
2.稻谷	Rice	公斤	kg
(二)薯类消费量	Tubers	公斤	kg
(三)豆类消费量	Soybeans	公斤	kg
二、油脂类消费量	Oil and Fat	公斤	kg
三、蔬菜及菜制品消费量	Vegetables and Related Products	公斤	kg
四、干鲜瓜果类	Dried and Fresh Melons and Fruits	公斤	kg
五、肉类	Meat and Related Products	公斤	kg
1.猪肉	Pork	公斤	kg
2.牛肉	Beef	公斤	kg
3.羊肉	Mutton	公斤	kg
4.其他肉类及制品	Others	公斤	kg
六、禽类	Poultry	公斤	kg
七、蛋类及蛋制品	Eggs and Related Products	公斤	kg
八、奶和奶制品	Milk and Dairy Products	公斤	kg
九、水产品	Aquatic Products	公斤	kg
十、糖果糕点类	Sugar and Pastry	公斤	kg
十一、饮料	Beverage	公斤	kg
十二、酒	Liquor	公斤	kg

continued

6000-7000元 6000- 7000 yuan	7000-8000元 7000- 8000 yuan	8000-9000元 8000- 9000 yuan	9000-10000元 9000- 10000 yuan	10000元以上 10000 yuan and Over
--	--	--	--	--
79	64	71	65	458
--	--	--	--	--
68	56	61	56	399
57	37	44	44	280
7	5	7	2	46
4	6	8	8	63
7	14	7	8	72
111	77	78	68	375
4063.3	6315.8	11118.3	6351.5	10433.3
--	--	--	--	--
29.1	25.3	29.5	32.7	38.9
26392.5	19667.6	25137.0	27773.0	32678.0
--	--	--	--	--
--	--	--	--	--
336	290	291	259	1505
198	176	181	165	1075
100	89	94	84	556
126	121	115	92	574
176	149	158	143	963
94	81	88	78	523
94	66	80	67	487
82	83	78	76	476
--	--	--	--	--
24	14	14	16	88
59	59	46	42	259
83	64	80	68	424
8	7	12	17	123
2	5	6		69
--	--	--	--	--
138.3	127.2	130.2	125.1	165.4
132.0	119.8	123.5	119.2	156.1
87.3	75.6	82.1	83.2	92.6
40.8	36.5	37.7	34.5	58.5
4.3	5.4	4.3	3.7	4.8
1.9	2.0	2.3	2.2	4.5
8.5	8.0	7.7	8.0	9.5
68.3	70.4	78.7	69.7	93.7
57.9	60.0	56.8	55.0	75.8
12.7	9.9	14.1	15.9	20.2
7.0	3.6	7.0	6.7	8.8
2.3	2.9	2.7	3.2	3.6
3.0	2.9	3.9	5.5	7.0
0.4	0.5	0.4	0.5	0.8
5.4	5.4	6.3	5.5	6.7
4.1	4.1	4.2	4.3	4.8
7.7	7.3	6.8	6.1	9.8
1.1	1.5	1.0	1.3	1.6
2.4	2.3	2.5	2.6	3.5
0.1	0.2	0.2	0.2	0.3
3.4	3.6	4.7	4.1	4.7

2-33 续表 3

指标名称	Item	单位	unit
农村住户总收入与总支出(人均)	**Total Revenue and Expenditure of Rural Households (per person)**	--	--
一、总收入	Total Revenue	元	yuan
(一)工资性收入	Wage Income	元	yuan
(二)经营性收入	Household Business Income	元	yuan
1.第一产业经营收入	Primary Industry	元	yuan
(1)农业收入	Farming	元	yuan
(2)林业收入	Forestry	元	yuan
(3)牧业收入	Animal Husbandry	元	yuan
(4)渔业收入	Fishery	元	yuan
2.第二产业经营收入	Secondary Industry	元	yuan
3.第三产业经营收入	Tertiary Industry	元	yuan
(三)财产性收入	Property Income	元	yuan
(四)转移性收入	Transfer Income	元	yuan
二、总支出	Total Expenditure	元	yuan
(一)生产经营费用支出	Expenditure for Household Business	元	yuan
1.第一产业生产费用支出	Primary Industry	元	yuan
(1)农业生产费用支出	Farming	元	yuan
(2)林业生产费用支出	Forestry	元	yuan
(3)牧业生产费用支出	Animal Husbandry	元	yuan
(4)渔业生产费用支出	Fishery	元	yuan
2.第二产业生产费用支出	Secondary Industry	元	yuan
3.第三产业生产费用支出	Tertiary Industry	元	yuan
(二)购置生产性固定资产支出	Expenditure for Purchasing Productive Fixed Assets	元	yuan
(三)生活消费支出	Living Expenditure	元	yuan
1.食品消费支出	Food	元	yuan
2.衣着消费支出	Clothing	元	yuan
3.居住消费支出	Residence	元	yuan
4.家庭设备.用品消费支出	Household Facilities,Article and Service	元	yuan
5.交通和通讯消费支出	Transport and Telecommunication	元	yuan
6.文化教育.娱乐消费支出	Cultural,Educational,Recreational Article and Services	元	yuan
7.医疗保健消费支出	Medicine and Health Care	元	yuan
8.其他商品和服务消费支出	Other Commodities and Services	元	yuan
(四)财产性支出	Property Expenditure	元	yuan
(五)转移性支出	Transfer Expenditure	元	yuan
农村住户可支配收入来源(人均)	**Basic Statistics of Disposable Income of Rural Households (per person)**	--	--
一、全年可支配收入	Annual Disposable Income	元	yuan
(一)工资性收入	Wage Income	元	yuan
(二)经营净收入	Household Business Income	元	yuan
1.第一产业经营净收入	Primary Industry	元	yuan
(1)农业收入	Farming	元	yuan
(2)林业收入	Forestry	元	yuan
(3)牧业收入	Animal Husbandry	元	yuan
(4)渔业收入	Fishery	元	yuan
2.非农产业经营净收入	Non-agriculture	元	yuan
A.第二产业经营净收入	Secondary Industry	元	yuan
B.第三产业经营净收入	Tertiary Industry	元	yuan
(三)财产净收入	Net Income from Property	元	yuan
(四)转移净收入	Net Income from Transfer	元	yuan
二、全年现金可支配收入	Annual Cash Disposable Income	元	yuan
三、全年实物可支配收入	Annual Disposable Income in Kind	元	yuan

continued

6000-7000元 6000- 7000 yuan	7000-8000元 7000- 8000 yuan	8000-9000元 8000- 9000 yuan	9000-10000元 9000- 10000 yuan	10000元以上 10000 yuan and Over
--	--	--	--	--
9603.6	10289.6	13825.4	12916.4	24537.6
3274.1	3406.6	3452.4	4252.2	5604.5
4247.6	4924.2	8426.9	6324.8	14506.0
3581.3	3006.9	4621.1	4664.6	10533.3
1950.0	1658.8	3381.2	3179.8	6762.9
42.1	37.8	43.9	54.4	134.1
1049.7	1310.2	1196.1	1430.4	3587.4
539.5				48.9
7.8	72.8	224.4	79.0	279.9
658.5	1844.6	3581.4	1581.2	3692.8
260.5	295.8	288.1	277.3	625.6
1821.4	1663.0	1658.0	2062.2	3801.6
15062.7	12197.1	18496.1	17595.7	27074.0
2329.9	2057.1	3948.3	2320.4	5790.9
2050.2	1451.7	1985.1	1989.9	4706.6
894.1	743.3	1410.0	1312.5	2710.9
7.9	21.4	3.1	6.7	35.9
644.8	686.9	571.9	670.7	1946.2
503.4				13.6
0.1	52.7	25.6	33.5	54.3
279.5	552.7	1937.6	297.0	1030.0
465.7	323.2	214.1	282.0	1027.4
6723.0	6675.7	9260.9	8407.4	12268.2
2001.7	2021.2	2303.7	2202.1	3039.9
477.2	554.4	687.4	625.0	833.5
1361.9	1132.0	1374.3	1646.1	2101.9
426.0	437.1	526.2	554.7	800.6
772.4	913.4	1969.8	1169.0	2288.5
742.3	708.0	1204.8	1320.0	1306.0
744.1	726.8	1043.6	744.7	1621.3
197.3	182.6	151.3	145.8	273.3
60.9	61.9	132.2	81.6	89.7
446.5	295.1	578.3	607.6	715.5
--	--	--	--	--
6495.4	7454.5	8425.4	9483.3	17252.8
3274.1	3406.6	3452.4	4252.2	5604.5
1646.8	2446.1	3737.4	3580.9	8026.4
1319.7	1296.6	2429.9	2457.8	5456.5
929.8	739.4	1803.0	1708.0	3769.4
33.4	16.4	40.7	47.7	98.1
325.1	540.7	586.2	702.1	1553.8
31.4				35.3
327.1	1149.5	1307.4	1123.2	2569.9
7.6	9.5	171.4	22.6	213.4
319.5	1140.0	1136.0	1100.6	2356.4
199.5	234.0	155.9	195.7	535.8
1374.9	1367.9	1079.7	1454.6	3086.1
6273.2	7245.1	8946.0	9739.2	16699.7
222.2	209.4	-520.6	-255.9	553.1

2-34 2016年全区农村居民家庭按就业劳动力最高文化程度分组资料

指标名称	Item	单位	unit
农村住户家庭基本情况(绝对数)	**Basic Statistics of Rural Households(absolute)**	--	--
一、调查户数	Number of Households Surveyed	户	household
调查户经营情况	Basic Statistics of Business of Households Surveyed	--	--
(一)生产经营户	Production Households	户	household
1.农业户	Agriculture Households	户	household
2.农业兼业户	Agriculture with Combined Occupations	户	household
3.非农业兼业户	Non-agriculture with Combined Occupations	户	household
4.非农业户	Non-agriculture Households	户	household
(二)非生产经营户	Non-production Households	户	household
二、生产性固定资产原值(人均)	Original Value of Productive Fixed Assets (per person)	元	yuan
农村住户居住情况(人均)	**Basic Statistics of Residence of Rural Households (per person)**	--	--
(一)自有现住房面积	Floor Space of Living Houses	平方米	sq.m
(二)自有现住房市场估值	Value of Living Houses	元	yuan
调查户人口与劳动力情况(绝对数)	**Number of Households Surveyed and Basic Statistics of Labours (absolute)**	--	--
一、农村住户人口与劳动力状况	Number of Households and Basic Statistics of Labours of Rural Households	--	--
(一)家庭常住人口	Number of Permanent Residents in the Households	人	person
(二)整半劳动力数	Number of Able-bodied and Semi-able-bodied Labours	人	person
其中：男劳动力人数	Number of Male Labours	人	person
其中：整劳动力	Number of Able-bodied Labours	人	person
(三)就业劳动力人数	Number of Employed	人	person
其中：男劳动力人数	Number of Male Labour	人	person
一产业就业劳动力	Primary Industry	人	person
非农产业就业劳动力	Non-agriculture	人	person
(四)就业劳动力文化程度	Culture Level of Employed Labours	--	--
1.不识字或识字很少	Illiterate and Semi-illiterate	人	person
2.小学程度	Primary School	人	person
3.初中程度	Junior Middle School	人	person
4.高中程度	Senior Middle School	人	person
6.大专及以上	College and Higher	人	person
农村住户食品消费情况(人均)	**Basic Statistics of Consumption of Major Foods of Rural Households (per person)**	--	--
一、粮食消费量	Grain Crops	公斤	kg
(一)谷物消费量	Cereal	公斤	kg
#1.小麦	Wheat	公斤	kg
2.稻谷	Rice	公斤	kg
(二)薯类消费量	Tubers	公斤	kg
(三)豆类消费量	Soybeans	公斤	kg
二、油脂类消费量	Oil and Fat	公斤	kg
三、蔬菜及菜制品消费量	Vegetables and Related Products	公斤	kg
四、干鲜瓜果类	Dried and Fresh Melons and Fruits	公斤	kg
五、肉类	Meat and Related Products	公斤	kg
1.猪肉	Pork	公斤	kg
2.牛肉	Beef	公斤	kg
3.羊肉	Mutton	公斤	kg
4.其他肉类及制品	Others	公斤	kg
六、禽类	Poultry	公斤	kg
七、蛋类及蛋制品	Eggs and Related Products	公斤	kg
八、奶和奶制品	Milk and Dairy Products	公斤	kg
九、水产品	Aquatic Products	公斤	kg
十、糖果糕点类	Sugar and Pastry	公斤	kg
十一、饮料	Beverage	公斤	kg
十二、酒	Liquor	公斤	kg

Basic Statistics Grouped by the Highest Cultural Level of Employed Labours of Rural Households (2016)

总计 Total	小学以下 Illiterate and Semi-illiterate	小学 Primary School	初中 Junior Middle School	高中 Senior Middle School	大学专科以上 Junior College and above
--	--	--	--	--	--
1006	133	604	160	74	10
--	--	--	--	--	--
849	100	530	137	67	8
625	67	414	89	46	4
86	9	45	20	9	2
107	11	60	25	9	2
150	26	78	29	14	2
973	121	582	170	81	11
9446.9	8736.3	9145.9	9080.0	12370.1	18673.9
--	--	--	--	--	--
32.0	37.7	32.2	31.2	24.6	20.8
26883.6	32884.9	26498.4	28163.8	18497.6	15181.1
--	--	--	--	--	--
--	--	--	--	--	--
3903	435	2285	672	397	58
2464	251	1316	524	303	50
1271	131	655	289	164	22
1506	117	806	336	204	40
2167	133	1209	480	296	50
1182	104	611	282	163	22
1119	52	681	206	153	27
1048	81	528	274	143	23
--	--	--	--	--	--
233	8	128	48	44	5
690	40	422	132	85	11
945	64	516	207	133	25
204	13	106	61	18	6
95	7	37	32	16	3
--	--	--	--	--	--
144.3	158.1	147.2	139.9	119.0	85.6
136.8	150.6	138.8	134.0	114.6	81.7
86.3	93.0	89.4	80.9	73.6	45.0
46.3	51.4	45.0	50.1	39.2	29.4
4.4	4.1	5.1	3.3	3.1	3.3
3.0	3.4	3.3	2.5	1.2	0.7
8.3	9.9	8.1	8.3	7.2	5.7
76.7	87.3	76.9	76.2	60.6	42.3
63.0	71.5	64.0	60.5	50.0	37.0
15.2	16.2	15.6	14.6	11.6	13.6
6.5	7.6	7.2	5.5	2.8	8.3
3.2	3.5	2.9	3.3	4.3	1.9
4.9	4.2	4.9	5.4	4.2	3.2
0.6	0.9	0.6	0.4	0.3	0.2
5.7	5.8	5.7	6.2	5.1	3.5
4.0	4.9	4.0	4.4	2.8	3.0
8.1	10.3	7.2	8.8	8.7	4.3
1.2	1.4	1.2	1.3	1.0	0.5
2.7	3.7	2.7	2.8	1.5	1.4
0.2	0.3	0.2	0.2	0.2	0.3
3.5	4.1	3.9	2.2	2.2	4.1

2-34 续表

指标名称	Item	单位	unit
农村住户总收入与总支出(人均)	**Total Revenue and Expenditure of Rural Households (per person)**	--	--
一、总收入	Total Revenue	元	yuan
(一)工资性收入	Wage Income	元	yuan
(二)经营性收入	Household Business Income	元	yuan
1.第一产业经营收入	Primary Industry	元	yuan
(1)农业收入	Farming	元	yuan
(2)林业收入	Forestry	元	yuan
(3)牧业收入	Animal Husbandry	元	yuan
(4)渔业收入	Fishery	元	yuan
2.第二产业经营收入	Secondary Industry	元	yuan
3.第三产业经营收入	Tertiary Industry	元	yuan
(三)财产性收入	Property Income	元	yuan
(四)转移性收入	Transfer Income	元	yuan
二、总支出	Total Expenditure	元	yuan
(一)生产经营费用支出	Expenditure for Household Business	元	yuan
1.第一产业生产费用支出	Primary Industry	元	yuan
(1)农业生产费用支出	Farming	元	yuan
(2)林业生产费用支出	Forestry	元	yuan
(3)牧业生产费用支出	Animal Husbandry	元	yuan
(4)渔业生产费用支出	Fishery	元	yuan
2.第二产业生产费用支出	Secondary Industry	元	yuan
3.第三产业生产费用支出	Tertiary Industry	元	yuan
(二)购置生产性固定资产支出	Expenditure for Purchasing Productive Fixed Assets	元	yuan
(三)生活消费支出	Living Expenditure	元	yuan
1.食品消费支出	Food	元	yuan
2.衣着消费支出	Clothing	元	yuan
3.居住消费支出	Residence	元	yuan
4.家庭设备.用品消费支出	Household Facilities,Article and Service	元	yuan
5.交通和通讯消费支出	Transport and Telecommunication	元	yuan
6.文化教育.娱乐消费支出	Cultural,Educational,Recreational Article and Services	元	yuan
7.医疗保健消费支出	Medicine and Health Care	元	yuan
8.其他商品和服务消费支出	Other Commodities and Services	元	yuan
(四)财产性支出	Property Expenditure	元	yuan
(五)转移性支出	Transfer Expenditure	元	yuan
农村住户可支配收入来源(人均)	**Basic Statistics of Disposable Income of Rural Households (per person)**	--	--
一、全年可支配收入	Annual Disposable Income	元	yuan
(一)工资性收入	Wage Income	元	yuan
(二)经营净收入	Household Business Income	元	yuan
1.第一产业经营净收入	Primary Industry	元	yuan
(1)农业收入	Farming	元	yuan
(2)林业收入	Forestry	元	yuan
(3)牧业收入	Animal Husbandry	元	yuan
(4)渔业收入	Fishery	元	yuan
2.非农产业经营净收入	Non-agriculture	元	yuan
A.第二产业经营净收入	Secondary Industry	元	yuan
B.第三产业经营净收入	Tertiary Industry	元	yuan
(三)财产净收入	Net Income from Property	元	yuan
(四)转移净收入	Net Income from Transfer	元	yuan
二、全年现金可支配收入	Annual Cash Disposable Income	元	yuan
三、全年实物可支配收入	Annual Disposable Income in Kind	元	yuan

continued

总计 Total	小学以下 Illiterate and Semi-illiterate	小学 Primary School	初中 Junior Middle School	高中 Senior Middle School	大学专科 Junior College and above
--	--	--	--	--	--
15792.3	15090.8	16366.2	14648.1	15903.8	10917.5
3906.1	2947.8	3889.5	4681.4	4206.7	4080.8
9184.6	7799.0	10021.1	7633.5	10175.7	6105.9
6363.8	3831.5	7524.8	4299.2	7291.2	2613.9
3909.1	2812.0	4523.9	2726.9	4385.6	1692.1
75.2	198.3	56.5	69.3	61.9	98.7
2315.6	820.1	2835.9	1502.9	2843.7	823.1
64.0	1.1	108.3			
238.7	191.0	152.9	384.2	632.1	
2582.0	3776.4	2343.5	2950.1	2252.4	3492.0
374.7	497.2	340.6	542.4	157.5	51.5
2327.1	3846.8	2115.0	1790.8	1363.9	679.4
21077.6	25264.6	20829.8	20828.3	17880.9	17870.4
4623.0	3803.2	5374.7	2785.3	5055.6	3057.0
3421.3	1875.6	4204.8	2000.1	3714.1	1163.1
1742.9	1399.3	1984.0	1135.8	2102.8	624.6
18.9	51.8	16.7	11.4	10.8	9.6
1611.8	424.4	2123.3	851.8	1600.5	528.9
47.8	0.1	80.8	1.1		
93.51	87.8	75.4	17.5	366.5	
1108.2	1839.9	1094.6	767.7	974.9	1893.9
1045.9	2508.5	1055.6	380.8	675.2	500.8
9138.4	10801.5	8922.6	9503.8	7289.7	8147.8
2419.1	2915.6	2412.5	2334.3	1938.3	1786.1
672.9	746.6	673.9	701.2	547.0	540.2
1631.4	2103.2	1506.4	1675.6	1321.4	1155.8
578.6	595.6	567.3	527.8	573.8	542.0
1509.6	1119.6	1333.4	2395.4	1389.9	2946.6
1077.5	928.6	1358.5	671.3	487.0	270.6
1040.6	2089.2	856.8	1021.8	908.7	592.6
208.7	302.9	213.7	173.3	123.6	314.0
82.8	57.8	81.3	108.6	96.0	
610.8	573.7	698.3	559.7	338.3	93.5
--	--	--	--	--	--
9851.6	10096.5	9602.2	10607.9	9589.3	6522.0
3906.1	2947.8	3889.5	4681.4	4206.7	4080.8
3937.5	3436.2	4036.6	4261.5	4295.4	1803.9
2665.8	1738.7	3015.7	2111.8	3222.0	1207.3
1962.1	1231.0	2309.2	1449.1	2087.7	917.7
56.3	146.5	39.9	57.9	51.0	84.6
631.7	360.2	639.8	605.8	1083.3	205.0
15.8	1.0	26.8	-1.1		
1271.6	1697.4	1020.9	2149.7	1073.4	596.6
118.4	55.8	54.2	351.3	214.2	
1153.2	1641.6	966.7	1798.4	859.2	596.6
291.8	439.4	259.3	433.9	61.5	51.5
1716.3	3273.1	1416.8	1231.2	1025.7	585.8
9816.1	9791.3	9514.2	10622.5	9910.1	8136.2
35.5	305.2	88.0	-14.7	-320.8	-1614.2

2-35 主要年份各市县农村居民人均可支配收入

单位：元，%

地 区	Region	2010年		2011年	
		收入水平 Income	比上年增长 Growth	收入水平 Income	比上年增长 Growth
全 区	**Total**	**5125**	**15.5**	**5931**	**15.7**
沿黄地区	**Plain**	**6222**	**14.3**	**7149**	**14.9**
中南部地区	**Mountain Area**	**3612**	**17.1**	**4193**	**16.1**
银川市	**Yinchuan**	**6369**	**14.3**	**7309**	**14.8**
兴庆区	Xingqing	7363	12.9	8425	14.4
西夏区	Xixia	4970	18.7	5787	16.4
金凤区	Jinfeng	5691	13.2	6535	14.8
永宁县	Yongning	6247	15.0	7195	15.2
贺兰县	Helan	6585	13.4	7591	15.3
灵武市	Lingwu	6650	14.8	7649	15.0
石嘴山市	**Shizuishan**	**6298**	**14.0**	**7248**	**15.1**
大武口区	Dawukou	5537	13.3	6354	14.8
惠农区	Huinong	6344	14.9	7298	15.0
平罗县	Pingluo	6428	13.9	7420	15.4
吴忠市	**Wuzhong**	**5153**	**10.5**	**5921**	**14.9**
利通区	Litong	6736	16.0	7741	14.9
红寺堡区	Hongsipu	3443	15.5	3956	14.9
盐池县	Yanchi	4128	11.6	4668	13.1
同心县	Tongxin	3610	17.4	4159	15.2
青铜峡市	Qingtongxia	6464	12.3	7466	15.5
固原市	**Guyuan**	**3695**	**17.4**	**4297**	**16.3**
原州区	Yuanzhou	3857	18.0	4501	16.7
西吉县	Xiji	3613	17.5	4195	16.1
隆德县	Longde	3598	17.5	4174	16.0
泾源县	Jingyuan	3325	16.2	3861	16.1
彭阳县	Pengyang	3743	16.8	4363	16.6
中卫市	**Zhongwei**	**4510**	**15.2**	**5260**	**16.6**
沙坡头区	Shapotou	5628	14.0	6499	15.5
中宁县	Zhongning	5434	14.5	6243	14.9
海原县	Haiyuan	3304	17.8	3852	16.6

注：根据2013年城乡一体化住户调查新口径测算方法，按照年度间收入增幅不变的原则，对2010-2015年的农民人均纯收入统一调整为农民人均可支配收入。

Per Capita Annual Disposable Income of Rural Households by City and Country in Main Years

(yuan, %)

2012年		2013年		2014年		2015年		2016年	
收入水平 Income	比上年增长 Growth	收入水平 Income	比上年增长 Growth	收入水平 Income	比上年增长 Growth	收入水平 Income	比上年增长 Growth	收入水平 Income	比上年增长 Growth
6776	**14.2**	**7599**	**12.1**	**8410**	**10.7**	**9119**	**8.4**	**9852**	**8.0**
8143	**13.9**	**9104**	**11.8**	**10023**	**10.1**	**10821**	**8.0**	**11661**	**7.8**
4856	**15.8**	**5550**	**14.3**	**6227**	**12.2**	**6818**	**9.5**	**7505**	**10.1**
8341	**14.1**	**9341**	**12.0**	**10275**	**10.0**	**11148**	**8.5**	**12037**	**8.0**
9538	13.2	10663	11.8	11677	9.5	12625	8.1	13600	7.7
6678	15.4	7827	17.2	8618	10.1	9334	8.3	10112	8.3
7450	14.0	8359	12.2	9187	9.9	9941	8.2	10746	8.1
8225	14.3	9223	12.1	10130	9.8	10995	8.5	11865	7.9
8692	14.5	9694	11.5	10667	10.0	11628	9.0	12560	8.0
8707	13.8	9752	12.0	10756	10.3	11650	8.3	12546	7.7
8279	**14.2**	**9278**	**12.1**	**10215**	**10.1**	**10995**	**7.6**	**11829**	**7.6**
7252	14.1	8124	12.0	8896	9.5	9563	7.5	10261	7.3
8321	14.0	9325	12.1	10269	10.1	11074	7.8	11850	7.0
8486	14.4	9530	12.3	10502	10.2	11300	7.6	12196	7.9
6767	**14.3**	**7605**	**12.4**	**8442**	**11.0**	**9150**	**8.4**	**9938**	**8.6**
8770	13.3	9823	12.0	10787	9.8	11589	7.4	12576	8.5
4533	14.6	5211	14.9	5837	12.0	6408	9.8	7081	10.5
5392	15.5	6211	15.2	6975	12.3	7674	10.0	8532	11.2
4783	15.0	5457	14.1	6123	12.2	6711	9.6	7388	10.1
8542	14.4	9457	10.7	10435	10.3	11200	7.3	12040	7.5
4984	**16.0**	**5695**	**14.3**	**6395**	**12.3**	**7002**	**9.5**	**7714**	**10.2**
5214	15.8	5944	14.0	6693	12.6	7296	9.0	8070	10.6
4866	16.0	5539	13.8	6222	12.3	6857	10.2	7566	10.3
4834	15.8	5535	14.5	6199	12.0	6769	9.2	7462	10.2
4529	17.3	5176	14.3	5805	12.1	6375	9.8	7032	10.3
5050	15.7	5807	15.0	6530	12.4	7158	9.6	7861	9.8
6021	**14.5**	**6681**	**11.0**	**7403**	**10.8**	**8002**	**8.1**	**8626**	**7.8**
7353	13.1	8146	10.8	8971	10.1	9669	7.8	10375	7.3
7148	14.5	7945	11.1	8819	11.0	9580	8.6	10356	8.1
4488	16.5	5139	14.5	5765	12.2	6258	8.5	6872	9.8

Note: According to the integration of urban and rural household survey in 2013 new caliber according to the principle of annual revenue growth, from 2010 to 2015 per capita net income unified adjust per capita disposable income.

2-36 主要年份各市县农村居民家庭人均可支配收入

Per Capita Disposable Income of Rural Households by City and County in Main Years

单位：元 (yuan)

市 县	Region	1983	1984	1985	1986	1987	1988	1989	1990	1991	1992	1993
全 区	**Total**	**300**	**328**	**357**	**415**	**424**	**527**	**590**	**652**	**667**	**679**	**731**
沿黄地区	**Plain**	**354**	**370**	**434**	**503**	**539**	**645**	**742**	**833**	**845**	**872**	**917**
中南部地区	**Mountain Area**	**188**	**214**	**211**	**244**	**215**	**290**	**317**	**383**	**407**	**376**	**454**
银川市	**Yinchuan**			**482**	**593**	**628**	**734**	**888**	**1012**	**1004**	**986**	**1050**
兴庆区	Xingqing											
西夏区	Xixia											
金凤区	Jinfeng											
永宁县	Yongning	538	597	495	585	607	740	861	1035	1017	949	1002
贺兰县	Helan	432	446	432	545	621	690	927	1053	1043	998	1057
灵武市	Lingwu	348	373	438	481	514	606	697	777	798	803	898
石嘴山市	**Shizuishan**			**451**	**485**	**515**	**678**	**723**	**845**	**824**	**899**	**882**
大武口区	Dawukou											
惠农区	Huinong	344	378	402	441	492	621	672	775	762	866	883
平罗县	Pingluo	388	378	478	507	518	687	735	871	817	864	821
吴忠市	**Wuzhong**			**377**	**452**	**471**	**583**	**629**	**689**	**716**	**771**	**814**
利通区	Litong	282	316	353	418	447	575	604	723	754	791	874
红寺堡区	Hongsipu											
盐池县	Yanchi	275	347	411	477	467	682	578	601	576	799	718
同心县	Tongxin	192	213	233	333	285	444	396	451	539	561	598
青铜峡市	Qingtongxia	436	437	409	506	534	578	720	743	729	777	816
固原市	**Guyuan**			**208**	**230**	**204**	**265**	**305**	**374**	**386**	**345**	**431**
原州区	Yuanzhou	179	237	270	291	226	300	351	429	425	379	481
西吉县	Xiji	201	227	174	223	200	244	275	353	367	308	431
隆德县	Longde	206	183	193	213	261	274	314	396	410	380	461
泾源县	Jingyuan	111	135	226	166	150	177	204	259	273	249	320
彭阳县	Pengyang			164	185	201	260	303	388	367	369	429
中卫市	**Zhongwei**											
沙坡头区	Shapotou	304	323	358	427	473	592	661	737	838	830	848
中宁县	Zhongning	362	385	380	440	485	527	603	650	688	733	843
海原县	Haiyuan	189	221	213	258	156	289	332	353	415	344	412

注：1.2003年、2004年部分市县(区)数据按最新区划调整重新进行了测算，具体包括川区、山区、银川市、石嘴山市、吴忠市、固原市、中卫市、平罗县、中宁县、同心县。2003年以前市县(区)数是原区划数未作调整。

2.2008年，因区划调整，原州区黑城镇、甘城乡划归海原县；海原县兴隆乡划归同心县，徐套乡划归中宁县，兴仁乡划归沙坡头区，因此对原州区、海原县、同心县、中宁县、沙坡头区的数据进行了调整，同时对川区、山区、吴忠市、固原市、中卫市的数据也进行了相应调整。2009年以后数据按新区划调整口径。

3.2013年实施城乡一体化住户调查改革，按照年度间收入增速不变原则，将农民人均纯收入全部调整为新口径的农民人均可支配收入。

Note: a)2003 and 2004, data were adjusted according newly division of some county and city,include Plain,Mountain Area,Yinchuan,Shizuishan, Wuzhong, Guyuan,Zhongwei,Pingluo,Zhongning and Tongxin.Data were not adjusted on original division before 2003.

b)2008，Heicheng town,Gancheng town of Country Yuanzhou were allocated Country Haiyuan,Xinglong town of Country Haiyuan were allocated Country Tongxin,Xutao town of Country Haiyuan were allocated Country Zhongning,Xingren town of Country Haiyuan were allocated Country Shapotou,data of Country Yuanzhou,Country Haiyuan,Country Tongxin,Country Zhongning and Country Shapotou were adjusted,at the same time,data of Plain,Mountain area,Wuzhong,Guyuan,Zhongwei were adjusted.From 2009,data are newly division.

c)According to the integration of urban and rural household survey in 2013 new caliber, according to the principle of annual revenue growth , per capita net income unified adjust per capita disposable income.

2-36 续表 1 continued

单位：元 (yuan)

市 县	Region	1994	1995	1996	1997	1998	1999	2000	2001	2002	2003	2004	2005
全 区	**Total**	**998**	**1137**	**1552**	**1694**	**1925**	**1963**	**1724**	**1823**	**1917**	**2043**	**2320**	**2509**
沿黄地区	**Plain**	**1238**	**1584**	**2056**	**2432**	**2701**	**2719**	**2701**	**2840**	**2930**	**3040**	**3408**	**3584**
中南部地区	**Mountain Area**	**626**	**634**	**967**	**948**	**1114**	**1171**	**987**	**1078**	**1205**	**1295**	**1487**	**1687**
银川市	**Yinchuan**	**1381**	**1740**	**2328**	**2666**	**2906**	**2747**	**2712**	**2852**	**2932**	**2984**	**3388**	**3493**
兴庆区	Xingqing											3873	4017
西夏区	Xixia											2260	2333
金凤区	Jinfeng											3407	3488
永宁县	Yongning	1303	1746	2347	2666	2842	2645	2543	2712	2831	2975	3453	3375
贺兰县	Helan	1304	1726	2328	2586	2841	2660	2561	2664	2778	2939	3371	3534
灵武市	Lingwu	1258	1529	1886	2355	2519	2567	2705	2837	2863	3009	3355	3597
石嘴山市	**Shizuishan**	**1186**	**1594**	**1893**	**2305**	**2679**	**2733**	**2719**	**2828**	**2905**	**3035**	**3454**	**3556**
大武口区	Dawukou												
惠农区	Huinong	1143	1482	1798	2195	2586	2654	2760	2905	2980	3104	3509	3687
平罗县	Pingluo	1115	1542	1851	2224	2560	2598	2601	2741	2815	3017	3440	3640
吴忠市	**Wuzhong**	**1121**	**1289**	**1811**	**1990**	**2190**	**2261**	**2194**	**2342**	**2374**	**2372**	**2699**	**2891**
利通区	Litong	1101	1379	1870	2314	2617	2664	2853	3040	3150	3367	3774	3974
红寺堡区	Hongsipu												
盐池县	Yanchi	1049	924	1394	1302	1512	1506	1136	1306	1429	1567	1763	2005
同心县	Tongxin	797	857	1467	1283	1396	1468	1194	1227	1316	1365	1565	1710
青铜峡市	Qingtongxia	1172	1509	2101	2360	2517	2667	2812	3009	3101	3260	3795	4019
固原市	**Guyuan**	**602**	**588**	**861**	**841**	**1009**	**1071**	**928**	**1034**	**1168**	**1290**	**1489**	**1715**
原州区	Yuanzhou	637	683	909	887	1121	1134	933	1059	1211	1336	1529	1727
西吉县	Xiji	587	467	863	785	924	1024	902	1036	1141	1264	1481	1740
隆德县	Longde	645	653	908	897	1069	1072	1082	1129	1230	1300	1502	1696
泾源县	Jingyuan	488	480	646	734	812	993	971	1025	1075	1147	1306	1508
彭阳县	Pengyang	634	691	888	916	1100	1096	896	1084	1233	1326	1519	1764
中卫市	**Zhongwei**										**2146**	**2359**	**2537**
沙坡头区	Shapotou	1160	1450	1964	2352	2579	2666	2495	2716	2806	2940	3187	3349
中宁县	Zhongning	1184	1510	1940	2228	2539	2639	2648	2711	2812	2781	3039	3307
海原县	Haiyuan	563	499	902	762	946	1048	877	915	1097	1154	1313	1446

2-36 续表 2 continued

单位：元 (yuan)

市　县	Region	2006	2007	2008	2009	2010	2011	2012	2013	2014	2015	2016
全　区	**Total**	**2760**	**3181**	**3681**	**4048**	**4675**	**5410**	**6180**	**6931**	**8410**	**9119**	**9852**
沿黄地区	**Plain**	**3883**	**4369**	**4864**	**5260**	**6011**	**6907**	**7871**	**8799**	**10023**	**10821**	**11661**
中南部地区	**Mountain Area**	**1883**	**2191**	**2582**	**2916**	**3416**	**3964**	**4591**	**5247**	**6227**	**6818**	**7505**
银川市	**Yinchuan**	**3800**	**4302**	**4917**	**5389**	**6161**	**7070**	**8068**	**9036**	**10275**	**11148**	**12037**
兴庆区	Xingqing	4439	4994	5618	6040	6820	7804	8834	9876	11677	12625	13600
西夏区	Xixia	2552	2851	3308	3655	4337	5050	5828	6830	8618	9334	10112
金凤区	Jinfeng	3767	4268	4887	5307	6008	6900	7866	8826	9187	9941	10746
永宁县	Yongning	3678	4193	4747	5127	5896	6792	7764	8706	10130	10995	11865
贺兰县	Helan	3880	4346	4911	5480	6214	7163	8202	9147	10667	11628	12560
灵武市	Lingwu	3892	4426	5184	5733	6581	7570	8618	9652	10756	11650	12546
石嘴山市	**Shizuishan**	**3857**	**4351**	**4883**	**5315**	**6060**	**6974**	**7967**	**8928**	**10215**	**10995**	**11829**
大武口区	Dawukou	3112	3535	4040	4364	4944	5673	6476	7255	8896	9563	10261
惠农区	Huinong	3993	4524	5007	5563	6390	7351	8382	9393	10269	11074	11850
平罗县	Pingluo	3957	4456	5005	5431	6186	7141	8167	9172	10502	11300	12196
吴忠市	**Wuzhong**	**3135**	**3611**	**4089**	**4391**	**5041**	**5573**	**6370**	**7159**	**8442**	**9150**	**9938**
利通区	Litong	4316	4985	5613	5827	6761	7771	8804	9861	10787	11589	12576
红寺堡区	Hongsipu						4028	4616	5305	5837	6408	7081
盐池县	Yanchi	2238	2624	3002	3288	3669	4149	4793	5521	6975	7674	8532
同心县	Tongxin	1900	2214	2604	2914	3421	3942	4533	5172	6123	6711	7388
青铜峡市	Qingtongxia	4401	4938	5445	5831	6549	7565	8656	9582	10435	11200	12040
固原市	**Guyuan**	**1925**	**2215**	**2598**	**2962**	**3477**	**4044**	**4690**	**5359**	**6395**	**7002**	**7714**
原州区	Yuanzhou	1940	2241	2615	3005	3546	4138	4793	5464	6693	7296	8070
西吉县	Xiji	1940	2215	2590	2944	3459	4016	4658	5303	6222	6857	7566
隆德县	Longde	1906	2175	2604	2959	3478	4034	4672	5350	6199	6769	7462
泾源县	Jingyuan	1738	2064	2424	2726	3168	3678	4315	4932	5805	6375	7032
彭阳县	Pengyang	1978	2266	2663	3046	3556	4146	4798	5518	6530	7158	7861
中卫市	**Zhongwei**	**2762**	**3124**	**3457**	**3853**	**4439**	**5178**	**5927**	**6577**	**7403**	**8002**	**8626**
沙坡头区	Shapotou	3633	3956	4321	4700	5358	6187	7000	7756	8971	9669	10375
中宁县	Zhongning	3601	3997	4148	4619	5288	6076	6957	7732	8819	9580	10356
海原县	Haiyuan	1584	1920	2350	2640	3111	3627	4225	4838	5765	6258	6872

2-37 主要年份各市县农村居民家庭平均每人生活消费支出

Per Capita Living Expenditure of Rural Households by City and Country in Main Years

单位：元 (yuan)

地 区	Region	1985	1990	1995	2000	2005	2006	2007	2008
全 区	**Total**	**264.5**	**486.3**	**1057.8**	**1417.1**	**2094.5**	**2247.0**	**2528.8**	**3094.9**
沿黄地区	**Plain**	**320.4**	**657.1**	**1395.4**	**1938.9**	**2711.9**	**2985.4**	**3396.6**	**4005.4**
中南部地区	**Mountain Area**	**185.9**	**295.4**	**743.3**	**906.3**	**1624.3**	**1761.8**	**2027.8**	**2410.9**
银川市	**Yinchuan**	**382.8**	**810.2**	**1449.5**	**1885.8**	**2835.9**	**2902.4**	**3376.7**	**4118.8**
兴庆区	Xingqing					2698.7	3104.7	3630.4	4360.2
西夏区	Xixia					2175.5	2279.4	2576.8	3442.9
金凤区	Jinfeng					2749.0	3359.1	4009.9	4923.9
永宁县	Yongning	384.3	887.0	1445.7	1665.8	2871.4	2552.5	3000.5	3973.0
贺兰县	Helan	330.9	681.5	1619.9	2094.8	3164.4	3153.3	3798.2	4386.6
灵武市	Lingwu	319.3	594.4	1373.5	1770.5	2757.3	2980.9	3267.8	3813.3
石嘴山市	**Shizuishan**	**312.5**	**655.9**	**1438.2**	**2101.8**	**3186.9**	**3273.5**	**3628.5**	**4344.8**
大武口区	Dawukou						3112.4	3653.3	4132.1
惠农区	Huinong	298.9	735.4	1360.7	2468.9	3424.7	3253.7	3717.1	4330.2
平罗县	Pingluo	324.5	655.5	1391.4	2027.1	3126.2	3307.7	3601.1	4387.6
吴忠市	**Wuzhong**	**274.8**	**530.7**	**1201.1**	**1640.8**	**2107.1**	**2582.5**	**2804.1**	**3190.7**
利通区	Litong	286.1	694.1	1310.1	2345.3	2494.3	2803.6	3353.2	3510.6
红寺堡区	Hongsipu								
盐池县	Yanchi	317.4	468.7	1038.1	1230.6	2512.8	2610.1	2776.6	2978.9
同心县	Tongxin	187.9	342.3	901.3	957.9	1384.2	1730.6	2179.0	2620.9
青铜峡市	Qingtongxia	294.5	622.4	1565.7	1849.4	2470.3	3739.4	3174.7	3905.8
固原市	**Guyuan**	**185.8**	**287.6**	**709.0**	**854.0**	**1680.0**	**1799.7**	**2070.4**	**2463.0**
原州区	Yuanzhou	227.2	330.5	691.7	984.6	1716.4	1643.9	1917.3	2298.1
西吉县	Xiji	181.1	270.3	622.1	965.3	1652.6	1856.9	2076.7	2370.1
隆德县	Longde	185.5	324.5	856.6	1110.4	1679.9	1958.5	2191.1	2743.4
泾源县	Jingyuan	163.9	220.5	540.0	804.1	1834.6	2192.3	2432.2	2940.1
彭阳县	Pengyang	164.2	297.2	824.0	752.7	1591.6	1657.9	2073.1	2518.9
中卫市	**Zhongwei**					**1985.9**	**2142.1**	**2586.6**	**3060.2**
沙坡头区	Shapotou	255.9	495.3	1350.9	1600.2	2141.6	2353.1	2994.4	3781.1
中宁县	Zhongning	281.8	471.7	1065.2	1982.4	2897.9	3141.6	3812.9	4099.9
海原县	Haiyuan	176.1	253.9	683.4	677.7	1287.5	1340.6	1466.4	1828.9

2-37 续表 continued

单位：元 (yuan)

地 区	Region	2009	2010	2011	2012	2013	2014	2015	2016
全 区	**Total**	**3347.9**	**4013.2**	**4726.6**	**5633.0**	**6464.8**	**7676.5**	**8414.9**	**9138.4**
沿黄地区	**Plain**	**4473.6**	**4913.7**	**6008.3**	**6851.2**		**8650.9**	**9430.9**	**10235.8**
中南部地区	**Mountain Area**	**2584.7**	**3002.6**	**3827.3**	**4315.6**		**5984.9**	**6646.3**	**7009.6**
银川市	**Yinchuan**	**4817.0**	**5394.2**	**6707.0**	**7089.3**	**8637.1**	**9334.1**	**10118.5**	**11060.9**
兴庆区	Xingqing	4695.6	5923.0	7007.4	7055.1	8877.7	9147.9	10184.2	11549.6
西夏区	Xixia	4385.3	5020.7	6203.4	7168.8	8811.0	8362.0	9142.1	10069.4
金凤区	Jinfeng	5799.9	6562.1	6922.1	8073.2	8972.5	10613.0	9873.1	10471.9
永宁县	Yongning	4195.6	4520.1	5756.8	6391.6	7213.0	7772.7	8554.3	9285.3
贺兰县	Helan	5104.9	6002.6	8005.6	8146.9	9688.1	10726.6	11865.5	13006.8
灵武市	Lingwu	5063.0	5276.8	6504.3	6561.2	8535.1	9165.1	10475.3	10335.4
石嘴山市	**Shizuishan**	**4542.5**	**4930.2**	**6041.3**	**7222.0**	**8210.3**	**8752.5**	**9550.9**	**9910.1**
大武口区	Dawukou	4984.9	5108.6	6061.4	7260.5	9144.3	7533.2	8359.5	8961.2
惠农区	Huinong	4534.8	4753.1	5848.5	6463.8	7240.8	8088.8	8697.5	9079.5
平罗县	Pingluo	4462.3	4940.5	6081.0	7389.0	8330.9	9273.9	10035.5	10660.3
吴忠市	**Wuzhong**	**3410.5**	**3763.0**	**4603.7**	**5409.7**	**6573.8**	**7372.5**	**8022.2**	**8486.8**
利通区	Litong	3763.6	4254.6	5099.5	6273.5	7674.1	9028.7	9706.5	10718.4
红寺堡区	Hongsipu			5208.7	5699.3	6185.6	6197.2	6593.9	7154.6
盐池县	Yanchi	3322.1	3495.9	4657.6	5121.6	5846.0	7334.1	7850.2	8786.2
同心县	Tongxin	2723.5	3148.7	3770.2	4347.2	5003.0	6006.4	6898.6	7410.9
青铜峡市	Qingtongxia	4185.2	4362.9	5499.0	6329.8	7146.0	7547.8	8211.2	8106.9
固原市	**Guyuan**	**2563.3**	**3085.4**	**3793.2**	**4248.2**	**4731.0**	**5862.8**	**6520.7**	**6883.7**
原州区	Yuanzhou	2518.9	3002.2	4160.0	4209.4	5075.1	6175.0	7760.3	8268.3
西吉县	Xiji	2478.8	3331.5	3650.5	3869.2	4501.4	5507.1	5780.6	6119.6
隆德县	Longde	2793.1	2968.9	3801.9	4383.6	5181.5	6540.4	6883.5	7594.3
泾源县	Jingyuan	2722.5	3202.2	4114.1	4982.4	3946.5	5439.1	6013.6	6492.3
彭阳县	Pengyang	2560.2	2767.4	3469.4	4549.0	4672.9	5757.5	6129.8	6296.4
中卫市	**Zhongwei**	**3589.9**	**3876.6**	**4915.9**	**5669.7**	**6286.1**	**7133.0**	**7676.4**	**8271.5**
沙坡头区	Shapotou	4161.4	4775.5	6064.8	7034.9	7301.2	8387.2	8996.6	9920.5
中宁县	Zhongning	4814.8	4932.1	5541.5	6573.5	7081.1	7512.4	8483.8	9327.6
海原县	Haiyuan	2283.5	2422.0	3453.3	3797.1	4802.5	5957.4	6469.1	6670.0

2-38 主要年份全区城镇居民家庭人口和收支情况

Household Size and Income and Expenditure of Urban Households in Main Years

年份 Year	平均每户家庭人口(人) Average Household Size (person)	平均每户就业人口(人) Average Number of Employed Persons per Household (person)	每一就业者负担系数 Number of Dependents per Employee	人均家庭总收入(元) Per Capita Total Income (yuan)	工资性收入(元) Income from Wages and Salaries (yuan)	经营性收入(元) Business Income (yuan)	财产性收入(元) Income from Properties (yuan)	转移性收入(元) Income from Transfer (yuan)	人均可支配收入(元) Per Capita Disposable Income (yuan)
1980	4.97	2.36	2.09	464					464
1985	4.16	2.16	1.92	735	639.96	4.2		90.8	735
1990	3.64	1.86	1.96	1434	1112.5	11.92	8.18	301.81	1421
1991	3.44	1.85	1.86	1574	1265.26	7.41	12.64	288.66	1565
1992	3.41	1.92	1.77	1821	1595.05	6.79	20.36	199.25	1821
1993	3.36	1.93	1.74	2171	1861.05	15.72	23.43	270.84	2171
1994	3.24	1.88	1.72	2986	2498.04	27.65	33.35	426.96	2986
1995	3.22	1.84	1.75	3383	2778.18	53.67	39.01	510.67	3383
1996	3.19	1.76	1.81	3612	2939.76	61.33	32.41	578.09	3612
1997	3.2	1.59	2.01	3855	2732.23	230.07	41.64	851.34	3837
1998	3.18	1.53	2.08	4144	2925.41	223.79	48.92	945.41	4112
1999	3.13	1.52	2.06	4505	3077.52	207.71	82.33	1137.9	4473
2000	3.08	1.50	2.05	4945	3458.61	305.24	41.2	1140.1	4912
2001	3.08	1.48	2.08	5566	3907.62	364.58	40.35	1253.08	5544
2002	3.02	1.40	2.16	6409	4366.82	404.91	41.03	1596.71	6067
2003	2.95	1.37	2.15	6991	4670.76	441.47	82.48	1796.54	6530
2004	2.91	1.35	2.16	7748.53	5166.44	495.12	60.03	2026.93	7218
2005	2.89	1.33	2.17	8744.6	5771.58	956.65	64.44	1952.2	8094
2006	2.85	1.32	2.16	10002	6450.79	978.99	89.19	2483.06	9177
2007	2.86	1.36	2.10	11793.08	7667.77	1182.9	147.42	2794.99	10859
2008	2.92	1.36	2.15	14118.64	8793.54	1856.94	182.67	3285.49	12931.53
2009	2.9	1.34	2.16	15550.75	9597.11	2036.14	281.15	3636.36	14024.7
2010	2.87	1.37	2.09	17536.78	10821.22	2238.13	189.52	4287.91	15344.49
2011	2.79	1.34	2.08	19654.59	12396.71	2367.47	198.48	4691.94	17578.92
2012	2.82	1.36	2.07	21902.2	13965.62	2522.84	160.88	5252.9	19831.41
2013	2.88	1.37	2.10	23766.75	15363.92	2626.08	196.43	5580.31	21833.33
2014	2.95	1.50	1.97	26369.48	15735.55	4219.78	1191.45	5222.70	23284.56
2015	2.97	1.43	2.07	28639.99	16884.69	4272.89	1301.75	6180.66	25186.01
2016	2.98	1.44	2.07	30966.72	18032.88	4363.50	1487.14	7083.19	27153.01

注：2014年按照城乡一体化改革后计算新的口径为城镇居民人均可支配收入。

Note: According to the integration of urban and rural reform in 2014 calculated the new caliber for the urban residents per capita disposable income.

2-38 续表 continued

年 份 Year	人均消费性支出（元）per Capita Consumption Expenditure (yuan)	食 品（元）Food (yuan)	衣 着（元）Clothing (yuan)	家庭设备用品及服务（元）Household Facilities, Articles and Services (yuan)	医疗保健（元）Health Care and Medical (yuan)	交通和通 讯（元）Transport and Communi-cation (yuan)	教育文化娱乐服务（元）Education, Cultural and Recreation Service (yuan)	居 住（元）Residence (yuan)	其他商品和 服 务（元）Other Goods and Services (yuan)
1980	403								
1985	645	303.6	112.32	50.74	8.4	17.52	86.04	30.36	36
1990	1212	639.53	180.16	113.23	32.76	27.4	90.18	57.8	70.75
1991	1354	654.7	233.43	123.39	48.29	33.2	123.43	59.12	78.28
1992	1506	707.45	259.2	137.37	56.4	43.42	142.24	86.35	73.22
1993	1877	821.59	306.44	195.34	77.4	71.99	197.51	124.12	83.02
1994	2478	1131.18	444.8	180.61	125.29	145.63	222.87	127.71	99.66
1995	2866	1335.84	491.21	195.35	130.5	195.25	260.58	152.92	104.05
1996	3039	1384.19	526.53	194.59	171.76	228.83	275.39	152.39	105.25
1997	3271	1422.73	542.01	209.04	232.69	208.71	329.7	217.88	108.56
1998	3380	1419.8	514.43	186.52	245.14	248.95	393.54	261.98	109.45
1999	3548	1385.67	480.89	204.78	317.32	288.59	455.2	297.78	117.76
2000	4201	1509.31	561.93	290.43	327.05	407.46	565.4	381.44	157.47
2001	4595	1577.37	572.03	313.15	409.96	487.15	588.73	479.19	167.82
2002	5105	1774.37	578.19	343	452.99	556.66	711.03	482.77	205.88
2003	5330	1919.42	585.24	363.09	450.7	585.42	644.72	560.53	221.23
2004	5821	2156.34	636.81	364.07	440.77	646.97	651.14	660.19	265.08
2005	6404	2228.63	776.51	417.38	535.92	705.69	769.97	711.21	259
2006	7206	2444.98	874.39	480.70	578.75	774.57	846.72	890.97	314.49
2007	7817	2760.74	994.47	480.84	645.98	859.04	863.36	910.68	302.17
2008	9558.29	3352.83	1178.88	596.81	816.87	1096.32	1043.72	1069.15	403.71
2009	10280	3432.23	1260.58	636.88	921.86	1363.63	1075.88	1128.12	460.82
2010	11334.43	3768.09	1417.47	716.22	890.05	1574.57	1286.2	1181.71	500.12
2011	12896.04	4483.44	1701.73	885.36	978.12	1637.61	1441.18	1247.14	521.47
2012	14067.15	4768.91	1875.7	1193.37	929.01	1063.09	2110.41	1515.91	610.74
2013	15321.10	4895.20	1737.21	1001.82	1158.83	2503.65	1868.42	1497.98	657.99
2014	17216.23	4795.26	1728.97	1094.86	1616.88	2552.82	1957.52	3027.60	442.31
2015	18983.88	4883.35	1786.99	1185.42	2015.95	2509.59	2389.75	3608.31	604.52
2016	20364.23	4889.22	1726.72	1245.07	1874.00	3896.47	2415.66	3770.48	546.60

2-39　主要年份全区城镇居民家庭消费支出构成情况

Composition of Consumption Expenditure of Urban Households in Main Years

年份 Year	各项消费支出占消费支出的比重 (%) Each Consumption as Percentage Total Consumption Expenditure (%)	食品 (%) Food (%)	衣着 (%) Clothing (%)	家庭设备用品及服务 (%) Household Facilities, Articles and Services (%)	医疗保健 (%) Health Care and Medical (%)	交通和通信 (%) Transport and Communication (%)	教育文化娱乐服务 (%) Education, Culture and Recreation Service (%)	居住 (%) Residence (%)	其他商品和服务 (%) Other Goods and Services (%)
1985	100	47.07	17.41	7.87	1.3	2.72	13.34	4.71	5.58
1990	100	52.77	14.86	9.34	2.7	2.26	7.44	4.77	5.84
1991	100	48.35	17.24	9.11	3.57	2.45	9.12	4.37	5.78
1992	100	46.98	17.21	9.12	3.75	2.88	9.44	5.73	4.86
1993	100	43.77	16.33	10.41	4.12	3.84	10.52	6.61	4.42
1994	100	45.65	17.95	7.29	5.06	5.88	8.99	5.15	4.02
1995	100	46.61	17.14	6.82	4.55	6.81	9.09	5.34	3.63
1996	100	45.55	17.33	6.4	5.65	7.53	9.06	5.01	3.46
1997	100	43.5	16.57	6.39	7.11	6.38	10.08	6.66	3.32
1998	100	42.01	15.22	5.52	7.25	7.37	11.64	7.75	3.24
1999	100	39.05	13.55	5.77	8.94	8.13	12.83	8.39	3.32
2000	100	35.93	13.38	6.91	7.79	9.7	13.46	9.08	3.75
2001	100	34.33	12.45	6.82	8.92	10.6	12.81	10.43	3.65
2002	100	34.76	11.33	6.72	8.87	10.9	13.93	9.46	4.03
2003	100	36.04	10.99	6.82	8.46	10.99	12.11	10.53	4.15
2004	100	37.04	10.94	6.25	7.57	11.11	11.19	11.34	4.55
2005	100	34.80	12.12	6.52	8.37	11.02	12.02	11.11	4.04
2006	100	33.93	12.13	6.67	8.03	10.75	11.75	12.37	4.36
2007	100	35.32	12.72	6.15	8.26	10.99	11.04	11.65	3.87
2008	100	35.08	12.33	6.24	8.55	11.47	10.92	11.19	4.22
2009	100	33.39	12.26	6.20	8.97	13.26	10.47	10.97	4.48
2010	100	33.24	12.51	6.32	7.85	13.89	11.35	10.43	4.41
2011	100	34.77	13.20	6.87	7.58	12.70	11.18	9.67	4.04
2012	100	33.90	13.33	8.48	6.60	7.56	15.00	10.78	4.34
2013	100	31.95	11.34	6.54	7.56	16.34	12.20	9.78	4.29
2014	100	27.85	10.04	6.36	9.39	14.83	11.37	17.59	2.57
2015	100	25.72	9.41	6.24	10.62	13.22	12.59	19.01	3.18
2016	100	24.01	8.48	6.11	9.20	19.13	11.86	18.52	2.69

2-40 主要年份全区城镇居民家庭居住情况

指 标	Item	1985	1990	1995
平均每户住房面积(平方米/户)	Average Floor Space Per Household(sq.m/household)	--	--	--
建筑面积	Building Space	69.58	66.56	66.36
使用面积	Living Space	52.20	49.93	49.78
按房屋产权分的家庭比重(%)	Percentage of Household by House Property Right(%)	100.00	100.00	100.00
租赁公房	Public House Leasing			
租赁私房	Private House Leasing			
原有私房	Inhered Private House			
房改私房	Reformed Private House			
商品房	Commercial Residential Building			
其他	Others			
按用水情况分的家庭比重(%)	Percentage of Household by Water Using(%)	100.00	100.00	100.00
无自来水	No Tap Water	8.25	3.82	1.64
独用自来水	Private Tap Water	82.75	90.18	94.91
公用自来水	Public Tap Water	9.00	6.00	3.65
按卫生设备分的家庭比重(%)	Percentage of Household by Sanitary Equipment(%)	100.00	100.00	100.00
无卫生设备	No Sanitary Equipment	33.75	48.36	18.91
有厕所浴室	Having Bathroom	2.00	8.36	20.36
有厕所无浴室	Having Toilet but No Shower	26.50	37.64	52.36
公有卫生设备	Public Sanitary Equipment	37.75	5.64	8.37
按取暖设备分的家庭比重(%)	Percentage of Household by Heating Installation(%)	100.00	100.00	100.00
#有取暖设备户(暖气)	Having Heating Installation(heater)	17.75	37.82	62.18
按炊用燃料使用情况分的家庭比重(%)	Percentage of Household by Fuel Using(%)	100.00	100.00	100.00
管道煤气(天然气)	Piped Gas(Natural Gas)			3.28
液化石油气	Liquefied Petroleum Gas	1.52	15.27	56.73
煤	Coal	98.48	83.82	37.09
其 他	Others		0.91	2.90
家庭通讯设备使用情况	Using of Household Communication Apparatus	--	--	--
每百户拥有固定电话(部/百户)	Number of Fixed Phone Per 100 Households(set/100 households)			38.91
每百户拥有移动电话(部/百户)	Number of Mobile Phone Per 100 Households(set/100 households)			
每百户接入互联网的计算机(台/百户)	Number of Computers Accessed to Internet Per 100 Households (set/100 households)			

Housing Conditions of Urban Households in Main Years

2000	2004	2005	2006	2007	2008	2009	2010	2011	2012	2013	2014	2015	2016
--	--	--	--	--	--	--	--	--	--	--	--	--	--
77.03	72.40	75.45	76.33	77.53	80.85	82.25	82.96	84.21	85.39	88.78	94.18	90.90	93.31
57.79	54.52	56.83	57.45										
100.00	100.00	100.00	100.00	100.00	100.00	100.00	100.00	100.00	100.00	100.00	100.00	100.00	100.00
	9.38	5.37	6.30	5.58	2.88	3.05	2.99	2.52	2.96	0.91	0.94	1.42	1.87
	1.79	3.67	2.44	2.83	8.72	7.56	6.78	7.25	6.74	8.98	6.70	4.75	4.19
	6.48	4.60	4.47	4.71	3.60	3.89	4.71	6.43	5.93	14.07	10.05	9.13	21.44
	60.57	53.26	51.83	45.98	35.32	33.70	30.19	22.1	20.33	15.92	14.69	14.37	11.06
	18.92	30.67	33.13	39.50	48.90	51.13	54.97	61.52	62.18	57.38	52.54	54.71	49.49
	2.85	2.42	1.83	1.41	0.58	0.66	0.37	0.19	1.86	2.74	15.08	15.63	11.95
100.00	100.00	100.00	100.00	100.00	100.00	100.00	100.00	100.00	100.00	100.00	100.00	100.00	100.00
1.80	1.15	0.69	0.60	1.15	1.21	1.01	1.02	1.35	1.52	1.30	3.89	2.11	4.97
97.20	98.31	99.03	99.04	98.68	98.67	98.94	98.93	98.59	98.42	98.56	95.94	97.89	95.03
1.00	0.54	0.29	0.36	0.17	0.12	0.05	0.05	0.06	0.06	0.14	0.17		
100.00	100.00	100.00	100.00	100.00	100.00	100.00	100.00	100.00	100.00	100.00	100.00	100.00	100.00
15.30	12.05	9.46	8.67	9.29	7.34	6.00	5.36	2.09	1.98	1.71	0.71	0.43	0.40
21.20	53.14	61.73	64.06	63.01	67.21	71.47	74.5	81.45	83.97	87.90	74.45	90.36	87.11
60.40	32.67	27.29	25.77	25.86	24.92	22.19	19.8	15.4	12.48	8.04	23.41	8.35	11.24
3.10	2.14	1.52	1.50	1.83	0.53	0.34	0.35	1.06	1.57	2.18	1.43	0.85	1.25
100.00	100.00	100.00	100.00	100.00	100.00	100.00	100.00	100.00	100.00	100.00	100.00	100.00	100.00
76.70	81.29	88.57	88.66	84.06	88.02	87.62	88.88	90.43	89.65	99.42	97.96	99.62	99.60
100.00	100.00	100.00	100.00	100.00	100.00	100.00	100.00	100.00	100.00	100.00	100.00	100.00	100.00
5.78	7.19	11.78	13.28	15.66	28.87	36.50	40.72	48.39	53.16	50.92	44.01	60.37	47.90
73.48	76.30	75.63	74.11	69.43	56.31	48.30	45.66	35.41	31.20	23.65	15.48	14.62	13.76
16.21	14.39	10.17	9.81	11.89	5.94	4.26	3.23	2.69	2.75	3.59	11.89	5.36	9.97
4.53	2.12	2.42	2.80	3.01	8.87	10.94	10.4	13.52	12.89	21.67	28.62	19.66	28.37
--	--	--	--	--	--	--	--	--	--	--	--	--	--
85.42	91.29	85.10	84.08	78.28	64.01	64.55	63	56.31	54.86	49.40	40.31	34.81	21.66
13.56	90.44	122.67	136.83	149.50	163.47	175.46	185.48	197.05	203.23	213.34	239.73	237.27	248.79
	0.25	14.49	18.14	21.00	27.32	36.66	39.67	45.78	51.70	53.71	44.18	53.22	58.37

2-41 主要年份全区城镇居民家庭分类平均每人全年消费性支出

单位：元

指　　标	Item	1996	1998	2000	2002
消费性支出	**Consumption Expenditure**	**3038.95**	**3379.82**	**4200.50**	**5104.90**
食 品	**Food**	**1384.19**	**1419.80**	**1509.31**	**1774.37**
#粮　食	Grain	246.89	226.10	186.86	183.67
油　脂	Oil and Fats	78.87	81.41	66.24	66.74
肉禽及制品	Meat,Poultry and Processed Products	281.02	278.07	282.42	307.90
蛋	Eggs	44.50	39.77	37.45	34.88
水产品	Aquatic Products	37.77	41.18	41.00	41.11
蔬　菜	Vegetables	164.42	162.59	158.59	190.75
烟　草	Tobacco	90.09	78.21	94.97	104.77
酒和饮料	Liquor and Beverages	55.48	60.58	69.13	75.29
奶及奶制品	Milk and Processed Products	26.43	35.70	58.53	86.23
衣 着	**Clothing**	**526.53**	**514.43**	**561.93**	**578.19**
#服装	Garments	301.18	326.00	377.03	406.28
家庭设备用品及服务	**Household Facilities,Articles and Services**	**214.49**	**240.47**	**389.45**	**343.00**
#耐用消费品	Durable Consumer Goods	108.07	120.22	228.34	192.13
室内装饰品	Articles for Interior Decoration	13.00	14.22	20.92	20.68
床上用品	Bed Articles	11.91	13.93	19.29	21.81
家庭日用杂品	Household Articles for Daily Use	57.35	56.15	74.21	89.78
医疗保健	**Health Care and Medical Services**	**171.77**	**245.14**	**327.05**	**452.99**
#药品费	Drug Charges	133.57	197.61	258.79	315.91
交通和通信	**Transport and Communications**	**209.98**	**231.51**	**371.83**	**556.66**
交通	Transport	78.67	38.26	143.47	232.62
通信	Communications	131.31	138.47	228.36	324.04
教育文化娱乐服务	**Education,Culture and Recreation Services**	**262.57**	**373.18**	**536.29**	**711.03**
#文化娱乐用品	Recreation Articles	53.54	132.72	168.17	205.63
教育	Education	136.91	151.00	255.99	385.53
居 住	**Residence**	**132.50**	**208.04**	**282.42**	**482.77**
#住房	Housing	33.66	56.64	72.66	148.05
水电燃料及其他	Water,Electricity,Fuels and Others	98.84	151.40	209.76	307.32
其他商品和服务	**Other Goods and Services**	**143.87**	**155.46**	**230.67**	**205.88**

Per Capita Annual Expenditure for Consumption of Urban Households in Main Years

(yuan)

2004	2005	2006	2007	2008	2009	2010	2011	2012	2013	2014	2015	2016
5821.38	**6404.31**	**7205.57**	**7817.28**	**9558.29**	**10280.00**	**11334.43**	**12896.04**	**14067.15**	**15321.10**	**17216.23**	**18983.88**	**20364.23**
2156.34	**2228.63**	**2444.98**	**2760.74**	**3352.83**	**3432.23**	**3768.09**	**4483.44**	**4768.91**	**4895.20**	**4795.26**	**4883.35**	**4889.22**
245.43	237.05	243.36	269.48	306.16	305.51	343.1	394.84	389.07	389.88	525.97	516.90	497.22
80.80	77.67	79.98	109.35	142.50	122.58	111.58	126.31	124.26	138.63	148.46	140.57	135.20
358.73	361.94	370.83	454.31	590.53	573.86	626.04	782.52	981.53	903.97	843.43	864.70	868.12
41.95	42.66	40.09	52.88	54.25	53.02	56.92	65.62	65.78	62.51	65.63	69.31	63.54
46.34	53.22	53.98	58.17	62.10	59.19	70.21	80.01	81.17	90.07	80.37	81.53	92.05
220.91	198.03	230.35	257.64	294.19	332.98	370.71	402.09	422.65	502.17	427.54	414.34	437.76
127.66	125.60	141.25	165.33	203.84	195.76	239.6	267.59	259.75	259.40	231.74	254.56	274.72
81.38	98.46	111.44	125.18	139.37	141.35	165.73	187.33	193.38	209.43	189.61	101.02	186.38
116.89	124.17	135.05	154.82	199.40	179.24	176.87	218.14	243.08	262.03	252.60	249.49	228.02
636.81	**776.51**	**874.39**	**994.47**	**1178.88**	**1260.58**	**1417.47**	**1701.73**	**1875.7**	**1737.21**	**1728.97**	**1786.99**	**1726.72**
448.03	567.43	631.94	731.47	868.50	929.59	1052.31	1265.75	1399.12	1279.62	1346.22	1419.49	1383.76
364.07	**417.38**	**480.70**	**480.84**	**596.81**	**636.88**	**716.22**	**885.36**	**929.01**	**1001.82**	**1094.86**	**1185.42**	**1245.07**
196.32	225.77	260.87	229.25	303.80	328.62	318.48	369.99	372.95	501.89	272.32	271.37	296.93
20.03	23.35	24.35	29.38	30.51	38.76	21.62	41.69	40.01	38.88	181.92	248.31	255.23
23.49	25.68	32.10	31.82	40.16	44.78	50.94	65.99	69.44	54.13	95.64	104.68	104.52
104.89	120.97	141.77	160.11	189.64	193.73	288.52	366.32	401.24	363.63	269.73	234.97	236.21
440.77	**535.92**	**578.75**	**645.98**	**816.87**	**921.86**	**890.05**	**978.12**	**1063.09**	**1158.83**	**1616.88**	**2015.95**	**1874.00**
311.09	364.90	381.35	427.80	531.90	605.50	559.15	588.97	602.75	526.88	682.32	706.01	712.17
646.97	**705.69**	**774.57**	**859.04**	**1096.32**	**1363.63**	**1574.57**	**1637.61**	**2110.41**	**2503.65**	**2552.82**	**2509.59**	**3896.47**
242.63	291.37	324.11	418.98	592.15	885.16	1030.01	1041.41	1468.29	1787.40	1842.56	1700.27	3008.19
404.33	414.32	223.72	440.06	504.17	478.47	544.56	596.2	642.12	716.25	710.26	809.32	888.28
651.14	**769.97**	**846.72**	**863.36**	**1043.72**	**1075.88**	**1286.2**	**1441.18**	**1515.91**	**1868.42**	**1957.52**	**2389.75**	**2415.66**
214.76	219.56	284.18	263.91	301.01	351.95	371.16	422.14	386.81	411.13	320.80	318.44	1064.05
314.88	388.30	326.47	375.92	465.08	438.34	484.4	566.71	581.15	897.51	1079.88	1397.68	1351.62
660.19	**711.21**	**890.97**	**910.68**	**1069.15**	**1128.12**	**1181.71**	**1247.14**	**1193.37**	**1497.98**	**3027.60**	**3608.31**	**3770.48**
267.02	190.66	309.59	288.13	363.22	369.03	319.59	355.66	303.87	557.28	496.91	780.21	879.55
357.98	483.14	537.98	561.41	637.38	692.42	782.04	799.2	797.25	807.32	845.66	918.32	876.46
265.08	**259.00**	**314.49**	**302.17**	**403.71**	**460.82**	**500.12**	**521.47**	**610.74**	**657.99**	**442.31**	**604.52**	**546.60**

2-42 主要年份全区城镇居民家庭平均每人购买主要商品数量

品　种	Item	单位	Unit	1985	1990	2000	2002
粮食	Grain	公斤	kg	137.00	159.96	80.15	79.66
鲜菜	Fresh Vegetables	公斤	kg	152.00	164.16	114.90	120.33
食用植物油	Edible Vegetable Oil	公斤	kg	7.40	9.72	7.67	8.45
猪肉	Pork	公斤	kg	9.00	10.56	8.26	8.06
牛羊肉	Beef and Mutton	公斤	kg	7.10	10.44	10.22	11.25
禽类	Poultry	公斤	kg	1.40	2.28	4.51	5.98
鲜蛋	Fresh Eggs	公斤	kg	4.50	3.48	8.30	7.44
鱼	Fish	公斤	kg	2.90	4.92	3.51	4.33
食糖	Sugar	公斤	kg	3.60	3.36	1.70	--
卷烟	Cigarette	盒	pack	47.00	52.68	33.35	--
酒类	Liquor	公斤	kg	3.70	5.64	4.61	5.01
水	Water	吨	ton	--	--	22.34	25.45
电	Electricity	度	kwh	--	--	205.85	246.61
煤炭	Coal	公斤	kg	544.00	384.70	137.60	194.06
液化石油气	Liquefied Petroleum Gas	公斤	kg	0.70	5.27	13.22	14.62
管道天燃气	Pipeline Natural Gas	立方米	cm.q	--	--	2.32	3.53

注：1. 从2010年起粮食包括大米、面粉和其他粮食及制品。
2. 从2010年起禽类包括鸡、鸭和其他禽类及制品。
3. 从2010年起鲜蛋不包含蛋制品。
4. 从2010年起酒类包括白酒、果酒、啤酒和其他酒。

Per Capita Annual Purchases of Major Commodities of Urban Households in Main Years

2004	2005	2006	2007	2008	2009	2010	2011	2012	2013	2014	2015	2016
84.48	77.34	76.78	56.65	56.72	50.60	79.49	81.84	77.09	77.38	94.03	114.25	82.76
126.37	115.47	112.75	113.10	113.95	111.61	110.87	110.96	101.75	107.92	101.80	99.30	99.18
8.57	8.17	8.31	8.94	8.17	8.58	7.75	7.88	7.57	8.62	9.00	8.81	8.22
7.65	6.88	7.97	6.86	6.51	7.06	7.28	6.51	7.26	8.09	7.24	7.37	6.73
12.53	12.44	12.79	9.12	8.93	9.15	9.43	10.27	9.48	9.14	8.28	9.93	9.27
5.34	5.74	4.83	4.22	4.66	4.78	6.62	7.14	6.6	6.23	5.99	6.18	6.19
7.58	7.23	7.62	4.22	7.25	6.88	6.67	6.47	7.26	6.15	6.26	7.21	6.87
3.70	4.23	4.26	4.27	3.82	3.34	3.64	3.63	3.26	3.93	3.15	3.92	3.00
--	1.72	--	--	--	--	--	--	--	--	1.37	5.46	5.19
--	27.39	--	--	--	--	--	--	--	--	22.21	20.08	21.27
4.84	3.95	4.43	4.18	4.34	4.23	4.35	4.44	4.01	3.59	3.53	3.55	3.18
23.71	21.63	23.10	19.80	18.89	20.21	22.27	22.31	21.51	26.28	28.25	29.82	27.95
264.18	278.22	311.63	353.50	388.65	362.28	408.85	432.98	450.37	499.84	489.17	488.97	476.14
143.86	110.88	107.80	125.64	70.24	48.03	46.05	38.61	35.21	25.56	74.84	77.51	65.64
14.30	12.23	10.64	10.05	7.90	6.70	6.77	5.26	3.82	4.47	3.36	3.51	2.67
7.33	8.14	12.09	16.07	4.17	3.74	3.84	1.41	0.65	35.52	38.18	42.21	56.45

Notes: a)Data in the table of Grain includes rice and flour in 2010.

b)Data in the table of Poultry includes chickens and ducks in 2010.

c)Data in the table of Fresh Eggs not includes egg products in 2010.

d)Data in the table of Liquor includes liquor, fruit wine and beer in 2010.

2-43 主要年份全区城镇居民家庭主要耐用消费品百户期末拥有情况

Ownership of Major Durable Consumer Goods Per 100 Urban Households in Main Years

年 份 Year	摩托车 (辆) Motorcycle (unit)	自行车 (辆) Bicycle (unit)	助力车 (辆) Powered Bicycle	家用汽车 (辆) Automobile (unit)	洗衣机 (台) Washing Machine (set)	电风扇 (台) Electric Fans (set)	电冰箱 (台) Refrigerator (set)
1997	--	195	--	--	88	61	65
1998	--	207	--	--	90	63	67
1999	11.21	202	--	--	90	65	69
2000	15.48	181	--	--	87	63	72
2001	17.6	183	--	--	90	67	75
2002	19.75	171.84	0.6	0.64	90.2	75.07	77.54
2003	16.24	176.64	1.73	0.52	91.82	77.88	79.53
2004	17.57	180.43	2.5	0.36	93.7	77.53	80.48
2005	18.59	130.34	2.83	1.27	89.61	64.19	79.48
2006	19.44	131.87	4.9	0.93	92.95	66.13	81.22
2007	20.77	--	7.08	1.6	93.74	--	81.04
2008	18.05	--	13.06	2.57	90.85	--	82.5
2009	20.35	--	19.99	5.3	93.92	--	86.22
2010	19.19	--	24.71	7	94.32	--	88.65
2011	20.86	--	26.68	12.4	93.32	--	89.64
2012	21.86	--	28.08	16.67	95.42	--	92.06
2013	14.83	--	32.02	18.48	93.48	--	89.33
2014	25.95	--	40.15	25.65	95.25	--	92.38
2015	21.38	--	42.57	30.04	95.30	--	93.43
2016	16.23	--	48.28	35.66	98.16	--	96.58

2-43 续表 1 continued

年 份 Year	彩 色 电视机 (台) Color Television (set)	影碟机 (台) Video Disc Player (set)	录音机 (台) Recorder (set)	录放像机 (台) Video Tape Recorder (set)	家用电脑 (台) Computer (set)	组合音响 (套) Hi-Fi Stereo Component System (set)	摄像机 (架) Video Camera (set)	照相机 (架) Camera (set)	钢 琴 (架) Piano (unit)
1997	102	6	15	1	1	13		28	
1998	106	14	52	15	1	15		29	
1999	111	22	53	14	2	16		29	1
2000	109	34	37	10	4	19	0.5	28	0.7
2001	113	42	41	9	7	22	0.4	31	0.8
2002	110.72	44.94	38.11	8.2	10.07	20.62	0.62	27.4	0.99
2003	113.83	50	42.62	9.15	12.86	20.27	0.72	25.37	0.87
2004	116	53.78	43.55	8.65	15.04	20.59	1.12	26.94	0.7
2005	108.64	63.27	24.55	6.53	23.15	21.76	0.67	28.08	0.92
2006	109.75	64.18	25.04	5.70	26.41	19.89	1.34	28.68	1.32
2007	107.34	--	--	--	29.57	17.21	2.24	23.43	0.89
2008	104.14	--	--	--	38.56	19.19	4.17	19.01	0.76
2009	104.27	--	--	--	48.47	19.56	3.27	19.39	1.36
2010	105.24	--	--	--	51.32	17.81	3.24	20.31	1.31
2011	102.74	--	--	--	59.39	12.97	4.55	22.76	0.93
2012	102.11	--	--	--	64.43	12.52	5.49	22.58	1.11
2013	99.22	--	--	--	66.30	5.75	5.70	25.39	--
2014	102.72	--	--	--	70.02	5.33	5.56	25.92	--
2015	101.84	--	--	--	65.64	4.17	5.78	21.63	--
2016	102.42	--	--	--	71.22	3.50	4.58	21.27	--

2-43 续表 2 continued

年 份 Year	其他中高档乐器 (件) Secondary and Top Grade Musical Instrument (set)	微波炉 (台) Microwave Oven (unit)	空调器 (台) Air Conditioner (unit)	电炊具 (台) Electric Cooking Utensils (unit)	淋浴热水器 (台) Water Heater for Shower (unit)	排油烟机 (台) Ventilator (unit)	消毒碗柜 (台) Disinfection Cupboard (unit)	洗碗机 (台) Dishwasher (unit)
1997	5	1	--	120	29	35	--	--
1998	7	1	--	126	30	40	--	--
1999	7	3	1	130	30	41	--	--
2000	4	7	1	137	40	44	--	--
2001	4	9	2	136	39	47	--	--
2002	4.51	15.64	1.52	126.67	48.09	54.38	1.29	--
2003	5.64	20.63	2.58	136.37	50.88	57.4	1.26	--
2004	6.32	23.05	2.95	144.44	55.32	60.46	1.89	0.1
2005	4.24	30.91	6.68	127.31	60.87	64.59	2.82	0.13
2006	4.92	33.07	5.86	135.63	64.74	67.48	3.43	
2007	4.67	35.7	7.23	--	63.94	--	3.06	0.12
2008	4.76	38.08	8.43	--	67.33	--	2.07	0.37
2009	5.18	40.35	10.47	--	71.47	--	2.05	0.31
2010	5.37	42.1	10.19	--	75.07	--	2.16	0.43
2011	3.1	43.83	12.04	--	81.56	--	3.67	0.55
2012	3.57	42.73	10.87	--	84.15	--	3.28	0.31
2013	4.39	47.20	12.28	--	86.84	--	2.32	0.37
2014	5.23	47.22	13.43	--	85.96	74.81	2.34	0.37
2015	4.03	48.21	13.10	--	87.41	74.54	1.87	0.19
2016	5.01	52.02	14.00	--	91.52	77.32	1.75	0.33

2-43 续表 3 continued

年 份 Year	饮水机 (台) Machine for Drink (unit)	吸尘器 (台) Dust Collector (unit)	健身器材 (套) Body-building Apparatus (unit)	固定电话 (部) Telephone (unit)	移动电话 (部) Mobile Telephone (set)	接入有线电视网络的电视机 (台) Television of Lined Network (set)	接入互连网的计算机 (台) Internet Computer (set)	接入互连网的移动电话 (部) Internet Mobile Telephone (set)
1997	--	8	--	68	--	--	--	--
1998	--	9	1	75	2	--	--	--
1999	--	8	1	82	4	--	--	--
2000	--	8	6	85	14	--	--	--
2001	--	8	0.2	90	36	--	--	--
2002	24.89	6.48	0.59	92.57	56.8	--	--	--
2003	27.75	6.09	0.87	92.91	73.2	--	--	--
2004	30.32	6.32	1	91.29	90.49	--	--	--
2005	35.6	7.66	2.49	85.1	122.67	99.27	14.49	0.27
2006	36.10	7.10	1.67	84.08	136.83	94.24	18.28	0.14
2007	--	--	1.78	78.28	149.5	97.79	21	0.44
2008	--	--	2.67	64.01	163.47	94.58	27.32	0.25
2009	--	--	2.22	64.55	175.46	95.73	36.66	0.57
2010	--	--	1.52	63	185.48	95.88	39.67	1.36
2011	--	--	1.4	56.31	197.05	92.25	45.78	12.08
2012	--	--	1.25	54.86	203.23	92.89	51.7	26.69
2013	--	--	1.57	49.40	213.34	88.28	53.71	85.97
2014	--	--	2.15	46.04	230.36	73.04	50.01	106.41
2015	--	--	2.19	34.81	237.27	77.82	53.22	140.72
2016	--	--	3.39	21.66	248.79	73.82	58.37	174.54

2-44 2016年各市县城镇居民家庭基本情况

Basic Statistics of Urban Households by City and County (2016)

单位：人 (person)

市 县	Region	家庭常住人口 Permanent Residents	就业人口数 Number of Employed	雇主 Employer	公职人员 Civil Servants	事业单位人员 Public Institution Officers	国有企业雇员 State-owned Enterprise Employees
全 区	**Total**	**3220**	**1542**	**7**	**60**	**182**	**149**
沿黄地区	**Plain**	**3117**	**1540**	**6**	**67**	**138**	**216**
中南部地区	**Mountain Area**	**1510**	**637**	**5**	**45**	**174**	**14**
银川市	**Yinchuan**	**1605**	**806**	**5**	**30**	**59**	**139**
兴庆区	Xingqing	511	244		7	11	39
西夏区	Xixia	274	139		1	16	30
金凤区	Jinfeng	285	133	5	4	10	29
永宁县	Yongning	184	104		5	14	1
贺兰县	Helan	147	80		11	3	3
灵武市	Lingwu	204	106		2	5	37
石嘴山市	**Shizuishan**	**713**	**335**		**20**	**18**	**39**
大武口区	Dawukou	322	150		10	13	36
惠农区	Huinong	221	89		4		3
平罗县	Pingluo	170	97		6	5	
吴忠市	**Wuzhong**	**825**	**377**	**1**	**20**	**65**	**17**
利通区	Litong	214	98	1	6	15	13
红寺堡区	Hongsipu	179	87			28	1
盐池县	Yanchi	166	79		5	10	
同心县	Tongxin	129	39		4	8	1
青铜峡市	Qingtongxia	137	74		5	4	2
固原市	**Guyuan**	**868**	**370**	**2**	**35**	**105**	**12**
原州区	Yuanzhou	266	108	2	4	22	6
西吉县	Xiji	186	73		18	14	5
隆德县	Longde	102	50		5	19	
泾源县	Jingyuan	135	60		4	22	
彭阳县	Pengyang	179	79		4	28	1
中卫市	**Zhongwei**	**617**	**288**	**3**	**7**	**65**	**23**
沙坡头区	Shapotou	293	149		3	13	16
中宁县	Zhongning	155	77		3	29	7
海原县	Haiyuan	169	62	3	1	23	

单位：人 (person)

市 县	Region	其他雇员 Other Employees	农业自营 Self-employed of Agriculture	非农自营 Self-employed of Non-Agriculture	由本户供养的在校学生 Number of Students in School	每一就业劳动力负担系数 Coefficient of Dependents
全 区	**Total**	**756**	**153**	**235**	**754**	**2.09**
沿黄地区	**Plain**	**862**	**39**	**212**	**625**	**2.02**
中南部地区	**Mountain Area**	**252**	**24**	**123**	**433**	**2.37**
银川市	**Yinchuan**	**440**	**18**	**115**	**308**	**1.99**
兴庆区	Xingqing	137	7	43	97	2.09
西夏区	Xixia	74		18	47	1.97
金凤区	Jinfeng	67	9	9	53	2.14
永宁县	Yongning	69		15	35	1.76
贺兰县	Helan	41		22	29	1.84
灵武市	Lingwu	52	2	8	47	1.93
石嘴山市	**Shizuishan**	**210**	**6**	**43**	**133**	**2.13**
大武口区	Dawukou	69	3	19	55	2.15
惠农区	Huinong	71		11	43	2.50
平罗县	Pingluo	70	3	13	35	1.76
吴忠市	**Wuzhong**	**164**	**29**	**81**	**216**	**2.19**
利通区	Litong	46		17	40	2.17
红寺堡区	Hongsipu	23	12	23	57	2.05
盐池县	Yanchi	38	5	21	33	2.10
同心县	Tongxin	16		10	52	3.31
青铜峡市	Qingtongxia	41	12	10	34	1.85
固原市	**Guyuan**	**154**	**7**	**55**	**239**	**2.34**
原州区	Yuanzhou	55	2	17	61	2.46
西吉县	Xiji	26	1	9	60	2.55
隆德县	Longde	11	1	14	29	2.04
泾源县	Jingyuan	27	1	6	31	2.25
彭阳县	Pengyang	35	2	9	58	2.27
中卫市	**Zhongwei**	**146**	**3**	**41**	**163**	**2.14**
沙坡头区	Shapotou	101	3	13	71	1.97
中宁县	Zhongning	24		14	39	2.02
海原县	Haiyuan	21		14	53	2.73

2-45 2016年各市县城镇居民家庭主要耐用消费品百户拥有情况

Ownership of Major Durable Consumer Goods Per 100 Urban Households by City and Country (2016)

单位：百户均 (per 100 household)

市 县	Region	家用汽车 Automobile (辆) unit	摩托车 Motorcycle (辆) unit	助力车 Powered Bicycle (辆) unit	洗衣机 Washing Machine (台) set	电冰箱 Refrigerator (台) set	微波炉 Microwave Oven (台) unit
全 区	**Total**	**35.66**	**16.23**	**48.28**	**98.16**	**96.58**	**52.02**
沿黄地区	**Plain**	**33.41**	**12.93**	**44.66**	**98.16**	**98.28**	**57.05**
中南部地区	**Mountain Area**	**41.47**	**22.12**	**57.83**	**98.19**	**89.82**	**30.45**
银川市	**Yinchuan**	**35.53**	**9.07**	**31.56**	**98.28**	**98.01**	**66.45**
兴庆区	Xingqing	37.78	7.69	32.39	98.39	97.83	68.55
西夏区	Xixia	26.65	7.78	25.51	97.10	96.05	57.48
金凤区	Jinfeng	36.75	8.13	20.18	98.19	98.71	79.10
永宁县	Yongning	48.93	17.24	49.74	97.99	100.38	67.12
贺兰县	Helan	27.60	14.46	39.49	100.00	98.21	51.98
灵武市	Lingwu	41.31	20.22	50.33	100.88	102.67	47.35
石嘴山市	**Shizuishan**	**30.75**	**16.42**	**60.29**	**97.06**	**97.13**	**32.65**
大武口区	Dawukou	39.79	6.46	71.21	97.35	98.96	40.36
惠农区	Huinong	11.00	27.46	45.00	95.87	93.60	20.46
平罗县	Pingluo	42.48	23.42	60.09	98.49	98.76	31.81
吴忠市	**Wuzhong**	**35.07**	**28.66**	**68.01**	**97.28**	**96.02**	**46.67**
利通区	Litong	26.04	20.45	47.65	94.93	102.96	64.48
红寺堡区	Hongsipu	69.10	32.63	63.88	91.06	89.35	20.63
盐池县	Yanchi	57.25	25.97	79.02	97.79	93.38	38.74
同心县	Tongxin	18.05	49.09	84.51	92.56	69.69	35.06
青铜峡市	Qingtongxia	28.17	31.83	74.85	103.36	102.26	39.24
固原市	**Guyuan**	**39.13**	**13.81**	**43.61**	**99.60**	**92.28**	**30.28**
原州区	Yuanzhou	36.35	11.28	56.25	99.88	94.12	33.78
西吉县	Xiji	45.84	24.67	34.29	102.13	86.06	42.59
隆德县	Longde	54.23	13.00	3.41	100.00	100.00	60.14
泾源县	Jingyuan	28.61	22.71	16.79	100.00	86.96	19.58
彭阳县	Pengyang	47.14	12.17	30.84	97.05	90.21	12.79
中卫市	**Zhongwei**	**34.38**	**21.20**	**90.52**	**100.50**	**98.13**	**58.59**
沙坡头区	Shapotou	27.24	13.53	90.87	100.76	98.48	54.35
中宁县	Zhongning	43.71	23.46	97.21	100.00	100.00	76.44
海原县	Haiyuan	31.02	41.26	71.13	100.96	91.89	26.66

2-45 续表 1 continued

单位：百户均 (per 100 household)

市 县	Region	彩色电视机 Color Television (台) set	空调器 Air Conditioner (台) unit	淋浴热水器 Water Heater for Shower (台) unit	消毒碗柜 Disinfection Cupboard (台) set	洗碗机 Dishwasher (台) set	固定电话 Telephone (部) unit
全 区	**Total**	**102.42**	**14.00**	**91.52**	**1.75**	**0.33**	**21.66**
沿黄地区	**Plain**	**101.70**	**16.98**	**92.98**	**2.57**	**0.27**	**26.91**
中南部地区	**Mountain Area**	**104.51**	**5.76**	**72.81**	**0.30**		**16.35**
银川市	**Yinchuan**	**99.46**	**21.64**	**93.98**	**2.10**	**0.43**	**29.75**
兴庆区	Xingqing	99.97	25.46	96.43	2.95	0.52	**31.27**
西夏区	Xixia	98.95	15.06	91.89	0.93		22.36
金凤区	Jinfeng	99.92	26.30	91.50	2.27	1.17	35.24
永宁县	Yongning	100.00	7.41	94.72	1.69		27.83
贺兰县	Helan	92.16	6.00	89.90	1.46		14.46
灵武市	Lingwu	100.95	13.73	88.25			34.27
石嘴山市	**Shizuishan**	**103.79**	**12.04**	**91.19**	**2.22**		**27.29**
大武口区	Dawukou	100.28	16.15	92.72	2.50		**40.67**
惠农区	Huinong	108.86	8.81	88.82	1.30		22.07
平罗县	Pingluo	103.95	5.23	91.34	1.61		
吴忠市	**Wuzhong**	**108.59**	**8.12**	**78.43**	**4.30**		**15.91**
利通区	Litong	101.02	8.71	94.54	4.83		**18.40**
红寺堡区	Hongsipu	97.54		73.80	2.46	2.46	6.56
盐池县	Yanchi	109.94	17.51	61.00			18.23
同心县	Tongxin	96.87	3.00	60.62			3.02
青铜峡市	Qingtongxia	125.33	1.78	78.49	9.11		16.09
固原市	**Guyuan**	**104.01**	**4.89**	**78.98**	**0.89**		**17.85**
原州区	Yuanzhou	106.39	7.63	75.40	1.04		**8.59**
西吉县	Xiji	105.91		80.18			54.35
隆德县	Longde	103.12		99.71	3.41		20.18
泾源县	Jingyuan	97.58	5.97	92.60	2.01		45.40
彭阳县	Pengyang	100.96		82.84			16.35
中卫市	**Zhongwei**	**102.17**	**10.69**	**93.93**	**2.55**		**20.75**
沙坡头区	Shapotou	101.32	12.08	97.09	3.57		**16.44**
中宁县	Zhongning	102.12	11.55	100.00	2.26		20.25
海原县	Haiyuan	105.22	0.96	66.97			37.08

2-45 续表 2 continued

单位：百户均 (per 100 household)

市 县	Region	移动电话 Mobile Telephone (部) set	家用电脑 Computer (台) set	摄像机 Video Camera (架) set	照相机 Camera (架) set	其他中高档乐器 Secondary and Top Grade Musical Instrument (件) set	健身器材 Body-building Apparatus (套) set
全 区	**Total**	**248.79**	**71.22**	**4.58**	**21.27**	**5.01**	**3.39**
沿黄地区	**Plain**	**242.45**	**75.16**	**5.31**	**23.85**	**5.01**	**3.23**
中南部地区	**Mountain Area**	**261.11**	**65.15**	**2.34**	**16.41**	**8.68**	**2.03**
银川市	**Yinchuan**	**237.93**	**81.37**	**7.91**	**30.69**	**6.50**	**3.50**
兴庆区	Xingqing	**239.66**	86.81	10.57	38.44	8.54	2.72
西夏区	Xixia	229.12	78.91	3.94	17.55	2.01	4.73
金凤区	Jinfeng	230.09	77.37	5.62	28.51	5.65	3.39
永宁县	Yongning	248.70	76.25	12.56	38.78	3.70	5.43
贺兰县	Helan	225.39	52.75	1.79	11.00	4.50	5.96
灵武市	Lingwu	275.00	76.82	9.16	26.65	14.80	3.04
石嘴山市	**Shizuishan**	**235.38**	**64.16**	**1.48**	**8.70**	**1.83**	**0.74**
大武口区	Dawukou	**240.07**	76.30	1.52	12.66	2.39	0.25
惠农区	Huinong	214.71	47.17	1.37	2.46	0.96	
平罗县	Pingluo	262.94	62.28		8.16	1.97	3.60
吴忠市	**Wuzhong**	**270.55**	**59.55**	**1.07**	**17.62**	**4.00**	**4.30**
利通区	Litong	**232.58**	64.83	3.13	17.25	2.10	6.29
红寺堡区	Hongsipu	224.79	65.54		15.70	2.46	2.69
盐池县	Yanchi	310.69	56.53		17.06	3.84	1.92
同心县	Tongxin	241.56	53.16		6.39	14.61	
青铜峡市	Qingtongxia	316.89	54.93		20.92	2.27	2.26
固原市	**Guyuan**	**246.65**	**69.30**	**3.36**	**18.32**	**8.63**	**2.39**
原州区	Yuanzhou	**247.60**	64.17	3.02	17.11	9.95	3.31
西吉县	Xiji	223.25	63.73	2.39	22.14	4.52	1.64
隆德县	Longde	274.27	117.78		27.15	3.63	
泾源县	Jingyuan	266.40	60.72	1.94	19.20	2.42	
彭阳县	Pengyang	246.85	80.73	5.87	19.94	13.01	0.96
中卫市	**Zhongwei**	**283.21**	**79.34**	**2.11**	**21.57**	**5.97**	**5.90**
沙坡头区	Shapotou	**271.56**	74.74	1.03	13.50	5.32	4.21
中宁县	Zhongning	281.45	86.04	2.01	31.85	4.13	9.90
海原县	Haiyuan	326.14	72.88	6.06	21.49	13.23	0.96

单位：百户均 (per 100 household)

市 县	Region	组合音响 Hi-Fi Stereo Component System (套) set	信息化调查 (每百户) Informationization Survey(Per 100 household)	接入互联网的移动电话 Internet Mobile Telephone (部) set	接入有线电视网络的电视机 Lined Netwok Television (台) set	接入互联网的计算机 Internet Computer (台) set
全 区	**Total**	**3.50**	--	**174.54**	**73.82**	**58.37**
沿黄地区	**Plain**	**3.93**	--	**170.01**	**78.01**	**62.09**
中南部地区	**Mountain Area**	**6.22**	--	**150.49**	**58.19**	**48.86**
银川市	**Yinchuan**	**4.04**	--	**187.74**	**83.16**	**70.06**
兴庆区	Xingqing	5.66	--	190.47	83.48	77.69
西夏区	Xixia	1.08	--	155.81	78.77	71.82
金凤区	Jinfeng	1.94	--	218.73	89.55	68.67
永宁县	Yongning	10.21	--	199.91	73.74	57.30
贺兰县	Helan	6.11	--	139.62	68.11	25.83
灵武市	Lingwu	0.95	--	206.52	95.93	54.64
石嘴山市	**Shizuishan**	**2.48**	--	**142.03**	**68.53**	**48.43**
大武口区	Dawukou	2.76	--	156.02	82.48	59.20
惠农区	Huinong		--	104.39	49.89	39.37
平罗县	Pingluo	6.54	--	174.74	64.80	34.73
吴忠市	**Wuzhong**	**4.99**	--	**122.88**	**77.67**	**46.12**
利通区	Litong	6.13	--	141.52	92.35	53.43
红寺堡区	Hongsipu	3.61	--	7.73	32.74	48.61
盐池县	Yanchi		--	149.91	66.89	40.96
同心县	Tongxin	11.60	--	169.25	75.72	44.10
青铜峡市	Qingtongxia	4.59	--	84.99	77.48	38.85
固原市	**Guyuan**	**7.76**	--	**154.30**	**56.26**	**51.31**
原州区	Yuanzhou	8.94	--	155.17	40.94	49.28
西吉县	Xiji	9.08	--	143.16	94.60	54.15
隆德县	Longde	7.26	--	274.27	96.37	104.71
泾源县	Jingyuan	7.66	--	176.01	50.62	52.58
彭阳县	Pengyang	6.92	--	131.56	71.08	46.27
中卫市	**Zhongwei**	**4.34**	--	**186.29**	**56.72**	**55.66**
沙坡头区	Shapotou	4.23	--	192.98	32.25	60.69
中宁县	Zhongning	6.14	--	183.45	84.80	45.46
海原县	Haiyuan		--	168.11	64.50	61.74

2-46 2016年各市县城镇居民家庭收支基本情况
Basic Statistics of Income and Expenditure of Urban Households by City and County (2016)

单位：元/人 (yuan/person)

市 县	Region	一、家庭总收入 Total Income	(一)工资性收入 Income from Wages and Salaries	工资 Wages	实物福利及其他 Benefit in kind and Other Income	(二)经营性收入 Business Income	(三)财产性收入 Income from Property	1.利息收入 Interest
全 区	**Total**	**30966.72**	**18032.88**	**16895.06**	**1137.83**	**4363.50**	**1487.14**	**95.05**
沿黄地区	**Plain**	**31402.57**	**18463.21**	**17326.83**	**1136.39**	**3380.61**	**1623.05**	**103.62**
中南部地区	**Mountain Area**	**23914.06**	**15942.16**	**14986.05**	**956.11**	**3383.31**	**1050.02**	**50.74**
银川市	**Yinchuan**	**33723.10**	**19772.63**	**18560.05**	**1212.58**	**3596.41**	**2047.34**	**101.04**
兴庆区	Xingqing	35896.36	20185.89	18895.15	1290.75	3694.63	2503.18	106.61
西夏区	Xixia	27604.43	16890.02	15920.09	969.94	1495.28	1370.33	154.97
金凤区	Jinfeng	37427.17	21602.59	20158.16	1444.43	3920.01	2512.13	44.88
永宁县	Yongning	29297.40	19593.37	18705.29	888.08	3704.17	1444.12	96.84
贺兰县	Helan	30646.21	18569.74	18050.55	519.20	4803.84	1270.61	19.39
灵武市	Lingwu	31077.00	23922.58	22565.51	1357.06	2543.73	696.99	97.86
石嘴山市	**Shizuishan**	**29282.38**	**16732.16**	**15616.00**	**1116.16**	**3577.28**	**794.04**	**48.55**
大武口区	Dawukou	33136.71	18300.43	16885.64	1414.78	4019.63	1046.90	68.33
惠农区	Huinong	25144.03	15107.23	14179.04	928.19	2208.74	460.82	
平罗县	Pingluo	25503.89	14742.05	14141.93	600.12	4638.58	649.47	74.48
吴忠市	**Wuzhong**	**25935.70**	**15652.02**	**14812.05**	**839.96**	**4113.21**	**1093.53**	**118.44**
利通区	Litong	28275.72	15462.98	14539.00	923.99	3285.86	1338.47	212.73
红寺堡区	Hongsipu	20693.38	14075.59	13102.54	973.05	4981.52	473.57	0.10
盐池县	Yanchi	24821.31	14949.12	14166.87	782.25	4443.03	1268.44	31.22
同心县	Tongxin	22249.53	14448.29	13677.21	771.08	4383.34	1042.74	
青铜峡市	Qingtongxia	26853.24	16750.40	16047.28	703.12	4563.34	905.21	190.30
固原市	**Guyuan**	**25567.85**	**16929.33**	**15833.81**	**1095.52**	**3219.94**	**883.66**	**87.65**
原州区	Yuanzhou	27708.24	16629.84	15509.88	1119.96	3428.33	1336.65	134.56
西吉县	Xiji	23075.33	17744.40	16693.62	1050.77	3107.53	507.32	29.81
隆德县	Longde	21988.01	17088.41	16369.77	718.64	1621.84	592.77	
泾源县	Jingyuan	22401.20	16890.18	16081.15	809.03	2184.86	809.64	27.24
彭阳县	Pengyang	23882.10	17837.25	16575.47	1261.78	3289.55	793.76	26.63
中卫市	**Zhongwei**	**26317.12**	**17372.08**	**16118.22**	**1253.86**	**2979.19**	**1295.44**	**124.34**
沙坡头区	Shapotou	28499.19	18148.80	17074.45	1074.35	3039.24	1177.26	127.46
中宁县	Zhongning	25600.17	16767.79	15049.43	1718.36	3477.47	1536.82	181.55
海原县	Haiyuan	21951.78	16735.63	15952.18	783.45	1364.93	1105.40	

2-46 续表 1 continued

单位：元/人 (yuan/person)

市 县	Region	2.红利收入 Bonus	3.保险净收益 Insurance Profit	4.转让承包土地经营权租金净收入 Rental Income for Land Contractual Management Right	5.出租房屋收入 Lease House Income	6.出租其他资产净收入 Rent other Assets Income	7.其他财产性收入 Other Properties	8.房屋虚拟租金 Virtual Rent of House
全 区	**Total**	**45.13**	**4.44**	**30.50**	**308.09**	**8.65**	**2.38**	**992.90**
沿黄地区	**Plain**	**12.17**	**2.26**	**26.87**	**283.19**	**36.52**	**1.64**	**1156.77**
中南部地区	**Mountain Area**	**40.32**		**2.71**	**364.00**	**8.43**		**583.81**
银川市	**Yinchuan**	**11.70**	**2.82**	**8.68**	**402.71**	**37.50**	**2.57**	**1480.32**
兴庆区	Xingqing			9.47	541.08	52.19		1793.83
西夏区	Xixia	46.72	13.62		44.30			1110.73
金凤区	Jinfeng				665.90		11.95	1789.41
永宁县	Yongning			23.20	568.55		13.70	741.84
贺兰县	Helan	9.47		65.09	29.12	246.07		901.47
灵武市	Lingwu	26.24		3.08	104.95	41.92		422.93
石嘴山市	**Shizuishan**	**10.72**		**7.47**	**49.04**	**20.02**	**0.16**	**658.07**
大武口区	Dawukou	21.50		9.25	67.81	40.16	0.32	839.54
惠农区	Huinong							460.82
平罗县	Pingluo			14.70	78.33			481.96
吴忠市	**Wuzhong**	**65.79**	**3.03**	**94.75**	**176.09**	**44.93**		**590.49**
利通区	Litong	41.58	10.10	169.06	167.48	112.45		625.07
红寺堡区	Hongsipu	9.46			21.34			442.67
盐池县	Yanchi	253.28		11.97	240.86	53.92		677.17
同心县	Tongxin				409.72			633.01
青铜峡市	Qingtongxia	0.68		164.25	35.33			514.64
固原市	**Guyuan**	**0.35**		**1.40**	**227.76**			**566.50**
原州区	Yuanzhou				629.48			572.60
西吉县	Xiji				45.11			432.39
隆德县	Longde	7.21			36.03			549.54
泾源县	Jingyuan				10.29			772.11
彭阳县	Pengyang			6.35	165.37			595.41
中卫市	**Zhongwei**	**4.38**		**48.15**	**205.41**	**34.03**		**879.13**
沙坡头区	Shapotou	0.83			136.54	74.64		837.79
中宁县	Zhongning	10.96		132.01	189.13			1023.18
海原县	Haiyuan				423.52			681.88

2-46 续表 2 continued

单位：元/人 (yuan/person)

市 县	Region	(四)转移性收入 Income from Transfer	1.养老金或离退休金 Annuities and Pension	2.社会救济收入 Social Relief	3.政策性生活补贴 Policy-related Subsidies	4.赡养收入 Maintenance Income	5.报销医疗费 Medical Fee for Reimbursement	6.其他转移性收入 Other Transfer
全 区	**Total**	**7083.19**	**6365.77**	**81.15**	**34.13**	**66.15**	**389.89**	**41.57**
沿黄地区	**Plain**	**7935.69**	**7367.57**	**90.00**	**7.68**	**38.48**	**322.49**	**47.59**
中南部地区	**Mountain Area**	**3538.56**	**2770.33**	**243.48**	**24.75**	**108.41**	**213.35**	**46.34**
银川市	**Yinchuan**	**8306.72**	**7740.79**	**80.48**	**5.72**	**14.96**	**374.21**	**46.41**
兴庆区	Xingqing	9512.66	8882.85	116.92	0.42	3.09	448.76	8.21
西夏区	Xixia	7848.80	7374.32	64.50		12.69	247.38	149.26
金凤区	Jinfeng	9392.44	8931.93	13.52	8.63	28.53	348.82	11.13
永宁县	Yongning	4555.74	3880.18		26.11	21.95	346.13	120.15
贺兰县	Helan	6002.01	5240.45	243.50	2.37	91.95	410.55	
灵武市	Lingwu	3913.70	3420.58		42.96	22.99	334.68	53.61
石嘴山市	**Shizuishan**	**8178.91**	**7724.46**	**104.82**	**12.22**	**44.03**	**192.48**	**52.80**
大武口区	Dawukou	9769.76	9247.08	83.42	14.20	36.50	293.56	64.07
惠农区	Huinong	7367.25	7075.46	100.73	0.95	77.32	93.68	8.58
平罗县	Pingluo	5473.78	4954.05	167.76	9.00	11.99	85.46	93.89
吴忠市	**Wuzhong**	**5076.94**	**4517.10**	**51.53**	**11.85**	**97.78**	**176.29**	**42.03**
利通区	Litong	8188.40	7676.41	25.00	3.35	153.67	201.08	47.31
红寺堡区	Hongsipu	1162.70	901.23	61.37	20.70	19.17	38.90	13.68
盐池县	Yanchi	4160.72	3534.89	3.67	25.02	20.51	145.85	2.41
同心县	Tongxin	2375.16	1451.15	179.72	22.64	108.99	249.58	150.24
青铜峡市	Qingtongxia	4634.29	4197.77	40.38	2.31	113.24	170.40	9.31
固原市	**Guyuan**	**4534.92**	**3652.31**	**346.00**	**28.30**	**151.51**	**254.60**	**47.42**
原州区	Yuanzhou	6313.42	5398.53	429.76	19.38	204.84	248.20	12.33
西吉县	Xiji	1716.09	1515.48	50.64	8.77	45.34	45.08	
隆德县	Longde	2684.99	1951.87	150.36	158.23		341.48	
泾源县	Jingyuan	2516.53	1953.30	177.59	53.18	3.57	116.81	
彭阳县	Pengyang	1961.55	738.81	347.73	27.04	124.06	382.55	183.05
中卫市	**Zhongwei**	**4670.41**	**3797.15**	**173.27**	**19.91**	**75.24**	**389.80**	**46.07**
沙坡头区	Shapotou	6133.89	4989.66	174.70	17.89	165.02	444.00	75.31
中宁县	Zhongning	3818.08	2973.80	190.39	32.23		464.23	32.15
海原县	Haiyuan	2745.83	2497.07	137.97			102.86	

2-46 续表 3 continued

单位：元/人 (yuan/person)

市 县	Region	二、出售资产所得 Proceeds from Sales of Belongings	1.出售住房收入 Sale of Housing	2.出售其他物品收入 Sale of Other	三、借贷性所得 Credit Income	1.提取储蓄存款 Draw Saving Deposits	2.借入款 Borrowed	3.收回借出款 Recover Loans
全　区	**Total**	**848.23**	**70.55**	**9.55**	**1912.44**	**1166.82**	**451.67**	**41.96**
沿黄地区	**Plain**	**213.98**	**135.21**	**3.41**	**902.02**	**470.47**	**200.61**	**27.00**
中南部地区	**Mountain Area**	**11679.08**	**0.95**	**233.57**	**3761.26**	**2493.92**	**844.09**	**116.50**
银川市	**Yinchuan**	**173.39**	**134.15**	**2.50**	**754.95**	**357.26**	**243.95**	**5.46**
兴庆区	Xingqing	22.90		1.16	658.00	346.29	227.58	5.37
西夏区	Xixia	2.02		2.02	541.20	417.19	120.93	
金凤区	Jinfeng	662.44	624.26	3.25	254.42	129.26	125.16	
永宁县	Yongning	890.63	710.84	9.87	1800.78	291.07	504.02	41.62
贺兰县	Helan				323.52	160.25	52.90	
灵武市	Lingwu	198.69		8.04	2942.85	1067.73	1017.97	10.32
石嘴山市	**Shizuishan**	**50.32**		**0.26**	**348.35**	**155.23**	**81.54**	**49.43**
大武口区	Dawukou	100.63		0.24	296.73	44.71	159.36	82.90
惠农区	Huinong							
平罗县	Pingluo	0.71		0.71	1030.93	683.94	10.64	41.65
吴忠市	**Wuzhong**	**1838.03**	**311.93**	**267.00**	**1375.18**	**480.90**	**383.40**	**79.35**
利通区	Litong	1103.42	1034.75	30.31	2171.70	576.31	452.17	155.65
红寺堡区	Hongsipu	3122.59	17.83	115.62	913.11	40.16	595.77	21.48
盐池县	Yanchi	1309.43		1184.22	2110.91	1235.83	851.11	18.47
同心县	Tongxin	6177.74		19.13	1020.03	143.45	144.91	7.12
青铜峡市	Qingtongxia	108.22		5.39	230.62	103.34	23.87	103.41
固原市	**Guyuan**	**19195.32**		**66.44**	**5617.10**	**3989.15**	**1101.30**	**185.76**
原州区	Yuanzhou	33248.78		113.26	8965.92	6884.99	1726.00	228.79
西吉县	Xiji	8.06		8.06	1870.57		454.75	
隆德县	Longde	119.51			1553.84	57.02	509.67	139.43
泾源县	Jingyuan	158.67			283.00	110.46	29.73	107.13
彭阳县	Pengyang	0.24		0.24	519.34	43.62	93.04	192.35
中卫市	**Zhongwei**	**384.68**		**0.59**	**2575.06**	**1964.55**	**78.18**	**5.00**
沙坡头区	Shapotou	834.21		1.14	1319.78	383.84	55.26	
中宁县	Zhongning	6.35		0.19	5409.80	4906.06	145.26	13.71
海原县	Haiyuan	11.32						

2-46 续表 4 continued

单位：元/人 (yuan/person)

市　县	Region	4.收回保险本金 Recouping Insurance Principal	5.住房贷款 Repayment of House Loan	6.汽车贷款 Repayment of Auto Loan	7.教育贷款 Repayment of Education Loan	8.其他贷款 Repayment of Other Loans	9.其他借贷收入 Other Credit Income
全　区	**Total**	**0.72**	**46.91**	**94.05**	**10.60**	**98.08**	**1.63**
沿黄地区	**Plain**	**3.09**	**107.73**	**55.97**	**12.96**	**21.94**	**2.24**
中南部地区	**Mountain Area**		**107.32**	**24.96**	**72.54**	**98.23**	**3.69**
银川市	**Yinchuan**	**0.79**	**54.36**	**57.94**		**35.20**	
兴庆区	Xingqing			78.77			
西夏区	Xixia	3.09					
金凤区	Jinfeng						
永宁县	Yongning	2.76	961.31				
贺兰县	Helan		4.53			105.84	
灵武市	Lingwu		13.09	339.48		494.27	
石嘴山市	**Shizuishan**	**10.59**			**46.69**	**0.27**	**4.60**
大武口区	Dawukou					0.55	9.22
惠农区	Huinong						
平罗县	Pingluo	54.49			240.22		
吴忠市	**Wuzhong**		**289.18**			**130.12**	**12.22**
利通区	Litong		963.17				24.40
红寺堡区	Hongsipu					202.66	53.04
盐池县	Yanchi						5.51
同心县	Tongxin					724.54	
青铜峡市	Qingtongxia						
固原市	**Guyuan**		**178.62**	**41.54**	**120.74**		
原州区	Yuanzhou				126.13		
西吉县	Xiji		1380.76		35.07		
隆德县	Longde			847.72			
泾源县	Jingyuan				35.68		
彭阳县	Pengyang				190.33		
中卫市	**Zhongwei**	**2.66**	**279.63**	**216.97**	**28.06**		
沙坡头区	Shapotou		613.27	205.88	61.53		
中宁县	Zhongning	7.31		337.47			
海原县	Haiyuan						

2-46 续表 5 continued

单位：元/人 (yuan/person)

市　县	Region	四、家庭总支出 Total Expenditure	(一)消费性支　出 Consumption Expenditure	(二)生产费用支出 Expenditure for Household Business	(三)财产性支　出 Property Expenditures	1.生活贷款利息支出 Interest of Life Loans	2.其它 Other	(四)转移性支　出 Transfer Expenditures	1.交纳所得税 Individual Income-tax
全　区	**Total**	**30896.51**	**20364.23**	**1242.80**	**231.77**	**220.62**	**11.15**	**2042.85**	**79.32**
沿黄地区	**Plain**	**29609.43**	**20291.23**	**687.09**	**193.47**	**186.78**	**6.68**	**1983.71**	**62.51**
中南部地区	**Mountain Area**	**26156.23**	**14720.19**	**529.96**	**115.71**	**115.65**	**0.06**	**1321.34**	**30.39**
银川市	**Yinchuan**	**31468.09**	**22897.85**	**422.46**	**290.45**	**279.70**	**10.75**	**2163.44**	**86.60**
兴庆区	Xingqing	32212.06	24367.34	290.31	346.82	344.24	2.58	2179.12	57.12
西夏区	Xixia	31448.56	20956.52	47.50	326.01	294.27	31.74	2097.37	119.09
金凤区	Jinfeng	32011.97	24291.37	675.86	134.32	114.69	19.63	2844.81	167.71
永宁县	Yongning	30513.94	19876.47	563.06	86.02	86.02		1483.29	39.73
贺兰县	Helan	24495.92	17043.33	2330.29	304.99	304.99		1012.75	12.48
灵武市	Lingwu	26372.24	18477.75	705.38	36.04	36.04		1973.61	113.59
石嘴山市	**Shizuishan**	**26426.31**	**16013.20**	**1136.05**	**44.89**	**44.89**		**1806.58**	**18.47**
大武口区	Dawukou	28757.23	17391.98	1690.55	54.74	54.74		2420.45	23.88
惠农区	Huinong	24038.60	13403.02	104.66				1245.45	17.45
平罗县	Pingluo	24013.43	16351.33	1343.97	90.53	90.53		1025.92	3.12
吴忠市	**Wuzhong**	**24792.44**	**15279.51**	**967.41**	**49.17**	**49.04**	**0.13**	**1230.55**	**21.38**
利通区	Litong	32486.44	17267.80	1110.95	42.28	42.28		1685.75	27.27
红寺堡区	Hongsipu	19191.70	12715.66	207.56	31.35	29.50	1.84	729.85	47.86
盐池县	Yanchi	22364.14	15200.03	806.67	119.23	119.23		855.34	6.62
同心县	Tongxin	20952.56	14015.66	775.47	35.53	35.53		1052.04	1.88
青铜峡市	Qingtongxia	22444.44	15061.96	1298.34	15.35	15.35		1188.55	12.29
固原市	**Guyuan**	**31321.88**	**15527.33**	**485.89**	**182.06**	**182.06**		**1611.59**	**48.31**
原州区	Yuanzhou	40992.43	17709.74	775.59	252.02	252.02		2164.53	71.66
西吉县	Xiji	19568.01	12609.65	107.09	82.92	82.92		1059.44	27.96
隆德县	Longde	20186.07	13708.88	143.79	219.80	219.80		1121.55	25.21
泾源县	Jingyuan	18831.25	13662.23	355.74	79.64	79.64		785.37	8.52
彭阳县	Pengyang	17075.83	12428.25	73.83	53.43	53.43		830.44	12.19
中卫市	**Zhongwei**	**27743.95**	**18298.45**	**673.34**	**144.28**	**144.28**		**1871.28**	**62.01**
沙坡头区	Shapotou	28916.37	18793.62	1273.81	239.20	239.20		2353.16	32.63
中宁县	Zhongning	29108.09	19556.91	251.99	82.47	82.47		1622.61	110.45
海原县	Haiyuan	21888.64	14299.88	3.30	29.29	29.29		1131.35	39.10

2-46 续表 6 continued

单位：元/人 (yuan/person)

市 县 Region	2.社会保障支出 Social Security Expenditures	个人交纳的养老保险 Annuities	个人交纳的医疗保险 Medical Accumulation Fund	个人交纳的失业保险 Disemployed Accumulation Fund	其他社会保障支出 Others	3.赡养支出 Support Expenditures	4. 其它转移性支出 Others
全 区 Total	**1816.61**	**1349.45**	**369.99**	**70.37**	**26.80**	**55.15**	**91.73**
沿黄地区 Plain	**1796.78**	**1272.19**	**417.37**	**78.92**	**28.30**	**71.13**	**53.26**
中南部地区 Mountain Area	**1134.78**	**852.56**	**228.21**	**37.03**	**16.97**	**56.76**	**99.42**
银川市 Yinchuan	**1966.39**	**1336.36**	**491.02**	**102.17**	**36.84**	**72.61**	**37.84**
兴庆区 Xingqing	2022.21	1435.37	487.54	88.32	10.98	63.35	36.44
西夏区 Xixia	1868.33	1262.18	461.19	120.77	24.20	88.34	21.62
金凤区 Jinfeng	2523.24	1594.74	698.29	107.57	122.64	104.14	49.73
永宁县 Yongning	1307.35	786.02	329.45	75.58	116.31	53.44	82.77
贺兰县 Helan	873.28	640.22	185.92	20.95	26.20	98.83	28.15
灵武市 Lingwu	1784.42	1107.40	480.33	188.37	8.32	27.57	48.02
石嘴山市 Shizuishan	**1654.89**	**1254.96**	**318.63**	**58.15**	**23.15**	**70.14**	**63.09**
大武口区 Dawukou	2194.66	1719.60	367.55	69.51	37.99	132.91	69.01
惠农区 Huinong	1168.60	781.66	312.97	70.94	3.03		59.40
平罗县 Pingluo	976.38	752.03	197.57	9.90	16.89	2.60	43.82
吴忠市 Wuzhong	**1068.70**	**791.07**	**241.14**	**31.12**	**5.36**	**65.37**	**74.93**
利通区 Litong	1556.25	1192.60	307.85	48.59	7.20	84.20	18.04
红寺堡区 Hongsipu	642.07	382.49	183.22	62.52	13.85	22.73	17.19
盐池县 Yanchi	755.21	536.24	203.33	15.64		18.11	75.40
同心县 Tongxin	742.58	561.71	158.40	22.00	0.48	75.23	232.35
青铜峡市 Qingtongxia	1024.22	742.99	261.46	11.29	8.49	89.87	61.53
固原市 Guyuan	**1386.18**	**1068.55**	**264.67**	**44.61**	**8.34**	**72.63**	**104.48**
原州区 Yuanzhou	1879.27	1541.84	292.01	45.42		76.19	137.41
西吉县 Xiji	932.06	595.64	257.33	79.09		55.43	43.99
隆德县 Longde	896.66	426.42	295.10	52.12	123.02	157.01	42.67
泾源县 Jingyuan	682.90	418.93	190.54	55.05	18.38	7.37	86.59
彭阳县 Pengyang	694.62	459.65	213.18	14.84	6.95	61.29	62.33
中卫市 Zhongwei	**1613.60**	**1278.02**	**265.41**	**34.65**	**35.53**	**34.17**	**161.49**
沙坡头区 Shapotou	2248.24	1949.60	254.18	36.14	8.32	5.07	67.22
中宁县 Zhongning	1068.92	709.35	326.90	23.72	8.96	87.33	355.91
海原县 Haiyuan	1089.04	708.26	163.86	54.35	162.57		3.22

2-46 续表 7 continued

单位：元/人 (yuan/person)

市 县	Region	(五)部分商业保险支出 Commercial Insurance	(六)购房与建房支出 Expenditures of Purchasing and Building Houses	1.购房 Purchasing Houses	2.建房 Building Houses	(七)借贷支出 Credit Expenditures	1.存入储蓄款 Saving Deposits	2.借出款 Lending	3.归还借款 Repayment of Loans
全 区	**Total**	**341.59**	**1952.76**	**1896.95**	**55.81**	**2015.56**	**512.40**	**49.27**	**237.70**
沿黄地区	**Plain**	**377.71**	**1275.77**	**1267.82**	**7.95**	**1866.59**	**561.27**	**51.38**	**183.24**
中南部地区	**Mountain Area**	**53.51**	**4379.81**	**4281.60**	**98.21**	**1477.19**	**0.36**	**18.40**	**420.20**
银川市	**Yinchuan**	**382.54**	**854.82**	**848.98**	**5.84**	**1525.38**	**113.21**	**7.54**	**158.20**
兴庆区	Xingqing	451.88				1663.99	71.51	14.03	134.10
西夏区	Xixia	322.71	3156.53	3153.84	2.69	1578.45	312.79		110.38
金凤区	Jinfeng	271.44	316.44	281.63	34.81	1110.52			180.00
永宁县	Yongning	392.46	2004.88	2004.88		1503.42	86.06		135.53
贺兰县	Helan	112.11	98.01	98.01		1104.47	137.40	1.59	71.19
灵武市	Lingwu	415.69	616.78	616.78		1274.78	70.88	14.54	559.65
石嘴山市	**Shizuishan**	**355.29**	**1211.81**	**1211.81**		**2988.93**	**2015.32**	**135.73**	**134.92**
大武口区	Dawukou	442.01	2260.44	2260.44		1518.18		272.18	210.41
惠农区	Huinong	263.24				6795.56	6631.16		4.37
平罗县	Pingluo	282.06	435.25	435.25		857.02			147.50
吴忠市	**Wuzhong**	**255.01**	**2563.23**	**2512.72**	**50.51**	**1281.23**	**195.77**	**124.67**	**204.59**
利通区	Litong	208.37	6421.69	6388.11	33.58	1574.79	550.69	246.12	282.72
红寺堡区	Hongsipu	115.23	438.31	90.67	347.64	2540.75		189.74	633.27
盐池县	Yanchi	99.28	1454.03	1454.03		887.00	90.16	44.39	49.93
同心县	Tongxin	54.58				474.39		19.13	314.58
青铜峡市	Qingtongxia	613.27	1198.86	1136.23	62.63	1460.29	46.53	99.31	56.51
固原市	**Guyuan**	**34.99**	**7660.77**	**7528.21**	**132.55**	**1982.26**	**0.24**	**9.92**	**560.66**
原州区	Yuanzhou	58.80	12620.25	12620.25		2229.04		1.52	746.24
西吉县	Xiji	17.96	2301.40	1427.04	874.36	2384.66		28.42	196.69
隆德县	Longde	10.43	121.71	63.58	58.13	2438.43	4.98	109.55	799.63
泾源县	Jingyuan	55.54	1397.58	1397.58		1203.82			142.69
彭阳县	Pengyang	19.27	75.37		75.37	985.02			269.88
中卫市	**Zhongwei**	**379.40**	**1571.93**	**1571.93**		**1685.84**	**143.66**		**426.07**
沙坡头区	Shapotou	324.62	1730.54	1730.54		1372.18	34.52		226.58
中宁县	Zhongning	585.86	902.56	902.56		2440.35	350.69		860.10
海原县	Haiyuan	81.63	2590.45	2590.45		970.90			51.52

2-46 续表 8 continued

单位：元/人 (yuan/person)

市 县	Region	4.购买有价证券 Purchase of Securities	5.其它投资支出 Other Investment Expenditure	6.归还住房贷款 Repayment of House Loan	7.归还汽车贷款 Repayment of Auto Loan	8.归还教育贷款 Repayment of Education Loan	9.归还其它贷款 Repayment of Other Loans	10.其它借贷支出 Other Credit Expenditures
全 区	**Total**	**52.40**	**4.11**	**862.04**	**144.78**	**26.89**	**101.57**	**24.40**
沿黄地区	**Plain**	**36.35**	**6.14**	**842.13**	**111.80**	**9.13**	**52.42**	**12.74**
中南部地区	**Mountain Area**			**502.86**	**247.48**	**32.49**	**243.57**	**11.82**
银川市	**Yinchuan**	**1.11**	**7.00**	**1082.24**	**102.00**	**7.44**	**45.09**	**1.55**
兴庆区	Xingqing		14.95	1293.15	118.96		14.11	3.18
西夏区	Xixia			971.49	70.35		113.44	
金凤区	Jinfeng			738.14	93.39		98.99	
永宁县	Yongning			1052.11	228.60			1.10
贺兰县	Helan	26.13		868.16				
灵武市	Lingwu			430.64	79.21	119.85		
石嘴山市	**Shizuishan**	**160.37**	**1.64**	**436.12**	**44.31**	**14.90**	**5.58**	**40.04**
大武口区	Dawukou	302.41	2.75	640.38	9.76			80.29
惠农区	Huinong	31.48	0.87	73.45	54.23			
平罗县	Pingluo			486.00	118.12	76.67	28.73	
吴忠市	**Wuzhong**			**380.74**	**156.88**		**196.94**	**21.64**
利通区	Litong			163.66			311.67	19.93
红寺堡区	Hongsipu			471.98	318.40		706.14	221.21
盐池县	Yanchi			260.80	183.94		257.78	
同心县	Tongxin			140.68				
青铜峡市	Qingtongxia			877.13	380.80			
固原市	**Guyuan**			**719.55**	**394.07**	**54.08**	**243.74**	
原州区	Yuanzhou			446.90	664.02	81.40	288.96	
西吉县	Xiji			1862.87	25.46		271.21	
隆德县	Longde			1074.86	157.00	84.77	207.65	
泾源县	Jingyuan			821.06			240.07	
彭阳县	Pengyang			603.94		13.47	97.73	
中卫市	**Zhongwei**		**15.49**	**694.89**	**244.53**	**12.89**	**127.95**	**20.37**
沙坡头区	Shapotou		33.98	818.29	36.89	28.27	148.98	44.67
中宁县	Zhongning			566.52	624.26		38.78	
海原县	Haiyuan			657.41			261.97	

2-47 2016年各市县城镇居民家庭消费支出情况

Basic Statistics of Consumption Expenditure of Urban Households by City and County (2016)

单位：元/人 (yuan/person)

市 县	Region	消费支出 Consumption Expenditure	一、食品烟酒 Food Tobacco Liquor	A.食品 Food	谷物 Grain	薯类 Tubers	豆类 Soybeans	食用油 Edible Oil	蔬菜和食用菌 Vegetables and Related Products
全 区	**Total**	**20364.23**	**4889.22**	**3116.07**	**416.81**	**38.96**	**41.45**	**135.20**	**437.76**
沿黄地区	**Plain**	**20291.23**	**5357.39**	**3342.47**	**437.38**	**37.46**	**48.00**	**136.82**	**471.78**
中南部地区	**Mountain Area**	**14720.19**	**3766.21**	**2604.84**	**409.93**	**35.28**	**22.40**	**128.12**	**324.39**
银川市	**Yinchuan**	**22897.85**	**5929.03**	**3499.39**	**404.37**	**44.33**	**48.83**	**136.34**	**504.91**
兴庆区	Xingqing	24367.34	6201.04	3551.50	384.96	43.37	48.17	118.70	525.20
西夏区	Xixia	20956.52	6163.31	3728.45	452.52	58.20	63.05	155.05	532.51
金凤区	Jinfeng	24291.37	5751.14	3369.92	359.36	55.33	45.04	158.40	468.13
永宁县	Yongning	19876.47	5137.60	3243.59	443.50	16.85	39.46	147.45	455.32
贺兰县	Helan	17043.33	4731.56	3230.45	401.20	27.51	45.04	157.54	490.96
灵武市	Lingwu	18477.75	4293.51	3027.90	472.96	21.67	31.86	145.10	405.19
石嘴山市	**Shizuishan**	**16013.20**	**4714.93**	**3176.56**	**515.06**	**17.43**	**45.81**	**134.92**	**427.28**
大武口区	Dawukou	17391.98	5027.07	3258.53	481.44	23.42	48.88	129.74	417.50
惠农区	Huinong	13403.02	4780.87	3385.44	548.72	0.17	44.53	155.22	501.94
平罗县	Pingluo	16351.33	3768.57	2621.32	549.35	29.16	39.60	115.47	333.49
吴忠市	**Wuzhong**	**15279.51**	**3946.76**	**2852.72**	**443.44**	**30.93**	**24.25**	**137.32**	**342.43**
利通区	Litong	17267.80	4435.15	3118.48	323.11	45.58	26.01	130.98	353.65
红寺堡区	Hongsipu	12715.66	3265.34	2334.54	393.72	50.78	18.68	80.24	252.31
盐池县	Yanchi	15200.03	3645.27	2525.22	321.41	29.09	21.85	96.08	311.24
同心县	Tongxin	14015.66	3776.56	3205.58	715.68	14.46	2.88	263.96	384.15
青铜峡市	Qingtongxia	15061.96	4056.87	2831.90	543.91	21.04	40.10	119.63	366.15
固原市	**Guyuan**	**15527.33**	**3988.53**	**2546.82**	**369.41**	**36.07**	**26.93**	**102.29**	**326.64**
原州区	Yuanzhou	17709.74	4378.48	2651.59	405.00	30.67	30.72	102.04	352.34
西吉县	Xiji	12609.65	3671.80	2478.88	316.66	73.53	18.30	127.96	277.29
隆德县	Longde	13708.88	4485.63	2939.44	312.11	66.85	38.37	78.69	443.08
泾源县	Jingyuan	13662.23	3485.64	2701.14	636.01	74.10	17.72	157.28	309.45
彭阳县	Pengyang	12428.25	3137.25	2194.41	273.97	12.97	22.02	77.30	273.01
中卫市	**Zhongwei**	**18298.45**	**4208.56**	**2949.45**	**490.81**	**44.63**	**56.06**	**162.59**	**436.79**
沙坡头区	Shapotou	18793.62	4216.65	2801.94	445.55	26.40	65.52	153.87	488.50
中宁县	Zhongning	19556.91	4624.85	3290.94	571.41	56.57	60.66	144.59	438.96
海原县	Haiyuan	14299.88	3346.46	2661.10	441.34	67.88	22.06	224.96	302.89

2-47 续表 1 continued

单位：元/人 (yuan/person)

市 县	Region	肉类 Meat	禽类 Poultry	水产品 Aquartic Products	蛋类 Eggs	奶类 Milk	干鲜瓜果类 Dried and Fresh Melon Fruits	糖果糕点类 Candy and Pastry	其它类食品 Other Food	B.烟酒 Tobacco and Liquor
全 区	**Total**	**724.14**	**143.98**	**92.05**	**63.54**	**228.02**	**495.03**	**106.59**	**192.53**	**366.08**
沿黄地区	**Plain**	**757.52**	**152.22**	**112.60**	**69.56**	**256.27**	**535.05**	**118.79**	**209.01**	**396.41**
中南部地区	**Mountain Area**	**692.49**	**101.34**	**29.53**	**46.66**	**160.16**	**424.61**	**70.38**	**159.55**	**313.82**
银川市	**Yinchuan**	**770.91**	**159.43**	**135.28**	**76.91**	**280.11**	**578.46**	**127.25**	**232.25**	**440.95**
兴庆区	Xingqing	749.32	159.87	124.76	79.00	302.30	625.26	132.98	257.63	400.93
西夏区	Xixia	792.58	150.84	185.97	94.36	309.24	564.11	140.71	229.32	595.70
金凤区	Jinfeng	803.62	172.65	154.62	70.51	229.77	517.21	134.65	200.62	375.90
永宁县	Yongning	732.89	174.92	72.85	46.82	247.59	586.82	110.25	168.86	341.79
贺兰县	Helan	801.20	154.10	62.88	56.85	194.46	498.70	95.15	244.87	463.10
灵武市	Lingwu	763.77	152.87	69.81	59.42	241.14	434.04	76.89	153.18	294.73
石嘴山市	**Shizuishan**	**758.11**	**130.94**	**105.05**	**66.98**	**201.71**	**471.75**	**123.91**	**177.60**	**405.13**
大武口区	Dawukou	763.48	136.24	117.49	76.67	204.59	485.42	142.35	231.32	452.90
惠农区	Huinong	891.32	144.78	130.38	71.37	207.40	468.90	112.95	107.77	386.22
平罗县	Pingluo	533.03	97.24	32.34	35.50	184.60	435.15	89.87	146.54	314.44
吴忠市	**Wuzhong**	**799.16**	**146.47**	**40.05**	**34.41**	**208.72**	**414.47**	**66.68**	**164.37**	**194.40**
利通区	Litong	980.71	172.06	61.71	43.93	272.11	443.86	71.50	193.27	175.84
红寺堡区	Hongsipu	606.71	111.51	25.77	35.52	161.03	415.67	69.16	113.44	196.62
盐池县	Yanchi	684.18	110.24	36.94	33.62	253.54	371.84	76.42	178.78	260.92
同心县	Tongxin	1003.34	111.06	13.04	22.32	146.94	321.17	31.61	174.97	63.24
青铜峡市	Qingtongxia	631.97	183.36	39.41	32.36	156.79	488.43	76.92	131.84	251.38
固原市	**Guyuan**	**648.17**	**96.84**	**28.97**	**55.78**	**143.90**	**476.33**	**80.04**	**155.45**	**415.89**
原州区	Yuanzhou	671.71	100.21	31.91	59.29	170.81	472.46	92.55	131.87	523.48
西吉县	Xiji	752.11	107.17	28.91	60.18	124.93	407.03	78.16	106.67	265.65
隆德县	Longde	622.68	121.90	51.41	51.04	199.37	570.94	97.64	285.36	518.62
泾源县	Jingyuan	514.24	76.39	20.53	41.63	243.40	385.88	53.83	170.68	166.10
彭阳县	Pengyang	559.15	79.28	18.26	48.23	48.25	519.95	50.63	211.39	260.82
中卫市	**Zhongwei**	**594.28**	**110.71**	**44.47**	**53.04**	**240.88**	**460.15**	**77.23**	**177.82**	**292.27**
沙坡头区	Shapotou	520.06	103.70	37.97	49.54	228.33	431.61	77.64	173.26	352.75
中宁县	Zhongning	652.72	126.07	50.34	59.04	299.88	556.39	87.67	186.63	248.25
海原县	Haiyuan	678.41	96.86	49.72	50.15	155.98	342.05	54.79	174.01	233.12

2-47 续表 2 continued

单位：元/人 (yuan/person)

市 县	Region	C.饮料 Beverage	D.饮食服务 Service for Food	在外饮食 Dinning Outer	2.衣着 Clothing	A.衣类 Clothing	B.鞋类 Footwear	3.居住 Residence	A.租赁房房租 Rent	B.住房维修管理 Maintenance Management
全 区	**Total**	**95.02**	**1312.05**	**1252.87**	**1726.72**	**1383.76**	**342.96**	**3770.48**	**134.97**	**879.55**
沿黄地区	**Plain**	**98.06**	**1520.45**	**1480.95**	**1805.41**	**1438.15**	**367.26**	**3624.92**	**160.62**	**493.25**
中南部地区	**Mountain Area**	**97.56**	**750.00**	**682.43**	**1487.77**	**1167.95**	**319.81**	**2738.82**	**62.73**	**614.73**
银川市	**Yinchuan**	**110.66**	**1878.03**	**1844.47**	**1968.72**	**1577.94**	**390.78**	**4057.34**	**210.03**	**420.11**
兴庆区	Xingqing	117.20	2131.40	2124.81	2176.36	1768.17	408.19	4024.02	140.27	191.04
西夏区	Xixia	110.97	1728.18	1680.80	1590.99	1239.17	351.82	4129.20	189.35	1090.97
金凤区	Jinfeng	99.65	1905.67	1850.01	1776.91	1406.70	370.22	5242.11	645.91	284.34
永宁县	Yongning	95.89	1456.34	1406.70	2280.59	1815.77	464.81	2990.01		532.69
贺兰县	Helan	101.23	936.78	876.45	1679.61	1293.63	385.98	3226.30	97.93	192.93
灵武市	Lingwu	106.79	864.09	752.84	1877.53	1495.07	382.46	2261.49	49.26	257.25
石嘴山市	**Shizuishan**	**77.31**	**1055.92**	**1028.25**	**1491.41**	**1163.80**	**327.61**	**2726.75**	**73.84**	**429.58**
大武口区	Dawukou	81.69	1233.95	1202.73	1637.03	1277.07	359.96	3223.71	71.50	539.66
惠农区	Huinong	72.49	936.73	904.92	1245.94	964.04	281.90	1897.30	22.02	185.71
平罗县	Pingluo	72.56	760.25	747.73	1477.81	1162.03	315.77	2732.74	162.05	535.12
吴忠市	**Wuzhong**	**72.17**	**827.47**	**807.34**	**1649.32**	**1328.48**	**320.84**	**2788.08**	**53.56**	**684.61**
利通区	Litong	74.69	1066.15	1029.27	1568.95	1265.88	303.08	3434.63	54.06	1009.64
红寺堡区	Hongsipu	72.95	661.23	654.65	1498.36	1147.29	351.08	2031.44	63.71	415.55
盐池县	Yanchi	93.36	765.77	742.88	1740.55	1413.78	326.77	2842.62	52.43	794.58
同心县	Tongxin	61.56	446.19	446.19	1760.17	1386.82	373.35	2536.76	101.05	478.73
青铜峡市	Qingtongxia	60.97	912.61	897.36	1702.94	1395.71	307.23	2448.80	22.99	439.10
固原市	**Guyuan**	**107.99**	**917.82**	**811.89**	**1382.31**	**1082.78**	**299.54**	**3008.33**	**91.82**	**720.80**
原州区	Yuanzhou	85.51	1117.90	947.03	1362.42	1059.93	302.49	3561.73	123.86	1057.04
西吉县	Xiji	116.37	810.90	805.31	1627.67	1282.30	345.37	2163.13	5.77	362.64
隆德县	Longde	133.99	893.58	890.17	1435.67	1059.42	376.25	2275.17	37.65	225.60
泾源县	Jingyuan	107.17	511.24	510.15	1406.90	1107.54	299.36	3187.23	17.84	614.45
彭阳县	Pengyang	151.97	530.05	499.66	1308.67	1042.43	266.23	2116.80	77.26	122.99
中卫市	**Zhongwei**	**99.66**	**867.18**	**758.25**	**1762.67**	**1403.16**	**359.52**	**3718.19**	**125.69**	**919.83**
沙坡头区	Shapotou	109.63	952.33	832.95	1718.11	1376.45	341.66	3984.75	156.00	1162.80
中宁县	Zhongning	78.15	1007.51	858.97	1890.75	1498.87	391.88	3760.55	101.89	724.67
海原县	Haiyuan	120.05	332.20	330.39	1576.71	1235.01	341.69	2960.31	99.33	715.49

2-47 续表 3 continued

单位：元/人 (yuan/person)

市 县	Region	C.水电燃料及其他 Water, Electricity, Fuel and Others	D.自有住房折算租金 Imputed Rent for Home-ownership	4.生活用品及服务 Household Facilities, and Service	A.家具及室内装饰品 Furniture, Articles for Interior Decoration	B.家用器具 Implement	C.家用纺织品 Textile	D.家庭日用杂品 Household Articles for Daily Use	E.个人用品 Personal Articles	F.家庭服务 Family Services
全 区	**Total**	**876.46**	**1879.51**	**1245.07**	**296.93**	**255.23**	**104.52**	**236.21**	**315.02**	**37.16**
沿黄地区	**Plain**	**882.36**	**2088.69**	**1272.06**	**244.71**	**272.34**	**120.02**	**258.65**	**334.79**	**41.54**
中南部地区	**Mountain Area**	**784.12**	**1277.25**	**954.76**	**173.16**	**211.93**	**111.97**	**175.21**	**241.34**	**41.15**
银川市	**Yinchuan**	**920.07**	**2507.13**	**1440.75**	**314.21**	**291.98**	**135.05**	**286.21**	**376.29**	**37.03**
兴庆区	Xingqing	864.28	2828.43	1562.73	329.28	257.97	153.50	314.92	468.52	38.53
西夏区	Xixia	960.93	1887.96	1330.12	218.76	395.00	83.96	290.78	301.31	40.30
金凤区	Jinfeng	1006.49	3305.36	1453.25	439.01	282.40	135.64	278.09	281.85	36.26
永宁县	Yongning	757.41	1699.91	1382.13	341.16	329.16	168.28	178.41	329.46	35.67
贺兰县	Helan	1222.41	1713.02	941.73	112.72	240.11	128.02	216.89	228.23	15.76
灵武市	Lingwu	901.81	1053.18	1470.87	394.86	292.98	162.14	247.76	332.74	40.40
石嘴山市	**Shizuishan**	**854.96**	**1368.37**	**949.11**	**110.07**	**251.00**	**85.19**	**214.79**	**256.09**	**31.98**
大武口区	Dawukou	936.95	1675.60	1055.29	166.62	251.51	113.28	192.67	283.86	47.34
惠农区	Huinong	711.83	977.74	703.59	23.73	143.60	45.22	268.50	213.85	8.69
平罗县	Pingluo	862.94	1172.62	1060.75	101.38	416.82	76.67	186.51	249.85	29.51
吴忠市	**Wuzhong**	**709.92**	**1339.99**	**907.20**	**137.41**	**164.80**	**84.40**	**175.82**	**267.70**	**77.08**
利通区	Litong	736.39	1634.53	954.26	147.77	206.22	67.09	174.17	316.98	42.03
红寺堡区	Hongsipu	601.70	950.47	801.33	227.82	99.92	76.23	170.94	207.71	18.71
盐池县	Yanchi	839.22	1156.39	1039.89	78.90	291.55	141.92	199.49	229.38	98.66
同心县	Tongxin	799.05	1157.92	859.61	219.77	76.11	73.90	164.99	298.05	26.79
青铜峡市	Qingtongxia	572.61	1414.10	835.70	100.73	92.04	69.86	173.06	248.02	151.99
固原市	**Guyuan**	**805.90**	**1389.81**	**991.25**	**195.78**	**218.99**	**118.16**	**166.83**	**254.13**	**37.35**
原州区	Yuanzhou	918.35	1462.48	1209.94	209.85	347.42	138.02	176.06	294.04	44.56
西吉县	Xiji	664.68	1130.04	905.01	275.02	164.08	105.17	154.52	177.67	28.54
隆德县	Longde	837.65	1174.28	587.74	58.77	61.39	83.43	197.62	174.13	12.40
泾源县	Jingyuan	970.45	1584.49	884.70	142.42	178.63	57.92	254.53	222.76	28.43
彭阳县	Pengyang	568.97	1347.58	668.03	137.20	55.36	84.31	127.88	230.41	32.87
中卫市	**Zhongwei**	**920.87**	**1751.80**	**1296.35**	**270.48**	**271.67**	**148.45**	**250.84**	**310.15**	**44.76**
沙坡头区	Shapotou	1052.13	1613.83	1275.71	221.68	301.40	165.20	246.70	312.03	28.71
中宁县	Zhongning	822.62	2111.36	1309.39	258.30	250.03	133.33	269.07	331.32	67.35
海原县	Haiyuan	788.06	1357.43	1301.06	413.00	237.75	139.83	226.55	243.87	40.07

2-47 续表 4 continued

单位：元/人 (yuan/person)

市 县	Region	5.交通和通信 Transport and Communi-cation	A.交通 Transport	交通工具 Transport Vehicle	交通费 Car Fare	交通工具用燃料 Fuel for Transport Vehicle	交通工具使用及维修 Use and maintenance for Transport Vehicle	B.通信 Communi-cation	通信工具 Communi-cation Tools	通信服务 Service for Communi-cation
全 区	**Total**	**3896.47**	**3008.19**	**1678.60**	**370.18**	**437.54**	**521.87**	**888.28**	**338.91**	**549.38**
沿黄地区	**Plain**	**3251.45**	**2333.59**	**1018.59**	**388.42**	**445.49**	**481.09**	**917.86**	**317.46**	**600.41**
中南部地区	**Mountain Area**	**2117.19**	**1445.62**	**410.09**	**273.56**	**412.62**	**349.34**	**671.57**	**287.06**	**384.51**
银川市	**Yinchuan**	**3720.14**	**2671.92**	**1122.89**	**449.99**	**528.23**	**570.81**	**1048.21**	**362.74**	**685.48**
兴庆区	Xingqing	3926.90	2822.47	1179.66	477.47	566.33	599.01	1104.43	389.16	715.27
西夏区	Xixia	3045.91	1938.36	539.25	462.46	424.69	511.96	1107.55	423.21	684.34
金凤区	Jinfeng	3852.18	2919.53	1420.31	488.50	487.52	523.20	932.65	223.07	709.58
永宁县	Yongning	3626.55	2544.45	524.36	390.38	843.28	786.44	1082.09	410.28	671.81
贺兰县	Helan	2471.91	1623.37	694.04	244.17	342.01	343.16	848.54	295.09	553.44
灵武市	Lingwu	5231.98	4315.14	2981.70	363.40	471.33	498.70	916.84	383.01	533.83
石嘴山市	**Shizuishan**	**2601.24**	**1918.66**	**862.59**	**316.22**	**331.11**	**408.74**	**682.58**	**201.37**	**481.21**
大武口区	Dawukou	2816.26	2035.93	806.51	327.26	411.71	490.45	780.33	245.63	534.70
惠农区	Huinong	1905.30	1333.14	635.31	356.05	189.13	152.65	572.17	140.89	431.28
平罗县	Pingluo	3141.25	2501.86	1375.38	230.28	333.18	563.02	639.39	207.51	431.88
吴忠市	**Wuzhong**	**2229.65**	**1483.52**	**542.12**	**204.07**	**371.18**	**366.14**	**746.13**	**347.89**	**398.24**
利通区	Litong	2617.74	1860.52	1086.14	233.02	283.58	257.78	757.22	314.50	442.72
红寺堡区	Hongsipu	2153.10	1612.19	163.19	196.37	714.24	538.39	540.92	269.48	271.44
盐池县	Yanchi	2904.29	2120.22	840.39	165.87	511.29	602.68	784.07	332.07	452.00
同心县	Tongxin	1701.52	1053.64	46.51	269.82	356.24	381.07	647.88	340.57	307.32
青铜峡市	Qingtongxia	1653.24	804.32	90.87	169.10	287.51	256.84	848.93	439.93	409.00
固原市	**Guyuan**	**2036.07**	**1385.31**	**444.22**	**322.19**	**358.11**	**260.79**	**650.76**	**244.33**	**406.43**
原州区	Yuanzhou	2378.05	1623.68	503.42	378.40	388.55	353.32	754.37	332.11	422.27
西吉县	Xiji	1787.94	1126.15	201.60	202.76	486.50	235.30	661.79	198.11	463.68
隆德县	Longde	1399.65	760.55	13.92	268.31	315.31	163.01	639.11	124.48	514.63
泾源县	Jingyuan	1200.21	516.29		282.63	170.78	62.88	683.92	230.94	452.98
彭阳县	Pengyang	1773.26	1322.43	580.98	253.88	317.78	169.78	450.83	150.50	300.33
中卫市	**Zhongwei**	**2602.28**	**1880.89**	**780.98**	**307.91**	**414.31**	**377.68**	**721.39**	**272.11**	**449.28**
沙坡头区	Shapotou	3204.91	2464.40	1570.39	216.51	318.33	359.17	740.51	236.48	504.03
中宁县	Zhongning	2175.53	1464.34	139.39	426.08	451.57	447.30	711.19	280.35	430.84
海原县	Haiyuan	1809.32	1124.25	63.86	300.62	470.12	289.65	685.07	343.39	341.68

2-47 续表 5 continued

单位: 元/人 (yuan/person)

市 县	Region	6.教育文化娱乐 Educational, Cultural, Recreational	A.教育 Education	学前教育 Preschool	小学教育 Elementary	初中教育 Junior High School	高中教育 Senior High School	中专职高教育 Technical and Professional High School	大专及以上教育 College Degree or Above	成人教育 Adult Education
全 区	**Total**	**2415.66**	**1351.62**	**116.59**	**131.23**	**164.54**	**193.58**	**42.87**	**609.53**	**93.28**
沿黄地区	**Plain**	**2605.75**	**1316.22**	**122.76**	**147.54**	**173.80**	**192.27**	**36.02**	**553.06**	**90.77**
中南部地区	**Mountain Area**	**2158.79**	**1516.93**	**82.80**	**79.94**	**107.94**	**132.30**	**86.75**	**894.58**	**132.62**
银川市	**Yinchuan**	**3054.15**	**1384.71**	**140.38**	**170.41**	**190.25**	**222.72**	**34.54**	**532.27**	**94.14**
兴庆区	Xingqing	3195.88	1330.94	137.28	223.04	272.42	241.08	18.27	381.47	57.37
西夏区	Xixia	2612.59	1311.16	60.35	97.84	140.96	151.87	74.90	672.75	112.50
金凤区	Jinfeng	3729.10	2005.84	232.51	171.44	123.58	336.89	29.95	946.03	165.43
永宁县	Yongning	2228.45	1263.24	303.67	178.52	74.56	141.31	55.26	408.42	101.50
贺兰县	Helan	2126.71	1426.22	140.72	36.77	84.81	96.54	67.82	775.22	224.34
灵武市	Lingwu	1911.13	893.22	89.00	133.76	114.36	248.34		247.64	60.12
石嘴山市	**Shizuishan**	**1865.54**	**1034.77**	**87.64**	**118.41**	**98.56**	**117.22**	**24.01**	**509.40**	**79.53**
大武口区	Dawukou	1935.92	968.03	89.39	146.70	105.21	104.43	47.92	431.64	42.74
惠农区	Huinong	1333.65	729.49	71.42	82.52	74.13	132.69	0.38	282.97	85.40
平罗县	Pingluo	2433.19	1677.70	109.98	81.13	121.94	127.68		1070.95	166.02
吴忠市	**Wuzhong**	**1960.94**	**1173.78**	**108.04**	**81.36**	**132.44**	**121.01**	**63.45**	**590.82**	**76.65**
利通区	Litong	1811.16	975.36	121.56	106.73	178.13	93.27		429.68	46.00
红寺堡区	Hongsipu	1156.27	754.01	91.66	16.11	108.42	194.83	48.16	232.24	62.58
盐池县	Yanchi	1882.43	1147.69	105.73	90.58	33.02	109.14		715.21	94.01
同心县	Tongxin	1917.23	1420.61	114.90	76.35	141.27	215.75	99.98	605.94	166.42
青铜峡市	Qingtongxia	2528.35	1435.55	98.11	68.08	165.67	87.60	174.35	792.90	48.85
固原市	**Guyuan**	**2444.73**	**1691.28**	**72.90**	**86.43**	**124.84**	**112.51**	**118.07**	**1037.64**	**138.90**
原州区	Yuanzhou	2766.38	2010.26	91.16	122.65	73.69	96.65	199.17	1317.22	109.71
西吉县	Xiji	1581.48	985.14	19.93	49.79	249.23	30.93	14.53	502.07	118.64
隆德县	Longde	1870.93	1120.58	144.77	43.87	43.10	49.46	3.65	411.36	424.39
泾源县	Jingyuan	1542.66	1134.48	60.44	39.30	43.89	267.18	10.92	580.38	132.37
彭阳县	Pengyang	2378.94	1507.10	67.28	39.67	216.29	182.12	2.91	845.29	153.54
中卫市	**Zhongwei**	**2541.21**	**1697.50**	**65.04**	**93.30**	**203.34**	**246.51**	**23.05**	**912.59**	**153.67**
沙坡头区	Shapotou	1873.16	1176.98	50.98	112.23	109.39	130.29	27.04	683.31	63.75
中宁县	Zhongning	3605.36	2476.65	108.79	99.71	391.40	425.86	21.65	1204.77	224.47
海原县	Haiyuan	2072.78	1443.16	12.06	25.07	56.15	180.61	16.13	922.60	230.53

2-47 续表 6 continued

单位：元/人 (yuan/person)

市 县	Region	B.文化娱乐 Culture Recreation	文娱耐用消费品 Durable Consumer Goods	其他文娱用品 Recreation Articles	文化娱乐服务 Recreation Services	7.医疗保健 Medicine and Health Care	A.医疗器具及药品 Medical Treatment and Drug	B.医疗服务 Service for Medical Treatment	8.其他用品和服务 Other Commodities and Services
全 区	**Total**	**1064.05**	**161.01**	**190.82**	**712.21**	**1874.00**	**712.17**	**1161.82**	**546.60**
沿黄地区	**Plain**	**1289.53**	**174.15**	**201.44**	**913.94**	**1835.74**	**863.19**	**972.56**	**538.50**
中南部地区	**Mountain Area**	**641.87**	**152.42**	**136.67**	**352.78**	**1109.86**	**459.85**	**650.01**	**386.80**
银川市	**Yinchuan**	**1669.44**	**194.88**	**258.18**	**1216.39**	**2140.26**	**1042.43**	**1097.84**	**587.46**
兴庆区	Xingqing	1864.94	225.36	258.66	1380.92	2612.85	1348.41	1264.44	667.55
西夏区	Xixia	1301.43	217.54	258.27	825.62	1662.80	859.46	803.34	421.60
金凤区	Jinfeng	1723.26	162.50	260.13	1300.63	1912.09	760.78	1151.31	574.59
永宁县	Yongning	965.21	121.68	245.43	598.10	1624.48	798.37	826.11	606.66
贺兰县	Helan	700.49	157.45	156.77	386.27	1517.94	525.45	992.48	347.59
灵武市	Lingwu	1017.91	101.38	193.43	723.10	896.81	420.12	476.69	534.43
石嘴山市	**Shizuishan**	**830.77**	**131.40**	**144.37**	**555.00**	**1297.04**	**616.75**	**680.28**	**367.18**
大武口区	Dawukou	967.90	113.33	139.32	715.25	1294.34	682.25	612.08	402.36
惠农区	Huinong	604.15	142.14	168.34	293.67	1272.80	435.86	836.94	263.56
平罗县	Pingluo	755.49	160.79	105.77	488.93	1317.49	731.97	585.53	419.53
吴忠市	**Wuzhong**	**787.16**	**113.97**	**127.63**	**545.56**	**1225.88**	**374.63**	**851.24**	**571.69**
利通区	Litong	835.79	102.57	101.75	631.47	1608.12	354.49	1253.62	837.79
红寺堡区	Hongsipu	402.26	89.30	146.60	166.36	1437.05	537.86	899.19	372.76
盐池县	Yanchi	734.74	78.21	137.06	519.47	790.53	341.29	449.25	354.45
同心县	Tongxin	496.62	143.67	188.30	164.66	965.56	302.16	663.41	498.25
青铜峡市	Qingtongxia	1092.80	149.16	111.67	831.96	1279.23	439.82	839.41	556.83
固原市	**Guyuan**	**753.45**	**181.99**	**121.53**	**449.94**	**1287.31**	**539.88**	**747.43**	**388.80**
原州区	Yuanzhou	756.12	251.38	117.33	387.42	1589.62	694.38	895.25	463.12
西吉县	Xiji	596.35	35.92	151.16	409.27	631.28	355.29	275.98	241.34
隆德县	Longde	750.35	155.99	227.70	366.66	1218.82	542.63	676.20	435.26
泾源县	Jingyuan	408.18	177.24	68.72	162.23	1692.74	311.65	1381.10	262.14
彭阳县	Pengyang	871.84	77.65	98.44	695.75	749.94	274.05	475.89	295.35
中卫市	**Zhongwei**	**843.71**	**189.59**	**137.93**	**516.19**	**1640.47**	**781.19**	**859.28**	**528.71**
沙坡头区	Shapotou	696.18	120.46	117.60	458.13	1962.73	960.17	1002.56	557.60
中宁县	Zhongning	1128.71	220.81	146.73	761.16	1651.37	700.29	951.08	539.11
海原县	Haiyuan	629.62	309.06	170.44	150.12	801.65	486.29	315.36	431.59

2-48 2016年调查市县城镇居民家庭住房情况

Basic Statistics of Housing Conditions of Urban Households by City and County (2016)

市 县	Region	家庭常住人口 Permanent Residents 人/户 person/household	现住房建筑面积 Floor Space of Current Housing 平方米/人 sq.m/person	房屋来源 House Property Right (Total) %	租赁公房 Public House Leasing %	租赁私房 Private House Leasing %	自建住房 Inhered Private House %
全 区	**Total**	**2.98**	**31.30**	**100.00**	**1.80**	**3.97**	**8.32**
沿黄地区	**Plain**	**2.80**	**31.13**	**100.00**	**1.35**	**4.39**	**2.10**
中南部地区	**Mountain Area**	**3.60**	**31.84**	**100.00**	**3.59**	**6.89**	**23.17**
银川市	**Yinchuan**	**2.78**	**31.13**	**100.00**	**1.28**	**5.12**	**1.98**
兴庆区	Xingqing	2.73	31.34	100.00	1.76	6.04	0.96
西夏区	Xixia	2.74	24.67	100.00	2.10	5.03	
金凤区	Jinfeng	2.70	40.02	100.00		5.45	4.46
永宁县	Yongning	3.13	32.90	100.00			13.49
贺兰县	Helan	2.76	29.21	100.00			
灵武市	Lingwu	3.40	27.35	100.00		6.55	3.19
石嘴山市	**Shizuishan**	**2.74**	**29.76**	**100.00**	**2.16**	**4.03**	**1.85**
大武口区	Dawukou	2.80	30.62	100.00	4.22	1.60	2.51
惠农区	Huinong	2.48	29.05	100.00	0.28	6.63	0.84
平罗县	Pingluo	3.09	28.55	100.00		5.92	1.97
吴忠市	**Wuzhong**	**3.19**	**33.84**	**100.00**	**1.40**	**6.72**	**14.97**
利通区	Litong	2.80	34.88	100.00	1.19	3.51	
红寺堡区	Hongsipu	3.46	28.05	100.00		18.20	10.08
盐池县	Yanchi	3.51	34.23	100.00		9.29	38.69
同心县	Tongxin	4.21	30.26	100.00		21.30	33.25
青铜峡市	Qingtongxia	2.95	35.96	100.00			11.00
固原市	**Guyuan**	**3.43**	**33.05**	**100.00**	**5.38**	**2.82**	**17.01**
原州区	Yuanzhou	3.26	37.27	100.00	1.71	3.19	21.48
西吉县	Xiji	3.75	26.45	100.00		2.16	4.93
隆德县	Longde	3.43	25.85	100.00	3.12	3.41	6.25
泾源县	Jingyuan	3.39	33.45	100.00	2.42	4.03	33.30
彭阳县	Pengyang	3.82	26.56	100.00	20.64	1.44	8.23
中卫市	**Zhongwei**	**3.24**	**30.61**	**100.00**	**0.43**	**2.82**	**4.86**
沙坡头区	Shapotou	3.13	29.62	100.00		2.28	
中宁县	Zhongning	3.10	33.20	100.00			
海原县	Haiyuan	3.99	27.72	100.00	3.01	12.27	34.23

2-48 续表 1 continued

市 县	Region	购买商品房 Commercial Residential Building %	购买房改住房 Reformed Private House %	购买保障性住房 Indemnificatory Housing %	拆迁安置房 Demolition Resettlement %	继承或获赠住房 Inheritance or Gift %	免费借用房 Borrowing House %	其他 Others %
全 区	**Total**	**56.96**	**14.35**	**4.15**	**6.56**	**0.64**	**1.51**	**1.75**
沿黄地区	**Plain**	**55.03**	**20.23**	**4.47**	**8.77**	**0.81**	**1.54**	**1.31**
中南部地区	**Mountain Area**	**53.08**	**5.38**	**0.13**	**4.26**		**3.08**	**0.43**
银川市	**Yinchuan**	**49.48**	**25.55**	**5.30**	**6.83**	**0.91**	**1.78**	**1.76**
兴庆区	Xingqing	43.64	21.67	10.78	9.04	0.58	2.28	3.25
西夏区	Xixia	31.53	58.29			1.01	2.04	
金凤区	Jinfeng	61.61	13.37	1.04	12.95	1.12		
永宁县	Yongning	86.51						
贺兰县	Helan	77.91	12.16		3.23	3.11	3.58	
灵武市	Lingwu	67.70	6.94		7.02	2.31	2.10	4.19
石嘴山市	**Shizuishan**	**58.71**	**16.19**	**5.05**	**9.30**	**1.04**	**1.66**	
大武口区	Dawukou	62.50	9.73	10.34	6.74		2.34	
惠农区	Huinong	41.94	33.09		15.98	1.25		
平罗县	Pingluo	79.98	1.85		3.70	3.58	2.99	
吴忠市	**Wuzhong**	**58.92**	**5.12**	**0.09**	**10.85**		**0.70**	**1.23**
利通区	Litong	58.41	4.49		27.85		0.97	3.58
红寺堡区	Hongsipu	62.37		1.40	7.95			
盐池县	Yanchi	52.02						
同心县	Tongxin	26.01	16.39				3.05	
青铜峡市	Qingtongxia	80.23	5.85		2.93			
固原市	**Guyuan**	**58.36**	**5.22**	**0.09**	**6.06**		**4.39**	**0.67**
原州区	Yuanzhou	55.89	1.33		8.54		6.75	1.11
西吉县	Xiji	72.05	18.47				2.39	
隆德县	Longde	87.22						
泾源县	Jingyuan	56.23	2.01	2.01				
彭阳县	Pengyang	54.46	10.79		4.44			
中卫市	**Zhongwei**	**78.92**	**1.81**		**10.80**			**0.36**
沙坡头区	Shapotou	72.09	2.00		22.87			0.76
中宁县	Zhongning	100.00						
海原县	Haiyuan	44.40	6.08					

2-48 续表 2 continued

市 县	Region	居住空间样式(合计) House Construction Style (Total) %	单栋楼房 Single Building %	单栋平房 Single Bungalow %	四居室 House With Four Bedrooms %	三居室 House With Three Bedrooms %	二居室 House With Two Bedrooms %	一居室 House With One Bedrooms %	平房及其他 Bungalow and Others %
全 区	**Total**	**100.00**	**2.68**	**11.26**	**2.94**	**31.53**	**49.56**	**1.61**	**0.42**
沿黄地区	**Plain**	**100.00**	**1.85**	**2.88**	**2.27**	**31.31**	**59.90**	**0.77**	**1.02**
中南部地区	**Mountain Area**	**100.00**	**11.53**	**28.49**	**2.78**	**35.83**	**15.53**	**3.98**	**1.86**
银川市	**Yinchuan**	**100.00**	**0.76**	**2.35**	**2.46**	**30.14**	**62.75**	**0.34**	**1.20**
兴庆区	Xingqing	100.00	0.10	1.31	0.51	34.76	63.32		
西夏区	Xixia	100.00	1.10			9.50	88.26	1.14	
金凤区	Jinfeng	100.00		4.46	13.56	31.95	50.03		
永宁县	Yongning	100.00	2.03	14.90	2.03	46.86	34.18		
贺兰县	Helan	100.00	7.84			35.05	48.16		8.95
灵武市	Lingwu	100.00	0.88	5.82		45.02	30.17	1.92	16.19
石嘴山市	**Shizuishan**	**100.00**	**5.36**	**4.01**	**2.49**	**31.70**	**54.19**	**1.49**	**0.76**
大武口区	Dawukou	100.00	8.48	3.90	4.34	43.76	35.60	2.36	1.56
惠农区	Huinong	100.00		5.49	1.08	5.14	88.29		
平罗县	Pingluo	100.00	7.04	1.49		48.12	41.37	1.98	
吴忠市	**Wuzhong**	**100.00**	**3.20**	**23.04**	**3.20**	**32.43**	**36.45**	**1.23**	**0.45**
利通区	Litong	100.00	3.23	1.10	3.27	22.04	66.78	3.58	
红寺堡区	Hongsipu	100.00	17.89	15.22	1.40	34.72	23.79		6.98
盐池县	Yanchi	100.00	0.97	55.48	3.12	40.43			
同心县	Tongxin	100.00	6.10	67.90	11.60	12.42	1.98		
青铜峡市	Qingtongxia	100.00		11.00		45.82	43.18		
固原市	**Guyuan**	**100.00**	**14.36**	**13.16**	**1.88**	**40.50**	**21.79**	**6.32**	**1.99**
原州区	Yuanzhou	100.00	20.91	16.11	1.04	39.20	18.96	3.78	
西吉县	Xiji	100.00	7.00	9.65	8.02	38.97	22.93	2.16	11.27
隆德县	Longde	100.00	3.12	3.12		60.14	26.57		7.05
泾源县	Jingyuan	100.00	3.70	26.08	6.85	35.30	14.62	6.04	7.41
彭阳县	Pengyang	100.00	6.69	4.79		42.43	28.40	17.69	
中卫市	**Zhongwei**	**100.00**	**0.43**	**7.45**		**42.03**	**48.08**	**0.47**	**1.53**
沙坡头区	Shapotou	100.00				32.95	63.76	1.01	2.28
中宁县	Zhongning	100.00				55.16	44.84		
海原县	Haiyuan	100.00	3.01	52.42		35.18	6.21		3.17

2-48 续表 3 continued

市 县	Region	现有住房按市场价估计值 Estimate Value of Current Housing By Market Price 元/户 yuan/household	租赁房房租 Rent 元/户 yuan/household	租赁公房房租 Rent of Public 元/户 yuan/household	租赁私房房租 Rent of Private 元/户 year/household	现住房房租折算 Corrected Rent of Current Housing 元/户 yuan/household	购房总金额 Amount of Purchase 元/户 yuan/household
全 区	**Total**	**285348.50**	**41.53**	**6.31**	**26.28**	**758.18**	**136480.54**
沿黄地区	**Plain**	**295659.82**	**53.16**	**4.55**	**39.39**	**782.59**	**132497.85**
中南部地区	**Mountain Area**	**248726.49**	**27.33**	**3.10**	**23.72**	**705.03**	**150939.39**
银川市	**Yinchuan**	**350869.04**	**70.04**	**4.74**	**53.61**	**962.69**	**144556.12**
兴庆区	Xingqing	388219.43	89.91	5.30	76.46	1089.44	142448.40
西夏区	Xixia	277111.27	51.86	10.52	41.34	778.28	105858.74
金凤区	Jinfeng	419501.62	97.36		47.38	1065.68	207174.54
永宁县	Yongning	266440.65				730.82	150166.56
贺兰县	Helan	241528.56				589.15	112997.17
灵武市	Lingwu	203547.57	20.79		20.79	618.17	124324.95
石嘴山市	**Shizuishan**	**186894.65**	**26.51**	**4.83**	**19.64**	**431.24**	**99279.21**
大武口区	Dawukou	233391.37	17.69	9.69	8.00	500.04	118132.03
惠农区	Huinong	116142.31	34.45	0.28	34.17	333.40	64685.00
平罗县	Pingluo	189819.33	36.48		24.63	422.47	113219.87
吴忠市	**Wuzhong**	**227631.44**	**36.78**	**11.19**	**23.71**	**518.99**	**126827.48**
利通区	Litong	247849.64	30.45	9.55	15.41	619.07	148120.17
红寺堡区	Hongsipu	173383.45	112.63		112.63	538.94	102999.53
盐池县	Yanchi	217118.20	21.66		21.66	556.84	98151.13
同心县	Tongxin	249664.13	57.82		57.82	331.06	109597.97
青铜峡市	Qingtongxia	220951.82				464.80	137826.30
固原市	**Guyuan**	**264324.40**	**19.81**	**3.98**	**15.83**	**793.69**	**178645.52**
原州区	Yuanzhou	273644.43	16.21	0.82	15.39	863.51	197227.10
西吉县	Xiji	239358.88	10.82		10.82	427.38	159057.21
隆德县	Longde	185272.49	35.22	24.99	10.23	551.92	107813.57
泾源县	Jingyuan	274828.48	80.40	4.84	75.56	730.80	142054.78
彭阳县	Pengyang	265596.95	17.52	10.32	7.20	872.92	154155.94
中卫市	**Zhongwei**	**286900.82**	**28.38**	**1.28**	**11.44**	**777.80**	**139815.84**
沙坡头区	Shapotou	267947.69	45.81		14.98	737.67	124079.54
中宁县	Zhongning	315348.16				724.64	158573.45
海原县	Haiyuan	273164.09	47.47	9.04	30.74	1053.06	142103.05

2-48 续表 4 continued

市 县	Region	饮水情况（合计） Drinking Condition (Total) %	自来水 Tap Water %	井、河水 Well and River Water %	其他 Others %	厕所使用情况（合计） Mode of Occupation of Toilet	本住户独用 Sole Use %	几户合用 Share %	公用 Public %
全　区	**Total**	**100.00**	**98.63**	**1.22**	**0.15**	**100.00**	**97.71**	**1.67**	**0.62**
沿黄地区	**Plain**	**100.00**	**98.76**	**1.11**	**0.13**	**100.00**	**97.51**	**1.71**	**0.78**
中南部地区	**Mountain Area**	**100.00**	**93.92**	**5.27**	**0.81**	**100.00**	**90.82**	**4.78**	**4.40**
银川市	**Yinchuan**	**100.00**	**99.07**	**0.93**		**100.00**	**96.67**	**2.46**	**0.87**
兴庆区	Xingqing	100.00	99.81	0.19		100.00	96.56	3.34	0.10
西夏区	Xixia	100.00	100.00			100.00	99.11	0.89	
金凤区	Jinfeng	100.00	95.54	4.46		100.00	100.00		
永宁县	Yongning	100.00	100.00			100.00	91.91	8.09	
贺兰县	Helan	100.00	100.00			100.00	100.00		
灵武市	Lingwu	100.00	97.20	2.80		100.00	78.31	5.50	16.19
石嘴山市	**Shizuishan**	**100.00**	**99.23**	**0.39**	**0.38**	**100.00**	**98.57**	**0.38**	**1.05**
大武口区	Dawukou	100.00	98.43	0.79	0.78	100.00	97.66	0.79	1.55
惠农区	Huinong	100.00	100.00			100.00	99.16		0.84
平罗县	Pingluo	100.00	100.00			100.00	100.00		
吴忠市	**Wuzhong**	**100.00**	**95.89**	**4.11**		**100.00**	**93.56**	**2.22**	**4.22**
利通区	Litong	100.00	100.00			100.00	98.90	1.10	
红寺堡区	Hongsipu	100.00	90.69	9.31		100.00	90.69		9.31
盐池县	Yanchi	100.00	97.33	2.67		100.00	87.54		12.46
同心县	Tongxin	100.00	100.00			100.00	74.35	15.24	10.41
青铜峡市	Qingtongxia	100.00	89.00	11.00		100.00	100.00		
固原市	**Guyuan**	**100.00**	**91.85**	**6.87**	**1.28**	**100.00**	**95.24**	**4.76**	
原州区	Yuanzhou	100.00	88.03	9.87	2.10	100.00	95.03	4.97	
西吉县	Xiji	100.00	100.00			100.00	98.14	1.86	
隆德县	Longde	100.00	100.00			100.00	96.59	3.41	
泾源县	Jingyuan	100.00	100.00			100.00	100.00		
彭阳县	Pengyang	100.00	95.57	4.43		100.00	93.18	6.82	
中卫市	**Zhongwei**	**100.00**	**99.51**		**0.49**	**100.00**	**97.45**	**0.81**	**1.74**
沙坡头区	Shapotou	100.00	98.97		1.03	100.00	99.24	0.76	
中宁县	Zhongning	100.00	100.00			100.00	100.00		
海原县	Haiyuan	100.00	100.00			100.00	84.56	3.17	12.27

2-48 续表 5 continued

市 县	Region	取暖设备(合计) Heating Equipment (Total) %	集中供暖 Central Heating %	自行供暖 Self Heating %	无取暖设备 Without Heating Equipment %
全 区	**Total**	**100.00**	**84.06**	**15.79**	**0.15**
沿黄地区	**Plain**	**100.00**	**91.83**	**7.86**	**0.31**
中南部地区	**Mountain Area**	**100.00**	**69.03**	**30.42**	**0.56**
银川市	**Yinchuan**	**100.00**	**92.14**	**7.49**	**0.37**
兴庆区	Xingqing	100.00	94.44	5.56	
西夏区	Xixia	100.00	100.00		
金凤区	Jinfeng	100.00	95.99	4.01	
永宁县	Yongning	100.00	43.46	53.78	2.76
贺兰县	Helan	100.00	100.00		
灵武市	Lingwu	100.00	64.46	30.92	4.62
石嘴山市	**Shizuishan**	**100.00**	**90.31**	**9.44**	**0.25**
大武口区	Dawukou	100.00	95.48	4.01	0.51
惠农区	Huinong	100.00	93.02	6.98	
平罗县	Pingluo	100.00	70.24	29.76	
吴忠市	**Wuzhong**	**100.00**	**75.06**	**24.94**	
利通区	Litong	100.00	91.28	8.72	
红寺堡区	Hongsipu	100.00	55.70	44.30	
盐池县	Yanchi	100.00	60.37	39.63	
同心县	Tongxin	100.00	29.00	71.00	
青铜峡市	Qingtongxia	100.00	89.00	11.00	
固原市	**Guyuan**	**100.00**	**81.61**	**17.82**	**0.57**
原州区	Yuanzhou	100.00	76.96	23.04	
西吉县	Xiji	100.00	83.77	16.23	
隆德县	Longde	100.00	90.34	9.66	
泾源县	Jingyuan	100.00	64.69	22.20	13.11
彭阳县	Pengyang	100.00	97.60	2.40	
中卫市	**Zhongwei**	**100.00**	**90.91**	**8.30**	**0.79**
沙坡头区	Shapotou	100.00	97.39	1.85	0.76
中宁县	Zhongning	100.00	97.74	2.26	
海原县	Haiyuan	100.00	50.78	46.21	3.01

2-48 续表 6 continued

市 县	Region	炊用能源状况(合计) Energy Using Condition for Cooking (Total) %	罐装液化石油气 Liquefied Petroleum Gas of Can Pack %	管道液化石油气 Liquefied Petroleum Gas of Pipeline %	管道天然气 Natural Gas of Pipeline %	电 Electricity %	其它 Other %
全 区	**Total**	**100.00**	**11.27**	**0.16**	**63.80**	**19.78**	**4.99**
沿黄地区	**Plain**	**100.00**	**13.06**	**0.30**	**74.82**	**9.56**	**2.26**
中南部地区	**Mountain Area**	**100.00**	**24.89**		**7.41**	**59.12**	**8.58**
银川市	**Yinchuan**	**100.00**	**12.73**	**0.34**	**79.21**	**5.30**	**2.42**
兴庆区	Xingqing	100.00	14.46		79.35	2.94	3.25
西夏区	Xixia	100.00	12.12		78.88	9.00	
金凤区	Jinfeng	100.00	1.04		94.50	2.23	2.23
永宁县	Yongning	100.00	8.09	6.84	82.37	1.35	1.35
贺兰县	Helan	100.00	49.02		42.50	8.48	
灵武市	Lingwu	100.00	12.32		54.46	24.19	9.03
石嘴山市	**Shizuishan**	**100.00**	**11.94**	**0.38**	**81.23**	**5.42**	**1.03**
大武口区	Dawukou	100.00	10.63	0.78	83.23	4.11	1.25
惠农区	Huinong	100.00	0.84		90.49	7.42	1.25
平罗县	Pingluo	100.00	37.47		57.21	5.32	
吴忠市	**Wuzhong**	**100.00**	**13.49**		**48.03**	**27.38**	**11.10**
利通区	Litong	100.00	12.01		70.84	14.82	2.33
红寺堡区	Hongsipu	100.00	29.42		3.86	63.46	3.26
盐池县	Yanchi	100.00	6.62		35.11	18.64	39.63
同心县	Tongxin	100.00				100.00	
青铜峡市	Qingtongxia	100.00	22.75		61.95	5.67	9.63
固原市	**Guyuan**	**100.00**	**34.88**		**3.11**	**59.48**	**2.53**
原州区	Yuanzhou	100.00	27.04		5.12	67.84	
西吉县	Xiji	100.00	36.42			55.15	8.43
隆德县	Longde	100.00	38.29			61.71	
泾源县	Jingyuan	100.00	34.23			30.53	35.24
彭阳县	Pengyang	100.00	58.56			41.44	
中卫市	**Zhongwei**	**100.00**	**11.26**		**23.70**	**64.05**	**0.99**
沙坡头区	Shapotou	100.00	11.66		43.23	45.11	
中宁县	Zhongning	100.00	13.92		8.61	77.47	
海原县	Haiyuan	100.00				93.01	6.99

2-49 2016年各市县城镇居民主要消费品购买情况

Purchases of Major Consumer Goods of Urban Households by City and County (2016)

市 县	Region	大米 Rice 公斤/人 kg/person	面粉 Flour 公斤/人 kg/person	食用植物油 Edible Vegetable Oil 公斤/人 kg/person	猪肉 Pork 公斤/人 kg/person	牛肉 Beef 公斤/人 kg/person
全 区	**Total**	**23.95**	**21.59**	**8.22**	**6.73**	**3.66**
沿黄地区	**Plain**	**24.28**	**19.84**	**8.23**	**7.48**	**3.41**
中南部地区	**Mountain Area**	**25.16**	**31.26**	**7.94**	**5.02**	**6.11**
银川市	**Yinchuan**	**24.06**	**18.47**	**8.26**	**7.64**	**3.34**
兴庆区	Xingqing	20.47	16.14	7.50	7.36	3.13
西夏区	Xixia	26.15	18.53	10.32	11.56	2.98
金凤区	Jinfeng	22.28	16.98	7.55	5.17	4.42
永宁县	Yongning	32.70	19.06	8.42	6.53	3.16
贺兰县	Helan	30.05	34.70	8.99	6.78	3.14
灵武市	Lingwu	33.94	30.92	9.11	3.71	3.96
石嘴山市	**Shizuishan**	**22.47**	**23.31**	**8.42**	**8.62**	**2.82**
大武口区	Dawukou	20.54	20.60	8.08	8.88	2.34
惠农区	Huinong	27.45	24.03	10.25	10.21	4.01
平罗县	Pingluo	19.76	29.30	6.40	5.44	2.18
吴忠市	**Wuzhong**	**30.69**	**23.80**	**7.72**	**3.81**	**6.66**
利通区	Litong	19.81	11.95	6.43	1.97	9.29
红寺堡区	Hongsipu	20.59	30.35	4.97	4.27	4.29
盐池县	Yanchi	25.69	18.88	5.55	6.67	1.26
同心县	Tongxin	68.32	58.79	16.03	0.03	16.16
青铜峡市	Qingtongxia	27.89	18.71	6.82	6.05	2.85
固原市	**Guyuan**	**15.66**	**28.61**	**6.75**	**5.94**	**5.28**
原州区	Yuanzhou	17.26	28.42	6.81	6.35	5.75
西吉县	Xiji	16.91	28.84	7.36	3.48	7.30
隆德县	Longde	7.11	14.84	4.78	9.16	2.42
泾源县	Jingyuan	18.31	43.29	9.60	1.16	7.16
彭阳县	Pengyang	12.23	28.37	5.79	6.61	3.15
中卫市	**Zhongwei**	**33.28**	**25.92**	**9.35**	**6.55**	**3.00**
沙坡头区	Shapotou	25.90	17.97	8.68	5.86	2.11
中宁县	Zhongning	42.17	31.92	9.00	9.38	1.61
海原县	Haiyuan	34.68	34.56	11.99	2.58	8.32

2-49 续表 1 continued

市 县	Region	羊肉 Mutton 公斤/人 kg/person	鸡 Fowl 公斤/人 kg/person	鲜蛋 Fresh Egg 公斤/人 kg/person	鱼 Fish 公斤/人 kg/person	虾 Shrimp 公斤/人 kg/person
全 区	**Total**	**5.61**	**4.75**	**6.66**	**3.00**	**0.45**
沿黄地区	**Plain**	**6.12**	**4.94**	**7.29**	**3.64**	**0.56**
中南部地区	**Mountain Area**	**3.37**	**3.79**	**5.04**	**1.27**	**0.07**
银川市	**Yinchuan**	**6.04**	**5.00**	**7.84**	**3.86**	**0.68**
兴庆区	Xingqing	5.75	4.64	8.04	3.28	0.63
西夏区	Xixia	3.86	5.11	8.63	4.81	1.05
金凤区	Jinfeng	7.47	5.34	7.65	5.64	0.78
永宁县	Yongning	7.03	6.39	5.16	3.00	0.26
贺兰县	Helan	8.75	6.77	6.71	2.51	0.38
灵武市	Lingwu	9.32	4.32	7.12	2.67	0.39
石嘴山市	**Shizuishan**	**6.16**	**4.53**	**7.37**	**4.27**	**0.46**
大武口区	Dawukou	6.03	4.43	8.31	4.85	0.54
惠农区	Huinong	6.86	5.88	7.92	5.16	0.52
平罗县	Pingluo	5.39	2.75	4.13	1.39	0.18
吴忠市	**Wuzhong**	**6.73**	**5.79**	**3.71**	**1.76**	**0.14**
利通区	Litong	9.81	6.02	4.77	2.34	0.21
红寺堡区	Hongsipu	5.03	4.90	3.95	1.06	0.03
盐池县	Yanchi	8.51	5.53	3.49	1.99	0.08
同心县	Tongxin	1.50	6.52	2.09	0.73	0.00
青铜峡市	Qingtongxia	5.65	5.75	3.74	1.80	0.22
固原市	**Guyuan**	**2.46**	**2.85**	**6.13**	**1.14**	**0.07**
原州区	Yuanzhou	1.54	2.87	6.63	1.15	0.05
西吉县	Xiji	6.19	3.73	5.95	1.30	0.20
隆德县	Longde	2.95	3.29	5.34	1.92	0.20
泾源县	Jingyuan	0.90	2.67	4.63	0.97	0.03
彭阳县	Pengyang	2.91	2.11	5.45	0.80	0.04
中卫市	**Zhongwei**	**4.05**	**3.95**	**6.10**	**1.86**	**0.17**
沙坡头区	Shapotou	4.39	4.05	5.65	1.53	0.07
中宁县	Zhongning	4.43	4.42	7.14	2.24	0.28
海原县	Haiyuan	2.46	2.75	5.17	1.95	0.22

2-49 续表 2 continued

市 县	Region	鲜菜 Fresh Vegetables 公斤/人 kg/person	白酒 White Spirit 公斤/人 kg/person	果酒 Fruit Wine 公斤/人 kg/person	啤酒 Beer 公斤/人 kg/person	茶叶 Tea 公斤/人 kg/person
全 区	**Total**	**96.12**	**0.83**	**0.23**	**2.12**	**0.24**
沿黄地区	**Plain**	**100.19**	**0.97**	**0.25**	**2.33**	**0.25**
中南部地区	**Mountain Area**	**76.76**	**0.50**	**0.12**	**1.92**	**0.27**
银川市	**Yinchuan**	**98.92**	**1.09**	**0.28**	**2.27**	**0.30**
兴庆区	Xingqing	95.71	0.73	0.24	2.28	0.29
西夏区	Xixia	93.18	1.19	0.33	2.94	0.29
金凤区	Jinfeng	103.16	1.62	0.47	1.80	0.34
永宁县	Yongning	101.14	0.56	0.27	2.29	0.20
贺兰县	Helan	128.08	0.82	0.34	1.05	0.37
灵武市	Lingwu	108.37	1.15	0.01	2.30	0.36
石嘴山市	**Shizuishan**	**103.03**	**1.24**	**0.21**	**2.96**	**0.19**
大武口区	Dawukou	101.50	1.48	0.19	3.38	0.18
惠农区	Huinong	111.72	1.18	0.25	2.42	0.22
平罗县	Pingluo	93.07	0.75	0.13	2.72	0.20
吴忠市	**Wuzhong**	**83.63**	**0.34**	**0.12**	**1.04**	**0.14**
利通区	Litong	83.70	0.25	0.17	0.50	0.21
红寺堡区	Hongsipu	54.07	0.37	0.10	2.57	0.23
盐池县	Yanchi	77.63	0.44	0.12	1.99	0.06
同心县	Tongxin	93.88	0.00		0.04	0.22
青铜峡市	Qingtongxia	93.35	0.59	0.15	1.15	0.07
固原市	**Guyuan**	**75.13**	**0.70**	**0.15**	**2.19**	**0.30**
原州区	Yuanzhou	78.77	0.77	0.14	2.57	0.32
西吉县	Xiji	69.64	0.41	0.06	1.09	0.33
隆德县	Longde	91.29	0.61	0.45	4.78	0.46
泾源县	Jingyuan	62.39	0.23		0.57	0.37
彭阳县	Pengyang	69.11	0.77	0.18	1.72	0.18
中卫市	**Zhongwei**	**109.71**	**0.67**	**0.20**	**2.44**	**0.16**
沙坡头区	Shapotou	123.86	0.91	0.25	3.24	0.07
中宁县	Zhongning	106.68	0.56	0.12	1.82	0.05
海原县	Haiyuan	80.73	0.32	0.24	1.71	0.66

2-49 续表 3 continued

市 县	Region	鲜瓜果 Fresh Fruits and Melons 公斤/人 kg/person	糖果糕点 Candy and Cake 公斤/人 kg/person	鲜奶 Fresh Milk 公斤/人 kg/person	奶粉 Powdered Milk 公斤/人 kg/person	酸奶 Acidophilus Milk 公斤/人 kg/person
全 区	**Total**	**73.41**	**5.19**	**13.00**	**0.25**	**5.67**
沿黄地区	**Plain**	**75.59**	**5.70**	**15.36**	**0.26**	**6.79**
中南部地区	**Mountain Area**	**72.77**	**3.48**	**8.41**	**0.28**	**3.27**
银川市	**Yinchuan**	**70.12**	**5.80**	**16.93**	**0.29**	**6.92**
兴庆区	Xingqing	69.17	5.19	18.12	0.26	7.66
西夏区	Xixia	60.60	6.22	19.29	0.44	5.40
金凤区	Jinfeng	71.64	7.36	16.44	0.24	8.54
永宁县	Yongning	92.20	5.58	11.07	0.40	6.95
贺兰县	Helan	89.07	6.05	14.45	0.10	6.61
灵武市	Lingwu	78.08	6.08	8.30	0.20	3.54
石嘴山市	**Shizuishan**	**85.01**	**6.82**	**13.24**	**0.18**	**6.41**
大武口区	Dawukou	82.22	6.87	15.63	0.19	6.64
惠农区	Huinong	79.12	7.46	7.11	0.11	8.24
平罗县	Pingluo	101.41	5.59	16.67	0.27	2.88
吴忠市	**Wuzhong**	**78.78**	**3.22**	**13.29**	**0.27**	**3.23**
利通区	Litong	77.03	3.39	13.82	0.43	3.65
红寺堡区	Hongsipu	87.32	3.32	0.17	0.20	3.88
盐池县	Yanchi	68.29	3.67	8.93	0.48	4.37
同心县	Tongxin	75.89	1.99	11.57	0.12	1.62
青铜峡市	Qingtongxia	91.78	3.53	21.49	0.02	2.74
固原市	**Guyuan**	**74.48**	**3.79**	**8.38**	**0.27**	**2.83**
原州区	Yuanzhou	74.47	4.17	11.46	0.27	3.61
西吉县	Xiji	70.12	4.27	7.98	0.32	3.08
隆德县	Longde	69.25	4.36	3.31	0.29	2.29
泾源县	Jingyuan	48.18	3.12	10.41	0.64	4.31
彭阳县	Pengyang	82.14	2.47	1.43	0.12	0.27
中卫市	**Zhongwei**	**76.33**	**3.87**	**7.33**	**0.21**	**10.33**
沙坡头区	Shapotou	70.39	3.62	11.05	0.15	3.97
中宁县	Zhongning	92.07	4.36	0.44	0.25	19.21
海原县	Haiyuan	60.50	3.54	12.12	0.31	8.64

2-49 续表 4 continued

市 县	Region	水 Water 吨/人 ton/person	电 Electricity 度/人 degree/person	煤炭 Coal 公斤/人 kg/person	罐装液化石油气 Liquefied Petroleum Gas of Can Pack 公斤/人 kg/person	管道天然气 Natural Gas of Pipeline 立方米/人 cub.m/person
全 区	**Total**	**27.95**	**476.14**	**65.64**	**2.67**	**56.45**
沿黄地区	**Plain**	**29.14**	**491.29**	**21.59**	**2.32**	**68.44**
中南部地区	**Mountain Area**	**17.76**	**462.40**	**189.11**	**4.24**	**4.71**
银川市	**Yinchuan**	**31.28**	**530.52**	**20.53**	**2.21**	**78.01**
兴庆区	Xingqing	26.48	521.12	4.30	1.64	74.92
西夏区	Xixia	27.66	586.01	0.82	2.39	64.29
金凤区	Jinfeng	48.87	582.61	21.57	0.23	65.31
永宁县	Yongning	32.53	384.95	93.23	1.77	138.97
贺兰县	Helan	41.15	549.76	130.42	13.50	59.69
灵武市	Lingwu	28.48	481.84	70.03	3.82	90.88
石嘴山市	**Shizuishan**	**26.84**	**438.91**	**28.01**	**2.36**	**80.30**
大武口区	Dawukou	25.39	403.37	38.08	1.59	59.75
惠农区	Huinong	33.77	533.73	28.20	0.43	68.31
平罗县	Pingluo	19.87	379.73	2.34	7.42	151.51
吴忠市	**Wuzhong**	**19.63**	**421.78**	**175.45**	**2.35**	**23.06**
利通区	Litong	25.11	452.36	15.30	1.82	37.13
红寺堡区	Hongsipu	18.90	351.20	121.32	4.51	0.36
盐池县	Yanchi	18.66	422.05	338.25	2.58	25.68
同心县	Tongxin	15.11	617.55	520.81	1.83	
青铜峡市	Qingtongxia	17.71	296.75	35.55	2.62	25.98
固原市	**Guyuan**	**17.86**	**432.91**	**81.18**	**5.30**	**1.26**
原州区	Yuanzhou	15.22	473.72	104.52	4.38	1.29
西吉县	Xiji	13.14	382.28	86.33	8.10	1.89
隆德县	Longde	14.21	423.97	27.18	5.49	5.51
泾源县	Jingyuan	33.93	495.95	179.02	10.23	
彭阳县	Pengyang	25.54	352.33	3.31	5.03	
中卫市	**Zhongwei**	**25.43**	**457.91**	**47.14**	**3.02**	**19.34**
沙坡头区	Shapotou	34.62	516.56	7.85	3.14	30.70
中宁县	Zhongning	16.84	295.00		2.78	14.64
海原县	Haiyuan	19.71	649.17	248.78	3.12	

2-49 续表 5 continued

市 县	Region	洗衣机 Washing Machine 台/百户 set/ 100 household	电冰箱 Refrigerator 台/百户 set/ 100 household	微波炉 Microwave Oven 台/百户 set/ 100 household	空调器 Air Conditioner 台/百户 set/ 100 household	淋浴热水器 Water Heater for Shower 台/百户 set/ 100 household	摩托车 Motorcycle 辆/百户 unit/ 100 household
全 区	**Total**	**6.85**	**5.47**	**2.01**	**0.84**	**3.39**	**0.25**
沿黄地区	**Plain**	**6.33**	**5.42**	**1.58**	**1.27**	**3.76**	**0.18**
中南部地区	**Mountain Area**	**7.63**	**6.34**	**0.96**	**1.13**	**0.29**	**0.79**
银川市	**Yinchuan**	**7.55**	**7.14**	**1.44**	**1.20**	**3.52**	**0.28**
兴庆区	Xingqing	7.13	8.25	1.91	1.23	3.27	
西夏区	Xixia	9.06	6.10		2.16	5.65	
金凤区	Jinfeng	6.80	6.44	2.29	1.02	2.21	0.45
永宁县	Yongning	10.20	6.82			6.90	3.36
贺兰县	Helan	6.52	3.25	1.46			
灵武市	Lingwu	8.05	8.75	2.10		1.63	0.95
石嘴山市	**Shizuishan**	**3.89**	**2.49**	**1.95**	**2.05**	**3.43**	
大武口区	Dawukou	5.55	2.59	2.30	3.24	5.12	
惠农区	Huinong	0.96	1.36		1.37	1.08	
平罗县	Pingluo	4.96	4.44	1.58		3.25	
吴忠市	**Wuzhong**	**4.87**	**3.87**	**0.85**	**0.59**	**3.57**	**0.31**
利通区	Litong	4.16	5.12	2.03		8.10	
红寺堡区	Hongsipu	9.96	3.74	2.46			4.80
盐池县	Yanchi	5.04	9.93		3.12		
同心县	Tongxin	5.04					
青铜峡市	Qingtongxia	4.54				2.93	
固原市	**Guyuan**	**7.36**	**6.07**	**0.98**	**1.00**	**0.46**	**0.84**
原州区	Yuanzhou	11.27	9.05	1.33	1.64		0.96
西吉县	Xiji	6.69	1.86			1.64	2.13
隆德县	Longde	3.63	3.63	3.63			
泾源县	Jingyuan	8.06	4.36			6.12	
彭阳县	Pengyang		4.00				
中卫市	**Zhongwei**	**5.75**	**2.41**	**3.74**	**0.72**	**3.58**	
沙坡头区	Shapotou	7.10	1.52	3.85	1.52	5.29	
中宁县	Zhongning	1.70	2.12	3.92		1.70	
海原县	Haiyuan	12.27	6.21	3.04		3.04	

2-49 续表 6 continued

市 县	Region	助力车 Moped 辆/百户 unit/ 100 household	家用汽车 Automobile 辆/百户 unit/ 100 household	电话机 Telephone 部/百户 unit/ 100 household	移动电话 Mobile Telephone 部/百户 set/ 100 household	彩色电视机 Color TV Set 台/百户 set/ 100 household	照相机 Camera 架/百户 set/ 100 household
全 区	**Total**	**4.27**	**4.28**	**0.12**	**58.48**	**7.84**	**0.27**
沿黄地区	**Plain**	**5.81**	**3.20**	**0.28**	**47.48**	**7.49**	**0.30**
中南部地区	**Mountain Area**	**2.98**	**2.88**		**64.26**	**6.48**	**0.69**
银川市	**Yinchuan**	**2.48**	**3.32**	**0.44**	**49.09**	**7.77**	**0.20**
兴庆区	Xingqing	0.75	2.79	0.68	44.52	7.32	
西夏区	Xixia	4.34	4.10		55.72	11.89	0.93
金凤区	Jinfeng	4.24	3.09	0.77	37.59	5.69	
永宁县	Yongning	5.44	3.10		75.41	8.23	
贺兰县	Helan	3.08	1.79		57.13	5.02	
灵武市	Lingwu	2.87	8.04		81.17	5.27	
石嘴山市	**Shizuishan**	**12.68**	**3.91**		**39.44**	**7.90**	**0.78**
大武口区	Dawukou	6.41	3.50		39.82	4.04	1.59
惠农区	Huinong	25.36	3.17		37.71	13.83	
平罗县	Pingluo	5.93	6.56		50.35	7.42	
吴忠市	**Wuzhong**	**4.78**	**1.14**		**63.19**	**5.94**	
利通区	Litong	1.97	2.13		36.07	2.29	
红寺堡区	Hongsipu	14.61			67.56		
盐池县	Yanchi	2.21	2.21		65.69	7.72	
同心县	Tongxin	1.99			88.40	9.06	
青铜峡市	Qingtongxia	9.13			85.54	9.54	
固原市	**Guyuan**	**1.94**	**4.23**		**53.54**	**7.94**	**1.00**
原州区	Yuanzhou	2.37	3.33		59.00	8.34	1.64
西吉县	Xiji	1.86	1.86		40.50	4.03	
隆德县	Longde				34.63	7.04	
泾源县	Jingyuan				43.20	9.41	
彭阳县	Pengyang	1.44	10.01		55.30	8.29	
中卫市	**Zhongwei**	**12.78**	**1.57**		**52.67**	**4.96**	**0.14**
沙坡头区	Shapotou	12.36	3.32		46.73	5.35	
中宁县	Zhongning	14.84			40.63	4.13	
海原县	Haiyuan	5.90			103.22	6.06	0.96

2-50 2016年全区城镇居民家庭按可支配收入不等距九组分组资料

指标名称	Indicator	单位	unit
调查户数	**Number of Households Surveyed**	**户**	**household**
家庭基本情况	**Basic Statistics of Urban Households**	--	--
一、住房情况	Basic Statistics of Housing	--	--
1.家庭常住人口	Permanent Residents	人/户	person/household
2.现住房总建筑面积	Floor Space of Current Housing	平方米/人	sq.m/person
3.房屋产权(合计)	House Property Right(Total)	%	%
租赁公房	Public House Leasing	%	%
租赁私房	Private House Leasing	%	%
自建住房	Inhered Private House	%	%
购买商品房	Commercial Residential Building	%	%
购买房改住房	Reformed Private House	%	%
购买保障性住房	Indemnificatory House	%	%
拆迁安置房	Demolition Resettlement	%	%
继承或获赠住房	Inheritance or Gift	%	%
免费借用房	Borrowing House	%	%
其他	Others	%	%
4.住宅建筑式样(合计)	House Construction Style(Total)	%	%
单栋楼房	Single Building	%	%
单栋平房	Single Bungalow	%	%
四居室	House With Four Bedrooms	%	%
三居室	House With Three Bedrooms	%	%
二居室	House With Two Bedrooms	%	%
一居室	House With One Bedrooms	%	%
平房及其他	Bungalow and Others	%	%
5.现有住房按市场价估计值	Estimate Value of Current Housing By Market Price	元/户	yuan/household
6.租赁房房租	Rent	元/户	yuan/household
(1)租赁公房房租	Rent of Public	元/户	yuan/household
(2)租赁私房房租	Rent of Private	元/户	yuan/household
7.自有房房租折算	Corrected Rent of Self-Housing	元/户	yuan/household
8.购房总金额	Amount of Purchase	元/户	yuan/household
9.饮水情况(合计)	Drinking Condition(Total)	%	%
自来水	Tap Water	%	%
井、河水	Well and River Water	%	%
其他	Others	%	%
10.厕所使用情况(合计)	Health Equipment(Total)	%	%
本住户独用	Sole Use	%	%
几户合用	Share	%	%
公用	Public Toilet	%	%

Basic Statistics Grouped by Disposable Income Percentile of Urban Households (2016)

总 计 Average	最 低 收入户 (10%) Lowest Income Households	更低收入户 (5%) Lower Income Households	低收入户 (10%) Low Income Households	中等偏下 收 入 户 (20%) Lower Middle Income Households	中 等 收入户 (20%) Middle Income Households	中等偏上 收入户 (20%) Upper Middle Income Households	高收入户 (10%) High Income Households	最 高 收入户 (10%) Highest Income Households	更高收入户 (5%) Higher Income Households
1003	**99**	**49**	**100**	**202**	**202**	**200**	**100**	**100**	**51**
--	--	--	--	--	--	--	--	--	--
--	--	--	--	--	--	--	--	--	--
2.98	3.83	3.73	3.48	3.42	2.90	2.51	2.63	2.20	2.08
31.30	26.10	27.08	25.96	27.94	29.13	35.44	38.52	46.64	51.50
100.00	100.00	100.00	100.00	100.00	100.00	100.00	100.00	100.00	100.00
1.87	5.03	8.19	2.99	1.49	2.35	0.50	2.00		
4.19	6.04	6.14	7.98	5.46	5.45	1.50	1.00	2.00	1.98
21.44	58.93	63.48	47.38	28.28	15.84	8.01	3.01	1.00	
49.49	19.87	19.97	30.67	44.15	48.02	60.84	62.94	75.44	77.23
11.06	0.08	0.17	3.99	7.44	9.53	18.52	21.04	14.56	12.87
3.05	1.00			0.79	4.46	3.50	6.01	6.00	7.92
6.60	8.05	2.05	5.99	8.42	10.89	4.63	3.00	1.00	
0.40				0.99		1.00			
1.20	1.00		1.00	2.48	1.98	0.50			
0.70				0.50	1.48	1.00	1.00		
100.00	100.00	100.00	100.00	100.00	100.00	100.00	100.00	100.00	100.00
3.25	6.04	4.10	4.98	2.98	2.97	2.79	2.00	2.00	1.98
24.63	65.97	65.53	56.36	32.74	17.82	9.51	2.00	2.00	1.98
2.39	1.01	2.05		1.49	2.97	0.50	3.01	9.99	9.90
30.66	9.89	11.95	15.96	28.07	27.72	35.03	50.58	48.54	51.49
36.37	11.06	4.10	20.70	32.24	45.05	50.17	39.40	37.47	34.65
1.60	3.02	6.14	2.00	1.98	1.98	1.00	1.00		
1.10	3.01	6.13		0.50	1.49	1.00	2.01		
285348.50	184831.07	161301.20	215956.77	255416.76	255625.57	311058.22	384836.41	421082.86	453036.84
41.53	50.62	48.17	32.61	74.85	23.50	35.41	37.62	26.78	
6.31	2.94	5.48	2.21	7.06	7.59	7.75	13.07		
26.28	47.14	42.68	30.40	54.22	15.91	9.35		26.78	
758.18	517.67	448.69	616.04	678.15	694.32	853.98	991.37	997.48	1031.25
136480.54	102819.37	93563.81	132407.37	127632.23	115508.63	145640.62	167263.38	183801.36	203654.48
100.00	100.00	100.00	100.00	100.00	100.00	100.00	100.00	100.00	100.00
94.93	87.09	81.57	88.03	93.55	96.04	97.50	100.00	100.00	100.00
4.39	11.06	16.38	8.98	5.95	3.96	2.00			
0.68	1.85	2.05	2.99	0.50		0.50			
100.00	100.00	100.00	100.00	100.00	100.00	100.00	100.00	100.00	100.00
97.46	91.95	91.81	93.52	97.52	99.00	98.50	100.00	99.00	100.00
1.30	5.03	6.14	1.00	0.99	0.50	1.50		1.00	
1.24	3.02	2.05	5.48	1.49	0.50				

2-50 续表 1

指标名称	Indicator	单位	unit	总 计 Average
11.取暖设备(合计)	Heating Equipment(Total)	%	%	100.00
集中供暖	Central Heating	%	%	70.08
自行供暖	Self Heating	%	%	29.52
无取暖设备	Without Heating Equipment	%	%	0.40
12.炊用能源使用情况(合计)	Fuel Using Condition for Cooking(Total)	%	%	100.00
罐装液化石油气	Liquefied Petroleum Gas of Can Pack	%	%	13.56
管道液化石油气	Liquefied Petroleum Gas of Pipeline	%	%	0.20
管道天然气	Natural Gas of Pipeline	%	%	47.70
电	Electricity	%	%	27.48
其它	Other	%	%	11.06
二、人口情况	Basic Statistics of Population	--	--	--
(一)家庭劳动力人数	Household Labor	人/户	person/household	2.05
1.就业人口数	Number of Employed	人/户	person/household	1.44
①雇主	Employer	%	%	0.45
②公职人员	Civil Servants	%	%	3.89
③事业单位人员	Institution Officers	%	%	11.80
④国有企业雇员	State-owned Enterprises Employees	%	%	9.67
⑤其他雇员	Other Employees	%	%	49.03
⑥农业自营	Self-employed of Agriculture	%	%	9.90
⑦非农业自营	Self-employed of Non-agriculture	%	%	15.26
(二)负担系数	Dependents Coefficient	--	--	2.09
三、耐用消费品	Durable Consumer Goods	--	--	--
1.家用汽车	Automobile	辆/百户	unit/100 household	35.66
2.摩托车	Motorcycle	辆/百户	unit/100 household	16.23
3.助力车	Powered Bicycle	辆/百户	unit/100 household	48.28
4.洗衣机	Washing Machine	台/百户	set/100 household	98.16
5.电冰箱	Refrigerator	台/百户	set/100 household	96.58
6.微波炉	Microwave Oven	台/百户	set/101 household	52.02
7.彩色电视机	Color Television	台/百户	set/100 household	102.42
8.空调器	Air Conditioner	台/百户	unit/100 household	14.00
9.淋浴热水器	Water Heater for Shower	台/百户	unit/100 household	91.52
10.消毒碗柜	Disinfection Cupboard	台/百户	set/100 household	1.75
11.洗碗机	Dishwasher	台/百户	set/100 household	0.33

continued

最 低 收入户 (10%) Lowest Income Households	更低收入户 (5%) Lower Income Households	低收入户 (10%) Low Income Households	中等偏下 收 入 户 (20%) Lower Middle Income Households	中 等 收入户 (20%) Middle Income Households	中等偏上 收 入 户 (20%) Upper Middle Income Households	高收入户 (10%) High Income Households	最 高 收入户 (10%) Highest Income Households	更高收入户 (5%) Higher Income Households
100.00	100.00	100.00	100.00	100.00	100.00	100.00	100.00	100.00
28.00	26.28	37.66	59.32	74.26	89.99	94.99	93.01	94.06
72.00	73.72	60.34	40.68	24.75	10.01	5.01	6.99	5.94
		2.00		0.99				
100.00	100.00	100.00	100.00	100.00	100.00	100.00	100.00	100.00
11.06	12.29	8.98	14.88	14.36	16.01	14.02	10.99	7.92
				0.50	0.50			
9.89	9.90	22.69	41.46	54.95	58.97	62.44	71.02	78.22
55.92	51.19	36.41	30.76	21.29	19.02	22.54	17.99	13.86
23.13	26.62	31.92	12.90	8.90	5.50	1.00		
--	--	--	--	--	--	--	--	--
2.16	2.06	2.14	2.23	2.09	1.86	1.94	1.90	2.00
1.52	1.51	1.54	1.64	1.57	1.18	1.33	1.22	1.15
0.57	1.23	1.21		0.92	0.35			
			0.60	0.31	6.63	8.59	21.34	26.09
1.72	1.23		2.09	5.85	22.33	30.47	39.53	34.78
0.05	0.10		3.28	9.85	12.56	34.38	20.55	20.87
52.45	45.05	65.56	57.09	59.74	44.88	18.75	13.83	14.78
27.25	26.97	15.71	13.11	7.70	2.44	0.78	1.58	
17.96	25.43	17.52	23.84	15.63	10.81	7.03	3.16	3.48
2.32	2.42	2.40	2.17	1.99	1.92	2.05	1.80	1.86
--	--	--	--	--	--	--	--	--
19.78	19.66	24.28	36.93	33.69	39.25	52.79	39.62	31.07
37.90	43.35	22.89	17.76	14.27	9.69	8.48	9.87	8.04
55.98	53.57	64.64	57.21	52.87	36.30	34.29	35.60	41.00
95.89	93.36	96.86	99.35	95.57	100.58	97.76	100.00	100.00
87.43	83.55	91.25	96.85	96.33	100.00	99.18	101.43	102.84
24.80	16.58	35.40	40.75	51.61	64.37	76.54	69.40	63.95
102.29	96.88	104.00	105.47	97.95	100.64	103.25	106.53	106.13
2.34	1.88	8.91	5.28	12.29	18.41	26.25	30.27	33.43
71.75	68.37	86.75	91.13	93.31	91.63	100.82	103.55	105.57
			0.91	0.72	1.43	4.68	6.67	9.32
					0.94	1.44		

2-50 续表 2

指标名称	Indicator	单位	unit	总计 Average
11.固定电话	Telephone	部/百户	unit/100 household	21.66
12.移动电话	Mobile Telephone	部/百户	set/100 household	248.79
13.家用电脑	Computer	台/百户	set/100 household	71.22
14.摄像机	Video Camera	架/百户	set/100 household	4.58
15.照相机	Camera	架/百户	set/100 household	21.27
16.中高档乐器	Secondary and Top Grade Musical Instrument	件/百户	set/100 household	5.01
17.健身器材	Body-building Apparatus	套/百户	set/100 household	3.39
18.组合音响	Hi-Fi Stereo Component System	套/百户	set/100 household	3.50
四、信息化调查	Informationization Survey	--	--	--
1.接入互联网的移动电话	Internet Mobile Telephone	部/百户	set/100 household	174.54
2.接入有线电视网络的电视机	Lined Netwok Television	台/百户	set/101 household	73.82
3.接入互联网的计算机	Internet Computer	台/百户	set/102 household	58.37
总收入与总支出(人均)	**Total Revenue and Expenditure (per person)**	--	--	--
一、家庭总收入	Total Income	元/人	yuan/person	30966.72
(一)工资性收入	Income from Wages and Salaries	元/人	yuan/person	18032.88
1.工资	Laborage and Allowance Income	元/人	yuan/person	16895.06
2.实物福利及其他	Benefit in kind and Other	元/人	yuan/person	1137.83
(二)经营净收入	Net Business Income	元/人	yuan/person	4363.50
(三)财产性收入	Income from Properties	元/人	yuan/person	1487.14
1.利息收入	Interest	元/人	yuan/person	95.05
2.红利收入	Bonus	元/人	yuan/person	45.13
3.保险净收益	Insurance Profit	元/人	yuan/person	4.44
4.转让土地承包经营权租金净收入	Rental Income for Land Contractual Management Right	元/人	yuan/person	30.50
5.出租房屋收入	Lease House Income	元/人	yuan/person	308.09
6.出租其他资产净收入	Rent other Assets Income	元/人	yuan/person	8.65
7.其他财产性收入	Other Properties	元/人	yuan/person	2.38
8.房屋虚拟租金	Virtual Rent of House	元/人	yuan/person	992.90
(四)转移性收入	Income from Transfer	元/人	yuan/person	7083.19
1.养老金或离退休金	Annuities and Pension	元/人	yuan/person	6365.77
2.社会救济收入	Social Relief	元/人	yuan/person	81.15
3.政策性的生活补贴	Policy-related Subsidies	元/人	yuan/person	34.13
4.赡养收入	Maintenance Income	元/人	yuan/person	66.15
5.报销医疗费	Medical Fee for Reimbursement	元/人	yuan/person	389.89
6.其他转移性收入	Other Transfer	元/人	yuan/person	41.57

continued

最 低 收入户 (10%) Lowest Income Households	更低收入户 (5%) Lower Income Households	低收入户 (10%) Low Income Households	中等偏下 收 入 户 (20%) Lower Middle Income Households	中 等 收入户 (20%) Middle Income Households	中等偏上 收 入 户 (20%) Upper Middle Income Households	高收入户 (10%) High Income Households	最 高 收入户 (10%) Highest Income Households	更高收入户 (5%) Higher Income Households
11.51	6.78	18.96	12.29	17.58	26.33	35.07	38.38	44.85
267.10	254.61	258.26	270.41	246.29	231.47	248.61	217.89	218.02
43.20	33.92	47.65	68.92	80.55	71.48	89.96	89.22	94.66
1.69	3.37		3.78	5.91	4.79	9.00	6.06	5.12
7.08	5.25	7.83	11.77	24.89	22.96	41.37	36.88	43.15
1.04		1.44	1.28	7.53	6.38	14.67	2.43	3.13
0.29	0.57		0.63	3.69	6.20	4.58	7.92	14.22
2.09	0.33	2.85	2.64	2.47	3.81	7.99	4.15	3.13
--	--	--	--	--	--	--	--	--
147.08	136.44	177.14	185.90	183.43	161.07	198.67	161.61	159.00
49.66	41.46	71.73	69.17	75.84	79.44	83.70	83.93	86.96
28.13	19.82	34.15	51.79	69.11	59.89	79.93	79.54	84.81
--	--	--	--	--	--	--	--	--
10000.64	8861.81	14929.17	19975.72	29498.09	41934.74	55063.77	76284.17	88316.33
4466.54	3334.40	6964.30	11799.55	18110.81	24040.03	36180.08	42454.43	42361.74
4389.47	3327.16	6813.55	11414.91	17162.88	22348.32	32834.38	39019.92	38521.81
77.07	7.24	150.75	384.63	947.93	1691.71	3345.70	3434.51	3839.93
3018.84	3604.91	5992.05	5381.41	4570.30	3155.32	3266.67	4507.79	6824.22
856.83	550.67	758.64	927.79	1503.95	2046.69	2386.94	3051.61	4107.82
1.83	2.24	2.67	5.80	224.23	25.27	171.88	408.84	757.31
0.33	0.67		3.10	72.85	76.69		233.66	491.20
		6.29		9.81			24.47	51.45
11.59	7.99	20.49	27.63	32.41	82.66			
405.21	175.84	245.86	142.39	201.80	535.47	512.59	263.48	424.46
		6.84	3.41	14.92	24.66			
2.49	2.33	2.35	5.38	2.85				
435.38	361.61	474.12	740.08	945.08	1301.93	1702.47	2121.16	2383.40
1658.42	1371.82	1214.19	1866.97	5313.02	12692.70	13230.08	26270.34	35022.55
766.84	419.11	666.26	1446.14	4695.16	12036.31	12354.78	24455.30	32671.94
275.12	154.04	149.92	22.76	49.78	49.08	42.12	21.66	
111.48	140.70	21.89	29.28	26.38	26.77	10.13	0.81	1.70
111.20	109.51	45.81	138.98	28.67	38.25	10.26	23.35	49.09
136.43	227.26	167.34	100.51	312.52	440.63	784.97	1687.70	2294.82
66.48	100.54	61.61	49.42	58.79	11.50	13.48	0.34	

2-50 续表 3

指标名称	Indicator	单位	unit	总 计 Average
二、出售资产所得	Proceeds from Sales of Belongings	元/人	yuan/person	848.23
1.出售住房收入	Sale of Housing	元/人	yuan/person	70.55
2.出售其他物品收入	Sale of Other	元/人	yuan/person	9.55
三、借贷收入	Credit Income	元/人	yuan/person	1912.44
1.提取储蓄存款	Draw Saving Deposits	元/人	yuan/person	1166.82
2.借入款	Borrowed	元/人	yuan/person	451.67
3.收回借出款	Recover Loans	元/人	yuan/person	41.96
4.收回保险本金	Recover of Principal Insurance Savings	元/人	yuan/person	0.72
5.住房贷款	Repayment of House Loan	元/人	yuan/person	46.91
6.汽车贷款	Repayment of Auto Loan	元/人	yuan/person	94.05
7.教育贷款	Repayment of Education Loan	元/人	yuan/person	10.60
8.其他贷款	Repayment of Other Loans	元/人	yuan/person	98.08
9.其他借贷收入	Other Credit Income	元/人	yuan/person	1.63
四、家庭总支出	Total Expenditure	元/人	yuan/person	30896.51
(一)消费性支出	Consumption Expenditure	元/人	yuan/person	20364.23
(二)生产经营费用支出	Expenditure for Household Business	元/人	yuan/person	1242.80
(三)财产性支出	Property Expenditure	元/人	yuan/person	231.77
1.生活贷款利息支出	Interest of Life Loans	元/人	yuan/person	220.62
2.其它	Other	元/人	yuan/person	11.15
(四)转移性支出	Transfer Expenditures	元/人	yuan/person	2042.85
1.交纳所得税	Individual Income-tax	元/人	yuan/person	79.32
2.社会保障支出	Social Security Expenditure	元/人	yuan/person	1816.61
(1)个人交纳的养老保险	Annuities	元/人	yuan/person	1349.45
(2)个人交纳的医疗保险	Medical Accumulation Fund	元/人	yuan/person	369.99
(3)个人交纳的失业保险	Disemployed Accumulation Fund	元/人	yuan/person	70.37
(4)其它社会保障支出	Others	元/人	yuan/person	26.80
3.赡养支出	Support Expenditures	元/人	yuan/person	55.15
4.其它转移性支出	Others	元/人	yuan/person	91.73
(五)部分商业保险支出	Commercial Insurance	元/人	yuan/person	341.59
(六)购房与建房支出	Expenditures of Purchasing and Building Houses	元/人	yuan/person	1952.76
1.购房	Purchasing Houses	元/人	yuan/person	1896.95
2.建房	Building Houses	元/人	yuan/person	55.81
(七)借贷支出	Credit Expenditures	元/人	yuan/person	2015.56
1.存入储蓄款	Saving Deposits	元/人	yuan/person	512.40
2.借出款	Lending	元/人	yuan/person	49.27

continued

最低收入户 (10%) Lowest Income Households	更低收入户 (5%) Lower Income Households	低收入户 (10%) Low Income Households	中等偏下收入户 (20%) Lower Middle Income Households	中等收入户 (20%) Middle Income Households	中等偏上收入户 (20%) Upper Middle Income Households	高收入户 (10%) High Income Households	最高收入户 (10%) Highest Income Households	更高收入户 (5%) Higher Income Households
4622.65	9443.60	27.33	435.41	128.92	224.84	1025.57	0.31	0.64
4.26	8.73	1.55				784.46		
32.51	64.71	16.15	6.24	5.13	6.28		0.31	0.64
1603.64	2713.42	939.21	865.28	837.53	1802.14	5020.43	6553.96	12780.46
680.76	1073.74	208.81	371.15	377.33	1394.57	2521.54	5897.97	11967.22
587.04	1158.74	539.35	139.61	447.57	16.27	2162.19		
12.46	21.47	96.61	26.14	12.64	72.49		113.08	78.16
1.23	2.52						7.63	
					276.57			
			270.71		35.22		349.67	735.07
15.28	23.05	18.28	23.17		7.02			
305.99	433.91	73.21	34.50			323.48	185.61	
0.88		2.94				13.22		
17748.59	21360.72	18689.64	20804.10	29492.88	36056.42	55975.19	65850.29	75888.05
9426.74	8903.06	11820.20	14759.87	20318.78	26128.57	34602.70	39896.00	43818.63
1962.14	3062.90	2514.40	1399.59	622.99	315.22	1070.50	1463.56	2914.76
69.10	51.50	160.78	169.15	193.98	354.63	503.16	309.64	277.17
69.10	51.50	160.78	156.63	173.62	349.05	465.00	309.64	277.17
			12.52	20.36	5.58	38.15		
1220.11	1708.54	840.73	1148.95	1956.60	2469.41	4065.29	4948.56	5341.43
0.07	0.07	0.81	12.28	69.08	114.82	278.43	253.94	345.84
1140.75	1657.15	811.72	1072.13	1771.44	2135.83	3593.16	4128.29	4431.27
972.47	1526.28	598.27	731.50	1284.10	1582.81	2674.55	3145.02	3444.26
157.56	123.78	194.28	291.31	394.66	409.31	650.82	765.61	693.20
9.09	3.74	19.00	43.22	75.07	106.15	174.32	122.04	173.85
1.64	3.36	0.18	6.11	17.60	37.57	93.47	95.62	119.96
36.78	13.86	13.95	29.22	51.16	73.63	97.81	149.13	109.11
42.51	37.46	13.87	35.32	64.93	145.13	95.90	417.19	455.22
63.91	56.67	159.14	216.24	382.95	439.95	613.73	837.03	736.04
2672.53	4962.84	104.36	304.04	1529.44	620.33	6178.08	7820.65	9869.24
2551.29	4749.57		292.52	1399.56	620.33	6177.66	7815.70	9869.24
121.24	213.26	104.36	11.51	129.88		0.42	4.95	
747.73	741.13	954.32	1207.81	2044.84	2131.90	5448.25	3913.06	5215.75
272.65	187.03	301.35	463.83	1069.72	579.55	81.24	318.56	669.69
7.10	14.53	7.30	5.70	3.70	239.48	30.33	29.31	61.62

2-50 续表 4

指标名称	Indicator	单位	unit	总 计 Average
3.归还借款	Repayment of Loans	元/人	yuan/person	237.70
4.购买有价证券	Purchase of Securities	元/人	yuan/person	52.40
5.其它投资支出	Other Investment Expenditure	元/人	yuan/person	4.11
6.归还住房贷款	Repayment of House Loan	元/人	yuan/person	862.04
7.归还汽车贷款	Repayment of Auto Loan	元/人	yuan/person	144.78
8.归还教育贷款	Repayment of Education Loan	元/人	yuan/person	26.89
9.归还其它贷款	Repayment of Other Loans	元/人	yuan/person	101.57
10.其它借贷支出	Other Credit Expenditures	元/人	yuan/person	24.40
消费支出情况	**Consumption Expenditure**	**元/人**	**yuan/person**	**20364.23**
1.食品消费支出	Food	元/人	yuan/person	4889.22
2.衣着消费支出	Clothing	元/人	yuan/person	1726.72
3.居住消费支出	Residence	元/人	yuan/person	3770.48
4.家庭设备.用品消费支出	Household Facilities,Article and Service	元/人	kg/person	1245.07
5.交通和通讯消费支出	Transport and Telecommunication	元/人	yuan/person	3896.47
6.文化教育.娱乐消费支出	Cultural,Educational,Recreational Article and Services	元/人	kg/person	2415.66
7.医疗保健消费支出	Medicine and Health Care	元/人	yuan/person	1874.00
8.其他商品和服务消费支出	Other Commodities and Services	元/人	yuan/person	546.60
可支配收入来源	**Basic Statistics of Disposable Income**	--	--	--
一、全年可支配收入	Annual Disposable Income	元/人	yuan/person	27153.01
(一)工资性收入	Wage Income	元/人	yuan/person	18032.88
(二)经营净收入	Household Business Income	元/人	yuan/person	2824.41
1.第一产业经营净收入	Primary Industry	元/人	yuan/person	259.22
2.第二产业经营净收入	Secondary Industry	元/人	yuan/person	537.26
3.第三产业经营净收入	Tertiary Industry	元/人	yuan/person	2027.93
(三)财产净收入	Net Income from Property	元/人	yuan/person	1255.37
(四)转移净收入	Net Income from Transfer	元/人	yuan/person	5040.34
二、全年现金可支配收入	Annual Cash Disposable Income	元/人	yuan/person	26027.73
三、全年实物可支配收入	Annual Disposable Income in Kind	元/人	yuan/person	1125.27

continued

最低		低收入户	中等偏下	中等	中等偏上	高收入户	最高	
收入户	更低收入户		收入户	收入户	收入户		收入户	更高收入户
(10%)	(5%)	(10%)	(20%)	(20%)	(20%)	(10%)	(10%)	(5%)
Lowest Income Households	Lower Income Households	Low Income Households	Lower Middle Income Households	Middle Income Households	Upper Middle Income Households	High Income Households	Highest Income Households	Higher Income Households
193.57	230.07	168.06	174.22	74.34	93.72	1020.82	435.56	459.69
				5.24	11.89	554.72		
				0.66	1.65	0.95	48.92	102.84
126.36	100.62	443.08	440.69	557.68	971.18	3212.04	1819.09	2610.50
			77.75	177.38	186.73	233.57	543.02	490.01
		4.75			32.46	107.83	151.81	
135.93	184.06	29.78	22.22	148.98	14.13	46.13	545.11	821.41
12.12	24.81		23.41	7.15	1.11	160.62	21.68	
9426.74	**8903.06**	**11820.20**	**14759.87**	**20318.78**	**26128.57**	**34602.70**	**39896.00**	**43818.63**
2512.79	2357.83	3230.09	4029.31	5008.34	6260.40	7210.39	8030.90	8315.93
743.49	719.79	955.99	1382.95	1762.06	2100.44	3047.44	3168.81	3161.28
1870.29	1695.95	2193.54	2742.64	3853.38	5182.09	4547.72	8341.41	8956.02
424.76	368.77	706.80	769.12	1308.65	1463.35	2227.66	3139.56	3231.38
1476.29	1462.73	1692.38	2824.05	3541.79	4661.72	9689.32	7075.85	9044.18
1364.32	1187.14	1383.75	1654.53	2461.22	3119.10	4588.41	3875.51	2962.63
884.86	965.78	1373.14	1019.87	1728.37	2551.41	2440.44	5170.53	7079.05
149.94	145.05	284.50	337.40	654.96	787.06	851.31	1093.43	1068.15
--	--	--	--	--	--	--	--	--
5878.62	3331.19	11144.24	16965.96	26473.23	38655.58	49387.47	69414.47	79762.94
4466.54	3334.40	6964.30	11799.55	18110.81	24040.03	36180.08	42454.43	42361.74
186.03	-165.67	3208.63	3689.76	3696.02	2700.19	2158.82	2896.29	3889.44
191.84	106.86	209.01	537.24	166.71	177.77	68.35	249.16	-4.35
-48.86	-100.02	241.82	590.58	936.03	16.79	329.18	2251.36	3981.74
43.05	-172.50	2757.80	2561.93	2593.28	2505.63	1761.29	395.77	-87.95
787.74	499.17	597.85	758.64	1309.97	1692.06	1883.78	2741.97	3830.65
438.31	-336.71	373.46	718.02	3356.42	10223.29	9164.79	21321.78	29681.11
6139.31	3432.64	10745.26	16349.06	25483.54	37017.14	46861.36	65679.73	74985.67
-260.70	-101.45	398.98	616.91	989.69	1638.43	2526.11	3734.74	4777.27

2-50 续表 5

指标名称	Indicator	单位	unit	总 计 Average
食品消费情况	**Basic Statistics of Consumption of Major Goods**	--	--	--
一、粮食消费量	Grain Crops	公斤/人	kg/person	103.43
(一)谷物消费量	Cereal	公斤/人	kg/person	95.31
#1.小麦	Wheat	公斤/人	kg/person	54.90
2.稻谷	Rice	公斤/人	kg/person	36.17
(二)薯类消费量	Tubers	公斤/人	kg/person	1.77
(三)豆类消费量	Soybeans	公斤/人	kg/person	6.35
二、油脂类消费量	Oil and Fat	公斤/人	kg/person	8.25
三、蔬菜及菜制品消费量	Vegetables and Related Products	公斤/人	kg/person	101.27
四、干鲜瓜果类	Dried and Fresh Melons and Fruits	公斤/人	kg/person	80.32
五、肉类	Meat and Related Products	公斤/人	kg/person	17.98
1.猪肉	Pork	公斤/人	kg/person	6.77
2.牛肉	Beef	公斤/人	kg/person	3.69
3.羊肉	Mutton	公斤/人	kg/person	5.76
4.其他肉类及制品	Others	公斤/人	kg/person	1.75
六、禽类	Poultry	公斤/人	kg/person	6.40
七、蛋类及蛋制品	Eggs and Related Products	公斤/人	kg/person	6.92
八、奶和奶制品	Milk and Dairy Products	公斤/人	kg/person	20.34
九、水产品	Aquatic Products	公斤/人	kg/person	4.27
十、糖果糕点类	Sugar and Pastry	公斤/人	kg/person	5.19
十一、饮料	Beverage	公斤/人	kg/person	0.24
十二、酒	Liquor	公斤/人	kg/person	3.18

continued

最　低 收入户 (10%) Lowest Income Households	更低收入户 (5%) Lower Income Households	低收入户 (10%) Low Income Households	中等偏下 收 入 户 (20%) Lower Middle Income Households	中　等 收入户 (20%) Middle Income Households	中等偏上 收 入 户 (20%) Upper Middle Income Households	高收入户 (10%) High Income Households	最　高 收入户 (10%) Highest Income Households	更高收入户 (5%) Higher Income Households
--	--	--	--	--	--	--	--	--
100.63	110.06	103.82	95.65	98.92	115.75	96.25	123.96	146.61
95.35	104.55	96.30	88.88	90.65	105.12	87.51	112.72	133.19
56.04	62.61	55.63	49.63	50.58	61.42	51.71	68.28	77.67
36.44	40.31	36.25	34.73	36.27	38.63	32.18	38.97	48.55
1.80	1.95	1.53	1.58	1.61	2.28	1.60	2.11	2.56
3.49	3.56	5.99	5.19	6.65	8.36	7.13	9.13	10.85
7.97	7.95	6.73	7.02	7.99	9.61	8.99	11.66	14.43
88.93	98.44	92.79	85.28	97.80	122.02	106.14	141.20	171.32
60.50	62.79	67.62	69.34	81.61	92.56	98.80	115.00	123.89
10.87	9.84	14.90	15.07	17.85	24.91	20.70	25.31	26.35
3.61	3.98	5.50	5.61	6.98	9.54	7.15	10.48	11.97
3.15	2.78	2.99	3.09	3.56	4.77	4.80	4.16	4.33
3.51	2.54	5.14	5.12	5.56	8.05	6.30	7.24	6.46
0.60	0.54	1.26	1.25	1.75	2.55	2.45	3.43	3.59
4.96	4.65	5.38	4.75	7.20	8.06	7.63	8.25	9.24
3.94	3.73	6.26	5.66	6.88	8.84	8.93	10.28	10.95
10.58	8.28	13.55	18.63	20.07	28.35	26.81	27.80	30.91
1.68	1.46	2.66	2.72	5.00	6.03	6.71	7.21	8.60
2.80	2.47	4.48	5.00	5.52	5.85	6.20	7.45	7.75
0.15	0.14	0.18	0.24	0.23	0.30	0.26	0.32	0.42
1.69	2.13	2.55	4.38	2.90	2.77	3.61	4.15	4.00

2-51　2016年全区城镇居民家庭按可支配收入等距五组分组资料

指标名称	Indicator	单位	unit
调查户数	**Number of Households Surveyed**	**户**	**household**
家庭基本情况	**Basic Statistics of Urban Households**	--	--
一、住房情况	Basic Statistics of Housing	--	--
1.家庭常住人口	Permanent Residents	人/户	person/household
2.现住房总建筑面积	Floor Space of Current Housing	平方米/人	sq.m/person
3.房屋产权(合计)	House Property Right(Total)	%	%
租赁公房	Public House Leasing	%	%
租赁私房	Private House Leasing	%	%
自建住房	Inhered Private House	%	%
购买商品房	Commercial Residential Building	%	%
购买房改住房	Reformed Private House	%	%
购买保障性住房	Indemnificatory House	%	%
拆迁安置房	Demolition Resettlement	%	%
继承或获赠住房	Inheritance or Gift	%	%
免费借用房	Borrowing House	%	%
其他	Others	%	%
4.住宅建筑式样(合计)	House Construction Style(Total)	%	%
单栋楼房	Single Building	%	%
单栋平房	Single Bungalow	%	%
四居室	House With Four Bedrooms	%	%
三居室	House With Three Bedrooms	%	%
二居室	House With Two Bedrooms	%	%
一居室	House With One Bedrooms	%	%
平房及其他	Bungalow and Others	%	%
5.现有住房按市场价估计值	Estimate Value of Current Housing By Market Price	元/户	yuan/household
6.租赁房房租	Rent	元/户	yuan/household
(1)租赁公房房租	Rent of Public	元/户	yuan/household
(2)租赁私房房租	Rent of Private	元/户	yuan/household
7.自有房房租折算	Corrected Rent of Self-Housing	元/户	yuan/household
8.购房总金额	Amount of Purchase	元/户	yuan/household
9.饮水情况(合计)	Drinking Condition(Total)	%	%
自来水	Tap Water	%	%
井、河水	Well and River Water	%	%
其他	Others	%	%
10.厕所使用情况(合计)	Health Equipment(Total)	%	%
本住户独用	Sole Use	%	%
几户合用	Share	%	%
公用	Public Toilet	%	%

Basic Statistics Grouped by Disposable Income Quintile of Urban Households (2016)

合　计 Average	低收入户20% 20% Low Income Households	较低收入户20% 20% Lower Income Households	中等收入户20% 20% Middle Income Households	较高收入户20% 20% Higher Income Households	高收入户20% 20% High Income Households
1003.00	**199.67**	**201.58**	**202.00**	**199.83**	**199.92**
--	**--**	**--**	**--**	**--**	**--**
--	--	--	--	--	--
2.98	3.66	3.42	2.90	2.51	2.42
31.30	26.04	27.94	29.13	35.44	42.20
100.00	100.00	100.00	100.00	100.00	100.00
1.87	4.01	1.49	2.35	0.50	1.00
4.19	7.01	5.46	5.45	1.50	1.50
21.44	53.13	28.28	15.84	8.01	2.00
49.49	25.29	44.15	48.02	60.84	69.20
11.06	2.05	7.44	9.53	18.52	17.80
3.05	0.50	0.79	4.46	3.50	6.00
6.60	7.01	8.43	10.89	4.63	2.00
0.40		0.99		1.00	
1.20	1.00	2.47	1.98	0.50	
0.70		0.50	1.48	1.00	0.50
100.00	100.00	100.00	100.00	100.00	100.00
3.25	5.51	2.98	2.97	2.79	2.00
24.63	61.14	32.74	17.82	9.51	2.00
2.39	0.50	1.49	2.97	0.50	6.50
30.66	12.94	28.07	27.72	35.03	49.56
36.37	15.91	32.24	45.05	50.17	38.44
1.60	2.50	1.98	1.98	1.00	0.50
1.10	1.50	0.50	1.49	1.00	1.00
285348.50	200426.00	255416.76	255625.57	311058.22	402879.73
41.53	41.60	74.85	23.50	35.41	32.22
6.31	2.57	7.06	7.59	7.75	6.56
26.28	38.76	54.22	15.91	9.35	13.33
758.18	566.96	678.15	694.32	853.98	994.41
136480.54	117643.86	127632.23	115508.63	145640.62	175495.91
100.00	100.00	100.00	100.00	100.00	100.00
94.93	87.56	93.55	96.04	97.50	100.00
4.39	10.02	5.95	3.96	2.00	
0.68	2.42	0.50		0.50	
100.00	100.00	100.00	100.00	100.00	100.00
97.46	92.74	97.52	99.00	98.50	99.50
1.30	3.01	0.99	0.50	1.50	0.50
1.24	4.25	1.49	0.50		

2-51 续表 1

指标名称	Indicator	单位	unit
11.取暖设备(合计)	Heating Equipment(Total)	%	%
集中供暖	Central Heating	%	%
自行供暖	Self Heating	%	%
无取暖设备	Without Heating Equipment	%	%
12.炊用能源使用情况(合计)	Fuel Using Condition for Cooking(Total)	%	%
罐装液化石油气	Liquefied Petroleum Gas of Can Pack	%	%
管道液化石油气	Liquefied Petroleum Gas of Pipeline	%	%
管道天然气	Natural Gas of Pipeline	%	%
电	Electricity	%	%
其它	Other	%	%
二、人口情况	Basic Statistics of Population	--	--
(一)家庭劳动力人数	Household Labor	人/户	person/household
1.就业人口数	Number of Employed	人/户	person/household
①雇主	Employer	%	%
②公职人员	Civil Servants	%	%
③事业单位人员	Institution Officers	%	%
④国有企业雇员	State-owned Enterprises Employees	%	%
⑤其他雇员	Other Employees	%	%
⑥农业自营	Self-employed of Agriculture	%	%
⑦非农业自营	Self-employed of Non-agriculture	%	%
(二)负担系数	Dependents Coefficient	--	--
三、耐用消费品	Durable Consumer Goods	--	--
1.家用汽车	Automobile	辆/百户	unit/100 household
2.摩托车	Motorcycle	辆/百户	unit/100 household
3.助力车	Powered Bicycle	辆/百户	unit/100 household
4.洗衣机	Washing Machine	台/百户	set/100 household
5.电冰箱	Refrigerator	台/百户	set/100 household
6.微波炉	Microwave Oven	台/百户	set/101 household
7.彩色电视机	Color Television	台/百户	set/100 household
8.空调器	Air Conditioner	台/百户	unit/100 household
9.淋浴热水器	Water Heater for Shower	台/百户	unit/100 household
10.消毒碗柜	Disinfection Cupboard	台/百户	set/100 household
11.洗碗机	Dishwasher	台/百户	set/100 household

continued

合　计 Average	低收入户20% 20% Low Income Households	较低收入户20% 20% Lower Income Households	中等收入户20% 20% Middle Income Households	较高收入户20% 20% Higher Income Households	高收入户20% 20% High Income Households
100.00	100.00	100.00	100.00	100.00	100.00
70.08	32.85	59.32	74.26	89.99	94.00
29.52	66.15	40.68	24.75	10.01	6.00
0.40	1.00		0.99		
100.00	100.00	100.00	100.00	100.00	100.00
13.56	10.02	14.88	14.36	16.01	12.51
0.20			0.50	0.50	
47.70	16.32	41.46	54.95	58.97	66.74
27.48	46.12	30.76	21.29	19.02	20.25
11.06	27.54	12.90	8.90	5.50	0.50
--	--	--	--	--	--
2.05	2.15	2.23	2.09	1.86	1.92
1.44	1.53	1.64	1.57	1.18	1.28
0.45	0.88		0.92	0.35	
3.89		0.60	0.31	6.63	14.93
11.80	0.88	2.09	5.85	22.33	34.97
9.67	0.02	3.28	9.85	12.56	27.50
49.03	58.82	57.09	59.74	44.88	16.31
9.90	21.64	13.11	7.70	2.44	1.18
15.25	17.75	23.84	15.63	10.81	5.11
2.09	2.36	2.17	1.99	1.92	1.93
--	--	--	--	--	--
35.66	22.03	36.93	33.69	39.25	46.23
16.23	30.38	17.76	14.27	9.69	9.17
48.28	60.32	57.21	52.87	36.30	34.94
98.16	96.37	99.35	95.57	100.58	98.87
96.58	89.35	96.85	96.33	100.00	100.30
52.02	30.11	40.75	51.61	64.37	72.98
102.42	103.14	105.47	97.95	100.64	104.88
14.00	5.63	5.28	12.29	18.41	28.25
91.52	79.26	91.13	93.31	91.63	102.18
1.75		0.91	0.72	1.43	5.67
0.33				0.94	0.72

2-51 续表 2

指标名称	Indicator	单位	unit
11.固定电话	Telephone	部/百户	unit/100 household
12.移动电话	Mobile Telephone	部/百户	set/100 household
13.家用电脑	Computer	台/百户	set/100 household
14.摄像机	Video Camera	架/百户	set/100 household
15.照相机	Camera	架/百户	set/100 household
16.中高档乐器	Secondary and Top Grade Musical Instrument	件/百户	set/100 household
17.健身器材	Body-building Apparatus	套/百户	set/100 household
18.组合音响	Hi-Fi Stereo Component System	套/百户	set/100 household
四、信息化调查	Informationization Survey	--	--
1.接入互联网的移动电话	Internet Mobile Telephone	部/百户	set/100 household
2.接入有线电视网络的电视机	Lined Netwok Television	台/百户	set/101 household
3.接入互联网的计算机	Internet Computer	台/百户	set/102 household
总收入与总支出(人均)	**Total Revenue and Expenditure (per person)**	--	--
一、家庭总收入	Total Income	元/人	yuan/person
(一)工资性收入	Income from Wages and Salaries	元/人	yuan/person
1.工资	Laborage and Allowance Income	元/人	yuan/person
2.实物福利及其他	Benefit in kind and Other	元/人	yuan/person
(二)经营净收入	Business Income	元/人	yuan/person
(三)财产性收入	Income from Properties	元/人	yuan/person
1.利息收入	Interest	元/人	yuan/person
2.红利收入	Bonus	元/人	yuan/person
3.保险净收益	Insurance Profit	元/人	yuan/person
4.转让土地承包经营权租金净收入	Rental Income for Land Contractual Management Right	元/人	yuan/person
5.出租房屋收入	Lease House Income	元/人	yuan/person
6.出租其他资产净收入	Rent other Assets Income	元/人	yuan/person
7.其他财产性收入	Other Properties	元/人	yuan/person
8.房屋虚拟租金	Virtual Rent of House	元/人	yuan/person
(四)转移性收入	Income from Transfer	元/人	yuan/person
1.养老金或离退休金	Annuities and Pension	元/人	yuan/person
2.社会救济收入	Social Relief	元/人	yuan/person
3.政策性的生活补贴	Policy-related Subsidies	元/人	yuan/person
4.赡养收入	Maintenance Income	元/人	yuan/person
5.报销医疗费	Medical Fee for Reimbursement	元/人	yuan/person
6.其他转移性收入	Other Transfer	元/人	yuan/person

continued

合　计 Average	低收入户20% 20% Low Income Households	较低收入户20% 20% Lower Income Households	中等收入户20% 20% Middle Income Households	较高收入户20% 20% Higher Income Households	高收入户20% 20% High Income Households
21.66	15.24	12.29	17.58	26.33	36.72
248.79	262.67	270.41	246.29	231.47	233.32
71.22	45.43	68.92	80.55	71.48	89.59
4.58	0.84	3.78	5.91	4.79	7.54
21.27	7.46	11.77	24.89	22.96	39.14
5.01	1.24	1.28	7.53	6.38	8.58
3.39	0.14	0.63	3.69	6.20	6.24
3.50	2.47	2.64	2.47	3.81	6.08
--	--	--	--	--	--
174.54	162.14	185.90	183.43	161.07	180.22
73.82	60.72	69.17	75.84	79.44	83.81
58.37	31.14	51.79	69.11	59.89	79.73
--	--	--	--	--	--
30966.72	12351.74	19975.72	29498.09	41934.74	64695.36
18032.88	5658.07	11799.55	18110.81	24040.03	39027.90
16895.06	5545.85	11414.91	17162.88	22348.32	35641.90
1137.83	112.22	384.63	947.93	1691.71	3386.01
4363.50	4437.17	5381.41	4570.30	3155.32	3830.00
1487.14	809.99	927.79	1503.95	2046.69	2688.62
95.05	2.23	5.80	224.23	25.27	279.43
45.13	0.17	3.10	72.85	76.69	106.05
4.44	3.00		9.81		11.11
30.50	15.84	27.63	32.41	82.66	
308.09	329.19	142.39	201.80	535.47	399.52
8.65	3.26	3.41	14.92	24.66	
2.38	2.43	5.38	2.85		
992.90	453.86	740.08	945.08	1301.93	1892.51
7083.19	1446.51	1866.97	5313.02	12692.70	19148.84
6365.77	718.86	1446.14	4695.16	12036.31	17847.01
81.15	215.40	22.76	49.78	49.08	32.84
34.13	68.75	29.28	26.38	26.77	5.90
66.15	80.01	138.98	28.67	38.25	16.20
389.89	151.18	100.51	312.52	440.63	1194.70
41.57	64.16	49.42	58.79	11.50	7.51

2-51 续表 3

指标名称	Indicator	单位	unit
二、出售资产所得	Proceeds from Sales of Belongings	元/人	yuan/person
1.出售住房收入	Sale of Housing	元/人	yuan/person
2.出售其他物品收入	Sale of Other	元/人	yuan/person
三、借贷收入	Credit Income	元/人	yuan/person
1.提取储蓄存款	Draw Saving Deposits	元/人	yuan/person
2.借入款	Borrowed	元/人	yuan/person
3.收回借出款	Recover Loans	元/人	yuan/person
4.收回保险本金	Recover of Principal Insurance Savings	元/人	yuan/person
5.住房贷款	Repayment of House Loan	元/人	yuan/person
6.汽车贷款	Repayment of Auto Loan	元/人	yuan/person
7.教育贷款	Repayment of Education Loan	元/人	yuan/person
8.其他贷款	Repayment of Other Loans	元/人	yuan/person
9.其他借贷收入	Other Credit Income	元/人	yuan/person
四、家庭总支出	Total Expenditure	元/人	yuan/person
(一)消费性支出	Consumption Expenditure	元/人	yuan/person
(二)生产经营费用支出	Expenditure for Household Business	元/人	yuan/person
(三)财产性支出	Property Expenditure	元/人	yuan/person
1.生活贷款利息支出	Interest of Life Loans	元/人	yuan/person
2.其它	Other	元/人	yuan/person
(四)转移性支出	Transfer Expenditures	元/人	yuan/person
1.交纳所得税	Individual Income-tax	元/人	yuan/person
2.社会保障支出	Social Security Expenditure	元/人	yuan/person
(1)个人交纳的养老保险	Annuities	元/人	yuan/person
(2)个人交纳的医疗保险	Medical Accumulation Fund	元/人	yuan/person
(3)个人交纳的失业保险	Disemployed Accumulation Fund	元/人	yuan/person
(4)其它社会保障支出	Others	元/人	yuan/person
3.赡养支出	Support Expenditures	元/人	yuan/person
4.其它转移性支出	Others	元/人	yuan/person
(五)部分商业保险支出	Commercial Insurance	元/人	yuan/person
(六)购房与建房支出	Expenditures of Purchasing and Building Houses	元/人	yuan/person
1.购房	Purchasing Houses	元/人	yuan/person
2.建房	Building Houses	元/人	yuan/person
(七)借贷支出	Credit Expenditures	元/人	yuan/person
1.存入储蓄款	Saving Deposits	元/人	yuan/person
2.借出款	Lending	元/人	yuan/person

continued

合 计 Average	低收入户20% 20% Low Income Households	较低收入户20% 20% Lower Income Households	中等收入户20% 20% Middle Income Households	较高收入户20% 20% Higher Income Households	高收入户20% 20% High Income Households
848.23	2430.51	435.41	128.92	224.84	560.22
70.55	2.97				428.41
9.55	24.71	6.24	5.13	6.28	0.14
1912.44	1286.68	865.28	837.53	1802.14	5716.48
1166.82	455.62	371.15	377.33	1394.57	4054.05
451.67	564.29	139.61	447.57	16.27	1180.81
41.96	52.60	26.14	12.64	72.49	51.33
0.72	0.64				3.46
46.91				276.57	
94.05		270.71		35.22	158.71
10.60	16.71	23.17		7.02	
98.08	194.95	34.50			260.90
1.63	1.86				7.22
30896.51	18197.51	20804.10	29492.88	36056.42	60457.34
20364.23	10568.51	14759.87	20318.78	26128.57	37005.24
1242.80	2225.59	1399.59	622.99	315.22	1248.90
231.77	112.83	169.15	193.98	354.63	415.32
220.62	112.83	156.63	173.62	349.05	394.48
11.15		12.52	20.36	5.58	20.84
2042.85	1039.13	1148.95	1956.60	2469.41	4466.19
79.32	0.42	12.28	69.08	114.82	267.31
1816.61	983.79	1072.13	1771.44	2135.83	3836.04
1349.45	793.96	731.50	1284.10	1582.81	2888.09
369.99	175.08	291.31	394.66	409.31	702.92
70.37	13.82	43.22	75.07	106.15	150.59
26.80	0.94	6.11	17.60	37.57	94.45
55.15	25.89	29.22	51.16	73.63	121.11
91.73	28.85	35.32	64.93	145.13	241.73
341.59	109.34	216.24	382.95	439.95	715.08
1952.76	1447.41	304.04	1529.44	620.33	6923.62
1896.95	1334.23	292.52	1399.56	620.33	6921.14
55.81	113.18	11.51	129.88		2.48
2015.56	846.28	1207.81	2044.84	2131.90	4751.45
512.40	286.34	463.83	1069.72	579.55	188.96
49.27	7.19	5.70	3.70	239.48	29.87

2-51 续表 4

指标名称	Indicator	单位	unit
3.归还借款	Repayment of Loans	元/人	yuan/person
4.购买有价证券	Purchase of Securities	元/人	yuan/person
5.其它投资支出	Other Investment Expenditure	元/人	yuan/person
6.归还住房贷款	Repayment of House Loan	元/人	yuan/person
7.归还汽车贷款	Repayment of Auto Loan	元/人	yuan/person
8.归还教育贷款	Repayment of Education Loan	元/人	yuan/person
9.归还其它贷款	Repayment of Other Loans	元/人	yuan/person
10.其它借贷支出	Other Credit Expenditures	元/人	yuan/person
消费支出情况	**Consumption Expenditure**	**元/人**	**yuan/person**
1.食品消费支出	Food	元/人	yuan/person
2.衣着消费支出	Clothing	元/人	yuan/person
3.居住消费支出	Residence	元/人	yuan/person
4.家庭设备.用品消费支出	Household Facilities,Article and Service	元/人	kg/person
5.交通和通讯消费支出	Transport and Telecommunication	元/人	yuan/person
6.文化教育.娱乐消费支出	Cultural,Educational,Recreational	元/人	kg/person
7.医疗保健消费支出	Medicine and Health Care	元/人	yuan/person
8.其他商品和服务消费支出	Other Commodities and Services	元/人	yuan/person
可支配收入来源	**Basic Statistics of Disposable Income**	--	--
一、全年可支配收入	Annual Disposable Income	元/人	yuan/person
(一)工资性收入	Wage Income	元/人	yuan/person
(二)经营净收入	Household Business Income	元/人	yuan/person
1.第一产业经营净收入	Primary Industry	元/人	yuan/person
2.第二产业经营净收入	Secondary Industry	元/人	yuan/person
3.第三产业经营净收入	Tertiary Industry	元/人	yuan/person
(三)财产净收入	Net Income from Property	元/人	yuan/person
(四)转移净收入	Net Income from Transfer	元/人	yuan/person
二、全年现金可支配收入	Annual Cash Disposable Income	元/人	yuan/person
三、全年实物可支配收入	Annual Disposable Income in Kind	元/人	yuan/person

continued

合　计 Average	低收入户20% 20% Low Income Households	较低收入户20% 20% Lower Income Households	中等收入户20% 20% Middle Income Households	较高收入户20% 20% Higher Income Households	高收入户20% 20% High Income Households
237.70	181.40	174.22	74.34	93.72	755.18
52.40			5.24	11.89	302.94
4.11			0.66	1.65	22.72
862.04	277.45	440.69	557.68	971.18	2579.80
144.78		77.75	177.38	186.73	374.03
26.89	2.27			32.46	127.79
101.57	85.29	22.22	148.98	14.13	272.61
24.40	6.34	23.41	7.15	1.11	97.56
20364.23	**10568.51**	**14759.87**	**20318.78**	**26128.57**	**37005.24**
4889.22	2854.97	4029.31	5008.34	6260.40	7582.81
1726.72	844.86	1382.95	1762.06	2100.44	3102.52
3770.48	2024.49	2742.64	3853.38	5182.09	6269.62
1245.07	559.30	769.12	1308.65	1463.35	2641.55
3896.47	1579.37	2824.05	3541.79	4664.72	8503.11
2415.66	1373.59	1654.53	2461.22	3119.10	4264.84
1874.00	1117.79	1019.87	1728.37	2551.41	3679.58
546.60	214.13	337.40	654.96	787.06	961.21
--	--	--	--	--	--
27153.01	8390.52	16965.96	26473.23	38655.58	58477.39
18032.88	5658.07	11799.55	18110.81	24040.03	39027.90
2824.41	1627.92	3689.76	3696.02	2700.19	2493.54
259.22	200.03	537.24	166.71	177.77	150.42
537.26	89.81	590.58	936.03	16.79	1201.62
2027.93	1338.09	2561.93	2593.28	2505.63	1141.51
1255.37	697.15	758.64	1309.97	1692.06	2273.30
5040.34	407.38	718.02	3356.42	10223.29	14682.65
26027.73	8336.53	16349.06	25483.54	37017.14	55402.71
1125.27	53.99	616.91	989.69	1638.43	3074.69

2-51 续表 5

指标名称	Indicator	单位	unit
食品消费情况	**Basic Statistics of Consumption of Major Goods**	--	--
一、粮食消费量	Grain Crops	公斤/人	kg/person
(一)谷物消费量	Cereal	公斤/人	kg/person
#1.小麦	Wheat	公斤/人	kg/person
2.稻谷	Rice	公斤/人	kg/person
(二)薯类消费量	Tubers	公斤/人	kg/person
(三)豆类消费量	Soybeans	公斤/人	kg/person
二、油脂类消费量	Oil and Fat	公斤/人	kg/person
三、蔬菜及菜制品消费量	Vegetables and Related Products	公斤/人	kg/person
四、干鲜瓜果类	Dried and Fresh Melons and Fruits	公斤/人	kg/person
五、肉类	Meat and Related Products	公斤/人	kg/person
1.猪肉	Pork	公斤/人	kg/person
2.牛肉	Beef	公斤/人	kg/person
3.羊肉	Mutton	公斤/人	kg/person
4.其他肉类及制品	Others	公斤/人	kg/person
六、禽类	Poultry	公斤/人	kg/person
七、蛋类及蛋制品	Eggs and Related Products	公斤/人	kg/person
八、奶和奶制品	Milk and Dairy Products	公斤/人	kg/person
九、水产品	Aquatic Products	公斤/人	kg/person
十、糖果糕点类	Sugar and Pastry	公斤/人	kg/person
十一、饮料	Beverage	公斤/人	kg/person
十二、酒	Liquor	公斤/人	kg/person

continued

合　计 Average	低收入户20% 20% Low Income Households	较低收入户20% 20% Lower Income Households	中等收入户20% 20% Middle Income Households	较高收入户20% 20% Higher Income Households	高收入户20% 20% High Income Households
--	--	--	--	--	--
103.43	102.15	95.65	98.92	115.75	108.82
95.31	95.80	88.88	90.65	105.12	98.95
54.90	55.84	49.63	50.58	61.42	59.23
36.17	36.35	34.73	36.27	38.63	35.26
1.77	1.67	1.58	1.61	2.28	1.83
6.35	4.68	5.19	6.65	8.36	8.04
8.25	7.38	7.02	7.99	9.61	10.20
101.27	90.77	85.28	97.80	122.02	122.05
80.32	63.90	69.34	81.61	92.56	106.16
17.98	12.79	15.07	17.85	24.91	22.80
6.77	4.51	5.61	6.98	9.54	8.66
3.69	3.07	3.09	3.56	4.77	4.51
5.76	4.29	5.12	5.56	8.05	6.73
1.75	0.91	1.25	1.75	2.55	2.89
6.40	5.16	4.75	7.20	8.06	7.91
6.92	5.05	5.66	6.88	8.84	9.54
20.34	12.00	18.63	20.07	28.35	27.26
4.27	2.15	2.72	5.00	6.03	6.94
5.19	3.60	5.00	5.52	5.85	6.77
0.24	0.16	0.24	0.23	0.30	0.29
3.18	2.10	4.38	2.90	2.77	3.86

2-52 2016年各市县城镇居民人均可支配收入

Per Capita Annual Disposable Income of Urban Households by City and Country (2016)

单位：元 (yuan)

市 县	Region	2016年	2015年	增 量 Increment	增 长 Growth(%)
全 区	**Total**	**27153.0**	**25186.0**	**1967.0**	**7.8**
沿黄地区	**Plain**	**28172.0**	**26154.5**	**2017.5**	**7.7**
中南部地区	**Mountain Area**	**21533.6**	**19920.1**	**1613.6**	**8.1**
银川市	**Yinchuan**	**30477.8**	**28261.4**	**2216.4**	**7.8**
兴庆区	Xingqing	32780.8	30513.9	2266.9	7.4
西夏区	Xixia	24976.3	23125.5	1850.9	8.0
金凤区	Jinfeng	32733.6	30361.3	2372.3	7.8
永宁县	Yongning	26948.0	25091.4	1856.6	7.4
贺兰县	Helan	26468.0	24548.1	1920.0	7.8
灵武市	Lingwu	28329.5	26255.0	2074.5	7.9
石嘴山市	**Shizuishan**	**25970.1**	**24168.3**	**1801.8**	**7.5**
大武口区	Dawukou	28855.4	26767.6	2087.7	7.8
惠农区	Huinong	23110.1	21495.0	1615.1	7.5
平罗县	Pingluo	22738.5	21216.1	1522.4	7.2
吴忠市	**Wuzhong**	**23351.5**	**21552.9**	**1798.5**	**8.3**
利通区	Litong	25303.1	23581.9	1721.2	7.3
红寺堡区	Hongsipu	19412.1	17875.4	1536.7	8.6
盐池县	Yanchi	22673.2	20919.5	1753.7	8.4
同心县	Tongxin	20277.2	18758.0	1519.1	8.1
青铜峡市	Qingtongxia	23633.2	22003.2	1630.0	7.4
固原市	**Guyuan**	**22716.8**	**21144.0**	**1572.8**	**7.4**
原州区	Yuanzhou	24153.5	22463.2	1690.3	7.5
西吉县	Xiji	21410.6	19965.3	1445.3	7.2
隆德县	Longde	20047.3	18631.7	1415.6	7.6
泾源县	Jingyuan	21158.2	19735.4	1422.9	7.2
彭阳县	Pengyang	21611.6	20048.5	1563.1	7.8
中卫市	**Zhongwei**	**23276.7**	**21604.3**	**1672.5**	**7.7**
沙坡头区	Shapotou	24338.8	22702.7	1636.2	7.2
中宁县	Zhongning	23141.3	21481.2	1660.1	7.7
海原县	Haiyuan	20591.8	19045.7	1546.0	8.1

2-53 主要年份各市县城镇居民人均可支配收入

Per Capita Annual Disposable Income of Urban Households by City and Country in Main Years

单位：元，%　　　　(yuan,%)

地　区	Region	2010年		2011年		2012年	
		收入水平 Income	比上年增长 Growth	收入水平 Income	比上年增长 Growth	收入水平 Income	比上年增长 Growth
全　区	**Total**	**15093**	**9.4**	**17291**	**14.6**	**19507**	**12.8**
沿黄地区	**Plain**	**15716**	**—**	**18011**	**14.6**	**20262**	**12.5**
中南部地区	**Mountain Area**	**11935**	**—**	**13618**	**14.1**	**15430**	**13.3**
银川市	**Yinchuan**	**16958**	**8.9**	**19335**	**14.0**	**21769**	**12.6**
兴庆区	Xingqing	18523	—	21120	14.0	23680	12.1
西夏区	Xixia	13660	—	15575	14.0	17641	13.3
金凤区	Jinfeng	17736	—	20222	14.0	22795	12.7
永宁县	Yongning	15023	—	16959	12.9	19252	13.5
贺兰县	Helan	14796	—	16890	14.2	19117	13.2
灵武市	Lingwu	15637	—	17867	14.3	20300	13.6
石嘴山市	**Shizuishan**	**14408**	**9.6**	**16702**	**15.9**	**18906**	**13.2**
大武口区	Dawukou	15871	—	18397	15.9	20800	13.1
惠农区	Huinong	12883	—	14934	15.9	16777	12.3
平罗县	Pingluo	13009	—	14769	13.5	16719	13.2
吴忠市	**Wuzhong**	**12940**	**9.5**	**14720**	**13.7**	**16674**	**13.3**
利通区	Litong	14084	—	16122	14.5	18206	12.9
红寺堡区	Hongsipu	10354	—	11879	14.7	13528	13.9
盐池县	Yanchi	12494	—	14217	13.8	16055	12.9
同心县	Tongxin	10867	—	12337	13.5	14127	14.5
青铜峡市	Qingtongxia	12874	—	15112	17.4	17107	13.2
固原市	**Guyuan**	**12556**	**10.6**	**14322**	**14.1**	**16223**	**13.3**
原州区	Yuanzhou	13136	—	15029	14.4	17001	13.1
西吉县	Xiji	11742	—	13425	14.3	15207	13.3
隆德县	Longde	11008	—	12605	14.5	14348	13.8
泾源县	Jingyuan	11668	—	13393	14.8	15189	13.4
彭阳县	Pengyang	11831	—	13521	14.3	15361	13.6
中卫市	**Zhongwei**	**12997**	**9.1**	**14750**	**13.5**	**16610**	**12.6**
沙坡头区	Shapotou	13596	—	15495	14.0	17487	12.9
中宁县	Zhongning	13303	—	14689	10.4	16487	12.2
海原县	Haiyuan	11062	—	12788	15.6	14348	12.2

注：1.根据2013年城乡一体化住户调查新口径测算方法，按照年度间收入增幅不变的原则，对2010-2015年的城镇居民收入统一调整为新口径的城镇居民人均可支配收入。

2.2010年以前城镇住户调查主要在五市开展，所辖县区没有开展城镇住户抽样调查，所以2010年各县、区与上年没有对比基数。

Note: 1.According to the integration of urban and rural household survey in 2013 new caliber, according to the principle of annual revenue growth, from 2010 to 2015 urban residents income unified adjustment for the new urban per capita disposible income.

2.Before 2010 the urban household survey mainly carried out in five cities, didn't carry out in country area, so counties and districts base of no comparision with the previous year in 2010.

2-53 续表 continued

单位：元，% (yuan,%)

市 县	Region	2013年		2014年		2015年		2016年	
		收入水平 Income	比上年增长 Growth	收入水平 Income	比上年增长 Growth	收入水平 Income	比上年增长 Growth	收入水平 Income	比上年增长 Growth
全　区	**Total**	**21476**	**10.1**	**23285**	**8.4**	**25186**	**8.2**	**27153**	**7.8**
沿黄地区	**Plain**	**22288**	**10.0**	**24160**	**8.4**	**26154**	**8.3**	**28172**	**7.7**
中南部地区	**Mountain Area**	**17003**	**10.2**	**18449**	**8.5**	**19920**	**8.0**	**21534**	**8.1**
银川市	**Yinchuan**	**23940**	**10.0**	**26118**	**9.1**	**28261**	**8.2**	**30478**	**7.8**
兴庆区	Xingqing	25835	9.1	28246	9.3	30514	8.0	32781	7.4
西夏区	Xixia	19563	10.9	21347	9.1	23125	8.3	24976	8.0
金凤区	Jinfeng	25530	12.0	27957	9.5	30361	8.6	32734	7.8
永宁县	Yongning	21177	10.0	23017	8.7	25091	9.0	26948	7.4
贺兰县	Helan	20906	9.4	22791	9.0	24548	7.7	26468	7.8
灵武市	Lingwu	22405	10.4	24310	8.5	26255	8.0	28329	7.9
石嘴山市	**Shizuishan**	**20703**	**9.5**	**22380**	**8.1**	**24168**	**8.0**	**25970**	**7.5**
大武口区	Dawukou	22734	9.3	24671	8.5	26768	8.5	28855	7.8
惠农区	Huinong	18437	9.9	19914	8.0	21495	7.9	23110	7.5
平罗县	Pingluo	18308	9.5	19736	7.8	21216	7.5	22738	7.2
吴忠市	**Wuzhong**	**18298**	**9.7**	**19853**	**8.5**	**21553**	**8.6**	**23351**	**8.3**
利通区	Litong	19953	9.6	21710	8.8	23582	8.6	25303	7.3
红寺堡区	Hongsipu	15223	12.5	16489	8.3	17875	8.4	19412	8.6
盐池县	Yanchi	17653	10.0	19157	8.5	20919	9.2	22673	8.4
同心县	Tongxin	15774	11.7	17131	8.6	18758	9.5	20277	8.1
青铜峡市	Qingtongxia	18713	9.4	20292	8.4	22003	8.4	23633	7.4
固原市	**Guyuan**	**18085**	**11.5**	**19677**	**8.8**	**21144**	**7.5**	**22717**	**7.4**
原州区	Yuanzhou	19009	11.8	20680	8.8	22463	8.6	24154	7.5
西吉县	Xiji	17107	12.5	18601	8.7	19965	7.3	21411	7.2
隆德县	Longde	15970	11.3	17441	9.2	18632	6.8	20047	7.6
泾源县	Jingyuan	17027	12.1	18565	9.0	19735	6.3	21158	7.2
彭阳县	Pengyang	17128	11.5	18591	8.5	20049	7.8	21612	7.8
中卫市	**Zhongwei**	**18421**	**10.9**	**19931**	**8.2**	**21604**	**8.4**	**23277**	**7.7**
沙坡头区	Shapotou	19293	10.3	20920	8.4	22703	8.5	24339	7.2
中宁县	Zhongning	18395	11.6	19831	7.8	21481	8.3	23141	7.7
海原县	Haiyuan	16223	13.1	17570	8.3	19046	8.4	20592	8.1

主要指标解释

可支配收入　指城乡住户可用于最终消费支出和储蓄的总和，即住户可以用来自由支配的收入。可支配收入既包括现金，也包括实物收入。按照收入来源，可支配收入包含四项，分别为：工资性收入、经营净收入、财产净收入、转移净收入。计算公式为：

可支配收入=工资性收入+经营净收入+财产净收入+转移净收入

其中：经营净收入= 经营收入-经营费用-生产性固定资产折旧-生产税净额（生产税-生产补贴）

财产净收入=财产性收入-财产性支出

转移净收入=转移性收入-转移性支出

工资性收入　指就业人员通过各种途径得到的全部劳动报酬和各种福利，包括受雇于单位或个人、从事各种自由职业、兼职和零星劳动得到的全部劳动报酬和福利。

经营净收入　指住户或住户成员从事生产经营活动所获得的净收入，是全部经营收入中扣除经营费用、生产性固定资产折旧和生产税净额（生产税减去生产补贴）之后得到的净收入。

财产净收入　指住户或住户成员将其所拥有的金融资产和自然资源交由其他机构单位、住户或个人支配而获得的回报并扣除相关的费用之后得到的净收入。财产净收入包括利息净收入、红利收入、储蓄性保险净收益和转让承包土地经营权租金净收入等。

转移净收入　指住户或住户成员当年得到的转移性收入减去转移性支出后的净额。转移性收入指国家、单位、社会团体对住户的各种经常性转移支付和住户之间的经常性收入转移。包括政府、非行政事业单位、社会团体对居民转移的养老金或退休金、社会救济和补助、政策性生活补贴、救灾款、经常性捐赠和赔偿以及报销医疗费等；住户之间的赡养收入、经常性捐赠和赔偿以及农村地区（村委会）在外（含国外）工作的本住户非常住成员寄回带回的收入等。

消费支出　指住户用于满足家庭日常生活消费需要的全部支出，包括用于消费品的支出和用于服务性消费的支出。根据用途不同，消费支出可划分为食品烟酒、衣着、居住、生活用品及服务、交通通信、教育文化娱乐、医疗保健、其他用品及服务八大类。根据来源不同，消费支出可划分为现金消费支出、实物消费支出（含自产自用、来自单位、来自政府和其他社会组织）。

转移性支出　指调查户对国家、单位、住户或个人的经常性或义务性转移支付。包括缴纳的税款、各项社会保障支出、赡养支出、经常性捐赠和赔偿支出以及其他经常转移支出等。

个人所得税是指调查对象被扣缴的工资薪金所得、对企事业单位的承包经营承租经营所得、个体工商户的生产经营所得、劳务报酬所得、稿酬所得、特许权使用费所得、利息股息红利所得、财产租赁所得、财产转让所得、偶然所得、经国务院财政部门确定征税的其他所得等个人所得的税款。生产税、消费税不在其内。

社会保障支出是指调查户家庭成员参加国家法律、法规规定的社会保障项目中由单位和个人共同缴纳的保障支出。包括养老保险、医疗保险、失业保险、工伤保险、生育保险以及其他社会保障支出。

农村外来从业人员寄给家人的支出是指外地农业户籍的从业人员寄回带回其户口登记地家庭的支出。

赡养支出是指调查户因赡养和抚养义务而付给亲友的经常性现金和定期的实物支出。

其他经常转移支出是指除缴纳的税款、社会保障支出、赡养支出以外的其他经常性转移支出。如经常性捐赠、经常性赔偿、各种罚款及政府部门向居民提供服务收取的服务费等。

财产性支出　是指调查户支付的生活贷款利息以及其他财产性支出等。

住房贷款利息支出是指住户由于购买住房向金融机构贷款所支付的利息，包括商业贷款利息和公积金贷款利息。

其他生活贷款利息支出是指住户由于向金融机构申请汽车贷款、教育贷款以及其他消费贷款而支付的利息。

其他财产性支出是指住户支付的除生活贷款利息以外的其他财产性支出，如宅基地使用费等。

城镇居民人均可支配收入（老口径） 指城镇家庭总收入扣除交纳的个人所得税和个人交纳的各项社会保障支出之后，按照城镇居民家庭人口平均的收入水平。其中家庭总收入是指该家庭中生活在一起的所有家庭人员从各种渠道得到的所有收入之和。

农民纯收入（老口径） 指农村住户当年从各个来源得到的总收入相应地扣除所发生的费用后的收入总和。纯收入主要用于再生产投入和当年生活消费支出，也可用于储蓄和各种非义务性支出。"农民人均纯收入"按人口平均的纯收入水平，反映的是一个地区或一个农户农村居民的平均收入水平。计算方法：

纯收入＝总收入-家庭经营费用支出-税费支出-生产性固定资产折旧-赠送农村内部亲友

农民现金收入 指农村住户和住户成员在调查期内得到以现金形态表现的各项现金收入总和，是现金总收入的概念，未扣除费用性支出。按来源分成工资性收入、家庭经营现金收入、财产性收入、转移性收入。

Explanatory Notes on Main Statistical Indicators

Disposable Income means the total income of households earned in the survey period, which can be used for consumption and saving, including cash income and physical income. According to the source of income, it can be classified as income of wages and salaries, net business income, net income from property and net income from transfer.Calculation formula:

Disposable income=income of wages and salsries+net business income+net income from property+net income from transfer

Where:

Net business income=business income–business expenses depreciation of productive fixed assets – production taxes

Net income from property = property income –property expenses

Net income from transfer = transfer income–transfer expenses

Wages Income means the total remuneration and benefits earned by employees who are employed by units or individuals, freelances and part-time workers.

Net Business Income means net income earned by business activities, which are operated by households and their members. Business expenses, depreciation of productive fixed assets and production taxes should be deducted from income. It includes net income of primary, secondary and tertiary industries.

Net Income from Property means the net income obtained by authorizing other institutional units, households or individuals to dominate the financial assets, housing, other non-financial assets and natural resources owned by households and their members. Expenses should be deducted. Net income from property includes net interest income, bonus income, net income of saving insurance, net rent income from the transfer of land management right, net rent housing income, net rent other assets income and net conversion rental of private housing.

Net Income from Transfer means recurrent income transfers from the state, units, social groups and households. Including the pension, social benefits and subsidies, agricultural subsidies, policy living subsidies relief funds, regular donation and compensation and reimbursement of medical expenses from government, institutions, social groups; alimony, regular donation and compensation from other households, and the income sent back by non-permanent members working nonlocal.

Consumption Expenditure means all the expenditures of households for consumption in daily life, including expenditure on consumer goods and services consumption. It includes on eight categories by function: food; clothing; housing; householdappliances and services; transport and communication; education and culture, recreational activities; medical care; other commodities and servies. It includes expenditure in cash and in kinds(includes self-made and consumed products from units, government and other social organizations) by source.

Transferred Expenditure means regular or voluntary transfer payment from the Survey household to the nation, the unit, the household or the individual. Including the payment of the tax, the social security expenses, maintenance expenses, regular donations and compensation expenses, and other frequent transfer expenses, etc.

Personal income tax means the Survey object is the withholding of wages and salaries income, contracted leased operation of enterprises or institutions of income, individual industrial and commercial production income, labor remuneration, royalties, interest, dividends, bonuses, lease of property income, transfer of property income, contingent income, by the financial department of the state council shall determine the tax of individual income tax.The production tax, consumption tax are not.

Social security expenditure means residents' family members to participate in the national laws, rules and regulations of social security in the project by the unit and the safeguard of the individual is collective pay expenses.Including endowment insurance, medical insurance, unemployment insurance, industrial injury insurance, birth insurance and other social security.

Rural migrant workers sent to family expenses means employees outward of agricultural census register sent back to the account that the family expenses.

Support spending means residents paid to relatives and friends for support and provide for cash and in kind regularly.

Other regularly transfer spending means other regular payments in addition to the payment of taxes, social security expenditure and support spending. Such as regular donations, regular compensation, all kinds of fine and service fees of government departments provide service for residents , etc.

Property expenditure means residents pay interest on loans and other property, etc.

Interest expenditure of housing loan means residents paid interest to financial institutions for buying housing, including commercial loan interest and accumulation fund loan interest.

Other loan interest expenditure means residents paid interest to financial institutions due to apply for a car loan, education loans and other consumer loans.

Other property expenditure means residents paid other property expenditure in addition to life interest on loans, such as land use fees, etc.

Per Capita Disposable Income of Urban Households(old size) means the level of income averaged by population of urban households, it equals to total income minus income tax and personal contribution to various social security expenditure.Total income of households means the sum of income earned from various sources by the urban households and their members.

Net Income of Rural Households(old size) means the total income of rural households from all sources minus all corresponding expenses.Net income is mainly used as input for reproduction and as consumption expenditure of the year,and also used for saving and non-compulsory expenses of various forms."Per capita net income of farmers" is the level of net income averaged by population which reflects the average income level of rural households in a given area or a rural household.The formular for calculation is as follows:

Net income = total income – household operation expenses–taxes and fees-depreciation of fixed assets for production–present rural internal relatives and friends

Cash Income of Farmers means income received by rural households and their members in the form of cash during the reference period, it is the total cash income, not deduct costs. It is classified by source of income, wages income, business cash income, income from properties and income from transfers.

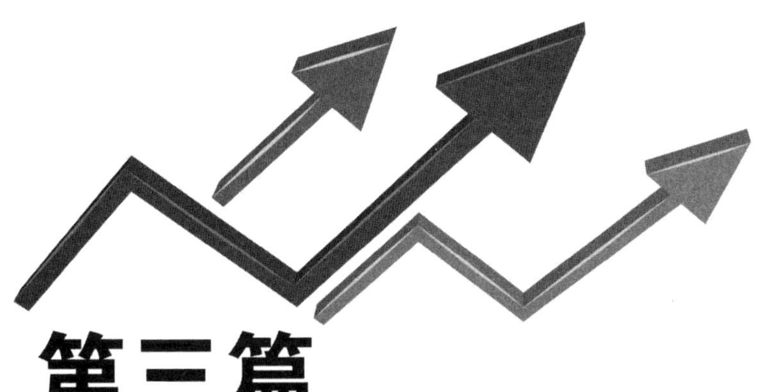

第三篇

价格调查

Price Survey

简要说明

居民消费价格指数是根据抽样方法抽取，在银川市、石嘴山市、吴忠市、固原市、中卫市、海原县、平罗县等 7 个市县选取 1167 个具有代表性的调查点（其中农贸市场 17 多个、商场超市零售商店 580 多个、服务网点 570 多个），共 5862 个代表规格品，由专人定期到调查点采集实际成交价加权计算得到的。

商品零售价格指数是根据抽样方法抽取，在银川市、石嘴山市、吴忠市、固原市、中卫市、海原县、平罗县 7 个市县选取 941 个调查点、4268 个代表规格品，由专人定期到调查点采集实际成交价加权计算。

农业生产资料价格指数是根据抽样方法抽取，在固原市、中卫市、海原县、平罗县 4 个市县选取 66 个调查点、189 个代表规格品由专人定期到调查点采集实际成交价加权计算。

农产品生产价格指数是根据抽样方法抽取的，在全区 10 个市县（区）的 223 家农产品生产大户和 109 个普通农户，选择 16 个大类 34 个代表规格品进行调查的资料计算。

工业生产者价格指数是根据分布在全区 5 个地级市 500 多家样本企业上报的月度统计报表资料加权计算得到。

固定资产投资价格指数是根据分布在全区 5 个地级市 100 多家样本企业上报的月度、季度统计报表资料加权计算得到。

Brief Introduction

Data of consumer price indices are collected according to the sampling method. This method chooses 1167 representative survey points at Yinchuan, Shizuishan, Wuzhong, Guyuan, Zhongwei, Haiyuan, Pingluo 7 cities and counties, which are including more than 17 agricultural market, 580 shopping malls, supermarkets and retail stores, 570 service stations. Representative commodities sum to 5862, which are taken the practical records of the prices from the survey point by specially-assigned person and weighting calculated.

Data of retail price indices are collected according to the sampling method. This method chooses 941 representative survey points at Yinchuan, Shizuishan, Wuzhong, Guyuan, Zhongwei, Haiyuan, Pingluo 7 cities and counties. Representative commodities sum to 4268, which are taken the practical records of the prices from the survey point by specially-assigned person and weighting calculated.

Data of price indices for means of agricultural production are collected according to the sampling method. This method chooses 66 representative survey points at Guyuan, Zhongwei, Haiyuan, Pingluo 4 cities and counties. Representative commodities sum to 189, which are taken the practical records of the prices from the survey point by specially-assigned person and weighting calculated.

Data of price indices for farm products are collected according to the sampling method. This method chooses 223 major agricultural producers and 109 ordinary agricultural producers at 10 cities and counties in Ningxia. Representative commodities sum to 34 of 16 major categories, which are surveyed and calculated.

Data of producer price indices for industrial products are taken from monthly statistical report of more than 500 Sample enterprises in 5 prefecture-level city and weighting calculated.

Data of price indices for investment in fixed assets are taken from monthly and quarterly statistical report of more than 100 Sample enterprises in 5 prefecture-level city and weighting calculated.

2016 年宁夏 CPI 平稳温和上行

2016 年，在自治区党委、政府的坚强领导下，全区上下深入贯彻党的十八大和十八届三中、四中、五中、六中全会精神，全面落实习近平总书记系列重要讲话特别是来宁视察重要讲话精神，坚持新发展理念，主动把握和引领经济发展新常态，在统筹推进供给侧结构性改革的同时，全面做好稳增长、促改革、调结构、惠民生、防风险各项工作，全区经济运行呈现“总体平稳、稳中有进、稳中向好”的态势，CPI 平稳温和上行，实现了“十三五”的良好开局。

一、居民消费价格运行特点

2016 年，宁夏居民消费价格保持平稳温和上涨的运行态势，价格总水平同比上涨 1.5%，涨幅较上年同期扩大 0.4 个百分点。其中，城市上涨 1.6%，农村上涨 1.2%；食品价格上涨 3.2%，非食品价格上涨 1.0%，消费品价格上涨 1.2%，服务项目价格上涨 2.1%。

（一）价格总水平总体平稳，月度间起伏较大

2016 年，宁夏居民消费价格总水平同比上涨 1.5%，总体保持平稳运行。但从月度间走势来看，起伏波动较大。

从各月同比指数来看，1-12 月居民消费价格涨幅在 0.3%-2.5%之间，波动跨度超过 2 个百分点，起伏波动较大。3 月份，受鲜菜、猪肉价格上升影响，月度同比指数价格上涨 1.6%。4 月-8 月价格总水平同比涨幅回落趋稳，分别上涨 0.9%、0.7%、0.5%、1.1%、1.4%。9 月份，在食品、居住、医疗保健价格上涨的拉升下，涨幅扩大至 2.3%。10 月-12 月在此基础上维持稳定，分别上涨 2.4%、2.3%、2.5%。

从环比情况看，2 月份受节日因素及寒潮天气影响，价格上涨 2.1%，达到年内最高涨幅。3 月-6 月价格总水平连续小幅回落，降幅在 0.3%-0.8%之间。下半年，除 10 月份略有回落外，其余月份逐渐小幅回升。

（二）八大类商品及服务价格呈“七涨一降”态势

2016 年，构成居民消费价格的八大类商品及服务项目价格同比呈“七涨一降”态势。食品烟酒、衣着、居住、生活用品及服务、教育文化和娱乐、医疗保健、其他用品和服务类价格呈现上涨态势，同比分别上涨 2.4%、1.7%、0.4%、0.3%、2.2%、2.9%、3.2%，交通和通信类价格呈现下降态势，同比下降 1.4%。其中，食品烟酒、教育文化和娱乐、医疗保健三大类领涨 CPI，共同影响 CPI 上涨约 1.26 个百分点。

1.肉菜价格上涨带动食品烟酒类价格跃升明显

2016 年，全区食品烟酒类价格同比上涨 2.4%，影响居民消费价格总水平上涨 0.73 个百分点，是影响居民消费价格总水平上涨的首要因素。而食品烟酒类的价格跃升主要是受鲜菜、猪肉类价格上涨带动，二者共同影响 CPI 上涨约 0.59 个百分点，影响程度为 39.3%。另外，粮食及在外餐饮价格微幅上扬，同比分别上涨 0.3%，0.5%，食用油、羊肉、鲜奶、鲜瓜果、鸡蛋价格分别下降 1.2%、2.0%、0.4%、1.1%、3.5%。

（1）鲜菜价格历经起伏年终趋稳

2016 年，全区鲜菜价格同比上涨 13.8%，涨幅比上年同期高 5.3 个百分点，影响居民消费价格总水平上升 0.39 个百分点。

2016 年初，在寒潮来袭、供应量普遍减少、生产和运输成本增加以及节日效应等综合因素的影响下，鲜菜价格持续走高，物价上涨动力明显增强。2 月份鲜菜价格涨幅环比冲高 33.9%，为近 4 年来环比最高涨幅。3 月鲜菜价格总体回落，但个别鲜菜价格依然持续涨高，同比依然上涨 39.8%。4 月-6 月鲜菜价格快速下跌，环比分别下降 19.2%、24.7%、16.3%，降幅均为近 4 年来当月最大值。8 月、9 月价格再度回

升，环比分别上涨 11.8%、13.5%，达到近 4 年来当月涨幅峰值。进入四季度后，鲜菜价格历经起伏波动趋于稳定，12 月份鲜菜价格环比上涨 8.7%，为近年来同期涨幅较低水平。

（2）猪肉价格高位企稳

2016 年，猪肉价格同比上涨 16.6%，涨幅比上年同期扩大 8.6 个百分点，拉动居民消费价格总水平上升 0.2 个百分点。

上半年，受节日需求拉动及供应持续偏紧影响，猪肉价格强势攀升，4 月份猪肉同比上涨 34.9%，单月涨幅创 2011 年 11 月以来最高。7 月以后，随着市场供应逐步增加，天气变热，学校放假，居民消费及食堂等市场需求锐减，猪肉价格随之温和回落。12 月，临近元旦猪肉价格小幅回升，环比上涨 0.5%。全年猪肉零售均价始终保持在每公斤 29-32 元左右，与往年肉价相比，2016 年猪肉价格仍处于高位阶段。

2.医疗保健价格涨幅跃居第二

2016 年，全区医疗保健类价格同比上涨 2.9%，在八大类商品及服务中，涨幅仅次于其他商品和服务类涨幅，影响居民消费价格总水平上涨约 0.29 个百分点，影响程度仅次于食品烟酒类，涨幅及影响程度均位居第二。

（1）医改政策相继实施，医疗服务价格上涨较快

2016 年以来，宁夏各市县陆续展开城市公立医院综合改革，调整部分医疗服务项目收费标准，涉及百姓就医常规项目较多，带动医疗服务价格上涨较快，全年医疗服务价格同比上涨 4.3%，涨幅比上年同期扩大 2.2 个百分点。其中，一般医疗服务、护理、临床手术治疗、中医治疗、其他医疗服务等常规医疗服务价格同比分别上涨 13%、12.2%、5.3%、7.7%、22.8%。

（2）药品价格基本稳定，滋补保健品涨价接踵而至

受国家取消药品限价和公立医院综合改革取消医院药品加成政策叠加影响，中西药价格总体运行基本稳定。2016 年，中药价格同比下降 0.1%，西药价格同比上涨 0.2%，其中抗微生物药、消化系统用药、神经系统用药、抗肿瘤药价格同比分别下降 1.2%、2.2%、2.0%、1.0%；治疗精神障碍药、维生素及矿物质类药、呼吸系统用药、血液系统药等价格涨幅明显，同比分别上涨 6.7%、2.9%、2.0%、1.4%。部分药价的上涨，一定程度上带动了滋补保健品价格的上涨势头。2016 年，滋补保健品价格同比上涨 15.0%，各地因进货渠道不同，选择的品牌和产地不同，药价波动幅度不同。其中，监测的山东东阿复方阿胶浆、脑白金、汤臣倍健大豆软磷脂、上海人参蜂王浆、黄金搭档等较年初均有不同程度上涨。

3.教育文化和娱乐价格涨势延续

2016 年，全区教育文化和娱乐价格同比上涨 2.2%，影响居民消费价格总水平上涨约 0.24 个百分点，对 CPI 上涨的影响程度位居第三。其中，以工具书、教材、参考资料为代表的教育用品价格同比上涨 2.3%；体现高等教育、课外教育、学前教育、民办小学初中教育、专业技能培训费等技能型服务的教育服务同比上涨 3.3%；居民生活水平提高消费观念改变旅游市场升级，旅游价格同比上涨 2.9%。

（三）服务项目价格涨幅放缓

劳动成本递增效应持续，服务项目价格同比上涨 2.1%，但涨幅较上年同期收窄 1.2 个百分点。初级型劳务价格涨幅明显超过技能型劳务价格涨幅。其中，物业管理费、养老服务、家政服务、家庭维修服务、鞋类加工服务费等同比分别上涨 3.9%、5.3%、5.0%、2.5%、10.4%。

（四）工业消费品价格略涨

2016 年，全区工业消费品价格同比上涨 0.2%，各类工业消费品涨跌交错。其中，服装、水电燃料、家用纺织品、家庭日用杂品、个人护理用品等价格同比分别上涨 1.7%、0.3%、1.4%、0.9%、1.6%；交通工具、交通工具用燃料、文娱耐用消费品、家用器具、家具等价格分别下降 4.9%、5.3%、1.9%、1.2%、1.3%。

（五）宁夏 CPI 涨幅低于全国平均水平

2016 年，宁夏 CPI 同比涨幅为 1.5%，比全国 2.0%的涨幅低 0.5 个百分点。从全国排位看，在全国 31 个省（区、市）中，2016 年宁夏 CPI 同比涨幅与云南省、河北省、黑龙江省并列居第 21 位。比涨幅最高

的上海市（3.2%）低 1.7 个百分点，比涨幅最低的山西省（1.1%）高 0.4 个百分点。从周边省市看，2016 年宁夏 CPI 同比涨幅在西北五省中居第 2 位，分别比陕西（1.3%）、甘肃（1.3%）、新疆（1.4%）的同比涨幅高 0.2、0.2、0.1 个百分点，比青海（1.8%）的同比涨幅低 0.3 个百分点。

二、居民消费价格变动原因分析

从宏观角度看，中国经济在内外挑战中平稳运行，连续三个季度增长 6.7%，居全球主要经济体前列，城乡居民收入与 GDP 增长基本同步，为 CPI 平稳运行创造了良好的经济社会条件。

从微观角度看，气候、供应、政策、成本、消费升级等综合因素推动 CPI 上行。

（一）气候因素影响

2016 年年初受强寒潮影响，全国大部分地区气温大幅下降，蔬菜供应普遍减少，加之降雪直接阻碍了外地蔬菜运往本地，供应紧张和成本增加直接推动了价格上涨。3-5 月气温回升，蔬菜生产恢复正常，本地蔬菜大量上市，市场供应充分，价格回落。6 月-7 月，蔬菜生产出现齐头并进的局面，外地菜、温棚菜、露地菜大量扎堆上市，价格大跌。这期间由于本地大田蔬菜大量低价处理甚至直接烂在地里，又致使后期市场供应量减少，8 月以后价格又开始回升。11 月份，本地大田菜全面退出市场，本地蔬菜供应主要是依靠本地温棚蔬菜和外运蔬菜，种植成本和运输成本双重因素推高蔬菜价格。

（二）生猪供给持续趋紧拉升 CPI

2016 年，猪肉价格同比上涨 16.6%，影响居民消费价格总水平上涨约 0.2 个百分点。年初开始生猪供应持续偏紧，生猪毛重价格一路上扬，端午节前创出 21.2 元/公斤的历史新高，三季度生猪价格震荡波动，部分养殖户对后期价格忧心，大量集中出栏，价格有所回落但仍在 18.9 元/公斤的高位阶段，是拉动 CPI 上行的重要因素之一。

（三）政策性因素推动

2016 年，宁夏陆续推行了新一轮的医疗改革。其中，城市公立医院综合改革取消药品加成，调整和规范医疗服务项目价格，降低大型医用设备检查治疗及检验等医疗服务项目价格，提高诊查、床位、护理、手术、治疗及中医等类别中部分医疗服务项目价格。同时，调整了高校、幼儿园等部分教育收费。医疗服务和教育服务价格随之上涨，共同影响全区居民消费价格总水平上涨约 0.41 个百分点，影响程度为 27.3%；

（四）物流、工艺、人工等成本上升推动

自 2016 年 9 月 21 日起，拉货车辆限高限宽限载，几乎是所有行业需要运输的商品都会受到影响，尤其以家具、电器、部分装潢材料等体积较大的商品成本增加更加明显，一定程度推动部分工业消费品价格复苏；近几年来，宁夏最低工资标准及外出务工劳动力人均月收入不断提高，三季度末宁夏农村外出务工劳动力人均月收入 3418 元，同比增长 5.4%，劳动力成本的上升直接拉动了服务项目价格上涨。

（五）居民消费转型升级带动

随着居民消费水平普遍提高，旅游消费升级成为其中必然趋势之一，逐渐成为了一种常态化的生活方式。家庭游、自由行、出境游越来越热，带动餐饮、出行等方面的行业发展势头迅猛。2016 年，宁夏在外餐饮中的地方小吃价格同比上涨 1.7%，飞机票价格同比上涨 4.0%。

三、居民消费价格后期趋势预测

在经济新常态下，从宏观上看：2017 年，“稳中求进”仍是中国经济工作和治国理政的总基调，供给侧结构性改革、振兴实体经济以及去产能将深入推进，财政政策将更加积极有效，货币政策由稳健灵活转向稳健中性，价格机制改革的推进，企业生产成本上升，国际大宗商品价格继续回升，都将成为 2017 年物价水平上涨的动因，且推动作用较上年有所增强。但当前持续过剩产能、较低的生产价格预期等将抑制物价上涨程度。此外，国际多边投资和贸易协定、世界经济走势、国际事务及自然气候条件等方面的不确定性，增加了 2017 年物价走势的变数。

从微观上看：水、电、气等阶梯价格机制改革，势必推动能源价格上涨；综合医改试点的逐步推开将带动医疗保健价格上行；随着地产调控升级，未来房地产政策应该会着力解决回归居住功能的问题，预计房价及房租等将会较为平稳或有所降温，对物价水平的推动作用有限；本轮猪周期是在 2016 年 5 月触顶，之后开始缓慢向下调整，若依过去猪周期一年半左右的下行期来计算，2017 年猪肉价格将持续缓慢下行至年底，对物价水平的上行带动作用减弱甚至消失。

综合判断，物价总水平仍将维持在相对稳定温和上升的运行状态。

（张兰天）

2016年宁夏工业生产者价格持续回升

2016年以来，特别是进入3月份以来部分国际大宗商品价格强势反弹，国际原油、铁矿石以及有色金属等产品价格均出现不同程度的上涨，并带动国内相关行业产品价格有力回升。受此影响，宁夏工业生产者价格同比一路回升，实现由负转正。全年出厂价格同比下降0.9%，购进价格同比下降3.1%，降幅分别比上年收窄5.4和4.8个百分点。

一、工业生产者价格走势特征

（一）工业生产者价格同比一路回升

2016年，宁夏工业生产者出厂价格同比降幅在2月份跌入低点后，降幅逐月收窄，9月份结束连续53个月下跌由降转升，同比上涨0.1%，10-12月份价格涨幅持续扩大，12月份达到全年最高，同比上涨10.0%。购进价格同比走势也基本相同，1-9月份降幅持续收窄，10月份购进价格在连续下降52个月后由降转升，10-12月份价格涨幅扩大。

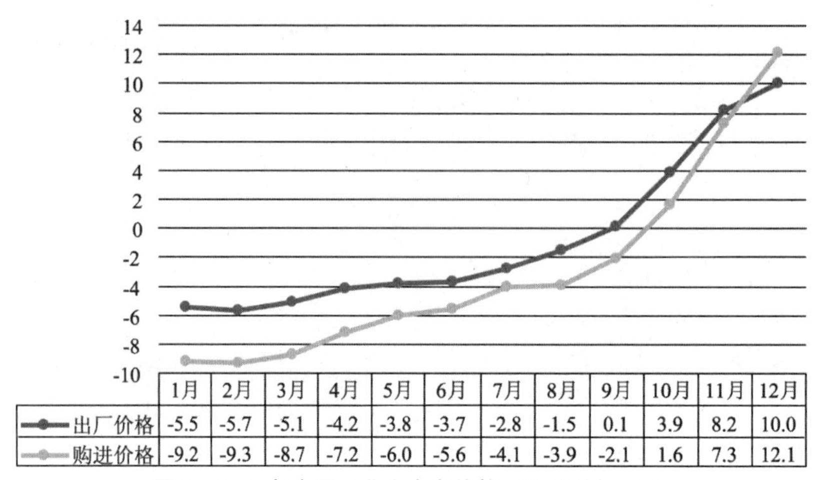

	1月	2月	3月	4月	5月	6月	7月	8月	9月	10月	11月	12月
出厂价格	-5.5	-5.7	-5.1	-4.2	-3.8	-3.7	-2.8	-1.5	0.1	3.9	8.2	10.0
购进价格	-9.2	-9.3	-8.7	-7.2	-6.0	-5.6	-4.1	-3.9	-2.1	1.6	7.3	12.1

图1　2016年宁夏工业生产者价格同比涨跌幅（%）

（二）各月工业生产者价格环比波动上涨

2016年，工业生产者出厂、购进价格环比升多降少，从3月份以来基本上呈上涨态势。特别是7-12月份，受石油、黑色、有色等大宗商品价格上涨拉动，出厂价格环比连续6个月上涨。

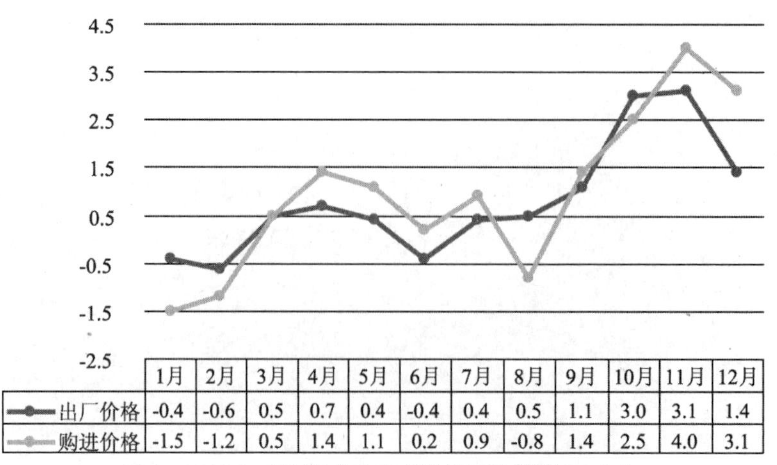

	1月	2月	3月	4月	5月	6月	7月	8月	9月	10月	11月	12月
出厂价格	-0.4	-0.6	0.5	0.7	0.4	-0.4	0.4	0.5	1.1	3.0	3.1	1.4
购进价格	-1.5	-1.2	0.5	1.4	1.1	0.2	0.9	-0.8	1.4	2.5	4.0	3.1

图2　2016年宁夏工业生产者价格环比涨跌幅（%）

（三）生产资料产品价格回升引导出厂价格走势

从生产资料和生活资料各月同比看，生产资料价格由 1 月份下降 5.9%至 12 月份上涨 11.3%；生活资料价格同比波动不大，各月降幅保持在 0.7%至 2.8%之间。

2016 年，生产资料价格同比下降 0.8%，影响工业生产者出厂价格总水平下降 0.7 个百分点。其中，采掘工业价格下降 3.3%，原材料工业价格下降 1.8%，加工工业价格上涨 1.8%。生活资料价格同比下降 1.9%，影响工业生产者出厂价格总水平下降 0.2 个百分点。其中，食品价格下降 2.1%，衣着价格下降 9.5%，一般日用品价格下降 0.4%，耐用消费品价格下降 0.3%。

（四）大类行业出厂价格同比下降面缩小

2016 年，在调查的 29 个工业生产者出厂价格大类行业中，16 个行业下降，下降面为 55.0%，下降面比上半年缩小 14.0 个百分点。其中，降幅较大的行业有：燃气生产和供应业价格同比下降 14.2%、石油加工、炼焦和核燃料加工业价格同比下降 4.7%、煤炭开采和洗选业价格同比下降 3.5%、化学原料和化学制品制造业价格同比下降 2.2%。

（五）九大类原材料购进价格同比"两升七降"

2016 年，九大类购进价格同比"两升七降"。其中：黑色金属材料类价格同比上涨 4.3%，建筑材料及非金属矿类价格同比上涨 0.5%；有色金属材料及电线类价格同比下降 5.7%，燃料动力类价格同比下降 5.0%，农副产品类价格同比下降 1.8%，化工原料类价格同比下降 1.7%，纺织原料类价格同比下降 1.7%，木材及纸浆类价格同比下降 1.6 %，其它工业原材料及半成品类价格同比下降 1.0%。

二、主要工业行业价格变动情况

（一）煤炭产品价格第四季度回升较快

受产能过剩、供需失衡等多因素影响，2016 年宁夏煤炭价格总体上仍呈下降态势。2016 年，宁夏煤炭开采和洗选业价格同比下降 3.5%。9 月份以来，在国内一系列稳增长政策措施的实施下，用煤需求有所增加，拉动煤炭价格持续回升。10 月份同比价格已"转正"，12 月份达到全年最高同比上涨 18.0%。

（二）成品油价格上升态势明显

2016 年以来，石油价格走势跌荡起伏，波动剧烈。国际原油 WTI 从年初最低 26 美元/桶涨至 12 月份最高 52 美元/桶左右。后期虽受英国脱欧事件及美元走强预期影响价格回落，但总体来看回升态势明显。2016 年，宁夏石油加工、炼焦和核燃料加工业价格同比下降 4.7%，降幅比上半年收窄 6.7 个百分点，比上年收窄 16.5 个百分点。其中，汽油、柴油、石油液化气价格分别下降 4.2%、1.8%和 9.7%。

（三）黑色金属价格持续走高

2016 年宁夏黑色金属冶炼及压延加工业价格同比上涨 10.1%。受去产能政策、环保限产和成本推动等因素影响， 2016 年 3 月份价格同比开始出现"转正"，这是连续 52 个月同比下降后的首次上涨， 7 月份以来宁夏产能较大的硅锰合金、硅铁等黑色金属产品价格持续上涨。12 月份黑色金属冶炼及压延加工业价格达到年内最高，同比上涨 50.7%，黑色金属价格的连续上涨也是带动工业生产者出厂价格持续回升的主要原因。

（四）有色金属价格需求回暖反弹明显

受部分有色金属产品前期价格下降较多，价位超低反弹以及市场需求逐渐回暖影响，宁夏有色金属价格呈现上涨势头。2016 年，宁夏有色金属冶炼及压延加工业价格同比上涨 4.9%。从同比看，1-4 月份同比降幅在波动中收窄，5 月份价格同比由下降转为上升，同比上涨 1.0%，至 12 月份价格同比连续 8 个月上涨。

（郭樑）

2016年宁夏农产品生产者价格继续回落

据对宁夏331个农业生产经营单位和农户生产者价格调查结果显示：2016年受谷物价格走低、活牛活羊价格下降、渔业价格偏弱影响，宁夏农产品生产者价格比上年下降1.3%，比全国平均水平低4.7个百分点。

一、宁夏农产品生产者价格走势特征

（一）农产品生产者价格总体保持低位。从年度变动情况看，自2014年以来，宁夏农产品生产者价格持续走低，受国际、国内农产品市场价格变动及区域内农产品结构影响，宁夏农产品生产者价格出现"三连降"。分季度看，二季度受生猪价格大幅上涨拉动，宁夏农产品生产者价格总水平上涨1.3%，一、三、四季度分别下降2.0%、5.2%和2.5%（见图1）。分类别看,种植业、渔业产品生产者价格分别比上年下降3.6%和2.9%，畜牧业产品上涨1.3%。

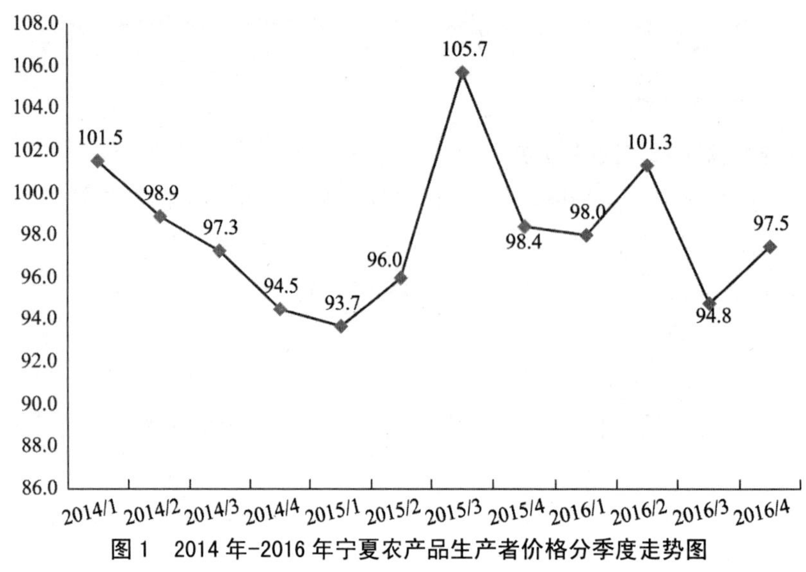

图1　2014年-2016年宁夏农产品生产者价格分季度走势图

（二）种植业产品生产者价格整体下降。调查的六个中类产品中，五个中类均不同程度下降。分类别看，谷物类价格降幅较大，比上年下降9.1%。其中，水稻、小麦、玉米三大谷物作物生产者价格全面下降，玉米价格降幅居首，下降13.2%；水稻、小麦价格分别下降5.9%和4.6%。薯类价格大幅飙升，比上年上涨47.6%。蔬菜类价格持平略降，下降0.6%，各季度品种间价格震荡较大。油料、水果、枸杞价格不同程度下降，比上年分别下降14.7%、8.0%和10.2%。

（三）畜牧业产品生产者价格小幅回升。2016年，宁夏畜牧业产品价格出现自2014年以来的首次回升。其中，生猪价格涨幅最大，上涨23.8%。活牛、活羊价格降幅收窄，分别下降3.6%和4.6%，降幅比上年同期分别回升1.0和12.8个百分点。活鸡价格小幅上涨，上涨2.6%。生牛奶价格全年下降2.3%，受各大奶企放开限购政策拉动，三、四季度生牛奶价格稳步回升，分别比上年同期上涨2.9%和5.0%。禽蛋、动物毛类价格分别下降6.4%和12.8%。

（四）渔业产品生产者价格偏弱。2016年，渔业产品价格比上年下降2.9%。分季度看，一季度渔业产品上涨2.9%，二、三、四季度分别下降5.0%、1.2%和2.3%。分品种看，鲤鱼、鲢鱼价格分别下降10.0%和1.6%，草鱼价格上涨7.2%。

二、影响农产品生产者价格波动的主要因素

（一）供求关系是农产品价格变动的决定性因素。我国粮食产量连续多年增产，2016 年全国粮食产量虽然出现减产，但减产幅度有限。当前国内粮食库存水平较高，且国际粮食价格水平普遍低于国内水平，进口量偏高，全国粮食市场供给宽松。从宁夏粮食生产看，2016 年宁夏水稻、小麦产量分别比上年增长 3.7%和 3.2%，基础粮源充足，但粮食产品的需求弹性较小，粮价即使下跌，需求也难以明显增加，受整体经济形势影响，粮食市场购销趋弱运行，供给对市场价格的压制较大。

近年来宁夏各级政府高度重视发展畜牧产业，活牛活羊生产持续增长，2016 年宁夏牛羊肉产量分别比上年增长 6.9%和 4.1%。与此同时，我国畜产品延续了进口大幅增长态势，1-11 月份猪肉、牛肉和奶粉进口量分别增长 1.2 倍、27.2%和 14.5%。在需求没有较大提升的前提下，市场供过于求造成活牛活羊价格小幅下降。

受 2015 能繁母猪存栏大幅降低影响，2016 年上半年生猪供给持续了 2015 年下半年以来的偏紧态势，一、二季度生猪价格同比分别上涨了 49.8%和 52.5%。随着价格的大幅攀升，养殖效益明显好转，生猪存出栏持续恢复增长，加上进口增加，生猪涨幅收窄，并在四季度持平趋稳（见图 2）。

图 2　2014 年-2016 年宁夏生猪生产者价格分季度走势图

（二）农业政策的导向作用明显。农产品生产者价格变动与相关农业生产政策密切相关。2016 年国家取消了东北、内蒙的玉米临时收购政策，调整为“生产者随行就市出售玉米”加“政府直接补贴”的新机制，失去托市价格支撑的玉米价格进入下行通道，而且国内玉米价格在依靠市场形成的机制下，未来价格波动将更趋明显。

（三）异常气候因素影响农产品价格波动。气候因素直接影响农产品的生长，并对农产品价格产生重要影响。2016 年宁夏部分区域在农作物生长及收获期出现低温霜冻、干旱、暴雨、冰雹等灾害性气候，异常气候对农产品生产造成较大影响。如 2016 年葡萄、马铃薯分别遭遇低温和高温干旱影响，产量下降造成市场供给减少，价格上涨。同时，不利天气条件还使得小麦、稻谷、西瓜和枸杞品质欠佳，价格下滑。

（四）信息不对称加剧农产品供需不均衡。生产者获取完全充分的市场信息是形成均衡价格的必要条件。目前，由于缺乏精准、权威的农产品公共信息平台，以及农产品生产者获取信息的能力有限，导致农产品“盲目种植”、“跟风种植”现象依然普遍。如 2015 年西红柿价格看好，2016 年农户跟风种植，面积大幅增加，三季度宁夏大地西红柿集中上市后，市场供给量猛增，西红柿价格出现“断崖式”下跌，降幅达 32%。此外，生产与销售信息不对称，还使得农业生产者所创造的部分价值流向流通领域，造成产销差价较大，生产者的净利润空间有限。

三、主要农产品生产者价格走势预判

根据当前形势预计，供求关系及农业结构调整、大宗商品去库存、国际国内农产品价格、气候条件仍将是主导 2017 年宁夏农产品生产者价格变动的重要因素。在继续推进农业供给侧结构性改革的背景下，

农产品消费总量有望保持平稳，生产及消费结构将加快升级，优质化、品牌化农产品消费需求将进一步增长。

（一）宁夏玉米价格虽然在2016年四季度出现小幅回升，但2017年年初国内玉米市场步入了一个节前购销两淡的休整阶段，春节前后市场将维持“量淡价弱”的格局。据宁夏粮食局监测显示：1月份小麦收购报价基本稳定，临近春节面粉厂开机率降低，面粉走货减缓，短期内价格以稳为主。水稻由于2016年年底销售量较往年偏低影响，部分加工企业保持薄利多销，水稻价格处于难涨阶段。在国内外粮食价差和品质差异难以大幅缩小的前提下，预计粮食价格上升空间不大。

（二）从长期看，蔬菜、水果产品在我国城乡人口结构和消费结构不断调整的现实状况下，需求量将保持上涨态势，而需求上升是拉动价格上涨的重要因素。从短期看，蔬菜、水果价格将呈现出显著的季节性波动和品种间波动。

（三）生猪价格在本地存栏逐步回升的情况下，价格持续上涨的压力得到缓解，随着生猪供给量的逐步增加，预计2017年价格将稳中回落。活羊价格在近两年的持续走低之后，价格基本探底，特别是养殖收益持续降低使得养殖户积极性受到较大挫伤，2016年活羊存栏量四个季度连续下降，在供给量减少的情况下，四季度宁夏活羊价格出现反弹，上涨7.0%，预计后期价格将小幅恢复性上涨。而奶制品消费回暖和国际奶价上升，各大奶企全面放开限购政策敞开收购，将支撑国内生牛奶价格稳中略涨。

（白文娟）

3-1 主要年份全区居民消费价格总指数
Consumer Price Indices in Main Years

年 份 Year	以1957年价格为100 Year of 1957=100	以1965年价格为100 Year of 1965=100	以1970年价格为100 Year of 1970=100	以1978年价格为100 Year of 1978=100	以1980年价格为100 Year of 1980=100	以1985年价格为100 Year of 1985=100	以1990年价格为100 Year of 1990=100	以1995年价格为100 Year of 1995=100	以2000年价格为100 Year of 2000=100	以2005年价格为100 Year of 2005=100	以上年价格为100 preceding Year=100
1958	102.4										102.4
1959	105.4										102.9
1960	109.9										104.3
1961	132.1										120.2
1962	125.6										95.1
1963	111.7										88.9
1964	106.0										94.9
1965	103.5										97.7
1966	101.7	98.2									98.2
1967	104.2	100.7									102.5
1968	105.6	102.0									101.3
1969	108.2	104.5									102.5
1970	109.1	105.3									100.8
1971	108.9	105.1	99.8								99.8
1972	109.3	105.6	100.2								100.4
1973	109.6	105.9	100.5								100.3
1974	110.1	106.3	100.9								100.4
1975	110.7	106.9	101.5								100.6
1976	111.7	107.9	102.4								100.9
1977	120.9	116.7	110.8								108.2
1978	121.6	117.4	111.5								100.6
1979	123.6	119.3	113.3	101.6							101.6
1980	133.6	129.0	122.4	109.8							108.1
1981	136.4	131.7	125.0	112.1	102.1						102.1
1982	140.3	135.5	128.6	115.4	105.1						102.9
1983	142.6	137.7	130.7	117.2	106.7						101.6
1984	146.4	141.4	134.2	120.4	109.6						102.7
1985	159.0	153.6	145.8	130.8	119.1						108.6
1986	168.2	162.5	154.2	138.3	126.0	105.8					105.8
1987	180.5	174.3	165.5	148.4	135.2	113.5					107.3
1988	211.4	204.1	193.8	173.8	158.3	132.9					117.1
1989	247.8	239.3	227.1	203.7	185.5	155.8					117.2
1990	265.3	256.2	243.2	218.2	198.7	166.9					107.1
1991	282.1	272.4	258.6	231.9	211.2	177.4	106.3				106.3
1992	305.5	295.0	280.0	251.2	228.7	192.1	115.1				108.3
1993	349.1	337.2	320.1	287.1	261.4	219.6	131.6				114.3
1994	429.8	415.1	394.0	353.4	321.8	270.3	162.0				123.1
1995	503.3	486.0	461.4	413.8	376.8	316.5	189.7				117.1
1996	537.5	519.1	492.7	442.0	402.4	338.0	202.6	106.8			106.8
1997	557.9	538.8	511.5	458.8	417.7	350.9	210.3	110.9			103.8
1998	557.9	538.8	511.5	458.8	417.7	350.9	210.3	110.9			100.0
1999	550.7	531.8	504.8	452.8	412.3	346.3	207.5	109.4			98.7
2000	548.5	529.7	502.8	451.0	410.6	344.9	206.7	109.0			99.6
2001	557.3	538.2	510.8	458.2	417.2	350.4	210.0	110.7	101.6		101.6
2002	553.9	534.9	507.8	455.5	414.7	348.3	208.8	110.1	101.0		99.4
2003	563.3	544.0	516.4	463.2	421.8	354.3	212.3	111.9	102.7		101.7
2004	584.2	564.2	535.5	480.4	437.4	367.4	220.2	116.1	106.5		103.7
2005	592.9	572.6	543.6	487.6	443.9	372.9	223.5	117.8	108.1		101.5
2006	604.2	583.5	553.9	496.8	452.4	380.0	227.7	120.1	110.2	101.9	101.9
2007	636.8	615.0	583.8	523.7	476.8	400.5	240.0	126.5	116.1	107.4	105.4
2008	691.0	667.3	633.4	568.2	517.3	434.5	260.4	137.3	126.0	116.5	108.5
2009	695.8	672.0	637.8	572.1	520.9	437.6	262.2	138.2	126.9	117.3	100.7
2010	724.3	699.5	664.0	595.6	542.3	455.5	273.0	143.9	132.1	122.2	104.1
2011	770.0	743.6	705.8	633.1	576.5	484.2	290.2	153.0	140.4	129.9	106.3
2012	785.4	758.5	719.9	645.8	588.0	493.9	296.0	156.0	143.2	132.5	102.0
2013	812.1	784.2	744.4	667.7	608.0	510.7	306.1	161.4	148.1	137.0	103.4
2014	827.5	799.1	758.6	680.4	619.5	520.4	311.9	164.4	150.9	139.6	101.9
2015	836.6	807.9	766.9	687.9	626.3	526.1	315.3	166.2	152.5	141.1	101.1
2016	849.2	820.0	778.4	698.2	635.7	534.0	320.0	168.7	154.8	143.2	101.5

3-2 主要年份全区城市居民消费价格总指数

Consumer Price Indices of Urban Households in Main Years

年 份 Year	以1957年价格为100 Year of 1957=100	以1965年价格为100 Year of 1965=100	以1970年价格为100 Year of 1970=100	以1978年价格为100 Year of 1978=100	以1985年价格为100 Year of 1985=100	以1990年价格为100 Year of 1990=100	以1995年价格为100 Year of 1995=100	以2000年价格为100 Year of 2000=100	以2005年价格为100 Year of 2005=100	以上年价格为100 preceding Year=100
1958	102.4									102.4
1959	105.4									102.9
1960	109.9									104.3
1961	132.1									120.2
1962	125.6									95.1
1963	111.7									88.9
1964	106.0									94.9
1965	103.5									97.7
1966	101.7	98.2								98.2
1967	104.2	100.7								102.5
1968	105.6	102.0								101.3
1969	108.2	104.5								102.5
1970	109.1	105.3								100.8
1971	108.9	105.1	99.8							99.8
1972	109.3	105.6	100.2							100.4
1973	109.6	105.9	100.5							100.3
1974	110.1	106.3	100.9							100.4
1975	110.7	106.9	101.5							100.6
1976	111.7	107.9	102.4							100.9
1977	120.9	116.7	110.8							108.2
1978	121.6	117.4	111.5							100.6
1979	123.6	119.3	113.3	101.6						101.6
1980	133.6	129.0	122.4	109.8						108.1
1981	136.4	131.7	125.0	112.1						102.1
1982	140.3	135.5	128.6	115.4						102.9
1983	142.6	137.7	130.7	117.2						101.6
1984	147.3	142.2	135.0	121.1						103.3
1985	159.9	154.5	146.6	131.5						108.6
1986	169.5	163.7	155.4	139.4	106.0					106.0
1987	186.3	179.9	170.8	153.2	116.5					109.9
1988	219.3	211.8	201.0	180.3	137.1					117.7
1989	254.8	246.1	233.6	209.5	159.3					116.2
1990	268.9	259.6	246.5	221.1	168.1					105.5
1991	287.4	277.6	263.5	236.3	179.7	106.9				106.9
1992	314.1	303.4	288.0	258.3	196.4	116.8				109.3
1993	361.9	349.5	331.7	297.6	226.3	134.6				115.2
1994	451.6	436.1	414.0	371.4	282.4	168.0				124.8
1995	529.8	511.6	485.6	435.6	331.2	197.0				117.3
1996	564.7	545.4	517.7	464.3	353.1	210.0	106.6			106.6
1997	586.7	566.6	537.9	482.5	366.8	218.2	110.8			103.9
1998	586.7	566.6	537.9	482.5	366.8	218.2	110.8			100.0
1999	581.5	561.5	533.0	478.1	363.5	216.3	109.8			99.1
2000	579.7	559.8	531.4	476.7	362.4	215.6	109.4			99.7
2001	587.3	567.1	538.3	482.9	367.2	218.4	110.9	101.3		101.3
2002	583.7	563.7	535.1	480.0	365.0	217.1	110.2	100.7		99.4
2003	592.5	572.2	543.1	487.2	370.4	220.4	111.8	102.2		101.5
2004	612.0	591.1	561.1	503.3	382.7	227.6	115.5	105.6		103.3
2005	621.8	600.5	570.0	511.3	388.8	231.3	117.4	107.3		101.6
2006	632.4	610.7	579.7	520.0	395.4	235.2	119.4	109.1	101.7	101.7
2007	664.7	641.9	609.3	546.5	415.5	247.2	125.5	114.7	106.9	105.1
2008	717.2	692.6	657.4	589.7	448.4	266.8	135.4	123.7	115.3	107.9
2009	719.3	694.7	659.4	591.5	449.7	267.6	135.8	124.1	115.7	100.3
2010	746.3	720.7	684.1	613.6	466.6	277.6	140.9	128.7	120.0	103.7
2011	789.6	762.5	723.8	649.2	493.6	293.7	149.0	136.2	127.0	105.8
2012	806.9	779.3	739.7	663.5	504.5	300.1	152.3	139.2	129.8	102.2
2013	833.5	805.0	764.1	685.4	521.1	310.0	157.3	143.8	134.0	103.3
2014	850.2	821.1	779.4	699.1	531.6	316.2	160.5	146.7	136.7	102.0
2015	860.4	830.9	788.7	707.5	537.9	320.0	162.4	148.4	138.4	101.2
2016	874.2	844.2	801.4	718.8	546.6	325.2	165.0	150.8	140.6	101.6

3-3 主要年份全区农村居民消费价格总指数

Consumer Price Indices of Rural Households in Main Years

年 份 Year	以1957年价格为100 Year of 1957=100	以1965年价格为100 Year of 1965=100	以1970年价格为100 Year of 1970=100	以1978年价格为100 Year of 1978=100	以1980年价格为100 Year of 1980=100	以1985年价格为100 Year of 1985=100	以1990年价格为100 Year of 1990=100	以1995年价格为100 Year of 1995=100	以2000年价格为100 Year of 2000=100	以2005年价格为100 Year of 2005=100	以上年价格为100 preceding Year=100
1958	102.4										102.4
1959	105.4										102.9
1960	109.9										104.3
1961	132.1										120.2
1962	125.6										95.1
1963	111.7										88.9
1964	106.0										94.9
1965	103.5										97.7
1966	101.7	98.2									98.2
1967	104.2	100.7									102.5
1968	105.6	102.0									101.3
1969	108.2	104.5									102.5
1970	109.1	105.3									100.8
1971	108.9	105.1	99.8								99.8
1972	109.3	105.6	100.2								100.4
1973	109.6	105.9	100.5								100.3
1974	110.1	106.3	100.9								100.4
1975	110.7	106.9	101.5								100.6
1976	111.7	107.9	102.4								100.9
1977	120.9	116.7	110.8								108.2
1978	121.6	117.4	111.5								100.6
1979	123.6	119.3	113.3	101.6							101.6
1980	133.6	129.0	122.4	109.8							108.1
1981	136.4	131.7	125.0	112.1							102.1
1982	140.3	135.5	128.6	115.4							102.9
1983	142.6	137.7	130.7	117.2							101.6
1984	144.9	139.9	132.8	119.1							101.6
1985	156.9	151.5	143.8	129.0	108.3						108.3
1986	164.9	159.2	151.1	135.6	113.8	105.1					105.1
1987	173.6	167.7	159.2	142.8	119.9	110.7					105.3
1988	200.9	194.0	184.1	165.2	138.7	128.0					115.7
1989	238.0	229.9	218.2	195.7	164.3	151.7					118.5
1990	259.5	250.6	237.8	213.3	179.1	165.4					109.0
1991	273.2	263.8	250.5	224.7	188.6	174.2	105.3				105.3
1992	291.0	281.0	266.7	239.3	200.9	185.5	112.1				106.5
1993	331.1	319.8	303.5	272.3	228.6	211.1	127.6				113.8
1994	402.7	388.8	369.1	331.1	278.0	256.7	155.2				121.6
1995	468.7	452.6	429.6	385.4	323.6	298.8	180.6				116.4
1996	501.0	483.9	459.3	412.0	345.9	319.4	193.1	106.9			106.9
1997	518.6	500.8	475.4	426.4	358.0	330.5	199.9	110.6			103.5
1998	517.5	499.8	474.4	425.5	357.3	329.9	199.5	110.4			99.8
1999	507.7	490.3	465.4	417.5	350.5	323.6	195.7	108.3			98.1
2000	505.2	487.8	463.1	415.4	348.7	322.0	194.7	107.8			99.5
2001	516.3	498.6	473.3	424.5	356.4	329.1	199.0	110.2	102.2		102.2
2002	513.7	496.1	470.9	422.4	354.6	327.4	198.0	109.6	101.7		99.5
2003	524.0	506.0	480.3	430.8	361.7	334.0	201.9	111.8	103.7		102.0
2004	547.5	528.8	501.9	450.2	378.0	349.0	211.0	116.8	108.4		104.5
2005	554.1	535.1	507.9	455.6	382.5	353.2	213.6	118.2	109.7		101.2
2006	566.9	547.4	519.6	466.1	391.3	361.3	218.5	120.9	112.2	102.3	102.3
2007	600.3	579.7	550.3	493.6	414.4	382.6	231.4	128.1	118.8	108.3	105.9
2008	659.7	637.1	604.8	542.5	455.4	420.5	254.3	140.8	130.6	119.1	109.9
2009	669.6	646.7	613.8	550.6	462.3	426.8	258.1	142.9	132.6	120.8	101.5
2010	700.7	676.7	642.3	576.1	483.7	446.6	270.0	149.5	138.7	126.5	104.6
2011	751.8	726.1	689.2	618.2	519.0	479.2	289.8	160.4	148.8	135.7	107.3
2012	764.6	738.4	700.9	628.7	527.8	487.4	294.7	163.1	151.4	138.0	101.7
2013	793.7	766.5	727.5	652.6	547.9	505.9	305.9	169.3	157.1	143.2	103.8
2014	806.4	778.7	739.2	663.0	556.7	514.0	310.8	172.0	159.6	145.5	101.6
2015	814.4	786.5	746.6	669.7	562.2	519.1	313.9	173.8	161.2	147.0	101.0
2016	824.2	795.9	755.5	677.7	569.0	525.4	317.7	175.9	163.2	148.7	101.2

3-4 主要年份全区商品零售价格总指数

Retail Price Indices in Main Years

年 份 Year	以1957年价格为100 Year of 1957=100	以1965年价格为100 Year of 1965=100	以1970年价格为100 Year of 1970=100	以1978年价格为100 Year of 1978=100	以1980年价格为100 Year of 1980=100	以1985年价格为100 Year of 1985=100	以1990年价格为100 Year of 1990=100	以1995年价格为100 Year of 1995=100	以2000年价格为100 Year of 2000=100	以2005年价格为100 Year of 2005=100	以上年价格为100 preceding Year=100
1958	101.0										101.0
1959	102.5										101.5
1960	105.6										103.0
1961	124.4										117.8
1962	119.8										96.3
1963	107.1										89.4
1964	102.5										95.7
1965	100.0										97.6
1966	98.1	98.1									98.1
1967	100.0	100.0									101.9
1968	100.8	100.8									100.8
1969	102.3	102.3									101.5
1970	102.8	102.8									100.5
1971	101.8	101.8	99.0								99.0
1972	101.9	101.9	99.1								100.1
1973	102.2	102.2	99.4								100.3
1974	102.3	102.3	99.5								100.1
1975	102.6	102.6	99.8								100.3
1976	103.0	103.0	100.2								100.4
1977	110.7	110.7	107.7								107.5
1978	110.7	110.7	107.7								100.0
1979	112.2	112.1	109.1	101.3							101.3
1980	118.7	118.7	115.4	107.2							105.8
1981	121.1	121.0	117.7	109.3	102.0						102.0
1982	124.1	124.1	120.7	112.1	104.6						102.5
1983	125.4	125.4	122.0	113.3	105.7						101.1
1984	129.5	129.4	125.9	116.9	109.1						103.2
1985	139.6	139.5	135.7	126.0	117.6						107.8
1986	146.4	146.4	142.4	132.2	123.4	104.9					104.9
1987	158.1	158.1	153.8	142.8	133.2	113.3					108.0
1988	185.8	185.7	180.7	167.8	156.5	133.1					117.5
1989	218.8	218.8	212.9	197.6	184.4	156.8					117.8
1990	228.0	228.0	221.8	205.9	192.1	163.4					104.2
1991	241.5	241.4	234.9	218.1	203.5	173.0	105.9				105.9
1992	261.0	261.0	253.9	235.7	220.0	187.1	114.5				108.1
1993	292.6	292.6	284.6	264.3	246.6	209.7	128.3				112.1
1994	351.5	351.4	341.9	317.4	296.1	251.8	154.1				120.1
1995	405.2	405.1	394.2	365.9	341.4	290.4	177.7				115.3
1996	432.4	432.3	420.6	390.5	364.3	309.8	189.6	106.7			106.7
1997	441.9	441.8	429.8	399.1	372.3	316.6	193.8	109.0			102.2
1998	430.8	430.7	419.1	389.1	363.0	308.7	188.9	106.3			97.5
1999	421.8	421.7	410.3	380.9	355.4	302.2	185.0	104.1			97.9
2000	411.7	411.6	400.4	371.8	346.9	295.0	180.5	101.6			97.6
2001	411.7	411.6	400.4	371.8	346.9	295.0	180.5	101.6	100.0		100.0
2002	405.5	405.4	394.4	366.2	341.7	290.6	177.8	100.1	98.5		98.5
2003	403.5	403.4	392.4	364.4	340.0	289.1	176.9	99.6	98.0		99.5
2004	414.8	414.7	403.4	374.6	349.5	297.2	181.9	102.4	100.8		102.8
2005	416.4	416.3	405.0	376.1	350.9	298.4	182.6	102.8	101.2		100.4
2006	421.8	421.7	410.3	380.9	355.4	302.3	185.0	104.1	102.5	101.3	101.3
2007	439.1	439.0	427.1	396.6	370.0	314.7	192.6	108.4	106.7	105.5	104.1
2008	476.5	476.4	463.4	430.3	401.5	341.4	208.9	117.6	115.7	114.4	108.5
2009	474.1	474.0	461.1	428.1	399.5	339.7	207.9	117.0	115.2	113.8	99.5
2010	489.2	489.1	475.9	441.8	412.2	350.6	214.5	120.7	118.8	117.5	103.2
2011	515.1	515.0	501.1	465.2	434.1	369.1	225.9	127.1	125.1	123.7	105.3
2012	520.3	520.2	506.1	469.9	438.4	372.8	228.2	128.4	126.4	124.9	101.0
2013	532.8	532.7	518.2	481.1	448.9	381.8	233.6	131.5	129.4	127.9	102.4
2014	537.6	537.5	522.9	485.5	453.0	385.2	235.7	132.7	130.6	129.1	100.9
2015	538.1	538.0	523.4	486.0	453.4	385.6	236.0	132.8	130.7	129.2	100.1
2016	541.9	541.8	527.1	489.4	456.6	388.3	237.6	133.7	131.6	130.1	100.7

3-5 主要年份全区城市商品零售价格总指数

Retail Price Indices of Urban in Main Years

年 份 Year	以1957年价格为100 Year of 1957=100	以1965年价格为100 Year of 1965=100	以1970年价格为100 Year of 1970=100	以1978年价格为100 Year of 1978=100	以1980年价格为100 Year of 1980=100	以1985年价格为100 Year of 1985=100	以1990年价格为100 Year of 1990=100	以1995年价格为100 Year of 1995=100	以2000年价格为100 Year of 2000=100	以2005年价格为100 Year of 2005=100	以上年价格为100 preceding Year=100
1958	101.7										101.7
1959	103.7										102.0
1960	106.8										103.0
1961	128.9										120.6
1962	122.8										95.3
1963	109.4										89.1
1964	104.7										95.7
1965	102.1										97.5
1966	100.2	98.1									98.1
1967	102.7	100.6									102.5
1968	104.0	101.9									101.3
1969	106.6	104.4									102.5
1970	107.4	105.2									100.8
1971	107.1	104.9	99.7								99.7
1972	107.5	105.3	100.1								100.4
1973	107.9	105.7	100.4								100.3
1974	108.3	106.1	100.8								100.4
1975	109.1	106.8	101.5								100.7
1976	110.3	108.0	102.6								101.1
1977	119.5	117.1	111.2								108.4
1978	120.4	117.9	112.0								100.7
1979	122.4	119.9	113.9	101.7							101.7
1980	132.4	129.7	123.3	110.0							108.2
1981	135.1	132.3	125.7	112.2	102.0						102.0
1982	139.1	136.3	129.5	115.6	105.1						103.0
1983	141.2	138.3	131.4	117.3	106.6						101.5
1984	145.8	142.8	135.7	121.1	110.0						103.2
1985	158.1	154.9	147.2	131.4	119.4						108.5
1986	167.2	163.7	155.6	138.9	126.2	105.7					105.7
1987	184.9	181.1	172.1	153.6	139.6	116.9					110.6
1988	218.9	214.4	203.7	181.9	165.3	138.4					118.4
1989	255.2	250.0	237.5	212.1	192.7	161.4					116.6
1990	261.1	255.7	243.0	216.9	197.1	165.1					102.3
1991	278.3	272.6	259.0	231.2	210.1	176.0	106.6				106.6
1992	303.7	297.4	282.6	252.3	229.3	192.0	116.3				109.1
1993	341.3	334.3	317.7	283.6	257.7	215.8	130.7				112.4
1994	409.6	401.2	381.2	340.3	309.2	259.0	156.9				120.0
1995	469.8	460.2	437.2	390.3	354.7	297.1	179.9				114.7
1996	499.4	489.1	464.8	414.9	377.0	315.8	191.3	106.3			106.3
1997	510.4	499.9	475.0	424.0	385.3	322.7	195.5	108.6			102.2
1998	496.6	486.4	462.2	412.6	374.9	314.0	190.2	105.7			97.3
1999	488.6	478.6	454.8	406.0	368.9	309.0	187.1	104.0			98.4
2000	477.9	468.1	444.8	397.0	360.8	302.2	183.0	101.7			97.8
2001	479.3	469.5	446.1	398.2	361.9	303.1	183.6	102.0	100.3		100.3
2002	472.6	462.9	439.9	392.7	356.8	298.9	181.0	100.6	98.9		98.6
2003	468.8	459.2	436.3	389.5	354.0	296.5	179.6	99.8	98.1		99.2
2004	478.7	468.9	445.5	397.7	361.4	302.7	183.3	101.9	100.2		102.1
2005	481.1	471.2	447.7	399.7	363.2	304.2	184.2	102.4	100.7		100.5
2006	486.8	476.9	453.1	404.5	367.6	307.9	186.5	103.6	101.9	101.2	101.2
2007	504.9	494.5	469.9	419.5	381.2	319.2	193.4	107.5	105.6	104.9	103.7
2008	540.7	529.6	503.2	449.2	408.2	341.9	207.1	115.1	113.1	112.4	107.1
2009	537.5	526.4	500.2	446.5	405.8	339.9	205.8	114.4	112.5	111.7	99.4
2010	552.2	540.9	514.0	458.8	417.0	349.2	211.5	117.6	115.6	114.8	102.7
2011	579.8	568.0	539.7	481.8	437.8	366.7	222.1	123.4	121.3	120.5	105.0
2012	585.1	573.1	544.5	486.1	441.7	370.0	224.1	124.5	122.4	121.6	100.9
2013	599.1	586.8	557.6	497.8	452.3	378.8	229.5	127.5	125.4	124.5	102.4
2014	604.5	592.1	562.6	502.2	456.4	382.2	231.5	128.7	126.5	125.7	100.9
2015	605.1	592.7	563.2	502.7	456.9	382.6	231.8	128.8	126.6	125.8	100.1
2016	609.3	596.8	567.1	506.3	460.1	385.3	233.4	129.7	127.5	126.7	100.7

3-6 主要年份全区农村商品零售价格总指数

Retail Price Indices of Rural in Main Years

年 份 Year	以1957年价格为100 Year of 1957=100	以1965年价格为100 Year of 1965=100	以1970年价格为100 Year of 1970=100	以1978年价格为100 Year of 1978=100	以1980年价格为100 Year of 1980=100	以1985年价格为100 Year of 1985=100	以1990年价格为100 Year of 1990=100	以1995年价格为100 Year of 1995=100	以2000年价格为100 Year of 2000=100	以2005年价格为100 Year of 2005=100	以上年价格为100 preceding Year=100
1958	100.0										100.0
1959	100.8										100.8
1960	101.8										101.0
1961	115.6										113.5
1962	119.8										103.7
1963	116.7										97.4
1964	114.5										98.1
1965	111.9										97.7
1966	110.2	98.5									98.5
1967	111.6	99.8									101.3
1968	111.6	99.8									100.0
1969	111.6	99.8									100.0
1970	111.6	99.8									100.0
1971	109.4	97.8	98.0								98.0
1972	109.2	97.6	97.8								99.8
1973	109.5	97.9	98.1								100.3
1974	109.4	97.8	98.0								99.9
1975	109.4	97.8	98.0								100.0
1976	109.4	97.8	98.0								100.0
1977	116.9	104.5	104.8								106.9
1978	116.6	104.2	104.4								99.7
1979	117.9	105.4	105.6	101.1							101.1
1980	122.6	109.6	109.8	105.1							104.0
1981	124.8	111.6	111.8	107.0	101.8						101.8
1982	127.4	113.9	114.1	109.3	103.9						102.1
1983	128.3	114.7	114.9	110.0	104.7						100.7
1984	131.9	117.9	118.2	113.1	107.6						102.8
1985	139.9	125.1	125.3	120.0	114.1						106.1
1986	145.5	130.1	130.4	124.8	118.7	104.0					104.0
1987	154.5	138.1	138.4	132.5	126.1	110.4					106.2
1988	179.4	160.4	160.7	153.9	146.4	128.2					116.1
1989	213.3	190.7	191.1	183.0	174.0	152.5					118.9
1990	225.5	201.6	202.0	193.4	183.9	161.2					105.7
1991	236.5	211.4	211.9	202.9	193.0	169.1	104.9				104.9
1992	251.2	224.5	225.0	215.5	204.9	179.5	111.4				106.2
1993	281.1	251.3	251.8	241.1	229.3	200.9	124.7				111.9
1994	338.1	302.3	302.9	290.0	275.8	241.7	150.0				120.3
1995	391.9	350.3	351.1	336.2	319.7	280.1	173.8				115.9
1996	420.9	376.3	377.1	361.0	343.4	300.8	186.7	107.4			107.4
1997	429.7	384.2	385.0	368.6	350.6	307.2	190.6	109.7			102.1
1998	420.7	376.1	376.9	360.9	343.2	300.7	186.6	107.4			97.9
1999	408.1	364.8	365.6	350.0	332.9	291.7	181.0	104.1			97.0
2000	397.5	355.3	356.1	340.9	324.3	284.1	176.3	101.4			97.4
2001	395.9	353.9	354.7	339.6	323.0	283.0	175.6	101.0	99.6		99.6
2002	389.5	348.2	349.0	334.1	317.8	278.4	172.8	99.4	98.0		98.4
2003	389.9	348.6	349.4	334.5	318.1	278.7	172.9	99.5	98.1		100.1
2004	406.3	363.2	364.0	348.5	331.5	290.4	180.2	103.7	102.2		104.2
2005	406.7	363.6	364.4	348.9	331.8	290.7	180.4	103.8	102.3		100.1
2006	414.0	370.1	371.0	355.2	337.8	295.9	183.6	105.7	104.2	101.8	101.8
2007	436.4	390.1	391.0	374.3	356.0	311.9	193.6	111.4	109.8	107.3	105.4
2008	490.9	438.9	439.9	421.1	400.5	350.9	217.7	125.3	123.5	120.7	112.5
2009	490.9	438.9	439.9	421.1	400.5	350.9	217.7	125.3	123.5	120.7	100.0
2010	512.9	458.5	459.5	439.9	418.4	366.6	227.5	130.9	129.0	126.1	104.5
2011	552.9	494.3	495.4	474.3	451.1	395.2	245.2	141.1	139.1	135.9	107.8
2012	562.3	502.7	503.8	482.3	458.7	401.9	249.4	143.5	141.5	138.2	101.7
2013	578.6	517.2	518.4	496.3	472.0	413.6	256.6	147.6	145.6	142.3	102.9
2014	580.3	518.8	519.9	497.8	473.4	414.8	257.4	148.1	146.0	142.7	100.3
2015	579.7	518.3	519.4	497.3	473.0	414.4	257.1	147.9	145.9	142.5	99.9
2016	579.7	518.3	519.4	497.3	473.0	414.4	257.1	147.9	145.9	142.5	100.0

3-7 主要年份全区农业生产资料价格总指数

Price Indices for Means of Agricultural Production in Main Years

年 份 Year	以1957年价格为100 Year of 1957=100	以1965年价格为100 Year of 1965=100	以1970年价格为100 Year of 1970=100	以1978年价格为100 Year of 1978=100	以1980年价格为100 Year of 1980=100	以1985年价格为100 Year of 1985=100	以1990年价格为100 Year of 1990=100	以1995年价格为100 Year of 1995=100	以2000年价格为100 Year of 2000=100	以2005年价格为100 Year of 2005=100	以上年价格为100 preceding Year=100
1978	92.7	91.8	99.7								99.7
1979	93.4	92.5	100.5	100.8							100.8
1980	94.8	93.9	102.0	102.3	101.5						101.5
1981	95.4	94.5	102.6	102.9	102.1						100.6
1982	95.8	94.9	103.0	103.3	102.5						100.4
1983	99.1	98.2	106.6	107.0	106.1						103.5
1984	104.6	103.6	112.5	112.8	111.9						105.5
1985	108.6	107.5	116.8	117.1	116.2						103.8
1986	110.5	109.5	118.9	119.2	118.3	101.8					101.8
1987	118.9	117.8	127.9	128.3	127.3	109.5					107.6
1988	136.8	135.4	149.8	150.2	149.0	128.3					117.1
1989	162.0	160.3	177.3	177.9	176.5	151.9					118.4
1990	171.0	169.3	187.3	187.8	186.3	160.4					105.6
1991	178.9	177.1	195.9	196.5	194.9	167.8	104.6				104.6
1992	186.1	184.2	203.7	204.3	202.7	174.5	108.8				104.0
1993	216.4	214.2	236.9	237.6	235.8	202.9	126.5				116.3
1994	266.8	264.1	292.1	293.0	290.7	250.2	156.0				123.3
1995	347.9	344.4	380.9	382.1	379.1	326.2	203.4				130.4
1996	379.2	375.4	415.2	416.5	413.2	355.6	221.7	109.0			109.0
1997	372.4	368.6	407.8	409.0	405.7	349.2	217.7	107.0			98.2
1998	357.9	354.2	391.9	393.0	389.9	335.6	209.2	102.9			96.1
1999	334.3	330.8	366.0	367.1	364.2	313.4	195.4	96.1			93.4
2000	320.9	317.6	351.4	352.4	349.6	300.9	187.6	92.2			96.0
2001	327.3	324.0	358.4	359.5	356.6	306.9	191.4	94.1	102.0		102.0
2002	338.8	335.3	370.9	372.0	369.1	317.6	198.1	97.4	105.6		103.5
2003	336.7	333.3	368.7	369.8	366.9	315.7	196.9	96.8	104.9		99.4
2004	382.2	378.3	418.5	419.7	416.4	358.4	223.5	109.9	119.1		113.5
2005	417.7	413.5	457.4	458.8	455.1	391.7	244.2	120.1	130.2		109.3
2006	421.1	416.8	461.0	462.4	458.8	394.8	246.2	121.0	131.2	100.8	100.8
2007	472.5	467.6	517.3	518.9	514.7	443.0	276.2	135.8	147.2	113.1	112.2
2008	596.2	590.1	652.8	654.8	649.6	559.1	348.6	171.4	185.8	142.7	126.2
2009	574.2	568.3	628.7	630.6	625.6	538.4	335.7	165.0	178.9	137.4	96.3
2010	599.5	593.4	656.4	658.4	653.1	562.1	350.5	172.3	186.8	143.5	104.4
2011	683.4	676.4	748.3	750.5	744.6	640.8	399.6	196.4	213.0	163.6	114.0
2012	735.4	727.8	805.1	807.6	801.2	689.5	429.9	211.4	229.2	176.0	107.6
2013	747.1	739.5	818.0	820.5	814.0	700.5	436.8	214.7	232.8	178.8	101.6
2014	724.0	716.5	792.7	795.0	788.7	678.8	423.3	208.1	225.6	173.3	96.9
2015	714.5	707.2	782.4	784.7	778.5	670.0	417.8	205.4	222.7	171.0	98.7
2016	702.4	695.2	769.1	771.4	765.2	658.6	410.7	201.9	218.9	168.1	98.3

3-8　2016年城乡居民消费价格分类指数

Consumer Price Indices by Category (2016)

(以上年价格为100)　　　　(preceding year=100)

项目名称	Item	全　区 General	城　市 Urban Household	农　村 Rural Household
居民消费价格总指数	**Consumer Price Index**	**101.5**	**101.6**	**101.2**
服务价格指数	**Service Items Price Index**	**102.1**	**101.8**	**102.8**
消费品价格指数	**Consumer Goods Price Index**	**101.2**	**101.5**	**100.4**
一、食品烟酒	Food,Cigarettes and Wine	102.4	102.7	101.6
1.食品	Food	103.2	103.8	102.0
(1)粮食	Grain	100.3	100.5	100.1
大　　米	Rice	100.9	101.7	100.1
面　　粉	Flour	100.4	100.4	100.3
其他粮食	Other Grain	96.5	96.1	97.5
粮食制品	Cereal Product	100.9	101.4	100.0
(2)薯类	Tubers	117.6	119.0	115.5
薯　　类	Tubers	117.6	119.0	115.5
(3)豆类	Beans	99.1	100.5	96.1
干　　豆	Beans	99.8	98.6	101.3
豆 制 品	Bean Products	99.0	100.6	95.4
(4)食用油	Edible Oil	98.8	98.7	98.8
食用植物油	Edible Vegetable Oil	98.7	98.6	98.7
食用动物油	Edible Animal Oil	104.8	103.5	115.8
(5)菜	Vegetables	113.4	115.0	109.7
鲜　　菜	Fresh Vegetables	113.8	115.5	110.0
干菜及菜制品	Dried Vegetables and Processed Products	103.1	103.0	103.4
(6)畜肉类	Livestock Meat	104.3	104.8	103.1
猪　　肉	Pork	116.6	116.3	117.5
牛　　肉	Beef	100.2	100.6	99.4
羊　　肉	Mutton	98.0	98.4	97.1
畜肉副产品	Byproducts	112.7	111.7	115.3
其他畜肉及制品	Other Livestock Meat Processed Products	101.3	101.5	100.7
(7)禽肉类	Poultry	100.5	100.6	100.4
鸡	Chicken	99.6	99.1	100.4
鸭	Duck	97.9	97.2	100.0
其他禽肉及制品	Other Poultry Meat Processed Products	103.5	104.4	100.1
(8)水产品	Aquatic Products	100.5	101.4	96.7
淡 水 鱼	Freshwater Fish	97.7	98.8	94.3
海 水 鱼	Seawater Fish	105.0	105.2	103.9
虾 蟹 类	Shrimp and Crab	105.0	105.9	99.6
其他水产品及制品	Others Aquatic and Processed Products	103.2	102.9	105.4
(9)蛋类	Eggs	96.6	97.0	95.6
鸡　　蛋	Fresh Egg	96.5	96.9	95.5
其他蛋及制品	Other Egg and Processed Products	98.9	99.0	98.7
(10)奶类	Milk	100.6	100.9	99.7
鲜　　奶	Fresh Milk	99.6	100.2	97.7

3-8 续表 1 continued

(以上年价格为100) (preceding year=100)

项目名称	Item	全 区 General	城 市 Urban Household	农 村 Rural Household
酸 奶	Yoghourt	101.2	100.7	102.7
奶 粉	Milk Powder	101.7	101.9	101.1
其他奶制品	Other Milk Products	101.4	102.0	100.0
(11)干鲜瓜果类	Dried and Fresh Melons and Fruits	99.0	99.0	99.1
鲜 瓜 果	Fresh Melons and Fruits	98.9	98.7	99.4
坚 果	Nuts	99.3	100.2	96.6
瓜果制品	Melons and Fruits Products	99.6	98.5	103.4
(12)糖果糕点类	Candy and Cake	100.2	100.2	100.3
食 糖	Sugar	100.5	101.0	100.1
糖 果	Candy	100.8	101.0	100.1
糕 点	Cake	99.8	99.7	100.1
其他糖果糕点	Other Candy and Cake	100.6	100.2	101.4
(13)调味品	Flavoring	102.8	102.3	103.8
食 用 盐	Salt	103.3	100.6	107.0
酱 油	Soy	102.2	102.5	101.2
食 醋	Vinegar	102.5	103.8	100.0
调 味 酱	Bechamel	103.8	104.2	100.5
味 精	Aginomoto	101.8	102.2	100.3
其他调味品	Others	103.1	101.3	105.5
(14)其他食品类	Other Food	101.7	102.1	100.4
方便食品	Convenient Food	101.3	102.4	98.4
淀粉及制品	Starch and Products	103.4	103.5	103.2
膨化食品	Puffed Food	100.4	100.4	100.6
2.茶及饮料	Tea and Beverages	100.4	100.6	100.2
茶 叶	Tea	100.0	100.0	100.0
固体咖啡	Solid Coffee	98.9	98.8	100.0
其他固体饮料	Other Solid Beverages	103.8	103.8	103.7
饮 用 水	Potable Water	99.2	99.0	100.0
果汁饮料	Juice Beverage	102.8	103.8	100.0
其他液体饮料	Other Liquid Beverages	100.0	99.9	100.2
3.烟酒	Cigarettes and Wine	101.8	101.7	102.1
(1)烟草	Tobacco	102.4	102.3	102.7
烟 草	Tobacco	102.4	102.3	102.7
(2)酒类	Liquor	100.2	100.3	100.1
白 酒	Spirit	100.2	100.2	100.0
葡 萄 酒	Wine	100.4	100.5	100.0
啤 酒	Beer	100.3	100.5	100.0
其他酒类	Others	100.4	99.8	103.2
4.在外餐饮	Dining Out	100.5	100.7	99.7
正 餐	Dinner	99.9	100.0	99.5
快 餐	Fast Food	101.6	102.0	100.2
地方小吃	Local Snack	101.7	102.0	100.0
其他在外餐饮	Others	100.3	100.4	100.0

3-8 续表 2 continued

(以上年价格为100) (preceding year=100)

项目名称	Item	全 区 General	城 市 Urban Household	农 村 Rural Household
二、衣着	Clothing	101.7	102.1	100.1
1.服装	Garments	101.7	102.2	100.0
(1)男式服装	Men's	101.3	101.7	100.0
男式西服	Men's Western-style Clothes	102.2	102.4	101.3
男式冬衣	Men's Winter Clothes	100.3	99.4	103.4
男式夹克衫	Men's Jacket	101.4	102.2	99.5
男式毛线衣	Men's Sweater	100.8	101.6	98.3
男式运动装	Men's Sportwear	102.4	103.2	98.3
男式衬衫T恤	Men's Shirt and T-shirt	101.6	101.8	100.9
男式裤子	Men's Trousers	102.3	104.1	97.2
男式内衣	Men's Underclothers	99.2	98.9	101.3
(2)女式服装	Women's	101.9	102.6	99.5
女式外套	Women's Coat	100.5	100.4	100.8
女式冬衣	Women's Winter Clothes	99.7	100.5	97.2
女式毛线衣	Women's Sweater	102.2	103.5	98.7
女式运动装	Women's Sportwear	103.9	105.7	97.8
女式衬衫T恤	Women's Shirt and T-shirt	104.9	106.1	100.4
女式裤子	Women's Trousers	101.1	102.1	98.3
女式裙子	Women's Skirt	102.9	102.6	104.0
女式内衣	Women's Underclothers	102.0	102.4	100.5
(3)儿童服装	Children's	102.6	102.5	102.8
婴幼服装	Infant's Wear	102.6	101.2	105.9
儿童上衣	Children's Coat	102.6	103.2	101.2
儿童裤子	Children's Trousers	100.6	99.5	103.2
儿童裙子	Children's Skirt	105.3	106.3	102.4
2.服装材料	Clothing Material	100.2	100.2	100.0
服装材料	Clothing Material	100.2	100.2	100.0
3.其他衣着及配件	Other Clothing and Accessories	99.7	100.1	98.6
袜　子	Socks	98.8	100.0	96.3
帽　子	Hats	100.6	100.0	102.5
其他衣着配件	Other Clothing and Accessories	100.2	100.2	100.0
4.衣着加工服务费	Service Fee for Dressing	100.5	100.5	100.1
衣着洗涤保养	Washing and Maintenance for Dressing	100.6	100.7	100.1
衣着加工	Processing for Dressing	100.2	100.2	100.0
5.鞋类	Shoes	101.9	102.2	100.7
(1)鞋	Shoes	101.8	102.1	100.7
男　鞋	Shoes of Men	100.0	100.2	99.5
女　鞋	Shoes of Women	102.3	102.6	101.6
童　鞋	Shoes of Children	104.0	104.9	100.8
(2)鞋类加工服务	Shoes Precessing Services	110.4	113.7	100.1
鞋类加工服务	Shoes Precessing Services	110.4	113.7	100.1

3-8 续表 3 continued

(以上年价格为100) (preceding year=100)

项目名称	Item	全 区 General	城 市 Urban Household	农 村 Rural Household
三、居住	Residence	100.4	100.5	100.1
1.租赁房房租	Renting	102.3	102.8	97.4
公房房租	Public Rent	100.0	100.0	100.0
私房房租	Private Rent	102.6	103.3	97.2
2.住房保养维修及管理	Housing Maintenance and Management	100.5	101.3	99.2
(1)住房装潢材料	Building Decoration Materials	99.9	100.7	98.7
木地板	Wooden Floor	102.8	103.9	100.1
瓷 砖	Brick	101.0	103.7	96.5
水 泥	Cement	97.4	97.6	97.3
涂 料	Dope	100.0	100.0	100.0
板 材	Veneer	100.9	101.9	99.1
管 材	Tubular Product	100.7	101.1	100.1
厨卫设备	Kitchen Equipment	99.9	101.6	96.9
门 窗	Doors and Windows	98.5	98.4	98.7
其他住房装潢材料	Other Building Decoration Materials	97.9	95.2	100.0
(2)物业管理费	Estate Management Fees	103.9	104.8	100.0
物业管理费	Estate Management Fees	103.9	104.8	100.0
(3)住房装潢维修	Housing Decoration and Maintenance	100.0	100.0	100.0
装潢维修费	Fees of Decoration and Maintenance	100.0	100.0	100.0
其他住房费用	Other Houseing Fees	100.0	100.0	100.0
3.水电燃料	Water,Electricity and Fuels	100.3	100.0	101.2
(1)水	Water	101.3	100.1	107.8
水	Water	101.3	100.1	107.8
(2)电	Electricity	100.1	100.2	100.0
电	Electricity	100.1	100.2	100.0
(3)燃气	Fuel Gas	99.8	99.9	99.2
管道燃气	Pipeline Fuel Gas	100.0	100.0	99.7
液化石油气	Liquefied Petroleum Gas	99.4	99.7	99.1
(4)取暖费	Hesting Fees	100.0	100.0	100.0
取暖费	Hesting Fees	100.0	100.0	100.0
(5)其他燃料	Other Fuels	101.2	99.4	102.4
其他燃料	Other Fuels	101.2	99.4	102.4
4.自有住房	Private Houseing	100.2	100.2	100.0
自有住房	Private Houseing	100.2	100.2	100.0
四、生活用品及服务	Supplies and Services	100.3	100.6	99.7
1.家具及室内装饰品	Furniture and Interior Decorations	98.7	99.5	97.6
(1)家具	Furniture	98.7	99.5	97.5
柜	Cupboard	98.6	99.3	97.3
床	Bed	97.8	98.4	96.9
桌	Desk	99.1	101.1	95.9
椅	Chair	100.2	101.1	98.3
沙 发	Sofa	99.2	99.7	98.6
其他家具	Others	96.7	97.2	96.3

3-8 续表 4 continued

(以上年价格为100) (preceding year=100)

项目名称	Item	全区 General	城市 Urban Household	农村 Rural Household
(2)室内装饰品	Interior Decorations	99.1	99.7	98.4
灯　　具	Lamp	98.8	99.7	97.8
其他室内装饰品	Other Interior Decorations	99.8	99.5	100.0
2.家用器具	Household Appliances	98.8	98.4	99.5
(1)大型家用器具	Big Household Appliances	98.6	98.0	99.6
洗 衣 机	Washing Machine	98.6	98.2	99.1
电冰箱(柜)	Refrigerator	100.0	99.3	101.2
抽油烟机	Ventilator	97.7	96.2	100.9
空 调 器	Air Conditioner	100.4	100.3	100.6
热 水 器	Water Heater for Shower	98.2	98.0	98.6
炉具灶具	Stove and Oven	96.9	95.4	98.9
微 波 炉	Microwave Oven	94.4	94.0	95.2
其他大型家用器具	Other Big Household Appliances	97.1	96.5	97.6
(2)小家电	Small Household Appliances	99.9	100.1	99.2
厨房小家电	Kitchen Small Household Appliances	99.9	100.0	99.5
生活小家电	Living Small Household Appliances	99.8	100.2	98.5
3.家用纺织品	Houseing Textiles	101.4	101.5	101.0
(1)床上用品	Bed Articles	101.3	101.8	100.1
被　　子	Quilt	99.5	99.4	100.0
床单被套	Bed Sheet and Cover	104.4	105.9	100.1
其他床上用品	Other Bed Articles	98.8	98.3	100.1
(2)窗帘门帘	Curtain	102.6	102.2	103.8
窗帘门帘	Curtain	102.6	102.2	103.8
(3)其他家用纺织品	Other Houseing Textile	99.8	99.6	100.9
其他家用纺织品	Other Houseing Textile	99.8	99.6	100.9
4.家庭日用杂品	Daily Use Household Articles	100.9	101.4	99.5
(1)洗涤卫生用品	Washing Hygiene Articles	100.1	100.7	98.3
清洗用品	Cleaning Supplies	100.2	101.3	96.8
清洁用具	Cleaning equipment	100.8	101.7	96.7
清洁用纸	Hygiene Paper	99.6	99.4	100.0
(2)厨具餐具茶具	Kitchen Utensils and Tableware	100.8	100.9	100.7
厨　　具	Kitchce Ware	100.8	100.9	100.5
餐　　具	Tableware	100.3	99.9	101.7
茶　　具	Tea Set	102.2	103.2	100.0
(3)家用手工工具	Hand Tools	100.0	99.9	100.8
家用手工工具	Hand Tools	100.0	99.9	100.8
(4)其他家庭日用杂品	Other Daily Use Household Articles	102.3	103.3	99.9
配电附件	Electricity Distribution Accessory	103.4	105.2	100.0
雨　　具	Rain Gear	100.1	99.9	100.7
其他日用杂品	Other Daily Use Household Articles	102.4	103.7	99.6

3-8 续表 5 continued

(以上年价格为100) (preceding year=100)

项目名称	Item	全区 General	城市 Urban Household	农村 Rural Household
5.个人护理用品	Personal-Care Supplies	101.6	101.4	102.8
(1)化妆品	Cosmetics	102.5	101.9	105.4
清洁化妆品	Cleansing Cosmetics	100.5	100.0	102.6
护肤化妆品	Skin-Care Cosmetics	101.2	100.9	102.5
彩妆化妆品	Make-Up Cosmetics	107.4	106.1	115.1
化妆器具	Make-up Appliances	103.5	101.1	116.5
(2)其他护理用品类	Other Nursing materials	100.1	100.5	97.8
清洁类护理用品	Nursing Materials	100.5	100.9	98.7
护发美发用品	Hair Care Products	99.1	100.0	94.8
护理器具	Nursing Appliances	100.7	100.8	100.0
其他护理用品	Other Nursing Materials	100.0	100.0	99.8
6.家庭服务	Family Services	103.9	104.0	103.9
家政服务	Housekeeping Services	105.0	104.3	111.0
家庭维修服务	Maintenance Services	102.5	103.4	100.0
五、交通和通信	Transportation and Communication	98.6	98.9	97.7
1.交通	Transportation	97.9	98.0	97.8
(1)交通工具	Transportation Facility	95.1	94.8	96.1
小型汽车	Car	94.0	94.0	94.1
电动自行车	Electric Bicycle	98.5	98.8	98.3
自 行 车	Bycycle	99.4	98.8	100.0
其他交通工具	Other Transportation Facility	98.8	99.6	98.5
(2)交通工具用燃料	Transportation Fuels	94.7	94.6	95.1
汽 油	Gasoline	95.6	95.7	95.6
柴 油	Diesel Oil	97.5	96.6	99.6
其他车用能源	Other Transportation Fuels	87.5	86.1	90.6
(3)交通工具使用和维修	Transportation Use and Maintenance	105.1	106.4	100.6
停 车 费	Parking Fee	120.9	123.4	100.0
车辆使用费	Vehicle Usage Fee	107.8	110.1	100.0
交通工具零配件	Transportation Parts	97.1	95.5	101.7
车辆修理与保养	Vehicles Repair and Maintenance	100.3	100.3	100.4
(4)交通费	Traffic Fare	101.2	100.9	102.0
市内公共交通	Bus Ticket	100.0	100.0	100.0
出租汽车	Taxi	101.2	100.0	105.5
飞 机 票	Plane Ticket	104.0	104.2	102.4
火 车 票	Train Ticket	100.0	100.0	100.0
长途汽车	Long-distance Bus	100.5	100.0	101.6
其他交通费	Other Traffic Fare	105.6	99.3	111.3
2.通信	Communication	99.8	100.6	97.6
(1)通信工具	Communication Tools	98.1	100.3	93.3
固定电话机	Telephone	100.7	100.8	100.0
移动电话机	Mobile Telephone	97.9	100.3	92.8
通信工具零配件	Communication Tools Spareparts	100.4	100.6	100.0

3-8 续表 6 continued

(以上年价格为100) (preceding year=100)

项目名称	Item	全 区 General	城 市 Urban Household	农 村 Rural Household
(2)通信服务	Communication Service	100.4	100.5	100.0
固定电话费	Fixed Telephone Fee	100.0	100.0	100.0
移动通信费	Mobile Telephone Communication Expenses	100.0	100.0	100.0
上 网 费	Internet Fee	101.5	101.9	100.0
其他通信服务	Other Communication Service	102.2	102.8	100.0
(3)邮递服务	Postal Service	101.4	101.5	100.9
邮政邮寄	Post	100.0	100.0	100.0
快递服务	Express Services	102.1	102.2	101.3
六、教育文化和娱乐	Education,Culture and Entertainment	102.2	102.0	102.6
1.教育	Education	103.2	102.8	104.0
(1)教育用品	Education Articles	102.3	102.6	99.8
工 具 书	Reference Books	100.5	100.4	101.7
教　　材	Teaching Materials	102.7	103.2	98.8
参考资料	Reference Books	102.9	103.3	99.9
其他教育用品	Other Education Articles	100.2	100.3	100.0
(2)教育服务	Tuition and Child Care	103.3	102.9	104.2
学前教育	Preschool Education	104.7	106.9	100.0
小学初中教育	Primary and Jenior High School Education	107.2	108.3	104.0
高中中职教育	Senior High School and Vocational School Education	100.4	100.3	100.5
高等教育	Higher Education	103.4	103.5	103.3
课外教育	Extracurricular Education	105.6	100.9	117.1
专业技能培训	Professional Skill Training	101.7	101.0	102.8
2.文化娱乐	Cultural and Recreational	100.3	100.8	98.4
(1)文娱耐用消费品	Durable Consumer Goods for Cultural and Recreational Use	98.1	98.7	95.6
电 视 机	TV Set	96.6	98.3	91.7
照 相 机	Camera	99.3	99.4	97.8
台式计算机	Desktop Computer	98.3	97.8	100.3
笔记本平板	Notebook Tablet	99.5	99.7	98.8
乐　　器	Musical Instrument	100.2	100.2	100.0
音　　响	Sound Equipment	99.3	99.6	97.5
其他文娱耐用消费品	Other Durable Consumer Goods	98.1	98.3	97.1
(2)其他文娱用品	Other Goods for Cultural and Recreational Use	101.5	101.5	101.7
书报杂志	Newspapers and Magazines	102.7	103.4	100.6
纸张文具	Paper and Stationery	100.7	100.7	100.6
体育户外用品	Sports and Outdoor Articles	102.1	102.3	100.0
游戏用品和玩具	Games Supplies and Toys	99.7	99.5	100.0
园艺花卉及用品	Horticulture and Flower Articles	100.0	100.6	97.4
宠物及用品	Pet Articles	101.4	101.6	100.0
其他文化娱乐用品	Other Goods for Cultural and Recreational Use	103.2	101.0	107.0
(3)文化娱乐服务	Cultural and Entertainment Services	100.3	100.4	99.7
电 影 票	Movie Ticket	99.7	99.7	100.0

3-8 续表 7 continued

(以上年价格为100) (preceding year=100)

项目名称	Item	全 区 General	城 市 Urban Household	农 村 Rural Household
景点门票	Scenery Spot Entrance Ticket	99.7	100.0	98.2
有线电视	Wired TV	100.0	100.0	100.0
健身活动	Fitness Activities	101.8	101.9	100.0
其他文娱服务	Others Cultural and Entertainment Services	100.4	100.3	100.6
(4)旅游	Touring and Outing	102.9	103.6	99.0
旅行社收费	Travel Agency Fees	103.2	104.3	98.1
其他旅游	Others	101.2	100.7	105.5
七、医疗保健	Health Care	102.9	102.4	104.2
1.药品及医疗器具	Medicines and Medical Instruments	101.7	102.2	100.2
(1)中药	Traditional Chinese Medicine	99.9	100.3	98.9
中 药 材	Traditional Chinese Medicinal Materials	98.0	98.6	96.8
中 成 药	Chinese Patent Medicine	100.8	101.0	100.2
(2)西药	Western Medicine	100.2	100.0	100.6
抗微生物药	Antimicrobial Drugs	98.8	98.6	99.2
消化系统用药	Digest System Drugs	97.8	96.4	100.8
呼吸系统用药	Breathe System Drugs	102.0	101.8	102.3
解热镇痛药	Antipyretic and Analgesic	100.7	100.2	101.8
抗肿瘤药	Antineoplastic Drugs	99.0	98.0	103.4
激素及影响内分泌药	Hormone Drugs	101.0	101.6	99.4
心血管系统用药	Cardiovascular System Drugs	100.5	98.9	103.7
血液系统用药	Blood System Drugs	101.4	102.0	100.0
治疗精神障碍药	Dysphrenia Drugs	106.7	108.6	100.0
神经系统用药	Central Nervous System Drugs	98.0	98.9	95.9
消毒防腐及创伤外科用药	Disinfection and Trauma Drugs	100.1	99.2	101.6
泌尿系统用药	Urinary System Drugs	101.0	100.0	105.8
维生素、矿物质类药	Professional Drugs	102.9	103.6	100.0
调节水、电解质及酸碱平衡药	Adjust Water, Electrolyte and Acid-Base Balance Drugs	100.4	101.4	98.0
(3)滋补保健品	Health Products	115.0	116.6	106.2
滋补保健品	Health Products	115.0	116.6	106.2
(4)医疗卫生器具	Medical Treatment and Public Health Appliances	100.9	101.7	97.9
医疗卫生器具	Medical Treatment and Public Health Appliances	100.9	101.7	97.9
(5)保健器具	Health Care Appliances	100.4	100.2	101.4
保健器具	Health Care Appliances	100.4	100.2	101.4
2.医疗服务	Health Care Services	104.3	102.6	107.8
(1)综合医疗类	Integrative Medical Treatment	107.3	104.3	114.7
一般医疗服务	General Health Care Services	113.0	108.4	123.0
一般治疗操作	General Cure Operation	101.6	102.0	100.6
护 理	Nursing	112.2	102.5	131.9
其他综合医疗服务	Other Integrative Medical Treatment	100.0	100.1	100.0
(2)诊断类	Diagnosis	99.5	100.3	98.2
病理学诊断	Pathology Diagnosis	100.4	99.9	102.0

3-8 续表 8 continued

(以上年价格为100) (preceding year=100)

项目名称	Item	全 区 General	城 市 Urban Household	农 村 Rural Household
实验室诊断	Laboratory Diagnosis	100.7	101.5	99.7
影像学诊断	Imaging Diagnosis	97.6	99.4	94.7
临床诊断	Clinic Diagnosis	101.7	100.5	104.2
(3)治疗类	Cure	103.1	102.1	104.7
临床手术治疗	Clinic Operative Treatment	105.3	102.7	111.4
临床非手术治疗	Clinic Non-Operative Treatment	101.4	101.5	101.2
(4)康复类	Recovery	100.9	100.4	105.1
康复医疗	Recovery Medical Treatment	100.9	100.4	105.1
(5)中医医疗服务类	Traditional Chinese Medicine Services	107.7	109.2	102.2
中医治疗	Traditional Chinese Medicine	107.7	109.2	102.2
(6)其他医疗服务	Other Health Care Services	122.1	100.5	158.6
其他医疗服务	Other Health Care Services	122.1	100.5	158.6
八、其他用品和服务	Other Products and Services	103.2	102.6	105.2
1.其他用品类	Other Products	103.5	103.5	103.5
(1)首饰手表	Jewellery and Watches	105.2	105.3	104.9
金 饰 品	Gold Jewelry	110.4	112.4	106.9
银 饰 品	Silver Jewelry	101.6	99.7	105.1
铂金饰品	Platinum Jewelry	96.3	96.5	95.0
手 表	Watches	102.7	103.5	98.5
(2)其他杂项用品	Other Products	100.2	100.2	100.2
箱 包	Luggage	98.8	98.6	100.0
母婴用品	Mother and Baby Products	100.8	101.0	100.0
眼 镜	Glasses	101.9	102.3	100.7
2.其他服务类	Other Services	102.9	101.8	107.0
(1)旅馆住宿	Hotel Accommodation	99.6	99.4	100.5
宾馆住宿	Hotel Accommodation	99.1	98.9	100.8
其他住宿	Other Accommodation	100.3	100.4	100.0
(2)美容美发洗浴	Beauty Hairdressing and Bath	101.2	101.5	100.5
美 容	Beauty	99.9	99.8	100.0
美 发	Hairdressing	101.6	101.8	101.0
洗 浴	Bath	102.6	103.6	99.8
(3)养老服务	Endowment Services	105.3	102.8	128.1
养老服务	Endowment Services	105.3	102.8	128.1
(4)金融保险	Finance and Insurance	104.8	103.4	108.9
金融服务	FinancialServices	95.2	94.4	97.8
车辆保险	VehicleInsurance	100.5	100.5	101.0
旅行保险	Travel Insurance	100.0	100.0	100.0
其他保险	Other Insurance	110.4	108.4	115.1
(5)其他服务类	Other Services	104.6	100.0	114.6
中介服务	IntermediaryServices	97.1	100.1	88.6
其他服务	Other Services	113.8	100.0	135.6

3-9　2016年城乡商品零售价格分类指数

Retail Price Indices by Category of Commodities (2016)

(以上年价格为100)　　(preceding year=100)

项目名称	Item	全　区 General	城　市 Urban Household	农　村 Rural Household
商品零售价格指数	**Retail Price Index**	**100.7**	**100.7**	**100.0**
一、食品	Food	102.5	102.6	101.7
1.粮食	Grain	100.6	100.7	100.1
大　米	Rice	101.5	101.7	100.1
面　粉	Flour	100.4	100.5	100.2
其他粮食	Others	96.5	96.3	99.0
粮食制品	Cereal Product	101.2	101.3	100.0
2.薯类	Tubers	118.6	118.9	116.9
薯　类	Tubers	118.6	118.9	116.9
3.豆类	Beans	100.1	100.3	98.5
干　豆	Beans	99.3	99.0	102.6
豆 制 品	Bean Products	100.4	100.6	97.4
4.食用油	Edible Oil	100.7	101.1	98.3
食用植物油	Edible Vegetable Oil	98.3	98.4	97.9
食用动物油	Edible Animal Oil	110.3	110.1	132.7
5.菜	Vegetables	112.7	113.0	109.3
鲜　菜	Fresh Vegetables	114.4	115.0	109.5
干菜及菜制品	Dried Vegetables and Processed Products	103.2	103.1	104.6
6.畜肉类	Livestock Meat	104.5	104.7	103.2
猪　肉	Pork	116.1	115.9	118.1
牛　肉	Beef	100.1	100.3	99.0
羊　肉	Mutton	97.1	97.4	95.1
畜肉副产品	Byproducts	111.4	111.3	112.2
其他畜肉及制品	Other Livestock Meat Processed Products	101.5	101.5	101.4
7.禽肉类	Poultry	100.0	99.9	100.3
鸡	Chicken	99.2	99.1	100.4
鸭	Duck	97.4	97.2	100.0
其他禽肉及制品	Other Poultry Meat Processed Products	103.1	103.3	100.0
8.水产品	Aquatic Products	100.9	100.9	98.9
淡 水 鱼	Freshwater Fish	98.7	98.7	96.9
海 水 鱼	Seawater Fish	105.3	105.3	104.4
虾 蟹 类	Shrimp and Crab	104.9	105.2	99.5
其他水产品及制品	Others Aquatic and Processed Products	103.2	103.0	109.5
9.蛋类	Eggs	97.0	97.0	97.1
鸡　蛋	Fresh Egg	96.6	96.6	97.1
其他蛋及制品	Other Egg and Processed Products	98.8	98.8	97.2
10.奶类	Milk	100.9	101.0	99.7
鲜　奶	Fresh Milk	100.2	100.5	97.9
酸　奶	Yoghourt	100.8	100.7	101.7
奶　粉	Milk Powder	101.8	101.9	101.5
其他奶制品	Other Milk Products	101.7	101.9	100.0
11.干鲜瓜果类	Dried and Fresh Melons and Fruits	98.7	98.7	98.0
鲜 瓜 果	Fresh Melons and Fruits	98.4	98.5	98.0
坚　果	Nuts	99.3	99.7	96.1

3-9 续表 1 continued

(以上年价格为100) (preceding year=100)

项目名称	Item	全 区 General	城 市 Urban Household	农 村 Rural Household
瓜果制品	Melons and Fruits Products	98.8	98.5	106.7
12.糖果糕点类	Candy and Cake	100.5	100.6	100.2
食　糖	Sugar	101.0	101.1	100.1
糖　果	Candy	100.9	101.0	100.1
糕　点	Cake	100.2	100.2	100.1
其他糖果糕点	Other Candy and Cake	100.2	100.2	101.3
13.调味品	Flavoring	103.5	103.1	106.5
食用盐	Salt	103.7	100.9	115.7
酱　油	Soy	102.5	102.5	102.8
食　醋	Vinegar	103.9	104.3	100.0
调味酱	Bechamel	104.9	105.0	102.1
味　精	Aginomoto	102.4	102.5	101.8
其他调味品	Others	102.2	100.8	105.1
14.其他食品类	Other Food	101.6	102.0	99.8
方便食品	Convenient Food	101.9	102.6	98.0
淀粉及制品	Starch and Products	101.7	101.9	101.1
膨化食品	Puffed Food	100.7	100.6	101.3
15.在外餐饮	Dining Out	100.7	100.7	99.9
正　餐	Dinner	100.0	100.0	99.8
快　餐	Fast Food	101.7	101.8	100.1
地方小吃	Local Snack	102.0	102.2	100.0
其他在外餐饮	Others	100.5	100.5	100.0
二、饮料、烟酒	Beverages Tobacco and Liquor	101.1	101.1	101.7
1.茶及饮料	Tea and Beverages	100.5	100.5	100.3
茶　叶	Tea	100.0	100.0	100.0
固体咖啡	Solid Coffee	99.5	99.5	100.0
其他固体饮料	Other Solid Beverages	103.4	103.4	104.8
饮用水	Potable Water	99.3	99.2	100.0
果汁饮料	Juice Beverage	103.6	103.7	100.0
其他液体饮料	Other Liquid Beverages	99.7	99.7	100.5
2.烟草	Tobacco	102.4	102.3	103.1
烟　草	Tobacco	102.4	102.3	103.1
3.酒类	Liquor	100.3	100.3	100.3
白　酒	Spirit	100.3	100.3	100.0
葡萄酒	Wine	100.4	100.4	100.0
啤　酒	Beer	100.4	100.5	100.0
其他酒类	Others	100.1	99.8	109.3
三、服装、鞋帽	Garments,Shoes and Hats	101.9	102.0	100.3
1.服装	Garments	102.2	102.4	100.5
(1)男士服装	Men's	101.8	101.9	100.6
男式西服	Men's Western-style Clothes	102.5	102.4	102.8
男式冬衣	Men's Winter Clothes	99.7	99.4	101.7

3-9 续表 2 continued

(以上年价格为100) (preceding year=100)

项目名称	Item	全 区 General	城 市 Urban Household	农 村 Rural Household
男式夹克衫	Men's Jacket	101.7	101.9	100.5
男式毛线衣	Men's Sweater	101.0	101.5	96.4
男式运动装	Men's Sportwear	103.4	103.5	100.0
男式衬衫T恤	Men's Shirt and T-shirt	101.7	101.8	101.5
男式裤子	Men's Trousers	103.1	103.5	99.5
男式内衣	Men's Underclothers	99.8	99.7	101.9
(2)女士服装	Women's	102.4	102.7	100.1
女式外套	Women's Coat	100.5	100.5	100.5
女式冬衣	Women's Winter Clothes	100.3	100.6	97.9
女式毛线衣	Women's Sweater	103.1	103.6	97.9
女式运动装	Women's Sportwear	106.1	106.5	100.0
女式衬衫T恤	Women's Shirt and T-shirt	105.0	105.2	103.2
女式裤子	Women's Trousers	101.4	101.8	98.7
女式裙子	Women's Skirt	102.7	102.5	105.3
女式内衣	Women's Underclothers	102.1	102.3	100.5
(3)儿童服装	Children's	102.4	102.5	102.0
婴幼服装	Infant's Wear	101.3	101.0	103.7
儿童上衣	Children's Coat	102.5	102.8	100.2
儿童裤子	Children's Trousers	100.7	100.4	102.7
儿童裙子	Children's Skirt	105.7	106.0	103.1
2.鞋帽袜	Footgear and Hats	101.5	101.6	99.9
(1)鞋	Shoes	101.8	102.0	100.0
男 鞋	Shoes of Men	100.0	100.1	99.2
女 鞋	Shoes of Women	102.4	102.5	100.4
童 鞋	Shoes of Children	104.3	104.6	100.7
(2)袜子	Socks	99.9	100.0	97.9
袜 子	Socks	99.9	100.0	97.9
(3)帽子	Hats	100.1	100.0	103.5
帽 子	Hats	100.1	100.0	103.5
3.其他衣着配件	Other Clothing and Accessories	100.4	100.4	100.0
其他衣着配件	Other Clothing and Accessories	100.4	100.4	100.0
四、纺织品	Textiles	102.3	102.5	100.1
1.服装材料	Clothing Material	100.2	100.2	100.0
服装材料	Clothing Material	100.2	100.2	100.0
2.床上用品	Bed Articles	102.7	102.9	100.1
被 子	Quilt	99.4	99.3	100.0
床单被套	Bed Sheet and Cover	106.9	107.5	100.2
其他床上用品	Other Bed Articles	98.4	98.1	100.2
五、家用电器及音像器材	Household Appliances,Music and Video Equipment	97.9	97.9	97.1
1.家庭设备	Household Facilities	98.3	98.1	100.5
洗 衣 机	Washing Machine	98.4	98.3	99.5
电冰箱(柜)	Refrigerator	99.8	99.4	104.0
抽油烟机	Ventilator	96.9	96.7	100.7
空 调 器	Air Conditioner	100.3	100.3	101.2

3-9 续表 3 continued

(以上年价格为100) (preceding year=100)

项目名称	Item	全　区 General	城　市 Urban Household	农　村 Rural Household
热 水 器	Water Heater for Shower	97.9	97.9	97.9
炉具灶具	Stove and Oven	95.3	94.8	98.5
微 波 炉	Microwave Oven	94.4	94.3	96.4
厨房小家电	Kitchen Small Household Appliances	100.0	100.0	99.7
生活小家电	Living Small Household Appliances	100.0	100.2	98.2
其他大型家用器具	Other Big Household Appliances	95.8	95.7	98.1
2.文娱用耐用消费品	Durable Consumer Goods for Cultural and Recreational Use	98.3	98.7	92.7
电 视 机	TV Set	97.6	98.5	91.3
照 相 机	Camera	99.1	99.4	91.9
音　　响	Sound Equipment	99.5	99.5	99.1
其他文娱耐用消费品	Other Durable Consumer Goods	98.0	98.2	95.6
3.专业音像器材	Special Sound and Image Facilities	93.2	93.2	95.7
专业音响器材	Special Sound Facilities	100.0	100.0	98.2
专业声像器材	Special Acoustic Image Facilities	83.6	83.5	90.0
六、文化办公用品	Cultural and Office Appliances	99.5	99.6	99.1
纸张文具	Paper and Stationery	100.7	100.6	101.0
台式计算机	Desktop Computer	98.3	98.3	100.1
笔记本平板	Notebook Tablet	99.5	99.7	95.6
电脑附件	Computer Parts	99.6	100.3	93.4
打印复印机	Print and Copy Machine	100.2	100.2	99.9
教学设备	Teaching Device	100.0	100.0	100.0
七、日用品	Articles for Daily Use	100.5	100.6	99.8
1.日用百货	General Merchandise for Daily Use	99.6	99.5	100.3
电动自行车	Electric Bicycle	99.1	99.0	99.8
自 行 车	Bycycle	99.4	99.3	100.0
雨　　具	Rain Gear	100.0	100.0	100.2
护理器具	Nursing Appliances	100.5	100.6	100.0
清洁用纸	Hygiene Paper	99.1	98.8	100.0
化妆器具	Make-up Appliances	100.5	100.3	107.3
2.厨具餐具茶具	Kitchen Utensils and Tableware	101.2	101.2	100.8
厨　　具	Kitchce Ware	100.8	100.8	100.0
餐　　具	Tableware	100.1	99.9	102.7
茶　　具	Tea Set	103.3	103.5	100.0
3.清洗用品	Cleaning Supplies	101.1	101.3	98.8
清洗用品	Cleaning Supplies	101.1	101.3	98.8
4.其他日用品	Other Articles for Daily Use	100.3	100.3	99.7
灯　　具	Lamp	99.6	99.6	98.8
箱　　包	Luggage	98.5	98.4	100.0
母婴用品	Mother and Baby Products	100.9	101.0	100.0
眼　　镜	Glasses	101.5	101.6	100.5
其他护理用品	Nursing Materials	100.0	100.0	99.8
其他日用杂品	Other Articles for Daily Use	101.8	102.6	99.4
八、体育娱乐用品	Sports and Recreation Articles	101.1	101.1	100.1
1.体育户外用品	Sports and Outdoor Articles	102.1	102.1	100.0
体育户外用品	Sports and Outdoor Articles	102.1	102.1	100.0

3-9 续表 4 continued

(以上年价格为100)　　　　(preceding year=100)

项目名称	Item	全区 General	城市 Urban Household	农村 Rural Household
2.娱乐用品	Recreational Goods	100.5	100.5	100.1
乐　器	Musical Instrument	100.3	100.3	100.0
游戏用品和玩具	Games Supplies and Toys	99.6	99.6	100.0
园艺花卉及用品	Horticulture and Flower Articles	100.4	100.5	97.9
宠物及用品	Pet Articles	101.3	101.4	100.0
其他文化娱乐用品	Other Goods for Cultural and Recreational Use	100.8	100.7	101.4
九、交通、通信用品	Transportation and Communication Articles	97.0	97.0	96.4
1.交通运输机械	Transportation Machinery	95.3	95.3	95.8
小型汽车	Car	94.6	94.6	94.6
大中型客车	Large and Middle-Size Coach	96.2	96.2	96.5
交通工具零配件	Transportation Parts	96.3	95.8	102.4
2.通信器材	Communication Tools	99.8	99.9	97.5
固定电话机	Telephone	100.7	100.8	100.0
移动电话机	Mobile Telephone	99.7	100.0	97.1
其他通信器材	Other Communication Tools	99.1	99.1	100.0
十、家具	Furniture	99.3	99.5	97.0
柜	Cupboard	99.3	99.5	95.7
床	Bed	98.5	98.6	96.6
桌	Desk	100.5	100.8	95.9
椅	Chair	100.9	101.0	99.1
沙　发	Sofa	100.0	100.1	98.6
其他家具	Others	97.5	97.6	96.4
十一、化妆品	Cosmetics	101.2	101.2	101.9
清洁化妆品	Cleansing Cosmetics	100.4	100.0	105.8
护肤化妆品	Skin-Care Cosmetics	100.8	100.7	101.4
彩妆化妆品	Make-Up Cosmetics	105.2	105.0	107.4
清洁类护理用品	Nursing Materials	100.9	101.0	98.7
护发美发用品	Hair Care Products	99.8	100.0	96.6
十二、金银饰品	Gold and Silver Jewelry	105.9	106.0	105.3
金 饰 品	Gold Jewelry	112.8	113.3	106.9
银 饰 品	Silver Jewelry	99.9	99.6	103.8
铂金饰品	Platinum Jewelry	96.5	96.5	97.3
十三、中西药品及医疗保健用品	Traditional Chinese and Western Medicines,Health Care Articles	101.2	101.3	100.5
1.医疗卫生器具	Medical Treatment and Public Health Appliances	101.1	101.7	96.9
医疗卫生器具	Medical Treatment and Public Health Appliances	101.1	101.7	96.9
2.中药	Traditional Chinese Medicine	99.9	100.0	99.1
中 药 材	Traditional Chinese Medicinal Materials	98.2	98.4	96.2
中 成 药	Chinese Patent Medicine	101.3	101.4	100.6
3.西药	Western Medicine	100.2	100.1	100.9
抗微生物药	Antimicrobial Drugs	98.9	98.9	98.9
消化系统用药	Digest System Drugs	97.9	97.3	101.1
呼吸系统用药	Breathe System Drugs	102.7	102.6	103.7
解热镇痛药	Antipyretic and Analgesic	100.3	100.2	101.0
抗肿瘤药	Antineoplastic Drugs	98.1	97.8	104.0

3-9 续表 5 continued

(以上年价格为100) (preceding year=100)

项目名称	Item	全 区 General	城 市 Urban Household	农 村 Rural Household
激素及影响内分泌药	Hormone Drugs	101.6	101.7	99.5
心血管系统用药	Cardiovascular System Drugs	99.4	98.8	104.2
血液系统用药	Blood System Drugs	101.7	101.8	100.0
治疗精神障碍药	Dysphrenia Drugs	111.5	112.6	100.0
神经系统用药	Central Nervous System Drugs	98.2	98.2	97.7
消毒防腐及创伤外科用药	Disinfection and Trauma Drugs	99.6	99.1	102.8
泌尿系统用药	Urinary System Drugs	100.3	99.9	108.5
维生素、矿物质类药	Professional Drugs	100.5	100.5	100.0
调节水、电解质及酸碱平衡药	Adjust Water, Electrolyte and Acid-Base Balance Drugs	101.0	101.5	97.4
4.保健器具及用品	Health Care Appliances and Products	111.8	112.2	107.9
保健器具	Health Care Appliances	100.3	100.3	101.0
滋补保健品	Health Products	116.4	117.2	109.7
十四、书报杂志及电子出版物	Book,Newspapers,Magazines and Electronic Publications	102.3	102.5	100.4
1.教材及参考书	Teaching Materials and Reference Books	102.4	102.6	100.5
工 具 书	Reference Books	100.7	100.4	102.9
教　　材	Teaching Materials	102.8	103.1	100.3
参考资料	Reference Books	103.1	103.5	99.9
其他教育用品	Other Education Articles	100.0	100.0	100.0
2.书报杂志	Newspapers and Magazines	102.8	102.9	100.5
书报杂志	Newspapers and Magazines	102.8	102.9	100.5
3.计算机办公软件	Computer Software	99.9	99.9	100.0
计算机办公软件	Computer Software	99.9	99.9	100.0
十五、燃料	Fuels	97.9	97.8	99.0
1.煤炭及制品	Coal and Related Products	102.0	101.9	102.3
原　　煤	Coal	101.4	101.0	102.0
煤 制 品	Related Products	102.6	102.5	103.8
2.石油及制品	Oil and Products	97.3	97.3	97.4
管道燃气	Pipeline Fuel Gas	99.9	100.0	99.0
液化石油气	Liquefied Petroleum Gas	99.6	99.6	98.1
汽　　油	Gasoline	95.6	95.6	95.6
柴　　油	Diesel Oil	96.1	95.9	98.5
十六、建筑材料及五金电料	Building Materials and Hardware	100.8	101.1	98.7
1.建筑装璜材料	Building Decoration Materials	100.1	100.3	98.4
木 地 板	Wooden Floor	102.6	102.7	100.1
瓷　　砖	Brick	100.7	101.6	96.2
水　　泥	Cement	97.1	97.9	94.8
涂　　料	Dope	100.0	100.0	100.0
板　　材	Veneer	101.3	101.6	98.4
管　　材	Tubular Product	101.0	101.1	100.1
厨卫设备	Kitchen Equipment	101.4	101.7	98.2
门　　窗	Doors and Windows	98.9	98.9	99.3
其他住房装潢材料	Other Building Decoration Materials	97.0	95.8	100.9
2.五金水暖	Water and Heating Hardware	103.0	103.3	100.3
家用手工工具	Household Hand Tools	100.0	99.9	101.4
配电附件	Electricity Distribution Accessory	105.5	106.0	100.0
水暖器材	Heating Equipment	102.9	103.2	100.0
配电附件	Electricity Distribution Accessory	105.5	106.0	100.0
水暖器材	Heating Equipment	102.9	103.2	100.0

3-10 2016年全区农业生产资料价格分类指数

Price Indices for Means of Agricultural Production by Category (2016)

项目名称	Item	上年同期=100	2015年=100
农业生产资料价格指数	**General index**	**98.3**	**99.2**
一、农用手工工具	Farm Handtools	100.0	100.0
农用手工工具	Farm Handtools	100.0	100.0
二、饲料	Forage	89.7	90.4
混合饲料	Mix Forage	94.2	95.9
其他饲料	Others	85.4	85.3
三、仔畜幼禽及产品畜	Young Poult,Livestock and Commodity Animals	108.8	109.4
仔　畜	Young Livestock	127.6	126.1
幼　禽	Young Poult	107.1	102.8
产 品 畜	Commodity Livestock	101.0	104.1
四、半机械化农具	Semi-mechanized Farm Tools	100.0	100.0
半机械化农具	Semi-mechanized Farm Tools	100.0	100.0
五、机械化农具	Mechanized Farm Machinery	99.6	99.5
机械化农具	Mechanized Farm Machinery	99.6	99.5
六、化学肥料	Chemical Fertilizer	96.2	97.0
氮　肥	Nitrogenous Fertilizer	92.9	94.4
磷　肥	Phosphatic Fertilizer	99.3	99.5
钾　肥	Potassic Fertilizer	101.4	101.5
复合肥料	Compound Fertilizer	99.2	99.2
七、农药及农药器械	Pesticide and Its Appliances	100.0	100.0
1.化学农药	Chemistry Pesticide	100.0	100.0
杀 虫 剂	Insecticide	100.0	100.0
杀 菌 剂	Germicide	100.0	100.0
除 草 剂	Herbicide	100.0	100.0
生长调节剂	Growth Regulator	100.0	100.0
2.农药器械	Pesticide Appliances	100.0	100.0
农药器械	Pesticide Appliances	100.0	100.0
八、农机用油	Oil for Farm Machinery	98.5	106.8
农用柴油	Agricultural Diesel Oil	98.2	107.7
润 滑 油	Lube	100.5	100.8
九、其他农用生产资料	Other Means of Agricultural Production	99.7	99.5
农用种子	Farm Seed	100.9	100.9
农用薄膜	Farm Film	95.4	94.5
未列名的其他农用生产资料	Others	100.0	100.0
十、农业生产服务	Service for Agricultural Product	100.1	99.9
排 灌 费	Drain and Irrigate Fees	100.0	100.0
机械作业费	Machinery Operating Cost	100.0	100.0
农业用电	Agricultural Electricity	100.0	100.0
农业用工	Agricultural Labor	100.5	99.6

3-11 2016年全区各月居民消费价格指数

Monthly Consumer Price Indices (2016)

(以上年同月价格为100) (preceding year=100)

月 份	Month	居民消费价格总指数 Consumer Price Indices	食品烟酒 Food Cigarettes and Wine	衣着 Clothing	居住 Residence	生活用品及服务 Supplies and Services	交通和通信 Transport-ation and Communi-cation	教育文化和娱乐 Education Culture and Entertainment	医疗保健 Health Care	其他用品和服务 Other Products and Services
一 月	Jan.	100.3	101.5	100.6	99.0	99.7	96.5	103.4	100.6	98.5
二 月	Feb.	101.5	104.8	101.3	98.9	99.5	97.1	102.5	101.9	99.7
三 月	Mar.	101.6	104.6	101.3	99.3	99.4	96.9	102.7	102.0	101.6
四 月	Apr.	100.9	103.4	100.5	98.8	99.6	96.1	102.1	102.1	101.6
五 月	May	100.7	102.1	101.1	98.9	100.1	96.7	101.7	102.9	101.9
六 月	June	100.5	101.0	102.2	99.2	100.3	96.5	101.7	102.9	102.3
七 月	July	101.1	101.0	102.2	100.3	100.4	98.0	102.0	103.0	105.2
八 月	Aug.	101.4	100.7	103.2	100.9	100.5	99.1	102.1	103.5	105.8
九 月	Sept.	102.3	102.5	102.5	102.0	100.6	101.6	101.5	103.7	105.3
十 月	Oct.	102.4	102.9	102.2	102.6	101.0	100.7	101.5	103.9	105.2
十一月	Nov.	102.3	102.2	101.3	102.7	101.3	101.2	102.2	104.2	105.5
十二月	Dec.	102.5	101.7	101.6	102.5	101.5	102.9	102.7	104.3	105.9

3-12 2016年全区各月商品零售及农业生产资料价格指数
Monthly Price Indices for Retail and Agricultural Production (2016)

(以上年同月价格为100) (preceding year=100)

月份	Month	商品零售价格总指数 Retail Price Indices	食品 Food	饮料、烟酒 Beverages, Tobacco, Liquor	服装、鞋帽 Garments, Shoes and Hats	纺织品 Textiles	家用电器及音像器材 Household Appliances, Music and Video Equipment	文化办公用品 Cultural and Office Appliances	日用品 Articles for Daily Use	体育娱乐用品 Sports and Recreation Articles
一 月	Jan.	99.3	101.5	102.3	100.9	99.2	96.5	98.4	99.9	101.2
二 月	Feb.	100.3	104.6	102.1	101.6	99.2	96.8	98.1	100.2	101.2
三 月	Mar.	100.2	104.3	102.3	101.6	102.4	96.2	99.3	100.5	101.3
四 月	Apr.	99.9	102.9	102.7	100.5	100.9	96.6	99.2	100.2	101.4
五 月	May	99.7	101.9	101.6	101.3	103.6	97.4	99.3	100.3	101.4
六 月	June	99.7	101.1	100.3	102.6	101.7	97.5	99.0	100.3	101.2
七 月	July	100.3	101.1	100.2	102.7	102.3	97.5	99.7	100.4	101.6
八 月	Aug.	100.8	100.9	100.4	103.7	102.4	98.5	100.1	100.7	101.6
九 月	Sept.	101.7	103.0	100.5	102.8	103.0	98.9	100.0	100.8	101.4
十 月	Oct.	101.9	103.4	100.6	102.2	103.1	99.2	100.3	100.8	100.3
十一月	Nov.	101.9	102.8	100.2	101.2	103.1	99.7	100.5	100.8	100.3
十二月	Dec.	102.3	102.1	100.6	101.5	106.1	99.9	100.5	101.2	100.3

3-12 续表 continued

(以上年同月价格为100) (preceding year=100)

月份	Month	交通、通信用品 Transportation and Communication Articles	家具 Furniture	化妆品 Cosmetics	金银饰品 Gold and Silver Jewelry	中西药品及医疗保健用品 Traditional Chinese and Western Medicines and Health Care Articles	书报杂志及电子出版物 Books, Newspapers, Magazines and Electronic Publications	燃料 Feuls	建筑材料及五金电料 Building Materials and Hardware	农业生产资料价格指数 Agricultural Production Price Index
一 月	Jan.	95.3	99.1	100.1	93.3	99.7	102.4	96.0	98.9	97.3
二 月	Feb.	95.5	98.2	100.5	96.3	100.0	103.0	96.4	99.0	97.4
三 月	Mar.	96.2	98.1	100.4	100.7	100.0	102.2	93.2	99.6	97.1
四 月	Apr.	95.9	98.4	101.1	101.4	100.2	102.2	93.9	99.8	98.4
五 月	May	96.0	98.5	101.5	103.8	100.4	102.2	92.6	99.8	98.3
六 月	June	95.6	99.0	101.5	103.9	100.7	102.2	94.6	100.2	98.5
七 月	July	95.9	99.5	101.5	112.7	102.0	102.2	95.7	100.7	98.5
八 月	Aug.	96.7	99.6	101.6	113.7	102.4	102.2	98.0	101.0	98.1
九 月	Sept.	97.4	99.7	101.6	112.5	102.6	102.3	101.9	102.1	97.5
十 月	Oct.	99.1	100.4	101.7	110.7	102.7	102.3	102.2	102.3	98.0
十一月	Nov.	99.7	100.7	101.7	112.1	102.1	102.3	103.9	102.6	99.4
十二月	Dec.	100.4	100.9	101.7	111.8	101.9	102.4	108.3	103.7	101.5

3-13 2016年调查市县居民消费价格指数

Consumer Price Indices by City and Country (2016)

(以上年价格为100)　　(preceding Year =100)

分类名称	Item	银川市辖区 Yinchuan	石嘴山市辖区 Shizuishan	利通区 Litong	原州区 Yuanzhou	沙坡头区 Shapotou	平罗县 Pingluo	海原县 Haiyuan
居民消费价格总指数	**Consumer Price Index**	**101.7**	**101.4**	**101.0**	**102.0**	**101.7**	**101.4**	**100.8**
消费品价格指数	**Consumer Goods Price Index**	**101.6**	**101.1**	**101.0**	**101.2**	**101.4**	**100.9**	**99.9**
一、食品烟酒	Food,Cigarettes and Wine	102.9	102.0	101.7	102.2	102.4	101.7	101.5
1.食品	Food	104.4	102.2	102.0	102.5	103.1	102.0	101.9
(1)粮食	Grain	100.7	99.4	99.9	100.6	101.5	100.0	100.1
大　米	Rice	102.6	99.3	99.9	100.8	103.0	100.1	100.1
面　粉	Flour	100.7	99.8	100.0	100.2	100.0	100.0	100.4
其他粮食	Other Grain	95.8	97.3	93.4	101.9	94.5	100.0	91.5
粮食制品	Cereal Product	101.4	100.3	101.9	100.7	104.3	100.0	100.0
(2)薯类	Tubers	119.7	122.1	120.1	107.5	116.8	119.4	112.3
薯　类	Tubers	119.7	122.1	120.1	107.5	116.8	119.4	112.3
(3)豆类	Beans	100.7	100.5	100.0	98.7	101.5	100.4	92.1
干　豆	Beans	98.9	95.1	100.0	102.0	96.1	102.9	99.6
豆制品	Bean Products	100.7	100.7	100.0	98.3	102.2	100.0	91.1
(4)食用油	Edible Oil	99.1	100.0	94.5	94.2	101.2	97.3	99.8
食用植物油	Edible Vegetable Oil	99.0	99.9	94.3	93.8	101.0	97.1	99.9
食用动物油	Edible Animal Oil	101.1	119.8	148.0	117.7	114.8	135.1	93.2
(5)菜	Vegetables	116.8	111.1	113.4	113.3	110.2	108.8	110.5
鲜　菜	Fresh Vegetables	117.4	111.6	113.7	113.6	110.5	108.9	110.9
干菜及菜制品	Dried Vegetables and Processed Products	103.4	101.4	100.7	107.2	100.8	105.8	100.5
(6)畜肉类	Livestock Meat	105.5	103.7	100.4	103.9	104.9	102.8	102.9
猪　肉	Pork	116.8	114.0	115.3	114.6	118.2	118.4	115.5
牛　肉	Beef	101.9	98.6	97.9	99.3	99.0	98.3	99.8
羊　肉	Mutton	99.4	96.5	94.9	98.6	97.0	92.6	101.6
畜肉副产品	Byproducts	111.5	115.0	107.4	115.5	105.5	110.2	119.4
其他畜肉及制品	Other Livestock Meat Processed Products	101.5	100.0	108.7	103.6	101.7	102.6	99.3
(7)禽肉类	Poultry	101.6	97.1	100.2	97.2	100.0	100.3	100.4
鸡	Chicken	99.7	95.9	100.1	96.1	100.1	100.4	100.5
鸭	Duck	96.7	100.5	100.0	101.4	90.2	100.0	100.0
其他禽肉及制品	Other Poultry Meat Processed Products	106.1	99.8	100.9	99.4	99.9	100.0	100.1
(8)水产品	Aquatic Products	102.8	98.9	98.6	96.2	97.7	99.8	92.8
淡水鱼	Freshwater Fish	100.1	97.5	95.9	93.5	96.5	98.2	89.3
海水鱼	Seawater Fish	106.1	103.1	106.5	95.0	101.9	104.5	103.3
虾蟹类	Shrimp and Crab	107.0	100.6	106.5	96.1	97.8	99.4	100.0
其他水产品及制品	Others Aquatic and Processed Products	102.8	100.9	100.6	115.4	101.2	112.7	100.0
(9)蛋类	Eggs	97.7	96.2	92.5	99.0	95.7	98.6	93.8
鸡　蛋	Fresh Egg	97.6	96.1	92.2	99.0	95.6	98.6	93.6
其他蛋及制品	Other Egg and Processed Products	98.7	100.0	100.0	100.0	100.0	96.8	100.0
(10)奶类	Milk	100.8	101.3	100.3	102.7	100.2	99.9	99.7
鲜　奶	Fresh Milk	100.0	100.9	100.0	104.0	99.4	98.2	97.1
酸　奶	Yoghourt	100.7	100.0	100.0	103.3	100.3	100.8	104.5
奶　粉	Milk Powder	102.6	100.0	100.8	100.4	99.4	102.5	100.0
其他奶制品	Other Milk Products	100.4	110.7	100.9	100.0	104.2	100.0	100.0

3-13 续表 1 continued

(以上年价格为100) (preceding Year =100)

分类名称	Item	银川市辖区 Yinchuan	石嘴山市辖区 Shizuishan	利通区 Litong	原州区 Yuanzhou	沙坡头区 Shapotou	平罗县 Pingluo	海原县 Haiyuan
(11)干鲜瓜果类	Dried and Fresh Melons and Fruits	99.6	96.3	100.2	98.0	98.6	96.9	100.8
鲜瓜果	Fresh Melons and Fruits	99.1	96.2	100.9	96.3	99.4	96.6	101.7
坚果	Nuts	101.4	95.4	97.6	103.2	96.0	95.6	97.3
瓜果制品	Melons and Fruits Products	98.3	100.2	100.0	96.4	96.6	109.9	99.8
(12)糖果糕点类	Candy and Cake	100.0	101.6	100.3	99.6	99.7	100.3	100.1
食糖	Sugar	101.5	99.6	99.5	101.4	100.3	100.1	100.0
糖果	Candy	101.5	100.0	98.7	100.2	100.0	100.1	100.1
糕点	Cake	99.2	102.8	100.9	98.9	99.4	100.0	100.3
其他糖果糕点	Other Candy and Cake	100.1	101.2	100.0	99.2	99.6	102.0	100.0
(13)调味品	Flavoring	102.5	100.5	103.2	100.5	104.0	107.6	102.1
食用盐	Salt	100.0	102.1	102.1	100.0	103.1	120.1	101.5
酱油	Soy	103.2	100.2	100.3	100.0	103.0	103.4	100.0
食醋	Vinegar	105.3	100.2	106.2	101.3	103.7	100.0	100.0
调味酱	Bechamel	106.4	99.0	103.6	98.3	100.0	102.4	100.0
味精	Aginomoto	102.4	100.0	103.7	99.7	106.8	102.3	100.0
其他调味品	Others	100.4	101.4	104.4	103.0	106.3	104.3	106.1
(14)其他食品类	Other Food	102.4	101.0	102.1	102.4	102.4	101.2	95.9
方便食品	Convenient Food	102.1	100.0	105.5	104.0	104.5	98.8	94.9
淀粉及制品	Starch and Products	104.5	100.0	98.0	102.4	101.6	107.4	91.7
膨化食品	Puffed Food	100.0	103.0	100.0	100.0	99.5	100.0	102.3
2.茶及饮料	Tea and Beverages	100.2	102.3	99.9	100.6	99.3	100.4	100.0
茶叶	Tea	99.9	101.0	100.0	100.0	100.0	100.0	100.0
固体咖啡	Solid Coffee	98.5	101.3	100.0	99.7	100.0	100.0	100.0
其他固体饮料	Other Solid Beverages	105.2	100.6	98.2	99.8	99.3	105.6	100.0
饮用水	Potable Water	98.6	100.3	102.1	100.0	96.7	100.0	100.0
果汁饮料	Juice Beverage	103.9	112.8	99.5	102.0	98.2	100.0	100.0
其他液体饮料	Other Liquid Beverages	99.4	100.9	99.0	102.6	100.0	100.9	100.0
3.烟酒	Cigarettes and Wine	101.7	102.1	101.6	101.2	101.8	102.6	101.8
(1)烟草	Tobacco	102.2	102.7	101.7	101.9	103.1	103.4	102.3
烟草	Tobacco	102.2	102.7	101.7	101.9	103.1	103.4	102.3
(2)酒类	Liquor	100.4	100.6	101.1	99.6	99.0	100.2	100.0
白酒	Spirit	100.3	100.8	101.6	99.5	97.9	100.0	100.0
葡萄酒	Wine	100.3	100.0	100.0	100.0	104.2	100.0	100.0
啤酒	Beer	100.8	100.0	100.0	100.0	99.7	100.0	100.0
其他酒类	Others	99.8	100.0	100.0	100.0	100.4	112.0	100.0
4.在外餐饮	Dining Out	100.3	101.3	100.9	101.9	101.2	100.0	99.5
正餐	Dinner	100.0	99.5	99.2	100.4	101.2	100.0	99.0
快餐	Fast Food	100.0	107.7	102.1	102.2	102.5	100.0	100.3
地方小吃	Local Snack	102.0	100.0	103.6	107.8	99.9	100.0	100.0
其他在外餐饮	Others	100.0	102.2	104.6	100.0	100.0	100.0	100.0

3-13 续表 2 continued

(以上年价格为100) (preceding Year =100)

分类名称	Item	银川市辖区 Yinchuan	石嘴山市辖区 Shizuishan	利通区 Litong	原州区 Yuanzhou	沙坡头区 Shapotou	平罗县 Pingluo	海原县 Haiyuan
二、衣着	Clothing	102.6	100.9	101.8	101.2	101.7	100.6	99.8
1.服装	Garments	102.9	101.0	101.7	100.8	101.1	101.0	99.2
(1)男式服装	Men's	101.9	101.3	101.5	100.4	101.4	101.1	99.4
男式西服	Men's Western-style Clothes	102.1	106.4	100.6	100.0	104.4	103.9	100.0
男式冬衣	Men's Winter Clothes	99.2	98.2	100.3	100.8	100.8	99.8	105.4
男式夹克衫	Men's Jacket	103.8	97.9	105.3	101.3	102.0	101.6	98.0
男式毛线衣	Men's Sweater	102.1	97.2	100.8	101.5	101.2	93.7	100.1
男式运动装	Men's Sportwear	104.2	101.7	101.6	103.4	102.5	101.8	96.2
男式衬衫T恤	Men's Shirt and T-shirt	101.9	102.8	100.4	97.9	102.8	102.1	99.9
男式裤子	Men's Trousers	106.4	102.6	102.5	99.2	96.6	101.2	93.0
男式内衣	Men's Underclothers	98.2	103.2	102.4	99.7	100.4	102.5	100.7
(2)女式服装	Women's	103.7	100.9	101.4	101.2	100.5	101.0	98.2
女式外套	Women's Coat	99.4	100.0	100.5	104.3	102.8	100.2	101.8
女式冬衣	Women's Winter Clothes	100.3	101.5	100.7	99.8	100.2	98.8	95.9
女式毛线衣	Women's Sweater	104.9	98.0	102.5	100.9	100.9	96.9	100.0
女式运动装	Women's Sportwear	110.1	98.5	101.3	101.9	102.1	101.8	91.6
女式衬衫T恤	Women's Shirt and T-shirt	108.0	100.7	100.2	104.4	97.2	105.8	93.7
女式裤子	Women's Trousers	103.9	98.4	104.9	99.5	99.2	99.2	97.9
女式裙子	Women's Skirt	103.1	104.3	99.6	100.2	100.2	106.5	101.8
女式内衣	Women's Underclothers	102.7	103.7	102.0	100.0	98.3	100.5	100.6
(3)儿童服装	Children's	102.6	100.4	104.1	100.9	103.8	100.7	104.6
婴幼服装	Infant's Wear	102.6	96.2	100.7	100.0	100.0	100.0	110.4
儿童上衣	Children's Coat	103.8	101.0	103.7	101.5	103.0	98.8	103.3
儿童裤子	Children's Trousers	95.8	101.9	106.2	100.4	109.1	102.2	104.3
儿童裙子	Children's Skirt	108.4	103.1	104.6	99.2	100.0	104.7	101.4
2.服装材料	Clothing Material	100.0	100.0	100.3	100.0	106.3	100.0	100.0
服装材料	Clothing Material	100.0	100.0	100.3	100.0	106.3	100.0	100.0
3.其他衣着及配件	Other Clothing and Accessories	100.2	99.0	100.5	100.0	100.0	101.3	96.4
袜　子	Socks	100.0	100.3	100.0	100.0	100.0	100.0	94.0
帽　子	Hats	100.0	98.3	101.6	100.0	100.0	104.8	100.0
其他衣着配件	Other Clothing and Accessories	100.5	98.5	100.7	100.0	100.1	100.0	100.0
4.衣着加工服务费	Service Fee for Dressing	100.0	100.0	101.4	105.2	103.7	100.0	100.1
衣着洗涤保养	Washing and Maintenance for Dressing	100.0	100.0	102.5	105.4	105.9	100.0	100.3
衣着加工	Processing for Dressing	100.0	100.0	100.0	104.6	100.0	100.0	100.0
5.鞋类	Shoes	102.3	100.9	102.5	102.3	103.6	99.3	101.8
(1)鞋	Shoes	102.1	100.9	102.5	102.1	103.7	99.3	101.8
男　鞋	Shoes of Men	99.5	99.3	101.4	104.6	102.4	98.9	100.0
女　鞋	Shoes of Women	102.4	102.4	103.3	101.7	103.7	98.9	103.1
童　鞋	Shoes of Children	106.3	98.8	102.8	99.9	107.9	100.7	101.0
(2)鞋类加工服务	Shoes Precessing Services	121.6	100.0	100.0	111.3	100.0	100.2	100.0
鞋类加工服务	Shoes Precessing Services	121.6	100.0	100.0	111.3	100.0	100.2	100.0

3-13 续表 3 continued

(以上年价格为100) (preceding Year =100)

分类名称	Item	银川市辖区 Yinchuan	石嘴山市辖区 Shizuishan	利通区 Litong	原州区 Yuanzhou	沙坡头区 Shapotou	平罗县 Pingluo	海原县 Haiyuan
三、居住	Residence	100.7	100.0	99.6	102.6	99.7	100.5	99.7
1.租赁房房租	Renting	102.9	99.2	98.3	112.3	102.0	93.3	100.0
公房房租	Public Rent	100.0	100.0	100.0	100.0	100.0	100.0	100.0
私房房租	Private Rent	103.7	99.1	98.1	114.8	102.9	92.8	100.0
2.住房保养维修及管理	Housing Maintenance and Management	101.8	100.0	100.8	101.3	101.2	99.7	98.8
(1)住房装潢材料	Building Decoration Materials	101.2	100.1	99.3	100.0	100.5	99.6	97.9
木地板	Wooden Floor	104.8	101.5	100.0	101.8	100.0	100.1	100.0
瓷砖	Brick	105.6	100.0	95.5	100.0	100.0	96.0	97.0
水泥	Cement	96.3	95.2	101.4	99.1	108.5	94.3	97.9
涂料	Dope	100.0	100.0	100.0	100.0	100.0	100.0	100.0
板材	Veneer	103.4	100.0	96.9	99.1	98.5	97.6	100.4
管材	Tubular Product	102.4	100.3	100.0	94.8	100.0	100.0	100.3
厨卫设备	Kitchen Equipment	102.3	100.0	102.4	100.0	100.2	100.0	93.2
门窗	Doors and Windows	97.6	100.0	97.8	100.0	101.4	100.0	97.3
其他住房装潢材料	Other Building Decoration Materials	92.0	100.7	101.7	100.5	100.0	102.3	97.9
(2)物业管理费	Estate Management Fees	105.1	100.0	106.6	110.5	106.7	100.0	100.0
物业管理费	Estate Management Fees	105.1	100.0	106.6	110.5	106.7	100.0	100.0
(3)住房装潢维修	Housing Decoration and Maintenance	100.0	100.0	100.0	100.0	100.0	100.0	100.0
装潢维修费	Fees of Decoration and Maintenance	100.0	100.0	100.0	100.0	100.0	100.0	100.0
其他住房费用	Other Houseing Fees	100.0	100.0	100.0	100.0	100.0	100.0	100.0
3.水电燃料	Water,Electricity and Fuels	100.0	100.2	100.0	99.3	99.8	102.3	100.2
(1)水	Water	100.0	101.2	100.0	100.0	100.0	114.6	100.0
水	Water	100.0	101.2	100.0	100.0	100.0	114.6	100.0
(2)电	Electricity	100.0	100.2	100.0	100.0	101.6	100.0	100.0
电	Electricity	100.0	100.2	100.0	100.0	101.6	100.0	100.0
(3)燃气	Fuel Gas	100.0	100.0	100.0	100.0	98.8	99.0	99.7
管道燃气	Pipeline Fuel Gas	100.0	100.0	100.0	100.0	100.0	100.0	92.8
液化石油气	Liquefied Petroleum Gas	100.0	100.0	100.0	100.0	94.3	97.7	100.0
(4)取暖费	Hesting Fees	100.0	100.0	100.0	100.0	100.0	100.0	100.0
取暖费	Hesting Fees	100.0	100.0	100.0	100.0	100.0	100.0	100.0
(5)其他燃料	Other Fuels	101.3	101.6	101.6	95.1	97.3	104.9	100.6
其他燃料	Other Fuels	101.3	101.6	101.6	95.1	97.3	104.9	100.6
4.自有住房	Private Houseing	100.3	100.0	98.9	104.2	98.5	100.0	100.0
自有住房	Private Houseing	100.3	100.0	98.9	104.2	98.5	100.0	100.0
四、生活用品及服务	Supplies and Services	100.7	100.6	100.1	100.3	100.6	99.9	99.5
1.家具及室内装饰品	Furniture and Interior Decorations	99.1	100.0	100.2	99.2	101.2	97.3	97.9
(1)家具	Furniture	99.0	100.1	100.4	99.1	101.4	96.9	98.0
柜	Cupboard	98.8	100.2	100.4	97.6	102.4	93.7	99.6
床	Bed	97.3	100.0	99.2	100.0	100.9	95.2	99.1
桌	Desk	101.7	100.0	99.4	100.0	100.7	95.8	96.0
椅	Chair	101.5	100.0	100.8	100.0	100.2	100.0	97.2
沙发	Sofa	99.3	100.0	101.5	98.8	101.4	98.9	98.1
其他家具	Others	95.1	100.0	100.3	100.0	101.8	96.8	95.9

3-13 续表 4 continued

(以上年价格为100) (preceding Year =100)

分类名称	Item	银川市辖区 Yinchuan	石嘴山市辖区 Shizuishan	利通区 Litong	原州区 Yuanzhou	沙坡头区 Shapotou	平罗县 Pingluo	海原县 Haiyuan
(2)室内装饰品	Interior Decorations	99.7	100.0	98.6	99.8	99.3	99.7	97.8
灯　具	Lamp	99.8	100.0	98.3	100.0	100.0	99.6	96.6
其他室内装饰品	Other Interior Decorations	99.6	100.0	100.0	99.2	96.4	100.0	100.0
2.家用器具	Household Appliances	97.7	100.2	100.4	100.8	98.7	100.8	98.3
(1)大型家用器具	Big Household Appliances	96.9	100.2	100.5	100.9	98.3	101.0	98.2
洗 衣 机	Washing Machine	96.7	101.6	100.7	99.9	97.0	100.0	98.3
电冰箱(柜)	Refrigerator	99.0	99.1	100.5	102.2	98.7	106.8	96.3
抽油烟机	Ventilator	94.5	100.4	101.3	99.4	95.6	100.5	101.2
空 调 器	Air Conditioner	101.0	98.6	98.2	100.1	97.8	101.3	100.0
热 水 器	Water Heater for Shower	95.8	102.2	103.1	100.0	102.4	96.8	100.0
炉具灶具	Stove and Oven	92.3	100.0	100.0	103.4	98.5	98.1	100.0
微 波 炉	Microwave Oven	91.9	99.4	100.0	101.5	96.5	98.1	93.0
其他大型家用器具	Other Big Household Appliances	94.8	100.0	100.0	100.0	99.8	93.8	100.0
(2)小家电	Small Household Appliances	100.0	100.0	100.0	99.9	101.3	99.2	99.1
厨房小家电	Kitchen Small Household Appliances	100.0	100.0	100.0	99.6	101.4	99.8	99.2
生活小家电	Living Small Household Appliances	100.1	100.0	100.0	100.3	101.2	97.8	99.0
3.家用纺织品	Houseing Textiles	102.6	100.4	99.1	99.6	98.7	102.2	100.0
(1)床上用品	Bed Articles	103.4	100.6	100.0	99.3	98.3	100.2	100.0
被　子	Quilt	99.1	99.7	100.0	99.3	99.5	100.0	100.0
床单被套	Bed Sheet and Cover	111.1	102.3	100.0	99.3	96.2	100.3	100.0
其他床上用品	Other Bed Articles	97.9	97.7	100.0	99.2	100.0	100.4	100.0
(2)窗帘门帘	Curtain	103.8	100.0	96.5	100.0	99.9	108.1	100.0
窗帘门帘	Curtain	103.8	100.0	96.5	100.0	99.9	108.1	100.0
(3)其他家用纺织品	Other Houseing Textile	99.5	100.0	100.0	101.5	99.5	101.7	100.0
其他家用纺织品	Other Houseing Textile	99.5	100.0	100.0	101.5	99.5	101.7	100.0
4.家庭日用杂品	Daily Use Household Articles	101.9	99.8	100.2	100.5	101.1	99.6	99.4
(1)洗涤卫生用品	Washing Hygiene Articles	101.2	98.6	100.0	101.2	100.3	98.6	98.1
清洗用品	Cleaning Supplies	101.6	101.2	100.0	100.0	101.7	100.0	95.3
清洁用具	Cleaning equipment	102.5	100.1	100.0	100.0	100.0	95.1	100.0
清洁用纸	Hygiene Paper	99.9	95.6	100.0	103.7	99.3	100.0	100.0
(2)厨具餐具茶具	Kitchen Utensils and Tableware	101.0	101.0	99.8	100.0	100.7	101.1	100.5
厨　具	Kitchce Ware	101.0	101.2	99.6	100.0	100.4	99.6	101.1
餐　具	Tableware	99.8	100.0	100.0	100.1	100.9	103.4	100.0
茶　具	Tea Set	104.3	102.8	100.0	100.0	101.1	100.0	100.0
(3)家用手工工具	Hand Tools	100.1	97.6	100.0	99.2	100.2	102.0	100.0
家用手工工具	Hand Tools	100.1	97.6	100.0	99.2	100.2	102.0	100.0
(4)其他家庭日用杂品	Other Daily Use Household Articles	104.7	100.6	100.9	100.0	102.2	99.6	100.2
配电附件	Electricity Distribution Accessory	109.4	100.0	102.5	100.0	103.7	100.0	100.0
雨　具	Rain Gear	99.9	100.0	100.0	100.1	99.9	100.0	101.2
其他日用杂品	Other Daily Use Household Articles	105.1	101.1	100.0	100.1	102.2	99.2	100.0

3-13 续表 5 continued

(以上年价格为100) (preceding Year =100)

分类名称	Item	银川市辖区 Yinchuan	石嘴山市辖区 Shizuishan	利通区 Litong	原州区 Yuanzhou	沙坡头区 Shapotou	平罗县 Pingluo	海原县 Haiyuan
5.个人护理用品	Personal-Care Supplies	101.6	102.0	100.2	100.0	101.3	100.9	104.0
(1)化妆品	Cosmetics	102.2	103.4	100.0	100.0	101.8	101.7	107.7
清洁化妆品	Cleansing Cosmetics	100.0	100.1	100.0	100.0	100.0	108.1	100.0
护肤化妆品	Skin-Care Cosmetics	100.0	104.4	100.0	100.0	102.0	100.7	103.6
彩妆化妆品	Make-Up Cosmetics	107.5	101.1	100.0	100.0	103.8	100.0	128.0
化妆器具	Make-up Appliances	100.0	110.3	100.0	100.0	99.9	100.0	127.1
(2)其他护理用品类	Other Nursing materials	100.6	100.0	100.6	100.1	100.2	99.6	96.6
清洁类护理用品	Nursing Materials	101.2	100.3	101.5	100.0	100.1	100.0	97.8
护发美发用品	Hair Care Products	100.0	99.7	100.0	100.0	100.6	98.9	91.7
护理器具	Nursing Appliances	101.1	100.0	100.0	100.9	100.0	100.0	100.0
其他护理用品	Other Nursing Materials	100.0	100.0	100.0	100.0	100.0	99.6	100.0
6.家庭服务	Family Services	104.7	100.7	100.1	105.0	104.8	104.6	102.9
家政服务	Housekeeping Services	105.8	99.9	100.2	100.0	102.1	109.5	114.5
家庭维修服务	Maintenance Services	102.9	101.8	100.0	113.2	108.7	100.0	100.0
五、交通和通信	Transportation and Communication	99.1	99.2	97.5	99.3	98.5	99.1	96.6
1.交通	Transportation	98.3	97.7	96.8	99.3	98.2	98.4	97.2
(1)交通工具	Transportation Facility	94.1	94.6	94.5	97.1	98.5	97.3	95.7
小型汽车	Car	93.6	93.6	93.6	97.4	98.7	95.0	93.6
电动自行车	Electric Bicycle	98.3	100.8	103.1	95.8	97.9	101.1	96.4
自 行 车	Bycycle	99.6	96.6	102.0	97.2	97.4	100.0	100.0
其他交通工具	Other Transportation Facility	100.0	99.9	100.0	97.9	99.4	100.0	98.4
(2)交通工具用燃料	Transportation Fuels	94.2	94.4	93.5	95.9	94.5	94.7	95.1
汽 油	Gasoline	95.7	95.6	95.6	95.5	95.6	95.6	95.6
柴 油	Diesel Oil	95.2	98.2	95.2	98.2	98.1	98.2	99.9
其他车用能源	Other Transportation Fuels	86.2	85.9	83.2	100.0	85.7	85.9	92.0
(3)交通工具使用和维修	Transportation Use and Maintenance	108.8	103.0	100.8	106.3	99.4	101.3	100.0
停 车 费	Parking Fee	129.1	115.7	100.0	100.0	100.0	100.0	100.0
车辆使用费	Vehicle Usage Fee	111.4	100.0	112.7	118.0	105.9	100.0	100.0
交通工具零配件	Transportation Parts	95.3	98.7	89.8	98.6	94.2	103.2	100.0
车辆修理与保养	Vehicles Repair and Maintenance	100.0	100.4	100.8	105.8	97.8	100.7	100.0
(4)交通费	Traffic Fare	101.0	101.2	101.0	100.8	100.4	101.1	103.1
市内公共交通	Bus Ticket	100.0	100.0	100.0	100.0	100.0	100.0	100.0
出租汽车	Taxi	100.0	100.0	100.0	100.0	100.0	100.1	110.7
飞 机 票	Plane Ticket	103.9	105.0	103.9	106.4	103.9	101.1	103.9
火 车 票	Train Ticket	100.0	100.0	100.0	100.0	100.0	100.0	100.0
长途汽车	Long-distance Bus	100.0	100.0	100.0	100.0	100.0	103.1	100.0
其他交通费	Other Traffic Fare	100.0	100.0	100.0	100.0	90.8	100.0	122.4
2.通信	Communication	100.9	101.8	98.7	99.3	99.1	100.3	95.4
(1)通信工具	Communication Tools	101.1	103.7	96.0	94.5	97.2	100.9	89.1
固定电话机	Telephone	101.0	98.7	100.0	100.0	100.0	100.0	100.0
移动电话机	Mobile Telephone	101.1	104.0	95.9	94.6	97.0	100.9	88.2
通信工具零配件	Communication Tools Spareparts	101.6	98.0	98.8	92.2	100.0	100.0	100.0

3-13 续表 6 continued

(以上年价格为100) (preceding Year =100)

分类名称	Item	银 川 市辖区 Yinchuan	石嘴山 市辖区 Shizuishan	利通区 Litong	原州区 Yuanzhou	沙坡头区 Shapotou	平罗县 Pingluo	海原县 Haiyuan
(2)通信服务	Communication Service	100.9	100.0	99.9	101.5	100.1	100.0	100.0
固定电话费	Fixed Telephone Fee	100.0	100.0	100.0	100.0	100.0	100.0	100.0
移动通信费	Mobile Telephone Communication Expenses	100.0	100.0	100.0	100.0	100.0	100.0	100.0
上 网 费	Internet Fee	102.5	100.0	99.8	105.3	100.4	100.0	100.0
其他通信服务	Other Communication Service	103.5	100.0	100.0	100.0	100.0	100.0	100.0
(3)邮递服务	Postal Service	100.3	108.2	100.0	100.0	100.0	100.0	101.4
邮政邮寄	Post	100.0	100.0	100.0	100.0	100.0	100.0	100.0
快递服务	Express Services	100.5	116.0	100.0	100.0	100.0	100.0	102.0
六、教育文化和娱乐	Education,Culture and Entertainment	101.1	104.1	101.5	101.5	106.3	105.5	100.7
1.教育	Education	101.7	104.8	101.7	102.0	109.8	108.6	100.9
(1)教育用品	Education Articles	102.3	104.2	101.9	101.8	104.0	101.4	98.6
工 具 书	Reference Books	100.4	100.0	100.9	100.6	100.0	104.4	100.0
教 材	Teaching Materials	103.5	102.0	104.2	104.5	100.0	102.5	96.1
参考资料	Reference Books	102.1	109.0	102.5	100.0	108.8	99.8	100.0
其他教育用品	Other Education Articles	100.0	100.0	99.2	100.0	103.7	100.0	100.0
(2)教育服务	Tuition and Child Care	101.6	104.9	101.7	102.0	110.6	108.9	101.0
学前教育	Preschool Education	108.5	100.0	100.0	106.4	113.2	100.0	100.0
小学初中教育	Primary and Jenior High School Education	108.7	108.7	108.7	100.0	108.7	100.0	108.7
高中中职教育	Senior High School and Vocational School Education	100.0	102.1	100.0	100.0	100.0	101.3	100.0
高等教育	Higher Education	100.0	109.0	100.0	100.0	123.5	109.0	100.0
课外教育	Extracurricular Education	100.0	102.1	104.1	102.6	100.0	135.3	100.0
专业技能培训	Professional Skill Training	98.9	107.8	101.7	104.8	103.3	97.4	105.7
2.文化娱乐	Cultural and Recreational	100.3	103.0	101.1	100.9	100.4	96.6	99.8
(1)文娱耐用消费品	Durable Consumer Goods for Cultural and Recreational Use	98.6	100.3	99.0	99.9	96.5	94.3	96.3
电 视 机	TV Set	98.4	100.3	98.7	100.1	93.0	91.1	92.0
照 相 机	Camera	99.2	100.0	99.5	99.7	100.4	90.7	100.0
台式计算机	Desktop Computer	96.8	99.6	101.2	99.5	99.6	100.0	100.4
笔记本平板	Notebook Tablet	100.2	100.0	96.4	98.7	97.7	94.3	100.2
乐 器	Musical Instrument	100.0	100.8	100.0	102.5	100.0	100.0	100.0
音 响	Sound Equipment	99.2	101.7	101.8	100.0	99.6	100.0	96.2
其他文娱耐用消费品	Other Durable Consumer Goods	97.3	102.8	97.9	99.8	99.9	92.3	98.8
(2)其他文娱用品	Other Goods for Cultural and Recreational Use	101.3	100.8	102.6	102.0	102.9	100.2	103.3
书报杂志	Newspapers and Magazines	100.0	104.6	109.8	110.1	116.3	100.0	101.4
纸张文具	Paper and Stationery	100.5	100.0	102.5	100.8	101.1	101.4	100.1
体育户外用品	Sports and Outdoor Articles	103.3	100.0	100.0	102.8	100.0	100.0	100.0
游戏用品和玩具	Games Supplies and Toys	98.5	100.1	100.0	100.0	103.2	100.0	100.0
园艺花卉及用品	Horticulture and Flower Articles	101.2	100.0	99.5	98.1	100.5	99.2	94.7
宠物及用品	Pet Articles	102.9	100.0	100.5	96.2	100.0	100.0	100.0
其他文化娱乐用品	Other Goods for Cultural and Recreational Use	101.6	100.0	100.0	100.0	100.0	100.0	107.8
(3)文化娱乐服务	Cultural and Entertainment Services	100.2	100.3	101.7	101.8	100.3	99.6	100.0
电 影 票	Movie Ticket	100.0	101.7	95.2	99.5	100.0	100.0	100.0

3-13 续表 7 continued

(以上年价格为100) (preceding Year =100)

分类名称	Item	银川市辖区 Yinchuan	石嘴山市辖区 Shizuishan	利通区 Litong	原州区 Yuanzhou	沙坡头区 Shapotou	平罗县 Pingluo	海原县 Haiyuan
景点门票	Scenery Spot Entrance Ticket	100.0	100.1	100.0	100.0	100.0	97.3	100.0
有线电视	Wired TV	100.0	100.0	100.0	100.0	100.0	100.0	100.0
健身活动	Fitness Activities	101.0	100.0	110.1	101.9	103.6	100.0	100.0
其他文娱服务	Others Cultural and Entertainment Services	100.0	100.0	100.0	114.2	100.0	101.1	100.0
(4)旅游	Touring and Outing	102.6	110.1	102.5	100.5	104.2	92.6	103.9
旅行社收费	Travel Agency Fees	103.1	111.8	103.1	100.5	103.1	91.5	103.1
其他旅游	Others	100.0	100.0	100.0	100.0	111.1	100.0	111.1
七、医疗保健	Health Care	102.4	102.2	104.3	106.7	101.5	101.2	107.0
1.药品及医疗器具	Medicines and Medical Instruments	102.3	102.1	105.2	105.0	102.9	100.6	99.7
(1)中药	Traditional Chinese Medicine	99.5	102.6	97.6	105.7	103.2	98.9	98.9
中药材	Traditional Chinese Medicinal Materials	97.8	100.9	98.0	107.2	101.1	94.4	98.8
中成药	Chinese Patent Medicine	100.4	102.8	97.5	105.0	103.9	101.4	98.9
(2)西药	Western Medicine	99.0	99.2	102.4	105.8	103.0	101.3	100.0
抗微生物药	Antimicrobial Drugs	97.9	98.5	104.5	98.2	99.1	98.4	100.0
消化系统用药	Digest System Drugs	92.6	97.5	95.5	119.1	102.8	101.6	100.0
呼吸系统用药	Breathe System Drugs	101.2	97.8	109.8	107.5	99.1	106.1	100.0
解热镇痛药	Antipyretic and Analgesic	98.2	99.6	97.9	112.7	103.3	100.0	102.1
抗肿瘤药	Antineoplastic Drugs	97.2	98.9	96.4	105.5	98.5	104.6	100.0
激素及影响内分泌药	Hormone Drugs	104.0	98.5	96.0	100.1	103.6	100.0	98.4
心血管系统用药	Cardiovascular System Drugs	99.0	99.9	99.0	84.9	100.7	104.9	102.5
血液系统用药	Blood System Drugs	102.0	101.5	97.6	99.4	106.3	100.0	100.0
治疗精神障碍药	Dysphrenia Drugs	100.8	105.5	157.2	157.6	100.2	100.0	100.0
神经系统用药	Central Nervous System Drugs	96.2	100.6	96.0	108.7	111.1	100.0	91.5
消毒防腐及创伤外科用药	Disinfection and Trauma Drugs	100.0	98.5	93.8	100.4	99.5	105.4	100.0
泌尿系统用药	Urinary System Drugs	99.5	98.9	98.2	106.8	102.6	112.1	100.0
维生素、矿物质类药	Professional Drugs	105.9	97.6	94.5	94.8	113.3	100.0	100.0
调节水、电解质及酸碱平衡药	Adjust Water, Electrolyte and Acid-Base Balance Drugs	100.0	103.0	100.6	99.2	111.2	96.8	100.0
(3)滋补保健品	Health Products	116.2	123.0	126.7	102.3	104.5	113.7	100.0
滋补保健品	Health Products	116.2	123.0	126.7	102.3	104.5	113.7	100.0
(4)医疗卫生器具	Medical Treatment and Public Health Appliances	101.8	100.4	104.2	103.1	100.5	95.8	100.0
医疗卫生器具	Medical Treatment and Public Health Appliances	101.8	100.4	104.2	103.1	100.5	95.8	100.0
(5)保健器具	Health Care Appliances	100.4	100.0	100.0	100.0	100.0	100.0	103.4
保健器具	Health Care Appliances	100.4	100.0	100.0	100.0	100.0	100.0	103.4
2.医疗服务	Health Care Services	102.5	102.3	103.2	108.9	100.0	101.8	113.3
(1)综合医疗类	Integrative Medical Treatment	104.6	104.0	102.7	110.6	100.0	112.0	116.7
一般医疗服务	General Health Care Services	109.8	105.3	102.3	125.0	100.0	116.6	129.9
一般治疗操作	General Cure Operation	102.3	102.6	102.6	98.9	100.0	101.5	100.0
护理	Nursing	100.0	106.6	105.4	124.4	100.0	126.2	136.1
其他综合医疗服务	Other Integrative Medical Treatment	100.0	100.0	100.0	100.8	100.0	100.0	100.0
(2)诊断类	Diagnosis	100.0	99.2	101.6	106.8	100.0	96.3	100.0
病理学诊断	Pathology Diagnosis	100.0	99.1	100.0	100.0	100.0	103.5	100.0

3-13 续表 8 continued

(以上年价格为100) (preceding Year =100)

分类名称	Item	银川市辖区 Yinchuan	石嘴山市辖区 Shizuishan	利通区 Litong	原州区 Yuanzhou	沙坡头区 Shapotou	平罗县 Pingluo	海原县 Haiyuan
实验室诊断	Laboratory Diagnosis	100.0	99.8	105.3	133.3	100.0	99.5	100.0
影像学诊断	Imaging Diagnosis	100.0	97.5	98.0	99.3	100.0	88.4	100.0
临床诊断	Clinic Diagnosis	100.0	101.8	105.0	98.8	100.0	107.3	100.0
(3)治疗类	Cure	100.3	103.8	104.2	113.5	100.0	99.0	110.4
临床手术治疗	Clinic Operative Treatment	100.8	104.0	104.0	110.8	100.0	105.3	120.1
临床非手术治疗	Clinic Non-Operative Treatment	100.0	103.8	104.9	120.2	100.0	94.7	106.6
(4)康复类	Recovery	100.0	103.7	100.0	105.9	100.0	102.0	107.0
康复医疗	Recovery Medical Treatment	100.0	103.7	100.0	105.9	100.0	102.0	107.0
(5)中医医疗服务类	Traditional Chinese Medicine Services	111.2	104.2	108.2	104.1	100.0	110.7	93.5
中医治疗	Traditional Chinese Medicine	111.2	104.2	108.2	104.1	100.0	110.7	93.5
(6)其他医疗服务	Other Health Care Services	100.0	102.4	104.4	100.9	100.0	100.0	166.0
其他医疗服务	Other Health Care Services	100.0	102.4	104.4	100.9	100.0	100.0	166.0
八、其他用品和服务	Other Products and Services	102.7	102.0	103.1	102.8	101.8	105.7	104.1
1.其他用品类	Other Products	103.5	103.2	103.5	101.8	104.6	103.2	103.9
(1)首饰手表	Jewellery and Watches	105.4	103.6	104.4	102.3	106.9	105.0	104.9
金 饰 品	Gold Jewelry	116.9	106.2	110.6	106.9	110.6	106.7	107.2
银 饰 品	Silver Jewelry	99.7	88.5	100.9	98.4	103.9	101.6	108.1
铂金饰品	Platinum Jewelry	96.4	87.0	100.0	97.2	100.3	99.5	90.5
手 表	Watches	104.6	100.4	100.0	100.0	102.5	95.4	100.0
(2)其他杂项用品	Other Products	99.6	102.5	100.5	100.5	100.8	100.0	100.6
箱 包	Luggage	97.5	100.0	100.0	100.0	101.3	100.0	100.0
母婴用品	Mother and Baby Products	101.5	100.0	100.0	100.0	100.0	100.0	100.0
眼 镜	Glasses	101.0	106.4	103.0	101.8	100.4	100.0	101.8
2.其他服务类	Other Services	102.1	101.0	102.7	103.6	99.2	110.3	104.2
(1)旅馆住宿	Hotel Accommodation	99.7	100.0	100.0	104.9	93.7	102.8	100.0
宾馆住宿	Hotel Accommodation	99.2	100.0	100.0	106.6	89.2	104.8	100.0
其他住宿	Other Accommodation	100.4	100.0	100.0	98.5	102.1	100.0	100.0
(2)美容美发洗浴	Beauty Hairdressing and Bath	101.2	100.2	102.7	105.8	100.8	100.0	100.6
美 容	Beauty	100.0	100.0	100.0	100.0	97.7	100.0	100.0
美 发	Hairdressing	101.2	100.4	100.2	111.5	100.9	100.2	101.3
洗 浴	Bath	103.0	100.1	117.8	100.0	105.0	98.5	100.0
(3)养老服务	Endowment Services	104.1	100.0	103.3	100.0	91.7	148.7	100.0
养老服务	Endowment Services	104.1	100.0	103.3	100.0	91.7	148.7	100.0
(4)金融保险	Finance and Insurance	103.5	102.6	104.6	101.8	104.4	104.8	111.3
金融服务	FinancialServices	93.2	94.3	100.0	95.3	100.0	94.3	100.0
车辆保险	VehicleInsurance	100.0	103.3	100.0	100.0	100.0	103.3	100.0
旅行保险	Travel Insurance	100.0	100.0	100.0	100.0	100.0	100.0	100.0
其他保险	Other Insurance	109.2	105.0	109.9	105.9	109.4	107.4	122.1
(5)其他服务类	Other Services	100.0	100.0	100.0	100.0	100.6	136.3	100.0
中介服务	IntermediaryServices	100.0	100.0	100.0	100.0	100.9	65.8	100.0
其他服务	Other Services	100.0	100.0	100.0	100.0	100.0	183.3	100.0

3-14 2016年调查市县商品零售价格指数

Retail Price Indices by City and Country (2016)

(以上年价格为100) (preceding Year =100)

分类名称	Item	银川市辖区 Yinchuan	石嘴山市辖区 Shizuishan	利通区 Litong	原州区 Yuanzhou	沙坡头区 Shapotou	平罗县 Pingluo	海原县 Haiyuan
商品零售价格指数	**Retail Price Index**	**100.8**	**100.6**	**100.9**	**100.8**	**100.7**	**100.2**	**99.4**
一、食品	Food	102.8	101.9	102.7	102.2	102.1	102.0	101.7
1.粮食	Grain	101.1	99.4	99.8	100.6	101.5	100.0	100.1
大　米	Rice	102.6	99.3	99.9	100.8	103.0	100.1	100.1
面　粉	Flour	100.7	99.8	100.0	100.2	100.0	100.0	100.4
其他粮食	Others	95.8	97.3	93.4	101.9	94.5	100.0	91.5
粮食制品	Cereal Product	101.4	100.3	101.9	100.7	104.3	100.0	100.0
2.薯类	Tubers	119.7	122.1	120.1	107.5	116.8	119.4	112.3
薯　类	Tubers	119.7	122.1	120.1	107.5	116.8	119.4	112.3
3.豆类	Beans	100.1	100.5	100.0	98.7	102.0	100.9	92.1
干　豆	Beans	98.9	95.1	100.0	102.0	96.1	102.9	99.6
豆 制 品	Bean Products	100.7	100.7	100.0	98.3	102.2	100.0	91.1
4.食用油	Edible Oil	99.7	100.0	114.8	94.2	101.2	97.8	99.8
食用植物油	Edible Vegetable Oil	99.0	99.9	94.3	93.8	101.0	97.1	99.9
食用动物油	Edible Animal Oil	101.1	119.8	148.0	117.7	114.8	135.1	93.2
5.菜	Vegetables	113.7	111.1	112.3	113.3	110.0	108.8	110.5
鲜　菜	Fresh Vegetables	117.4	111.6	113.7	113.6	110.5	108.9	110.9
干菜及菜制品	Dried Vegetables and Processed Products	103.4	101.4	100.7	107.2	100.8	105.8	100.5
6.畜肉类	Livestock Meat	106.4	103.7	100.2	104.0	105.2	104.8	102.9
猪　肉	Pork	116.8	114.0	115.3	114.6	118.2	118.4	115.5
牛　肉	Beef	101.9	98.6	97.9	99.3	99.0	98.3	99.8
羊　肉	Mutton	99.4	96.5	94.9	98.6	97.0	92.6	101.6
畜肉副产品	Byproducts	111.5	115.0	107.4	115.5	105.5	110.2	119.4
其他畜肉及制品	Other Livestock Meat Processed Products	101.5	100.0	108.7	103.6	101.7	102.6	99.3
7.禽肉类	Poultry	100.9	97.1	100.2	97.2	99.9	100.3	100.4
鸡	Chicken	99.7	95.9	100.1	96.1	100.1	100.4	100.5
鸭	Duck	96.7	100.5	100.0	101.4	90.2	100.0	100.0
其他禽肉及制品	Other Poultry Meat Processed Products	106.1	99.8	100.9	99.4	99.9	100.0	100.1
8.水产品	Aquatic Products	102.3	98.9	99.0	96.9	97.8	99.8	92.8
淡 水 鱼	Freshwater Fish	100.1	97.5	95.9	93.5	96.5	98.2	89.3
海 水 鱼	Seawater Fish	106.1	103.1	106.5	95.0	101.9	104.5	103.3
虾 蟹 类	Shrimp and Crab	107.0	100.6	106.5	96.1	97.8	99.4	100.0
其他水产品及制品	Others Aquatic and Processed Products	102.8	100.9	100.6	115.4	101.2	112.7	100.0
9.蛋类	Eggs	98.0	96.2	92.7	99.0	95.7	98.5	93.8
鸡　蛋	Fresh Egg	97.6	96.1	92.2	99.0	95.6	98.6	93.6
其他蛋及制品	Other Egg and Processed Products	98.7	100.0	100.0	100.0	100.0	96.8	100.0
10.奶类	Milk	100.8	101.3	100.3	102.7	100.1	99.7	99.7
鲜　奶	Fresh Milk	100.0	100.9	100.0	104.0	99.4	98.2	97.1
酸　奶	Yoghourt	100.7	100.0	100.0	103.3	100.3	100.8	104.5
奶　粉	Milk Powder	102.6	100.0	100.8	100.4	99.4	102.5	100.0
其他奶制品	Other Milk Products	100.4	110.7	100.9	100.0	104.2	100.0	100.0
11.干鲜瓜果类	Dried and Fresh Melons and Fruits	99.3	96.3	100.2	97.8	98.6	97.0	100.8
鲜 瓜 果	Fresh Melons and Fruits	99.1	96.2	100.9	96.3	99.4	96.6	101.7
坚　果	Nuts	101.4	95.4	97.6	103.2	96.0	95.6	97.3
瓜果制品	Melons and Fruits Products	98.3	100.2	100.0	96.4	96.6	109.9	99.8
12.糖果糕点类	Candy and Cake	100.5	101.6	100.3	99.6	99.7	100.3	100.1

3-14 续表 1 continued

(以上年价格为100) (preceding Year =100)

分类名称	Item	银川市辖区 Yinchuan	石嘴山市辖区 Shizuishan	利通区 Litong	原州区 Yuanzhou	沙坡头区 Shapotou	平罗县 Pingluo	海原县 Haiyuan
食　糖	Sugar	101.5	99.6	99.5	101.4	100.3	100.1	100.0
糖　果	Candy	101.5	100.0	98.7	100.2	100.0	100.1	100.1
糕　点	Cake	99.2	102.8	100.9	98.9	99.4	100.0	100.3
其他糖果糕点	Other Candy and Cake	100.1	101.2	100.0	99.2	99.6	102.0	100.0
13.调味品	Flavoring	104.0	100.5	103.1	100.2	103.4	107.6	102.1
食用盐	Salt	100.0	102.1	102.1	100.0	103.1	120.1	101.5
酱　油	Soy	103.2	100.2	100.3	100.0	103.0	103.4	100.0
食　醋	Vinegar	105.3	100.2	106.2	101.3	103.7	100.0	100.0
调味酱	Bechamel	106.4	99.0	103.6	98.3	100.0	102.4	100.0
味　精	Aginomoto	102.4	100.0	103.7	99.7	106.8	102.3	100.0
其他调味品	Others	100.4	101.4	104.4	103.0	106.3	104.3	106.1
14.其他食品类	Other Food	102.1	101.0	102.1	103.1	102.4	101.6	95.9
方便食品	Convenient Food	102.1	100.0	105.5	104.0	104.5	98.8	94.9
淀粉及制品	Starch and Products	104.5	100.0	98.0	102.4	101.6	107.4	91.7
膨化食品	Puffed Food	100.0	103.0	100.0	100.0	99.5	100.0	102.3
15.在外餐饮	Dining Out	100.3	101.3	101.3	101.7	101.3	100.0	99.5
正　餐	Dinner	100.0	99.5	99.2	100.4	101.2	100.0	99.0
快　餐	Fast Food	100.0	107.7	102.1	102.2	102.5	100.0	100.3
地方小吃	Local Snack	102.0	100.0	103.6	107.8	99.9	100.0	100.0
其他在外餐饮	Others	100.0	102.2	104.6	100.0	100.0	100.0	100.0
二、饮料、烟酒	Beverages Tobacco and Liquor	100.9	102.0	101.1	100.8	100.7	101.8	101.3
1.茶及饮料	Tea and Beverages	100.4	102.3	100.0	100.6	99.4	100.4	100.0
茶　叶	Tea	99.9	101.0	100.0	100.0	100.0	100.0	100.0
固体咖啡	Solid Coffee	98.5	101.3	100.0	99.7	100.0	100.0	100.0
其他固体饮料	Other Solid Beverages	105.2	100.6	98.2	99.8	99.3	105.6	100.0
饮用水	Potable Water	98.6	100.3	102.1	100.0	96.7	100.0	100.0
果汁饮料	Juice Beverage	103.9	112.8	99.5	102.0	98.2	100.0	100.0
其他液体饮料	Other Liquid Beverages	99.4	100.9	99.0	102.6	100.0	100.9	100.0
2.烟草	Tobacco	102.2	102.7	101.7	101.9	103.1	103.4	102.3
烟　草	Tobacco	102.2	102.7	101.7	101.9	103.1	103.4	102.3
3.酒类	Liquor	100.3	100.6	101.1	99.6	99.0	100.3	100.0
白　酒	Spirit	100.3	100.8	101.6	99.5	97.9	100.0	100.0
葡萄酒	Wine	100.3	100.0	100.0	100.0	104.2	100.0	100.0
啤　酒	Beer	100.8	100.0	100.0	100.0	99.7	100.0	100.0
其他酒类	Others	99.8	100.0	100.0	100.0	100.4	112.0	100.0
三、服装、鞋帽	Garments,Shoes and Hats	102.4	100.9	101.9	101.1	101.5	100.6	99.7
1.服装	Garments	103.4	101.0	101.7	100.9	101.1	101.0	99.3
(1)男士服装	Men's	102.4	101.3	101.5	100.4	101.4	101.1	99.4
男式西服	Men's Western-style Clothes	102.1	106.4	100.6	100.0	104.4	103.9	100.0
男式冬衣	Men's Winter Clothes	99.2	98.2	100.3	100.8	100.8	99.8	105.4
男式夹克衫	Men's Jacket	103.8	97.9	105.3	101.3	102.0	101.6	98.0
男式毛线衣	Men's Sweater	102.1	97.2	100.8	101.5	101.2	93.7	100.1
男式运动装	Men's Sportwear	104.2	101.7	101.6	103.4	102.5	101.8	96.2
男式衬衫T恤	Men's Shirt and T-shirt	101.9	102.8	100.4	97.9	102.8	102.1	99.9
男式裤子	Men's Trousers	106.4	102.6	102.5	99.2	96.6	101.2	93.0

3-14 续表 2 continued

(以上年价格为100) (preceding Year =100)

分类名称	Item	银川市辖区 Yinchuan	石嘴山市辖区 Shizuishan	利通区 Litong	原州区 Yuanzhou	沙坡头区 Shapotou	平罗县 Pingluo	海原县 Haiyuan
男式内衣	Men's Underclothers	98.2	103.2	102.4	99.7	100.4	102.5	100.7
(2)女士服装	Women's	104.1	100.9	101.4	101.2	100.5	101.0	98.2
女式外套	Women's Coat	99.4	100.0	100.5	104.3	102.8	100.2	101.8
女式冬衣	Women's Winter Clothes	100.3	101.5	100.7	99.8	100.2	98.8	95.9
女式毛线衣	Women's Sweater	104.9	98.0	102.5	100.9	100.9	96.9	100.0
女式运动装	Women's Sportwear	110.1	98.5	101.3	101.9	102.1	101.8	91.6
女式衬衫T恤	Women's Shirt and T-shirt	108.0	100.7	100.2	104.4	97.2	105.8	93.7
女式裤子	Women's Trousers	103.9	98.4	104.9	99.5	99.2	99.2	97.9
女式裙子	Women's Skirt	103.1	104.3	99.6	100.2	100.2	106.5	101.8
女式内衣	Women's Underclothers	102.7	103.7	102.0	100.0	98.3	100.5	100.6
(3)儿童服装	Children's	102.7	100.4	104.1	100.9	104.0	100.7	104.6
婴幼服装	Infant's Wear	102.6	96.2	100.7	100.0	100.0	100.0	110.4
儿童上衣	Children's Coat	103.8	101.0	103.7	101.5	103.0	98.8	103.3
儿童裤子	Children's Trousers	95.8	101.9	106.2	100.4	109.1	102.2	104.3
儿童裙子	Children's Skirt	108.4	103.1	104.6	99.2	100.0	104.7	101.4
2.鞋帽袜	Footgear and Hats	101.5	100.9	102.3	101.9	103.2	99.5	100.8
(1)鞋	Shoes	101.9	100.9	102.6	102.1	103.7	99.3	101.8
男　　鞋	Shoes of Men	99.5	99.3	101.4	104.6	102.4	98.9	100.0
女　　鞋	Shoes of Women	102.4	102.4	103.3	101.7	103.7	98.9	103.1
童　　鞋	Shoes of Children	106.3	98.8	102.8	99.9	107.9	100.7	101.0
(2)袜子	Socks	100.0	100.3	100.0	100.0	100.0	100.0	94.0
袜　　子	Socks	100.0	100.3	100.0	100.0	100.0	100.0	94.0
(3)帽子	Hats	100.0	98.3	101.6	100.0	100.0	104.8	100.0
帽　　子	Hats	100.0	98.3	101.6	100.0	100.0	104.8	100.0
3.其他衣着配件	Other Clothing and Accessories	100.5	98.5	100.7	100.0	100.1	100.0	100.0
其他衣着配件	Other Clothing and Accessories	100.5	98.5	100.7	100.0	100.1	100.0	100.0
四、纺织品	Textiles	103.7	100.6	100.1	99.4	98.4	100.2	100.0
1.服装材料	Clothing Material	100.0	100.0	100.3	100.0	106.3	100.0	100.0
服装材料	Clothing Material	100.0	100.0	100.3	100.0	106.3	100.0	100.0
2.床上用品	Bed Articles	104.3	100.6	100.0	99.3	98.0	100.2	100.0
被　　子	Quilt	99.1	99.7	100.0	99.3	99.5	100.0	100.0
床单被套	Bed Sheet and Cover	111.1	102.3	100.0	99.3	96.2	100.3	100.0
其他床上用品	Other Bed Articles	97.9	97.7	100.0	99.2	100.0	100.4	100.0
五、家用电器及音像器材	Household Appliances,Music and Video Equipment	97.1	99.9	99.6	100.4	97.4	97.1	96.7
1.家庭设备	Household Facilities	97.0	100.2	100.6	100.8	98.3	101.4	98.3
洗 衣 机	Washing Machine	96.7	101.6	100.7	99.9	97.0	100.0	98.3
电冰箱(柜)	Refrigerator	99.0	99.1	100.5	102.2	98.7	106.8	96.3
抽油烟机	Ventilator	94.5	100.4	101.3	99.4	95.6	100.5	101.2
空 调 器	Air Conditioner	101.0	98.6	98.2	100.1	97.8	101.3	100.0
热 水 器	Water Heater for Shower	95.8	102.2	103.1	100.0	102.4	96.8	100.0
炉具灶具	Stove and Oven	92.3	100.0	100.0	103.4	98.5	98.1	100.0
微 波 炉	Microwave Oven	91.9	99.4	100.0	101.5	96.5	98.1	93.0
厨房小家电	Kitchen Small Household Appliances	100.0	100.0	100.0	99.6	101.4	99.8	99.2
生活小家电	Living Small Household Appliances	100.1	100.0	100.0	100.3	101.2	97.8	99.0
其他大型家用器具	Other Big Household Appliances	94.8	100.0	100.0	100.0	99.8	93.8	100.0

3-14 续表 3 continued

(以上年价格为100) (preceding Year =100)

分类名称	Item	银 川 市辖区 Yinchuan	石嘴山 市辖区 Shizuishan	利通区 Litong	原州区 Yuanzhou	沙坡头区 Shapotou	平罗县 Pingluo	海原县 Haiyuan
2.文娱用耐用消费品	Durable Consumer Goods for Cultural and Recreational Use	98.4	100.7	99.2	100.0	96.6	91.8	94.7
电视机	TV Set	98.4	100.3	98.7	100.1	93.0	91.1	92.0
照相机	Camera	99.2	100.0	99.5	99.7	100.4	90.7	100.0
音响	Sound Equipment	99.2	101.7	101.8	100.0	99.6	100.0	96.2
其他文娱耐用消费品	Other Durable Consumer Goods	97.3	102.8	97.9	99.8	99.9	92.3	98.8
3.专业音像器材	Special Sound and Image Facilities	91.9	93.3	94.8	100.0	95.2	95.6	94.6
专业音响器材	Special Sound Facilities	100.0	100.0	100.0	100.0	100.0	100.0	94.2
专业声像器材	Special Acoustic Image Facilities	82.6	83.3	82.6	99.5	91.3	89.0	95.8
六、文化办公用品	Cultural and Office Appliances	99.3	99.7	100.9	99.8	99.3	99.1	98.9
纸张文具	Paper and Stationery	100.5	100.0	102.5	100.8	101.1	101.4	100.1
台式计算机	Desktop Computer	96.8	99.6	101.2	99.5	99.6	100.0	100.4
笔记本平板	Notebook Tablet	100.2	100.0	96.4	98.7	97.7	94.3	100.2
电脑附件	Computer Parts	100.0	102.8	100.0	100.0	97.9	94.3	91.2
打印复印机	Print and Copy Machine	100.0	97.8	107.9	100.0	98.9	100.6	98.1
教学设备	Teaching Device	100.0	100.0	100.0	100.7	100.0	100.0	100.0
七、日用品	Articles for Daily Use	100.9	100.3	100.6	99.0	100.5	100.2	98.9
1.日用百货	General Merchandise for Daily Use	99.6	98.6	101.8	97.9	98.8	100.4	100.0
电动自行车	Electric Bicycle	98.3	100.8	103.1	95.8	97.9	101.1	96.4
自行车	Bycycle	99.6	96.6	102.0	97.2	97.4	100.0	100.0
雨具	Rain Gear	99.9	100.0	100.0	100.1	99.9	100.0	101.2
护理器具	Nursing Appliances	101.1	100.0	100.0	100.9	100.0	100.0	100.0
清洁用纸	Hygiene Paper	99.9	95.6	100.0	103.7	99.3	100.0	100.0
化妆器具	Make-up Appliances	100.0	110.3	100.0	100.0	99.9	100.0	127.1
2.厨具餐具茶具	Kitchen Utensils and Tableware	101.6	101.0	99.9	100.0	100.7	101.1	100.5
厨具	Kitchce Ware	101.0	101.2	99.6	100.0	100.4	99.6	101.1
餐具	Tableware	99.8	100.0	100.0	100.1	100.9	103.4	100.0
茶具	Tea Set	104.3	102.8	100.0	100.0	101.1	100.0	100.0
3.清洗用品	Cleaning Supplies	101.6	101.2	100.0	100.0	101.7	100.0	95.3
清洗用品	Cleaning Supplies	101.6	101.2	100.0	100.0	101.7	100.0	95.3
4.其他日用品	Other Articles for Daily Use	100.1	101.0	100.1	100.3	100.9	99.5	99.9
灯具	Lamp	99.8	100.0	98.3	100.0	100.0	99.6	96.6
箱包	Luggage	97.5	100.0	100.0	100.0	101.3	100.0	100.0
母婴用品	Mother and Baby Products	101.5	100.0	100.0	100.0	100.0	100.0	100.0
眼镜	Glasses	101.0	106.4	103.0	101.8	100.4	100.0	101.8
其他护理用品	Nursing Materials	100.0	100.0	100.0	100.0	100.0	99.6	100.0
其他日用杂品	Other Articles for Daily Use	105.1	101.1	100.0	100.1	102.2	99.2	100.0
八、体育娱乐用品	Sports and Recreation Articles	101.9	100.1	100.0	100.9	100.6	99.9	100.8
1.体育户外用品	Sports and Outdoor Articles	103.3	100.0	100.0	102.8	100.0	100.0	100.0
体育户外用品	Sports and Outdoor Articles	103.3	100.0	100.0	102.8	100.0	100.0	100.0
2.娱乐用品	Recreational Goods	100.8	100.2	100.0	99.6	100.6	99.9	101.0
乐器	Musical Instrument	100.0	100.8	100.0	102.5	100.0	100.0	100.0
游戏用品和玩具	Games Supplies and Toys	98.5	100.1	100.0	100.0	103.2	100.0	100.0
园艺花卉及用品	Horticulture and Flower Articles	101.2	100.0	99.5	98.1	100.5	99.2	94.7
宠物及用品	Pet Articles	102.9	100.0	100.5	96.2	100.0	100.0	100.0
其他文化娱乐用品	Other Goods for Cultural and Recreational Use	101.6	100.0	100.0	100.0	100.0	100.0	107.8
九、交通、通信用品	Transportation and Communication Articles	97.2	97.2	95.3	96.5	98.0	97.7	93.1

3-14 续表 4 continued

(以上年价格为100) (preceding Year =100)

分类名称	Item	银川市辖区 Yinchuan	石嘴山市辖区 Shizuishan	利通区 Litong	原州区 Yuanzhou	沙坡头区 Shapotou	平罗县 Pingluo	海原县 Haiyuan
1.交通运输机械	Transportation Machinery	95.1	94.8	94.5	97.6	98.0	96.2	94.7
小型汽车	Car	93.6	93.6	93.6	97.4	98.7	95.0	93.6
大中型客车	Large and Middle-Size Coach	96.1	96.5	96.5	100.0	96.5	96.5	96.5
交通工具零配件	Transportation Parts	95.3	98.7	89.8	98.6	94.2	103.2	100.0
2.通信器材	Communication Tools	100.8	102.4	96.5	95.0	98.0	100.8	90.0
固定电话机	Telephone	101.0	98.7	100.0	100.0	100.0	100.0	100.0
移动电话机	Mobile Telephone	101.1	104.0	95.9	94.6	97.0	100.9	88.2
其他通信器材	Other Communication Tools	100.0	93.4	95.2	97.7	100.0	100.0	100.0
十、家具	Furniture	98.7	100.1	100.3	99.0	101.4	96.4	98.0
柜	Cupboard	98.8	100.2	100.4	97.6	102.4	93.7	99.6
床	Bed	97.3	100.0	99.2	100.0	100.9	95.2	99.1
桌	Desk	101.7	100.0	99.4	100.0	100.7	95.8	96.0
椅	Chair	101.5	100.0	100.8	100.0	100.2	100.0	97.2
沙　发	Sofa	99.3	100.0	101.5	98.8	101.4	98.9	98.1
其他家具	Others	95.1	100.0	100.3	100.0	101.8	96.8	95.9
十一、化妆品	Cosmetics	101.3	101.9	100.2	100.0	101.4	101.4	103.5
清洁化妆品	Cleansing Cosmetics	100.0	100.1	100.0	100.0	100.0	108.1	100.0
护肤化妆品	Skin-Care Cosmetics	100.0	104.4	100.0	100.0	102.0	100.7	103.6
彩妆化妆品	Make-Up Cosmetics	107.5	101.1	100.0	100.0	103.8	100.0	128.0
清洁类护理用品	Nursing Materials	101.2	100.3	101.5	100.0	100.1	100.0	97.8
护发美发用品	Hair Care Products	100.0	99.7	100.0	100.0	100.6	98.9	91.7
十二、金银饰品	Gold and Silver Jewelry	106.3	103.8	105.5	102.8	106.3	105.2	105.5
金 饰 品	Gold Jewelry	116.9	106.2	110.6	106.9	110.6	106.7	107.2
银 饰 品	Silver Jewelry	99.7	88.5	100.9	98.4	103.9	101.6	108.1
铂金饰品	Platinum Jewelry	96.4	87.0	100.0	97.2	100.3	99.5	90.5
十三、中西药品及医疗保健用品	Traditional Chinese and Western Medicines, Health Care Articles	100.1	102.2	102.7	105.3	102.8	100.9	99.7
1.医疗卫生器具	Medical Treatment and Public Health Appliances	101.8	100.4	104.2	103.1	100.5	95.8	100.0
医疗卫生器具	Medical Treatment and Public Health Appliances	101.8	100.4	104.2	103.1	100.5	95.8	100.0
2.中药	Traditional Chinese Medicine	98.7	102.6	97.7	105.7	103.2	99.3	98.9
中 药 材	Traditional Chinese Medicinal Materials	97.8	100.9	98.0	107.2	101.1	94.4	98.8
中 成 药	Chinese Patent Medicine	100.4	102.8	97.5	105.0	103.9	101.4	98.9
3.西药	Western Medicine	98.9	99.2	102.4	105.8	102.8	101.2	100.0
抗微生物药	Antimicrobial Drugs	97.9	98.5	104.5	98.2	99.1	98.4	100.0
消化系统用药	Digest System Drugs	92.6	97.5	95.5	119.1	102.8	101.6	100.0
呼吸系统用药	Breathe System Drugs	101.2	97.8	109.8	107.5	99.1	106.1	100.0
解热镇痛药	Antipyretic and Analgesic	98.2	99.6	97.9	112.7	103.3	100.0	102.1
抗肿瘤药	Antineoplastic Drugs	97.2	98.9	96.4	105.5	98.5	104.6	100.0
激素及影响内分泌药	Hormone Drugs	104.0	98.5	96.0	100.1	103.6	100.0	98.4
心血管系统用药	Cardiovascular System Drugs	99.0	99.9	99.0	84.9	100.7	104.9	102.5
血液系统用药	Blood System Drugs	102.0	101.5	97.6	99.4	106.3	100.0	100.0
治疗精神障碍药	Dysphrenia Drugs	100.8	105.5	157.2	157.6	100.2	100.0	100.0
神经系统用药	Central Nervous System Drugs	96.2	100.6	96.0	108.7	111.1	100.0	91.5
消毒防腐及创伤外科用药	Disinfection and Trauma Drugs	100.0	98.5	93.8	100.4	99.5	105.4	100.0
泌尿系统用药	Urinary System Drugs	99.5	98.9	98.2	106.8	102.6	112.1	100.0
维生素、矿物质类药	Professional Drugs	105.9	97.6	94.5	94.8	113.3	100.0	100.0

3-14 续表 5 continued

(以上年价格为100) (preceding Year =100)

分类名称	Item	银 川 市辖区 Yinchuan	石嘴山 市辖区 Shizuishan	利通区 Litong	原州区 Yuanzhou	沙坡头区 Shapotou	平罗县 Pingluo	海原县 Haiyuan
调节水、电解质及酸碱平衡药	Adjust Water, Electrolyte and Acid-Base Balance Drugs	100.0	103.0	100.6	99.2	111.2	96.8	100.0
4.保健器具及用品	Health Care Appliances and Products	110.4	118.3	118.3	101.6	104.1	110.9	100.7
保健器具	Health Care Appliances	100.4	100.0	100.0	100.0	100.0	100.0	103.4
滋补保健品	Health Products	116.2	123.0	126.7	102.3	104.5	113.7	100.0
十四、书报杂志及电子出版物	Book,Newspapers,Magazines and Electronic Publications	100.7	104.0	105.4	105.1	109.4	100.8	99.7
1.教材及参考书	Teaching Materials and Reference Books	102.2	104.2	102.4	101.4	103.8	101.3	98.6
工 具 书	Reference Books	100.4	100.0	100.9	100.6	100.0	104.4	100.0
教 材	Teaching Materials	103.5	102.0	104.2	104.5	100.0	102.5	96.1
参考资料	Reference Books	102.1	109.0	102.5	100.0	108.8	99.8	100.0
其他教育用品	Other Education Articles	100.0	100.0	99.2	100.0	103.7	100.0	100.0
2.书报杂志	Newspapers and Magazines	100.0	104.6	109.8	110.1	116.3	100.0	101.4
书报杂志	Newspapers and Magazines	100.0	104.6	109.8	110.1	116.3	100.0	101.4
3.计算机办公软件	Computer Software	100.0	100.0	98.7	100.0	100.0	100.0	100.0
计算机办公软件	Computer Software	100.0	100.0	98.7	100.0	100.0	100.0	100.0
十五、燃料	Fuels	97.5	97.9	100.1	97.2	96.6	98.6	98.9
1.煤炭及制品	Coal and Related Products	101.3	103.2	106.7	95.1	95.0	104.5	100.7
原 煤	Coal	101.9	103.3	104.0	95.1	97.3	104.9	100.5
煤 制 品	Related Products	101.3	100.0	118.7	100.0	91.7	103.5	105.6
2.石油及制品	Oil and Products	97.3	97.6	97.2	97.6	97.0	97.5	96.8
管道燃气	Pipeline Fuel Gas	100.0	100.0	100.0	100.0	100.0	100.0	92.8
液化石油气	Liquefied Petroleum Gas	100.0	100.0	100.0	100.0	94.3	97.7	100.0
汽 油	Gasoline	95.7	95.6	95.6	95.5	95.6	95.6	95.6
柴 油	Diesel Oil	95.2	98.2	95.2	98.2	98.1	98.2	99.9
十六、建筑材料及五金电料	Building Materials and Hardware	102.0	100.0	99.5	99.9	100.8	98.7	98.2
1.建筑装璜材料	Building Decoration Materials	100.6	100.1	99.3	100.0	100.7	98.4	97.8
木 地 板	Wooden Floor	104.8	101.5	100.0	101.8	100.0	100.1	100.0
瓷 砖	Brick	105.6	100.0	95.5	100.0	100.0	96.0	97.0
水 泥	Cement	96.3	95.2	101.4	99.1	108.5	94.3	97.9
涂 料	Dope	100.0	100.0	100.0	100.0	100.0	100.0	100.0
板 材	Veneer	103.4	100.0	96.9	99.1	98.5	97.6	100.4
管 材	Tubular Product	102.4	100.3	100.0	94.8	100.0	100.0	100.3
厨卫设备	Kitchen Equipment	102.3	100.0	102.4	100.0	100.2	100.0	93.2
门 窗	Doors and Windows	97.6	100.0	97.8	100.0	101.4	100.0	97.3
其他住房装潢材料	Other Building Decoration Materials	92.0	100.7	101.7	100.5	100.0	102.3	97.9
2.五金水暖	Water and Heating Hardware	105.0	99.9	99.9	99.8	101.2	100.4	100.0
家用手工工具	Household Hand Tools	100.1	97.6	100.0	99.2	100.2	102.0	100.0
配电附件	Electricity Distribution Accessory	109.4	100.0	102.5	100.0	103.7	100.0	100.0
水暖器材	Heating Equipment	105.0	100.2	97.5	100.0	100.0	100.0	100.0

3-15 2016年调查市县农业生产资料价格指数

Price Indices for Means of Agricultural Production by City and Country (2016)

(以上年价格为100) (preceding Year=100)

分类名称	Item	平罗县 Pingluo	海原县 Haiyuan
农业生产资料价格指数	**General index**	**97.0**	**100.1**
一、农用手工工具	Farm Handtools	100.0	100.0
农用手工工具	Farm Handtools	100.0	100.0
二、饲料	Forage	89.7	89.8
混合饲料	Mix Forage	91.3	100.0
其他饲料	Others	87.8	82.9
三、仔畜幼禽及产品畜	Young Poult,Livestock and Commodity Animals	105.7	111.6
仔 畜	Young Livestock	148.9	114.4
幼 禽	Young Poult	100.0	112.5
产 品 畜	Commodity Livestock	89.8	109.8
四、半机械化农具	Semi-mechanized Farm Tools	100.0	100.0
半机械化农具	Semi-mechanized Farm Tools	100.0	100.0
五、机械化农具	Mechanized Farm Machinery	100.0	98.7
机械化农具	Mechanized Farm Machinery	100.0	98.7
六、化学肥料	Chemical Fertilizer	93.8	102.2
氮 肥	Nitrogenous Fertilizer	89.2	107.8
磷 肥	Phosphatic Fertilizer	99.2	99.7
钾 肥	Potassic Fertilizer	102.0	100.0
复合肥料	Compound Fertilizer	99.8	97.9
七、农药及农药器械	Pesticide and Its Appliances	100.0	100.0
1.化学农药	Chemistry Pesticide	100.0	100.0
杀 虫 剂	Insecticide	100.0	100.0
杀 菌 剂	Germicide	100.0	100.0
除 草 剂	Herbicide	100.0	100.0
生长调节剂	Growth Regulator	100.0	100.0
2.农药器械	Pesticide Appliances	100.0	100.0
农药器械	Pesticide Appliances	100.0	100.0
八、农机用油	Oil for Farm Machinery	98.4	98.4
农用柴油	Agricultural Diesel Oil	98.2	98.1
润 滑 油	Lube	101.0	100.0
九、其他农用生产资料	Other Means of Agricultural Production	101.0	98.6
农用种子	Farm Seed	101.9	100.0
农用薄膜	Farm Film	97.4	94.5
未列名的其他农用生产资料	Others	100.0	100.0
十、农业生产服务	Service for Agricultural Product	100.2	99.6
排 灌 费	Drain and Irrigate Fees	100.0	100.0
机械作业费	Machinery Operating Cost	100.0	100.0
农业用电	Agricultural Electricity	100.0	100.0
农业用工	Agricultural Labor	102.7	96.1

3-16 主要年份全区农产品生产者价格指数

指 标	Item	2002	2003	2004	2005
合 计	**Total**	**93.40**	**104.40**	**114.23**	**103.26**
一、农业产品	**Farm Products**		**108.80**	**120.21**	**103.00**
1.谷物及其他作物	Grain and Other Crops				105.43
(1)谷物(原粮)	Grain(unprocessed)		101.10	125.85	106.62
①小 麦	Wheat		100.00	129.63	108.51
②稻 谷	Rice		100.00	129.29	108.92
③玉 米	Corn		100.00	119.32	99.36
④杂 粮	Coarse Cereals		100.00	110.47	
⑤谷物副产品	Grain Processed Products				124.85
(2)薯 类	Tubers		103.80	97.65	109.32
(3)油 料	Oil-bearing		105.90	116.54	99.89
(4)豆 类	Soybeans		100.00	110.01	93.03
(5)棉花(籽棉)	Cotton				
(6)麻 类	Bastfibreplants				
(7)糖 料	Sugar Material				
(8)烟 草	Tobacco				
(9)其他农作物	Other				
2.蔬菜、园艺作物	Vegetables and Gardening Crops		122.60	112.08	93.41
(1)蔬 菜	Vegetables		122.60	112.08	93.41
①叶菜类	Leaf Vegetables		97.80	106.76	95.23
②瓜菜类	Melon Vegetables		119.00	101.08	79.28
③块根、块茎菜类	Roots and Tubers		101.40	123.40	107.99
④茄果菜类	Eggplant Fruit		144.50	104.35	85.11
⑤葱蒜类	Shallot and Garlic		100.00	108.38	103.13
⑥菜用豆类	Beans for Vegetable use		85.90	148.00	104.71
⑦水生菜类	Hydrophilous Vegetables				
⑧食用菌(干鲜混合)	Edible Fungi				
⑨其他蔬菜	Other Vegetables				
3.水果、坚果、饮料和香料	Fruits,Nuts,Beverage and Perfume		107.60	119.24	105.69
①园林水果	Garden Fruits		107.60	119.24	83.60
②瓜果类	Melon and Fruit				114.41
③坚果类	Nuts				
4.中药材	Chinese Medicinal Plant				93.96
二、牧业(畜产品)	**Animal Husbandry(Animal Products)**		**101.00**	**109.22**	**103.47**
1.牲畜的饲养	Feeding of Livestock		100.90	105.48	99.80
(1)牛的饲养	Feeding of Cattle		106.60	102.61	102.16
(2)羊的饲养	Feeding of Sheep		98.40	101.76	100.36
(3)其他牲畜饲养	Feeding of Other Livestock				
(4)奶产品	Milk				97.68
(5)毛绒产品	Wool Products				114.33
(6)其他牲畜产品	Other Livestock Products				
2.猪的饲养	Feeding of Hog		90.50	122.59	104.92
3.家禽	Poultry		97.10	109.39	113.24
(1)肉禽(毛重)	Poultry(Gross Weight)				123.93
(2)禽 蛋	Eggs		97.70	111.02	109.14
(3)羽 绒	Eiderdown				
4.狩猎和捕捉动物	Hunting and Catch Animal				
5.其他畜牧业	Other				
三、渔业	**Fishery**		**103.20**	**132.87**	**106.33**
(1)淡水鱼类	Fresh Water Fish		103.20	132.87	106.33
(2)淡水虾蟹类	Fresh Water Shrimp and Crab				
(3)淡水贝类	Fresh Water Shellfish				
(4)其他淡水养殖产品	Other Fresh Water Aquaculture Products				

Producer Price Indices for Farm Products in Main Years

2006	2007	2008	2009	2010	2011	2012	2013	2014	2015	2016
101.20	**114.95**	**118.70**	**99.39**	**117.03**	**111.34**	**103.61**	**106.69**	**98.27**	**98.37**	**98.72**
103.23	**111.89**	**110.60**	**106.27**	**118.69**	**107.15**	**103.85**	**106.08**	**100.11**	**104.92**	**96.42**
105.80	108.99	107.10	103.06	119.45	108.59	103.34	102.42	101.96	100.76	90.89
103.63	108.11	107.70	104.85	114.12	108.59	103.34	102.42	101.96	100.76	90.89
99.43	101.60	113.20	110.12	108.78	110.79	103.71	104.89	108.64	103.8	95.42
103.66	104.05	104.10	108.58	117.47	106.62	99.70	100.36	98.22	107.45	94.13
107.99	118.93	105.40	97.37	118.58	108.62	105.55	102.48	100.97	95.24	86.77
105.67	108.95	104.80	94.15	105.35						
118.70	100.55	93.80	102.99	162.68	82.46	108.18	136.36	101.6	76.56	147.61
109.54	119.54	114.00	97.33	111.37	115.75	108.20	108.65	89.5	112.18	85.29
97.57	118.06	115.70	92.41	106.33						
103.77	112.05	113.60	115.88	114.43	102.67	107.52	109.39	90.77	122.30	99.36
103.77	112.05	113.60	115.88	114.43	102.67	107.52	109.39	90.77	122.30	99.36
100.81	96.80	120.40	114.01	110.22	106.60	115.95	113.09	77.59	127.55	106.00
95.57	102.57	111.80	123.75	111.19	106.37	99.86	114.53	80.43	114.57	91.86
112.10	113.25	130.80	103.82	125.65	113.01	90.33	100.38	92.08	106.79	91.63
105.40	140.19	80.20	122.91	118.31	104.38	109.88	96.49	95.07	107.70	95.85
113.93	109.41	120.00	119.47		119.01	96.99	108.23	85.72	108.99	118.44
106.68	136.84	137.50	110.93	104.26	103.21	108.73	92.44	99.82	109.74	111.73
85.67	119.00	127.30	120.21	109.16	115.82	109.03	98.49	99.57	114.69	92.04
102.21	121.09	88.10	93.89	137.31	115.82	109.03	98.49	99.57	114.69	92.04
79.15	118.18	142.80	130.59	98.09						
112.26	144.85	104.00	69.35	161.25	113.45	83.26	99.08	117.2	112.79	89.82
99.11	**118.36**	**127.80**	**91.78**	**115.59**	**115.84**	**102.75**	**108.93**	**96.22**	**91.28**	**101.27**
102.20	114.12	126.40	89.18	122.21	115.84	107.17	109.69	93.13	95.78	103.63
101.18	115.53	133.70	97.65	103.93	112.48	113.32	116.86	98.97	95.4	96.41
101.62	116.67	125.80	97.13	104.10	115.60	110.91	110.53	90.22	82.63	95.42
103.02	111.99	123.20	78.88	145.79	106.81	96.90	110.48	98.12	82.44	97.70
106.69	99.55	114.80	90.61							
91.82	130.05	146.80	85.46	99.87	138.80	93.67	97.99	87.74	111.46	123.84
95.23	122.46	118.50	103.96	107.34	111.17	101.29	105.61	106.44	95.19	102.6
102.43	119.47	115.90	98.53	106.96						
92.47	123.61	119.40	106.04	107.48	115.96	89.63	101.90	111.11	85.68	93.61
96.64	**111.65**	**103.70**	**104.94**	**102.96**	**110.22**	**112.13**	**84.38**	**99.92**	**100.7**	**97.08**
96.64	111.65	103.70	104.94	102.96	110.22	112.13	84.38	99.92	100.7	97.08

3-17 主要年份全区工业生产者出厂价格指数

指 标	Item	2001	2002	2003	2004
全部工业品	**Total Industry Products**	**100.29**	**99.68**	**103.85**	**109.97**
其中：轻工业	Light Industry	100.73	98.84	101.37	102.6
以农产品为原料	Raw Material of Agricultural Products	100.72	98.81	101.37	103.61
以非农产品为原料	Raw Material of Non-Agricultural Products	100.94	99.08	101.43	101.73
重工业	Heavy Industry	100.2	99.84	104.86	112.72
采掘	Mining & Quarrying	100.99	108.64	102.05	128.62
原材料	Raw Material	100.44	97.65	105.4	111.55
加工	Processing	99.75	100	104.44	112.43
其中：生产资料	Means of Production	100.33	99.82	104.26	110.57
采掘	Mining & Quarrying	100.94	108.39	101.57	133.6
原材料	Raw Material	100.4	97.59	105.92	109.07
加工	Processing	100	99.98	102.93	107.4
生活资料	Consumer Goods	100.1	98.77	100.36	103.21
食品	Food	99.57	98.69	99.68	104.55
衣着	Clothing	103.62	100.42	103.12	101.02
一般日用品	Articles for Daily Use	101.65	97.73	97.19	100.35
耐用消费品	Durable Consumer Goods	100.69	92.47	97.16	97.47
按工业部门分:	By Industry Branch				
冶金工业	Metallurgy Industry	96.12	92.84	103.25	113.56
电力工业	Electric Power Industry	106.07	100.81	103.32	107.21
煤炭及炼焦工业	Coal and Coking Industry	102.02	112.16	103.02	133.53
石油工业	Petroleum Industry	99.41	96.58	116.52	110.72
化学工业	Chemistry Industry	99.39	101.55	104.5	106.58
机械工业	Machinery Industry	100.79	97.9	99.13	102.8
建筑材料工业	Building Materials Industry	99.78	102.16	100.85	105.36
森林工业	Forest Industry	100.38	100.54	97.71	95.12
食品工业	Food Industry	99.31	98.66	100.02	105.03
纺织工业	Textile Industry	98.42	82.01	101.47	105.15
缝纫工业	Sewing Industry	103.67	98.95	100.76	100.91
皮革工业	Leather Industry	101.33	99.34	113.12	103.76
造纸工业	Papermaking Industry	103.94	99.13	98.01	100.92
文教艺术用品工业	Culture and Education Articles Industry		99.41	100.89	100.05
其它工业	Other Industry	113.09	103.14	101.56	107.65
按工业行业分:	By Industry Sector				
煤炭开采和洗选业	Mining and Washing of Coal	101.06	113.21	101.58	133.66
石油和天然气开采业	Extraction of Petroleum and Natural Gas	99.51	98.88		
黑色金属矿采选业	Mining and Dressing of Ferrous Metal				
有色金属矿采选业	Mining and Dressing of Non-Ferrous Metal				
非金属矿采选业	Mining and Processing of Non-ferrous Metal Ores	101.38	99.44	99.92	97.82
其他采矿业	Other Mining and Dressing				
农副食品加工业	Processing of Food from Agricultural Products	100.11	97.68	101.38	109.92
食品制造业	Manufacture of Foods	99.29	97.74	98.44	101.43
酒、饮料和精制茶制造业	Manufacture of Liquor,Beverages and Tea	98.04	101.01	100.01	104.25
烟草制品业	Processing of Tobacco		100.06	100	100.06

Producer Price Indices for Industrial Products in Main Years

2005	2006	2007	2008	2009	2010	2011	2012	2013	2014	2015	2016
106.23	**106.17**	**103.70**	**112.85**	**93.93**	**109.13**	**109.5**	**97.4**	**96.0**	**96.3**	**93.7**	**99.1**
102.47	102.48	103.47	112.07	97.50	107.14	114.4	100.4	99.4	99.9	98.8	98.1
104.14	101.09	102.83	110.46	93.76	110.71	114.8	101.3	100.8	100.4	98.9	97.9
100.74	103.92	104.14	113.89	101.81	102.77	111.6	94.7	89.6	96.2	98.5	99.7
107.48	107.38	103.77	113.12	92.98	109.78	108.6	96.9	95.4	95.6	92.9	99.3
123.78	110.21	105.90	131.66	100.25	116.13	107.3	97.8	91.6	96.1	92.2	96.7
108.74	109.21	103.65	110.33	92.57	110.17	109.6	97.4	95.5	95.5	92.5	98.2
99.41	101.66	103.53	115.29	91.46	105.46	106.6	95.3	96.5	95.8	94.1	103.1
106.47	106.60	103.61	113.39	93.53	109.37	109.4	97.4	95.8	96.1	93.4	99.2
128.56	111.29	106.98	136.30	93.92	114.37	107.3	97.8	91.6	96.1	92.2	96.7
106.18	108.80	103.13	106.87	93.40	109.65	109.6	97.5	95.6	95.4	92.1	98.2
100.62	102.26	103.27	115.33	93.55	106.52	109.5	97.2	97.2	97.3	95.9	101.8
103.44	101.75	104.51	107.74	98.50	106.56	110.4	97.9	98.7	98.5	98.2	98.1
104.86	103.61	106.15	108.33	99.29	108.1	108.7	100.4	102.7	99.8	97.9	97.9
98.78	96.15	100.76	98.02	96.25	105.61	124.8	111.4	105.1	106.6	95.1	90.5
102.67	101.21	102.88	113.10	97.88	102.39	114.1	90	87.0	92.7	99.4	99.6
99.55	99.15	99.79	105.77	100.25	112.74	100.6	99.7	98.6	100.1	100.3	99.7
96.87	108.65	103.83	109.12	82.89	110.72	115.6	91.3	95.4	94.7	91.8	106.7
104.32	103.36	102.87	101.21	101.48	104.57	101.1	102.9	99.7	98.9	98.2	98.5
127.73	111.00	107.12	135.60	93.60	114.41	108.7	96.5	89.6	92.3	88.7	95.6
118.86	121.52	103.46	120.26	97.39	113.65	113.5	107.2	97.7	97.2	80.8	95.4
104.72	100.42	103.40	117.64	90.66	109.25	111.9	92.0	92.9	94.5	96.4	98.1
106.02	106.77	102.01	106.39	97.19	100.19	102.7	99.9	98.2	99.0	98.7	98.8
99.34	101.72	102.46	114.14	114.92	97.42	97.9	93.7	99.6	96.1	92.5	99.3
98.84	99.15	101.05	102.84	100.26	104.36	100.5	100.4	100.6	100.4	100.8	100.2
103.84	101.89	105.26	111.56	99.25	108.79	108.8	100.6	103.0	100.0	97.6	97.7
111.83	103.33	100.99	98.71	86.79	116.15	126.4	102.9	99.4	100.5	100.0	98.1
98.79	95.77	100.32	98.02	96.22	104.81	110.1	105.5	100.5	104.4	100.5	100.0
103.56	100.43	101.67	99.56	93.44	104.56	129.5	113.0	107.8	105.9	91.5	89.7
103.56	101.23	101.33	119.83	86.91	108.46	107.3	98.5	98.2	100.6	99.9	99.8
100.78	103.71	110.34	110.72	97.19	98.85	101.9	101.7	101.6	100.1	99.4	100.2
106.93	106.89	108.24	121.09	92.09	107.51	104.8	96.8	96.3	97.4	97.2	99.0
128.63	111.34	107.06	136.70	93.91	114.48	110.2	96.9	89.3	93.1	91.1	96.5
						128.9	113.2	105.3	97.0	71.0	
						124.4	88.4	88.2	99.3	89.3	100.2
95.62	98.40	100.00	100.00	105.82	99.25	103.3	106.5	100.0	106.8	108.4	100.1
103.15	103.61	110.89	112.77	96.92	109.85	113.6	99.2	104.5	99.9	98.3	100.3
106.44	99.89	101.88	114.25	99.51	111.09	110.3	96.6	94.3	96.5	93.7	94.7
101.92	102.11	101.86	107.99	103.00	102.45	106.9	103.4	100.4	99.5	100.7	100.3
100.01	99.97	100.07	100.50	98.24	99.58	100.3	101.1	100.8	100.6	106.7	100.3

3-17 续表

指　标	Item	2001	2002	2003
纺织业	Manufacture of Textile	99.08	83.72	101.65
纺织服装、服饰业	Manufacture of Textile Apparel and Costume	116.14	100.42	99.99
皮革、毛皮、羽毛及其制品和制鞋业	Manufacture of Leather,Fur,Feather and Related Products and Shoes	101.33	96.19	113.12
木材加工和木、竹、藤、棕、草制品业	Processing of Timber,Manufacture of Wood,Bamboo,Rattan, Palm and Straw Products			
家具制造业	Manufacture of Furniture	100.69	92.47	96.48
造纸和纸制品业	Manufacture of Paper and Paper Products	103.88	99.09	98.01
印刷和记录媒介复制业	Printing,Reproduction of Recording Media	102.98	102.03	101.07
文教体育用品制造业	Manufacture of Articles For Culture,Education and Sport Activities		96.94	88.89
石油加工、炼焦和核燃料加工业	Processing of Petroleum,Coking,Processing of Nuclear Fuel	105.22	98.12	117.37
化学原料和化学制品制造业	Manufacture of Raw Chemical Materials and Chemical Products	99.18	102.58	105.99
医药制造业	Manufacture of Medicines	102.85	101.44	100.19
化学纤维制造业	Manufacture of Chemical Fibers	102.21	87.86	95.49
橡胶和塑料制品业	Manufacture of Rubber and Plastic Products			
非金属矿物制品业	Manufacture of Non-metallic Mineral Products	99.76	102.18	100.95
黑色金属冶炼和压延加工业	Smelting and Pressing of Ferrous Metals	104.99	99.53	114.58
有色金属冶炼和压延加工业	Smelting and Pressing of Non-ferrous Metals	89.52	90.65	99.37
金属制品业	Manufacture of Metal Products	98.05	93.09	106.27
通用设备制造业	Manufacture of General Purpose Machinery	103.06	96.76	96.97
专用设备制造业	Manufacture of Special Purpose Machinery	89.92	104.21	102.82
交通运输设备制造业	Manufacture of Transport Equipment		104.44	101.31
电气机械和器材制造业	Manufacture of Electrical Machinery and Equipment	99.46	96.54	99.86
通信设备、计算机及其他电子设备制造业	Manufacture of Communication Equipment,Computers and Other Electronic Equipment		86.83	100.25
仪器仪表制造业	Manufacture of Instruments and Apparatus	99.04	96.15	99.75
工艺品及其他制造业	Manufacture of Artwork and Other Manufacturing		99.47	106.6
废弃资源和废旧材料回收加工业	Recycling and Pressing of Abandoned Resources and Wasteandscrap			
电力、热力的生产和供应业	Production and Supply of Electric Power,Steam and Hot Water	106.08	100.81	103.32
燃气生产和供应业	Production and Supply of Gas		100.5	104.66
水的生产和供应业	Production and Supply of Tap Water	117.47	104.25	100.73
全部原材料	**Total Raw Materials**	**102.49**	**97.81**	**106.83**
燃料、动力类	Fuels and Powers	103.54	103.67	108.03
黑色金属材料类	Ferrous Metals Materials	98.92	97.98	110.15
其中：钢材	Steels	99	97.58	109.13
其它	Others	97.9	99.36	114.26
有色金属材料及电线类	Non-Ferrous Metals Materials and Electric Wires	84.88	69.99	108.43
化工原料类	Chemical Rawmaterials	98.5	98.61	103.11
木材及纸浆类	Timbers and Pulps	103.12	100.51	100.59
建筑材料及非金属矿类	Building Materials and Non-metallic Mineral	103.92	99.89	101.1
其它工业原材料及半成品类	Other Industry Rawmaterials and Semi-manufactures	110.57	98.41	99.45
农副产品类	Agricultural Products	123.65	97.39	115.05
纺织原料类	Textile Rawmaterials	98.07	79.22	80.52

continued

2004	2005	2006	2007	2008	2009	2010	2011	2012	2013	2014	2015	2016
104.56	106	99.65	100.68	98.23	91.36	115.46	126.2	102.9	99.4	100.6	100.0	98.1
99.2	100.03	100.07	100.12	100.88	103.26	100.3	103	102.2	101.7	101.0	100.0	100.2
103.76	103.56	100.43	101.67	99.56	93.44	104.56	129.5	113	107.8	105.9	91.5	89.7
			102.50	100.00	101.34	101.04	98.9	100.3	100.7	100.6	101.1	100.2
97.25	99.75	99.15	99.84	106.14	100.23	105.87	102	100.4	100.6	100.2	100.4	100.2
100.92	103.56	101.23	101.33	119.83	86.92	108.46	107.3	98.5	98.2	100.6	99.9	99.8
100.05	100.78	103.71	110.34	110.72	97.12	97.7	102.2	101.7	101.6	100.1	99.4	100.2
111.71	118.26	121.33	103.78	123.14	96.36	114.07	110.1	103.2	95.5	94.2	78.8	95.3
112.75	107.44	96.96	102.93	122.35	88.52	110.46	111.1	93.6	94.4	95.6	96.6	97.8
99.11	98.56	99.16	106.31	110.49	98.17	102.72	106.8	88.7	93.8	98.0	102.7	101.8
115.78	104.11	98.45	101.67	99.86	94.10	90.89						
												95.4
105.87	99.75	101.98	103.21	121.67	109.27	101.36	100.2	94.4	98.2	96.1	93.4	99.1
119.54	87.85	98.75	109.13	129.70	81.58	113.84	110.5	92.9	95.7	95.1	87.8	110.1
110.62	101.58	114.72	100.61	96.66	82.93	110.4	119	90.1	95.1	94.3	93.7	104.9
122.45	98.89	103.60	105.49	121.98	94.18	97.73	107.3	96.1	97.1	97.0	93.1	97.6
101.43	102.68	102.01	101.20	106.13	98.80	101.49	103.9	100.3	99.9	99.9	99.9	99.1
114.16	115.65	122.90	104.80	113.90	93.92	101.78	104.8	100.3	98.2	97.9	96.5	97.6
100	100	100.53	103.02	104.15	101.05	107.54	104.1	97.8	99.7	100.0	100.0	
105.89	102.92	110.66	101.98	103.28	97.59	96.22	99	98.8	95.1	99.0	98.8	99.5
101.75	99.93	93.72	95.53	92.69	91.71	101.81	108.1	94	99.5	95.5	100.1	
91.1	106.79	100.16	100.72	103.16	98.17	98.81	101.2	102.7	100.7	99.0	100.0	95.5
100.16	106.01	102.70	100.00	100.00								
107.21	104.32	103.36	102.87	101.21	101.48	104.57	101.1	102.9	99.7	98.9	98.2	98.5
111	126.37	103.38	105.12	105.59	100.33	99.18	99.4	111	104.9	112.0	102.2	85.8
104.93	113.2	113.40	111.82	102.33	99.94	100.63	100.5	100.1	101.3	101.4	102.1	100.4
117.29	**109.69**	**108.48**	**107.14**	**121.80**	**94.69**	**114.06**	**112.8**	**99.5**	**97.0**	**97.0**	**92.1**	**96.9**
116.52	113.62	107.86	107.45	126.78	103.47	112.34	112.2	101.3	96.1	96.4	89.0	95.0
134.44	105.75	90.17	108.36	136.56	81.08	111.74	108.7	92.5	92.6	93.4	88.7	104.3
133.29	103.77	89.67	106.52	133.33	81.70	108.98	109.9	93	90.6	94.8	90.6	100.0
139.65	114.35	94.48	116.06	148.75	77.52	118.76	105.4	91.1	98.0	89.9	83.2	110.5
114.75	101.93	129.64	108.40	105.07	81.22	129.89	111.8	91.4	96.0	97.2	96.3	94.3
114.53	110.46	99.17	104.31	116.73	93.26	109.25	117	100.3	94.7	95.6	92.5	98.3
108.49	117.2	101.22	102.99	113.04	93.48	107.87	104.1	98.2	98.0	98.3	99.8	98.4
110.98	109.49	105.01	104.55	127.00	103.56	103.69	120.2	100.5	97.5	95.1	95.5	100.5
109.57	103.81	105.62	106.29	113.66	92.35	108.96	109.5	101.5	102.1	98.2	96.2	99.0
117.27	108.76	102.49	108.74	125.96	89.49	118.7	115.3	101.3	101.8	101.0	96.3	98.2
100.67	122.67	100.67	100.85	99.52	95.57	108.6	108.5	98.5	99.4	100.3	99.9	98.3

3-18 主要年份全区固定资产投资价格指数

Price Indices for Investment in Fixed Assets in Main Years

指　　标	Item	2000	2001	2002	2003	2004	2005	2006	2007
固定资产投资	**Investment in Fixed Assets**	**104.5**	**101.5**	**100.7**	**102.3**	**104.9**	**102.1**	**101.3**	**103.2**
建筑安装、装饰工程	Construction and Installation	106.3	102.0	102.1	103.7	107.1	102.2	101.2	104.1
人工费	Cost for Labor	106.0	105.3	111.1	106.7	106.2	104.6	106.8	106.6
材料费	Cost of Materials	106.2	101.1	99.9	103.8	108.6	101.6	99.6	103.6
其中：钢材	Steels	109.0	97.9	100.0	110.4	122.4	100.3	95.4	104.3
木材	Timbers	98.8	98.7	98.1	99.6	106.5	100.3	103.4	104.9
水泥	Cement	101.0	104.0	100.2	101.7	101.9	102.3	100.5	102.3
地方建筑材料	Local Building Materials	108.4	102.9	100.4	100.1	101.1	103.0	101.8	104.0
化工材料	Chemical Materials	115.2	106.8	97.9	100.0	103.8	105.5	104.7	102.4
电料	Electrical Materials	100.1	101.0	99.1	102.4	102.1	102.5	102.8	103.3
其他材料	Other Materials	102.9	99.5	100.1	101.6	101.9	101.2	101.9	104.3
机械使用费	Charge for Use of Machinery	107.4	101.6	103.0	99.2	100.8	101.9	101.9	102.9
设备、工器具购置	Purchase of Equipment and Instruments	99.5	100.7	97.0	96.9	99.1	101.3	102.4	100.4
其他费用	Other	103.9	100.7	100.0	103.2	102.6	101.8	99.9	101.0

3-18 续表 continued

指　　标	Item	2008	2009	2010	2011	2012	2013	2014	2015	2016
固定资产投资	**Investment in Fixed Assets**	**109.0**	**100.2**	**104.2**	**107.5**	**101.5**	**99.8**	**100.8**	**97.5**	**99.6**
建筑安装、装饰工程	Construction and Installation	110.6	100.7	105.3	109.1	101.9	99.9	101.1	96.9	99.5
人工费	Cost for Labor	113.9	109.3	111.7	122.1	114.1	106.6	107.4	106.7	103.6
材料费	Cost of Materials	110.4	98.7	104.8	107.3	100.4	98.0	99.0	93.3	98.3
其中：钢材	Steels	116.7	84.2	104.6	109.4	97.0	92.5	95.6	89.5	99.9
木材	Timbers	108.0	101.9	103.5	112.9	95.7	101.5	100.5	100.5	100.3
水泥	Cement	109.7	111.7	102.9	99.9	95.8	97.9	99.1	96.4	98.6
地方建筑材料	Local Building Materials	108.4	104.7	104.7	112.4	103.9	99.2	100.3	96.7	97.7
化工材料	Chemical Materials	104.1	98.0	107.7	108.2	102.4	100.1	99.6	84.3	95.9
电料	Electrical Materials	117.9	101.4	103.3	108.6	106.2	103.9	101.1	97.4	100.6
其他材料	Other Materials	105.3	105.5	102.6	103.9	103.8	102.8	104.1	100.4	96.9
机械使用费	Charge for Use of Machinery	107.1	101.4	102.8	104.7	102.4	102.9	102	101.7	99.3
设备、工器具购置	Purchase of Equipment and Instruments	101.9	97.4	100.2	101.5	99.8	99.1	99.6	99.1	99.0
其他费用	Other	106.4	101.1	100	102.5	100.0	100.0	100.0	100.1	100.8

主要指标解释

居民消费价格指数（CPI） 居民消费价格指数是度量一组代表性消费商品及服务项目价格水平随着时间而变动的相对数，反映居民家庭购买的消费品及服务价格水平的变动情况。它是宏观经济分析和决策、价格总水平监测和调控以及国民经济核算的重要指标。其按年度计算的变动率通常被用来作为反映通货膨胀(或紧缩)程度的指标。

商品的零售价格指数 商品的零售价格是商品在流通过程中最后一个环节的价格，是工业、商业、餐饮业和其他零售企业向城乡居民、机关团体出售生活消费品和办公用品的价格。商品零售价格调查的任务是系统地调查、搜集和整理市场商品零售价格资料，编制商品零售价格指数，以此反映市场商品零售价格的变动趋势和变动程度。其目的在于掌握商品价格的变动趋势，为国家宏观调控和国民经济核算提供参考依据。同时，还可以在此基础上编制其他派生价格指数。

农业生产资料价格指数 农业生产资料价格是农业生产资料在流通领域的最后一个环节价格，是工业、商业及其他单位和个人向农民出售农业生产资料的价格。农业生产资料价格调查的任务是系统地调查、搜集和整理市场农业生产资料价格资料，编制农业生产资料价格指数，据此测定全国市场农业生产资料价格变动趋势和变动程度。其目的在于掌握农业生产资料的平均价格水平，为国家制定经济政策提供依据；同时，为研究城乡市场流通和国民经济核算提供参考依据。

农产品生产者价格指数 反映一定时期内，农产品生产者出售的农产品价格水平变动趋势及幅度的相对数。农产品生产者价格是指农产品生产者第一手（直接）出售其产品时实际获得的单位产品价格。

工业生产者出厂价格指数（PPI） PPI是工业生产者出厂价格指数(Producer Price Index)的简称，反映工业企业产品第一次出售时的出厂价格的变化趋势和变动幅度。与CPI相比，CPI是从消费者的角度反映市场物价的变化趋势，PPI是从生产者的角度反映产品的价格变动情况。

工业生产者购进价格指数（IPI） IPI是工业生产者购进价格指数的简称，反映工业企业作为中间投入的原材料、燃料、动力的购进价格的变化趋势和变动幅度。

固定资产投资价格指数 反映全社会及各类工程固定资产投资中涉及的各类投资品和取费项目价格的变动趋势和变动幅度。

建筑安装工程价格指数 反映建筑安装工程产值中建筑材料、人工费以及各种费用标准变动趋势及变动幅度的相对数。

Explanatory Notes on Main Statistical Indicators

Consumer Price Indices(CPI) reflect the relative change in prices of consumer goods and services in a certain period of time. Formation of consumer price index aims to study the impact of consumer price changes on the actual living cost of urban and rural residents and to provide scientific basis for central government and relevant departments to draw up consumer policy, price policy, wage policy and monetary policy and to account the nation economy. It is also a key index reflecting the inflation rate.

Retail Price Indices reflect the prices at which industrial, commercial, catering and other retail enterprises sell daily consumer goods to urban and rural residents and products for office use to institutions and social organizations. It reflects the general change in prices of retail commodities in a certain period of time. Formation of retail price index aims to keep abreast of price fluctuation of retail commodities and provide the reference basis for the central government to work out economic policies. At the same time, it can also compile other derived price index on this basis.

Price Indices for Means of Agricultural Production reflect the prices at which industrial, commercial, catering and other retail enterprises sell agricultural means of production to peasants for office use to institutions and social organizations. It reflects the general change in prices of agricultural means of production in a certain period of time. Formation of retail price index aims to keep abreast of price fluctuation of agricultural means of production and provide the reference basis for the central government to work out economic policies. At the same time, it can also provide the reference for the study of circulation of urban and rural markets and national economic accounting.

Producer Prices Indices for Farm Products reflect the trend and degree of changes in the prices of the means of agricultural production during a given period. It is the actual price of the unit product sold by producer of agricultural products firsthand.

Producer Price Indices for Industrial Products(PPI) PPI is the abbreviation of Producer Price Index for industrial products, which is reflecting the trend and degree of changes in the prices for industrial products sold firsthand. Comparing with CPI, CPI reflects the trend of market price from the consumer perspective. PPI reflects the degree of changes in the prices for industrial products from the producer perspective.

Purchasing Price Indices for Industrial Producers(IPI) IPI is the abbreviation of purchasing price indices for industrial producers, which is reflecting the trend and degree of changes in the intermediate input raw materials, fuel, power purchase price.

Price Indices for Investment in Fixed Assets reflect the trend and degree of relative changes in fixed assets involved in the various types of investment products and costs of project price of whole society and all kinds of engineering investment.

Price Indices for Construction and Installation Engineering reflect the trend and degree of relative changes in the building materials costs, labor costs and other costs for construction and installation engineering

第四篇

农业调查

Agriculture Survey

简要说明

粮食及畜牧业生产调查数据包括粮食播种面积、粮食产量，猪、牛、羊、家禽存出栏数及产品产量等。其中粮食播种面积、粮食产量是根据抽样方法抽取的分布在全区 20 个市县（区）范围的 198 个调查村样本资料分级推算加总取得；猪、牛、羊、家禽存出栏数及产品产量调查点分布在全区 22 个市县（区），调查对象为全区范围内的所有大型养殖场（户）和抽中村内的中小型养殖场（户）以及 164 个散养户调查小区（涉及 1 万多农户），自治区、市、县（市、区）数据是根据调查样本分级推算加总取得。

Brief Introduction

Data of agriculture and animal husbandry include sown area of crops, grain yield, number of livestock bred and slaughtered of pork, beef, mutton and poultry, output of livestock products. Data of sown area of crops and grain yield are collected according to the sampling method. This method chooses 198 survey villages at 20 cities and counties in Ningxia and amounts the data. Survey points of bred and slaughtered livestock number of pork, beef, mutton and poultry and output of livestock products distribute at 22 cities and counties in Ningxia. Survey objects include all large scale farms, small and medium farms from villages be sampling selected and 164 scattered households involving more than 10 thousand farmers.Data at all levels are achieved based on survey sample calculating and amounting.

2016年宁夏粮食产量再次突破370万吨

据国家统计局宁夏调查总队对全区20个市、县（区）198个调查网点农业生产经营户的抽样调查和农业生产经营单位的全面统计，数据显示：2016年宁夏粮食总产量370.6万吨，再次突破370万吨。

一、粮食生产的基本特点

（一）从收获季节看，呈“夏增秋减”之势，实施多年的“压夏增秋”模式发生转变

自2003年以来，宁夏粮食生产保持“十二连丰”，受益于“压夏增秋”种植方式，夏粮产量持续下降，由2003年的83.7万吨减少到2015年的41.9万吨，年均减少3.5万吨。秋粮产量相应增加，2015年达到330.7万吨，与2003年相比上涨了144.2万吨，年平均增加12.0万吨。近年，全国粮食品种供需矛盾日益突出， 2016年宁夏主动优化粮食生产结构，减少了秋粮中玉米的种植面积，扩大夏粮主要品种小麦的种植面积。由于面积的调整，“压夏增秋”模式发生转变，2016年夏粮产量42.3万吨，与上年相比增加0.4万吨，增1.0%；秋粮产量328.3万吨，与上年相比减少2.4万吨，减0.7%。

（二）从种植区域看，引黄灌区增，中南部山区降

2016年引黄灌区粮食产量222.8万吨，与上年相比增加3.8万吨，增1.7%，其中：播种面积440.5万亩，与上年相比增加6.6万亩，因播种面积的增加，影响粮食产量上升3.3万吨，占粮食增产总量的86.8%；粮食亩产水平505.9公斤，与上年相比增加1.1公斤，受亩产水平的影响，粮食产量上升0.5万吨，占粮食增产总量13.2%。

2016年中南部山区粮食产量147.8万吨，与上年相比减少5.8万吨，减3.8%。其中：播种面积727.0万亩，与上年相比增加5.3万亩，因播种面积的增加，影响粮食产量上升1.1万吨；粮食亩产水平203.3公斤，与上年相比下降9.5公斤，受粮食亩产水平下降的影响，粮食产量减少了6.9万吨。

二、影响粮食生产的主要因素

（一）粮食生产受气候条件的影响较大

引黄灌区气候条件总体利大于弊，小麦、水稻亩产增加，玉米持平略增。今年前期，引黄灌区气象条件较好，有利于粮食作物的生长，但7、8月份遭遇高温天气，最高气温超过32度的日数达到31天，虽有利于水稻灌浆，但玉米早衰,生长周期缩短了10天左右。据调查，2016年引黄灌区小麦亩产345.8公斤，与上年相比增加了10.4公斤，增3.1%；水稻亩产量559.6公斤，与上年相比增加14.8公斤，增2.7%；玉米亩产556.6公斤，与上年相比增加了5.0公斤，增0.9%；中南部山区受阶段性不利天气影响，小麦、玉米、马铃薯单产水平下降。中南部山区春季水分条件优越，透雨早，播种期墒情较好，冬麦返青正常，玉米、马铃薯播种、出苗较好。但6月中旬至8月上中旬，正值小麦灌浆期，玉米抽雄至灌浆期、马铃薯开花至膨大期，遭遇持续高温少雨天气，多地不同程度受旱，局部地区出现冰雹、洪涝灾害，对作物生长产生不利影响。8月下旬开始，有效降水增多，旱情得以缓解，但无法挽回前期所造成的危害。据调查，2016年中南部山区小麦亩产140.3公斤，与上年相比减少23.8公斤，减14.5%；玉米亩产水平由2015年的438公斤，下降到426.7公斤，降2.6%；马铃薯每亩产量（折粮）139.8公斤，与上年相比下降了5.6公斤，降3.9%。

(二)政策因素带动粮食种植结构调整

2016年是“十三五”的开局之年，宁夏多项政策力促粮食生产稳定发展。积极落实农业部《关于镰刀弯地区玉米结构调整指导意见》精神，出台了《十三五宁夏玉米结构调整意见》，适度调减籽粒玉米播种

面积。针对黄河来水减少的实际情况，农牧、水利部门联合下发了《2016 年种植业生产及结构调整指导意见》，加大结构调整力度，大力发展高效节水农业，灌区增加小麦面积，适度调减籽粒玉米面积，扩大粮饲兼用、青贮玉米和饲草种植，加快马铃薯主粮化品种示范推广，扩大小杂粮面积。调查资料显示：2016 年全区小麦播种面积 189.3 万亩，与上年相比增加 5.6 万亩，增 3.1%，其中：引黄灌区小麦播种面积 69.7 万亩，与上年相比增加了 14.3 万亩，增 25.8%。籽粒玉米播种面积 445.3 万亩，与上年相比减少了 7.3 万亩，减 1.6%；杂粮播种面积 167.0 万亩，与上年相比增加 15.0 万亩，增 9.9%。

（三）全年病虫害轻度发生

2016 年继续推进病虫害专业化防治及绿色防控示范工作，植保服务能力不断提升，7—8 月的持续高温干旱天气抑制了病害的发生流行，水稻稻瘟病发生较轻，玉米红蜘蛛明显低于去年，马铃薯晚疫病危害降到了近年最低程度。

（四）优新技术推进粮食生产能力提升

近年来，玉米精量机械化播种、耐密品种推广等新技术在玉米生产中普遍应用,有效促进了玉米生产。2016 年宁夏玉米优质高产品种比例高，据利通区调查达到了 69%；灵武市达到 85%。

2016 年马铃薯起垄覆膜覆土等保墒栽培技术在中南部山区的示范推广面积达到 75.2 万亩，比上年增加 52.1%，特别是新型农业经营主体依托农技部门，开辟利用各种蓄水池、集雨窖等各种水源，大力示范推广滴灌、微喷灌等水肥一体化技术，实现了高效补水和精准施肥，为马铃薯抗旱减灾保产量提供了必要技术支持。

（牛海莉）

2016 年宁夏畜牧业生产稳步发展

2016 年，在各项政策措施的积极助推下，宁夏畜牧业发展呈现稳步发展的良好态势,为脱贫攻坚和农民增收提供有力支撑。据主要畜禽监测结果显示，2016 年，宁夏主要畜禽（猪牛羊禽）肉产量 30.5 万吨，同比增长 5.6%；禽蛋产量 9.7 万吨，同比增长 10.0%；生牛奶产量 139.5 万吨，同比增长 2.1%。生猪生产效益好，肉牛发展势头良好，奶牛养殖走出低谷，肉羊养殖基本平稳，家禽生产较快增长。

一、生产运行特点

（一）生猪生产效益好。一是出栏增加肉产量提高。2016 年宁夏生猪出栏 96.2 万头，同比增长 5.1%，猪肉产量 7.5 万吨，同比增长 5.4%。**二是生猪价格高位运行，养殖效益较高。**自 2015 年下半年开始生猪价格上涨，2016 年生猪价格高位运行，全年平均价格为 18.6 元/公斤，同比上涨 23.8%。从季度变化来看，一季度生猪平均价格为 18.2 元/公斤，同比上涨 49.8%；二季度平均价格为 20.2 元/公斤，同比上涨 52.5%，创全年最高；三季度平均价格为 18.9 元/公斤，同比上涨 7.8%；四季度平均价格为 17.2 元/公斤，同比下降 0.1%，生猪价格回落。全年平均猪粮比达 11.6：1，远远高于 6：1 的盈亏平衡点，平均每头猪能够盈利 600 元左右，养殖效益可观。**三是生产能力得到恢复。**2016 年末生猪存栏 69.0 万头，同比增长 5.3%，其中，能繁母猪存栏 7.9 万头，同比增长 3.3%。前三季度，能繁母猪存栏呈下降态势，但降幅逐季收窄，一季度末存栏同比下降 5.9%，二季度末存栏同比下降 4.7%，三季度末存栏同比下降 0.1%，四季度末存栏同比增长 3.3%，能繁母猪存栏由降转增，表明生猪生产能力得到恢复。

（二）肉牛发展势头良好。一是存栏和肉产量保持较快增长。2016 年宁夏牛出栏 68.2 万头，同比增长 5.9%；牛肉产量 10.4 万吨，同比增长 6.9%。**二是肉牛价格高位运行。**2016 年黄牛毛重价格为 24.2 元/公斤，同比下降 3.6%，价格虽有所下降但仍处在高位。**三是养殖效益较好，规模扩大。**由于牛肉市场需求稳定，加之饲料价格整体下降，目前育肥一头牛的效益在 1000-2000 元之间，比较效益高于养羊，农户养殖肉牛的积极性较高，全区肉牛养殖呈现良好的发展势头。2016 年末宁夏肉牛存栏 76.4 万头，同比增长 6.0%。

（三）奶牛养殖走出低谷。一是奶牛存栏奶产量双增。2016 年末宁夏奶牛存栏 36.6 万头，同比增长 3.1%，全年生牛奶产量为 139.5 万吨，同比增长 2.1%。上半年，奶企限购和拒收对奶牛养殖业造成一定冲击，奶牛存栏下降，一季度奶牛存栏 35 万头，同比下降 4.7%；二季度奶牛存栏 35.8 万头，同比下降 2.6%。但随着市场供求变化，从 7 月份开始，奶企收购政策及时调整，奶价上升提振了养殖场户的信心，奶牛养殖走出低谷，养殖户积极补栏以提高生产能力。三季度末奶牛存栏 36 万头，同比下降 0.8%，降幅明显收窄。四季度末奶牛存栏达到 36.6 万头，同比增长 3.1%，生产能力得到明显提高。**二是生牛奶价格由降转升。**2016 年上半年牛奶平均价格为 3.2 元/公斤，同比下降 8.4%。从 7 月份开始，牛奶加工企业敞开收购牛奶，取消限购措施，不再有拒收的情况，奶价进入上升通道，三季度生牛奶平均价格为 3.6 元/公斤，同比上涨 2.9%；四季度平均价格为 3.56 元/公斤，同比上涨 5.0%。**三是规模化程度进一步提高。**2015 年下半年至 2016 年上半年生牛奶价格低迷，散养户退出奶牛养殖步伐加快，经过两年的重新洗牌，全区奶牛规模化程度已达 90%以上，为奶产业提质增效奠定基础。

（四）肉羊养殖基本平稳。一是出栏量肉产量双增。2016 年宁夏羊出栏 598.2 万只，同比增长 3.2%；羊肉产量 10.5 万吨，同比增长 4.1%。**二是肉羊价格止跌回升。**前三季度，受内蒙古自治区大量淘汰羊只影响，肉羊市场供过于求，宁夏活羊价格持续下降，一季度活羊价格同比下降 11%，二季度同比下降 5.4%，三季度同比下降 7.1%。随着市场供应量的下降，四季度，活羊价格同比上涨 7.0%，其中，绵羊价格为 17.0

元/公斤，同比上涨 6.8%，羔羊价格为 20.7 元/公斤，同比上涨 3.5%。**三是羊副产品价格明显回暖**。2016 年绵羊毛平均价格为 6.9 元/公斤，同比上涨 9.9%。据 12 月份调查了解到，四季度随着肉羊价格的上涨羊皮价格有所回升，绵羊皮 12 元/张左右，同比上涨 20%左右；山羊皮 90 元/张，同比上涨 50%左右；羊绒价格 140 元/公斤，同比上涨 12%左右。养羊效益有所提高，目前一只育肥羊利润在 100-150 元之间。**四是存栏量连续四个季度下降**。受前期价格持续低迷影响，一季度末，宁夏羊存栏 580.0 万头，同比下降 3.4%；二季度末存栏 596.0 万头，同比下降 0.8%；三季度末存栏 586.9 万只，同比下降 2.5%；四季度末存栏 580.7 万只，同比下降 1.2%，养殖户的信心和积极性依然不足。

（五）家禽生产较快增长。**一是存出栏肉蛋产量同增**。2016 年宁夏活家禽出栏 1088.3 万只，同比增长 6.8%；禽肉产量 2.1 万吨，同比增长 8.1%。其中，活鸡出栏 1075.4 万只，同比增长 7.5%；禽蛋产量 9.7 万吨，同比增长 10.0%，其中，鸡蛋产量 9.1 万吨，同比增长 9.8%；期末活家禽存栏 1064.5 万只，同比增长 14.0%。**二是活鸡价格呈上涨趋势**。2016 年活鸡平均批发价格为 18.8 元/公斤，同比上涨 2.6%。从季度看，价格有涨有跌，一季度活鸡平均批发价格 19.6 元/公斤，同比上涨 2.1%；二季度活鸡平均批发价格 18.8 元/公斤，同比下降 1.5%；三季度活鸡平均批发价格 20.2 元/公斤，同比上涨 14.8%；四季度活鸡平均批发价格 16.6 元/公斤，同比下降 4.4%。**三是鸡蛋价格季节性波动较大**。2016 年鸡蛋平均批发价格为 6.9 元/公斤，同比下降 6.4%。一季度鸡蛋平均批发价格 7.3 元/公斤，同比下降 8.1%；二季度鸡蛋平均批发价格 6.7 元/公斤，同比下降 2.2%；三季度鸡蛋平均批发价格为 6.6 元/公斤，同比下降 10.7%；四季度鸡蛋平均批发价格为 6.8 元/公斤，同比下降 4.2%。

二、推动畜牧业稳步发展的有利因素

（一）政策给力。2016 年宁夏相继出台了《创新财政支农方式加快发展农业特色优势产业的扶持政策暨实施办法》《培育特色产业精准扶贫实施意见》《加快发展农业特色优势产业贷款担保基金管理办法（试行）》等一系列政策措施，助推畜牧业提质增效。特别是见犊补母、畜牧业保险、青贮池补贴、黄贮补贴、粮改饲补贴、圈棚补贴、基础母牛（羊）补贴、金融扶贫等政策效益明显。以红寺堡区为例，肉牛见犊补母 500 元/头，对贫困户存栏基础母牛 5 头、基础母羊 18 只以上补助 8000 元，对于建档立卡贫困户饲养 16 只以上基础母羊补助 500 元/只，购买种公羊补助 800 元/只，推动了牛羊产业的发展。泾源县通过与新疆天山牧业上市公司合作，推行“龙头企业+合作社+农户”模式，推动高品质肉牛的发展，同时对认购的纯种安格斯基础母牛每头“以奖代补”2500 元，采取政府贴息贷款 1 万元、补贴 3000 元、农户自筹 3000 元的方式鼓励农户积极养殖纯种安格斯肉牛，加快肉牛品种的更新换代，提高养牛效益。盐池县作为宁夏的滩羊之乡和养羊大县，肉羊饲养量占全区的 1/6 强，2016 年实施了滩羊最低保护价和基础母羊保险，对宁夏肉羊养殖带动作用明显，2016 年肉羊存出栏分别达到 91.1 万只、83.7 万只，同比分别增长 16.4%和 10.6%。

（二）成本下降。2016 年宁夏玉米价格为 1.61 元/公斤，同比下降 13.2%；青贮饲料 480 元/吨，同比下降 7.6%；苜蓿 1600 元/吨，同比下降 27.3%；豆粕 1800 元/吨，同比下降 10%。饲料价格的下降节约了养殖成本，提升了养殖业的利润空间，推动了畜牧业的健康发展。

（三）科技帮忙。据了解，目前通过人工授精进行滩羊配种，二胎率为 10%左右，杂交肉羊一胎甚至可以产 2-3 只羔，产羔率明显提高，确保肉羊养殖稳定发展。配方饲料的应用也为畜牧业发展提质增效发挥作用，据同心县春虎养殖合作社反映，合作社养殖户采用县农牧局推荐的配方饲料养羊，与传统养殖方式相比，养殖周期缩短了一半，出肉率高达 60%，比传统养殖高 10 个百分点，养殖效益高。

（四）防疫到位。调研中了解到，近年来宁夏农牧部门紧盯防疫工作不放松，畜牧业防疫网络健全，服务及时到位，采取定人定点定时为养殖户提供技术和防疫服务，2016 年全区没有发生大的畜禽疫情，畜禽成活率高，确保了家禽养殖的稳定发展和养殖户的经济利益。

三、值得关注的问题及建议

（一）肉牛、肉羊规模化程度不高。据了解，目前宁夏生猪、奶牛及家禽的规模化程度较高，但肉羊和肉牛养殖规模化程度不高。农户单打独斗，缺少必要的销售渠道，难以形成规模效益。另外，宁夏畜牧业一二三产业融合度还不高，缺少龙头企业的带动，牛奶、羊肉存在区域性过剩情况。虽然有“盐池滩羊”的品牌，但市场上羊肉“鱼龙混杂”，优质羊肉没有形成价格优势，品牌效益不明显。建议加强清真牛羊养殖的组织化程度，打造叫得响的宁夏品牌；从政府层面加大对宁夏清真牛羊肉等的对外宣传力度，提高知名度；抓住国家降低出口牛羊肉关税的机遇，使宁夏优质清真牛羊肉走出国门。

（二）融资难制约发展。调研中了解到，由于不能用活物和养殖圈棚进行抵押，目前养殖业融资难融资贵依然存在。尽管政府出台了担保贷款政策，但在实施中附加“三户联保”的条件养殖户有意见，养殖户反映通过担保公司贷款如果一户违约其他两户跟着承担连带责任的风险，另外除利息外还要承担担保费，有时还要用股权做双重抵押，加重了经济负担。建议采取适合畜牧业的特点的方式进行抵押贷款，例如可以用基础设施、奶牛、肉牛、奶款等做抵押，缓解养殖户的资金压力。

（三）养殖业粪污处理亟待加强。畜牧业的发展必然产生大量畜禽粪便，其中含有大量有害物质和病原生物，不进行有效处理则污染严重。据了解，目前宁夏养殖场对粪便的处理方式主要有三种：堆肥方式、水冲方式和沼气发酵模式。由于场地和资金限制，多数养殖场采用前两种方式。而且由于处理不彻底，对周围空气和地下水污染严重，特别是夏季极易滋生蚊蝇，威胁人身健康。建议加大对养殖业粪污处理的支持力度，出台有关政策措施鼓励养殖场户建立粪污处理设施，或由政府出资在养殖业集中区域建立粪污集中处理设施。

（姬博文　刘春水　王娟）

4-1 主要年份全区粮食生产情况

Basic Statistics of Grain Production in Main Years

单位：亩、公斤、吨 (mu,kg,ton)

年 份 Year	粮食 Grain			一、夏粮 Summer Harvest			#小麦 Wheat			二、秋粮 Autumn Harvest		
	播种面积 Sown Area	亩产 Yield per Unit	总产量 Total Output	播种面积 Sown Area	亩产 Yield per Unit	总产量 Total Output	播种面积 Sown Area	亩产 Yield per Unit	总产量 Total Output	播种面积 Sown Area	亩产 Yield per Unit	总产量 Total Output
1984	10212118	151.1	1545000	5400059	148.7	803085	4621767	162.1	748960	4812059	153.5	739125
1985	9689000	147.5	1430000	4967000	136.9	680000	4268000	146.3	625000	4722000	158.9	750000
1986	9854000	157.8	1555000	5192000	150.5	781000	4388000	163.6	718000	4662000	166.0	774000
1987	10081000	141.9	1430000	4337000	120.8	523000	3633000	131.8	479000	5744000	157.9	907000
1988	10552146	156.2	1648626	5230898	132.1	690890	4336000	147.8	641000	5321248	180.0	957736
1989	10588584	166.7	1765360	5423726	142.6	773636	4489000	158.4	711000	5164858	192.0	991724
1990	10832120	177.0	1917028	5558997	149.5	830819	4607000	169.3	780000	5273123	206.0	1086209
1991	10882240	183.6	1997842	5606339	164.4	921848	4707201	181.6	854630	5275901	203.9	1075994
1992	10945659	170.7	1868109	4600953	163.3	751304	3727501	185.8	692752	6344706	176.0	1116805
1993	10963521	187.2	2052813	5794614	163.9	949508	4700340	183.0	860070	5168907	213.4	1103305
1994	11050493	182.1	2012208	5558364	148.3	824158	4357212	158.9	692319	5492129	216.3	1188050
1995	11426471	177.9	2032529	5268742	141.8	747142	4415209	156.0	688702	6157729	208.7	1285387
1996	11728530	219.9	2578678	5628691	172.7	972045	4708372	185.4	872939	6099839	263.4	1606633
1997	11727493	218.8	2566049	5642835	159.6	900538	4685544	175.3	821561	6084658	273.7	1665511
1998	12260722	240.5	2948595	5612387	181.0	1015811	4752382	197.4	938304	6648335	290.7	1932784
1999	12550272	233.7	2932805	4650544	180.9	841227	4025990	194.3	782139	7899728	264.8	2091578
2000	12106089	208.8	2527416	4983930	155.8	776648	4388836	169.7	744618	7122159	245.8	1750768
2001	11721052	234.4	2747954	5327290	163.8	872487	4488843	186.2	836029	6393762	293.3	1875467
2002	13216999	228.4	3019142	6738362	157.8	1063153	5563086	172.8	961159	6478637	301.9	1955989
2003	12079807	223.7	2701743	6191291	135.2	837026	4789152	157.9	756142	5888516	316.7	1864717
2004	11874849	244.6	2904883	5152893	170.2	877023	4185385	192.1	804188	6721956	301.7	2027860
2005	11638712	257.6	2998089	4927863	171.7	845969	4140270	191.8	794139	6710849	320.7	2152120
2006	11934180	260.5	3109369	3981459	201.5	802351	3221019	215.6	694474	7952721	290.1	2307018
2007	12845639	251.8	3235003	3678249	172.5	634636	3505997	175.7	616005	9167390	283.7	2600367
2008	12392463	265.7	3292404	3669525	185.0	678704	3064305	209.1	640737	8722938	299.6	2613700
2009	12409138	274.6	3407028	3730982	204.6	763236	3276869	224.5	735631	8678156	304.6	2643792
2010	12660739	281.6	3565096	3654077	200.6	732959	3170550	221.8	703325	9006662	314.4	2832137
2011	12786622	280.7	3589471	3446648	190.2	655389	3031512	207.7	629758	9339974	314.1	2934082
2012	12424055	301.9	3750337	3026713	214.4	648948	2684701	231.1	620447	9397342	330.0	3101389
2013	12024047	310.5	3734013	2473415	194.4	480871	2232375	207.5	463158	9550632	340.6	3253142
2014	11569990	326.6	3778932	2180775	195.7	426832	1912047	212.1	405490	9389215	357.0	3352100
2015	11556340	322.5	3726450	2097812	199.8	419092	1836792	215.8	396361	9458528	349.7	3307358
2016	11674765	317.4	3706116	2147871	197.0	423108	1892861	216.0	408933	9526894	344.6	3283008

4-1 续表 continued

单位：亩、公斤、吨 (mu,kg,ton)

年 份 Year	#1.水稻 Rice			2.玉米 Corn			3.马铃薯 Tubers		
	播种面积 Sown Area	亩产 Yield per Unit	总产量 Total Output	播种面积 Sown Area	亩产 Yield per Unit	总产量 Total Output	播种面积 Sown Area	亩产 Yield per Unit	总产量 Total Output
1984	762539	547.8	417735	484123	236.8	114650			
1985	738000	568.7	420000	531708	267.3	142135			
1986	761000	551.6	420000	694776	249.1	173095			
1987	785000	558.0	438000	945503	307.3	290518			
1988	815000	557.6	453000	1127000	259.1	292000			
1989	852000	566.9	483000	996000	334.3	333000			
1990	904000	600.7	543000	1132000	332.3	376000			
1991	907140	617.9	560558	1138381	327.0	372268			
1992	936758	461.8	432559	1077274	380.4	409815			
1993	939903	463.1	435241	1051561	414.7	436065			
1994	853767	544.8	465125	1181981	418.5	494718			
1995	931461	495.5	461531	1425241	426.9	608485			
1996	960718	562.0	539928	1822937	437.1	796745			
1997	1008377	594.3	599259	1976540	420.9	831922			
1998	997442	630.2	628558	2147850	463.6	995797			
1999	1062782	618.7	657493	2440433	441.0	1076200			
2000	1150920	542.0	623764	1966162	416.8	819549	1146188	154.0	176485
2001	1113264	555.3	618212	2216335	427.6	947715	1217419	163.6	199202
2002	1145517	573.3	656686	2325883	448.3	1042723	1138147	142.5	162206
2003	700650	528.7	370423	2645027	453.4	1199260	1315319	171.9	226058
2004	965672	543.3	524620	2817790	417.7	1176885	1553468	170.1	264219
2005	1068722	571.3	610580	2675812	453.8	1214150	1759014	156.5	275235
2006	1224961	579.1	709368	2617748	464.3	1215411	2803579	115.8	324612
2007	1155006	523.8	605003	3090002	474.4	1466001	3010003	137.5	414002
2008	1204327	551.2	663810	3127872	479.4	1499400	3499117	120.8	422753
2009	1173687	550.0	645538	3226160	484.7	1563817	3264612	119.7	390648
2010	1247374	561.1	699862	3351079	494.8	1658047	3328313	127.7	425016
2011	1259133	561.9	707553	3466567	497.4	1724292	3367775	132.2	445201
2012	1265102	563.8	713259	3688433	518.3	1911770	3235540	130.6	422443
2013	1232159	559.1	688949	3930306	524.8	2062431	3231317	136.2	439966
2014	1170677	528.2	618346	4331316	517.3	2240724	2660268	158.3	421101
2015	1115146	544.8	607535	4526615	501.2	2268820	2557730	145.4	371950
2016	1125777	559.6	629995	4453439	497.3	2214650	2532727	139.8	354169

4-2 主要年份各市县粮食产量

Output of Grain by City and County in Main Years

单位：吨 (ton)

地 区	Region	1978	1980	1990	2000	2005	2006	2007	2008
全 区	**Total**	**1119810**	**1201770**	**1917030**	**2527410**	**2998090**	**3109369**	**3235003**	**3292404**
沿黄地区	**Plain**	**774820**	**857630**	**1402370**	**1977750**	**2035970**	**2125563**	**2043187**	**2145157**
中南部地区	**Mountain Area**	**395090**	**345940**	**514670**	**549660**	**962120**	**983806**	**1191816**	**1147247**
银川市	**Yinchuan**	**227570**	**303740**	**517970**	**681980**	**696110**	**724312**	**637036**	**712650**
银川市辖区	District	48550	48570	80770	110340	118660	120595	114392	123948
永宁县	Yongning	35610	94980	173480	194590	223400	231733	168355	218240
贺兰县	Helan	69350	72410	140890	197730	202600	219769	235577	214851
灵武市	Lingwu	74060	87780	122830	179320	151440	152215	118712	155611
石嘴山市	**Shizuishan**	**123860**	**128260**	**213150**	**335900**	**344170**	**353962**	**368531**	**369471**
石嘴山市辖区	District	34170	36650	53190	70980	81470	80595	81863	71494
平罗县	Pingluo	82390	84800	140470	232950	262700	273367	286668	297977
吴忠市	**Wuzhong**	**245150**	**235270**	**408460**	**533540**	**687650**	**752818**	**827814**	**816460**
利通区	Litong	77230	84920	123120	154260	164270	175655	164437	171465
红寺堡区	Hongsipu				9530	95660	71401	114110	100763
盐池县	Yanchi	25520	7500	37000	28000	59860	135145	73822	69264
同心县	Tongxin	45980	31810	70630	102180	106560	109058.52	216083	210114
青铜峡市	Qingtongxia	96420	111040	177710	242320	261300	261558	259362	264854
固原市	**Guyuan**	**261330**	**263880**	**342980**	**337300**	**604470**	**563794**	**626945**	**609546**
原州区	Yuanzhou	88540	84210	104620	96470	158530	139138	160107	133642
西吉县	Xiji	68870	87060	95400	97940	205490	185559	220562	203098
隆德县	Longde	42270	39480	52620	60260	76570	71792	61599	87578
泾源县	Jingyuan	18620	19360	24240	26350	43440	41280	38864	39670
彭阳县	Pengyang	43030	33770	66100	56280	120430	126025	145813	145558
中卫市	**Zhongwei**	**195560**	**201640**	**314050**	**413380**	**418980**	**437330**	**446358**	**479677**
沙坡头区	Shapotou	82500	96460	139500	159990	139560	139095	131765	136067
中宁县	Zhongning	50800	62430	110490	180740	183850	193828	153737	186050
海原县	Haiyuan	62260	42750	64060	72650	95570	104407	160856	157560
区 属	**Qushu**	**66340**	**68980**	**120420**	**222560**	**246720**	**277153**	**328319**	**304600**
农 垦	NongKen								263941

注：1988年起粮食产量为抽样调查数据。

Note: Data in this table are obtained from the sample surveys on total grain since 1988.

4-2 续表 continued

单位：吨 (ton)

地 区	Region	2009	2010	2011	2012	2013	2014	2015	2016
全 区	**Total**	**3407028**	**3565096**	**3589471**	**3750337**	**3734013**	**3778932**	**3726450**	**3706116**
沿黄地区	**Plain**	**2203602**	**2159870**	**2177229**	**2255389**	**2212249**	**2140630**	**2190489**	**2228169**
中南部地区	**Mountain Area**	**1203426**	**1405227**	**1412242**	**1494948**	**1521764**	**1638302**	**1535961**	**1477947**
银川市	**Yinchuan**	**731788**	**706356**	**693716**	**708452**	**662274**	**618601**	**639505**	**648065**
银川市辖区	District	129299	133083	127256	128613	105756	102911	102994	105634
永宁县	Yongning	223673	212689	215175	225496	231289	222562	227232	235424
贺兰县	Helan	213230	208884	207043	213152	180853	157558	171428	173099
灵武市	Lingwu	165586	151700	144241	141191	144376	135570	137851	133908
石嘴山市	**Shizuishan**	**398880**	**387742**	**394851**	**405993**	**407662**	**409695**	**410362**	**391893**
石嘴山市辖区	District	77690	67701	70904	73863	72898	73407	76220	78087
平罗县	Pingluo	321190	320041	323947	332130	334764	336288	334142	313806
吴忠市	**Wuzhong**	**831049**	**888678**	**902592**	**899943**	**904891**	**940287**	**906774**	**975507**
利通区	Litong	161350	163748	153285	158995	156951	150909	151695	177162
红寺堡区	Hongsipu	101690	106414	101905	106973	112219	120651	113015	115006
盐池县	Yanchi	86836	96836	99358	88964	96595	105951	87599	106097
同心县	Tongxin	216135	266573	289244	277813	284193	313244	301759	307184
青铜峡市	Qingtongxia	265038	255107	258800	267199	254933	249532	252706	270058
固原市	**Guyuan**	**646014**	**745828**	**728740**	**803273**	**798556**	**847596**	**794654**	**745464**
原州区	Yuanzhou	146777	176527	170186	184770	187708	198025	183138	166376
西吉县	Xiji	210787	248531	249047	273174	276389	306301	292999	270474
隆德县	Longde	88837	92987	90409	95100	88161	83289	76316	80317
泾源县	Jingyuan	39687	38315	34055	29810	25673	24044	16777	15427
彭阳县	Pengyang	159926	189468	185044	220419	220625	235937	225424	212870
中卫市	**Zhongwei**	**477767**	**525657**	**542147**	**587396**	**601220**	**604765**	**603687**	**582571**
沙坡头区	Shapotou	138194	142470	145849	149071	151713	141233	151987	158283
中宁县	Zhongning	186822	193610	203303	220399	219306	212672	212766	220092
海原县	Haiyuan	152751	189577	192995	217926	230201	250860	238934	204196
区 属	**Qushu**	**321529**	**310835**	**327427**	**345280**	**359410**	**357988**	**371468**	**362616**
农 垦	NongKen	316922	308486	324777	340566	356666	354186	364230	354046

注：1988年起粮食产量为抽样调查数据。

Note: Data in this table are obtained from the sample surveys on total grain since 1988.

4-3 2016年各市县粮食生产情况

Basic Statistics of Grain Production by City and County (2016)

单位：亩、公斤、吨 (mu,kg,ton)

		2015年			2016年			2016年比2015年增减 Growth					
		播种面积 Sown Area	亩产 Yield per Unit	总产量 Total Output	播种面积 Sown Area	亩产 Yield per Unit	总产量 Total Output	播种面积 Sown Area		亩产 Yield per Unit		总产量 Total Output	
								绝对值 Level	% %	绝对值 Level	% %	绝对值 Level	% %
全　区	**Total**	**11556340**	**322.5**	**3726450**	**11674765**	**317.4**	**3706116**	**118425**	**1.0**	**-5.1**	**-1.6**	**-20334**	**-0.5**
沿黄地区	**Plain**	**4338932**	**504.8**	**2190489**	**4404630**	**505.9**	**2228169**	**65698**	**1.5**	**1.1**	**0.2**	**37680**	**1.7**
中南部地区	**Mountain Area**	**7217408**	**212.8**	**1535961**	**7270135**	**203.3**	**1477947**	**52727**	**0.7**	**-9.5**	**-4.5**	**-58014**	**-3.8**
银川市	**Yinchuan**	**1280550**	**499.4**	**639505**	**1273352**	**508.9**	**648065**	**-7198**	**-0.6**	**9.5**	**1.9**	**8560**	**1.3**
银川市辖区	District	216000	476.8	102994	215102	491.1	105634	-898	-0.4	14.3	3.0	2640	2.6
永宁县	Yongning	456000	498.3	227232	458000	514.0	235424	2000	0.4	15.7	3.2	8192	3.6
贺兰县	Helan	346550	494.7	171428	348250	497.1	173099	1700	0.5	2.4	0.5	1671	1.0
灵武市	Lingwu	262000	526.1	137851	252000	531.4	133908	-10000	-3.8	5.3	1.0	-3943	-2.9
石嘴山市	**Shizuishan**	**929130**	**441.7**	**410362**	**921972**	**425.1**	**391893**	**-7158**	**-0.8**	**-16.6**	**-3.8**	**-18469**	**-4.5**
大武口区	Dawukou	32930	357.1	11759	38372	359.0	13777	5442	16.5	1.9	0.5	2018	17.2
惠农区	Huinong	145100	444.3	64461	148550	432.9	64310	3450	2.4	-11.4	-2.6	-151	-0.2
平罗县	Pingluo	751100	444.9	334142	735050	426.9	313806	-16050	-2.1	-18.0	-4.0	-20336	-6.1
吴忠市	**Wuzhong**	**3042598**	**298.0**	**906774**	**3205288**	**304.3**	**975507**	**162690**	**5.3**	**6.3**	**2.1**	**68733**	**7.6**
利通区	Litong	289300	524.4	151695	341100	519.4	177162	51800	17.9	-5.0	-1.0	25467	16.8
红寺堡区	Hongsipu	316283	357.3	113015	301858	381.0	115006	-14425	-4.6	23.7	6.6	1991	1.8
盐池县	Yanchi	715595	122.4	87599	794510	133.5	106097	78915	11.0	11.1	9.1	18498	21.1
同心县	Tongxin	1172550	257.4	301759	1179500	260.4	307184	6950	0.6	3.0	1.2	5425	1.8
青铜峡市	Qingtongxia	548870	460.4	252706	588320	459.0	270058	39450	7.2	-1.4	-0.3	17352	6.9
固原市	**Guyuan**	**3581780**	**221.9**	**794654**	**3581267**	**208.2**	**745464**	**-513**	**0.0**	**-13.7**	**-6.2**	**-49190**	**-6.2**
原州区	Yuanzhou	798250	229.4	183138	782817	212.5	166376	-15433	-1.9	-16.9	-7.4	-16762	-9.2
西吉县	Xiji	1610250	182.0	292999	1607950	168.2	270474	-2300	-0.1	-13.8	-7.6	-22525	-7.7
隆德县	Longde	306500	249.0	76316	323900	248.0	80317	17400	5.7	-1.0	-0.4	4001	5.2
泾源县	Jingyuan	80100	209.5	16777	75850	203.4	15427	-4250	-5.3	-6.1	-2.9	-1350	-8.0
彭阳县	Pengyang	786680	286.6	225424	790750	269.2	212870	4070	0.5	-17.4	-6.1	-12554	-5.6
中卫市	**Zhongwei**	**2171167**	**278.0**	**603687**	**2158345**	**269.9**	**582571**	**-12822**	**-0.6**	**-8.1**	**-2.9**	**-21116**	**-3.5**
沙坡头区	Shapotou	301000	504.9	151987	315250	502.1	158283	14250	4.7	-2.8	-0.6	6296	4.1
中宁县	Zhongning	438967	484.7	212766	430095	511.7	220092	-8872	-2.0	27.0	5.6	7326	3.4
海原县	Haiyuan	1431200	166.9	238934	1413000	144.5	204196	-18200	-1.3	-22.4	-13.4	-34738	-14.5
区　属	**Qushu**	**551115**	**674.0**	**371468**	**534541**	**678.4**	**362616**	**-16574**	**-3.0**	**4.4**	**0.7**	**-8852**	**-2.4**
#农　垦	NongKen	537885	677.2	364230	521311	679.1	354046	-16574	-3.1	1.9	0.3	-10184	-2.8

4-4 2016年各市县夏收粮食生产情况

Basic Statistics of Summer Harvest Production by City and County (2016)

单位：亩、公斤、吨 (mu,kg,ton)

市 县	Region	2015年			2016年			2016年比2015年增减 Growth					
		播种面积 Sown Area	亩产 Yield per Unit	总产量 Total Output	播种面积 Sown Area	亩产 Yield per Unit	总产量 Total Output	播种面积 Sown Area		亩产 Yield per Unit		总产量 Total Output	
								绝对值 Level	% %	绝对值 Level	% %	绝对值 Level	% %
全 区	**Total**	**2097812**	**199.8**	**419092**	**2147871**	**197.0**	**423108**	**50059**	**2.4**	**-2.8**	**-1.4**	**4016**	**1.0**
沿黄地区	**Plain**	**559692**	**333.3**	**186556**	**702416**	**344.1**	**241698**	**142724**	**25.5**	**10.8**	**3.2**	**55142**	**29.6**
中南部地区	**Mountain Area**	**1538120**	**151.2**	**232536**	**1445455**	**125.5**	**181410**	**-92665**	**-6.0**	**-25.7**	**-17.0**	**-51126**	**-22.0**
银川市	**Yinchuan**	**212779**	**354.7**	**75478**	**250006**	**368.7**	**92189**	**37227**	**17.5**	**14.0**	**3.9**	**16711**	**22.1**
银川市辖区	District	26079	318.5	8306	30206	338.2	10216	4127	15.8	19.7	6.2	1910	23.0
永宁县	Yongning	102000	356.7	36383	109000	375.0	40875	7000	6.9	18.3	5.1	4492	12.3
贺兰县	Helan	76700	367.0	28149	95800	374.2	35848	19100	24.9	7.2	2.0	7699	27.4
灵武市	Lingwu	8000	330.0	2640	15000	350.0	5250	7000	87.5	20.0	6.1	2610	98.9
石嘴山市	**Shizuishan**	**137905**	**326.7**	**45055**	**188326**	**315.4**	**59401**	**50421**	**36.6**	**-11.3**	**-3.5**	**14346**	**31.8**
大武口区	Dawukou	14505	301.9	4379	15376	303.0	4659	871	6.0	1.1	0.4	280	6.4
惠农区	Huinong	18400	324.1	5963	27600	324.0	8942	9200	50.0	-0.1	0.0	2979	50.0
平罗县	Pingluo	105000	330.6	34713	145350	315.1	45800	40350	38.4	-15.5	-4.7	11087	31.9
吴忠市	**Wuzhong**	**524240**	**170.3**	**89255**	**529091**	**194.3**	**102785**	**4851**	**0.9**	**24.0**	**14.1**	**13530**	**15.2**
利通区	Litong	32000	357.0	11424	44800	360.0	16128	12800	40.0	3.0	0.8	4704	41.2
红寺堡区	Hongsipu	34205	303.0	10364	34141	326.0	11130	-64	-0.2	23.0	7.6	766	7.4
盐池县	Yanchi	13005	36.5	475	23400	54.9	1285	10395	79.9	18.4	50.4	810	170.5
同心县	Tongxin	357850	100.2	35869	312000	101.9	31784	-45850	-12.8	1.7	1.7	-4085	-11.4
青铜峡市	Qingtongxia	87180	357.0	31123	114750	370.0	42458	27570	31.6	13.0	3.6	11335	36.4
固原市	**Guyuan**	**917060**	**169.7**	**155603**	**858914**	**135.6**	**116454**	**-58146**	**-6.3**	**-34.1**	**-20.1**	**-39149**	**-25.2**
原州区	Yuanzhou	161150	161.0	25938	153664	121.8	18723	-7486	-4.6	-39.2	-24.3	-7215	-27.8
西吉县	Xiji	452950	160.1	72513	440150	129.1	56808	-12800	-2.8	-31.0	-19.4	-15705	-21.7
隆德县	Longde	100000	200.0	20000	80300	170.6	13697	-19700	-19.7	-29.4	-14.7	-6303	-31.5
泾源县	Jingyuan	33000	180.0	5940	33050	177.2	5855	50	0.2	-2.8	-1.6	-85	-1.4
彭阳县	Pengyang	169960	183.6	31212	151750	140.8	21371	-18210	-10.7	-42.8	-23.3	-9841	-31.5
中卫市	**Zhongwei**	**291565**	**162.0**	**47241**	**300970**	**142.4**	**42852**	**9405**	**3.2**	**-19.6**	**-12.1**	**-4389**	**-9.3**
沙波头区	Shapotou	35500	266.0	9442	43200	289.6	12512	7700	21.7	23.6	8.9	3070	32.5
中宁县	Zhongning	40065	189.0	7574	40770	235.1	9583	705	1.8	46.1	24.4	2009	26.5
海原县	Haiyuan	216000	139.9	30225	217000	95.7	20757	1000	0.5	-44.2	-31.6	-9468	-31.3
区 属	**Qushu**	**14263**	**452.9**	**6460**	**20564**	**458.4**	**9427**	**6301**	**44.2**	**5.5**	**1.2**	**2967**	**45.9**
#农 垦	NongKen	12210	451.6	5514	18064	458.4	8281	5854	47.9	6.8	1.5	2767	50.2

4-5 2016年各市县秋收粮食生产情况

Basic Statistics of Autumn Harvest Production by City and County (2016)

单位：亩、公斤、吨 (mu,kg,ton)

市 县	Region	2015年			2016年			2016年比2015年增减 Growth					
		播种面积 Sown Area	亩产 Yield per Unit	总产量 Total Output	播种面积 Sown Area	亩产 Yield per Unit	总产量 Total Output	播种面积 Sown Area		亩产 Yield per Unit		总产量 Total Output	
								绝对值 Level	% %	绝对值 Level	% %	绝对值 Level	% %
全 区	**Total**	**9458528**	**349.7**	**3307358**	**9526894**	**344.6**	**3283008**	**68366**	**0.7**	**-5.1**	**-1.5**	**-24350**	**-0.7**
沿黄地区	**Plain**	**3779240**	**530.2**	**2003933**	**3702214**	**536.6**	**1986471**	**-77026**	**-2.0**	**6.4**	**1.2**	**-17462**	**-0.9**
中南部地区	**Mountain Area**	**5679288**	**229.5**	**1303425**	**5824680**	**222.6**	**1296537**	**145392**	**2.6**	**-6.9**	**-3.0**	**-6888**	**-0.5**
银川市	**Yinchuan**	**1067771**	**528.2**	**564027**	**1023346**	**543.2**	**555876**	**-44425**	**-4.2**	**15.0**	**2.8**	**-8151**	**-1.4**
银川市辖区	District	189921	498.6	94688	184896	516.1	95418	-5025	-2.6	17.5	3.5	730	0.8
永宁县	Yongning	354000	539.1	190849	349000	557.4	194549	-5000	-1.4	18.3	3.4	3700	1.9
贺兰县	Helan	269850	531.0	143279	252450	543.7	137251	-17400	-6.4	12.7	2.4	-6028	-4.2
灵武市	Lingwu	254000	532.3	135211	237000	542.9	128658	-17000	-6.7	10.6	2.0	-6553	-4.8
石嘴山市	**Shizuishan**	**791225**	**461.7**	**365307**	**733646**	**453.2**	**332492**	**-57579**	**-7.3**	**-8.5**	**-1.8**	**-32815**	**-9.0**
大武口区	Dawukou	18425	400.5	7380	22996	396.5	9118	4571	24.8	-4.0	-1.0	1738	23.6
惠农区	Huinong	126700	461.7	58498	120950	457.8	55368	-5750	-4.5	-3.9	-0.8	-3130	-5.4
平罗县	Pingluo	646100	463.4	299429	589700	454.5	268006	-56400	-8.7	-8.9	-1.9	-31423	-10.5
吴忠市	**Wuzhong**	**2518358**	**324.6**	**817519**	**2676197**	**326.1**	**872722**	**157839**	**6.3**	**1.5**	**0.5**	**55203**	**6.8**
利通区	Litong	257300	545.2	140271	296300	543.5	161034	39000	15.2	-1.7	-0.3	20763	14.8
红寺堡区	Hongsipu	282078	363.9	102651	267717	388.0	103876	-14361	-5.1	24.1	6.6	1225	1.2
盐池县	Yanchi	702590	124.0	87124	771110	135.9	104812	68520	9.8	11.9	9.6	17688	20.3
同心县	Tongxin	814700	326.4	265890	867500	317.5	275400	52800	6.5	-8.9	-2.7	9510	3.6
青铜峡市	Qingtongxia	461690	479.9	221583	473570	480.6	227600	11880	2.6	0.7	0.1	6017	2.7
固原市	**Guyuan**	**2664720**	**239.8**	**639051**	**2722353**	**231.1**	**629010**	**57633**	**2.2**	**-8.7**	**-3.6**	**-10041**	**-1.6**
原州区	Yuanzhou	637100	246.7	157200	629153	234.7	147653	-7947	-1.2	-12.0	-4.9	-9547	-6.1
西吉县	Xiji	1157300	190.5	220486	1167800	183.0	213666	10500	0.9	-7.5	-3.9	-6820	-3.1
隆德县	Longde	206500	272.7	56316	243600	273.5	66620	37100	18.0	0.8	0.3	10304	18.3
泾源县	Jingyuan	47100	230.1	10837	42800	223.6	9572	-4300	-9.1	-6.5	-2.8	-1265	-11.7
彭阳县	Pengyang	616720	314.9	194212	639000	299.7	191499	22280	3.6	-15.2	-4.8	-2713	-1.4
中卫市	**Zhongwei**	**1879602**	**296.0**	**556446**	**1857375**	**290.6**	**539719**	**-22227**	**-1.2**	**-5.4**	**-1.8**	**-16727**	**-3.0**
沙坡头区	Shapotou	265500	536.9	142545	272050	535.8	145771	6550	2.5	-1.1	-0.2	3226	2.3
中宁县	Zhongning	398902	514.4	205192	389325	540.7	210509	-9577	-2.4	26.3	5.1	5317	2.6
海原县	Haiyuan	1215200	171.7	208709	1196000	153.4	183439	-19200	-1.6	-18.3	-10.7	-25270	-12.1
区 属	**Qushu**	**536852**	**679.9**	**365008**	**513977**	**687.2**	**353189**	**-22875**	**-4.3**	**7.3**	**1.1**	**-11819**	**-3.2**
#农 垦	NongKen	525675	682.4	358716	503247	687.1	345765	-22428	-4.3	4.7	0.7	-12951	-3.6

4-6 2016年各市县小麦生产情况

Basic Statistics of Wheat Production by City and County (2016)

单位：亩、公斤、吨 (mu,kg,ton)

市 县	Region	2015年			2016年			2016年比2015年增减 Growth					
		播种面积	亩产	总产量	播种面积	亩产	总产量	播种面积 Sown Area		亩产 Yield per Unit		总产量 Total Output	
		Sown Area	Yield per Unit	Total Output	Sown Area	Yield per Unit	Total Output	绝对值 Level	% %	绝对值 Level	% %	绝对值 Level	% %
全 区	**Total**	**1836792**	**215.8**	**396361**	**1892861**	**216.0**	**408933**	**56069**	**3.1**	**0.2**	**0.1**	**12572**	**3.2**
沿黄地区	**Plain**	**554172**	**335.4**	**185870**	**697256**	**345.8**	**241139**	**143084**	**25.8**	**10.4**	**3.1**	**55269**	**29.7**
中南部地区	**Mountain Area**	**1282620**	**164.1**	**210491**	**1195605**	**140.3**	**167794**	**-87015**	**-6.8**	**-23.8**	**-14.5**	**-42697**	**-20.3**
银川市	**Yinchuan**	**212779**	**354.7**	**75478**	**250006**	**368.7**	**92189**	**37227**	**17.5**	**14.0**	**3.9**	**16711**	**22.1**
银川市辖区	District	26079	318.5	8306	30206	338.2	10216	4127	15.8	19.7	6.2	1910	23.0
永宁县	Yongning	102000	356.7	36383	109000	375.0	40875	7000	6.9	18.3	5.1	4492	12.3
贺兰县	Helan	76700	367.0	28149	95800	374.2	35848	19100	24.9	7.2	2.0	7699	27.4
灵武市	Lingwu	8000	330.0	2640	15000	350.0	5250	7000	87.5	20.0	6.1	2610	98.9
石嘴山市	**Shizuishan**	**137905**	**326.7**	**45055**	**188326**	**315.4**	**59401**	**50421**	**36.6**	**-11.3**	**-3.5**	**14346**	**31.8**
大武口区	Dawukou	14505	301.9	4379	15376	303.0	4659	871	6.0	1.1	0.4	280	6.4
惠农区	Huinong	18400	324.1	5963	27600	324.0	8942	9200	50.0	-0.1	0.0	2979	50.0
平罗县	Pingluo	105000	330.6	34713	145350	315.1	45800	40350	38.4	-15.5	-4.7	11087	31.9
吴忠市	**Wuzhong**	**510390**	**174.4**	**88990**	**500591**	**204.2**	**102243**	**-9799**	**-1.9**	**29.8**	**17.1**	**13253**	**14.9**
利通区	Litong	32000	357.0	11424	44800	360.0	16128	12800	40.0	3.0	0.8	4704	41.2
红寺堡区	Hongsipu	34205	303.0	10364	34141	326.0	11130	-64	-0.2	23.0	7.6	766	7.4
盐池县	Yanchi	13005	36.5	475	23400	54.9	1285	10395	79.9	18.4	50.4	810	170.5
同心县	Tongxin	344000	103.5	35604	283500	110.2	31242	-60500	-17.6	6.7	6.5	-4362	-12.3
青铜峡市	Qingtongxia	87180	357.0	31123	114750	370.0	42458	27570	31.6	13.0	3.6	11335	36.4
固原市	**Guyuan**	**751410**	**186.8**	**140374**	**714064**	**148.8**	**106279**	**-37346**	**-5.0**	**-38.0**	**-20.3**	**-34095**	**-24.3**
原州区	Yuanzhou	141050	170.6	24063	136664	129.2	17657	-4386	-3.1	-41.4	-24.3	-6406	-26.6
西吉县	Xiji	363900	183.9	66921	347850	149.7	52073	-16050	-4.4	-34.2	-18.6	-14848	-22.2
隆德县	Longde	60000	240.0	14400	56300	190.6	10731	-3700	-6.2	-49.4	-20.6	-3669	-25.5
泾源县	Jingyuan	33000	180.0	5940	32000	180.0	5760	-1000	-3.0			-180	-3.0
彭阳县	Pengyang	153460	189.3	29050	141250	142.0	20058	-12210	-8.0	-47.3	-25.0	-8992	-31.0
中卫市	**Zhongwei**	**210045**	**190.5**	**40004**	**219310**	**179.6**	**39394**	**9265**	**4.4**	**-10.9**	**-5.7**	**-610**	**-1.5**
沙波头区	Shapotou	33500	272.9	9142	41250	296.0	12210	7750	23.1	23.1	8.5	3068	33.6
中宁县	Zhongning	36545	196.7	7188	37560	248.3	9326	1015	2.8	51.6	26.2	2138	29.7
海原县	Haiyuan	140000	169.1	23674	140500	127.1	17858	500	0.4	-42.0	-24.8	-5816	-24.6
区 属	**Qushu**	**14263**	**452.9**	**6460**	**20564**	**458.4**	**9427**	**6301**	**44.2**	**5.5**	**1.2**	**2967**	**45.9**
#农 垦	NongKen	12210	451.6	5514	18064	458.4	8281	5854	47.9	6.8	1.5	2767	50.2

4-7 2016年各市县水稻生产情况

Basic Statistics of Rice Production by City and County (2016)

单位：亩、公斤、吨 (mu,kg,ton)

市 县	Region	2015年			2016年			2016年比2015年增减 Growth					
		播种面积 Sown Area	亩产 Yield per Unit	总产量 Total Output	播种面积 Sown Area	亩产 Yield per Unit	总产量 Total Output	播种面积 Sown Area		亩产 Yield per Unit		总产量 Total Output	
								绝对值 Level	% %	绝对值 Level	% %	绝对值 Level	% %
全 区	**Total**	**1115146**	**544.8**	**607535**	**1125777**	**559.6**	**629995**	**10631**	**1.0**	**14.8**	**2.7**	**22460**	**3.7**
沿黄地区	**Plain**	**1115146**	**544.8**	**607535**	**1125777**	**559.6**	**629995**	**10631**	**1.0**	**14.8**	**2.7**	**22460**	**3.7**
中南部地区	**Mountain Area**												
银川市	**Yinchuan**	**484724**	**555.4**	**269226**	**499904**	**565.8**	**282833**	**15180**	**3.1**	**10.4**	**1.9**	**13607**	**5.1**
银川市辖区	District	90324	520.8	47041	96454	536.2	51719	6130	6.8	15.4	3.0	4678	9.9
永宁县	Yongning	116000	617.3	71607	128000	618.6	79181	12000	10.3	1.3	0.2	7574	10.6
贺兰县	Helan	177400	534.7	94856	176450	549.1	96889	-950	-0.5	14.4	2.7	2033	2.1
灵武市	Lingwu	101000	551.7	55722	99000	556.0	55044	-2000	-2.0	4.3	0.8	-678	-1.2
石嘴山市	**Shizuishan**	**166640**	**452.4**	**75385**	**169060**	**465.9**	**78763**	**2420**	**1.5**	**13.5**	**3.0**	**3378**	**4.5**
大武口区	Dawukou	500	420.0	210	560	416.0	233	60	12.0	-4.0	-1.0	23	11.0
惠农区	Huinong	6140	439.0	2695	5500	435.0	2393	-640	-10.4	-4.0	-0.9	-302	-11.2
平罗县	Pingluo	160000	453.0	72480	163000	467.1	76137	3000	1.9	14.1	3.1	3657	5.0
吴忠市	**Wuzhong**	**219360**	**576.6**	**126483**	**228950**	**598.3**	**136991**	**9590**	**4.4**	**21.7**	**3.8**	**10508**	**8.3**
利通区	Litong	74100	541.7	40140	76000	576.7	43829	1900	2.6	35.0	6.5	3689	9.2
红寺堡区	Hongsipu												
盐池县	Yanchi												
同心县	Tongxin												
青铜峡市	Qingtongxia	145260	594.4	86343	152950	609.1	93162	7690	5.3	14.7	2.5	6819	7.9
固原市	**Guyuan**												
原州区	Yuanzhou												
西吉县	Xiji												
隆德县	Longde												
泾源县	Jingyuan												
彭阳县	Pengyang												
中卫市	**Zhongwei**	**97402**	**575.2**	**56021**	**88115**	**607.1**	**53498**	**-9287**	**-9.5**	**31.9**	**5.5**	**-2523**	**-4.5**
沙波头区	Shapotou	69000	580.7	40068	60800	613.3	37289	-8200	-11.9	32.6	5.6	-2779	-6.9
中宁县	Zhongning	28402	561.7	15953	27315	593.4	16209	-1087	-3.8	31.7	5.6	256	1.6
海原县	Haiyuan												
区 属	**Qushu**	**147020**	**547.0**	**80420**	**139748**	**557.5**	**77910**	**-7272**	**-4.9**	**10.5**	**1.9**	**-2510**	**-3.1**
#农 垦	NongKen	145800	547.0	79753	138248	557.9	77129	-7552	-5.2	10.9	2.0	-2624	-3.3

4-8　2016年各市县玉米生产情况

Basic Statistics of Corn Production by City and County (2016)

单位：亩、公斤、吨　　　　(mu,kg,ton)

市　县	Region	2015年 播种面积 Sown Area	2015年 亩产 Yield per Unit	2015年 总产量 Total Output	2016年 播种面积 Sown Area	2016年 亩产 Yield per Unit	2016年 总产量 Total Output	2016年比2015年增减 Growth 播种面积 Sown Area 绝对值 Level	播种面积 Sown Area %	亩产 Yield per Unit 绝对值 Level	亩产 Yield per Unit %	总产量 Total Output 绝对值 Level	总产量 Total Output %
全　区	**Total**	**4526615**	**501.2**	**2268820**	**4453439**	**497.3**	**2214650**	**-73176**	**-1.6**	**-3.9**	**-0.8**	**-54170**	**-2.4**
沿黄地区	**Plain**	**2518152**	**551.6**	**1389042**	**2420516**	**556.6**	**1347219**	**-97636**	**-3.9**	**5.0**	**0.9**	**-41823**	**-3.0**
中南部地区	**Mountain Area**	**2008463**	**438.0**	**879778**	**2032923**	**426.7**	**867431**	**24460**	**1.2**	**-11.3**	**-2.6**	**-12347**	**-1.4**
银川市	**Yinchuan**	**552297**	**531.5**	**293568**	**496492**	**547.7**	**271917**	**-55805**	**-10.1**	**16.2**	**3.0**	**-21651**	**-7.4**
银川市辖区	District	99597	478.4	47647	88442	494.1	43699	-11155	-11.2	15.7	3.3	-3948	-8.3
永宁县	Yongning	228000	520.8	118742	211000	544.4	114868	-17000	-7.5	23.6	4.5	-3874	-3.3
贺兰县	Helan	91700	527.7	48390	74050	543.9	40276	-17650	-19.2	16.2	3.1	-8114	-16.8
灵武市	Lingwu	133000	592.4	78789	123000	594.1	73074	-10000	-7.5	1.7	0.3	-5715	-7.3
石嘴山市	**Shizuishan**	**606025**	**476.9**	**289000**	**542436**	**464.9**	**252193**	**-63589**	**-10.5**	**-12.0**	**-2.5**	**-36807**	**-12.7**
大武口区	Dawukou	17925	400.0	7170	22436	396.0	8885	4511	25.2	-4.0	-1.0	1715	23.9
惠农区	Huinong	120100	464.5	55786	115000	460.5	52958	-5100	-4.2	-4.0	-0.9	-2828	-5.1
平罗县	Pingluo	468000	483.0	226044	405000	470.0	190350	-63000	-13.5	-13.0	-2.7	-35694	-15.8
吴忠市	Wuzhong	**1187093**	**535.3**	**635394**	**1218020**	**536.8**	**653893**	**30927**	**2.6**	**1.5**	**0.3**	**18499**	**2.9**
利通区	Litong	180200	555.0	100011	212300	550.0	116765	32100	17.8	-5.0	-0.9	16754	16.8
红寺堡区	Hongsipu	210213	463.0	97329	207530	482.0	100029	-2683	-1.3	19.0	4.1	2700	2.8
盐池县	Yanchi	167800	395.5	66365	174440	390.0	68032	6640	4.0	-5.5	-1.4	1667	2.5
同心县	Tongxin	373500	639.6	238891	365000	649.6	237104	-8500	-2.3	10.0	1.6	-1787	-0.7
青铜峡市	Qingtongxia	255380	520.0	132798	258750	510.0	131963	3370	1.3	-10.0	-1.9	-835	-0.6
固原市	**Guyuan**	**986950**	**364.5**	**359743**	**1025953**	**351.0**	**360086**	**39003**	**4.0**	**-13.5**	**-3.7**	**343**	**0.1**
原州区	Yuanzhou	250600	389.0	97483	258803	365.1	94489	8203	3.3	-23.9	-6.1	-2994	-3.1
西吉县	Xiji	202250	263.0	53192	203150	237.7	48289	900	0.4	-25.3	-9.6	-4903	-9.2
隆德县	Longde	90000	350.3	31527	125800	345.0	43401	35800	39.8	-5.3	-1.5	11874	37.7
泾源县	Jingyuan	16000	260.0	4160	14000	256.5	3591	-2000	-12.5	-3.5	-1.3	-569	-13.7
彭阳县	Pengyang	428100	405.0	173381	424200	401.5	170316	-3900	-0.9	-3.5	-0.9	-3065	-1.8
中卫市	**Zhongwei**	**806900**	**504.2**	**406800**	**798950**	**502.6**	**401586**	**-7950**	**-1.0**	**-1.6**	**-0.3**	**-5214**	**-1.3**
沙波头区	Shapotou	175000	576.0	100800	190200	560.0	106512	15200	8.7	-16.0	-2.8	5712	5.7
中宁县	Zhongning	361900	521.0	188550	348750	553.1	192894	-13150	-3.6	32.1	6.2	4344	2.3
海原县	Haiyuan	270000	435.0	117450	260000	393.0	102180	-10000	-3.7	-42.0	-9.7	-15270	-13.0
区　属	**Qushu**	**387350**	**734.0**	**284315**	**371588**	**740.0**	**274975**	**-15762**	**-4.1**	**6.0**	**0.8**	**-9340**	**-3.3**
#农　垦	NongKen	377670	738.0	278720	362658	740.0	268367	-15012	-4.0	2.0	0.3	-10353	-3.7

4-9 2016年各市县马铃薯生产情况

Basic Statistics of Tubers Production by City and County (2016)

单位：亩、公斤、吨 (mu,kg,ton)

市县	Region	2015年			2016年			2016年比2015年增减 Growth					
		播种面积 Sown Area	亩产 Yield per Unit	总产量 Total Output	播种面积 Sown Area	亩产 Yield per Unit	总产量 Total Output	播种面积 Sown Area		亩产 Yield per Unit		总产量 Total Output	
								绝对值 Level	%	绝对值 Level	%	绝对值 Level	%
全区	**Total**	**2557730**	**145.4**	**371950**	**2532727**	**139.8**	**354169**	**-25003**	**-1.0**	**-5.6**	**-3.9**	**-17781**	**-4.8**
沿黄地区	**Plain**												
中南部地区	**Mountain Area**	**2557730**	**145.4**	**371950**	**2532727**	**139.8**	**354169**	**-25003**	**-1.0**	**-5.6**	**-3.9**	**-17781**	**-4.8**
银川市	**Yinchuan**												
银川市辖区	District												
永宁县	Yongning												
贺兰县	Helan												
灵武市	Lingwu												
石嘴山市	**Shizuishan**												
大武口区	Dawukou												
惠农区	Huinong												
平罗县	Pingluo												
吴忠市	**Wuzhong**	**396030**	**88.5**	**35056**	**368427**	**96.0**	**35378**	**-27603**	**-7.0**	**7.5**	**8.5**	**322**	**0.9**
利通区	Litong												
红寺堡区	Hongsipu	27580	148.0	4082	17927	125.0	2241	-9653	-35.0	-23.0	-15.5	-1841	-45.1
盐池县	Yanchi	175000	77.5	13563	175500	89.1	15637	500	0.3	11.6	15.0	2074	15.3
同心县	Tongxin	193450	90.0	17411	175000	100.0	17500	-18450	-9.5	10.0	11.1	89	0.5
青铜峡市	Qingtongxia												
固原市	**Guyuan**	**1546700**	**174.1**	**269244**	**1559300**	**166.8**	**260106**	**12600**	**0.8**	**-7.3**	**-4.2**	**-9138**	**-3.4**
原州区	Yuanzhou	361650	161.0	58226	344300	150.0	51645	-17350	-4.8	-11.0	-6.8	-6581	-11.3
西吉县	Xiji	887500	182.0	161525	890500	180.3	160557	3000	0.3	-1.7	-0.9	-968	-0.6
隆德县	Longde	115000	213.8	24587	116000	198.5	23026	1000	0.9	-15.3	-7.2	-1561	-6.3
泾源县	Jingyuan	30000	220.0	6600	28000	211.6	5925	-2000	-6.7	-8.4	-3.8	-675	-10.2
彭阳县	Pengyang	152550	120.0	18306	180500	105.0	18953	27950	18.3	-15.0	-12.5	647	3.5
中卫市	**Zhongwei**	**615000**	**110.0**	**67650**	**605000**	**97.0**	**58685**	**-10000**	**-1.6**	**-13.0**	**-11.8**	**-8965**	**-13.3**
沙坡头区	Shapotou												
中宁县	Zhongning												
海原县	Haiyuan	615000	110.0	67650	605000	97.0	58685	-10000	-1.6	-13.0	-11.8	-8965	-13.3
区属	**Qushu**												
#农垦	NongKen												

4-10 2016年各市县猪、牛、羊、禽存栏情况

Breeding Stock of Livestock by City and County (2016)

市 县	Region	存栏 Number of Livestock in Stock						
		生猪(头)		牛(头)		羊(只)	家禽(百只)	
		Hog (head)	#能繁母猪 Sow	Cattle and Buffaloes (head)	#奶牛 Dairy Cow	Sheep (head)	Poultry (100 head)	#蛋鸡 Egg-laying
全 区	**Total**	**689554**	**79446**	**1129700**	**365468**	**5807262**	**106446**	**73688**
沿黄地区	**Plain**	**469338**	**57307**	**554077**	**356946**	**2296401**	**81203**	**59701**
中南部地区	**Mountain Area**	**220216**	**22139**	**575623**	**8522**	**3510861**	**25243**	**13987**
银川市	**Yinchuan**	**152948**	**18845**	**190167**	**123752**	**660850**	**21645**	**16046**
银川市辖区	District	31850	3968	71200	54100	87551	3752	3357
永宁县	Yongning	21859	2702	41050	12580	145730	11799	9228
贺兰县	Helan	18674	1787	55557	41988	110091	3109	2498
灵武市	Lingwu	80565	10388	22360	15084	317478	2985	963
石嘴山市	**Shizuishan**	**43178**	**4606**	**61160**	**22568**	**598621**	**7956**	**4242**
石嘴山市辖区	District	20078	2485	25500	16400	227269	3050	980
平罗县	Pingluo	23100	2121	35660	6168	371352	4906	3262
吴忠市	**Wuzhong**	**157617**	**18639**	**316222**	**180999**	**2350764**	**29913**	**17773**
利通区	Litong	12223	1720	170930	132256	308614	4023	1614
红寺堡区	Hongsipu	7912	560	27140	115	318159	1013	783
盐池县	Yanchi	55180	5605	6676	5327	911275	1121	681
同心县	Tongxin	4102	68	51656	811	631056	3382	607
青铜峡市	Qingtongxia	78200	10686	59820	42490	181660	20375	14089
固原市	**Guyuan**	**142649**	**14785**	**437769**	**489**	**1036382**	**16133**	**8622**
原州区	Yuanzhou	30942	3395	91087	448	320433	5998	4320
西吉县	Xiji	39456	3221	130080		370173	4298	1889
隆德县	Longde	36281	5304	54996	41	42016	2284	1713
泾源县	Jingyuan	2250	315	70086		44000	613	210
彭阳县	Pengyang	33720	2550	91520		259760	2940	490
中卫市	**Zhongwei**	**193162**	**22571**	**124382**	**37660**	**1160645**	**30799**	**27006**
沙波头区	Shapotou	71280	7600	33400	22480	240742	22415	20102
中宁县	Zhongning	111509	13850	38600	13400	305914	4790	3610
海原县	Haiyuan	10373	1121	52382	1780	613989	3594	3294

注：从2012年开始，区属部分按照属地原则统计在各市、县(区)，不再单列。
Note:From 2012, according to the principle of territoriality , Qushu belongs to city and county (district), no longer single.

4-10 续表 continued

市 县	Region	比2015年增减%						
		猪 Hog	#能繁母猪 Sow	牛 Cattle and Buffaloes	#奶牛 Dairy Cow	羊 Sheep	家禽 Poultry	#蛋鸡 Egg-laying
全 区	**Total**	**5.3**	**3.3**	**5.0**	**3.1**	**-1.2**	**14.0**	**22.4**
沿黄地区	**Plain**	**6.2**	**2.4**	**4.5**	**2.5**	**-2.1**	**10.3**	**15.8**
中南部地区	**Mountain Area**	**3.4**	**5.9**	**5.6**	**33.6**	**-0.6**	**27.7**	**62.2**
银川市	**Yinchuan**	**9.2**	**-1.8**	**1.1**	**-1.5**	**-1.3**	**0.0**	**3.0**
银川市辖区	District	28.2	39.4	2.3	0.2	-6.8	0.5	10.1
永宁县	Yongning	-8.1	-23.6	1.0	-5.5	-1.6	0.4	0.7
贺兰县	Helan	18.4	-15.4	4.2	7.5	3.2	1.2	9.4
灵武市	Lingwu	6.4	-2.9	-9.0	-21.6	-1.1	-3.7	-11.7
石嘴山市	**Shizuishan**	**5.8**	**7.4**	**-2.4**	**-13.2**	**-2.6**	**17.1**	**19.5**
石嘴山市辖区	District	10.8	4.9	-2.1	-17.2	-2.5	30.6	80.4
平罗县	Pingluo	1.8	10.5	-2.6	-0.3	-2.7	10.0	8.5
吴忠市	**Wuzhong**	**5.6**	**7.9**	**10.9**	**6.5**	**6.1**	**11.6**	**34.6**
利通区	Litong	3.9	-13.5	9.4	9.9	3.1	15.6	9.2
红寺堡区	Hongsipu	-7.2	-16.1	31.1	-20.9	0.2	9.4	-10.7
盐池县	Yanchi	5.9	4.0	22.4	8.6	16.4	3.1	9.5
同心县	Tongxin	-6.9	-5.6	8.4	6.8	1.7	-6.2	35.9
青铜峡市	Qingtongxia	8.0	16.7	8.6	-2.9	-6.6	15.1	44.0
固原市	**Guyuan**	**5.1**	**7.2**	**2.8**	**-14.4**	**-5.3**	**65.7**	**129.1**
原州区	Yuanzhou	6.2	14.3	0.3	-14.3	-10.2	54.2	60.9
西吉县	Xiji	1.3	5.5	6.2		-2.1	230.6	186.6
隆德县	Longde	15.0	10.0	-2.0	-14.6	-8.0	27.9	1217.6
泾源县	Jingyuan	-7.0	95.1	3.6		-9.4	3.7	250.0
彭阳县	Pengyang	0.2	-8.4	3.2		-2.1	35.4	113.0
中卫市	**Zhongwei**	**2.3**	**1.0**	**9.1**	**16.5**	**-9.6**	**8.4**	**12.1**
沙波头区	Shapotou	15.7	-5.8	5.8	7.5	8.3	15.3	10.9
中宁县	Zhongning	-3.2	4.2	5.0	17.2	-11.5	5.1	18.2
海原县	Haiyuan	-14.6	13.1	14.7		-14.2	-18.5	13.0

注：从2012年开始，区属部分按照属地原则统计在各市、县(区)，不再单列。
Note:From 2012, according to the principle of territoriality , Qushu belongs to city and county (district), no longer single.

4-11 2016年各市县猪、牛、羊、禽出栏情况

Slaughtered of Livestock by City and County (2016)

市 县	Region	出栏 Slaughtered Livestock				比2015年增减%			
		生猪(头) Hog (head)	牛(头) Cattle and Buffaloes (head)	羊(只) Sheep (head)	家禽(百只) Poultry (100 head)	猪 Hog	牛 Cattle and Buffaloes	羊 Sheep	家禽 Poultry
全 区	**Total**	**961527**	**681853**	**5982217**	**108832**	**5.1**	**5.9**	**3.2**	**6.8**
沿黄地区	**Plain**	**679454**	**250209**	**2478765**	**79710**	**5.2**	**5.6**	**2.3**	**5.7**
中南部地区	**Mountain Area**	**282073**	**431644**	**3503452**	**29122**	**5.0**	**6.1**	**3.9**	**10.0**
银川市	**Yinchuan**	**191251**	**106581**	**851309**	**27216**	**1.9**	**3.2**	**4.8**	**-0.8**
银川市辖区	District	34440	29066	85080	2799	1.8	-2.3	4.8	-14.9
永宁县	Yongning	44075	33802	200103	15170	-2.1	1.6	8.4	-1.7
贺兰县	Helan	24711	23704	98036	4792	-3.2	18.7	13.2	36.8
灵武市	Lingwu	88025	20010	468090	4455	5.6	-1.3	1.8	-14.6
石嘴山市	**Shizuishan**	**63455**	**40505**	**562520**	**16119**	**4.1**	**2.9**	**0.8**	**8.1**
石嘴山市辖区	District	21642	9816	177995	6830	15.4	0.2	8.2	10.1
平罗县	Pingluo	41813	30689	384525	9289	-0.9	3.8	-2.4	6.6
吴忠市	**Wuzhong**	**210500**	**146630**	**2349090**	**22445**	**14.5**	**11.0**	**1.0**	**19.1**
利通区	Litong	18318	44983	307925	6647	18.8	5.6	7.8	16.1
红寺堡区	Hongsipu	11151	22602	249094	1645	16.7	20.2	13.7	74.3
盐池县	Yanchi	58965	1611	836791	1327	13.7	28.3	10.6	13.9
同心县	Tongxin	4471	58185	729003	5582	10.8	7.5	-12.0	20.9
青铜峡市	Qingtongxia	117595	19249	226277	7245	14.1	25.4	-4.0	13.2
固原市	**Guyuan**	**191044**	**316863**	**1132178**	**18420**	**0.4**	**5.8**	**6.7**	**8.4**
原州区	Yuanzhou	43961	57663	365473	7468	6.2	8.1	5.6	2.0
西吉县	Xiji	51407	76757	312379	2172	-5.0	8.9	16.6	13.9
隆德县	Longde	54165	36118	55216	1783	5.2	5.2	-4.3	5.6
泾源县	Jingyuan	4102	79305	71530	1489	0.9	4.4	5.7	23.8
彭阳县	Pengyang	37409	67020	327580	5508	-4.6	2.4	2.0	12.9
中卫市	**Zhongwei**	**305277**	**71273**	**1087120**	**24632**	**4.6**	**2.4**	**4.5**	**3.9**
沙坡头区	Shapotou	98821	17376	214946	15815	4.2	3.6	11.3	9.3
中宁县	Zhongning	190014	21515	315788	6669	3.3	9.2	-6.9	2.8
海原县	Haiyuan	16442	32383	556386	2148	26.1	-2.2	9.5	-22.0

注：从2012年开始，区属部分按照属地原则统计在各市、县(区)，不再单列。

Note:From 2012, according to the principle of territoriality , Qushu belongs to city and county (district), no longer single.

4-12 2016年各市县猪、牛、羊、禽肉产量

Output of Livestock Products by City and Country (2016)

单位：吨 (ton)

市 县	Region	猪 Hog	牛 Cattle and Buffaloes	羊 Sheep	家禽 Poultry
全 区	**Total**	**74659**	**104239**	**105235**	**21020**
沿黄地区	**Plain**	**52785**	**38304**	**43075**	**15225**
中南部地区	**Mountain Area**	**21874**	**65935**	**62161**	**5795**
银川市	**Yinchuan**	**14858**	**16321**	**14917**	**5221**
银川市辖区	District	2679	4461	1487	560
永宁县	Yongning	3439	5154	3506	2819
贺兰县	Helan	1925	3636	1718	950
灵武市	Lingwu	6815	3069	8205	891
石嘴山市	**Shizuishan**	**5183**	**6175**	**9523**	**3200**
石嘴山市辖区	District	1841	1498	3087	1405
平罗县	Pingluo	3342	4678	6436	1795
吴忠市	**Wuzhong**	**16300**	**22349**	**42342**	**4283**
利通区	Litong	1402	6873	5402	1291
红寺堡区	Hongsipu	865	3423	4237	321
盐池县	Yanchi	4591	249	15875	269
同心县	Tongxin	347	8838	12835	1038
青铜峡市	Qingtongxia	9095	2966	3994	1364
固原市	**Guyuan**	**14794**	**48449**	**19622**	**3754**
原州区	Yuanzhou	3393	8823	6310	1621
西吉县	Xiji	3975	11591	5292	428
隆德县	Longde	4197	5480	967	350
泾源县	Jingyuan	319	12190	1238	290
彭阳县	Pengyang	2912	10366	5815	1067
中卫市	**Zhongwei**	**23523**	**10945**	**18832**	**4562**
沙波头区	Shapotou	7595	2660	3754	2820
中宁县	Zhongning	14652	3310	5486	1331
海原县	Haiyuan	1276	4976	9592	412

注：从2012年开始，区属部分按照属地原则统计在各市、县(区)，不再单列。
Note:From 2012, according to the principle of territoriality , Qushu belongs to city and county (district), no longer single.

4-13 主要年份各市县猪、牛、羊、禽肉产量

Output of Livestock Products by City and Country in Main Years

单位：吨 (ton)

市 县	Region	1978年	1980年	1990年	2000年	2005年	2006年	2007年
全 区	**Total**	**12253**	**21491**	**62791**	**159364**	**222783**	**216001**	**228062**
沿黄地区	**Plain**	**7703**	**14224**	**38107**	**118955**	**146647**	**129029**	**133729**
中南部地区	**Mountain Area**	**4550**	**7267**	**24684**	**40409**	**76136**	**86972**	**94333**
银川市	**Yinchuan**	**2191**	**4935**	**11543**	**35144**	**38812**	**35634**	**35905**
银川市辖区	District	454	1098	2917	9149	11347	7468	8792
永宁县	Yongning	681	1167	4060	7322	11170	13035	11661
贺兰县	Helan	567	1161	3065	6429	8234	8156	7272
灵武市	Lingwu	489	1509	1501	12244	8061	6976	8180
石嘴山市	**Shizuishan**	**1402**	**2442**	**6571**	**19009**	**22026**	**21428**	**20977**
大武口区	Dawukou	493	976	2427	4942	7103	1433	1358
惠农区	Huinong						5236	5240
平罗县	Pingluo	748	1229	3585	12611	14923	14759	14379
吴忠市	**Wuzhong**	**2862**	**4147**	**14388**	**39857**	**58899**	**58884**	**60935**
利通区	Litong	1190	1759	5198	7096	11719	12828	12287
红寺堡区	Hongsipu	405	813	1395	9763	12822	2344	3526
盐池县	Yanchi	498	476	3191	6920	9897	11081	12207
同心县	Tongxin	344	1958	3457	3182		10546	10206
青铜峡市	Qingtongxia	769	1099	4604	15734	21279	22085	22709
固原市	**Guyuan**	**2352**	**4339**	**13350**	**22354**	**39532**	**47360**	**58014**
原州区	Yuanzhou	1118	2853	2774	5133	11783	12044	13838
西吉县	Xiji	693	990	2563	4239	9126	11057	15426
隆德县	Longde	496	419	3170	5266	5441	5263	6180
泾源县	Jingyuan	45	77	1044	1606	4447	5157	6010
彭阳县	Pengyang			3799	6110	8735	13839	16560
中卫市	**Zhongwei**	**2202**	**3111**	**14863**	**38907**	**58076**	**47337**	**47225**
沙坡头区	Shapotou	1002	1364	6626	17195	21586	17442	13511
中宁县	Zhongning	690	1054	5292	18017	24684	19612	23334
海原县	Haiyuan	510	693	2945	3695	11806	10283	10380
区 属	Qushu	**1244**	**2517**	**2076**	**4093**	**5438**	**5358**	**5006**

注：从2012年开始，区属部分按照属地原则统计在各市、县(区)，不再单列；惠农区数据包含大武口区。

Note:From 2012, according to the principle of territoriality , Qushu belongs to city and county (district), no longer single;Data of Huinong contain Dawukou.

4-13 续表 continued

单位：吨 (ton)

市 县	Region	2008年	2009年	2010年	2011年	2012年	2013年	2014年	2015年	2016年
全 区	**Total**	**232396**	**251855**	**254182**	**247448**	**261244**	**270247**	**281839**	**288854**	**305153**
沿黄地区	**Plain**	**137409**	**146333**	**141369**	**134079**	**136609**	**136888**	**139935**	**141909**	**149389**
中南部地区	**Mountain Area**	**94987**	**105522**	**112813**	**113369**	**124635**	**133359**	**141904**	**146945**	**155764**
银川市	**Yinchuan**	**38679**	**41923**	**44589**	**45055**	**49323**	**52430**	**50569**	**49597**	**51316**
银川市辖区	District	9723	9587	11128	10900	10707	10715	9117	9218	9187
永宁县	Yongning	11558	12704	12803	12518	12603	13791	14318	14610	14919
贺兰县	Helan	7443	7891	7562	7086	7261	7580	7766	7200	8230
灵武市	Lingwu	9955	11741	13096	14548	18752	20344	19369	18569	18980
石嘴山市	**Shizuishan**	**20208**	**19654**	**20372**	**20268**	**19483**	**20837**	**21840**	**22812**	**24081**
大武口区	Dawukou	1221	1394	1379	1491					
惠农区	Huinong	5409	4921	5349	5418	5613	5949	6935	7003	7980
平罗县	Pingluo	13578	13339	13644	13358	13871	14888	14905	15809	16101
吴忠市	**Wuzhong**	**61907**	**68272**	**63968**	**60796**	**73289**	**73860**	**78539**	**79132**	**85274**
利通区	Litong	12506	13491	12080	10446	11253	11378	11924	13703	14968
红寺堡区	Hongsipu	3557	4403	4034	4365	5636	6802	6723	7458	8845
盐池县	Yanchi	12141	12821	15201	15054	16450	14826	18769	18434	20985
同心县	Tongxin	10525	13192	14427	15714	20214	23507	23451	23868	23059
青铜峡市	Qingtongxia	23178	24365	18226	15216	19735	17346	17672	15669	17418
固原市	**Guyuan**	**58076**	**63858**	**66963**	**66269**	**68706**	**74041**	**78116**	**81727**	**86620**
原州区	Yuanzhou	13928	14832	15578	15405	16651	17600	18352	18922	20147
西吉县	Xiji	15299	15774	16336	15775	16200	17425	18147	19412	21285
隆德县	Longde	6224	7679	8480	8557	9291	10083	10895	10615	10993
泾源县	Jingyuan	6232	6992	7580	7894	9465	10427	11448	13125	14036
彭阳县	Pengyang	16393	18581	18989	18636	17100	18506	19275	19653	20159
中卫市	**Zhongwei**	**47937**	**52164**	**51999**	**48804**	**50413**	**49120**	**52775**	**55587**	**57862**
沙波头区	Shapotou	13123	16113	16106	14266	11720	12423	14714	15730	16828
中宁县	Zhongning	24126	24803	23705	22573	25064	22473	23216	24400	24778
海原县	Haiyuan	10688	11248	12188	11967	13629	14224	14845	15458	16256
区 属	Qushu	**5589**	**5984**	**6291**	**6256**					

注：从2012年开始，区属部分按照属地原则统计在各市、县(区)，不再单列；惠农区数据包含大武口区。

Note:From 2012, according to the principle of territoriality , Qushu belongs to city and county (district), no longer single;Data of Huinong contain Dawukou.

4-14 主要年份各市县牛奶产量

Output of Milk by City and Country in Main Years

单位：吨 (ton)

市 县	Region	1978年	1980年	1990年	2000年	2005年	2006年	2007年
全 区	**Total**	**3720**	**4152**	**40704**	**236042**	**578500**	**636667**	**795033**
沿黄地区	**Plain**	**3662**	**4061**	**40250**	**233462**	**563609**	**621096**	**778768**
中南部地区	**Mountain Area**	**58**	**91**	**454**	**2580**	**14891**	**15571**	**16265**
银川市	**Yinchuan**	**578**	**706**	**17344**	**68049**	**168727**	**156540**	**215570**
银川市辖区	District	491	572	12166	20948	68994	55124	102934
永宁县	Yongning	35	65	2372	16943	27873	29175	35697
贺兰县	Helan	28	36	2649	6380	22911	23608	23611
灵武市	Lingwu	24	33	157	23778	48949	48634	53328
石嘴山市	**Shizuishan**	**135**	**183**	**188**	**5739**	**20393**	**8967**	**26555**
大武口区	Dawukou	57	74	97	4802	13819	1225	886
惠农区	Huinong						30	17791
平罗县	Pingluo	78	105	91	925	6574	7712	7878
吴忠市	**Wuzhong**	**620**	**723**	**13197**	**135884**	**308910**	**356026**	**445992**
利通区	Litong	515	708	11951	120600	263721	299163	382532
红寺堡区	Hongsipu					1611	654	852
盐池县	Yanchi		15	72	2404	8732	10035	10184
同心县	Tongxin				85	27	20	34
青铜峡市	Qingtongxia	105		1174	12795	34819	46154	52390
固原市	**Guyuan**	**58**	**68**	**379**	**91**	**4301**	**4632**	**4965**
原州区	Yuanzhou	40	48	131	90	3572	4018	4404
西吉县	Xiji			108		20	22	30
隆德县	Longde	4	1			99	110	115
泾源县	Jingyuan	14	19	140		379	262	200
彭阳县	Pengyang				1	231	220	216
中卫市	**Zhongwei**	**83**	**111**	**330**	**7945**	**25602**	**30426**	**31337**
沙波头区	Shapotou	48	44	230	3044	6634	15743	7161
中宁县	Zhongning	35	67	100	4901	18748	14454	23946
海原县	Haiyuan					220	230	230
区 属	Qushu	**2246**	**2361**	**9266**	**18334**	**50567**	**80075**	**70614**

注：从2012年开始，区属部分按照属地原则统计在各市、县(区)，不再单列；惠农区数据包含大武口区。

Note:From 2012, according to the principle of territoriality , Qushu belongs to city and county (district), no longer single;Data of Huinong contain Dawukou.

4-14 续表 continued

单位：吨 (ton)

市　县	Region	2008年	2009年	2010年	2011年	2012年	2013年	2014年	2015年	2016年
全　区	**Total**	**893830**	**811437**	**845882**	**960602**	**1034945**	**1041933**	**1357400**	**1365312**	**1394654**
沿黄地区	**Plain**	**878860**	**801172**	**837823**	**955396**	**1029291**	**1033915**	**1342893**	**1352194**	**1377019**
中南部地区	**Mountain Area**	**14970**	**10265**	**8059**	**5207**	**5654**	**8018**	**14507**	**13118**	**17635**
银川市	**Yinchuan**	**266499**	**248632**	**271455**	**293280**	**401076**	**416489**	**534253**	**493392**	**471820**
银川市辖区	District	141659	131832	144260	153220	214892	214858	259648	212223	202122
永宁县	Yongning	41737	41439	44330	48586	59369	53450	60058	55537	53023
贺兰县	Helan	26162	25807	33619	38913	59475	74840	122814	137898	151696
灵武市	Lingwu	56941	49554	49246	52561	67340	73341	91734	87734	64978
石嘴山市	**Shizuishan**	**36372**	**29777**	**38562**	**43759**	**54743**	**59934**	**77511**	**90351**	**85468**
大武口区	Dawukou	881		1244	1257					
惠农区	Huinong	24050	18395	26085	30114	38488	45260	57100	67806	61867
平罗县	Pingluo	11441	11382	11233	12388	16255	14674	20411	22545	23601
吴忠市	**Wuzhong**	**470627**	**411679**	**397931**	**468240**	**526607**	**502292**	**650297**	**668158**	**709636**
利通区	Litong	399837	342150	329883	384094	424384	392167	498284	501621	534579
红寺堡区	Hongsipu	542	719	738	649	764	829	722	850	452
盐池县	Yanchi	8070	6932	5669	3138	2991	3087	6166	6908	7298
同心县	Tongxin	142	139	108	120	25	1158	2362	2307	2731
青铜峡市	Qingtongxia	62036	61739	61533	80239	98442	105050	142762	156472	164576
固原市	**Guyuan**	**5654**	**2389**	**1474**	**1299**	**1743**	**2826**	**5256**	**3053**	**1955**
原州区	Yuanzhou	5062	1656	1050	1225	1603	2783	5211	3053	1849
西吉县	Xiji	68								
隆德县	Longde	137	156	126	74	139	43	46		106
泾源县	Jingyuan	235								
彭阳县	Pengyang	152	577	298						
中卫市	**Zhongwei**	**33538**	**31921**	**36948**	**37690**	**51687**	**60393**	**90083**	**110359**	**125776**
沙波头区	Shapotou	13877	12738	14997	14870	20809	28892	49239	65678	72500
中宁县	Zhongning	19099	19097	21881	22820	30747	31383	40844	44680	48075
海原县	Haiyuan	562	86	70		131	118			5200
区　属	Qushu	**81140**	**87039**	**99512**	**116334**					

注：从2012年开始，区属部分按照属地原则统计在各市、县(区)，不再单列；惠农区数据包含大武口区。

Note:From 2012, according to the principle of territoriality , Qushu belongs to city and county (district), no longer single;Data of Huinong contain Dawukou.

主要指标解释

农作物播种面积 指实际播种或移植有农作物的面积。凡是实际种植有农作物的面积，不论种植在耕地上还是种植在非耕地上，均包括在农作物播种面积中。在播种季节基本结束后，因遭灾而重新改种和补种的农作物面积，也包括在内。它是反映我国耕地面积利用情况的一个重要指标。目前，农作物播种面积主要包括粮食、棉花、油料、糖料、麻类、烟叶、蔬菜和瓜类、药材和其它农作物九大类。

粮食产量 指农业生产经营者日历年度内生产的全部粮食数量。按收获季节包括夏收粮食、早稻和秋收粮食，按作物品种包括谷物、薯类和豆类。其中谷物包括小麦、玉米、早稻、中稻和一季晚稻、双季晚稻、大麦、高粱、谷子、荞麦等禾本科和蓼科粮食作物；薯类只包括马铃薯、甘薯，木薯统计在其他农作物，芋头等其它薯统计在其它蔬菜；豆类包括大豆、绿豆、红小豆、杂豆等。谷物产量按脱粒后的原粮计算，山区生产的薯类按鲜薯重量的5:1折算为原粮，豆类按去荚后的干豆计算。

肉类总产量 指调查期内各种牲畜及家禽、兔等动物肉产量总计。猪、牛、羊、马、驴、骡、骆驼肉产量按去掉头蹄下水后带骨肉的胴体重量计算,兔禽肉产量按屠宰后去毛和内脏后的重量计算。猪牛羊禽四个品种肉产量由主要畜禽监测抽样调查获得。

当年出栏的畜禽数 指当年(报告期内)乡村各种经济组织和国营农场、农民个人、机关、团体、学校、工矿企业、部队等单位以及城镇居民饲养的，已屠宰或以消费为目的出售的畜禽数，包括集市上出售和农民自食的部分。不包括个别地区习惯吃的“烤小猪”以及为取得“二毛皮”而宰杀的羔羊。

期初(末)畜禽存栏头(只)数 指报告期初(末)农村各种经济组织和国营农场、农民个人、机关、团体、学校、工矿企业、部队等单位以及城镇居民饲养的大牲畜、猪、羊、家禽等畜禽的存栏数。不分大小、公母、品种和用途，一律包括在内。

Explanatory Notes on Main Statistical Indicators

Sown Area of Crops refers to area of land sown or trans-planted with crops regardless of being in cultivated area or non-cultivated area. Area of land sown due to natural disasters is also included. At present, the sown area of crops mainly include the following 9 categories of crops: grain, cotton, oil-bearing crops, sugar crops, fiber crops, tobacco, vegetables and melons, medicinal materials and other farm crops.

Grain Output refers to the total output of grains produced by agricultural producers within a calendar year. It includes summer grain, early rice and autumn grain if classified by harvest seasons; it covers cereal, tubers and beans if classified by type of crops. Cereal include wheat, corn, early rice, semilate rice, one season rice, two season rice, barley, sorghum, millet, buckwheat. The tubers include potatoes and sweet potatoes, not including taros and cassava. Beans include soybean, mung bean, red bean, mixed beans and so on. Output of cereal should be limited to husked grain only. The output of tubers are converted into that of grain at the ratio 5:1. Output of beans refers to dry beans without pods.

Total Meat Output refers to the total production of various livestock and poultry, rabbits and other animal meat during the investigation period. Meat output refers to the meat of slaughtered hogs, cattle, sheep, horses, donkeys, mules and camels with head, feet and offal taken away. Meat output refers to the meat of slaughtered rabbit and poultry with hair and offal taken away. The data on the main livestock such as hog, cattle, sheep and poultry became the official data based on the sampling survey.

Number of Livestock or Poultry Slaughtered refers to the numbers of slaughtered or sold livestock and poultry bred by rural cooperative organizations, state farms, rural individuals, government agencies, schools, industrial and mining enterprises, army and urban residents. It includes numbers sold on markets and ate by farmers and not includes obtaining the "two fur" to slaughter the lamb.

Number of Livestock or Poultry in Stock at Beginning (or End) of Period refers to the total number of large animals, pigs, sheep, fowls, etc. raised by rural cooperative organizations, state farms, rural individuals, government agencies, schools, industrial and mining enterprises, army, and urban residents at the beginning(or end) of the reference period. Regardless of size, male or female, variety and use, shall be included.

第五篇

企业调查

Enterprise Survey

简要说明

规模以下工业调查资料是根据全区年主营业务收入 2000 万元以下的 883 家工业企业、150 个行政村的所有个体工业单位调查数据加权推算形成的。

Brief Introduction

Data of the industrial enterprises below designated size are taken from 883 industrial enterprises with revenue from principal business below 20 million yuan and all individual industrial units from 150 villages and weighting calculated.

规下工业砥砺前行　生产形势逐步回暖

——2016年宁夏规模以下工业运行情况分析

2016年，为促进小微企业发展，自治区政府采取了一系列扶持小微工业企业发展的政策措施，继《自治区人民政府关于扶持小微企业健康发展的若干意见》后，又出台了《自治区人民政府关于促进工业经济平稳增长的意见》，进一步加强了对小微企业发展的重视程度，在多方努力下，宁夏规模以下工业生产呈现了“缓中趋稳”的发展态势，增速基本保持在合理区间。同时，随着供给侧改革的持续推进及去产能政策的有序实施，下半年煤炭、水泥、钢材等行业出现回暖迹象，经济向好的趋势得到了加强。但市场需求不足、利润空间小、融资难等问题依然突出。

一、规模以下工业运行缓中趋稳

（一）工业增速缓中趋稳，个体增速高于企业。据国家统计局宁夏调查总队抽样调查推算结果显示：2016年，宁夏现价规模以下工业总产值为93.4亿元，其中企业产值72.5亿元，个体产值20.9亿元；规模以下工业增加值为31.6亿元。工业可比价增速为2.1%，其中个体可比价增速为11.2%，高于企业增速。从全年来看，受气温及春节影响，一季度规模以下工业企业开工率不足、生产不理想，工业可比价增速仅为0.2%；上半年生产经营形势好转，增速上升到2.1%；前三季度增速为1.9%；全年增速比一季度高了1.9个百分点；增速呈逐季趋稳向好态势。

（二）去产能成效初显，企业产成品库存量减少。2015年年底，中央经济工作会议布置了“三去一降一补”的供给侧结构性改革任务，2016年年初国务院又印发了煤炭和钢铁行业化解过剩产能实现脱困发展的意见，为响应国家淘汰落后产能政策，适应市场需求、减少亏损、扭转被动经营局面，2016年，宁夏各地通过依法淘汰关闭、重组整合、减量置换等手段，稳妥有序地推进煤炭去产能各项工作任务，企业库存减少。问卷调查结果显示，仅有5.2%的工业企业产品库存量高于正常水平。

（三）企业开工率逐季回升。2016年四季度，宁夏规下工业企业开工率为53.3%，比一季度增加了18.6个百分点，比二季度增加了2.3个百分点，比三季度增加了1.8个百分点。四季度生产设备利用率在正常水平及以上的企业为66.5%，与三季度基本持平。

（四）景气指数逐步回升，企业家信心提振。2016年，宁夏规模以下工业企业景气指数虽不理想，但随着去产能政策的逐步落实，国内工业产品供大于求的矛盾有所缓解，市场预期逐步改善。在正常生产的样本企业中，认为四季度综合经营状况良好的企业占15.7%，比一季度增加了5.9个百分点；认为综合经营状况不佳的企业则比一季度下降了11.9个百分点；62.9%的企业认为下季度企业生产增速将比本季持平或加快。

（五）两大主导行业占据“半壁江山”，行业发展极不平衡。农副食品加工业和非金属矿物制品业两大主导行业为2016年宁夏规模以下工业企业贡献了将近一半的产值，成为规模以下工业发展的主要力量。其中农副食品加工业实现产值16.0亿元，占规模以下工业企业产值的22.0%；非金属矿物制品业实现产值17.5亿元，占规模以下工业企业产值的24.1%。其次，对总产值贡献较大的行业如电力热力生产和供应业、通用设备制造业、化学原料和化学制品制造业、印刷和记录媒介复制业仅分别为规模以下工业企业贡献了5.2%、5.1%、4.7%和3.2%的产值，宁夏规模以下工业企业的行业发展极不平衡。

二、规模以下工业发展需要关注的问题

（一）订单量减少，市场需求不足。2016年以来，国内需求持续疲软，企业不敢贸然生产，大部分企

业根据订单量制定生产量，以维持企业的基本生存。55.9%的被调查企业认为市场需求不足是企业当前面临的最主要问题，39.7%的企业认为产品订货量低于正常水平。一些特殊行业的出口企业也开始从坐等订单转向了主动出击寻找订单，甚至仅能在汇率波动中赚取微小的利润来维持企业生存。

（二）利润空间小，发展基础不稳。2016 年，宁夏规模以下工业企业成本费用利润率为 5.5%，处于较低区间，企业投入与收益不成比例、经营风险加剧，部分企业游走在“倒闭”与“盈利”的临界点附近。51.3%的被调查企业认为原材料成本高是企业面临的主要问题，40.6%的企业认为用工成本上升较快是企业面临的主要问题。

（三）融资困难，资金压力凸显。融资难是规模以下工业企业面临的一贯难题，受整体经济环境影响，银行惜贷、抽贷现象更加明显，导致部分规模以下工业企业难以继续维持生产。2016 年，宁夏规模以下工业企业资产负债率为 42.4%，低于上年 0.85 个百分点；27.5%的企业认为资金紧张是企业面临的主要问题。在有贷款需求的企业中，65.6%的企业都未能贷到款。

三、促进规模以下工业平稳增长的建议

从目前的情况来看，“三期叠加”对规模以下工业企业生产经营的影响在短期内不会消失，我们应该正视“新常态”下规模以下工业企业发展遇到的困难和挑战，共同努力，促进宁夏规模以下工业的平稳增长。

（一）政府应创造良好的发展环境。政府要保持宏观经济政策的连续性和稳定性，进一步完善企业外部环境，使市场在资源配置中起决定性的作用，进一步激发企业活力和经济发展内生动力，为企业转型升级和结构调整创造良好的发展环境。要切切实实把稳增长的各项措施用足用活用好，实施惠及全区的分时电价政策及工业用电优惠政策，有效降低企业用电成本；通过财政补贴、税收优惠、政府性担保等各种措施，加强企业信贷支持，着力缓解企业资金流动性不足的问题；进一步加强业务指导，加强政策宣传和解释，使小微企业充分了解及享受各项优惠政策，真正把优惠政策落到实处。要抓住“一带一路”发展契机，优化产业布局，突出特色优势，扩大销售市场，协助企业提高清真产品出口认证的认可度，做好清真产品的出口工作。

（二）企业要增强自身的发展能力。小微工业企业面临着原材料成本上涨、劳动力成本上升等不利因素，加之行业准入门槛低，竞争对手较多，因此企业要不断提升管理水平，加强自身建设。要加强技术改造，不断提升自身创新能力，避免当产品被市场淘汰时手足无措。要关注企业在行业内的地位以及产品的市场走势，并以市场为导向，根据自身生产能力开发及生产其他产品，进一步增强市场竞争能力、拓展发展空间。要对客户有所取舍，抓好合作时间长、经营状况好、订单稳定、付款及时的合作企业，控制好企业自身现金流，以待厚积薄发。要进一步增强对政府扶持政策等信息的敏感性，最大限度用好优惠政策，助力企业发展。

（陈景丽）

5-1 2016年全区规模以下工业主要经济指标
Main Indicators of Industrial Enterprises Below Designated Size (2016)

单位：亿元、%　　　　(100 million yuan，%)

指标名称	indicator	全年 Annual	可比价增长速度 Growth Rate at Constant Prices
1.现价工业总产值	Gross Industrial Output Value in Current Prices	93.40	—
#企业工业总产值	Gross Industrial Output Value of Enterprises	72.50	—
个体营业收入	Revenue from Individual Business	20.9	—
2.工业增加值	Value-added of Industry	31.60	2.1

5-2 2016年各市、县(区)规模以下工业主要经济指标

Main Indicators of Industrial Enterprises Below Designated Size by City and County (2016)

地区	Region	现价工业总产值(万元) Gross Industrial Output Value in Current Prices(10000 yuan)	工业增加值(万元) Value-added of Industry (10000 yuan)	可比价增长速度(%) Growth Rate at Constant Prices(%)
全　区	**Total**	**933566**	**316016**	**2.1**
银川市	**Yinchuan**	**213200**	**71900**	**0.5**
兴庆区	Xingqing	15367	5202	1.4
西夏区	Xixia	39100	13098	1.6
金凤区	Jinfeng	23100	7800	0.2
永宁县	Yongning	35200	11900	-0.4
贺兰县	Helan	65900	22200	-3.8
灵武市	Lingwu	34500	11700	1.1
石嘴山市	**Shizuishan**	**124700**	**41800**	**-2.8**
大武口区	Dawukou	36200	12070	-3.1
惠农区	Huinong	39700	13242	0.4
平罗县	Pingluo	48800	16500	0.1
吴忠市	**Wuzhong**	**247600**	**83200**	**5.1**
利通区	Litong	115300	38800	5.7
盐池县	Yanchi	20000	6682	-4.0
同心县	Tongxin	31000	10500	-3.0
青铜峡市	Qingtongxia	45100	15200	5.9
红寺堡区	Hongsipu	36169	12000	12.7
固原市	**Guyuan**	**169700**	**58000**	**9.9**
原州区	Yuanzhou	94645	32400	11.6
西吉县	Xiji	25156	8515	9.3
隆德县	Longde	9910	3354	11.2
泾源县	Jingyuan	4636	1569	3.4
彭阳县	Pengyang	35357	12200	8.9
中卫市	**Zhongwei**	**178400**	**61100**	**4.9**
沙坡头区	Shapotou	65922	22500	3.6
中宁县	Zhongning	82319	28300	8.7
海原县	Haiyuan	30152	10300	-1.2

主要指标解释

规模以下工业 年主营业务收入 2000 万元以下的工业企业和全部个体经营工业单位。规模以下工业企业和全部个体经营工业单位具体包括调查年初在册的规模以下工业企业、全部个体经营工业单位以及当年新建的规模以下工业企业和新增的全部个体经营工业单位。

工业总产值（当年价格） 指工业企业在报告期内生产的以货币形式表现的工业最终产品和提供工业劳务活动的总价值量。工业总产值包括三部分：生产的成品价值、对外加工费收入、自制半成品在制品期末期初差额价值。

主营业务收入 指企业确认的销售商品、提供劳务等主营业务的收入。根据会计“主营业务收入”科目的期末贷方余额填报。执行 2006 年《企业会计准则》或 2011 年《小企业会计准则》的企业，如未设置该科目，以“营业收入”代替填报。

从业人员期末人数 指报告期在本单位工作，取得工资或其他形式劳动报酬的期末实有人员数，是在岗职工、劳务派遣人员及其他从业人员期末人数之和。不包括离开本单位仍保留劳动关系的职工。

规模以下工业总产值 指规模以下工业企业和个体工业在报告期内生产的以货币形式表现的工业最终产品和提供工业劳务活动的总价值量。规模以下工业企业工业总产值=主营业务收入+期末产成品存货-年初产成品存货，个体工业以营业收入代替。

规模以下工业增加值 以调查制度核定的工业总产值增加值率计算。

规模以下工业增长速度 以当期工业价格指数缩减计算工业企业和个体工业加权计算的工业总产值可比价增长速度。

Explanatory Notes on Main Statistical Indicators

Industrial Enterprises Below Designated Size refers to industrial enterprises with revenue from principal business below 20million yuan and all individual industrial units. They include registered industrial enterprises below designated size at the beginning of the year, all individual industrial units and new industrial enterprises, individual industrial units in this year.

Gross Industrial Output Value refers to the total volume of final industrial products produced and industrial services provided in this year. Gross industrial output value consists of 3 components: value of the finished products during the reference period, income from processing for external parties and value of change in semi-finished products between the end and the beginning of the reference period.

The Main Business Income refers to the enterprise to confirm the sales of goods, provision of services such as the main business income. According to the accounting "the main business income" course at the end of a credit balance report. Implementation of the 2006 or 2011 "accounting standards for business enterprises" of the enterprise, if not set the subjects, in order to "revenue" instead of reporting.

Number of Employees refers to receiving wages or other forms of labor remuneration final real personnel, was laid-off workers, labor dispatch personnel and other employees in the final number . Not including leaving the unit still retain labor relations workers.

Gross Industrial Output Value of Below Designated Size refers to the total volume of final industrial products produced and industrial services provided in this year. Gross industrial output value equal to main business income add final finished goods inventory subtract early year finished goods inventory. Individual industry is place by business income.

Value-Added of Industrial Below Designated Size calculated by industrial output value added value rate approved by investigation system.

Growth rate of Industrial Below Designated Size refers to industrial gross output value comparable growth rate weighted calculated of industrial enterprises and individual industry which are reduced calculated by current industrial price index.

第六篇

农民工调查

Migrant Workers Survey

简要说明

农民工监测调查以第六次人口普查为抽样框资料，以全区为总体，采用多层、多阶段、PPS 抽样方法随机抽选调查小区，在全区 22 个县（市、区）抽中调查点 115 个，共有 1160 户调查户数据资料参与汇总推算，调查数据结果主要反映农民工数量、流向、结构、就业、收支、生活、社会保障及创业等情况。

Brief Description

Migrant workers monitoring survey base on the sixth census data as sampling frame, overall for district, by adopting the method of multi-level, multi-stage, PPS sampling, randomly selected survey area, selected 115 deals in 22 counties (cities, districts), participate in the summary estimate total of 1160 households, results mainly reflects the number of migrant workers, flow, structure, employment, income, life, social security and business, and so on and so forth.

2016 年宁夏农民工总量增加　务工收入小幅提升

2016 年，宁夏各地积极采取措施抓创业、促就业，主动出招应对农民工外出打工困难的局面，大力发展县域经济和特色产业为农民工创造就业机会，全年农民工就业形势总体乐观，农民工总量增加，就业收入水平稳步上升。

一、农民工规模

2016 年，宁夏农民工总量 91.4 万人，比上年增加 6.2 万人，增长 7.3%。其中，外出农民工（在户籍所在地的乡镇以外范围从业的农民工，下同）71.9 万人，比上年增加 6.5 万人，增长 9.9%；本地农民工（指在户籍所在地的乡镇以内范围从业的农民工，下同）19.5 万人，比上年减少 0.3 万人，下降 1.5%。农民工就业形势比 2015 年有所好转，农民工总量在 2015 年下降的基础上恢复性增长。相比于 2014 年，农民工总量增加 2.7 万人，增长 3.0%。

表 1　近三年宁夏农民工规模

单位：万人

指　　标	2014 年	2015 年	2016 年
农民工总数	88.7	85.2	91.4
1. 外出农民工	70.5	65.4	71.9
（1）住户中外出农民工	45.2	42	47.3
（2）举家外出农民工	25.3	23.4	24.6
2. 本地农民工	18.2	19.8	19.5

二、农民工基本特征

（一）男性多于女性，女性人数持续上升

宁夏 91.4 万农民工中，男性占 71.2%，总数为 65.1 万人，比 2015 年增加 4.7 万人，与 2014 年总数基本持平；女性农民工占 28.8%，总数 26.3 万人，比 2015 年增加 1.5 万人，比 2014 年增加 3.3 万人。

（二）青壮年农民工比重持续下降

宁夏农民工以青壮年为主，但所占比重持续下降。40 岁以下农民工所占比重为 58.6%，比上年降低 1.3 个百分点，比 2014 年降低 7.5 个百分点。新生代农民工（16-34 岁）比重为 43.0%，比上年下降 2.7 个百分点，比 2014 年下降 9 个百分点。

表 2　近三年宁夏农民工年龄构成

单位：%

年　龄	2014 年	2015 年	2016 年
16-19 岁	6.3	5.0	3.9
20-29 岁	34.0	30.8	33.0
30-40 岁	25.9	24.2	21.7
41-50 岁	22.4	26.5	29.1
50 岁以上	11.4	13.5	12.3

（三）农民工文化程度以小学和初中为主

宁夏农民工群体的学历文化，以接受九年义务教育为主，初中和小学文化水平的人数比重最高，合计占72.6%。高中学历农民工人数比重有所上升，占16.3%，比2015年提高1.2个百分点，比2014年提高4.1个百分点。大专及以上学历农民工人数比重有所下降，占8%，比2015年降低0.7个百分点，比2014年降低2.5个百分点。

表3　近三年宁夏农民工文化程度构成

单位：%

指　　标	2014年	2015年	2016年
未上过学	2.7	3.5	3.1
小　学	18.3	18.5	18.0
初　中	56.3	54.2	54.6
高　中	12.2	15.1	16.3
大专及以上	10.5	8.7	8.0

三、农民工流向分布情况

（一）九成农民工在自治区内就业

2016年，宁夏91.4万农民工中，19.5万本地农民工在本地乡镇内就业，外出农民工中有62.8万人在乡镇外自治区内就业，合计为82.3万人，占比为90%。去往外省务工的为9.1万人，占比为10%，比2015年提高0.4个百分点，比2014年下降0.5个百分点。

（二）"乡外县内" 务工人数比重持续增加

在遭遇2015年外出务工的寒流之后，2016年宁夏农民工更青睐离家较近的务工机会。县城内的就业岗位既可兼顾农活、照顾家庭，也可使收益最大化。"乡外县内"的务工人数持续增加，2016年为36.1万人，占农民工总量的39.5%，比上年增加4.6万人，比重提高2.5个百分点。

（三）出省务工以邻近省份为主

周边邻近省份因地理位置相近，风俗习惯相同，历来是宁夏农民工出省务工的主战场。2016年，出省务工的9.1万农民工中，去往西部地区为5.9万人，其中去往西北四省和内蒙古的有5.5万人，占出省务工人数的60.4%。

表4　近三年宁夏农民工地区分布及构成

指　　标	2014年		2015年		2016年	
	人数（万人）	占比（%）	人数（万人）	占比（%）	人数（万人）	占比（%）
全部农民工	88.7	100.0	85.2	100.0	91.4	100.0
本地农民工	18.2	20.5	19.8	23.2	19.5	21.3
外出农民工	70.5	79.5	65.4	76.8	71.9	78.7
1.省内流动	61.2	69.0	57.2	67.2	62.8	68.7
(1)乡外县内	31.4	35.4	31.5	37.0	36.1	39.5
(2)县外省内	29.8	33.6	25.7	30.2	26.7	29.2
2.去往省外	9.3	10.5	8.2	9.6	9.1	10.0
(1)西部地区	5.9	6.7	5.7	6.7	5.9	6.5
西北四省	3.6	4.1	4.0	4.7	4.2	4.6
内蒙古	2.1	2.4	1.0	1.2	1.3	1.4
(2)东部地区	3.0	3.4	2.1	2.5	2.3	2.6
(3)中部地区	0.4	0.4	0.3	0.3	0.5	0.6
(4)其他			0.1	0.1	0.3	0.3
国外			0.1	0.1	0.3	0.3

四、农民工就业行业情况

从农民工就业行业分布来看，2016 年从事第一产业的农民工人数比重有所上升，为 2.1%，比上年提高 0.9 个百分点，比 2014 年提高 1.5 个百分点；从事第二产业的农民工人数比重比上年增加 0.2 个百分点，其中，制造业人数比重增加 0.8 个百分点；从事第三产业的人数比重比上年降低 1.2 个百分点，仍高于 2014 年 2.4 个百分点，其中，批发和零售业，交通运输、仓储和邮政业所占比重相对稳定；住宿和餐饮业，居民服务、修理和其他服务业所占比重有所下降。

表 5　近三年宁夏农民工就业行业分布

单位：%

指　　标	2014 年	2015 年	2016 年
第一产业	0.6	1.2	2.1
第二产业	45.8	41.7	41.9
其中：制造业	13.8	13.4	14.2
建筑业	25.2	23.1	23.1
第三产业	53.6	57.2	56.0
其中：批发和零售业	11.8	14.4	14.0
交通运输、仓储和邮政业	10.1	12.3	12.4
住宿和餐饮业	8.5	8.7	7.4
居民服务、修理和其他服务业	11.3	10.3	9.5

五、农民工就业收入水平稳步提高

（一）外出就业收入水平高于本地就业

2016 年，宁夏农民工月均收入水平为 3402 元，比上年增加 187 元，增长 5.8%，增速提高 3.3 个百分点。调查结果显示，外出务工或自营收入水平高于本地非农务工或自营。外出自营收入水平最高，月均 6465 元，增长 7.6%；外出务工月均收入 3254 元，增长 0.7%；本地非农自营月均收入 3026 元，增长 18.4%；本地非农务工月均收入 2779 元，增长 3.4%。

表 6　2015-2016 年宁夏农民工月均收入水平及增速

单位：元

指　　标	2015 年	2016 年	增加	增长
农民工收入	3215	3402	187	5.8%
外出自营	6010	6465	455	7.6%
外出务工	3230	3254	24	0.7%
本地非农自营	2556	3026	470	18.4%
本地非农务工	2688	2779	91	3.4%

（二）外出务工高收入人群比重提高

2016 年宁夏外出农民工月均收入水平在 5000 元及以上的占外出农民工总数的 17.2%，同比上升 0.8 个百分点；月均收入在 3000-5000 元的占 46%，同比下降 0.2 个百分点；月均收入在 2000-3000 元的占 26%，同比上升 2.8 个百分点；月均收入在 2000 元以下的占 10.8%，同比下降 3.4 个百分点。宁夏近半数的农民工月收入已经达到 3000 元以上，反映出当前劳动力成本和用工成本的上升。

（三）省外务工月收入高于省内，三产收入增长较快

2016 年，宁夏在省外务工的农民工人均月收入 3579 元，比上年增长 2.6%；省内务工的外出农民工人均月收入 3403 元，比上年增长 2.1%。农民工在省外务工月均收入比省内务工高 176 元，增速高 0.5 个百

分点。分行业看，外出从事第三产业的农民工月均收入增速最高，为 3517 元，增长 7%；外出从事第二产业的农民工月均收入 3702 元，下降 0.7%；外出从事第一产业的农民工月均收入 2735 元，下降 12.6%。

六、农民工权益保障情况不容乐观

（一）签订劳动合同的外出农民工比重较低

2016 年，宁夏外出农民工中，与用工单位签订劳动合同的人数占 20.2%。其中，签订一年及以上劳动合同的占 14.4%，签订一年以下劳动合同的占 2.5%，签订无固定期限劳动合同的占 3.3%。未与用工单位签订劳动合同的人数占 67.5%，与上年相比虽有下降，但比重值仍较高。

表 7　近三年宁夏外出农民工签订劳动合同情况

单位：%

指　　标	2014 年	2015 年	2016 年
1．无固定期限劳动合同工	7.5	2.9	3.3
2．一年及以上劳动合同工	10.8	16.0	14.4
3．一年以下劳动合同工	2.8	2.4	2.5
4．没有劳动合同	70.5	68.2	67.5
5．自营	7.7	10.5	12.0
6．其他	0.7	0	0.3

（二）缴纳“五险一金”的比例有待提高

2016 年，宁夏农民工缴纳“五险一金”的比例依然不高，养老、工伤、医疗保险的缴纳比例均不超过 20%，失业、生育保险和住房公积金的缴纳比例低于 10%。与上年相比，农民工的自我保健意识提高，工伤保险和医疗保险的缴纳比例分别提高 4.6 和 0.7 个百分点。除养老保险外，外出农民工其他“四险一金”的参保率均高于本地农民工。

表 8　2015-2016 年单位或雇主为农民工缴纳“五险一金”的比例

单位：%

指　　标	养老保险	工伤保险	医疗保险	失业保险	生育保险	住房公积金
2016 年合计	11.0	17.6	13.3	9.1	6.6	6.4
外出农民工	10.7	19.0	13.6	10.4	7.4	6.8
本地农民工	12.4	11.5	11.7	3.4	3.4	4.3
2015 年合计	12.4	13.0	12.6	9.8	6.4	6.0
外出农民工	11.5	14.3	12.4	10.9	7.2	6.4
本地农民工	15.8	7.8	13.4	5.9	3.5	4.7

（潘晶）

6-1 2016年全区农民工监测调查资料
Migrant Workers Monitoring Survey Data (2016)

指标名称	Item	单位	unit	数量
一、农民工主要推算数据(加权汇总)	**Basic Calculating Statistics of Migrant Workers**			
(一)总量	Total	万人	ten thousand	91.40
其中：外出农民工	Migrant Workers out	万人	ten thousand	71.90
本地农民工	Local Migrant Workers	万人	ten thousand	19.50
(二)外出从业时间	Working Time of Migrant Workers out	月	month	8.85
(三)外出从业月均收入	Average Monthly Income of Migrant Workers out	元	yuan	3579.00
二、农民工基本情况(调查样本数据)	**Basic Statistics of Migrant Workers**			
(一)性别	Gender	人	person	939
1.男性	Male	人	person	677
2.女性	Female	人	person	262
(二)年龄	Age	人	person	939
1.5岁及以下	Aged 5 and Under	人	person	
2.6-15岁	Aged 6-15	人	person	
3.16-19岁	Aged 16-19	人	person	36
4.20-24岁	Aged 20-24	人	person	156
5.25-29岁	Aged 25-29	人	person	147
6.30-34岁	Aged 30-34	人	person	60
7.35-40岁	Aged 35-40	人	person	147
8.41-50岁	Aged 41-50	人	person	271
9.51-60岁	Aged 51-60	人	person	103
10.61-65岁	Aged 61-65	人	person	15
11.66岁及以上	Aged 66 and Over	人	person	4
(三)6周岁及以上住户成员受教育程度	Culture Level of Household Member 6 Years of Age and Older	人	person	939
1.未上过学	Illiterate and Semi-illiterate	人	person	33
2.小学	Primary School	人	person	187
3.初中	Junior Middle School	人	person	501
4.高中	Senior Middle School	人	person	142
5.大学专科	Junior College	人	person	59
6.大学本科	Undergraduate College	人	person	17
7.研究生	Postgraduate	人	person	
(四)参加医疗保险情况	Condition of Joining Medical Insurance	人	person	939
1.新型农村合作医疗	New Rural Co-operative Medical System	人	person	846
2.城镇职工基本医疗保险	Urban Employee Basic Medical Care Insurance	人	person	23
3.(城镇)居民基本医疗保险	Urban Household Basic Medical Insurance	人	person	67
4.公费医疗	Free Medical Insurance	人	person	
5.商业医疗保险	Commercial Medical Insurance	人	person	2
6.其他医疗保险	Other Medical Insurance	人	person	2
7.没有参加任何医疗保险	No Medical Insurance	人	person	1
(五)参加养老保险情况	Condition of Joining Pension Insurance	人	person	939
1.新型农村社会养老保险	New Rural Social Pension Insurance	人	person	598
2.城镇职工基本养老保险	Urban Employee Basic Pension Insurance	人	person	56
3.(城镇)居民社会养老保险	Urban Household Social Pension Insurance	人	person	41
4.商业养老保险	Commercial Pension Insurance	人	person	8
5.其他养老保险	Other Pension Insurance	人	person	17
6.没有参加任何养老保险	No Pension Insurance	人	person	220
三、农民工全年从业情况(调查样本数据)	**Basic Statistics of Migrant Workers Employment**			
(一)本年度主要从业地区	Main Working Region This Year	人	person	939
1.乡内	Town	人	person	292
2.乡外县内	Town out County in	人	person	322
3.县外省内	County out Province in	人	person	238
4.省外国内	Province out Nation in	人	person	84
5.国外及港澳台地区	Nation out and Hong Kong,Macao,Taiwan Region	人	person	3

6-1 续表 1 continued

指标名称	Item	单位 unit		数量
(二)本年度从事主要行业	Working on Main Industry This Year	人	person	939
1.第一产业	Primary Industry	人	person	17
(1)农、林、牧、渔业	Agriculture,Forestry,Animal Husbandry and Fishery	人	person	17
2.第二产业	Secondary Industry	人	person	402
(2)采矿业	Mining	人	person	23
(3)制造业	Manufacturing	人	person	130
(4)电力、热力、燃气及水的生产和供应业	Production and Supply of Electricity,Gas and Water	人	person	24
(5)建筑业	Construction	人	person	225
3.第三产业	Tertiary Industry	人	person	520
(6)批发和零售业	Wholesale and Retail Trades	人	person	127
(7)交通运输、仓储和邮政业	Transport,Storage and Post	人	person	115
(8)住宿和餐饮业	Hotels and Catering Services	人	person	71
(9)信息传输、软件和信息技术服务业	Information Transmission,Computer Services and Sofeware	人	person	10
(10)金融业	Financial Intermediation	人	person	8
(11)房地产业	Real Estate	人	person	7
(12)租赁和商务服务业	Leasing and Business Services	人	person	3
(13)科学研究和技术服务	Scientific Research and Technical Services	人	person	
(14)水利、环境和公共设施管理业	Management of Water Conservancy,Environment and Public Facilities	人	person	9
(15)居民服务、修理和其他服务业	Services to Households and Other Services	人	person	90
(16)教育	Education	人	person	19
(17)卫生、社会工作	Health and Social Work	人	person	22
(18)文化、体育和娱乐业	Culture,Sports and Entertainment	人	person	5
(19)公共管理、社会保障和社会组织	Public Management,Social Securities and Organizations	人	person	34
(20)国际组织	International Organizations	人	person	
四、外出从业农民工情况(调查样本数据)	Basic Statistics of Migrant Workers Employment out			
(一)外出地区	Working Region	人	person	647
1.本省	Province in	人	person	560
(1)乡外县内	Town out County in	人	person	321
(2)县外省内	County out Province in	人	person	239
2.省外	Province out	人	person	87
(1)东部地区	Eastern Provinces	人	person	22
北京	Beijing	人	person	5
天津	Tianjin	人	person	2
河北	Hebei	人	person	
辽宁	Liaoning	人	person	
上海	Shanghai	人	person	3
江苏	Jiangsu	人	person	2
浙江	Zhejiang	人	person	3
福建	Fujian	人	person	1
山东	Shandong	人	person	1
广东	Guangdong	人	person	5
海南	Hainan	人	person	
(2)中部地区	Central Provinces	人	person	4
山西	Shanxi	人	person	1
吉林	Jilin	人	person	
黑龙江	Heilongjiang	人	person	
安徽	Anhui	人	person	
江西	Jiangxi	人	person	1
河南	Henan	人	person	1
湖北	Hubei	人	person	
湖南	Hunan	人	person	1

6-1 续表 2 continued

指标名称	Item	单位	unit	数量
(3)西部地区	Western Provinces	人	person	58
内蒙古	Inner Mongolia	人	person	13
广西	Guangxi	人	person	
重庆	Chongqing	人	person	1
四川	Sichuan	人	person	1
贵州	Guizhou	人	person	1
云南	Yunnan	人	person	1
西藏	Tibet	人	person	
陕西	Shaanxi	人	person	11
甘肃	Gansu	人	person	13
青海	Qinghai	人	person	2
宁夏	Ningxia	人	person	560
新疆	Xinjiang	人	person	15
(4)其他地区	Others	人	person	3
港澳台	Hong Kong,Macao and Taiwan	人	person	
国外	Foreign	人	person	3
(二)外出地区类型	Type of out Working Region	人	person	647
1.直辖市	Municipality Directly under the Central Government	人	person	7
2.省会城市	Provincial Capital	人	person	172
3.地级市	Cities at Prefecture Level	人	person	56
4.县市城区	County	人	person	341
5.建制镇	Towns	人	person	56
6.村委会	Village Committee	人	person	1
7.其他地区	Others	人	person	14
(三)外出方式	Pattern of out Working	人	person	647
1.政府(单位)组织	Organized by Government	人	person	8
2.中介组织介绍	Introduced by Intermediary Agent	人	person	5
3.亲朋好友介绍	Introduced by Relatives and Friends	人	person	181
4.自发	Spontaneous	人	person	440
5.其他	Others	人	person	13
(四)本年度从事主要行业	Working on Main Industry This Year	人	person	647
1.第一产业	Primary Industry	人	person	17
(1)农、林、牧、渔业	Agriculture,Forestry,Animal Husbandry and Fishery	人	person	17
2.第二产业	Secondary Industry	人	person	305
(2)采矿业	Mining	人	person	21
(3)制造业	Manufacturing	人	person	92
(4)电力、热力、燃气及水的生产和供应业	Production and Supply of Electricity,Gas and Water	人	person	20
(5)建筑业	Construction	人	person	172
3.第三产业	Tertiary Industry	人	person	325
(6)批发和零售业	Wholesale and Retail Trades	人	person	53
(7)交通运输、仓储和邮政业	Transport,Storage and Post	人	person	87
(8)住宿和餐饮业	Hotels and Catering Services	人	person	59
(9)信息传输、软件和信息技术服务业	Information Transmission,Computer Services and Software	人	person	10
(10)金融业	Financial Intermediation	人	person	6
(11)房地产业	Real Estate	人	person	4
(12)租赁和商务服务业	Leasing and Business Services	人	person	2
(13)科学研究和技术服务	Scientific Research and Technical Services	人	person	
(14)水利、环境和公共设施管理业	Management of Water Conservancy,Environment and Public Facilities	人	person	4
(15)居民服务、修理和其他服务业	Services to Households and Other Services	人	person	60
(16)教育	Education	人	person	15

6-1 续表 3 continued

指 标 名 称	Item	单位	unit	数量
(17)卫生、社会工作	Health and Social Work	人	person	12
(18)文化、体育和娱乐业	Culture,Sports and Entertainment	人	person	1
(19)公共管理、社会保障和社会组织	Public Management,Social Securities and Organizations	人	person	12
(20)国际组织	International Organizations	人	person	
(五)外出从业住所类型	Type of Residence out Working	人	person	647
1.单位宿舍	Employer's Dormitory	人	person	151
2.工地工棚	Working Shed in Construction Sites	人	person	75
3.生产经营场所	The sites of Production and Business Operation	人	person	35
4.与人合租住房	Renting Room with Others	人	person	63
5.独立租赁住房	Renting a Room Oneself	人	person	50
6.务工地自购房	Buying House in Working Place	人	person	24
7.乡外从业但回家居住(老家)	Working out of Village but Living in old Home	人	person	231
8.其他	Others	人	person	18
(六)外出从业时间	Time of Working Outside	人	person	647
1.从事当前工作的时间	Time of Working Outside at Present	月	month	20730
其中：1年以下	1 Year and Under	人	person	214
1-2年	1-2 Years	人	person	183
2-5年	2-5 Years	人	person	166
5年及以上	5 Years and Over	人	person	84
2.每月平均工作的天数	Working Days on Average per Month	天	day	16028
其中：15天以下	15 Days and Under	人	person	11
15-22天	15-22 Days	人	person	156
22-26天	22-26 Days	人	person	258
26天以上	26 Days and Over	人	person	222
3.每天平均工作的小时数	Working Hours on Average per Day	小时	hour	5673
其中：6小时以下	6 Hours and Under	人	person	3
6-8小时	6-8 Hours	人	person	18
8-10小时	8-10 Hours	人	person	405
其中：8小时	8 Hours	人	person	342
10-12小时	10-12 Hours	人	person	206
12小时及以上	12 Hours and over	人	person	15
(七)外出月收支情况	Condition of Income and Expenses per Month	人	person	647
1.每月平均收入	Income on Average per Month	元	yuan	2294794.00
其中：800元以下	Less Than 800 Yuan	人	person	3
800-1000元	800-1000 Yuan	人	person	3
1000-1500元	1000-1500 Yuan	人	person	14
1500-2000元	1500-2000 Yuan	人	person	55
2000-3000元	2000-3000 Yuan	人	person	163
3000-5000元	3000-5000 Yuan	人	person	300
5000元及以上	5000 Yuan and over	人	person	109
2.每月平均居住支出	Living Expenses on Average per Month	元	yuan	88848
其中：200元以下	Less Than 200 Yuan	人	person	71
200-500元	200-500 Yuan	人	person	57
500-1000元	500-1000 Yuan	人	person	65
1000元及以上	1000 Yuan and over	人	person	25
(八)社会保障与福利情况	Social Security and Welfare Condition	人	person	647
1.外出从业的劳动关系	Labor Relation of Working outside	人	person	647
①无固定期限劳动合同工	Labor Contract With Non-fixed Term	人	person	22
②一年及以上劳动合同工	A year or More Labor Contract	人	person	93
③一年以下劳动合同工	A year and under Labor Contract	人	person	16

6-1 续表 4 continued

指 标 名 称	Item	单位	unit	数量
④没有劳动合同	No Labor Contract	人	person	433
⑤自营	Self-support	人	person	81
⑥其他	Others	人	person	2
2.单位或雇主提供伙食情况	Condition of Meals Providing by Employers	人	person	564
①每天提供三顿	Three Meals per Day	人	person	173
②每天提供两顿	Two Meals per Day	人	person	81
③每天提供一顿	One Meal per Day	人	person	78
④不提供，但补贴部分伙食费	No Providing but with some Subsidies	人	person	13
⑤不提供，也没有补贴	No Providing and Subsidies	人	person	219
3.单位或雇主提供住宿情况	Condition of Accommodation Providing by Employers	人	person	564
①提供住宿	Providing Accommodation	人	person	261
②不提供住宿，但住房有补贴	No Accommodation but with some Subsidies	人	person	11
③不提供住宿，也没有住房补贴	No Accommodation and Subsidies	人	person	292
4.单位或雇主拖欠工资情况	Condition of Unpaid Wages by Employers	人	person	
①被拖欠工资人数	Numbers of Unpaid Wages	人	person	54
②被拖欠工资的金额	Sum of Unpaid Wages	元	yuan	759954
5.五险一金缴纳情况	Condition of Social Security Payment	人	person	647
①缴纳养老保险	Pension Insurance Payment	人	person	67
②缴纳工伤保险	Injury Insurance Payment	人	person	106
③缴纳医疗保险	Medical Insurance Payment	人	person	85
④缴纳失业保险	Unemployment Insurance Payment	人	person	64
⑤缴纳生育保险	Maternity Insurance Payment	人	person	43
⑥缴纳住房公积金	Housing Fund Payment	人	person	40
(九)返乡情况	Condition of Return Home	人	person	
1.返乡人数	Numbers of Return Home	人	person	110
其中：外出时间超过1个月的	Numbers of Return Home Working outside One Month and over	人	person	110
2.返乡原因	Reasons of Return Home	人	person	
①回家过年	Have the Spring Festival	人	person	24
②企业裁员	Downsizing	人	person	1
③收入低	Low Salary	人	person	1
④家庭原因	Family Reason	人	person	9
⑤找不到工作	Can't Find a Job	人	person	10
⑥家中农业生产缺乏劳动力	Lack of Agricultural Labour Force	人	person	2
⑦想回本地就业	Find a Local Job	人	person	3
⑧只是临时回家	Return Home Temporarily	人	person	39
⑨其他原因	Others	人	person	21
(十)今后的就业打算	Future Working Plans	人	person	74
1.本地务农	Local Farming	人	person	7
2.本地非农自营	Local Self-support	人	person	177
3.本地非农务工	Have a Job Locally	人	person	106
4.回返乡前务工地找工作	Find a Job at Previous Place	人	person	61
5.去另一个地方找工作	Find a Job at Other Place	人	person	10
6.不确定	Uncertainty	人	person	31
7.其他	Others	人	person	3
(十一)务工期间更换工作人数	Changing Jobs during Working Time	人	person	146
1.更换工作的次数	Times of Changing Jobs	人	person	194
2.更换过工作的人数	Numbers of Changing Jobs	人	person	
其中：换过1次工作	Changing Jobs for One Time	人	person	
换过2次工作	Changing Jobs Twice	人	person	
换过超3次以上工作	Changing Jobs Three Times and More	人	person	

第七篇

农村贫困调查

Rural Poverty Survey

简要说明

贫困监测调查在盐池、同心、原州区、西吉、隆德、泾源、彭阳和海原 8 县区开展，主要监测居民现金和实物收支情况、住户成员及劳动力从业情况、居民家庭住房和耐用消费品拥有情况、家庭经营和生产投资情况、社区基本情况、县（市）社会经济基本情况和各县扶贫项目实施情况、以及村和户的扶贫参与情况等。本书提供的宁夏扶贫重点县相关数据资料均为贫困监测调查 52 个调查点数据简单汇总所得。

Brief Description

Poverty monitoring survey carried out in Yanchi, Tongxin, Yuanzhou, Xiji, Longde, Jingyuan, Pengyang and Haiyuan, mainly monitoring the condition of residents in cash and in-kind, household members and labor employment, resident housing and consumer durables, investment and production, community basic situation, social and economic situation of the county (city) and poverty alleviation project implementation, poverty participation of village and household, etc. The Yearbook provides the related data of key poverty county of Ningxia which simply consolidated as 52 poverty monitoring survey areas.

精准扶贫显实效 农民收入现新景

宁夏中南部山区九县曾经是贫困的“代名词”。从“三西”扶贫到“八七”攻坚，从“双百”计划到移民吊庄，从黄河善谷到生态移民，从“大水漫灌”到“精准滴灌”，自治区历届党委、政府高度重视扶贫开发工作，把解决贫困问题作为宁夏经济社会发展的战略重点，走出了一条符合宁夏实际的扶贫开发之路,使全面建成小康社会的目标渐行渐近。宁夏贫困地区农民收入从最早的单纯依靠农业收入、靠天吃饭，到后来的工资性收入成为“铁杆庄稼”、解决温饱，再到今天财产性收入、转移性收入成增收新亮点，农民收入结构的优化、消费水平的提高正在解读着精准扶贫的意义。

一、精准扶贫为贫困地区农民增收带来新景象

2016 年宁夏山区九县地区农民人均可支配收入 7505.4 元，比上年增加 687.5 元，增长 10.1%，比全国农民可支配收入 8.2%和全区农民收入 8.0%的增幅分别高 1.9 和 2.1 个百分点，增幅连续五年高于全国和全区水平。

（一）工资性收入超农牧业收入成主要收入来源

2016 年宁夏贫困地区农民人均工资性收入 3046.6 元，比上年增加 314.7 元，增长 11.5%，对农民增收贡献率最大，为 45.8%。工资性收入绝对额超过农牧业收入成为农民收入的最大来源。随着精准扶贫工作在宁夏贫困地区的深入推进，不断增加的务工机会，持续出台的非农产业扶持政策、多项政策性补贴的发放都为农民收入注入新活力，彻底改变了贫困地区农民守着薄田、靠天吃饭的模式，特别是 2015 年，宁夏贫困地区农民工资性收入首次超过农牧业收入之和，同时三产收入、转移性收入占可支配收入的比重也逐年增加（表 1）。

表 1　2011—2016 年宁夏贫困地区农民各项收入占可支配收入比重

单位：%

	工资性收入	一产净收入	二三产净收入	财产净收入	转移净收入
2011	40.2	41.7	6.1	0.5	11.5
2012	40.6	40.8	5.8	0.5	12.4
2013	40.6	40.8	5.8	0.5	12.4
2014	39.8	40.6	6.2	0.9	12.5
2015	40.1	38.3	6.8	1.0	13.9
2016	40.6	35.8	7.2	0.9	15.5

（二）牧业得到较快发展，与农业收入在一产中平分秋色

2016 年，宁夏贫困地区农民农业净收入人均 1386.7 元，比上年减少 47.7 元，降低 3.3%，占一产净收入的 51.6%，牧业净收入人均 1216.8 元，比上年增加 128.8 元，增长 11.8%，占一产净收入的 45.3%。近年来，宁夏贫困地区农民牧业收入在可支配收入中的比重不断增加，由 2011 年的 43.7%增至 2016 年的 45.3%，已成为农民收入重要的来源。特别是随着精准扶贫工作的不断推进，各级党委政府都出台了一系列鼓励农民发展牧业的优惠政策，农民从事养殖业积极性高涨，牧业生产经营成效初显。

（三）财产净收入结构变化彰显着农民经营模式变化

一直以来，宁夏农民特别是贫困地区农民财产性收入都是少之又少，占可支配收入的比重往往不足 1%，但是随着农村改革的不断深入和各项惠农、强农政策的出台，农村生活模式的变化，收入内部结构发

生了巨大的变化，一是随着土地流转规模的扩大，农民转让土地经营权租金收入、各种红利收入大幅增长，二是随着农民在城镇买房的越来越多，房贷利息支出逐年增加。2016 年，宁夏贫困地区农民人均红利收入增长 1 倍，转让土地经营权租金收入增长 24.1%，人均利息收入-18.4 元，比上年减少 5.3 元。

（四）转移净收入进入新一轮的高速增长

2016 年，宁夏贫困地区农民人均转移净收入 1162.2 元，比上年增加 216.7 元，增长 22.9%，其中人均社会救济和补助以及各项政策性生活补贴 273.7 元，比上年增加 96.0 元，增长 54.0%。近年来，曾经因多项惠农补贴发放而高速增长的转移性收入，在退耕还林面积、补贴标准稳定，新增各项惠农有限的情况下不断回落，但是受精准扶贫各项政策的拉动，从 2015 年开始，宁夏贫困地区农民转移性净收入进入了新一轮的高速增长期，占可支配收入的比重也在逐年加大(图 1)。

图 1　2001-2016 年贫困地区农民转移性收入变动图

（五）农民收入与非贫困地区、全区比持续缩小

2016 年宁夏贫困地区农民收入与宁夏全区及非贫困地区农民收入差距进一步缩小，与全区和非贫困地区的收入比分别为 1.31 和 1.55，收入比为近年来历史最低。随着精准扶贫工作的深入推进，宁夏贫困地区农民收入来源更加多元，农民创业、互联网增收已不是新鲜事，特别是随着精准扶贫工作的不断深入开展，新生代农民成为农村创收的主力军，今后贫困地区农民收入增长有望更快。

二、宁夏贫困地区农民生活改善型特点明显

（一）生活消费支出结构优化

2016 年宁夏贫困地区农民人均生活消费支出 7009.6 元，比上年增加 363.3 元，增长 5.5%。八大类消费支出除食品烟酒支出减少 1.4%外，其他七类支出均有不同程度上涨，其中居住支出人均 1294.7 元，增长 11.7%，生活用品及服务支出人均 441.9 元，增长 12.2%，医疗保健支出人均 813.7 元，增长 23.8%。随着贫困地区农民生活水平的提高，吃穿已不再是主要改善目标，体面舒服的居住环境，与时俱进的家庭设备成为农民的主要消费渠道，另外，也有更多的资金能够投入到休闲娱乐和医疗保健上来。从 2011—2016 年宁夏贫困地区农民消费变动情况可以看出用于衣食住用的消费支出占总消费支出的比重持续下降后趋于稳定，而交通通讯、文教娱乐、医疗保健成为消费支出的主要增长点（表 2）。

（二）耐用消费品拥有量逐年增加

随着贫困地区农民生活消费水平不断提高，生活质量不断改善，耐用消费品特别是家用汽车、冰箱、洗衣机等改善生活品质的耐用消费品正在逐年稳步增加。2016 年宁夏贫困地区农民每百户拥有家用汽车 22.4 辆，拥有摩托车 79.1 辆、助力车 59.9 辆，每百户拥有洗衣机 99.8 台，拥有电冰箱 91.6 台，每百户拥有接入互联网的移动电话 125 部，另外健身器材、中高档乐器也开始走入贫困地区农民的生活，跟 2011 年相比均有很大程度提高（图 2）。

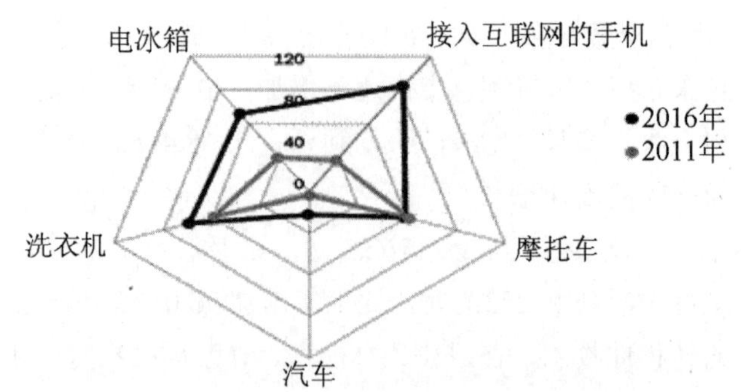

图 2 2011-2016 年宁夏贫困地区农民百户拥有耐用消费品对比图

（三）生活条件不断改善

一是居住条件不断改善。2016 年，宁夏贫困地区农民住房建筑面积人均 32.1 平米，有 31.3%的农户住房结构为砖混或钢筋混凝土，仅有 5.1%的农户家庭住房结构为竹草土坯，与 2011 年相比有较大提升。二是饮水质量不断提高。2016 年，贫困地区有 76.9%的农户饮用水源为经过净化处理的自来水，有 12.4%的农户饮用水源为受保护的井水和泉水。2011 年贫困地区仅有 27.8%的农民饮用水源为自来水。三是炊用能源有了新变化，使用柴草炊用的农户不断减少。2016 年，仅 8.2%的农户使用柴草做饭，34.9%的农户使用煤炭做饭，42.0%的农户使用电做饭，1.2%的农户使用罐装液化气做饭，2011 年有 37.9%的农户使用柴草做饭，10.4%的农户使用电做饭。

三、贫困地区农民持续增收的几点建议

在持续实施的整村推进、劳动力转移培训、科技扶贫、产业化扶贫、连片开发等精准扶贫措施的推动下，一批又一批的贫困村摒弃等靠要思想，逐渐摘下"贫困帽"，走上致富奔小康的发展之路。但是作为贫困地区占全区总面积的 65%的宁夏，随着扶贫攻坚迈进"深水区"，剩下的都是难啃的"硬骨头"，今后的精准扶贫之路依然任重道远。

（一）提升新生代农民工素质，实现农民工职业化转型

目前宁夏农民工群体从业范围覆盖了建筑业、制造业、餐饮服务业等大多数劳动密集型行业。今后，随着高等教育扩容、户籍制度改革等社会变革，新生代农民工将不再局限在这些行业，精益制造业、高新技术行业的农民工也将日益普遍，工人群体的综合素质、专业素养、职业技能无疑是保证收入稳定增长的基础，只有大力实现农民工群体的职业化转型，抓紧培育农民工职业化形成机制，才能为贫困地区农民工资性收入稳定增长提供源泉，这也将为农民增收多元化拓展更多渠道。

（二）在提升农产品品质上做文章，为农民增收创造新前景

目前，宁夏贫困地区农民农业收入增长缓慢，主要原因是农产品价格伤农事件频出，因为农民生产的都是中低端农产品，一方面这类产品的消费需求日益萎缩，另一方面彼此之间形成了同质化恶性竞争。要扭转这种情况，就需要将目前中低端产品的粗放生产过渡到优质产品的精细生产中来，同时，依托优质农产品生产，观光农业、旅游农业也能得到发展，这也为贫困地区农民增收创造新前景。

（三）借助农村土地制度改革，为农民增收寻找新动力

土地作为贫困地区农民最大的资产，长期以来由于各种限制而不能发挥其增收作用。随着农村土地制度改革，将全面推行农村土地承包经营权权属落实、农村集体经营性建设用地改革、农村宅基地制度改革、土地征收制度改革等。这些改革将为农民增加财产性收入提供新契机，为农民工到城镇就业或自主创业提供新的资金来源，从而为农民增收提供新动力。

（四）继续增加农民养殖补贴，降低牧业生产成本

2016 年，宁夏贫困地区农民人均家庭经营净收入增加 153.5 元，其中牧业净收入增加 128.8 元，这主要是近年来自治区各级政府出台多项措施扶持农民养殖业，养殖业得以快速发展，但是要实现牧业收入长期稳定增长，加大棚圈、良种投入固然重要，降低养殖成本、提高养殖技术也不容忽视，建议相关部门在

对规模户加以扶持的同时，针对散养户进一步出台完善“粮改饲”支持政策、畜牧良种补贴政策、饲料补贴政策等相关政策，使牧业补贴能普惠到在农民牧业收入中发挥决定性作用的小规模家庭养殖户。

（五）借助精准扶贫政策优势，缩小农民内部收入差距

近年来，在宁夏贫困地区农民收入与非贫困地区、全区比持续缩小的同时，贫困地区农民内部收入差距并未缩小。因为低收入组农户受资金扶持较多、高收入组农户有资金充足的优势，出现了低收入组和高收入组农户收入增速远高于中间收入组农户的情况。今后，要以精准扶贫为导向，突出农业产业发展，兼顾基础设施和社会事业建设，针对不同收入水平的贫困人口谋划帮扶项目，制定实施方案，使中低收入农户依靠产业扶持中的技术共享和资金扶持，全力发展起自己的增收产业。在贫困人口全部脱贫的同时也缩小与高收入组的收入差距，朝着共同富裕的方向稳步前进。

（苏春燕）

7-1 2016年扶贫重点县住户基本情况

Basic Statistics of Key Poverty Alleviation County (2016)

指标名称	Item	单位	unit	总计
一、调查户类别	**Category of Households Surveyed**			
(一)调查户数	Numbers of Households Surveyed	户	household	515
(二)低保户	Households Enjoying the Minimum Living Guarantee	户	household	210
(三)五保户	Households Enjoying the Five Guarantees	户	household	9
(四)建档立卡户	Households Establishing Files	户	household	180
(五)退耕还林户	Households Returning the Grain Plots to Forestry	户	household	264
二、住房及生活设施	**Housing and Domestic Installation**			
一、期末现住房情况	Owning House Condition of Term End			
(一)本住户居住类型	Residence Type	户	household	515
1.普通住宅	General Residence	户	household	515
2.集体宿舍和工棚	Dormitory and Shed	户	household	
3.工作地住宿	Working Places	户	household	
(二)本住户居住空间样式	House Construction Space Style	户	household	515
1.单栋楼房	Single Building	户	household	9
2.单栋平房	Single Bungalow	户	household	491
3.四居室及以上单元房	House With Four Bedrooms and Above	户	household	
4.三居室单元房	House With Three Bedrooms	户	household	6
5.二居室单元房	House With Two Bedrooms	户	household	2
6.一居室单元房	House With One Bedrooms	户	household	1
7.筒子楼或连片平房	Tube-shaped or Closely Bungalow	户	household	5
8.其他	Others	户	household	1
(三)主要建筑材料	Main Building Materials	户	household	515
1.钢筋混凝土	Reinforced Concrete	户	household	14
2.砖混材料	Brick and Concrete	户	household	92
3.砖瓦砖木	Brick and Wood	户	household	369
4.竹草土坯	Bamboo Grass Adobe	户	household	37
5.其他	Others	户	household	3
(四)现住房房屋来源	Source of Current Housing	户	household	515
1.租赁公房	Public House Leasing	户	household	
2.租赁私房	Private House Leasing	户	household	3
3.自建住房	Self-Built Housing	户	household	487
4.购买商品房	Commercial Residential Building	户	household	13
5.购买房改住房	Reformed Housing	户	household	1
6.购买保障性住房	Security Housing	户	household	
7.拆迁安置房	Removal Settlement Housing	户	household	8
8.继承或获赠住房	Inheritance or Gift Housing	户	household	

7-1 续表 1 continued

指标名称	Item	单位	unit	总计
9.免费借用房	Borrow Housing for Free	户	household	1
10.雇主提供免费住房	Free Housing of Employer Offer	户	household	
11.其他来源	Others	户	household	2
(五)现住房建筑面积	Floor Space of Current Residential Buildings	平方米	sq.m	60522
1.10平方米以内	Less than 10sq.m	户	household	
2.10-20平方米	10-20sq.m	户	household	
3.20-30平方米	20-30sq.m	户	household	1
4.30-60平方米	30-60sq.m	户	household	50
5.60-90平方米	60-90sq.m	户	household	123
6.90-120平方米	90-120sq.m	户	household	157
7.120-200平方米	120-200sq.m	户	household	163
8.200平方米以上	200sq.m Above	户	household	21
(六)住宅外道路路面情况	Road Pavement Outside Housing	户	household	515
1.水泥或柏油路面	Cement or Asphalt	户	household	279
2.沙石或石板等硬质路面	Hard Surfacing of Gravel or Slabstone	户	household	110
3.其他	Others	户	household	126
(七)住宅有管道供水情况	Pipeline Water Supplying of Residential Buildings	户	household	515
1.管道供水入户	Pipeline Water Supplying in the Home	户	household	377
2.管道供水至公共取水点	Pipeline Water Supplying to Public Water Intaking Spot	户	household	3
3.没有管道设施	No Pipeline Infrastructure	户	household	135
(八)住户主要饮用水来源情况	Souce of Drinking Water for Household	户	household	515
1.经过净化处理的自来水	Tap Water for Cleaning Treatment	户	household	354
2.受保护的井水和泉水	Well Water and Spring for Protected	户	household	90
3.不受保护的井水和泉水	Well Water and Spring for Nonn-protected	户	household	24
4.江河湖泊水	Rivers and Lakes	户	household	12
5.收集雨水	Raniwater	户	household	26
6.桶装水	Barrelled Water	户	household	
7.其他水源	Others	户	household	9
(九)住户获取饮用水的主要困难	Main Difficulty for Gaining Dringking Water	户	household	515
1.单次取水往返时间超过半小时	More Than Half an Hour of Getting Water from a Single Round-trip Time	户	household	28
2.间断或定时供水	Water Supply for Gap or Timing	户	household	13
3.当年连续缺水时间超过16天	More Than 16days for Continous Hydropenia of the Year	户	household	3
4.无上述困难	No Difficulty	户	household	471
(十)住户饮用水使用前采取的主要处理措施	Main Treatment Measure Before Drinking	户	household	515
1.煮沸	Boiling	户	household	504
2.加漂白剂/氯等	Adding Bleach or Chlorine	户	household	1
3.使用水过滤器	Using Water Filter	户	household	1
4.其他处理措施	Other Treatment Measures	户	household	2
5.没有任何水处理措施	No Any Treatment Measures	户	household	7

7-1 续表 2 continued

指 标 名 称	Item	单位	unit	总计
(十一)住户厕所类型	Residence Toilet Type	户	household	515
1.水冲式卫生厕所	Water Flushing Sanitary Toilet	户	household	21
2.水冲式非卫生厕所	Water Flushing Insanitary Toilet	户	household	1
3.卫生旱厕	Sanitary Pit Latrine	户	household	31
4.普通旱厕	General Pit Latrine	户	household	458
5.无厕所	No Toilet	户	household	4
(十二)住户厕所使用情况	Using Condition of Residence Toilet	户	household	515
1.本住户独用	Exclusive Use	户	household	509
2.几户合用	Sharing with Several households	户	household	4
3.公用厕所	Public Toilet	户	household	2
(十三)住户洗澡设施情况	Residence Shower Equipment Condition	户	household	515
1.统一供热水	Unified Supply Hot Water	户	household	4
2.家庭自装热水器	House Self-Installing Water Heater	户	household	249
3.其他	Others	户	household	29
4.无洗澡设施	No Shower Equipment	户	household	233
(十四)住户主要取暖设备状况	Residence Main Heating Equipment Condition	户	household	515
1.由市政或小区集中供暖	Central Heating by Government or Housing Estate	户	household	8
2.自行供暖	Self Heating	户	household	492
3.无取暖设备	No Heating Equipment	户	household	15
(十五)住户主要取暖用能源状况	Residence Main Heating Energy Condition	户	household	515
1.柴草	Firewood	户	household	9
2.煤炭	Coal	户	household	499
3.罐装液化石油气	Liquefied Petroleum Gas of Can Pack	户	household	
4.管道液化石油气	Liquefied Petroleum Gas of Pipeline	户	household	1
5.管道煤气	Coal Gas of Pipeline	户	household	
6.管道天然气	Natural Gas of Pipeline	户	household	
7.电	Electricity	户	household	1
8.燃料用油	Fuel Oils	户	household	
9.沼气	Biogas	户	household	
10.其他	Others	户	household	
11.无取暖行为	No Heating Behavior	户	household	5
(十六)主要炊用能源状况	Main Condition of Cooking Energy	户	household	515
1.柴草	Firewood	户	household	70
2.煤炭	Coal	户	household	172
3.罐装液化石油气	Liquefied Petroleum Gas of Can Pack	户	household	10
4.管道液化石油气	Liquefied Petroleum Gas of Pipeline	户	household	
5.管道煤气	Coal Gas of Pipeline	户	household	
6.管道天然气	Natural Gas of Pipeline	户	household	
7.电	Electricity	户	household	262

7-1 续表 3 continued

指标名称	Item	单位	unit	总计
8.燃料用油	Fuel Oils	户	household	
9.沼气	Biogas	户	household	
10.其他	Others	户	household	1
11.无炊用行为	No Heating Behavior	户	household	
二、自有现住房情况	Condition of Own Current Housing	--	--	
(一)自有现住房建筑年份	Year of Built	年	year	
1.当年新建	New Construction of the Year	户	household	27
2.1-5年	1-5 year	户	household	136
3.6-10年	6-10 year	户	household	99
4.11-20年	11-20 year	户	household	100
5.21-50年	21-50 year	户	household	43
6.51-99年	51-99 year	户	household	
7.100年以上	Morn Than 100 years	户	household	4
(二)现住房购(建)房时间	Time of Built	年	year	
(三)购(建)房总 金额	Amount of Built	万元	10000 yuan	3490
(四)购(建)房时借贷款总额(不含利息)	Total Loan of Built	万元	10000 yuan	496
其中：按揭贷款 金额	Mortgage Loan	万元	10000 yuan	108
(五)购(建)房时借贷款总利息	Loan Interest of Built	万元	10000 yuan	33
(六)借贷款还款总年限	Loan Years	年	year	
1.10年以下	Below 10 years	户	household	105
2.11-20年	11-20 years	户	household	2
3.21-30年	21-30 years	户	household	
4.30年以上	Morn Than30 years	户	household	
(七)现在是否还在还款	Wheather in the Payment at Present	户	household	107
1.现在还在还款	Yes	户	household	38
2.现在已经还完借贷款	Pay Off the Loans at Present	户	household	69
三、租赁住房情况	Condition of Leasing Housing	--	--	
(一)租赁住房房屋来源	Source of Leasing Housing	户	household	
1.租赁公房	Public House Leasing	户	household	
2.租赁私房	Private House Leasing	户	household	3
(二)租赁住房实际月租金	The Market Rent Per Month of Leasing Housing	元	yuan	
1.租赁公房实际月租金	The Market Rent Per Month of Public House Leasing	元	yuan	
2.租赁私房实际月租金	The Market Rent Per Month of Private House Leasing	元	yuan	700
四、期末拥有房屋情况	Condition of Own House Term End	--	--	
(一)期末拥有房屋面积	House Floor Space of Term End	平方米	sq.m	61464
1.自有现住房面积	Floor Space of Current Housing	平方米	sq.m	60102
2.出租住房面积	Floor Space of Rent Housing	平方米	sq.m	991
3.出租商用建筑物面积	Floor Space of Commercial Building	平方米	sq.m	
4.偶尔居住房面积	Floor Space of Residing Occasionally	平方米	sq.m	205
5.空宅或其他用途房面积	Floor Space of Empty House or Other Using	平方米	sq.m	166

7-1 续表 4 continued

指 标 名 称	Item	单位	unit	总计
(二)期末拥有房屋价值	Value of Own House Term End	万元	10000 yuan	4855
1.自有现住房市场价估计值	Value of Current Housing	万元	10000 yuan	4697
2.出租住房市场价估计值	Value of Rent Housing	万元	10000 yuan	134
3.出租商用建筑物市场价估计值	Value of Commercial Building	万元	10000 yuan	
4.偶尔居住房市场价估计值	Value of Residing Occasionally	万元	10000 yuan	6
5.空宅或其他用途房市场价估计值	Value of Empty House or Other Using	万元	10000 yuan	18
(三)期末拥有房屋市场价月租金	The Market Rent Per Month of Own House Term End	元	yuan	
1.自有现住房市场价月租金	The Market Rent Per Month of Current Housing	元	yuan	106623
2.出租住房市场价月租金	The Market Rent Per Month of Rent Housing	元	yuan	5086
3.出租商用建筑物市场价月租金	The Market Rent Per Month of Commercial Building	元	yuan	
五、期内新购住房情况	Condition of Newly Bought Residential Buildings During Period	--	--	
(一)期内新购住房建筑面积	Floor Space of Newly Bought Residential Buildings	平方米	sq.m	202
1.10平方米以内	Less than 10 sq.m	户	household	
2.10-20平方米	10-20 sq.m	户	household	
3.20-30平方米	20-30 sq.m	户	household	
4.30-60平方米	30-60 sq.m	户	household	
5.60-90平方米	60-90 sq.m	户	household	
6.90-120平方米	90-120 sq.m	户	household	2
7.120-200平方米	120-200 sq.m	户	household	
8.200平方米以上	Morn than 200 sq.m	户	household	
(二)新购住房购买时间	Purchasing Date	年	year	
(三)新购住房总金额	Total Amount	万元	10000 yuan	52
(四)新购住房借贷款总额(不含利息)	Total Loan	万元	10000 yuan	23
其中：按揭贷款金额	Mortgage Loan	万元	10000 yuan	10
(五)新购住房借贷款总利息	Loan Interest	万元	10000 yuan	1
(六)新购住房借贷款还款总年限	Loan Years	年	year	
1.10年以下	Below 10 years	户	household	1
2.11-20年	11-20 years	户	household	1
3.21-30年	21-30 years	户	household	
4.30年以上	Morn Than30 years	户	household	
六、期内新建住房情况	Condition of Newly Built Residential Buildings During Period	--	--	
(一)期内新建住房竣工建筑面积	Floor Space of Newly Built Residential Buildings	平方米	sq.m	4650
1.10平方米以内	Less than 10 sq.m	户	household	
2.10-20平方米	10-20 sq.m	户	household	
3.20-30平方米	20-30 sq.m	户	household	4
4.30-60平方米	30-60 sq.m	户	household	23
5.60-90平方米	60-90 sq.m	户	household	14
6.90-120平方米	90-120 sq.m	户	household	9
7.120-200平方米	120-200 sq.m	户	household	9
8.200平方米以上	Morn than 200 sq.m	户	household	
(二)新建住房建成时间	Purchasing Date	年	year	
(三)新建住房总费用	Total Cost	万元	10000yuan	381
(四)新建住房资金来源	Capital Source of Newly Built Residential Buildings	万元	10000yuan	379
1.银行信用社贷款	Loans from Bank and Credit Cooperative	万元	10000yuan	47
2.亲友借款	Debt from Relatives and Friends	万元	10000yuan	90
3.自筹资金	Self-collected Funds	万元	10000yuan	220
4.其他资金	Others	万元	10000yuan	22

7-2 2016年扶贫重点县耐用消费品拥有情况

Ownership of Durable Consumer Goods of Key Poverty Alleviation County (2016)

单位：百户均 (per 100 household)

指标名称	Item	单位	unit	总计
家用汽车	Family Car	辆	unit	18
摩托车	Motorcycle	辆	unit	85
助力车	Moped	台	set	32
洗衣机	Washing Machine	台	set	95
电冰箱(柜)	Refrigerator	台	set	85
微波炉	Microwave Oven	台	set	7
彩色电视机	Color TV Set	台	set	111
其中：接入有线电视网	Cable Television	台	set	3
空调	Air Conditioner	台	set	1
热水器	Water Heater	台	set	62
其中：太阳能热水器	Solar Water Heater	台	set	58
消毒碗柜	Disinfection Cupboard	台	set	
洗碗机	Dishwasher	台	set	
排油烟机	Ventilator	台	set	6
固定电话	Telephone	线	set	6
移动电话	Mobile Telephone	部	set	291
其中：接入互联网	Internet Mobile Telephone	部	set	128
计算机	Computer	台	set	15
其中：接入互联网	Internet Computer	台	set	6
摄像机	Video Camera	台	set	
照相机	Camera	台	set	2
中高档乐器	Middle and Top Grade Instruments	架	set	1
健身器材	Body-building Apparatus	台	set	
组合音响	Music Center	套	set	5

7-3 2016年扶贫重点县社区基础设施和基本社会服务情况

Base Installation and Community Service of the Community (2016)

指标名称	Item	单位	unit	总计
一、社区基础设施和基本社会服务情况	**Base Installation and Community Service of the Community**	--	--	
(一)本社区的土地性质主要属于	Land Status	--	--	
1.国有土地	State Owned	户	household	123
2.集体土地	Collective	户	household	392
(二)本社区是否通公路	Whether Connected Roads	--	--	
1.通公路	Yes	户	household	515
2.不通公路	No	户	household	
(三)本社区能否便利地乘坐公共汽车	Whether Conveniently by Bus	--	--	
1.能便利地乘坐公共汽车	Yes	户	household	441
2.不能便利地乘坐公共汽车	No	户	household	74
(四)本社区是否通电	Whether Electrify	--	--	
1.通电	Yes	户	household	515
2.不通电	No	户	household	
(五)本社区是否通电话	Whether on the Phone	--	--	
1.通电话	Yes	户	household	515
2.不通电话	No	户	household	
(六)本社区能否接收有线电视信号	Whether Receive Cable TV Signal	--	--	
1.能接收有线电视信号	Yes	户	household	455
2.不能接收有线电视信号	No	户	household	60
(七)本社区饮用水是否经过集中净化处理	Whether Purified of Drinking Water	--	--	
1.饮用水经过集中净化处理	Yes	户	household	381
2.饮用水没有经过集中净化处理	No	户	household	134
(八)本社区主要饮用水水源中是否含有化学污染	Whether Chemical Contamination in Drinking Water	--	--	
1.高氟	Fluoride	户	household	
2.高砷	Arsenic	户	household	
3.其他化学污染	Other Chemical Pollution	户	household	
4.没有化学污染	None Chemical Pollution	户	household	515
(九)本社区是否开通了管道燃气	Whether Launched Pipeline Gas	--	--	
1.开通管道燃气	Yes	户	household	
2.未开通管道燃气	No	户	household	515
(十)本社区是否有市政或小区集中供暖	Whether Central Heating by Municipal or Community	--	--	
1.有市政或小区集中供暖	Yes	户	household	23
2.没有市政或小区集中供暖	No	户	household	401
3.不适用	Inapplicability	户	household	91
(十一)进入社区道路的路面状况	Road Condition Outside the Community	--	--	
1.水泥或柏油路面	Cement or Asphalt	户	household	495
2.沙石或石板等硬质路面	Hard Surfacing of Gravel or Slabstone	户	household	20
3.其他	Others	户	household	
(十二)社区内主要道路路面状况	Road Condition in the Community	--	--	
1.水泥或柏油路面	Cement or Asphalt	户	household	433
2.沙石或石板等硬质路面	Hard Surfacing of Gravel or Slabstone	户	household	62
3.其他	Others	户	household	20
(十三)社区内主要道路是否有路灯	Whether Have Street Light	--		
1.主要道路有路灯	Yes	户	household	82
2.主要道路没有路灯	No	户	household	433

7-3 续表 1 continued

指 标 名 称	Item	单位	unit	总计
(十四)社区内垃圾是否能够做到集中处理	Whether Centralized Processing of Rubbish	--	--	
1.垃圾集中处理	Yes	户	household	218
2.垃圾不能集中处理	No	户	household	297
(十五)社区内是否有健身器材	Whether Have Fitness Equipment	--	--	
1.有健身器材	Yes	户	household	204
2.没有健身器材	No	户	household	311
(十六)社区内是否有绿化园林景观设计	Whether Have Garden Design	--	--	
1.有绿化园林景观设计	Yes	户	household	72
2.没有绿化园林景观设计	No	户	household	443
(十七)社区是否有卫生站(室)	Whether Have Health Station	--	--	
1.有卫生站(室)	Yes	户	household	484
2.没有卫生站(室)	No	户	household	31
(十八)上幼儿园或学前班的便利程度如何	How Cconvenient is Kindergarten or Preschool	--	--	
1.社区内有，且便利	Yes,and Convenient	户	household	261
2.社区内无，但入园较便利	No,but Kindergarten is Convenient	户	household	162
3.不便利	Inconvenience	户	household	92
(十九)上小学的便利程度如何	How Convenient is in Primary School	--	--	
1.社区内有，且便利	Yes,and Convenient	户	household	396
2.社区内无，但入学较便利	No,but Entrance is Convenient	户	household	65
3.不便利	Inconvenience	户	household	54
(二十)社区是否在本年度发生过盗窃或其他刑事案件	Whether Happened Theft or Other Criminal Cases This Year	--	--	
1.发生过盗窃或其他刑事案件	Yes	户	household	50
2.没有发生过盗窃或其他刑事案件	No	户	household	465
(二十一)社区是否有专职安全保卫人员	Whether Have Full-time Security Personnel	--	--	
1.有专职安全保卫人员	Yes	户	household	123
2.没有专职安全保卫人员	No	户	household	392
(二十二)本社区是否通宽带	Whether Through Broadband Network	--	--	
1.已通宽带	Yes	户	household	340
2.未通宽带	No	户	household	175
(二十三)本村所处地势	Village Terrain	--	--	
1.平原	Plain	户	household	71
2.丘陵(半山区)	Hill	户	household	181
3.山区	Mountainous	户	household	263
(二十四)本村是否少数民族村	Whether is Minority Village	--	--	
1.少数民族村	Yes	户	household	258
2.不是少数民族村	No	户	household	257
(二十五)本村是否开展退耕还林还草工作	Whether Returning Farmland to Forest and Grass	--	--	
1.开展退耕还林还草工作	Yes	户	household	395
2.没有开展退耕还林还草工作	No	户	household	120
(二十六)本村到最近县城的距离	Distance of the Village to the Nearest County	--	--	
1.2公里以内	Less than 2 km	户	household	21
2.2-5公里	2-5 km	户	household	42
3.5-10公里	5-10 km	户	household	91
4.10-20公里	10-20 km	户	household	85
5.20公里以上	Morn than 20 km	户	household	276

7-3 续表 2 continued

指标名称	Item	单位	unit	总计
(二十七)本村到最近乡镇的距离	Distance of the Village to the Nearest Town	--	--	
1.2公里以内	Less than 2 km	户	household	143
2.2-5公里	2-5 km	户	household	195
3.5-10公里	5-10 km	户	household	145
4.10-20公里	10-20 km	户	household	32
5.20公里以上	Morn than 20 km	户	household	
(二十八)本村到最近火车站/汽车站/码头的距离	Distance of the Village to the Nearest Railway Station or Bus Station	--	--	
1.2公里以内	Less than 2 km	户	household	90
2.2-5公里	2-5 km	户	household	143
3.5-10公里	5-10 km	户	household	113
4.10-20公里	10-20 km	户	household	86
5.20公里以上	Morn than 20 km	户	household	83
(二十九)本村到最近邮局的距离	Distance of the Village to the Nearest Post-office	--	--	
1.2公里以内	Less than 2 km	户	household	81
2.2-5公里	2-5 km	户	household	195
3.5-10公里	5-10 km	户	household	143
4.10-20公里	10-20 km	户	household	76
5.20公里以上	Morn than 20 km	户	household	20
(三十)本村到最近集市的距离	Distance of the Village to the Nearest Market	--	--	
1.2公里以内	Less than 2 km	户	household	113
2.2-5公里	2-5 km	户	household	217
3.5-10公里	5-10 km	户	household	143
4.10-20公里	10-20 km	户	household	32
5.20公里以上	Morn than 20 km	户	household	10
(三十一)本村到能购买化肥等农资的商店的距离	Distance of the Village to the Nearest Shop for Purchasing Agricultural Materials	--	--	
1.2公里以内	Less than 2 km	户	household	123
2.2-5公里	2-5 km	户	household	217
3.5-10公里	5-10 km	户	household	123
4.10-20公里	10-20 km	户	household	32
5.20公里以上	Morn than 20 km	户	household	20
(三十二)本村是否有拥有合法行医证的医生	Whether Have a Legal Certificate of Practicing Medicine Doctor	--	--	
1.有拥有合法行医证的医生	Yes	户	household	492
2.没有拥有合法行医证的医生	No	户	household	23
(三十三)本村是否有合格接生员	Whether Have a Qualified Midwives	--	--	
1.有合格接生员	Yes	户	household	169
2.没有合格接生员	No	户	household	346

附 录

Appendix

附-1　主要年份全国各省、直辖市、自治区农村居民家庭人均纯收入

Per Capita Annual Net Income of Rural Households by Region in Main Years

单位：元　　(yuan)

省\直辖市\自治区	Region	1980	1981	1982	1983	1984	1985	1986	1987	1988
全　国	**National**	**191**	**223**	**270**	**310**	**355**	**398**	**424**	**463**	**545**
北　京	Beijing	290	351	433	519	664	775	823	916	1063
天　津	Tianjin	278	298	326	412	505	565	635	749	891
河　北	Hebei	176	204	236	298	344	385	408	444	547
山　西	Shanxi	156	180	227	276	351	358	345	377	439
内蒙古	Inner Mongolia	181	225	273	294	336	360	340	389	500
辽　宁	Liaoning	273	307	334	452	477	468	533	599	700
吉　林	Jilin	236	293	333	462	487	414	457	523	628
黑龙江	Heilongjiang	205	221	250	388	444	398	476	474	553
上　海	Shanghai	397	444	530	563	785	806	937	1059	1301
江　苏	Jiangsu	218	258	309	357	448	493	561	626	797
浙　江	Zhejiang	219	280	346	359	446	549	609	725	902
安　徽	Anhui	185	246	269	305	323	369	397	429	486
福　建	Fujian	172	232	268	301	345	396	419	485	613
江　西	Jiangxi	181	227	270	302	334	377	396	429	488
山　东	Shandong	194	232	304	368	404	408	449	518	584
河　南	Henan	161	216	217	272	301	329	433	378	401
湖　北	Hubei	170	217	286	299	392	421	445	461	498
湖　南	Hunan	220	242	284	316	348	395	440	471	515
广　东	Guangdong	274	325	382	396	425	495	546	645	809
广　西	Guangxi	174	204	235	262	267	303	316	354	424
海　南	Hainan									567
重　庆	Chongqing									
四　川	Sichuan	188	221	256	258	287	315	338	369	449
贵　州	Guizhou	161	209	223	225	263	288	304	342	398
云　南	Yunnan	150	178	232	267	310	338	338	365	428
西　藏	Tibet						353	344	348	374
陕　西	Shaanxi	142	177	218	236	263	295	299	329	404
甘　肃	Gansu	153	159	174	213	221	255	269	296	340
青　海	Qinghai		158	201	252	294	343	369	392	493
宁　夏	**Ningxia**	**178**	**202**	**229**	**274**	**299**	**326**	**379**	**387**	**480**
新　疆	Xinjiang	198	236	277	307	363	394	420	453	496

注：2014年按照城乡一体化改革后计算新的口径为农村居民人均可支配收入。
Note:According to the integration of urban and rural reform in 2014 calculated the new caliber for the rural residents per capita disposable income.

附-1 续表 1 continued

单位：元 (yuan)

省\直辖市\自治区	Region	1989	1990	1991	1992	1993	1994	1995	1996	1997
全 国	**National**	**602**	**686**	**709**	**784**	**921**	**1221**	**1578**	**1926**	**2090**
北 京	Beijing	1231	1297	1422	1572	1883	2401	3224	3562	3662
天 津	Tianjin	1020	1069	1169	1309	1473	1836	2406	3000	3244
河 北	Hebei	589	622	657	683	804	1107	1669	2055	2286
山 西	Shanxi	514	604	568	627	728	884	1208	1557	1738
内蒙古	Inner Mongolia	478	607	618	672	778	970	1208	1602	1780
辽 宁	Liaoning	740	836	897	995	1161	1423	1757	2150	2301
吉 林	Jilin	624	804	748	807	892	1272	1610	2126	2186
黑龙江	Heilongjiang	535	760	735	949	1028	1394	1766	2182	2308
上 海	Shanghai	1380	1907	2003	2226	2727	3437	4246	4846	5277
江 苏	Jiangsu	876	959	921	1061	1267	1832	2457	3029	3270
浙 江	Zhejiang	1011	1099	1211	1359	1746	2225	2966	3463	3684
安 徽	Anhui	516	539	446	574	725	973	1303	1608	1809
福 建	Fujian	697	764	850	984	1211	1578	2049	2492	2786
江 西	Jiangxi	559	670	703	768	870	1218	1537	1870	2107
山 东	Shandong	631	680	764	803	953	1320	1715	2086	2292
河 南	Henan	457	527	539	588	696	910	1232	1579	1734
湖 北	Hubei	572	671	627	678	783	1173	1511	1864	2102
湖 南	Hunan	558	664	689	739	852	1155	1425	1792	2037
广 东	Guangdong	955	1043	1143	1308	1675	2182	2699	3183	3468
广 西	Guangxi	483	640	658	732	892	1107	1446	1703	1875
海 南	Hainan	674	696	730	843	992	1305	1520	1746	1917
重 庆	Chongqing									1643
四 川	Sichuan	494	558	590	634	698	946	1158	1453	1681
贵 州	Guizhou	430	435	466	506	580	787	1087	1277	1299
云 南	Yunnan	478	541	573	618	675	803	1011	1229	1376
西 藏	Tibet	397	650	707	830	889	976	1200	1353	1195
陕 西	Shaanxi	434	531	534	559	653	805	963	1165	1273
甘 肃	Gansu	366	431	446	489	556	724	880	1101	1185
青 海	Qinghai	458	560	556	603	673	869	1030	1174	1321
宁 夏	**Ningxia**	**538**	**594**	**608**	**619**	**667**	**910**	**1037**	**1416**	**1545**
新 疆	Xinjiang	546	684	703	740	778	947	1136	1290	1504

附-1 续表 2 continued

单位：元 (yuan)

省\直辖市\自治区	Region	1998	1999	2000	2001	2002	2003	2004	2005
全　国	**National**	**2162**	**2210**	**2253**	**2366**	**2476**	**2622**	**2936**	**3255**
北　京	Beijing	3952	4227	4605	5026	5398	5752	6170	7346
天　津	Tianjin	3396	3411	3622	5026	4279	4566	5020	5580
河　北	Hebei	2405	2412	2479	3948	2685	2853	3171	3482
山　西	Shanxi	1859	1773	1906	2604	2150	2299	2590	2891
内蒙古	Inner Mongolia	1981	2003	2038	1956	2086	2268	2606	2989
辽　宁	Liaoning	2580	2501	2356	2558	2751	2934	3307	3690
吉　林	Jilin	2384	2261	2023	2182	2301	2530	3000	3264
黑龙江	Heilongjiang	2253	2166	2148	2280	2405	2509	3005	3221
上　海	Shanghai	5407	5409	5596	5871	6224	6654	7066	8248
江　苏	Jiangsu	3377	3495	3595	3785	3980	4239	4754	5276
浙　江	Zhejiang	3815	3948	4254	4582	4940	5389	5944	6660
安　徽	Anhui	1863	1900	1935	2020	2118	2127	2499	2641
福　建	Fujian	2946	3091	3230	3381	3539	3734	4089	4450
江　西	Jiangxi	2048	2129	2135	2232	2306	2458	2787	3129
山　东	Shandong	2453	2550	2659	2805	2948	3150	3507	3931
河　南	Henan	1864	1948	1986	2098	2216	2236	2553	2871
湖　北	Hubei	2172	2217	2269	2352	2444	2567	2890	3099
湖　南	Hunan	2065	2127	2197	2300	2398	2533	2838	3118
广　东	Guangdong	3527	3629	3654	3770	3912	4055	4366	4690
广　西	Guangxi	1972	2048	1865	1944	2013	2095	2305	2495
海　南	Hainan	2018	2087	2182	2227	2423	2588	2818	3004
重　庆	Chongqing	1720	1737	1892	1971	2098	2215	2510	2809
四　川	Sichuan	1789	1843	1904	1987	2108	2230	2519	2803
贵　州	Guizhou	1334	1363	1374	1412	1490	1565	1722	1877
云　南	Yunnan	1387	1438	1479	1534	1609	1697	1864	2042
西　藏	Tibet	1232	1309	1331	1404	1463	1562	1861	2078
陕　西	Shaanxi	1406	1456	1444	1491	1596	1676	1867	2052
甘　肃	Gansu	1393	1357	1429	1509	1590	1673	1852	1980
青　海	Qinghai	1425	1467	1490	1557	1669	1794	1958	2151
宁　夏	**Ningxia**	**1756**	**1791**	**1724**	**1823**	**1917**	**2043**	**2320**	**2509**
新　疆	Xinjiang	1600	1473	1618	1710	1863	2106	2245	2482

附-1 续表 3 continued

单位：元 (yuan)

省\直辖市\自治区	Region	2006	2007	2008	2009	2010	2011	2012	2013	2014	2015	2016
全 国	**National**	**3587**	**4140**	**4761**	**5153**	**5919**	**6977**	**7917**	**8896**	**10489**	**11422**	**12363**
北 京	Beijing	8620	9559	10662	11669	13262	14736	16476	18337	18867	20569	22310
天 津	Tianjin	7942	8752	7911	8688	10075	12321	14026	15841	17014	18482	20076
河 北	Hebei	3802	4293	4795	5150	5958	7120	8081	9102	10186	11051	11919
山 西	Shanxi	3181	3666	4097	4244	4736	5601	6357	7154	8809	9454	10082
内蒙古	Inner Mongolia	3342	3953	4656	4938	5530	6642	7611	8596	9976	10776	11609
辽 宁	Liaoning	4090	4773	5576	5958	6908	8297	9384	10523	11191	12057	12881
吉 林	Jilin	3640	4190	4933	5266	6237	7510	8598	9621	10780	11326	12123
黑龙江	Heilongjiang	3552	4132	4856	5207	6211	7591	8604	9634	10453	11095	11832
上 海	Shanghai	9213	10222	11440	12483	13978	16054	17804	19595	21192	23205	25520
江 苏	Jiangsu	5813	6561	7356	8004	9118	10805	12202	13598	14958	16257	17606
浙 江	Zhejiang	7335	8265	9258	10007	11303	13071	14552	16106	19373	21125	22866
安 徽	Anhui	2969	3556	4202	4504	5285	6232	7161	8098	9916	10821	11720
福 建	Fujian	4833	5467	6196	6680	7427	8779	9967	11184	12650	13793	14999
江 西	Jiangxi	3585	4098	4697	5075	5789	6892	7829	8781	10117	11139	12138
山 东	Shandong	4368	4985	5641	6119	6990	8342	9447	10620	11882	12930	13954
河 南	Henan	3261	3852	4454	4807	5524	6604	7525	8475	9966	10853	11697
湖 北	Hubei	3419	3997	4656	5035	5832	6898	7852	8867	10849	11844	12725
湖 南	Hunan	3256	3904	4512	4909	5622	6567	7440	8372	10060	10993	11930
广 东	Guangdong	5079	5624	6400	6907	7890	9372	10543	11669	12246	13360	14512
广 西	Guangxi	2771	3224	3690	3980	4543	5231	6008	6791	8683	9467	10359
海 南	Hainan	3256	3791	4390	4744	5275	6446	7408	8343	9913	10858	11843
重 庆	Chongqing	2874	3506	4126	4478	5277	6480	7383	8332	9490	10505	11549
四 川	Sichuan	3013	3547	4121	4462	5087	6129	7001	7895	9348	10247	11203
贵 州	Guizhou	1985	2374	2797	3005	3472	4145	4753	5434	6671	7387	8090
云 南	Yunnan	2251	2634	3103	3369	3952	4722	5417	6141	7456	8242	9020
西 藏	Tibet	2435	2788	3176	3532	4139	4904	5719	6578	7359	8244	9094
陕 西	Shaanxi	2260	2645	3136	3438	4105	5028	5763	6503	7932	8689	9396
甘 肃	Gansu	2134	2329	2724	2980	3425	3909	4507	5108	6277	6936	7457
青 海	Qinghai	2358	2684	3061	3346	3863	4608	5364	6196	7283	7933	8664
宁 夏	**Ningxia**	**2760**	**3181**	**3681**	**4048**	**4675**	**5410**	**6180**	**6931**	**8410**	**9119**	**9852**
新 疆	Xinjiang	2737	3183	3503	3883	4643	5442	6394	7296	8724	9425	10183

附-2　主要年份全国各省、直辖市、自治区农村居民家庭平均每人生活消费支出

Per Capita Living Expenditure of Rural Households by Region in Main Years

单位：元

省\直辖市\自治区	Region	1980	1981	1982	1983	1984	1985	1986	1987	1988
全　国	**National**	**162**	**191**	**220**	**248**	**274**	**317**	**357**	**398**	**477**
北　京	Beijing	253	313	362	384	435	510	644	706	883
天　津	Tianjin	208	249	267	336	371	426	480	539	714
河　北	Hebei	142	165	175	225	243	298	333	365	446
山　西	Shanxi	134	148	168	203	224	273	287	313	354
内蒙古	Inner Mongolia	157	177	205	227	246	291	307	349	404
辽　宁	Liaoning	228	259	266	307	335	402	434	472	567
吉　林	Jilin	216	246	253	275	336	364	389	442	516
黑龙江	Heilongjiang	164	175	201	214	239	307	338	361	424
上　海	Shanghai	322	390	445	512	619	778	896	977	1115
江　苏	Jiangsu	195	226	261	322	360	416	499	579	747
浙　江	Zhejiang	192	266	302	326	369	474	561	659	839
安　徽	Anhui	163	193	240	258	263	299	340	383	455
福　建	Fujian	158	199	231	261	288	351	394	443	571
江　西	Jiangxi	156	194	220	252	270	303	341	390	477
山　东	Shandong	146	179	230	264	287	322	365	406	482
河　南	Henan	136	166	178	196	220	260	292	310	347
湖　北	Hubei	153	184	227	252	305	335	374	409	451
湖　南	Hunan	193	208	249	274	293	348	386	435	481
广　东	Guangdong	222	266	312	329	346	388	454	532	685
广　西	Guangxi	151	171	210	224	238	268	284	309	362
海　南	Hainan									466
重　庆	Chongqing									
四　川	Sichuan	159	184	208	231	252	276	311	348	426
贵　州	Guizhou	139	163	187	185	209	255	272	304	360
云　南	Yunnan	125	138	186	224	261	267	305	326	389
西　藏	Tibet						270	258	246	271
陕　西	Shaanxi	140	148	169	203	214	233	263	286	345
甘　肃	Gansu	127	135	141	163	178	205	233	253	277
青　海	Qinghai		153	153	202	225	275	314	345	400
宁　夏	**Ningxia**	**135**	**142**	**179**	**209**	**232**	**264**	**301**	**330**	**398**
新　疆	Xinjiang	151	169	203	228	251	290	317	360	414

注：2014年按照城乡一体化改革后计算新口径的消费性支出。

Note:According to the integration of urban and rural reform in 2014 calculated the new caliber for consumer spending.

附-2 续表 1 continued

单位：元

省\直辖市\自治区	Region	1989	1990	1991	1992	1993	1994	1995	1996	1997
全 国	**National**	**535**	**585**	**620**	**659**	**770**	**1017**	**1310**	**1572**	**1617**
北 京	Beijing	976	981	1100	1149	1255	1584	2336	2565	2693
天 津	Tianjin	781	733	796	847	938	1161	1548	1957	1882
河 北	Hebei	495	486	558	579	697	779	1104	1399	1395
山 西	Shanxi	409	488	496	493	599	674	928	1174	1145
内蒙古	Inner Mongolia	448	492	571	600	695	835	1180	1438	1560
辽 宁	Liaoning	668	679	767	799	940	1241	1472	1764	1790
吉 林	Jilin	563	633	648	643	670	854	1495	1513	1624
黑龙江	Heilongjiang	482	586	619	674	751	1043	1480	1537	1549
上 海	Shanghai	1208	1505	1540	1967	2200	2715	3387	3868	4228
江 苏	Jiangsu	804	843	878	953	1059	1501	1938	2414	2488
浙 江	Zhejiang	927	946	1027	1112	1262	1680	2378	2702	2839
安 徽	Anhui	498	515	475	502	609	934	1071	1309	1337
福 建	Fujian	653	708	747	821	1070	1440	1794	1913	1994
江 西	Jiangxi	520	577	597	648	712	1031	1256	1553	1569
山 东	Shandong	513	547	613	656	724	996	1338	1653	1626
河 南	Henan	390	438	455	473	565	732	929	1206	1271
湖 北	Hubei	540	608	615	612	722	1014	1245	1636	1660
湖 南	Hunan	516	609	656	708	817	1089	1367	1737	1816
广 东	Guangdong	871	933	942	1060	1391	1882	2255	2584	2618
广 西	Guangxi	419	537	581	616	705	926	1203	1399	1376
海 南	Hainan	578	566	560	672	726	1019	1080	1289	1287
重 庆	Chongqing								1367	1390
四 川	Sichuan	474	509	552	569	647	904	1093	1358	1440
贵 州	Guizhou	407	403	420	454	550	684	931	1068	1066
云 南	Yunnan	436	485	501	536	625	765	981	1209	1318
西 藏	Tibet	290	491	490	541	638	564	897	773	805
陕 西	Shaanxi	383	477	487	498	560	737	914	1098	1215
甘 肃	Gansu	296	339	403	420	538	674	915	986	976
青 海	Qinghai	413	475	486	496	639	746	914	1052	1085
宁 夏	**Ningxia**	**459**	**486**	**519**	**561**	**606**	**831**	**1058**	**1234**	**1282**
新 疆	Xinjiang	453	507	580	611	704	850	942	1347	1395

附-2 续表 2 continued

单位：元

省\直辖市\自治区	Region	1998	1999	2000	2001	2002	2003	2004	2005
全 国	**National**	**1590**	**1577**	**1670**	**1741**	**1834**	**1943**	**2185**	**2555**
北 京	Beijing	2873	3122	3426	3552	3732	4147	4617	5316
天 津	Tianjin	1977	1905	1996	2051	2164	2320	2642	3036
河 北	Hebei	1299	1338	1365	1430	1476	1600	1835	2166
山 西	Shanxi	1056	1047	1149	1222	1355	1434	1637	1878
内蒙古	Inner Mongolia	1577	1534	1615	1555	1647	1771	2083	2446
辽 宁	Liaoning	1703	1618	1754	1786	1781	1884	2073	2806
吉 林	Jilin	1471	1348	1553	1662	1680	1816	1971	2306
黑龙江	Heilongjiang	1465	1372	1540	1605	1674	1662	1837	2545
上 海	Shanghai	4207	3867	4138	4753	5302	5670	6329	7278
江 苏	Jiangsu	2337	2294	2338	2375	2620	2704	2993	3567
浙 江	Zhejiang	2891	2807	3231	3479	3693	4285	4659	5433
安 徽	Anhui	1333	1302	1322	1412	1476	1596	1814	2196
福 建	Fujian	2025	2039	2410	2503	2583	2716	3016	3293
江 西	Jiangxi	1538	1607	1643	1720	1785	1908	2096	2484
山 东	Shandong	1595	1680	1771	1905	1998	2133	2389	2736
河 南	Henan	1240	1164	1316	1376	1452	1445	1664	1892
湖 北	Hubei	1699	1573	1556	1649	1746	1802	2089	2430
湖 南	Hunan	1889	1904	1943	1990	2069	2139	2472	2756
广 东	Guangdong	2683	2646	2646	2703	2825	2927	3241	3708
广 西	Guangxi	1415	1457	1488	1551	1686	1751	1929	2350
海 南	Hainan	1246	1261	1484	1357	1603	1645	1745	1969
重 庆	Chongqing	1343	1329	1396	1475	1498	1583	1854	2142
四 川	Sichuan	1441	1426	1485	1498	1592	1747	2016	2274
贵 州	Guizhou	1094	1070	1097	1098	1138	1185	1296	1552
云 南	Yunnan	1312	1269	1271	1336	1382	1406	1571	1789
西 藏	Tibet	710	767	1117	1124	1000	1030	1471	1724
陕 西	Shaanxi	1181	1161	1251	1331	1491	1455	1618	1897
甘 肃	Gansu	940	881	1084	1127	1153	1337	1464	1820
青 海	Qinghai	1118	1134	1218	1331	1386	1563	1676	1976
宁 夏	**Ningxia**	**1350**	**1330**	**1417**	**1381**	**1418**	**1637**	**1927**	**2094**
新 疆	Xinjiang	1450	1282	1236	1350	1412	1465	1690	1924

附-2 续表 3 continued

单位：元

省\直辖市\自治区	Region	2006	2007	2008	2009	2010	2011	2012	2013	2014	2015	2016
全 国	**National**	**2829**	**3224**	**3661**	**3993**	**4382**	**5221**	**5908**	**6626**	**8383**	**9223**	**10130**
北 京	Beijing	5725	6399	7285	8898	9255	11078	11879	13553	14535	15811	17329
天 津	Tianjin	3341	3538	3825	4273	4937	6725	8337	10155	13739	14739	15912
河 北	Hebei	2495	2787	3126	3350	3845	4711	5364	6134	8248	9023	9798
山 西	Shanxi	2253	2683	3098	3305	3664	4587	5566	5813	6992	7421	8029
内蒙古	Inner Mongolia	2772	3256	3618	3968	4461	5508	6382	7268	9972	10637	11463
辽 宁	Liaoning	3067	3368	3814	4254	4490	5406	5998	7159	7801	8873	9953
吉 林	Jilin	2701	3065	3443	3903	4147	5306	6186	7380	8140	8783	9521
黑龙江	Heilongjiang	2618	3117	3845	4241	4391	5334	5718	6814	7830	8391	9424
上 海	Shanghai	8006	8845	9120	9804	10210	11049	11972	14235	14820	16152	17071
江 苏	Jiangsu	4135	4786	5328	5804	6543	8095	9138	9910	11820	12883	14428
浙 江	Zhejiang	6057	6802	7534	7732	8929	9965	10653	11760	14498	16108	17359
安 徽	Anhui	2421	2754	3284	3655	4013	4957	5556	5725	7981	8975	10287
福 建	Fujian	3591	4053	4662	5016	5498	6541	7402	8151	11056	11961	12911
江 西	Jiangxi	2677	2994	3309	3533	3912	4660	5130	5654	7548	8486	9128
山 东	Shandong	3144	3622	4077	4417	4807	5901	6776	7393	7962	8748	9519
河 南	Henan	2229	2676	3044	3388	3682	4320	5032	5628	7277	7887	8587
湖 北	Hubei	2733	3090	3653	3725	4091	5011	5727	6280	8681	9803	10938
湖 南	Hunan	3013	3377	3805	4021	4310	5179	5870	6610	9025	9691	10630
广 东	Guangdong	3886	4202	4872	5020	5516	6726	7459	8343	10043	11103	12415
广 西	Guangxi	2414	2747	2985	3231	3455	4211	4934	5206	6675	7582	8351
海 南	Hainan	2232	2557	2883	3089	3446	4166	4776	5466	7029	8210	8921
重 庆	Chongqing	2205	2527	2885	3142	3625	4502	5019	5796	7983	8938	9954
四 川	Sichuan	2395	2747	3128	4141	3898	4675	5367	6309	8301	9251	10192
贵 州	Guizhou	1627	1914	2166	2422	2852	3456	3902	4740	5970	6645	7533
云 南	Yunnan	2196	2637	2991	2925	3398	4000	4561	4744	6030	6830	7331
西 藏	Tibet	2002	2218	2200	2399	2667	2742	2968	3574	4822	5580	6070
陕 西	Shaanxi	2181	2560	2979	3349	3794	4492	5115	5724	7252	7901	8568
甘 肃	Gansu	1856	2017	2401	2766	2942	3665	4146	4850	6148	6830	7487
青 海	Qinghai	2179	2447	2897	3209	3775	4537	5339	6060	8235	8566	9222
宁 夏	**Ningxia**	**2247**	**2529**	**3095**	**3348**	**4013**	**4727**	**5633**	**6465**	**7676**	**8415**	**9138**
新 疆	Xinjiang	2032	2351	2692	2951	3458	4398	5301	6119	7365	7698	8277

附-3　主要年份全国各省、直辖市、自治区城镇居民人均可支配收入

Per Capita Annual Disposable Income of Urban Households by Region in Main Years

单位：元　　(yuan)

省/直辖市/自治区	Region	1980	1981	1982	1983	1984	1985	1986	1987	1988
全　国	**National**	**439**	**458**	**495**	**526**	**608**	**685**	**828**	**916**	**1119**
北　京	Beijing	501	514	561	591	694	908	1068	1182	1437
天　津	Tianjin	492	501	529	553	671	812	988	1095	1232
河　北	Hebei	401	402	433	449	519	631	766	855	1080
山　西	Shanxi	346	370	403	416	487	560	657	727	847
内　蒙	Inner Mongolia	370	380	412	431	499	615	703	745	833
辽　宁	Liaoning	467	467	494	511	586	689	844	943	1152
吉　林	Jilin		364	393	421	462	563	698	752	912
黑龙江	Heilongjiang	388	391	426	475	532	678	749	797	908
上　海	Shanghai	560	589	606	641	787	1012	1215	1347	1616
江　苏	Jiangsu	433	448	484	498	656	766	960	1005	1218
浙　江	Zhejiang	430	479	481	505	617	840	1012	1122	1453
安　徽	Anhui		398	421	453	518	584	750	816	976
福　建	Fujian	391	422	493	525	539	673	847	913	1110
江　西	Jiangxi	365	377	402	408	463	545	676	728	865
山　东	Shandong	415	460	489	501	598	700	790	909	1084
河　南	Henan	393	407	431	450	503	611	729	816	943
湖　北	Hubei	380	418	445	477	553	652	783	863	1028
湖　南	Hunan	438	463	463	501	580	679	796	888	1105
广　东	Guangdong	462	550	626	680	775	901	1033	1261	1474
广　西	Guangxi	371	429	427	444	563	683	784	899	1159
海　南	Hainan						746	896	973	1068
重　庆	Chongqing									
四　川	Sichuan	360	389	420	460	543	644	786	869	1037
贵　州	Guizhou	316	391	414	435	502	614	742	812	981
云　南	Yunnan	404	429	474	495	558	703	807	914	1056
西　藏	Tibet		487	551	656	752	984	1031	1257	1421
陕　西	Shaanxi	381	399	426	449	515	608	756	838	962
甘　肃	Gansu	403	448	474	491	572	641	777	870	979
青　海	Qinghai				467	606	749	875	947	1026
宁　夏	**Ningxia**	**438**	**449**	**479**	**486**	**577**	**673**	**803**	**855**	**981**
新　疆	Xinjiang	427	482	513	548	649	735	843	920	1068

注：本表收入为空格者均无资料，1997年城镇居民收入指标由生活费收入改为可支配收入，1994、1995、1996年宁夏数据已做同口径调整，1994年之前均为生活费收入。

Note: Blank space indicates that data are not available.Since 1997, the object of disposable income is changed from living cost income.Data from 1994 to 1996 are calculated according to the new standard, before 1994 referred to living cost income.

附-3 续表 1 continued

单位：元 (yuan)

省/直辖市/自治区	Region	1989	1990	1991	1992	1993	1994	1995	1996	1997
全　国	**National**	**1261**	**1387**	**1544**	**2027**	**2336**	**3496**	**4282**	**4838**	**5160**
北　京	Beijing	1597	1787	2040	2556	3296	5085	6235	7332	7813
天　津	Tianjin	1375	1522	1699	2238	2579	3982	4929	5968	6608
河　北	Hebei	1257	1398	1433	1872	2115	3177	3921	4443	4959
山　西	Shanxi	1041	1145	1230	1623	1714	2566	3306	3703	3990
内　蒙	Inner Mongolia	957	1050	1177	1495	1712	2498	2863	3432	3945
辽　宁	Liaoning	1289	1399	1542	1949	2065	3063	3707	4207	4518
吉　林	Jilin	1020	1128	1259	1637	1761	2561	3174	3806	4191
黑龙江	Heilongjiang	1034	1090	1240	1630	1745	2597	3375	3768	4091
上　海	Shanghai	1860	2050	2334	3027	4057	5889	7192	8178	8439
江　苏	Jiangsu	1372	1464	1623	2138	2526	3779	4634	5186	5765
浙　江	Zhejiang	1649	1769	1950	2619	3370	5066	6221	6956	7359
安　徽	Anhui	1134	1224	1341	1808	2025	3048	3795	4513	4599
福　建	Fujian	1398	1566	1669	2283	2525	3673	4507	5173	6144
江　西	Jiangxi	997	1094	1177	1528	1726	2773	3377	3780	4071
山　东	Shandong	1254	1408	1566	1974	2338	3444	4264	4890	5191
河　南	Henan	1125	1153	1250	1608	1793	2619	3299	3755	4094
湖　北	Hubei	1146	1295	1432	1883	2191	3356	4028	4364	4673
湖　南	Hunan	1304	1488	2094	2312	1368	3888	5052	5052	5210
广　东	Guangdong	1947	2135	2536	3477	4277	6367	7439	8158	8562
广　西	Guangxi	1304	1448	1614	2104	2612	3981	4792	5033	5110
海　南	Hainan	1314	1575	1726	2318	2774	3920	4770	4926	4850
重　庆	Chongqing									5323
四　川	Sichuan	1226	1354	1537	2001	2179	3311	4003	4483	4763
贵　州	Guizhou	1110	1217	1302	1900	2006	3220	3931	4221	4442
云　南	Yunnan	1184	1367	1529	2076	2375	3452	4085	4978	5558
西　藏	Tibet	1533		2111	2561		4014		6556	
陕　西	Shaanxi	1148	1263	1368	1718	1920	2684	3309	3810	4001
甘　肃	Gansu	1133	1197	1369	1708	1839	2658	3152	3354	3592
青　海	Qinghai	1140	1199	1306	1806	1917	2813	3320	3834	3999
宁　夏	**Ningxia**	**1105**	**1271**	**1392**	**1821**	**1906**	**2986**	**3383**	**3612**	**3837**
新　疆	Xinjiang	1223	1356	1476	1952	2215	3170	4163	4650	4845

注：本表收入为空格者均无资料，1997年城镇居民收入指标由生活费收入改为可支配收入，1994、1995、1996年宁夏数据已做同口径调整，1994年之前均为生活费收入。

Note: Blank space indicates that data are not available.Since 1997, the object of disposable income is changed from living cost income.Data from 1994 to 1996 are calculated according to the new standard, before 1994 referred to living cost income.

附-3 续表 2 continued

单位：元 (yuan)

省/直辖市/自治区	Region	1998	1999	2000	2001	2002	2003	2004	2005
全 国	**National**	**5425**	**5854**	**6280**	**6860**	**7703**	**8472**	**9422**	**10493**
北 京	Beijing	8472	9183	10350	11578	12464	13883	15638	17653
天 津	Tianjin	7111	7650	8141	8959	9338	10313	11467	12639
河 北	Hebei	5085	5365	5661	5985	6680	7239	7951	9107
山 西	Shanxi	4099	4342	4724	5391	6234	7005	7903	8914
内 蒙	Inner Mongolia	4353	4771	5129	5536	6051	7013	8123	9137
辽 宁	Liaoning	4617	4899	5358	5797	6525	7241	8008	9108
吉 林	Jilin	4207	4480	4810	5340	6260	7005	7841	8691
黑龙江	Heilongjiang	4269	4595	4913	5426	6100	6679	7471	8273
上 海	Shanghai	8773	10932	11718	12883	13250	14867	16683	18645
江 苏	Jiangsu	6018	6538	6800	7375	8178	9262	10482	12319
浙 江	Zhejiang	7837	8428	9279	10465	11716	13180	14546	16294
安 徽	Anhui	4770	5065	5294	5669	6032	6778	7511	8471
福 建	Fujian	6486	6860	7432	8313	9189	10000	11175	12321
江 西	Jiangxi	4251	4721	5104	5506	6336	6901	7560	8620
山 东	Shandong	5380	5809	6490	7101	7614	8400	9438	10745
河 南	Henan	4219	4532	4766	5267	6245	6926	7705	8668
湖 北	Hubei	4826	5213	5525	5856	6789	7322	8023	8786
湖 南	Hunan	5434	5815	6219	6781	6959	7674	8617	9524
广 东	Guangdong	8840	9126	9762	10415	11137	12380	13628	14770
广 西	Guangxi	5412	5620	5834	6666	7315	7785	8690	9287
海 南	Hainan	4853	5338	5358	5839	6823	7259	7736	8124
重 庆	Chongqing	5467	5896	6276	6721	7238	8094	9221	10243
四 川	Sichuan	5127	5478	5894	6360	6611	7042	7710	8386
贵 州	Guizhou	4565	4934	5122	5452	5944	6569	7322	8151
云 南	Yunnan	6043	6179	6325	6798	7241	7644	8871	9266
西 藏	Tibet		6909	7426	7869	8079	8765	9167	9431
陕 西	Shaanxi	4220	4654	5124	5484	6331	6806	7492	8272
甘 肃	Gansu	4010	4475	4916	5383	6151	6657	7377	8087
青 海	Qinghai	4240	4703	5170	5854	6171	6732	7320	8058
宁 夏	**Ningxia**	**4112**	**4473**	**4912**	**5544**	**6067**	**6530**	**7218**	**8094**
新 疆	Xinjiang	5001	5320	5645	6395	6899	7174	7503	7990

注：本表收入为空格者均无资料，1997年城镇居民收入指标由生活费收入改为可支配收入，1994、1995、1996年宁夏数据已做同口径调整，1994年之前均为生活费收入。

Note: Blank space indicates that data are not available.Since 1997, the object of disposable income is changed from living cost income.Data from 1994 to 1996 are calculated according to the new standard, before 1994 referred to living cost income.

附-3 续表 3 continued

单位：元 (yuan)

省/直辖市/自治区	Region	2006	2007	2008	2009	2010	2011	2012	2013	2014	2015	2016
全 国	**National**	**11759**	**13786**	**15781**	**17175**	**19109**	**21810**	**24565**	**26955**	**28844**	**31195**	**33616**
北 京	Beijing	19978	21989	24725	26738	29073	32903	36469	40321	48532	52859	57275
天 津	Tianjin	14283	16357	19423	21402	24293	26921	29626	32294	31506	34101	37110
河 北	Hebei	10305	11690	13441	14718	16263	18292	20543	22580	24141	26152	28249
山 西	Shanxi	10028	11565	13119	13997	15648	18124	20412	22456	24069	25828	27352
内 蒙	Inner Mongolia	10358	12378	14431	15849	17698	20408	23150	25497	28350	30594	32975
辽 宁	Liaoning	10370	12300	14393	15761	17713	20467	23223	25578	29082	31126	32876
吉 林	Jilin	9775	11286	12829	14006	15411	17797	20208	22275	23218	24901	26530
黑龙江	Heilongjiang	9182	10245	11581	12566	13857	15696	17760	19597	22609	24203	25736
上 海	Shanghai	20668	23623	26675	28838	31838	36230	40188	43851	48841	52962	57692
江 苏	Jiangsu	14084	16378	18680	20552	22944	26341	29677	32538	34346	37173	40152
浙 江	Zhejiang	18265	20574	22727	24611	27359	30971	34550	37851	40393	43714	47237
安 徽	Anhui	9771	11474	12990	14086	15788	18606	21024	23114	24839	26936	29156
福 建	Fujian	13753	15505	17961	19577	21781	24907	28055	30816	30722	33275	36014
江 西	Jiangxi	9551	11452	12866	14022	15481	17495	19860	21873	24309	26500	28673
山 东	Shandong	12192	14265	16305	17811	19946	22792	25755	28264	29222	31545	34012
河 南	Henan	9810	11477	13231	14372	15930	18195	20443	22398	23672	25576	27233
湖 北	Hubei	9803	11486	13153	14367	16058	18374	20840	22906	24852	27051	29386
湖 南	Hunan	10505	12294	13821	15084	16566	18844	21319	23414	26570	28838	31284
广 东	Guangdong	16016	17699	19733	21575	23898	26897	30227	33090	32148	34757	37684
广 西	Guangxi	9899	12200	14146	15451	17064	18854	21243	23305	24669	26416	28324
海 南	Hainan	9395	10997	12608	13751	15581	18369	20918	22929	24487	26356	28453
重 庆	Chongqing	11570	12591	14368	15749	17532	20250	22968	25216	25147	27239	29610
四 川	Sichuan	9350	11098	12633	13839	15461	17899	20307	22368	24234	26205	28335
贵 州	Guizhou	9117	10678	11759	12863	14143	16495	18701	20667	22548	24580	26743
云 南	Yunnan	10070	11496	13250	14424	16065	18576	21075	23236	24299	26373	28611
西 藏	Tibet	8941	11131	12482	13544	14980	16196	18028	20023	22016	25457	27802
陕 西	Shaanxi	9268	10763	12858	14129	15695	18245	20734	22858	24366	26420	28440
甘 肃	Gansu	8921	10012	10969	11930	13189	14989	17157	18965	21804	23767	25693
青 海	Qinghai	9000	10276	11648	12692	13855	15603	17566	19499	22307	24542	26757
宁 夏	**Ningxia**	**9177**	**10859**	**12932**	**14025**	**15344**	**17579**	**19831**	**21833**	**23285**	**25186**	**27153**
新 疆	Xinjiang	8871	10313	11432	12258	13644	15514	17921	19874	23214	26275	28463

注：本表收入为空格者均无资料，1997年城镇居民收入指标由生活费收入改为可支配收入，1994、1995、1996年宁夏数据已做同口径调整，1994年之前均为生活费收入。

Note: Blank space indicates that data are not available.Since 1997, the object of disposable income is changed from living cost income.Data from 1994 to 1996 are calculated according to the new standard, before 1994 referred to living cost income.

附-4 主要年份全国各省、直辖市、自治区城镇居民人均生活消费支出

Per Capita Annual Consumption Expenditure of Urban Households by Region in Main Years

单位：元 (yuan)

省/直辖市/自治区	Region	1980	1981	1982	1983	1984	1985	1986	1987	1988
全　国	**National**		**457**	**471**	**506**	**559**	**673**	**799**	**884**	**1104**
北　京	Beijing	490	511	535	574	667	923	1067	1148	1456
天　津	Tianjin	475	486	497	521	600	771	949	1071	1279
河　北	Hebei	365	401	401	420	476	606	718	800	1119
山　西	Shanxi	357	373	390	394	433	533	635	708	856
内　蒙	Inner Mongolia	353	378	397	411	449	595	680	712	844
辽　宁	Liaoning	426	455	460	487	545	655	794	937	1203
吉　林	Jilin		348	367	397	425	554	662	715	901
黑龙江	Heilongjiang	361	378	405	459	505	651	726	771	933
上　海	Shanghai	553	585	576	615	726	992	1170	1282	1648
江　苏	Jiangsu	435	441	452	487	578	720	866	953	1239
浙　江	Zhejiang	428	476	471	484	562	795	969	1100	1453
安　徽	Anhui		392	403	435	479	566	718	806	1120
福　建	Fujian	392	405	466	504	494	675	790	893	1077
江　西	Jiangxi	382	374	374	387	436	521	631	703	876
山　东	Shandong	396	450	455	473	521	667	751	813	1026
河　南	Henan	384	396	408	431	460	605	705	780	985
湖　北	Hubei	369	423	431	465	516	644	752	836	1059
湖　南	Hunan	426	466	449	493	541	685	775	872	1143
广　东	Guangdong	486	517	592	660	744	890	999	1248	1507
广　西	Guangxi		423	399	427	492	664	740	860	1198
海　南	Hainan						711	863	921	1030
重　庆	Chongqing									
四　川	Sichuan	364	396	407	457	517	680	787	889	1086
贵　州	Guizhou	333	393	404	426	480	618	722	789	1050
云　南	Yunnan	381	412	456	480	527	704	814	884	1143
西　藏	Tibet		519	522	602	619	909	820	1008	1211
陕　西	Shaanxi	371	379	392	417	457	585	698	772	983
甘　肃	Gansu	399	433	447	482	552	625	737	829	1027
青　海	Qinghai				450	581	679	777	828	1048
宁　夏	**Ningxia**	**403**	**423**	**471**	**449**	**533**	**645**	**745**	**792**	**1014**
新　疆	Xinjiang		446	456	472	564	651	722	790	956

附-4　续表 1　continued

单位：元　　(yuan)

省/直辖市/自治区	Region	1989	1990	1991	1992	1993	1994	1995	1996	1997
全　国	**National**	**1211**	**1279**	**1454**	**1672**	**2111**	**2851**	**3538**	**3919**	**4186**
北　京	Beijing	1520	1764	1860	2135	2940	4134	5020	5730	6532
天　津	Tianjin	1291	1702	1586	1907	2322	3301	4064	4680	5204
河　北	Hebei	1188	1411	1293	1547	1898	2513	3162	3424	4004
山　西	Shanxi	994	1224	1171	1303	1560	2043	2641	3036	3229
内　蒙	Inner Mongolia	913	1066	1136	1254	1585	2111	2482	2768	3032
辽　宁	Liaoning	1276	1700	1484	1639	1977	2588	3113	3493	3720
吉　林	Jilin	967	1288	1194	1375	1596	2096	2598	3037	3408
黑龙江	Heilongjiang	1004	1404	1227	1378	1660	2164	2776	3111	3213
上　海	Shanghai	1812	2172	2167	2509	3530	4669	5868	6763	6820
江　苏	Jiangsu	1301	1354	1529	1769	2311	3080	3772	4058	4534
浙　江	Zhejiang	1556	1495	1806	2154	2856	4079	5263	5764	6170
安　徽	Anhui	1039	1190	1297	1521	1846	2551	3161	3607	3694
福　建	Fujian	1340	1385	1595	1884	2341	3157	3848	4248	4936
江　西	Jiangxi	978	993	1086	1253	1577	2200	2712	2942	3200
山　东	Shandong	1161	1245	1407	1599	1947	2635	3286	3771	4041
河　南	Henan	1075	1193	1200	1343	1609	2155	2674	3009	3378
湖　北	Hubei	1131	1237	1380	1578	2048	2733	3434	3714	3856
湖　南	Hunan	1234	1290	1368	1654	2087	3138	3886	4098	4317
广　东	Guangdong	1920	1768	2389	2831	3777	5181	6254	6736	6853
广　西	Guangxi	1296	1196	1584	1740	2303	3327	4046	4339	4453
海　南	Hainan	1196	1344	1589	1851	2404	3014	3760	3815	3909
重　庆	Chongqing									4938
四　川	Sichuan	1184	1302	1488	1651	2034	2806	3429	3788	4093
贵　州	Guizhou	1103	1107	1275	1564	1876	2532	3251	3573	3556
云　南	Yunnan	1141	1307	1428	1704	2186	2844	3448	4007	4537
西　藏	Tibet	1432	2329	1696	1887		3094		4537	
陕　西	Shaanxi	1066	1336	1276	1405	1714	2246	2838	3211	3462
甘　肃	Gansu	1065	1402	1235	1457	1680	2209	2618	2839	2946
青　海	Qinghai	1069	1365	1250	1533	1870	2422	2870	3178	3300
宁　夏	**Ningxia**	**1089**	**1212**	**1354**	**1506**	**1877**	**2478**	**2866**	**3039**	**3271**
新　疆	Xinjiang	998	1209	1266	1491	1835	2479	3187	3457	3887

附-4 续表 2 continued

单位：元 (yuan)

省/直辖市/自治区	Region	1998	1999	2000	2001	2002	2003	2004	2005
全 国	**National**	**4332**	**4616**	**4998**	**5309**	**6030**	**6511**	**7182**	**7943**
北 京	Beijing	6971	7498	8493	8923	10285	11124	12200	13244
天 津	Tianjin	5471	5852	6121	6987	7192	7868	8802	9653
河 北	Hebei	3834	4026	4348	4480	5069	5340	5819	6700
山 西	Shanxi	3268	3493	3942	4123	4711	5105	5654	6343
内 蒙	Inner Mongolia	3106	3469	3928	4196	4860	5419	6219	6929
辽 宁	Liaoning	3891	3990	4356	4654	5343	6078	6543	7369
吉 林	Jilin	3450	3662	4021	4337	4974	5492	6069	6795
黑龙江	Heilongjiang	3303	3482	3824	4192	4462	5015	5568	6178
上 海	Shanghai	6866	8248	8868	9336	10464	11040	12631	13773
江 苏	Jiangsu	4889	5011	5323	5533	6043	6709	7332	8622
浙 江	Zhejiang	6218	6522	7020	7952	8713	9713	10636	12254
安 徽	Anhui	3777	3902	4233	4518	4737	5064	5711	6368
福 建	Fujian	5181	5267	5639	6015	6632	7356	8161	8794
江 西	Jiangxi	3267	3482	3624	3895	4549	4915	5338	6109
山 东	Shandong	4144	4515	5022	5252	5596	6069	6674	7457
河 南	Henan	3416	3498	3831	4110	4505	4942	5294	6038
湖 北	Hubei	4074	4341	4645	4805	5609	5963	6399	6737
湖 南	Hunan	4371	4800	5219	5546	5575	6083	6885	7505
广 东	Guangdong	7054	7518	8017	8100	8988	9636	10695	11810
广 西	Guangxi	4381	4587	4852	5225	5413	5764	6446	7033
海 南	Hainan	3832	4018	4083	4368	5460	5502	5802	5929
重 庆	Chongqing	4977	5444	5570	5874	6360	7118	7973	8623
四 川	Sichuan	4383	4499	4856	5176	5413	5759	6371	6891
贵 州	Guizhou	3799	3964	4278	4274	4598	4949	5494	6159
云 南	Yunnan	5033	4941	5185	5253	5828	6024	6837	6997
西 藏	Tibet		5309	5554	5994	6952	8045	8446	8617
陕 西	Shaanxi	3539	3953	4277	4638	5378	5667	6233	6656
甘 肃	Gansu	3099	3682	4126	4420	5064	5299	5937	6529
青 海	Qinghai	3580	3904	4186	4699	5043	5400	5759	6245
宁 夏	**Ningxia**	**3380**	**3548**	**4201**	**4595**	**5105**	**5330**	**5821**	**6404**
新 疆	Xinjiang	3714	4164	4423	4931	5636	5541	5774	6208

附-4 续表 3 continued

单位：元 (yuan)

省/直辖市/自治区	Region	2006	2007	2008	2009	2010	2011	2012	2013	2014	2015	2016
全　国	**National**	**8697**	**9997**	**11243**	**12265**	**13471**	**15161**	**16674**	**18023**	**19968**	**21392**	**23079**
北　京	Beijing	14825	15330	16460	17893	19934	21984	24046	26275	33717	36642	38256
天　津	Tianjin	10548	12029	13422	14801	16562	18424	20024	21712	24290	26230	28345
河　北	Hebei	7343	8235	9087	9679	10318	11609	12531	13641	16204	17587	19106
山　西	Shanxi	7171	8102	8807	9355	9793	11354	12212	13166	14637	15819	16993
内　蒙	Inner Mongolia	7667	9281	10827	12370	13995	15878	17717	19249	20885	21876	22744
辽　宁	Liaoning	7987	9430	11231	12325	13280	14790	16594	18030	20520	21557	24996
吉　林	Jilin	7353	8560	9729	10914	11679	13011	14614	15932	17156	17973	19166
黑龙江	Heilongjiang	6655	7519	8623	9630	10684	12054	12984	14162	16467	17152	18145
上　海	Shanghai	14762	17255	19398	20992	23200	25102	26253	28155	35182	36946	39857
江　苏	Jiangsu	9629	10715	11978	13153	14357	16782	18825	20371	23476	24966	26433
浙　江	Zhejiang	13349	14091	15158	16683	17858	20437	21545	23257	27242	28661	30068
安　徽	Anhui	7295	8532	9524	10234	11513	13181	15012	16285	16107	17234	19606
福　建	Fujian	9808	11055	12501	13451	14750	16661	18593	20093	22204	23520	25006
江　西	Jiangxi	6646	7811	8717	9740	10619	11747	12776	13851	15142	16732	17696
山　东	Shandong	8468	9667	11007	12013	13118	14561	15778	17112	18323	19854	21495
河　南	Henan	6685	7827	8837	9567	10838	12336	13733	14822	16184	17154	18088
湖　北	Hubei	7397	8701	9478	10294	11451	13164	14496	15749	16681	18192	20040
湖　南	Hunan	8169	8991	9946	10828	11825	13403	14609	15887	18335	19501	21420
广　东	Guangdong	12432	14337	15528	16858	18490	20252	22396	24133	23612	25673	28613
广　西	Guangxi	6792	8151	9627	10352	11490	12848	14244	15418	15045	16321	17268
海　南	Hainan	7127	8293	9408	10087	10927	12643	14457	15593	17514	18448	19015
重　庆	Chongqing	9399	9890	11147	12144	13335	14974	16573	17814	18279	19742	21031
四　川	Sichuan	7525	8692	9679	10860	12105	13696	15050	16343	17760	19277	20660
贵　州	Guizhou	6848	7759	8349	9048	10058	11353	12586	13703	15255	16914	19202
云　南	Yunnan	7380	7922	9077	10202	11074	12248	13884	15156	16268	17675	18622
西　藏	Tibet	6193	7532	8324	9034	9686	10399	11184	12232	15669	17022	19440
陕　西	Shaanxi	7553	8427	9772	10706	11822	13783	15333	16680	17546	18464	19369
甘　肃	Gansu	6974	7876	8309	8891	9895	11189	12847	14021	15942	17451	19539
青　海	Qinghai	6530	7512	8203	8787	9614	10955	12346	13540	17493	19201	20853
宁　夏	**Ningxia**	**7206**	**7817**	**9558**	**10280**	**11334**	**12896**	**14067**	**15321**	**17216**	**18984**	**20364**
新　疆	Xinjiang	6730	7874	8669	9328	10197	11839	13892	15206	17685	19415	21229

附-5 主要年份全国各省、直辖市、自治区全体居民人均可支配收入(新口径)

Per Capita Disposable Income of Urban and Rural Households by Region in Main Years(New Caliber)

单位：元

省/直辖市/自治区	Region	2010	2011	2012	2013	2014	2015	2016
全　国	**National**	**12520**	**14551**	**16510**	**18311**	**20167**	**21966**	**23821**
北　京	Beijing	29228	33176	36817	40830	44489	48458	52530
天　津	Tianjin	19266	21714	24030	26359	28832	31291	34074
河　北	Hebei	10428	12059	13647	15190	16647	18118	19725
山　西	Shanxi	10149	11959	13592	15120	16538	17854	19049
内　蒙	Inner Mongolia	12538	14715	16800	18693	20559	22310	24127
辽　宁	Liaoning	13953	16429	18761	20818	22820	24576	26040
吉　林	Jilin	10798	12621	14395	15998	17520	18684	19967
黑龙江	Heilongjiang	10846	12605	14302	15903	17404	18593	19838
上　海	Shanghai	30436	34731	38550	42174	45966	49867	54305
江　苏	Jiangsu	17006	19820	22432	24776	27173	29539	32070
浙　江	Zhejiang	21159	24195	27020	29775	32658	35537	38529
安　徽	Anhui	9955	11873	13593	15154	16796	18363	19998
福　建	Fujian	14566	16909	19141	21218	23331	25404	27608
江　西	Jiangxi	10217	11870	13567	15100	16734	18437	20110
山　东	Shandong	12922	15077	17127	19008	20864	22703	24685
河　南	Henan	9520	11206	12772	14204	15695	17125	18443
湖　北	Hubei	11069	12941	14809	16472	18283	20026	21787
湖　南	Hunan	10861	12612	14391	16005	17622	19317	21115
广　东	Guangdong	16579	18916	21268	23421	25685	27859	30296
广　西	Guangxi	9739	11054	12644	14082	15557	16873	18305
海　南	Hainan	10342	12392	14180	15733	17476	18979	20653
重　庆	Chongqing	10984	13037	14924	16569	18352	20110	22034
四　川	Sichuan	9373	11130	12753	14231	15749	17221	18808
贵　州	Guizhou	7226	8594	9850	11083	12371	13697	15121
云　南	Yunnan	8184	9739	11233	12578	13772	15223	16720
西　藏	Tibet	6628	7510	8568	9740	10730	12254	13639
陕　西	Shaanxi	9412	11229	12885	14372	15837	17395	18874
甘　肃	Gansu	7358	8463	9768	10954	12185	13467	14670
青　海	Qinghai	8659	10024	11470	12948	14374	15813	17302
宁　夏	**Ningxia**	**9864**	**11480**	**13104**	**14566**	**15907**	**17329**	**18832**
新　疆	Xinjiang	9042	10443	12151	13670	15097	16859	18355

附-6 主要年份全国各省、直辖市、自治区农村居民人均可支配收入(新口径)

Per Capita Disposable Income of Rural Households by Region in Main Years(New Caliber)

单位：元

省/直辖市/自治区	Region	2010	2011	2012	2013	2014	2015	2016
全　国	**National**	**6272**	**7394**	**8389**	**9430**	**10489**	**11422**	**12363**
北　京	Beijing	12368	13742	15365	17101	18867	20569	22310
天　津	Tianjin	9764	11941	13593	15353	17014	18482	20076
河　北	Hebei	6014	7187	8158	9188	10186	11051	11919
山　西	Shanxi	5263	6225	7064	7949	8809	9454	10082
内　蒙	Inner Mongolia	5780	6942	7956	8985	9976	10776	11609
辽　宁	Liaoning	6671	8011	9061	10161	11191	12057	12881
吉　林	Jilin	6341	7634	8741	9781	10780	11326	12123
黑龙江	Heilongjiang	6040	7382	8367	9369	10453	11095	11832
上　海	Shanghai	13702	15737	17452	19208	21192	23205	25520
江　苏	Jiangsu	9067	10744	12133	13521	14958	16257	17606
浙　江	Zhejiang	12277	14197	15806	17494	19373	21125	22866
安　徽	Anhui	5776	6811	7826	8850	9916	10821	11720
福　建	Fujian	7573	8952	10164	11405	12650	13793	14999
江　西	Jiangxi	5991	7133	8103	9089	10117	11139	12138
山　东	Shandong	7034	8395	9506	10687	11882	12930	13954
河　南	Henan	5846	6989	7963	8969	9966	10853	11697
湖　北	Hubei	6375	7540	8582	9692	10849	11844	12725
湖　南	Hunan	6063	7082	8024	9029	10060	10993	11930
广　东	Guangdong	7484	8889	9999	11068	12246	13360	14512
广　西	Guangxi	5214	6003	6894	7793	8683	9467	10359
海　南	Hainan	5566	6801	7816	8802	9913	10858	11843
重　庆	Chongqing	5378	6605	7526	8493	9490	10505	11549
四　川	Sichuan	5400	6505	7432	8381	9348	10247	11203
贵　州	Guizhou	3768	4499	5159	5898	6671	7387	8090
云　南	Yunnan	4327	5170	5930	6724	7456	8242	9020
西　藏	Tibet	4123	4886	5698	6553	7359	8244	9094
陕　西	Shaanxi	4477	5484	6285	7092	7932	8689	9396
甘　肃	Gansu	3747	4278	4931	5589	6277	6936	7457
青　海	Qinghai	4028	4806	5594	6462	7283	7933	8664
宁　夏	**Ningxia**	**5125**	**5931**	**6776**	**7599**	**8410**	**9119**	**9852**
新　疆	Xinjiang	4993	5853	6876	7847	8724	9425	10183

附-7 主要年份全国各省、直辖市、自治区城镇居民人均可支配收入(新口径)

Per Capita Disposable Income of Urban Households by Region in Main Years (New Caliber)

单位：元

省/直辖市/自治区	Region	2010	2011	2012	2013	2014	2015	2016
全　国	**National**	**18779**	**21427**	**24127**	**26467**	**28844**	**31195**	**33616**
北　京	Beijing	32132	36365	40306	44564	48532	52859	57275
天　津	Tianjin	21800	24158	26586	28980	31506	34101	37110
河　北	Hebei	16009	18006	20222	22227	24141	26152	28249
山　西	Shanxi	15510	17965	20232	22258	24069	25828	27352
内　蒙	Inner Mongolia	18050	20813	23611	26004	28350	30594	32975
辽　宁	Liaoning	18487	21362	24238	26697	29082	31126	32876
吉　林	Jilin	14759	17043	19352	21331	23218	24901	26530
黑龙江	Heilongjiang	14741	16699	18894	20848	22609	24203	25736
上　海	Shanghai	32584	37079	41130	44878	48841	52962	57692
江　苏	Jiangsu	22273	25570	28808	31585	34346	37173	40152
浙　江	Zhejiang	26802	30340	33846	37080	40393	43714	47237
安　徽	Anhui	15566	18345	20729	22789	24839	26936	29156
福　建	Fujian	19914	22772	25650	28174	30722	33275	36014
江　西	Jiangxi	15656	17692	20085	22120	24309	26500	28673
山　东	Shandong	18971	21678	24496	26882	29222	31545	34012
河　南	Henan	15463	17661	19843	21741	23672	25576	27233
湖　北	Hubei	15891	18183	20623	22668	24852	27051	29386
湖　南	Hunan	17229	19599	22173	24352	26570	28838	31284
广　东	Guangdong	21332	24010	26981	29537	32148	34757	37684
广　西	Guangxi	16613	18356	20681	22689	24669	26416	28324
海　南	Hainan	15229	17954	20446	22411	24487	26356	28453
重　庆	Chongqing	16032	18517	21003	23058	25147	27239	29610
四　川	Sichuan	15364	17787	20180	22228	24234	26205	28335
贵　州	Guizhou	14073	16413	18608	20565	22548	24580	26743
云　南	Yunnan	15528	17956	20371	22460	24299	26373	28611
西　藏	Tibet	15258	16496	18362	20394	22016	25457	27802
陕　西	Shaanxi	15343	17836	20269	22346	24366	26420	28440
甘　肃	Gansu	13820	15707	17979	19873	21804	23767	25693
青　海	Qinghai	14462	16287	18336	20352	22307	24542	26757
宁　夏	**Ningxia**	**15093**	**17291**	**19507**	**21476**	**23285**	**25186**	**27153**
新　疆	Xinjiang	14480	16464	19019	21091	23214	26275	28463

附-8 2016年全国各省、直辖市、自治区居民消费和商品零售价格指数

Price Indices for Consumer and Retail by Region (2016)

地 区	Region	居民消费价格指数 Consumer Price Index		商品零售价格指数 Retail Price Index	
		2015年=100	上年同期=100	2015年=100	上年同期=100
全 国	**National**	**102.6**	**102.0**	**101.3**	**100.7**
北 京	Beijing	101.9	101.4	98.0	98.1
天 津	Tianjin	103.1	102.1	100.7	100.5
河 北	Hebei	102.6	101.5	102.3	101.2
山 西	Shanxi	101.6	101.1	101.6	100.5
内蒙古	Inner Mongolia	101.9	101.2	101.5	100.6
辽 宁	Liaoning	102.3	101.6	101.5	101.0
吉 林	Jilin	102.8	101.6	102.4	101.3
黑龙江	Heilongjiang	102.3	101.5	101.4	101.1
上 海	Shanghai	104.1	103.2	101.4	100.8
江 苏	Jiangsu	103.0	102.3	101.7	100.8
浙 江	Zhejiang	102.5	101.9	101.6	101.0
安 徽	Anhui	102.1	101.8	101.7	100.8
福 建	Fujian	101.9	101.7	101.1	100.7
江 西	Jiangxi	102.7	102.0	100.9	100.6
山 东	Shandong	103.0	102.1	101.8	101.3
河 南	Henan	102.5	101.9	101.0	100.3
湖 北	Hubei	102.5	102.2	100.8	100.8
湖 南	Hunan	102.6	101.9	101.6	101.0
广 东	Guangdong	102.7	102.3	101.5	100.8
广 西	Guangxi	101.9	101.6	100.7	100.4
海 南	Hainan	104.3	102.8	102.2	101.0
重 庆	Chongqing	102.0	101.8	102.1	101.3
四 川	Sichuan	102.6	101.9	101.1	100.8
贵 州	Guizhou	101.8	101.4	100.7	100.2
云 南	Yunnan	102.0	101.5	101.2	100.7
西 藏	Tibet	103.6	102.5	103.0	102.1
陕 西	Shaanxi	101.4	101.3	100.5	100.3
甘 肃	Gansu	101.8	101.3	101.6	100.9
青 海	Qinghai	102.3	101.8	100.8	100.4
宁 夏	**Ningxia**	**102.3**	**101.5**	**101.7**	**100.7**
新 疆	Xinjiang	102.6	101.4	101.7	100.5

附-9　2016年全国居民消费、商品零售和农业生产资料价格指数

Price Indices for Consumer and Retail and Means of Agricultural Production of Nation (2016)

项目名称	Item	上年同期=100			2015年=100		
		合计 General	城市 Urban Household	农村 Rural Household	合计 General	城市 Urban Household	农村 Rural Household
居民消费价格总指数	**Consumer Price Index**	**102.0**	**102.1**	**101.9**	**102.6**	**102.7**	**102.4**
一、食品烟酒	Food,Cigarettes and Wine	103.8	103.7	104.0	103.5	103.5	103.5
粮　食	Grain	100.5	100.6	100.4	101.2	101.2	101.1
鲜　菜	Fresh Vegetables	111.7	111.7	112.0	111.5	111.3	112.2
畜　肉	Livestock Meat	111.0	110.5	112.2	109.2	109.0	109.5
水产品	Aquatic Products	104.6	104.9	103.3	103.0	103.4	101.7
蛋	Eggs	96.8	96.8	96.8	95.3	95.4	95.0
鲜　果	Fresh Fruits	97.4	97.5	97.3	96.2	96.5	95.5
二、衣着	Clothing	101.4	101.5	101.3	102.6	102.5	102.8
三、居住	Residence	101.6	101.9	100.6	102.6	102.9	101.8
四、生活用品及服务	Supplies and Services	100.5	100.5	100.2	100.7	100.7	100.5
五、交通和通信	Transportation and Communication	98.7	98.6	98.9	99.4	99.3	99.7
六、教育文化和娱乐	Education,Culture and Entertainment	101.6	101.5	101.9	102.4	102.2	103.0
七、医疗保健	Health Care	103.8	104.4	102.5	106.3	107.2	104.2
八、其他用品和服务	Other Products and Services	102.8	102.9	102.2	103.3	103.4	103.1
商品零售价格总指数	**Retail Price Index**	**100.7**	**100.7**	**100.9**	**101.3**	**101.3**	**101.6**
一、食品	Food	103.9	103.9	104.3	103.6	103.6	103.7
二、饮料、烟酒	Beverages,Tobacco and Liquor	101.2	101.2	101.2	101.4	101.4	101.4
三、服装、鞋帽	Garments,Shoes and Hats	101.3	101.3	101.3	102.4	102.4	102.9
四、纺织品	Textiles	100.5	100.6	100.2	100.8	100.9	100.3
五、家用电器及音像器材	Household Appliances,Music and Video Equipment	98.2	98.1	98.5	97.5	97.4	98.0
六、文化办公用品	Cultural and Office Appliances	98.9	98.9	99.4	98.3	98.2	98.9
七、日用品	Articles for Daily Use	100.2	100.2	100.2	100.3	100.3	100.5
八、体育娱乐用品	Sports and Recreation Articles	100.4	100.4	100.5	100.7	100.7	101.1
九、交通、通信用品	Transportation and Communication Appliances	97.8	97.8	98.1	97.2	97.2	97.2
十、家具	Furniture	100.7	100.7	100.5	101.2	101.1	101.8
十一、化妆品	Cosmetics	101.1	101.2	100.3	101.6	101.8	100.6
十二、金银饰品	Gold,Silver and Jewelry	106.8	107.1	104.2	105.6	105.7	104.5
十三、中西药品及医疗保健用品	Traditional Chinese and Western Medicines and Health Care Articles	104.1	104.1	103.8	106.9	106.9	107.1
十四、书报杂志及电子出版物	Books,Newspapers,Magazines and Electronic Publications	101.3	101.3	101.4	101.9	101.9	102.1
十五、燃料	Feuls	97.0	97.1	96.6	102.5	102.5	102.4
十六、建筑材料及五金电料	Building Materials and Hardware	100.3	100.3	100.2	101.1	101.0	101.5
农业生产资料价格指数	**Agricultural Production Index**	**100.1**			**100.1**		

附-10　2016年全国各省、直辖市、自治区工业生产者价格指数

Producer Price Indices for Manufactured Goods by Region (2016)

省/直辖市/自治区	Region	出厂 Manufacturer's Price Index	购进 Purchasing Price Index
全　国	**National**	**98.6**	**98.0**
北　京	Beijing	98.1	98.5
天　津	Tianjin	97.9	98.3
河　北	Hebei	99.9	98.3
山　西	Shanxi	96.8	98.1
内蒙古	Inner Mongolia	98.9	97.4
辽　宁	Liaoning	98.8	97.9
吉　林	Jilin	98.4	97.8
黑龙江	Heilongjiang	95.1	96.0
上　海	Shanghai	98.8	97.7
江　苏	Jiangsu	98.1	98.0
浙　江	Zhejiang	98.3	97.8
安　徽	Anhui	98.5	98.4
福　建	Fujian	99.1	98.0
江　西	Jiangxi	98.6	97.7
山　东	Shandong	98.5	98.0
河　南	Henan	99.0	99.2
湖　北	Hubei	99.0	98.3
湖　南	Hunan	98.9	98.0
广　东	Guangdong	99.4	98.0
广　西	Guangxi	99.1	98.3
海　南	Hainan	96.0	94.8
四　川	Sichuan	98.6	98.4
贵　州	Guizhou	98.9	98.8
云　南	Yunnan	97.9	98.5
西　藏	Tibet	97.6	95.9
重　庆	Chongqing	102.9	
陕　西	Shaanxi	97.6	95.9
甘　肃	Gansu	94.9	94.6
青　海	Qinghai	98.5	96.2
宁　夏	**Ningxia**	**99.1**	**96.9**
新　疆	Xinjiang	94.5	95.5

附-11　2016年全国各省、直辖市、自治区粮食生产情况

Basic Statistics of Grain Production by Region (2016)

单位：千公顷、公斤/公顷、万吨　　(1000ha,kg/ha,10000ton)

地区	Region	播种面积 Sown Area	亩产 Yield per Unit	总产量 Total Output
全国总计	**National**	**113028.2**	**5452.1**	**61623.9**
北京	Beijing	87.3	6148.2	53.7
天津	Tianjin	357.3	5496.6	196.4
河北	Hebei	6327.4	5468.7	3460.2
山西	Shanxi	3241.4	4067.6	1318.5
内蒙古	Inner Mongolia	5784.8	4806.1	2780.2
辽宁	Liaoning	3231.4	6500.7	2100.6
吉林	Jilin	5021.6	7402.4	3717.2
黑龙江	Heilongjiang	11804.7	5132.3	6058.6
上海	Shanghai	140.1	7107.1	99.5
江苏	Jiangsu	5432.7	6379.9	3466
浙江	Zhejiang	1255.4	5991.3	752.2
安徽	Anhui	6644.6	5143.2	3417.5
福建	Fujian	1176.7	5531.2	650.9
江西	Jiangxi	3686.2	5800.3	2138.1
山东	Shandong	7511.5	6258	4700.7
河南	Henan	10286.2	5781.2	5946.6
湖北	Hubei	4436.9	5756.6	2554.1
湖南	Hunan	4890.6	6038.3	2953.1
广东	Guangdong	2509.3	5420.7	1360.2
广西	Guangxi	3023.6	5031.4	1521.3
海南	Hainan	360.4	4937.9	178
重庆	Chongqing	2250.1	5182.1	1166
四川	Sichuan	6453.9	5397.5	3483.5
贵州	Guizhou	3113.3	3830	1192.4
云南	Yunnan	4481.2	4246.4	1902.9
西藏	Tibet	176.6	5680.3	100.3
陕西	Shanxi	3068.7	4002.6	1228.3
甘肃	Gansu	2814	4053.3	1140.6
青海	Qinghai	281.1	3680.8	103.5
宁夏	**Ningxia**	**778.3**	**4761.5**	**370.6**
新疆	Xinjiang	2401.1	6298.2	1512.3

注：由于小数位计算机自动进位问题，分省数合计与全国数略有差异。
Note:Due to the "self-instructed problem", the total number by province are different with the total number by nation .

附-12　2016年全国70个大中城市新建住宅价格指数
Price Indices for Newly Built House by 70 Large and Medium-Sized Cities (2016)

(上年=100) (preceding year=100)

城市	City	一月 January	二月 February	三月 March	四月 April	五月 May	六月 June	七月 July	八月 August	九月 September	十月 October	十一月 November	十二月 December
北京	Beijing	110.3	112.9	116	118.3	119.5	120.3	120.7	123.5	127.8	127.5	126.4	125.9
天津	Tianjin	103.9	104.7	106.8	109.5	111.9	113.8	116.2	119.9	124.1	125.3	125.3	124.1
石家庄	Shijiazhuang	102.1	103	103.2	103.8	104.7	105.6	108	111.3	115.8	118.1	118.6	118.6
太原	Taiyuan	101.7	102.1	102.2	102	101.8	102.2	101.9	102	102.2	102.3	102.3	102.5
呼和浩特	Hohhot	97.7	98.7	99.2	99.9	100.2	100.4	100.5	100.7	100.4	101.3	101.1	101.1
沈阳	Shenyang	99.5	99.6	100.1	101	101.8	101.5	101.4	101.2	101.6	102.4	102.6	103.3
大连	Dalian	98.9	98.9	99.4	100.1	100.6	100.5	99.7	100	100.4	101.7	102.4	102.6
长春	Changchun	98.2	98.8	99.5	100.3	101	101.2	101.2	101.2	101.9	102.8	103.5	103.9
哈尔滨	Harbin	100.1	100.5	101.4	101.1	101.5	101.7	101.3	101.8	101.6	101.6	101.6	102.1
上海	Shanghai	117.5	120.6	125	128	127.7	127.7	127.3	131.2	132.7	131.1	129	126.5
南京	Nanjing	110.2	113.3	116.8	121.3	125.6	129.7	133	136.7	140.6	142	140.5	138.8
杭州	Hangzhou	107	108.8	111.8	114.7	116.9	117.2	119	122	128	131.3	129.9	128.4
宁波	Ningbo	104.6	105.5	107.2	108.2	108.8	108.8	108.9	109.5	111.2	112.4	112.4	112
合肥	Hefei	103.2	106	111.2	117.5	123.2	129	133.8	140.3	146.8	148.4	147.4	146.3
福州	Fuzhou	103.3	105.5	107.7	111	112.8	113.8	115.4	120.2	126	128.8	128.9	127.3
厦门	Xiamen	108.6	110.1	115.7	121.5	128	133.6	139.2	143.8	146.5	145.5	143.4	141.5
南昌	Nanchang	101.8	103.7	105.4	107	108.4	109.4	111.3	112.8	114.9	115.6	115.4	114.2
济南	Jinan	101.5	102.2	103.3	104.3	105.1	105.8	106.9	110	115.5	119	120	119.4
青岛	Qingdao	98.6	99.5	101.1	102.6	103.6	104	104.4	106.5	111.6	113.2	113.6	113.1
郑州	Zhengzhou	103.4	103.9	105.2	106.7	108.1	109.2	111	116.5	124.5	128.1	128.5	128
武汉	Wuhan	105.3	106.2	107.3	109.1	111.3	113.1	115	117.7	121.3	124.4	125.5	124.2
长沙	Changsha	100.4	101.2	101.8	103.4	104.3	104.8	105.6	107.2	111.6	116.5	118.2	117.8
广州	Guangzhou	109.9	111.8	115.2	117.4	118.9	119.2	119.4	121.1	123	123.6	124	124.1
深圳	Shenzhen	151.9	156.9	161.6	162.4	153.2	146.7	140.9	136.8	134.1	131.7	127.9	123.5
南宁	Nanning	102.4	103.3	103.8	104.6	105.5	105.7	106.4	107	109	110.1	109.6	110.1
海口	Haikou	99.6	100.4	100.6	101.4	102.3	102.6	103.4	103.4	104.1	104.9	105.8	106.2
重庆	Chongqing	100.3	101.3	102.2	102.9	103.5	103.3	103.2	103.4	104.4	105.1	106.5	107.2
成都	Chengdu	101.1	101.5	102.3	103	103.2	103.6	104	104.7	107.2	106.3	105.9	105.5
贵阳	Guiyang	99.6	100.3	100.5	101.5	102.2	102	102.3	102.4	103	103.9	104.5	105.1
昆明	Kunming	97.7	98.2	98.2	99.3	100	100.1	100.8	101.5	102.1	103.2	103.9	104.2
西安	Xi'an	100.2	100.6	100.9	101.6	102.2	102.7	102.9	103.2	103.3	104.6	106.1	106.6
兰州	Lanzhou	99.2	99.7	100.2	101.1	101.8	102.4	102.9	103.8	103.8	103.7	103.6	103.1
西宁	Xining	97.1	97.4	97.7	98.4	99	99.6	100.2	100.9	101.2	101.9	101.9	102.4
银川	**Yinchuan**	**96.4**	**96.9**	**97.7**	**98.8**	**99.9**	**100**	**100.7**	**101**	**101.1**	**101.3**	**101.5**	**102.1**
乌鲁木齐	Urumqi	98	97.7	98.1	98.5	99.1	99	99	98.9	98.7	98.5	98.3	98.7
唐山	Tangshan	98	98.4	98.6	98.8	99.7	99.3	99.8	100.2	100.6	101.2	102.3	102.9
秦皇岛	Qinhuangdao	97.1	97.8	98.4	99.4	99.8	100.3	100.7	101.4	102.1	104.5	105.9	106.1
包头	Baotou	97.2	97.9	98.1	98.6	98.8	98.8	98.8	98.8	99.2	99.3	99.7	99.5
丹东	Dandong	96.2	96.1	96.2	96.9	97.5	98	97.6	97.9	97.8	98.3	98.8	99.3
锦州	Jinzhou	96.5	97.2	96.9	96.8	96.8	96.5	96.2	96.2	96.2	96.1	96.7	97.1
吉林	Jilin	97.5	98.4	98.8	99.6	100	100.4	100.2	100.5	101.1	101.6	101.7	102.6
牡丹江	Mudanjiang	98.4	98.3	98.2	98.5	98.1	97.8	97.4	98.3	98.8	98.5	98.4	98.9
无锡	Wuxi	99.6	100.2	102.4	105.3	106.9	109.7	112.8	118.4	127.9	134.3	135.1	135.5
扬州	Yangzhou	99.8	100.4	101	101.5	102.3	102.8	103.7	104.3	105.5	107	109.2	109.7
徐州	Xuzhou	99.9	100.6	101.1	101.9	102.7	103.1	103.7	104.1	105.1	106.8	108.4	109.1
温州	Wenzhou	102.7	103.4	104.1	103.7	103.6	103.2	103.2	103.2	104.5	105	104.7	104.6
金华	Jinhua	102	102.5	103.2	103.1	103.1	103.1	103.1	103.4	105.1	105.6	106.8	106.5
蚌埠	Bengbu	96	96.5	98.2	99.2	100.2	100.7	102.2	103.7	105.7	106.7	108.2	109.2
安庆	Anqing	99.3	99.2	100	100.7	101	101.6	101.9	103.4	104.4	105.2	106.7	107.6
泉州	Quanzhou	99	100	100.7	101.8	101.8	101.8	102.5	103.7	105.3	106.1	108.3	108.9
九江	Jiujiang	98.8	99.5	100.3	101.5	102.1	103	103.9	105.3	107.4	109.8	110.7	111.2
赣州	Ganzhou	99.4	99.4	100.5	101.8	102.7	103.1	103.8	104.5	108.1	112	113.3	113.4
烟台	Yantai	99	99.6	100.2	100.8	101.5	102.1	102.7	103.4	103.9	104.9	105.2	105.4
济宁	Jining	96.7	97.3	97.9	98.3	98.7	98.9	99.1	99.8	99.9	100.7	101.2	101.6
洛阳	Luoyang	97.7	98.3	98.7	99.7	100.1	100.3	100.6	100.9	101.6	102	103.7	104.5
平顶山	Pingdingshan	99.8	100.1	100.6	100.9	101.3	101.6	101.5	101.7	102.3	102.8	103.3	103.7
宜昌	Yichang	98.6	99	99.5	100.2	100.7	101.5	102.1	102.5	102.9	103.7	104.1	105.1
襄阳	Xiangyang	96.2	97.3	97.5	98.1	98.8	99	99.5	100.4	100.9	101.7	102.4	102.7
岳阳	Yueyang	96.8	97.4	97.8	98.5	98.8	99.4	100	100.6	102.2	104.3	104.6	105.1
常德	Changde	97.2	98.1	98.1	98.9	99	99.3	99.7	100	101.5	102.1	102.5	102.9
惠州	Huizhou	98.9	100.4	102.3	106.4	110.2	113.5	115.4	116.4	120.3	122.9	124.4	124.9
湛江	Zhanjiang	95.1	96.4	97.2	98.1	99.1	100.9	102.4	102.9	104.2	105.9	107.2	108.3
韶关	Shaoguan	96.6	98.3	99.6	101	102	102.3	101.6	101.5	104.1	105.4	106.8	107.4
桂林	Guilin	97.3	98.1	98.5	99.2	99.5	99.8	99.8	100.3	102.2	103.2	103.1	103.2
北海	Beihai	99.1	99.7	100.3	101.1	101.3	101.2	101.4	101.1	101.7	102.7	103.6	103.9
三亚	Sanya	99.7	99.9	99.9	100	100.7	100.5	100.1	100.5	101.7	102.7	103.8	104.5
泸州	Luzhou	99.5	98.9	99.4	100.5	101.3	101.9	102.4	102.8	103	102.5	103.3	103.7
南充	Nanchong	96.7	96.8	98	98.8	99.7	100.4	100.5	101.3	101.5	101.2	101.5	101.7
遵义	Zunyi	98	98.5	99.1	99.5	99.8	100.2	100.2	100.8	100.6	100.9	101.4	101.7
大理	Dali	98.2	98.7	98.2	98.9	99.7	100.4	100.8	101.3	101.4	102.1	102.6	103.1

附-13　2016年全国70个大中城市新建商品住宅价格指数
Price Indices for Newly Built Commercial House by 70 Large and Medium-Sized Cities (2016)

(上年=100)　　(preceding year=100)

城　市	City	一月 January	二月 February	三月 March	四月 April	五月 May	六月 June	七月 July	八月 August	九月 September	十月 October	十一月 November	十二月 December
北　京*	Beijing	111.3	114.2	117.6	120.2	121.4	122.3	122.7	125.8	130.4	130.2	128.9	128.4
天　津	Tianjin	104.1	105	107.2	110	112.5	114.6	117	121	125.4	126.6	126.6	125.4
石家庄	Shijiazhuang	102.1	103.1	103.2	103.8	104.8	105.8	108.1	111.6	116.2	118.5	118.9	119
太　原	Taiyuan	101.8	102.2	102.3	102.1	101.8	102.3	101.9	102.1	102.3	102.4	102.3	102.6
呼和浩特	Hohhot	97.7	98.7	99.2	99.9	100.2	100.4	100.5	100.7	100.4	101.3	101.1	101.1
沈　阳	Shenyang	99.5	99.6	100.1	101	101.8	101.5	101.4	101.2	101.6	102.4	102.6	103.3
大　连	Dalian	98.9	98.9	99.4	100.1	100.6	100.5	99.7	100	100.4	101.7	102.4	102.6
长　春	Changchun	98.2	98.8	99.5	100.3	101	101.3	101.2	101.2	101.9	102.9	103.5	103.9
哈尔滨	Harbin	100.1	100.5	101.4	101.1	101.5	101.7	101.3	101.8	101.6	101.6	101.6	102.2
上　海	Shanghai	121.4	125.1	130.5	134.2	133.8	133.7	133.1	137.8	139.5	137.4	134.8	131.7
南　京	Nanjing	110.8	114.1	117.8	122.6	127.1	131.5	134.9	138.8	143	144.4	142.8	141
杭　州	Hangzhou	107.1	108.9	111.9	114.8	117	117.4	119.1	122.2	128.2	131.5	130.1	128.6
宁　波	Ningbo	104.6	105.5	107.2	108.3	108.9	108.9	109	109.6	111.3	112.5	112.6	112.2
合　肥	Hefei	103.3	106	111.2	117.6	123.3	129.1	134	140.5	147	148.6	147.6	146.5
福　州	Fuzhou	103.3	105.5	107.7	111.1	112.9	113.9	115.5	120.4	126.2	129.1	129.2	127.6
厦　门	Xiamen	108.7	110.2	115.9	121.7	128.3	134	139.6	144.3	147	145.9	143.9	141.9
南　昌	Nanchang	101.8	103.7	105.5	107.1	108.5	109.6	111.5	113	115.1	115.9	115.7	114.4
济　南	Jinan	101.5	102.2	103.3	104.3	105.1	105.8	106.9	110	115.5	119	120	119.4
青　岛	Qingdao	98.6	99.5	101.2	102.7	103.7	104.1	104.5	106.6	111.8	113.5	113.8	113.4
郑　州	Zhengzhou	103.4	104	105.3	106.8	108.2	109.4	111.2	116.7	124.9	128.6	129	128.4
武　汉	Wuhan	105.6	106.5	107.7	109.6	111.9	113.8	115.8	118.6	122.5	125.7	126.8	125.5
长　沙	Changsha	100.4	101.2	101.8	103.5	104.4	104.9	105.7	107.4	112	116.9	118.7	118.2
广　州	Guangzhou	110	111.9	115.3	117.6	119	119.4	119.5	121.2	123.2	123.8	124.2	124.3
深　圳	Shenzhen	152.7	157.8	162.5	163.4	154	147.4	141.4	137.3	134.5	132.1	128.2	123.8
南　宁	Nanning	102.7	103.6	104.2	105.2	106.1	106.3	107.1	107.8	110	111.1	110.7	111.2
海　口	Haikou	99.6	100.4	100.6	101.4	102.3	102.6	103.4	103.5	104.1	105	105.8	106.2
重　庆	Chongqing	100.3	101.4	102.3	102.9	103.5	103.4	103.3	103.4	104.5	105.1	106.5	107.2
成　都	Chengdu	101.1	101.5	102.4	103	103.3	103.7	104.2	104.8	107.4	106.5	106.1	105.6
贵　阳	Guiyang	99.6	100.3	100.5	101.5	102.2	102	102.4	102.4	103	104	104.5	105.2
昆　明	Kunming	97.7	98.1	98.2	99.3	100	100.1	100.8	101.5	102.1	103.2	103.9	104.2
西　安	Xian	100.2	100.6	100.9	101.8	102.4	103	103.1	103.5	103.6	105	106.6	107.2
兰　州	Lanzhou	99.2	99.7	100.2	101.1	101.9	102.5	103	103.9	103.9	103.8	103.7	103.2
西　宁	Xi'an	96.9	97.2	97.6	98.3	98.9	99.5	100.2	101	101.3	102.1	102.1	102.5
银　川	**Yinchuan**	**96.4**	**96.9**	**97.7**	**98.8**	**99.9**	**100**	**100.7**	**101**	**101.1**	**101.4**	**101.5**	**102.1**
乌鲁木齐	Urumqi	97.8	97.5	97.9	98.3	99	98.9	98.9	98.8	98.5	98.4	98.1	98.6
唐　山	Tangshan	97.9	98.3	98.6	98.7	99.7	99.3	99.7	100.2	100.6	101.3	102.4	103
秦皇岛	Qinhuangdao	96.9	97.7	98.3	99.3	99.8	100.4	100.7	101.5	102.3	104.8	106.2	106.5
包　头	Baotou	97.1	97.8	98	98.5	98.7	98.8	98.7	98.7	99.2	99.2	99.7	99.4
丹　东	Dandong	96.2	96.1	96.2	96.9	97.5	98	97.6	97.9	97.8	98.3	98.8	99.3
锦　州	Jinzhou	96.5	97.2	96.9	96.8	96.8	96.5	96.2	96.2	96.2	96.1	96.7	97.1
吉　林	Jilin	97.5	98.4	98.8	99.6	100	100.4	100.2	100.5	101.1	101.6	101.8	102.6
牡丹江	Mudanjiang	98.3	98.1	98	98.4	98	97.6	97.2	98.2	98.7	98.4	98.2	98.8
无　锡	Wuxi	99.6	100.2	102.4	105.3	106.9	109.7	112.9	118.5	128.1	134.5	135.3	135.7
扬　州	Yangzhou	99.8	100.4	101	101.5	102.3	102.8	103.7	104.3	105.5	107.1	109.2	109.7
徐　州	Xuzhou	99.9	100.7	101.2	102	102.9	103.3	104	104.3	105.4	107.2	108.9	109.6
温　州	Wenzhou	102.8	103.5	104.2	103.7	103.6	103.2	103.2	103.2	104.6	105	104.7	104.7
金　华	Jinhua	102	102.6	103.2	103.1	103.1	103.1	103.1	103.5	105.1	105.6	106.8	106.6
蚌　埠	Bengbu	96	96.5	98.2	99.2	100.2	100.7	102.2	103.7	105.8	106.8	108.3	109.2
安　庆	Anqing	99.3	99.2	100	100.7	101	101.6	101.9	103.4	104.4	105.2	106.7	107.6
泉　州	Quanzhou	99	100	100.7	101.9	101.9	101.8	102.5	103.8	105.4	106.2	108.4	109.1
九　江	Jiujiang	98.8	99.5	100.3	101.6	102.1	103	104	105.3	107.4	109.9	110.8	111.3
赣　州	Ganzhou	99.4	99.4	100.5	101.8	102.7	103.1	103.8	104.5	108.2	112	113.4	113.5
烟　台	Yantai	99	99.6	100.2	100.8	101.5	102.1	102.7	103.4	103.9	104.9	105.2	105.4
济　宁	Jining	96.7	97.2	97.9	98.3	98.7	98.9	99.1	99.8	99.9	100.7	101.2	101.7
洛　阳	Luoyang	97.6	98.2	98.7	99.7	100.1	100.3	100.6	101	101.7	102.1	103.8	104.7
平顶山	Pingdingshan	99.8	100.1	100.6	100.9	101.3	101.6	101.6	101.8	102.3	102.9	103.4	103.7
宜　昌	Yichang	98.6	98.9	99.4	100.2	100.7	101.5	102.1	102.6	103	103.8	104.1	105.1
襄　阳	Xiangyang	96.2	97.2	97.5	98.1	98.8	99	99.5	100.4	100.9	101.7	102.4	102.7
岳　阳	Yueyang	96.5	97.3	97.7	98.4	98.8	99.3	100	100.6	102.4	104.6	104.9	105.4
常　德	Changde	97.1	98.1	98	98.8	99	99.3	99.7	100	101.5	102.2	102.5	103
惠　州	Huizhou	98.9	100.4	102.3	106.4	110.2	113.5	115.5	116.4	120.3	122.9	124.4	125
湛　江	Zhanjiang	95.1	96.4	97.2	98.1	99.1	100.9	102.4	102.9	104.2	105.9	107.2	108.3
韶　关	Shaoguan	96.6	98.3	99.6	101	102	102.3	101.6	101.5	104.1	105.4	106.8	107.4
桂　林	Guilin	97.3	98.1	98.5	99.2	99.5	99.8	99.8	100.3	102.2	103.2	103.1	103.2
北　海	Beihai	99.1	99.7	100.3	101.1	101.3	101.2	101.5	101.2	101.8	102.7	103.7	103.9
三　亚	Sanya	99.7	99.9	99.9	100	100.7	100.5	100.1	100.5	101.8	102.7	103.8	104.5
泸　州	Luzhou	99.5	98.9	99.3	100.5	101.3	102	102.4	102.8	103	102.6	103.4	103.7
南　充	Nanchong	96.6	96.7	97.9	98.8	99.7	100.4	100.5	101.4	101.5	101.2	101.5	101.8
遵　义	Zunyi	97.8	98.4	99	99.5	99.8	100.2	100.1	100.8	100.6	100.9	101.5	101.7
大　理	Dali	98.2	98.7	98.2	98.9	99.7	100.4	100.8	101.3	101.4	102.1	102.6	103.1

附-14 2016年全国70个大中城市二手住宅价格指数
Price Indices for Second-Hand House by 70 Large and Medium-Sized Cities (2016)

(上年=100) (preceding year=100)

城市	City	一月 January	二月 February	三月 March	四月 April	五月 May	六月 June	七月 July	八月 August	九月 September	十月 October	十一月 November	十二月 December
北京	Beijing	123.7	127.7	135.1	137.2	134.5	133.4	132.2	134.8	140.5	140.4	138.7	136.7
天津	Tianjin	104.3	106.1	108.6	111.2	112.8	113.2	115	118.7	123	124.1	124.2	124
石家庄	Shijiazhuang	101	101.2	103.1	105.5	107.4	109.4	111.4	115.4	120.3	119.9	118.8	117.6
太原	Taiyuan	101.8	101.9	102.3	102.3	101.9	102.1	102.5	102.8	103	103.7	104	103.9
呼和浩特	Hohhot	99.8	100	100	100.1	100.1	99.7	99.7	99.4	99.5	99.2	98.9	98.9
沈阳	Shenyang	101.3	101.3	101.4	101.9	101.6	101.2	101.2	101.2	101	101	100.9	100.7
大连	Dalian	99.9	99.9	100.1	100.4	100.2	100.1	99.9	100.1	100.3	100.6	100.9	101.4
长春	Changchun	100.2	100	100.5	100.8	100.8	100.1	99.4	99.5	99.6	100	100.3	100.2
哈尔滨	Harbin	101.3	101.8	102.8	103.3	103.2	102.2	101	100.7	101	100.9	100.4	100.3
上海	Shanghai	114.4	120.3	127.8	130.2	129.2	130.5	131	134.4	137.4	136.7	135.1	132.8
南京	Nanjing	107.7	109.2	112	115.3	118.3	119.8	122.6	126.4	129.4	131.6	132.8	133.7
杭州	Hangzhou	104.4	105.9	108.2	109.9	111.1	111.7	113.6	116.2	121	123.9	123.1	121.7
宁波	Ningbo	103.6	104.4	105	105.7	106.2	106.1	106.2	106.5	108.2	108.8	108.4	108
合肥	Hefei	105.6	113.2	123.6	130.4	135.9	139.7	144.1	146.9	150.1	151.9	150.4	148.9
福州	Fuzhou	103.5	104.8	105.8	107.3	107.5	107.6	108.2	111.2	115.6	116.9	116.5	116.6
厦门	Xiamen	105.2	108.1	113.9	118.4	125.5	130.6	133.2	135.4	137	135.9	133.9	132.4
南昌	Nanchang	102.5	103.7	104.9	105.4	106.5	107.6	108.5	109.5	111.7	112.4	112	112.1
济南	Jinan	101.5	102	103	103.4	103.8	104.1	104.1	106.2	111.6	114.4	115.3	115.5
青岛	Qingdao	100.4	101.1	101.5	101.8	101.8	101.7	101.7	102.6	107.6	108.8	109.4	109.7
郑州	Zhengzhou	103.3	104.2	105.5	106.6	107.9	109.2	110.3	115.3	123.5	126.7	126.9	127.4
武汉	Wuhan	104.4	105	106.3	107.4	108.6	110.2	111.9	113.8	117.6	120.1	121.9	122.1
长沙	Changsha	100.9	101.2	101.7	102.7	102.6	102.9	102.8	103.5	107.2	109.6	111	112.3
广州	Guangzhou	113.1	114.7	118.5	120.3	120	119.7	119.9	122.1	124.7	125.4	125.5	125.9
深圳	Shenzhen	149.7	154.2	160.5	156.1	146.8	138.5	133.9	130.8	128.8	126.8	123.5	119.3
南宁	Nanning	104.5	105.1	104.1	104.5	103.6	102.9	102.4	102.8	103.6	104.6	104.5	105
海口	Haikou	96.6	97.5	98.7	99.4	100.4	101.1	101.5	101.9	102.3	102.8	103.2	103.5
重庆	Chongqing	103	103.3	103.5	103.8	104	103.7	103.6	103.6	104	104.4	104.8	105.5
成都	Chengdu	100.5	101.5	101.9	102.3	103.2	103.2	103.1	103.3	104.8	105.4	105.2	105.7
贵阳	Guiyang	100.7	101	101.3	101.4	101.5	101.5	101.5	101.6	101.8	102	101.9	101.9
昆明	Kunming	99.9	101	101.3	102.3	102.7	101.3	101.9	102	102	102.3	101.8	101.4
西安	Xi'an	95.5	96	96.3	96.5	96.4	96.7	97	97.4	97.4	97.8	97.9	98.5
兰州	Lanzhou	99.6	99.8	99.8	100.2	100.2	100.4	100.7	101.2	101.2	101.1	101.3	101.3
西宁	Xining	100.7	100.4	99.7	99.8	99.7	99.5	99.1	99	99.1	99.1	98.9	98.9
银川	**Yinchuan**	**98.2**	**98.5**	**99.1**	**99.3**	**99.5**	**99.5**	**99.7**	**99.8**	**99.9**	**99.9**	**100.1**	**100.2**
乌鲁木齐	Urumqi	102.5	101.8	101.2	100.7	99.9	98.9	98.1	97.9	97.7	97.2	96.5	96.3
唐山	Tangshan	98.8	99.1	99.6	99.8	100	99.9	99.8	99.9	100	100.4	101.1	101.4
秦皇岛	Qinhuangdao	97.3	97.4	97.9	98.3	99.2	99.7	99.8	100	100.3	101.5	102.9	103.5
包头	Baotou	97.8	98.1	98.2	97.9	97.2	97	96.9	96.6	96.2	96.5	97.4	98.2
丹东	Dandong	97.7	97.9	98	98.2	98.2	98.1	98.2	98.2	98.5	98.6	98.4	98.5
锦州	Jinzhou	91.9	92.6	92.7	92.8	93.5	94.1	94.7	95.6	96.2	96.4	96.9	97.4
吉林	Jilin	99.4	99.9	100.1	100.4	100.4	100.5	100.6	100.6	100.6	100.8	101	101.4
牡丹江	Mudanjiang	100.1	100.5	101	99.7	100.5	100.4	100.2	99.9	99.7	99.5	99.4	99.8
无锡	Wuxi	99.4	99.4	100.9	102.2	102.3	103.1	103.9	108	117	119.6	119.2	119.2
扬州	Yangzhou	100.2	100.5	100.6	100.5	100.7	100.5	101	101.1	101.9	103.1	104.6	105.6
徐州	Xuzhou	99.4	99.8	100.3	100.9	101.2	101.3	101.4	102.4	103.1	104	104.8	104.9
温州	Wenzhou	102.4	103.6	104.6	104.5	104	103.5	103.4	102.9	103.4	103.5	103.2	103.1
金华	Jinhua	100.7	101.2	101.7	102.1	102.2	102.1	102	102.5	103.5	103.8	104.3	104.7
蚌埠	Bengbu	97.2	98	98.6	99.3	99.8	100.1	100.9	101.7	102.9	103.5	104.3	105.6
安庆	Anqing	98.8	99.1	99.1	99.6	100.2	100.8	101.5	102.1	103.4	103.9	105	106.6
泉州	Quanzhou	99.2	99.2	99.1	99.5	99.5	99.4	99.7	100.1	101.6	102.4	104.5	105.8
九江	Jiujiang	101.9	101.9	102.4	103	102.5	103.6	104.3	105.4	105.9	106.7	106.5	107.9
赣州	Ganzhou	100.7	100.7	100.7	101.5	102.1	102.3	102.6	102.8	105.9	108.6	109.7	109.7
烟台	Yantai	98.9	99.1	99.6	100	100.3	100.5	100.6	101.2	101.4	101.7	102	102.3
济宁	Jining	98.6	99.2	99.6	99.8	99.9	100	100.2	100.3	100.5	100.8	101	100.9
洛阳	Luoyang	98.2	98.5	98.9	99.3	99.7	100.1	100.3	100.7	100.9	101.2	102.1	102.5
平顶山	Pingdingshan	98.8	99.3	99.7	99.8	99.9	100	100.1	100.3	100.9	100.9	100.9	100.7
宜昌	Yichang	101.1	101.4	102.1	102.2	102.3	102.1	102	102.1	101.9	102.4	102.9	103
襄阳	Xiangyang	99.4	99.9	99.7	99.8	99.4	99.2	99.7	100.3	100.2	100.5	100.6	100.5
岳阳	Yueyang	98.9	99.3	99.6	99.9	100	100.1	100.4	100.7	101.1	101.7	101.8	102.2
常德	Changde	100	100	100.1	100.4	100.4	100.7	101.1	101	101.9	102.2	102.3	102.1
惠州	Huizhou	99.7	100.8	102.2	103.6	105.7	106.6	107.7	108.5	112.2	113	114.4	114.4
湛江	Zhanjiang	96.1	96.8	97.1	97.5	97.9	98.4	99.1	99.6	100.3	100.7	101.1	102.2
韶关	Shaoguan	100.1	101.2	101.6	101.1	101.2	100.3	99.6	99	100.2	100.4	100.4	101.3
桂林	Guilin	96.9	97.6	98.1	98.3	98.3	98.4	98.4	98.5	98.6	98.4	98.2	98.3
北海	Beihai	103.1	103.4	103.5	103	103.1	102.6	102.2	102.1	101.7	101.6	101.5	101.7
三亚	Sanya	100.7	100.9	101.5	101.5	101.4	101.5	101.3	100.9	101.1	100.9	101.3	102
泸州	Luzhou	103.3	102.9	103	103.2	103.1	102.9	102.7	102.5	102.8	102.8	102.8	102.9
南充	Nanchong	100.4	100.4	100.7	100.9	101.1	101.3	101.7	102	102.5	102.4	102.6	102.8
遵义	Zunyi	97.4	97.6	98	98.1	98.3	98.5	98.4	98.8	99.3	100.6	101.3	102
大理	Dali	96.4	97.3	98.2	99.3	99.8	99.8	100.1	99.8	100.3	100.2	100.7	100.3